UTB **8183**

Eine Arbeitsgemeinschaft der Verlage

Wilhelm Fink Verlag München
A. Francke Verlag Tübingen und Basel
Paul Haupt Verlag Bern · Stuttgart · Wien
Hüthig Fachverlage Heidelberg
Verlag Leske + Budrich GmbH Opladen
Lucius & Lucius Verlagsgesellschaft Stuttgart
Mohr Siebeck Tübingen
Quelle & Meyer Verlag Wiebelsheim
Ernst Reinhardt Verlag München und Basel
Schäffer-Poeschel Verlag Stuttgart
Ferdinand Schöningh Verlag Paderborn · München · Wien · Zürich
Eugen Ulmer Verlag Stuttgart
Vandenhoeck & Ruprecht Göttingen und Zürich
WUV Wien

Wilfried Plöger

Allgemeine Didaktik und Fachdidaktik

Wilhelm Fink Verlag

Die Deutsche Bibliothek – CIP-Einheitsaufnahme

Plöger, Wilfried:
Allgemeine Didaktik und Fachdidaktik / Wilfried Plöger. – München:
Fink, 1999
    (UTB für Wissenschaft: Uni-Taschenbücher: 8183: Große Reihe)
    ISBN 3-8252-8183-3 (UTB)
    ISBN 3-7705-3399-2 (Fink)

Printed in Germany
Einbandgestaltung: Alfred Krugmann, Freiberg am Neckar
Satz: Gabi Plöger, Borchen
Herstellung: Ferdinand Schöningh

UTB-Bestellnummer ISBN 3-8252-8183-3

Inhaltsverzeichnis

Einleitung

Das Gespräch zwischen den Vertretern der Allgemeinen Didaktik und der Fachdidaktik ist in den 50er und 60er Jahren intensiv gepflegt worden. Als eindrucksvolles Zeugnis für die Bereitschaft des Aufeinanderhörens und für die gemeinsame Suche nach Lösungen darf man die Diskussionen auf den beiden Tagungen des „Arbeitskreises der Pädagogischen Hochschulen" in Tübingen (1959) und Trier (1962) ansehen. Besonders treffend hatte W. Klafki in seinem in Trier gehaltenen Vortrag („Das Problem der Didaktik") die zukunftsweisende Leitidee möglicher Zusammenarbeit formuliert: „Zu verabschieden ist die Vorstellung irgendeiner Art von Hierarchie der miteinander Sprechenden, zu verabschieden damit auch die Vorstellung, als könne hier an irgendeiner Stelle das Verhältnis der Ableitung oder der Anwendung walten, dergestalt, daß etwa die Allgemeine Didaktik, sich ihrerseits vermeintlich aus einer vorweg formulierten Bildungstheorie herleitend, Prinzipien entwickeln könnte, aus denen die Besondere Didaktik ... und ... die Fachdidaktiken ihre Ergebnisse abzuleiten vermöchten, oder als könne die Allgemeine Didaktik Erkenntnisse zutage fördern, welche jene anderen didaktischen Disziplinen nur auf ihr besonderes Gegenstandsfeld anzuwenden bräuchten, um gültiger Erkenntnisse sicher zu sein. Solchen Vorstellungen gegenüber gilt es zu betonen, daß das Gespräch zwischen den Sachwaltern der verschiedenen Abstraktionsebenen didaktischen Denkens als ein Verhältnis partnerschaftlich verbundener und aufeinander angewiesener Gleichberechtigter verstanden werden muß." (Klafki 1963 a, S. 27)

Signalisierte diese programmatische Formel die Gesprächsbereitschaft der Allgemeinen Didaktik gegenüber der Fachdidaktik, so gerieten nun die Fachdidaktiker in Zugzwang und hatten ihrerseits ihr Verhältnis zur Allgemeinen Didaktik näher zu bestimmen. In dieser indirekten Aufforderung lag allerdings auch eine historische Chance, die die Fachdidaktiker zu nutzen wußten. Sie erklärten die Fachdidaktik zu einer eigenständigen Disziplin, die ihre Legitimation aus der zu leistenden Vermittlung von Allgemeiner Didaktik und Fachwissenschaft(en) schöpfen sollte.

Diese eigentümliche Zwischenstellung wurde von fachdidaktisch interessierten Pädagogen und Fachdidaktikern bis zu Beginn der 70er Jahre akzeptiert, wie ein kurzer Blick in die einschlägige Literatur dokumentiert:

A. Regenbrecht bestimmte das „Verhältnis von Allgemeiner Didaktik und Fachdidaktik an der Pädagogischen Hochschule" (1964) von den lehrplan-, schul- und unterrichtstheoretischen Aufgaben und Problemen her. Beide Disziplinen hätten Lehrpläne „als pädagogische Antwort auf die Kulturlage der Zeit" (1964, S. 279) zu entwerfen, den besonderen Bildungsauftrag der einzelnen Schularten darzulegen (S. 281f.), nach der Stufung des Bildungsganges (S. 282ff.) und den Prinzipien des Unterrichtens (S. 284ff.) zu fragen. Derartige Problemfelder seien „an der Pädagogischen Hochschule nur in gegenseitigem Dienst zu lösen. Gegenseitigkeit bedeutet mehr als Nachbarschaft oder Partnerschaft. Zur Erfüllung der eigenen Aufgabe wird jeder vom anderen her denken und lernen müssen. Dessen Ergebnisse gehen als notwendiger Denkansatz in die eigenen Überlegungen mit ein." (S. 290)

G. Otto verwies auf die Notwendigkeit der Zusammenarbeit von Allgemeiner Didaktik und Fachdidaktik. Die Allgemeine Didaktik sei „eine erste Ebene der Konkretisierung pädagogischer Einsichten im Hinblick auf Lehr- und Lernvorgänge; sie hat den Auftrag, den Entwurf des gesamten Lehrgefüges zu durchdenken, für die jeweiligen Schultypen zu variieren und mit der Fachdidaktik in das Gespräch über Ort, Auftrag und Reichweite, ja über die Existenznotwendigkeit von Einzelfächern und Fächergruppen im Gesamtplan einzutreten". (Otto 1970, S. 219) In diesem Gespräch sollten die Fachdidaktiken vor allem die Aufgabe wahrnehmen, die von der Allgemeinen Didaktik angebotenen Denkmodelle auf ihre fachdidaktische Relevanz hin zu überprüfen. „Die Analyse der Fachpraxis, die Überprüfung vorhandener Theorien und Methoden der Allgemeinen Didaktik gehört zu dem ständigen Auftrag des Fachdidaktikers. Als der Partner des Allgemeinen Didaktikers hält er dessen Aussagen solange für Hypothesen, bis er sie im Bereich fachlicher Unterrichtsprozesse zu verifizieren vermag. Die Bedingungen und Methoden der Verifikation sind Gegenstand eines kontinuierlichen Sachgespräches zwischen Allgemeiner Didaktik und Fachdidaktik." (Otto 1970, S. 231)

A. Klein umschrieb das gemeinsame Aufgabenfeld von Allgemeiner Didaktik und Fachdidaktik ähnlich, setzte jedoch andere Akzente als G. Otto. In der Kennzeichnung des Verhältnisses von „Fachdidaktik und Erziehungswissenschaft" räumte er nämlich der Allgemeinen Didaktik einen gewissen Vorrang ein. Deren Vertreter sollten „die Betonwände zwischen den einzelnen Fachdisziplinen durchstoßen", sie sollten „mit behutsamem kollegialem Takt ... das stets wache Gewissen dafür sein, daß die Fachdidaktiker ihren ... didaktischen Lehrauftrag im Auge behalten". (Klein 1970, S. 185) Aus dieser Position heraus machte er das Zustandekommen der inneren Einheit der Pädagogischen Hochschulen von der Frage abhängig, „ob es dem Vetreter der Allgemeinen Didaktik gelingt, ...mit den Vertretern der Fachdidaktik zu einer einheitlichen Terminologie zu kommen". (Ebd.) Auch hier wurde also die beiderseitige Gesprächsbereitschaft zur Voraussetzung einer fruchtbaren didaktischen Reflexion erklärt.

F. Kopp setzte für eine fruchtbare fachdidaktische Forschung die Diskussion um ein „Gesamtbild der Bildungsinhalte" voraus. Diese Aufgabe sollte von der Allgemeinen Didaktik vorab gelöst und ihr Ergebnis in einem Lehrplankonzept formuliert werden. Dadurch sei nämlich die Voraussetzung geschaffen, daß die jeweilige Fachdidaktik nicht mehr in der Gefahr stehe, „einfach einer Fachwissenschaft zu verfallen". (Kopp 1970, S. 205) Sie könne sich dann als eigenständige Disziplin etablieren, der entsprechende spezifische Aufgaben zuwachsen: „Zunächst hat jede Fachdidaktik die Struktur, das Wesen des eigenen Gegenstandes zu bestimmen."(Ebd.) Von dieser Ausgangsposition aus wäre es „notwendig, einige vordringliche Aspekte zu klären: die Geschichte des Fachgebietes, woraus sich wesentliche Ausblicke auf das Selbstverständnis des Faches ergäben; die Beziehung zwischen Fachwissenschaft und Fachdidaktik in der begrenzten Sicht; das Verhältnis des Fachgebietes zur Psychologie ... und zur Soziologie; die Stellung des Faches im Rahmen der Gesamtgestalt der Volksschule u.a." (Kopp 1970, S. 205)

L. Kerstiens vertrat die These, daß eine sinnvolle Arbeit auf dem Gebiet der Fachdidaktik immer erst „im Zusammenwirken der fachwissenschaftlich und der erziehungswissenschaftlich orientierten Spezialisten" (Kerstiens 1970, S. 43) entstehen könne. Diese Zusammenarbeit werde ihren Zweck nur dann erfüllen, wenn sie als Teamarbeit von Vertretern beider Disziplinen geleistet werde. Kerstiens räumte in dieser Hinsicht der Gründung interdisziplinärer Institute für Didaktik eine besondere Chance ein. Das Votum für diese organisatorische Form der Zusammenarbeit[1] ergab sich für ihn aus der Hauptaufgabe schulischer Bildungsarbeit. Sie ziele in erster Linie nicht auf den Erwerb wissenschaftlicher Erkenntnisse, ja, wissenschaftliche Themen könnten für den Lebenszusammenhang des Lernenden sogar irrelevant sein (S. 38). Demgegenüber sei schulisches Lernen primär zu orientieren an der Frage: „Was sollte der Bürger von morgen, der in unserer Welt eine angemessene Position innehaben wird, wissen und können, welche Einstellungen sollte er ausgebildet, welche

Handlungsbereitschaften entwickelt haben?" (S. 40) Diese Fragestellung könnte leicht verfehlt werden, wenn sie nicht gemeinsam von Erziehungswissenschaftlern und Fachwissenschaftlern angegangen werde; denn „der Erziehungswissenschaftler, der didaktisch arbeiten will, ist in Gefahr, die Gegenstände auf Grund seines Bildungsganges auf eine volkstümliche Allgemeinbildung hin zu verkürzen; der Fachwissenschaftler ist in Gefahr, sich die Normen für die Lehr- und Lernprozesse durch die Wissenschaft geben zu lassen, die Lernvoraussetzungen und das psychosoziale Feld des Lernens zu übersehen, vor allem aber die Lernziele nicht im Hinblick auf die Bewährungssituation des Lernenden zu setzen." (S. 40f.)

Die beiderseitigen Bekräftigungen des partnerschaftlichen Verhältnisses zwischen Allgemeiner Didaktik und Fachdidaktik blieben nicht bloßes Programm, sondern schlugen sich gerade in der fachdidaktischen Theoriebildung in entsprechenden neuen Konzeptionen nieder. Ehemals vernachlässigte Fragen, wie etwa die nach den Bildungsinhalten, der begründeten Stoffauswahl oder der Stellung eines Unterrichtsfaches im Fächerkanon gewannen nun an Bedeutung. Die zu Beginn der 60er Jahre entwickelten fachdidaktischen Konzeptionen versuchten diese Fragen vor allem mit dem terminologischen Instrumentarium der bildungstheoretischen Didaktik fachspezifisch zu formulieren und zu beantworten.[2] Aus heutiger Sicht erscheint es deshalb gerechtfertigt zu sagen, daß die bildungstheoretische Didaktik den Fachdidaktikern den Weg in die Eigenständigkeit gewiesen hat; ohne die entsprechenden begrifflichen Vorleistungen der bildungstheoretischen Didaktik wäre der Diskussionsstand in den fachdidaktischen Disziplinen nicht in dem bekannten Maße vorangetrieben worden.

Auf dem Hintergrund der hier skizzierten ehemals üblichen Kooperationsbereitschaft zwischen Allgemeiner Didaktik und Fachdidaktik und der daraus hervorgegangenen Produktivität in der fachdidaktischen Theoriebildung ist es erstaunlich und bedauerlich zugleich, daß das Gespräch zwischen diesen Disziplinen ausbleibt. Ch. Keitel spricht sogar von der „Disparatheit von Allgemeiner Didaktik und Fachdidaktik". (Keitel 1983, S. 602) Wenngleich diese Kennzeichnung trotz ihres pauschalen Anspruchs nicht für alle Fachdidaktiken gleichermaßen gilt, so trifft sie doch die Grundtendenz, daß die ursprüngliche Verständigungsbereitschaft nicht mehr gegeben ist. Dafür lassen sich einige wichtige *Indizien* anführen:

– In den neueren allgemeindidaktischen Theorien kommt das Verhältnis zwischen Allgemeiner Didaktik und Fachdidaktik in der Regel nicht zur Sprache. Als Ausnahme läßt sich lediglich die bildungstheoretische Didaktik anführen. Allerdings zeichnet sich auch hier eine gewisse Veränderung im Anspruch ab. So fordert W. Klafki zwar, daß Fachdidaktiken „als wissenschaftliche Disziplinen im Grenzbereich oder besser: im Beziehungsfeld von Erziehungswissenschaften und Fachwissenschaften bzw. allgemeiner Didaktik und Fachwissenschaften entwickelt werden" (Klafki 1985 a, S. 37) müßten, und gesteht ihnen auch das Recht auf Verifikation und Falsifikation zu, da „Antworten auf die allgemeindidaktisch gestellten Fragen...nur unter Zuhilfenahme bereichs- und fachspezifischer Erkenntnisse gefunden werden" (Klafki 1985 a, S. 209) könnten. Für die von ihm entwickelten allgemeindidaktischen Fragedimensionen nimmt er aber zunächst in Anspruch, „daß sie auch für die bereichs- und fachdidaktischen Überlegungen verbindlich sind. Ob dieser Anspruch zu Recht erhoben wird, muß allerdings in der Diskussion mit den Bereichs- und Fachdidaktiken immer wieder neu geklärt werden." (Ebd., S. 209).

– Auch die Art und Weise, in der Einführungen in die Allgemeine Didaktik verfaßt werden, ist für das gegenwärtige Verhältnis von Allgemeiner Didaktik und Fachdidaktik bezeichnend. Die meisten derartigen Publikationen bescheiden sich in der Regel mit der Darstellung allgemeindidaktischer Theorien und mit der Beurteilung der Reichweite und Grenzen der verschiedenen Ansätze; das Verhältnis von Allgemeiner Didaktik und Fachdidaktik bleibt dagegen unthematisiert. Lediglich in der Einführung von K. Aschersleben ist ein umfangreicheres Kapitel zu finden, das einen informativen Überblick über den Forschungsstand der verschiedensten Fachdidaktiken gibt und von daher auch auf Beziehungen zur Allgemeinen Didaktik verweist (s. Aschersleben 1983, S. 28-57). Gründe für die mangelnde Gesprächsbereitschaft werden dabei aber nicht eruiert.

– Als ein weiteres Indiz für das verstummte Gespräch zwischen den beiden Disziplinen darf man die bisher verhaltene Rezeption der neueren allgemeindidaktischen Modelle anführen. Während die Fachdidaktiken der gesellschafts- und geisteswissenschaftlichen Fächer die neueren Ansätze der bildungstheoretischen (kritisch-konstruktiven) und lerntheoretischen Didaktik (Hamburger Modell) zumindest partiell auf mögliche Impulse hin befragen[3,] haben die mathematisch-naturwissenschaftlichen Disziplinen diese Chance bisher nicht wahrgenommen. Für sie gilt besonders, was Aschersleben insgesamt für die fachdidaktischen Forschungsschwerpunkte und für die darauf bezogenen Veröffentlichungen konstatiert: Sie beschäftigen sich in erster Linie „mit der Sachanalyse von Unterrichtsgegenständen, das heißt, mit ihren fachwissenschaftlichen Aspekten, in zweiter Linie mit der Konstruktion von Unterrichtsmodellen als Musterentwürfe für die Praxis, mit Lernerfolgskontrollen und mit Fragen der Legitimation von Unterrichtszielen, seltener mit unterrichtsmethodischen oder -organisatorischen Problemen". (Aschersleben 1983, S. 56) Die Frage nach der Anregungsfunktion allgemeindidaktischer Modelle bleibt also durch die vorrangig fachwissenschaftliche Orientierung unbeachtet.[4]

– Mit Blick auf die Praxis der Unterrichtsplanung ist festzustellen, daß allgemeindidaktische Modelle nicht die entscheidende Leitfunktion für Planungsprozesse haben, die die Didaktiker für diese Modelle in Anspruch nehmen. „Analysen von Examenslehrentwürfen über mehrere Jahre hinweg bestätigen, daß die Kandidaten in ihren ‚Vorbesinnungen' durchaus die jeweils aktuellen Argumentationen aus der didaktischen Diskussion im Rahmen der gängigen Vorbereitungsschemata apologetisch für ihre Einfälle zu nutzen wissen. Was im Anschluß an derlei Bekenntnisse unter dem Stichwort ‚Stundenverlauf' notiert wird, ist so sehr den Traditionen einer didaktischen Subkultur verpflichtet, daß die im Rahmen didaktischer Modelle getätigten ‚Vorbesinnungen' als geradezu beliebig auswechselbar erscheinen." (Hiller 1980, S. 134)[5] Der Grund dafür, daß allgemeindidaktische Modelle im wesentlichen die äußere Legitimation von Planungsentwürfen abgeben, in diese aber nicht inhaltlich eingehen, dürfte in einer mangelnden Vermittlung seitens der Fachdidaktiken liegen; die Fachdidaktiker haben es versäumt, diese Modelle auf die Planung von Fachunterricht hin auszulegen und dadurch auf ihre Tragfähigkeit hin zu überprüfen. Insofern darf auch dieser Sachverhalt als Indikator für das abgebrochene Gespräch zwischen Allgemeiner Didaktik und Fachdidaktik gewertet werden.

– Schließlich ist auch die äußerst geringe Zahl der Publikationen, in denen das Verhältnis von Allgemeiner Didaktik und Fachdidaktik selbst thematisiert wird, ein signifikanter Anhaltspunkt: Seit Ende der 70er Jahre liegen nur wenige Schriften vor, die das Interesse am Gespräch zwischen den beiden Disziplinen wachzuhalten versuchen.[6] In dieser Hinsicht sind vor allem die Bemühungen H.-K. Beckmanns hervorzuheben; er hat in den letzten Jahrzehnten unaufhörlich auf die Notwendigkeit der Wiederaufnahme des Gespräches verwiesen (s. z.B. Beckmann 1978 a, 1978 b, 1978 c, 1981 a, 1985) und die Einbettung der allgemeindidaktischen Diskussion in den größeren Horizont der Schulpädagogik gefordert.

Die *Gründe*, die die gegenwärtige Situation mitverursacht haben, sind so vielfältig und verschieden, wie die hier genannten Anhaltspunkte es vermuten lassen. Sie mögen etwa aus Inkonsistenzen in der Theoriebildung, aus einer unzureichenden Klärung des Theorie-Praxis-Verhältnisses, aus der mangelnden Aufnahmebereitschaft des Praktikers oder aus institutionellen Fehlformen resultieren. Entscheidend und offensichtlich nachweisbar dürften aber drei Gründe sein, die für sämtliche aufgeführten Indizien maßgeblich sind: (1) die „Verwissenschaftlichung" der Lehrerbildung, (2) die unkritische Rezeption allgemeindidaktischer Theorien durch die Fachdidaktiker und (3) der mit der Konzeption allgemeindidaktischer und fachwissenschaftlicher Theorien erhobene Anspruch auf Erfassung aller *wesentlichen Faktoren* des Unterrichtsgeschehens.

Was ist mit diesen drei Aspekten im einzelnen gemeint, und inwiefern sind sie für die gegenwärtige Situation bestimmend?

1.

Die „Verwissenschaftlichung" der Lehrerbildung ist als ein langwieriger Prozeß anzusehen, dessen Beginn spätestens Ende des 19. Jahrhunderts einsetzt und der mit der Integration der Pädagogischen Hochschulen in die Universitäten zu einem vorläufigen Ende gekommen ist. Der Verlauf des Prozesses kann hier nur sehr knapp erläutert werden.[7] Zu diesem Zweck ist es notwendig, zwischen der Ausbildung der Volksschullehrer und der der Gymnasiallehrer zu trennen. Hinsichtlich der Ausbildung der Volksschullehrer sind zunächst einmal zwei Schwerpunkte von besonderem Interesse, nämlich die pädagogische Ausbildung einerseits und die fachwissenschaftliche andererseits. Diese beiden Schwerpunkte sind im Laufe der Zeit unterschiedlich akzentuiert und dementsprechend auch unterschiedlich zueinander ins Verhältnis gesetzt worden. Im Hinblick auf die Frage, wie die gegenwärtige Disparatheit von Allgemeiner Didaktik und Fachdidaktik zu erklären sei, erscheint eine von H.-K. Beckmann vorgenommene Modellierung der geschichtlichen Entwicklung der Volksschullehrerbildung aufschlußreich. Danach lassen sich seit dem 19. Jahrhundert vier Phasen der Entwicklung unterscheiden.

Die erste Phase erstreckt sich in etwa auf die zweite Hälfte des 19. Jahrhunderts. Zu dieser Zeit war das Problem des Verhältnisses von Theorie und Praxis von Pädagogen wie Herbart, Schleiermacher oder Dilthey als zentraler Bestandteil pädagogischer Theoriebildung bereits thematisiert worden. Für die Lehrerbildung in den Seminaren stellte sich die-

ses Problem offensichtlich nicht, denn in diesen Institutionen ging „es um das Lernen bestimmter Unterrichtsfertigkeiten, aber nicht um eine in der Theorie gegründete Praxis".
(Beckmann 1968, S. 61) Bestimmend für diese Situation war die Tatsache, daß „die restaurative Volksbildungspolitik des Staates ... den Kreislauf zwischen der Pädagogik als
Wissenschaft und dem Lehrbetrieb an den Seminaren unterbrochen" (ebd., S. 62) hatte.
Neben der in der Regel als Meisterlehre veranstalteten methodischen Ausbildung versuchte man, die fachliche Ausbildung der Lehrer zu verbessern. Diese beiden Stränge der
Lehrerausbildung, die methodische und fachliche Qualifikation, verliefen nebeneinander
und blieben deshalb isoliert. So sollte sich beispielsweise nach den Vorstellungen Diesterwegs der Seminarist erst, wenn er sich „gründlich mit den Inhalten des Unterrichts beschäftigt hat, ... den Problemen des Erziehens und Unterrichtens zuwenden". (Beckmann
1968, S. 44) Zu verzeichnen war hier also „die Tendenz einer Trennung von Allgemeinbildung bzw. Fachbildung und Berufsausbildung ..., die für die weitere Entwicklung der
Lehrerbildung zu einem entscheidenden Kriterium wurde". (Ebd., S. 44)

Die ersten Jahrzehnte unseres Jahrhunderts lassen sich als eine zweite bedeutende
Phase der Verwissenschaftlichung der Lehrerbildung markieren. In den programmatischen Schriften über die Gestaltung der Lehrerbildung wurde nun das Verhältnis von
Theorie und Praxis intensiv diskutiert. Pädagogen, wie etwa Th. Litt und E. Weniger, betonten, „daß die pädagogische Theorie als eine Theorie des pädagogischen Handelns an
die Praxis gewiesen ist und als solche zwar die Bedingungen und Möglichkeiten der Praxis zeigen, aber dieselbe nicht leiten kann". (Beckmann 1968, S. 92) Dieses Verständnis
prägte die Ausbildung in den Lehrerakademien; die Erziehungswissenschaft wurde nun
das zentrale Studienfach. Zudem studierte der angehende Lehrer auch Philosophie, Psychologie und Soziologie (s. Beckmann 1968, S. 131). Die fachliche Fundierung des
Volksschulunterrichts wurde durch die Einführung eines Wahlfaches vorangetrieben. Die
dadurch angestrebte fachwissenschaftliche Qualifikation blieb allerdings aufgrund des
geringen Studienanteils und der Vielzahl der Fächer, die vom einzelnen Lehrer zu unterrichten waren, denkbar gering. Ungeklärt blieb darüber hinaus „die Frage nach der didaktischen Bedeutsamkeit der Stoffe, ... da die pädagogische Wissenschaft – abgesehen
von älteren, geschichtlich bedingten Entwürfen – in der Zeit der Weimarer Republik erst
in Ansätzen eine Theorie der Schule und eine Allgemeine Didaktik entwickelt hatte".
(Ebd., S. 145)

Die dritte Phase der Volksschullehrerausbildung setzte mit der Nachkriegszeit ein. Seit
Beginn der 50er Jahre wurden nach und nach detaillierte allgemeindidaktische Modelle
entwickelt (zuerst die bildungstheoretische, dann die lerntheoretische und schließlich die
informationstheoretische Didaktik); in ihnen spiegelte sich die wachsende Differenzierung in der wissenschaftstheoretischen Diskussion wieder. Die daran gekoppelte „Um-
orientierung in der pädagogischen Theoriebildung" stand in engem Zusammenhang mit der
stärkeren Hinwendung zur Erziehungswirklichkeit. „Durch die Aufnahme empirisch-analytischer Methoden wird das komplexe Erziehungs- und Unterrichtsfeld der Schule mehr
und mehr zum Forschungsgegenstand der Pädagogik. Durch Bearbeitung der vielfältigen
Aspekte (fachwissenschaftliche, didaktische, ökonomische, rechtliche, organisatorische)
und Aufarbeitung der relevanten Forschungsergebnisse der pädagogischen Psychologie
und Soziologie wird eine Schulwissenschaft entwickelt, die eine praxisnahe Theorie lie-

fert, die pädagogisches Handeln direkt beeinflussen kann." (Beckmann 1968, S. 172) Die Ausbildung zum Volksschullehrer oblag in den meisten Bundesländern den Pädagogischen Hochschulen. Das dort zunächst übliche Grundmodell, das das Studium eines Wahlfaches und mindestens fünf weiterer Fächer (darunter Deutsch und Rechnen) vorsah, wurde im Laufe der Zeit modifiziert. „Das Wahlfach wurde nach Anspruch und Umfang erheblich verstärkt und neben oder auch vor den Grundwissenschaften vielfach zum Schwerpunkt des Studiums. Wahlfächer wurden nun in zunehmendem Maße als wissenschaftliche Bezugsdisziplinen von Unterrichtsfächern verstanden; zugleich begann Mitte der 50er Jahre ein Prozeß der Entwicklung der ‚fachlichen Unterrichtslehren‘ zu wissenschaftlich anspruchsvollen Fachdidaktiken." (Klafki 1976 d, S. 269) Im Zusammenhang damit wurde die Anzahl der zu studierenden Fächer bald auf zwei bis vier reduziert.

Im Rückblick auf die Entwicklung der Lehrerbildung von der zweiten Hälfte des 19. Jahrhunderts an läßt sich zusammenfassend festhalten, daß die Verwissenschaftlichung sowohl der pädagogischen als auch der fachlichen Ausbildung stetig zunahm: Die *pädagogische* Qualifikation wuchs mit der Entwicklung der Pädagogik als Wissenschaft; das anfängliche Defizit im Bewußtsein um das Theorie-Praxis-Verhältnis wurde durch die geisteswissenschaftliche Pädagogik im Hinblick auf die Lehrerausbildung erkannt und konstruktiv gewendet, die Entwicklung allgemeindidaktischer Theorien führte zur vertieften Reflexion des komplexen Handlungsfeldes „Unterricht". Die *fachwissenschaftliche* Qualifikation wuchs in dem Maße, in dem der Studienanteil auf eine immer geringere Anzahl von Fächern reduziert wurde und damit Schwerpunkte (vor allem im Wahlfach) gesetzt werden konnten. Entscheidend für den Verlauf der Entwicklung war dabei, daß die in den beiden ersten skizzierten Phasen festzustellende Isolierung der pädagogischen von der fachlichen Ausbildung in der dritten Phase weitgehend aufgehoben wurde. Trotz der Forcierung des fachwissenschaftlichen Studiums, die ja auch immer mit der Gefahr einhergeht, daß der Lehramtsstudent zu sehr die didaktische Bedeutsamkeit des Stoffes für die Gegenwart und Zukunft des Schülers aus dem Auge verliert, ist es nämlich nicht zu einer Trennung zwischen Fachdidaktiken und Allgemeiner Didaktik gekommen. Denn die allgemeindidaktischen Ansätze, vor allem die bildungstheoretische Didaktik, ermöglichten eine sinnvolle Abstimmung von fachwissenschaftlichen und didaktischen Interessen.[8] Die Diskussion dieser Zeit war primär durch Fragen nach der Struktur der Bildungsinhalte, dem Sinn der Schulfächer, deren Stellung im Fächerkanon und deren Verhältnis zu den Fachwissenschaften bestimmt. Die Konzentration auf derartige Problemkreise stellte auch die eingangs erwähnte Gesprächsbasis dar. Besonders förderlich war dabei die institutionelle Organisation der Pädagogischen Hochschulen. An ihnen „hatte sich bis dahin – schon wegen ihrer Übersichtlichkeit, der Bekanntheit der Hochschullehrer untereinander und vor allem wegen der Betreuung studentischer Praktika durch jeden Hochschullehrer – regional und überregional eine lebhafte Diskussion zwischen Fachwissenschaftlern in der Lehrerausbildung und Erziehungswissenschaftlern ergeben. Fragen der Allgemeinen Didaktik wurden für die einzelnen Fächer konkretisiert." (Roth, L. 1980, S. 24)

Um die vierte Phase der Integration und die dafür maßgeblichen Motive darstellen zu können, ist ein kurzer Blick auf die bis dahin üblich gewesene Ausbildung der Gymnasiallehrer notwendig. Sie verlief seit dem 19. Jahrhundert als zweiphasige Ausbildung, als fachwissenschaftliches Studium an der Universität und als daran anschließende unterrichtspraktische Ausbildung in den Studienseminaren. In der ersten Phase „wurde das Studium einiger Fächer absolviert, ohne daß die Perspektive der späteren Berufstätigkeit als Lehrer überhaupt nur ins Auge gefaßt und zum Bezugspunkt für das Studium gemacht bzw. als Studienelement in die Ausbildung einbezogen wurde". (Roth, L. 1980, S. 23) Eine didaktische Reflexion der Unterrichtsinhalte, das Nachdenken über die Lehrerrolle oder über die institutionelle Form der Schule blieben selbst in der zweiten Ausbildungsphase hintenangestellt. „Um so problematischer mußte es sein, wenn das Universitätsstudium dem künftigen Gymnasiallehrer das Selbstbild vermittelte, primär ‚Fachwissenschaftler‘ zu sein, und in ihm die falsche Vorstellung aufbaute, Fachwissenschaften und Schulfächer entsprächen einander direkt und wer seine Fachwissenschaften gründlich beherrsche, habe damit auch die beste Vorbereitung für das Lehramt gewonnen." (Klafki 1976 d, S. 270) Dieses Modell der Gymnasiallehrerausbildung hat sich bis in unsere Gegenwart hinein unverändert gehalten.[9]

Seit Anfang der 70er Jahre zeichnete sich der Beginn einer vierten Phase in der Lehrerbildung ab, die zu tiefgreifenden Änderungen führte und die als wichtiger Faktor für das *gegenwärtige Verhältnis von Allgemeiner Didaktik und Fachdidaktik* anzusehen ist. Durch die beabsichtigte Integration der Pädagogischen Hochschulen in die Universitäten, die sich bis heute allerdings nicht flächendeckend in allen Bundesländern (z.B. in Schleswig-Holstein und Baden-Würtemberg) realisieren ließ, wurden die Ausbildungsmodi der Volksschul- und Gymnasiallehrer vereinheitlicht und zum Teil angeglichen. Die Motive für diese Integration sind zweifelsohne vielfältig und vielschichtig. Neben bildungsökonomischen Gründen sind aber in erster Linie bildungspolitische Argumente maßgeblich gewesen. Vor allem hatte sich die Einsicht durchgesetzt, „daß zwei Entwicklungen im Bildungswesen in sich demokratisch verstehenden Gesellschaften auf längere Sicht unaufhaltsam sind und entsprechende Konsequenzen in der organisatorischen und inhaltlichen Gestaltung der Lehrerausbildung erfordern: die Annäherung bisher getrennter Schularten – Hauptschule, Realschule, Gymnasium einerseits und Berufsschule andererseits – und bisher getrennter Hochschulen (Universitäten, Technische Hochschulen, Pädagogische Hochschulen, Fachhochschulen usw.)". (Klafki 1976 d, S. 270)[10]

Besonders prägend für den Prozeß der Integration und bestimmend für das sich daraus entwickelnde Verhältnis von Allgemeiner Didaktik und Fachdidaktik waren die Empfehlungen im Strukturplan des Deutschen Bildungsrates.[11] Darin wurde die fachliche Ausbildung der Lehrer als erstrangige Aufgabe angesehen. Vom Umfang her seien zu dieser Ausbildung „die allgemeinen Grundlagen einer Fachdisziplin, die Struktur ihrer Methoden und die erforderlichen Fertigkeiten" (Deutscher Bildungsrat 1970, S. 225) zu zählen. In dieser Hinsicht sollte zwischen der Ausbildung von Primarstufen- und Sekundarstufenlehrern kein prinzipieller Unterschied bestehen: „Die Forderung nach einem wissenschaftlichen Fachstudium für alle Lehrer ist zugleich eine Forderung nach Orientierung des Fachstudiums an dem später zu erteilenden Unterricht. Lehrer für die Sekundarstufe II müssen ein intensives Fachstudium mit größerem Zeitaufwand betreiben, Lehrer der Primarstufe werden ebenso intensiv, aber mehr exemplarisch in das wissenschaftliche Fachstudium eindringen. Eine oberflächlich enzyklopädische Bildung für den Lehrer ist in jedem Falle abzulehnen." (Deutscher Bildungsrat 1970, S. 228f.)

In engem Zusammenhang mit der Betonung der fachwissenschaftlichen Bildung wurden dann auch Stellung und Aufgaben der einzelnen Fachdidaktiken beschrieben. „Fachdidaktik ist im Fach verwurzelt. Sie verbindet das Fach mit der Schulpraxis." (Ebd., S. 225) Zu ihrem Aufgabenbereich gehöre es,

> „1. festzustellen, welche Erkenntnisse, Denkweisen und Methoden der Fachwissenschaft Lernziele des Unterrichts werden sollen;
> 2. Modelle zum Inhalt, zur Methodik und zur Organisation des Unterrichts zu ermitteln, mit deren Hilfe möglichst viele Lernziele erreicht werden;
> 3. den Inhalt der Lehrpläne immer wieder daraufhin kritisch zu überprüfen, ob er den neuesten Erkenntnissen fachwissenschaftlicher Forschung entspricht, und gegebenenfalls überholte Inhalte, Methoden und Techniken des Unterrichts zu eliminieren oder durch neue zu ersetzen;
> 4. erkenntnistheoretische Vertiefung anzuregen und fächerübergreifende Gehalte des Faches beziehungsweise interdisziplinäre Gesichtspunkte zu kennzeichnen". (Ebd., S. 225f.)

Dieser Katalog von Aufgaben läßt deutlich erkennen, daß das Verständnis des Fachdidaktikers von seiner Disziplin und vom zugehörigen Fachunterricht maßgeblich durch den Gegenstand und die Methoden der jeweiligen fachwissenschaftlichen Bezugsdisziplin bestimmt werden sollte.[12] Unterricht mußte daher streng wissenschaftsorientiert geplant und durchgeführt werden; dementsprechend war eine ständige Revision der Lehrpläne erforderlich, um den Unterrichtsstoff an die „neuesten Erkenntnisse der fachwissenschaftlichen Forschung" anzugleichen.

Für das gegenwärtige Verhältnis von Allgemeiner Didaktik und Fachdidaktik sind diese Forderungen des Bildungsrates mitentscheidend gewesen. Aus pädagogischer Sicht fiel man damit hinter den Erkenntnisstand der 60er Jahre zurück: Der Konsens zwischen den Vertretern der Allgemeinen Didaktik und der Fachdidaktik hatte bis dahin die Notwendigkeit der didaktischen Reflexion und Begründung von Unterricht in den Vordergrund gestellt; fachwissenschaftliche Inhalte mußten demnach erst im Hinblick auf die gegenwärtige und zukünftige Situation des Schülers ausgewiesen werden. Nach den Empfehlungen des Bildungsrates schien dies nun eine eher unbedeutende Aufgabe zu sein. Diese Ansicht kam vielen Fachdidaktikern offensichtlich gelegen. Die hinsichtlich der Integration der Pädagogischen Hochschulen in die Universitäten diskutierte Frage der Zuordnung der Fachdidaktiken zum erziehungswissenschaftlich-didaktischen Fachbereich oder zur Fachwissenschaft wurde bis auf wenige Ausnahmen (z.B. Bremen, Hamburg) einheitlich gelöst, indem man sich für eine Fach-zu-Fach-Zuordnung entschied. Die Fachdidaktiken sind seit dieser Zeit Bestandteil einer fachwissenschaftlichen Fakultät. Für die Vertreter der Fachdidaktik war es nun eine Reputationsfrage, sich eher als Fachwissenschaftler oder als Pädagoge zu verstehen. Kollegiale Anerkennung war ihnen in der Regel nur sicher, wenn sie sich der Fachdisziplin verbunden fühlten und sich darin durch entsprechende Publikationen auswiesen.[13] Dadurch schwand aber auch zwangsläufig das Interesse an der Pädagogik und an der Allgemeinen Didaktik. Insofern darf man die letzte Phase der Verwissenschaftlichung der Lehrerbildung, organisatorisch durch den oben beschriebenen Integrations- und Vereinheitlichungsprozeß vollzogen, als einen entscheidenden Faktor für das ausbleibende Gespräch zwischen Allgemeiner Didaktik und Fachdidaktik anführen.

2.

Die derzeit fehlende Gesprächsbereitschaft zwischen den Vertretern der Allgemeinen Didaktik und Fachdidaktik ist allerdings mit reinen organisatorischen Gründen wie den der Integration nicht hinlänglich zu erklären. Denn unter diesem Einzelaspekt bliebe es unverständlich, *warum* die meisten Fachdidaktiker für den Anschluß an die fachwissenschaftliche Fakultät votierten und sich nicht für die Zuordnung zum erziehungswissenschaftlichen Fachbereich entschieden haben. Die schnelle Entschlossenheit und das nahezu einheitliche Wahlverhalten lassen einen tieferliegenden Grund vermuten. Es drängt sich nämlich die Frage auf, ob die Vertreter der Fachdidaktik die allgemeindidaktischen Theorien in ihrer Reichweite schon zur Zeit des intensiven Austausches mit der notwendigen kritischen Distanz rezipiert haben. Auffällig ist in dieser Hinsicht zumindest die Tatsache, daß die Fachdidaktiker verschiedene Modelle zu verschiedenen Zeiten bevorzugt haben. In den einzelnen Fachdidaktiken wurden nämlich – je nachdem, welches allgemeindidaktische Modell die Diskussion weitgehend bestimmte – Konzeptionen entwickelt, die sich in der Regel eben nur als fachdidaktische Konkretisierung des jeweils dominierenden Modells erwiesen. So stehen beispielsweise seit dem Ende der 60er Jahre im Bereich der Sportdidaktik – um diese hier als Beleg heranzuziehen – verschiedene fachdidaktische Positionen unverbunden nebeneinander, weil sie sich jeweils auf andere allgemeindidaktische Ansätze beziehen, etwa auf die bildungstheoretische Didaktik (z.B. Hecker 1970), auf die lerntheoretische (z.B. Brettschneider 1975), auf die informationstheoretische (z.B. Ungerer 1979) oder auf die Curriculumtheorie (z.B. Funke 1979). Problematisch ist dabei vor allem der Sachverhalt, daß die einzelnen Ansätze nicht im Verhältnis zu den anderen relativiert, sondern für sich genommen und damit quasi verabsolutiert wurden.

Losgelöst von diesem fachdidaktischen Beispiel ist aber im Hinblick auf das Verhältnis von Allgemeiner Didaktik und Fachdidaktik zu fordern: Der Fachdidaktiker muß sich darüber Klarheit verschaffen, daß allgemeindidaktische Modelle nur „bestimmte Dimensionen und Kriterien des Unterrichts bzw. der Unterrichtsplanung" benennen und daher auch nur „bestimmte unterrichtliche Probleme sagbar" (Wittenbruch 1983, S. 56) machen. Denn als Modelle können didaktische Theorien „jeweils nur Stücke eines komplexen fachdidaktischen Problemfeldes in den Blick nehmen". (Hecker/ Küpper 1984, S. 38)

Parallel zur Haltung der Fachdidaktiker gegenüber allgemeindidaktischen Modellvorgaben muß auch deren Umgang mit den Theoriekonjunkturen der jeweiligen fachwissenschaftlichen Bezugsdisziplinen gesehen werden. Exemplarisch läßt sich das etwa am Wandel sprachdidaktischer Konzeptionen belegen. Dominierte im Deutschunterricht bis etwa 1965 eine Spracherziehung, die weitgehend „den Theorien ‚inhaltsbezogener Grammatik' (Weisgerber u.a.) folgte und bei der durch gestalts-, inhalts-, leistungs- und wirkungsbezogene Sprachbetrachtung sprachliches Wachsen, Können, Wissen und Wollen gefördert werden sollte" (Ulrich 1983, S. 58), so gewann bald die soziolinguistische Forschung einen hohen Einfluß: Sprachunterricht bekam seinen primären Sinn von der Frage, inwiefern die durch die Zugehörigkeit zu einer niederen sozialen Schicht eingeschränkte Sprach- und Handlungsfähigkeit kompensiert werden könnten. Ab Mitte der 70er Jahre geriet dann dieser „emanzipatorische Sprachunterricht" durch neuere psycho- und pragmalinguistische Ansätze in die Kritik. Diese Theorien begreifen Sprache als Handeln, das durch die Situation, in der Menschen kommunizieren, zum Ausdruck kommt und bestimmt wird. Aufgabe des Deutschunterrichts sollte es nun sein, die kommunikative Kompetenz des Schülers in konkreten Situationen zu fördern. Die jeweilige Präferenz für die spezifische sprachtheoretische Ausrichtung und die gleichzeitige Vernachlässigung der anderen hat sich dann auch nahezu zwangsläufig in der Konzeption von Sprachbüchern niedergeschlagen.[14]

Beide Fehlformen fachdidaktischen Denkens und Handelns, die unkritische Anlehnung an ein einzelnes allgemeindidaktisches Modell einerseits und die nicht minder unkritische Rezeption fachwissenschaftlicher Theorien andererseits, sind darauf zurückzuführen, daß der Modellcharakter der zu Rate gezogenen Ansätze erkenntnistheoretisch unreflektiert blieb. Diese fehlende Relativierung hatte zur Konsequenz, daß „der jeweilige aspekthafte Zugewinn rationaler Einsicht wegen des gleichzeitigen Verlustes bereits vorhandener Wissens- und Erfahrungsbestände in seiner intendierten Wirkung als Erweiterung der Rationalität didaktischen Handelns praktisch immer wieder aufgehoben" wurde. „Die Fachdidaktik setzt sich damit selbst dem Zwang aus, den Anspruch theoretischer Gültigkeit mit jedem Paradigmawechsel auf einer hohen Abstraktionsebene neu zu begründen." (Legler 1983, S. 590)

3.

Neben dem mangelnden Interesse der Fachdidaktiker an einer eigenständigen pädagogischen Begründung des Fachunterrichts einerseits und ihrem unkritischen Rezeptionsverhalten gegenüber den Konzepten der Allgemeinen Didaktik andererseits ist die gegenwärtige Situation aber auch in hohem Maße durch die Motive und inhaltlichen Schwerpunkte mitbestimmt, die für die Forschungsarbeit in der Allgemeinen Didaktik maßgeblich sind. Die Entstehungsgeschichte der allgemeindidaktischen Modelle zeigt, daß es zunächst darauf ankam, „Lehrerstudenten ein Instrumentarium zur Verfügung zu stellen, mit dem sie Unterricht analysieren und im Gefolge auch planen können". (Lütgert 1981, S. 579) Dieses pragmatische Interesse stand anfänglich deutlich im Vordergrund, war aber immer schon verwoben mit der Absicht, das konstruierte Modell theoretisch zu legitimieren, also „die vorgelegten Analyse- bzw. Planungsmodelle mit der jeweils von den Autoren vertretenen Bildungs- bzw. Unterrichtstheorie zu verbinden, um von dieser Konzeption Legitimationen für eine angemessene Unterrichtsplanung zu gewinnen". (Ebd.) Im Laufe der Zeit haben sich die Akzente allerdings deutlich verschoben: „Die theoretisch-legitimatorische Wurzel wuchert, die pragmatische verdorrt, d.h., die ursprüngliche Funktion der Modelle, Lehrerstudenten und Lehrer für den Unterricht handlungsfähig zu machen, geht verloren." (Ebd.)[15]

Dieser Tatbestand hat zweifelsohne mit dazu beigetragen, daß der „Fachdidaktiker vor Ort", der Lehrer, dazu neigt, für die Planung einzelner Unterrichtsstunden eher auf die enorm angestiegene Kompendienliteratur zurückzugreifen als sich an allgemeindidaktischen Modellen zu orientieren.[16] Dadurch aber wird vom Lehrenden die Bedeutung der theoretischen Legitimation verkannt oder sogar ausgeblendet. Es besteht zu wenig Einsicht in die Notwendigkeit, „didaktische Argumentationsebenen zu unterscheiden. Die Argumentation im Hinblick auf die Einzelstunde kann eines sein, die Argumentation, die darauf zielt, z.B. bestimmte Inhalte des Faches zu legitimieren, ist ein anderes; letztere kann nicht an jeder Unterrichtseinheit oder ihrer Planung wiederholt werden. Wollte man darauf verzichten, solche Legitimationen vorzutragen, hieße das, einen Zustand zu begünstigen, in dem die Lehrer blind oder nur noch aufgrund von Verordnungen handeln." (Otto 1983, S. 539) So gesehen darf Lütgerts Vorwurf an die Vertreter der Allgemeinen Didaktik nicht dazu führen, daß in Zukunft die „theoretisch-legitimatorische Wurzel" verdorrt.

Für das gegenwärtige Verhältnis von Allgemeiner Didaktik und Fachdidaktik ist es deshalb nicht so sehr entscheidend, *daß* die theoretische Legitimation im Vordergrund steht, sondern *wie* diese im einzelnen vorgetragen wird. Denn mit dem letzteren, also der Art und Weise der theoretischen Begründung, hängt nämlich der Anspruch zusammen, mit dem die Allgemeine Didaktik – auch implizit gegenüber der Fachdidaktik – auftritt. Unverkennbar ist in dieser Hinsicht die Tendenz, wonach die einzelnen Autoren weniger die spezifische Perspektive kennzeichnen, unter der bestimmte Fragestellungen und Problemkreise ausgewählt und erörtert werden, sondern vielmehr den Anspruch erheben, *alle wesentlichen* Faktoren des unterrichtlichen Lehr-/ Lernprozesses thematisieren zu können.[17] Diese Tendenz läßt sich beispielsweise in der bildungstheoretischen und lerntheoretischen Didaktik nachzeichnen. So betont etwa W. Klafki, daß das von ihm neuerdings vorgelegte Planungsraster darauf abzielt, „möglichst alle wesentlichen Dimensionen des Unterrichts und ihre Beziehungen zur Sprache zu bringen". (Klafki 1985 a, S. 212) Einen ähnlichen Anspruch erhob Klafki auch für sein früheres Didaktikmodell, wenn es ihm darum ging, „ein Denkmodell zu skizzieren, in dem alle Grundbeziehungen zur Sprache kommen, die in jeder Gesamtkonzeption einer Besonderen Didaktik oder einer Bereichs- bzw. Fachdidaktik ... berücksichtigt sein wollen". (Klafki 1963 a, S. 36) P. Heimann hatte bereits in seinen ersten wichtigen Aufsätzen darauf verwiesen, daß die Strukturanalyse als Kernstück des lerntheoretischen Modells und als eine „didaktische Topologie der wichtigsten Entscheidungs- und Begründungsfelder" (Heimann 1962; hier zitiert nach 1976 a, S. 152f.) anzusehen sei. Der Didaktik als Theorie des Unterrichts sprach er später die Aufgabe zu, „alle im Unterricht auftretenden Erscheinungen unter wissenschaftliche Kontrolle zu bringen". (Heimann 1965, S. 9) Dieser Anspruch wurde auch in der Weiterführung der Heimannschen Arbeiten durch W. Schulz aufrechterhalten, indem dieser das Wesentliche vom Unwesentlichen zu scheiden versuchte: „Wenn man von dem, was sich zeigt, auch das Zufällige noch abstrahiert, das nur zum jeweiligen Unterrichtsbeispiel, nicht aber notwendig zum Unterricht überhaupt gehört, dann tritt die formale Struktur hervor, als deren inhaltliche Variation sich konkreter Unterricht beschreiben läßt." (Schulz 1965, S. 23) Für sein neueres allgemeindidaktisches Modell, die sogenannte „Hamburger Didaktik", beansprucht Schulz, daß es mit Hilfe einiger Grundannahmen „eine kalkulierbare und kritisch zu beobachtende Reduktion der Planungsaufgaben" vornehmen könne, gleich wohl aber „die typischen Merkmale dieser Komplexität zu erhalten" (Schulz 1981[3], S. 6) suche.

All diese Formulierungen zeigen, wie der jeweilige Autor das von ihm konzipierte Modell auszeichnet: Jeder nimmt in Anspruch, die „wichtigsten", „wesentlichen", „typischen" und „notwendigen" Aspekte von Unterricht zu thematisieren. Wenn dabei auch nicht behauptet wird, man berücksichtige alle Faktoren des Unterrichtsgeschehens, so wird dennoch ein gewisser Anspruch auf inhaltliche Vollständigkeit erhoben, wenn es heißt, „alle wesentlichen" Aspekte seien in die Konstruktion des Modells eingeflossen. Für den Modellverwender, also für den Studenten, für den Lehrer, vor allem auch für den Fachdidaktiker, der das allgemeindidaktische Modell fachspezifisch zu konkretisieren versucht, muß es darauf ankommen, den jeweiligen Anspruch in seiner begrenzten Reichweite zu erkennen. Offensichtlich ist diese Aufgabe von Anfang an von beiden Seiten versäumt worden: Die Vertreter der Allgemeinen Didaktik haben es unterlassen, den Anspruch ihres Modells gemäß der leitenden Interessen zu reduzieren und entsprechend zu kennzeichnen. Umgekehrt haben die Fachdidaktiker Reichweite und Grenzen der allgemeindidaktischen Modelle falsch eingeschätzt; nur so läßt sich hinreichend erklären, daß nach und nach die verschiedenen allgemeindidaktischen Ansätze rezipiert und konkretisiert wurden, gleichzeitig aber auch die durch die ehemals bevorzugten und nun diskreditierten Modelle angestoßenen Erkenntnisse in Vergessenheit gerieten.

Für die zukünftige Entwicklung des Verhältnisses von Allgemeiner Didaktik und Fachdidaktik wird nicht so sehr die organisatorische Zuordnung der Fachdidaktik zu der fachwissenschaftlichen Fakultät maßgeblich sein. Denn das Selbstverständnis des Fachdidaktikers wird ihm nicht durch diese Organisationsform vorgeschrieben; er *selbst* kann sich entscheiden, ob er die pädagogische Dimension seiner Arbeit nicht minder schätzt als die fachwissenschaftliche. Was vielmehr not täte, wäre zweierlei: *Einerseits* wäre zu fragen, welche spezifischen Momente der Unterrichtswirklichkeit in den einzelnen allgemeindidaktischen Modellen erörtert werden. Dadurch würde erkennbar, daß die jeweiligen Modelle bestimmte Aspekte besonders differenziert thematisieren, andere Aspekte dagegen nur oberflächlich oder gar nicht. *Andererseits* wäre zu fragen, welche Bedeutung die in den verschiedenen allgemeindidaktischen Theorien behandelten Begriffe und Zusammenhänge für fachdidaktisches Denken und Handeln haben könnten.

Zur Klärung dieser beiden Aspekte soll die vorliegende Arbeit beitragen. Sie geht der Frage nach, was die konstruktiven Vorgriffe allgemeindidaktischer Theorien für fachdidaktisches Denken und Handeln leisten und welche Anregungen sich aus diesen Vorgriffen im einzelnen ergeben. An ein derartiges Vorgehen knüpft sich zum einen die Hoffnung, den begrenzten Anspruch dieser Theorien aufzeigen zu können. Das Wissen um die Grenzen der einzelnen Theorie müßte dann aber auch Aufschlüsse über deren spezifische Leistungsfähigkeit ergeben. Denn wenn man davon ausgeht, daß die Allgemeine Didaktik den Fachdidaktikern keine spezifischen Antworten liefert, sondern sie fächerübergreifende „Fragen lehrt", sich also als „Problematisierungsinstanz" (Diederich, J.1977, S. 24) versteht, dann müßte es gerade aus dem Wissen um den begrenzten Anspruch heraus möglich sein zu zeigen, welche allgemeinen Fragen es denn im einzelnen sind, die die jeweilige allgemeindidaktische Theorie stellt, und welche Bedeutung diese Fragen für die fachdidaktische Theoriebildung haben, um der Komplexität des vielseitigen und vielschichtigen Handlungsfeldes „Unterricht" gerecht werden zu können. In diesem Sinne stellt die vorliegende Arbeit also die spezifische Frage nach der *systematischen Bedeutung allgemeindidaktischer Theorien für die fachdidaktische Theoriebildung und für die Analyse, Planung und Durchführung von Fachunterricht.*

Die Frage nach der Bedeutung allgemeindidaktischer Theorien für fachdidaktisches Denken und Handeln bedarf eines adäquaten theoretischen Zugriffs. Dieser Zugriff wird im ersten Kapitel durch die Einführung einiger zentraler Begriffe der Allgemeinen Modelltheorie erläutert. Die Anwendung der modelltheoretischen Terminologie auf didaktische Modelle ist zwar seit etwa 1970 bereits mehrfach unternommen worden,[18] hinsichtlich der Bedeutung dieser Theorien für die *fachdidaktische* Theoriebildung und die Analyse, Planung und Durchführung von Unterricht liegt jedoch noch kein entsprechender Versuch vor. Im Lichte der Modelltheorie sind Theorien und Modelle als perspektivische Konstruktionen der Wirklichkeit zu verstehen, durch die bestimmte Aspekte der Wirklichkeit akzentuiert beschrieben werden, andere dagegen unberücksichtigt bleiben. Insofern scheint dieser Ansatz für die hier leitende Fragestellung besonders geeignet zu sein, weil dadurch gezeigt werden kann, *welche* Aspekte der Unterrichtswirklichkeit in der betreffenden Theorie behandelt und *welche* Fragen damit für fachdidaktisches Denken und Handeln aufgeworfen werden.

Im Hauptteil der Arbeit (Kapitel 2-4) folgt dann eine modelltheoretische Analyse allgemeindidaktischer Modelle. Zu diesem Zweck ist eine Auswahl unumgänglich; sie beschränkt sich auf die Analyse der drei Modelle, die die didaktische Diskussion nachdrücklich bestimmt haben: auf die bildungstheoretische, die lerntheoretische und die informationstheoretische Didaktik. Der Entscheidung für diese „etablierten" Theorien kann man den berechtigten Vorwurf entgegenhalten, daß dadurch einmal mehr einer Verengung der didaktischen Diskussion Vorschub geleistet werde. Denn Theorien „strukturieren das Bewußtsein der für die Organisation von Schulunterricht Verantwortlichen; sie definieren, welches problematische, wichtige Elemente sind, in welchen Verknüpfungen sich Elemente miteinander befinden, in welchem Horizont sie zu interpretieren sind". (Thiemann/Wittenbruch 1976, S. 194)

Wenn hier nun etwa die „kommunikative", die „systemtheoretische", die „Gießener Didaktik" oder die vielen anderen „vernachlässigten Didaktiken" (Bönsch 1986) nicht herangezogen werden, so ist dadurch nicht deren Bedeutungslosigkeit angezeigt. Für die Bevorzugung bestimmter Theorien lassen sich sicherlich mehrere Gründe anführen. Auf einen besonders wichtigen machten Wittenbruch und Thiemann bereits 1976 aufmerksam, wenn sie vermuteten, daß Ansätze, wie etwa die von Ballauff, Petzelt oder W. Fischer, deshalb eine vergleichsweise geringe Resonanz fänden, weil sie „sich einer komplikationslosen ‚Vereinfachung' und einer schnellen Umsetzung in ‚didaktische Imperative' widersetzen..., während Unterrichtstheorien, die von ihrer Anlage her versprechen, daß die jeweils gewünschten Ziele bei dem zu Erziehenden sicher und reibungslos erreicht werden, ihre Dominanz in der öffentlichen Schule behaupten". (Wittenbruch/ Thiemann 1976, S. 104)

In erster Linie ist hier eine Beschränkung auf die „gängigen" Ansätze aus zeitökonomischen Gründen erforderlich; insofern bleibt zu hoffen, daß diese Arbeit auch Anstoß gibt, die hier behandelte Thematik weiter zu verfolgen und der fachdidaktischen Relevanz anderer allgemeindidaktischer Theorien nachzugehen. Zum anderen kommt man nach Durchsicht der Literatur zu dem Ergebnis, daß gerade die bildungs-, lern- und informationstheoretische Didaktik zu denjenigen Modellen zu rechnen sind, die in den jeweiligen fachdidaktischen Disziplinen vorrangig rezipiert und umgesetzt worden sind. Neben der Beschränkung auf die drei ausgewählten Modelle ist die durchzuführende Analyse aber auch noch in einer anderen Hinsicht durch die Fragestellung selbst eingegrenzt. Es soll hier nicht auf eine umfassende Darstellung und Kritik der einzelnen Konzeptionen ankommen. Derartige Arbeiten liegen in ausreichender Zahl vor.[19] Vielmehr sind nur diejenigen Aspekte auszuwählen, von denen man ein entsprechendes Anregungspotential für fachdidaktisches Denken und Handeln erwarten darf.

Wenn sich die modelltheoretische Terminologie zur Deskription der spezifischen Leistungsfähigkeit allgemeindidaktischer Theorien für fachdidaktisches Denken und Handeln als fruchtbares Instrumentarium erweisen sollte, dann ist damit jedoch noch keineswegs gesagt, welche Aspekte der Unterrichtswirklichkeit unthematisiert bleiben, welche Fragen die jeweilige Theorie den Fachdidaktiker also nicht lehrt. Aussagen über derartige Defizite sind aber nur möglich, wenn man um die vielfältigen Problemkreise, Strukturen und Zusammenhänge der didaktischen Reflexion weiß. Sie sind somit nur von einem übergreifenden systematischen Standpunkt aus möglich. Von ihm aus kann entschieden werden, was es für künftiges fachdidaktisches Denken und Handeln mitzubedenken gilt, und von ihm aus müßte dann auch eine kritische Würdigung der einzelnen allgemeindidaktischen Modelle erfolgen können. Wie aber gelangt man zu einem solchen systematischen Standpunkt? Offensichtlich nur dadurch, daß man pädagogisches Denken im allgemeinen und didaktisches im besonderen als geschichtliches Denken begreift und damit in einen umfassenden Traditionszusammenhang stellt. Darauf zielt das fünfte Kapitel. Im Rückgriff auf einige ausgewählte schulpädagogische Schriften F. W. Dörpfelds (1824 – 1893) wird nach einem *Minimum* an didaktischen Theorieelementen gefragt, die ein sinnvolles Sprechen über Probleme und Möglichkeiten des Unterrichtens erst gestatten. Dörpfelds Ansatz wird dabei in mancher Hinsicht zu Widerspruch herausfordern und zu kritisieren sein; er wird allerdings auch auf den weiten Horizont didaktischer Theoriebildung und auf die notwendige Einbettung allgemeindidaktischer Aussagen in das umfassende Feld der Schulpädagogik verweisen. Damit ist zugleich deutlich, daß der historische Exkurs nicht aus einem antiquarischen Interesse erfolgt. „Geschichtliches Denken ist nicht nur Erinnerung, Vergegenwärtigung eines Vergangenen in kontemplativer Schau um seiner selbst willen, sondern intendiert die begriffene Geschichte, verstandene Vergangenheit als Vorgeschichte der Gegenwart, historische Maßstäbe für eine gewollte Zukunft." (Herrmann 1978, S. 177) Eine so „begriffene Geschichte" ist dann das „kritische Gedächtnis" (Michel 1988, S. 98), das daran erinnert, was für die Zukunft mitbedacht werden muß. Denn auch der Fortschritt in der didaktischen Diskussion wird wesentlich davon abhängig sein, „daß wir nicht einfach vergessen, was man schon einmal wußte". (Spaemann 1975, S. 24) Indem das abschließende sechste Kapitel an die Vielfalt und Vielschichtigkeit didaktischer Reflexion erinnert, wird eine Einschätzung der analysierten Modelle hinsichtlich ihrer Bedeutung für fachdidaktisches Denken und Handeln möglich. Von daher dürften dann auch einige *Impulse für die Wiederbelebung des Gespräches zwischen Vertretern der Allgemeinen Didaktik und der Fachdidaktik* zu erwarten sein.

1. Kapitel

Der theoretische Zugriff

In diesem Kapitel soll zunächst erläutert werden, mit welchem begrifflichen Instrumentarium allgemeindidaktische Modelle im Hauptteil dieser Arbeit analysiert und auf ihre Bedeutsamkeit für fachdidaktisches Denken und Handeln hin befragt werden können. Zu diesem Zweck sind einige zentrale Begriffe der Modelltheorie einzuführen und hinsichtlich ihrer spezifischen Leistung für die leitende Fragestellung zu konkretisieren.

1.1. Vom „Denken in Modellen" zum „Nachdenken über Modelle"

Die Wahl für den im folgenden darzustellenden modelltheoretischen Zugriff geht in erster Linie auf den bekannten Sachverhalt zurück, daß man in der didaktischen Diskussion bereits seit Anfang der 60er Jahre Theorien auch als Modelle bezeichnet.[1] Die gängige Rede vom Modell ist daher in nahezu allen einschlägigen Veröffentlichungen zu finden. So spricht etwa W. Klafki hinsichtlich der von ihm vertretenen bildungstheoretischen Didaktik von einem „Denkmodell ..., in dem alle Grundbeziehungen zur Sprache kommen, die in jeder Gesamtkonzeption einer Besonderen Didaktik oder einer Bereichs- bzw. Fachdidaktik ... berücksichtigt sein wollen". (Klafki 1963 a, S. 36) W. Schulz deklariert seine lerntheoretische Didaktik als ein wertfreies „Beschreibungsmodell" (1965, S. 24), mit dessen Hilfe Unterricht analysiert und geplant werden könne. Mit seiner „Hamburger Didaktik" zielt er auf „die Darstellung eines allgemeindidaktischen Modells der Unterrichtsplanung". (Schulz 1981[3], S. 4) F. von Cube gründet das Konzept der kybernetisch-informationstheoretischen Didaktik auf die These, daß sich unterrichtliche Lernprozesse „durch kybernetische Begriffe und Modelle adäquat beschreiben" (von Cube 1977 a, S. 20) lassen; Unterricht könne daher nach dem Modell des Regelkreises (ebd., S. 23) geplant und realisiert werden.[2] W. Himmerich und seine Mitarbeiter bezeichnen die von ihnen entworfene und durch Planungsbeispiele konkretisierte „Gießener Didaktik" als ein „relevanztheoretisches Modell". (Himmerich u.a. 1976, S. 9; s. auch Himmerich 1970, S. 61)

Bereits diese wenigen Beispiele dokumentieren, daß das „Denken in Modellen" in der Allgemeinen Didaktik Tradition hat. Darüber hinaus ist es aber auch üblich, modelltheoretische Begriffe zur vergleichenden Beschreibung und Analyse allgemeindidaktischer Modelle selbst zu benutzen. Diese „metatheoretische Betrachtung von Didaktik erfolgte erst, nachdem zahlreiche unterschiedliche didaktische Modelle zueinander in Konkurrenz getreten waren". (Dichanz 1981, S. 143)[3] Die wohl bekannteste vergleichende Analyse ist in dieser Hinsicht die von H. Blankertz („Theorien und Modelle der Didaktik"; erstmals 1969). Darin wird der Modellbegriff allerdings nicht explizit eingeführt, so daß offen bleibt, was im einzelnen mit „Theorie" und mit „Modell" gemeint sein soll, ob diese Begriffe etwas Unterschiedliches bezeichnen oder ob sie gegebenenfalls auch synonym verwendet werden können. Insgesamt gesehen haben die verschiedensten modelltheoretischen Analysen jedenfalls dazu geführt, daß das „Denken in Modellen" durch das „Nachdenken über Modelle" ergänzt worden ist. Damit entwickelte sich zugleich die Tendenz, „von der Aspektrelevanz des einzelnen Modells zu sprechen" (Ruprecht 1972, S. 11) und von daher dessen jeweilige Stärken und Schwächen herauszustellen. An diese Tendenz knüpft auch die hier zu verfolgende Fragestellung an: Wenn eine modelltheoretische Analyse die spezifische Perspektive, unter der Unterricht in den Blick genommen wird, prägnant zur Sprache bringen kann, dann müßte es darauf aufbauend auch möglich sein, die besondere Leistungsfähigkeit allgemeindidaktischer Modelle für fachdidaktisches Denken und Handeln beschreiben zu können. Dieses Vorgehen läßt sich dann auch als ein möglicher Ansatz betrachten, durch den nicht nur die gegenwärtig diskutierten Didaktikkonzeptionen auf deren spezifischen Gesprächsbeitrag hin befragt, sondern auch solche Aspekte wieder in Erinnerung gerufen werden können, die durch die Umarbeitung der älteren Modelle oder durch deren unkritische Rezeption zum Teil oder ganz in Vergessenheit geraten sind.[4]

1.2. Allgemeine Merkmale didaktischer Modelle

Im folgenden sollen im Rückgriff auf alltägliche Beispiele zunächst die drei Hauptmerkmale von Modellen erläutert werden, um anschließend zeigen zu können, inwiefern diese Merkmale auch auf didaktische Modelle zutreffen. Es handelt sich dabei im einzelnen um (1) das Abbildungsmerkmal, (2) das Verkürzungsmerkmal und (3) das pragmatische Merkmal. Bei der Erläuterung dieser Merkmale kann es nicht auf eine ausführliche Beschreibung der Modelltheorie in Anlehnung an entsprechende grundlegende Arbeiten, etwa im Sinne der umfassenden Modelltheorie Stachowiaks (1965, 1973, 1980 b, 1980 c), ankommen. Vielmehr beschränken sich die folgenden Ausführungen auf solche zentralen Aspekte der Modelltheorie, die für die leitende Fragestellung relevant erscheinen.

(1) Das Abbildungsmerkmal
Modelle stehen immer in einem bestimmten Bezug zur Wirklichkeit, wobei es gleichgültig ist, ob sie sich auf Gegenwärtiges (Schaltplan eines Transistorradios), auf Vergangenes (Modell einer Dampflokomotive) oder Zukünftiges (Modell eines zu bauenden Hauses) beziehen. Mit der Rede von einer „naturgetreuen" Nachbildung verweist das Beispiel „Dampflokomotive" bereits im alltagssprachlichen Bereich auf den Bezug zur Wirklichkeit. Das zeigt sich etwa in den vielen Eigenschaften, in denen Original und Modell übereinstimmen können (Kurbelantrieb, Anzahl der

Räder, Farbe usw.). Im Falle eines Schaltplans sind dagegen schon erhebliche Unterschiede festzustellen: Die einzelnen Lötstellen, die verschiedenen elektronischen Bestandteile, die Schalter oder Lautsprecher des Radios sind in der Wirklichkeit dreidimensionale Körper, im Modell, also im Schaltplan, liegen sie nur noch zweidimensional vor. Derartige Unterschiede schmälern für den Modellbenutzer aber nicht den Bezug zur Wirklichkeit. Trotz dieser oder anderer Unterschiede weiß der Fachmann, der Modellbenutzer, auf Anhieb, was den zeichnerisch fixierten Symbolen als Entsprechung in der Wirklichkeit zuzuordnen ist. Dieser Sachverhalt, also die Tatsache, daß sich Modelle auf Wirklichkeit beziehen und diese abbilden wollen, wird in der modelltheoretischen Terminologie als „Abbildungsmerkmal" (Stachowiak 1973, S. 131)[5] oder auch als „Repräsentativität" (Salzmann 1975, S. 259) bezeichnet.

Was hier beispielhaft im Hinblick auf konkrete, anschauliche Modelle gesagt worden ist, trifft auch auf Denkmodelle zu. Sie sind sprachliche Gebilde, durch die Wirklichkeit in abstrakter Form repräsentiert wird. Zu derartigen Modellen sind auch didaktische Modelle zu rechnen; sie beziehen sich auf die komplexe Unterrichtswirklichkeit und bilden diese durch bestimmte Termini ab.[6] Das bedeutet zugleich: Die Repräsentativität, die ein didaktisches Modell erzeugt, ermöglicht es uns erst, über Unterrichtswirklichkeit zu sprechen, sie im nachhinein in irgendeiner Form zu rekonstruieren oder sie im Vorgriff auf noch herzustellende Wirklichkeit planerisch zu entwerfen.

(2) Das Verkürzungsmerkmal (Reduktion)
Modelle unterscheiden sich – das wurde bereits angedeutet – von ihren Originalen dadurch, daß in ersteren nicht alle Eigenschaften der letzteren abgebildet sind. So entspricht beispielsweise der wirklichen Dampflokomotive eine elektrisch angetriebene „Dampf"-Lokomotive im Modell. Die widrigen Wetterumstände, die den Ablauf des Bahnverkehrs erheblich beeinflussen können, werden im Spiel mit der Modelleisenbahn nicht mitsimuliert usw. Modelle fangen also immer nur einen Teil der Wirklichkeit ein, indem sie die Anzahl der Eigenschaften des Originals verkürzen und auf wenige wichtige reduzieren. Dieses Merkmal soll im weiteren als „Verkürzungsmerkmal" (Stachowiak 1973, S. 132) oder auch als „Reduktion" (Salzmann 1976, S. 450; 1975, S. 25; Popp 1970, S. 53) bezeichnet werden.

Auch didaktischen Modellen ist das Verkürzungsmerkmal als charakteristischer Zug eigen. Es handelt sich dabei jedoch nicht um eine oberflächliche Betrachtungsweise der Unterrichtswirklichkeit, derzufolge irgendwelche Aspekte übersehen worden wären. Vielmehr trifft man hier auf die anthropologische Notwendigkeit, Komplexität reduzieren zu müssen. Das pädagogische Feld ist charakterisiert durch die ihm eigene „Faktorenkomplexion" (Winnefeld 1970). Deshalb ist es unter eingeschränkten Raum-Zeitverhältnissen, durch die jegliche Kommunikation, auch die unter Wissenschaftlern, begrenzt wird, nicht möglich, alle Aspekte der Unterrichtswirklichkeit zu thematisieren. Aus diesem Grunde ist wissenschaftliches Arbeiten auch im Rahmen der didaktischen Forschung durch die sinnvolle Eingrenzung von Fragestellungen gekennzeichnet.[7] Ein Blick auf didaktische Modelle verdeutlicht das. Die bildungstheoretische Didaktik hat sich seit jeher auf die Frage nach der be-

gründeten Auswahl von Bildungsinhalten konzentriert. Andere Aspekte, wie etwa
die Frage nach der Art und Weise, in der Schüler lernen, nach der Funktion des Lehrers im Lernprozeß, nach den didaktischen Funktionen von Medien, nach der Methodik insgesamt usw., sind demgegenüber immer nur zweitrangig gewesen. Ganz
anders wurden dagegen die Schwerpunkte im Rahmen der kybernetisch-informationstheoretischen Didaktik gesetzt. Dort klammerte man die Frage nach den zu ver-
mittelnden Inhalten auf Grund bestimmter metatheoretischer Vorentscheidungen
aus und konzentrierte das Forschungsinteresse auf solche Möglichkeiten, durch die
Lernprozesse von Schülern „effektiv" gesteuert werden können.

Die beiden Beispiele zeigen, daß didaktische Modelle bestimmte Aspekte thematisieren, andere dagegen unberücksichtigt lassen.[8] Dieser modelltheoretische Sachverhalt hat nun bestimmte Konsequenzen für die hier zu verfolgende Fragestellung:
Gerade weil in allgemeindidaktischen Modellen immer nur bestimmte Aspekte behandelt werden, muß ihre Aussagekraft im Hinblick auf fachdidaktisches Denken
und Handeln auch beschränkt sein. Die Anregungen, die das eine Modell der fachdidaktischen Forschung zu geben vermag, sind daher nicht (ohne weiteres) durch
Aussagen anderer Modelle, die sich auf ganz andere Fragen und Problemkreise beziehen, als unangemessen bzw. überholt anzusehen. Um bei den gewählten Beispielen zu bleiben: Eine modelltheoretische Analyse der bildungstheoretischen Didaktik
hinsichtlich der darin eingeschlossenen Vorgriffe auf fachdidaktisches Denken und
Handeln wird andere Aspekte zu würdigen haben als eine Analyse der kybernetisch-
informationstheoretischen Didaktik. Die bildungstheoretische Didaktik mahnt den
Fachdidaktiker beispielsweise, die Lehrplantheorie als entscheidenden Baustein
eines fachdidaktischen Konzeptes heranzuziehen, um so zu begründeten Entscheidungen über fachspezifische Bildungs*inhalte* zu gelangen. Die kybernetisch-informationstheoretische Didaktik erinnert u.a. daran, *wie* Lernprozesse beim Schüler in
Gang gesetzt werden können und daß dementsprechende fachspezifische *Lernwei-
sen* zu entwickeln sind. Beide Aspekte, die begründete Auswahl von Bildungs*inhalten* ebenso wie die Entwicklung einer fachspezifischen Unterrichtsmethodik, sind
neben vielen anderen Gesichtspunkten (Fragen nach dem Beitrag eines Schulfaches
im Fächerkanon, nach der Anordnung und Strukturierung von Inhalten, nach fachspezifischen Motivationsmöglichkeiten, nach der Artikulation und den Sozialformen des Unterrichts usw.) für jegliche Fachdidaktik relevant. Aus der Sicht der
Fachdidaktiken muß es daher darauf ankommen, die Aussagen allgemeindidaktischer Modelle auf ihr Anregungspotential hin zu untersuchen. Andererseits darf
man aus Gründen der wissenschaftlichen Redlichkeit von den Vertretern der Allgemeinen Didaktik eine entsprechende Reduktion des Anspruches verlangen, den sie
mit ihrem jeweiligen Modell erheben. Damit verbindet sich dann auch der mit dem
hier gewählten Zugriff intendierte Versuch, das Gespräch zwischen Allgemeiner
Didaktik und Fachdidaktik wieder in Gang zu bringen. Zugleich wird dadurch noch
einmal die in der Einleitung geforderte Besinnung auf die didaktische Tradition plausibel, weil erst eine historisch-systematische Besinnung, die auf ein Mindestmaß an
didaktischen Theorieelementen zielt und die die Einbettung der Allgemeinen

Didaktik in den größeren Horizont der Schulpädagogik deutlich machen kann, die Relativierung der Aussagekraft allgemeindidaktischer Modelle ermöglicht.

(3) Das pragmatische Merkmal

Modelle werden für einen Modellbenutzer konstruiert. Diese Aussage erscheint zunächst trivial, liegt es doch geradezu auf der Hand, daß Modelleisenbahnen für das Spiel von Kindern, ein Schaltplan für den Radiomechaniker oder ein Hausmodell für den Häuslebauer, mit dem er seinem Traum Gestalt gibt, geschaffen sind. Diese auf Anhieb so selbstverständlich erscheinende Tatsache kann weitreichende Konsequenzen nach sich ziehen. Denn indem der Modellkonstrukteur entsprechende Verkürzungen vornimmt, fokussiert er die Aufmerksamkeit des Modellverwenders auf bestimmte Möglichkeiten, mit dem Modell die Wirklichkeit wahrzunehmen und mit ihr umzugehen. Durch einen Schaltplan wird beispielsweise die Aufmerksamkeit des Radiomechanikers auf die elektrischen Vorgänge gelenkt. Beschädigungen des Kunststoffgehäuses sind für ihn nicht von Belang. Modelle geben demnach also Aufschluß über die ihnen zugedachte Art und Weise der Verwendung. Dieses Merkmal bezeichnet Stachowiak als „pragmatisches Merkmal" (Stachowiak 1973, S. 132).

Der Sachverhalt, daß Modelle pragmatischen Zwecken dienen, wird in modelltheoretischen Arbeiten, etwa bei Salzmann und Popp, durch einige weitere Merkmale näher charakterisiert. Es handelt sich dabei im wesentlichen um drei Aspekte, die als „Akzentuierung", „Transparenz" und „Perspektivität" bezeichnet werden. Was meinen diese drei Begriffe und inwiefern könnten sie dazu beitragen, Antworten auf die Frage nach der Bedeutung allgemeindidaktischer Modelle für fachdidaktisches Denken und Handeln zu finden?

Mit „Akzentuierung" ist gemeint, daß Modelle die Komplexität der Wirklichkeit reduzieren, verkürzen, und dadurch gleichzeitig bestimmte Aspekte des Originals hervorheben (Salzmann 1973, S. 96; 1974, S. 178). So werden beispielsweise bei der Modelleisenbahn Schienen, Weichen, Kreuzungen, Bahnhöfe oder Rangiermöglichkeiten hervorgehoben. Im Schaltplan sind die Verknüpfungen, die einzelnen Widerstandswerte oder die Lage und Anordnung elektronischer Bauteile wichtig, und der künftige Hausbesitzer akzentuiert mit seinem Modell vor allem die Größenverhältnisse der einzelnen Räume. Die Akzentuierung bestimmter Eigenschaften des Originals hat zur Folge, daß die Wirklichkeit für bestimmte Zwecke leichter zu durchschauen ist; das Modell weist eine mehr oder weniger hohe „Transparenz" (Salzmann 1974, S. 178) auf. So sind beispielsweise die operativen Möglichkeiten der Modelleisenbahn im Gegensatz zu den weitaus komplexeren Verhältnissen in der Realität schnell zu durchschauen. Im Umgang mit Schaltplänen lassen die wesentlichen Kennzeichnungen eine rasche Fehlerdiagnose zu, die selbst dem Fachmann nur mit relativ hohem Zeitaufwand möglich wäre, würde er über den Schaltplan nicht verfügen. Ähnlich verhält es sich beim Modell des Einfamilienhauses: Es leistet die Gewähr, daß der mit den zeichnerischen Arbeiten und statischen Berechnungen beauftragte Architekt sich schnell und zuverlässig ein Bild von der künftigen Wirklichkeit verschaffen kann.

Akzentuierung und Transparenz sind zwei Momente, die auch für didaktische Modelle charakteristisch sind und die in engem Zusammenhang mit dem Anlaß stehen, der zu ihrer Konstruktion führte. Für die bildungstheoretische und lerntheoretische Didaktik sind als Anlaß vor allem unterrichtspraktische Probleme zu nennen. Klafki berichtet beispielsweise von seiner Arbeit als Dozent an der Pädagogischen Hochschule Hannover bei der Betreuung von Praktika: „Die Analyse von Stunden, die nach dem Urteil der Praktikanten entweder besonders gut gelungen oder im Sinne ihres Vorhabens unzureichend erschienen, führte sehr häufig zur Erkenntnis, daß der Kern des Gelingens oder des Mißlingens in guter oder mangelnder Strukturierung dessen gelegen hatte, was zu jenem Zeitpunkt auch von Studenten meist als die „Sache", die sie im Unterricht vermitteln oder erarbeiten wollten, bezeichnet wurde." (Klafki 1976 c, S. 104) Die „Didaktische Analyse" (erstmals 1958) war dann der Versuch Klafkis, Lehrern, aber auch Studenten, Anhaltspunkte und Planungshilfen bei der Strukturierung von Unterrichtsstunden zu geben. Daß es Klafki dabei auf die Akzentuierung bestimmter Aspekte der Planung ankam, wird deutlich, wenn er nachträglich daran erinnert, die „Didaktische Analyse" sei ein Konzept gewesen, „das ja nicht das Insgesamt der Unterrichtsvorbereitung des Lehrers umfassen sollte, wohl aber ... ihren Kern". (Ebd., S. 103) Das bedeutet: Die Heraushebung (Akzentuierung) bestimmter Aspekte, etwa die Frage nach der Strukturierung von Unterrichtsinhalten, klammert viele andere Aspekte, vor allem den der Unterrichtsmethodik, aus; sie bewirkt damit aber auch eine gewisse Transparenz, weil das angebotene Vokabular (Bildungsinhalt, -gehalt, Exemplarisches usw.) dem Modelladressaten für einen Teilbereich der Unterrichtsplanung ein hilfreiches Raster vorgibt.

Was hier über die Transparenz und Akzentuierungen im Rahmen der bildungstheoretischen Didaktik gesagt worden ist, trifft prinzipiell auch auf die lerntheoretische Didaktik zu. Das vom Berliner Abgeordnetenhaus 1958 verabschiedete Lehrerbildungsgesetz war für eine Gruppe von Dozenten der Pädagogischen Hochschule Berlin (zu ihnen gehörte auch P. Heimann) Anlaß, „ein Modell auszuarbeiten, in dem der schulpraktischen Ausbildung eine zentrale Funktion für die Integration aller Studiendisziplinen zugesprochen" wurde. „Insbesondere sollte an dieser neuralgischen Stelle das Ineinander von Theorie und Praxis ... verwirklicht werden." (Heimann 1976 a, S. 142) Das entwickelte Modell wurde als eine „Allgemeine Didaktik" ausgegeben, die ein „unabdingbares Mindest-Maß an didaktischen Grundkategorien und Denkmodellen bereitstellt, ohne die weder eine kategoriale Durchdringung und Erhellung von Unterrichtsprozessen noch die konstruktive Leistung einer Unterrichtsplanung und -realisierung denkbar erscheint". (Ebd., S. 143) Mit dieser Aussage wird der pragmatische Charakter des Modells betont; es zielt darauf, den Lehramtsstudenten und Lehrer für die Analyse und Planung von Unterricht handlungsfähig zu machen. Das war nach Ansicht Heimanns aber nur möglich, wenn man die Komplexität des Unterrichtsgeschehens auf seine Grundstruktur reduzieren könnte. Heimann hat diese Struktur bekanntlich durch sechs Grundfragen umschrieben: In welcher Absicht tue ich etwas? Was bringe ich in den Horizont der Kinder? Wie tue ich das? Mit welchen Mitteln verwirkliche ich das? An wen vermittle ich das? In welcher Situation vermittle ich das? (s. Heimann 1976 b, S. 106)

Die durch diese strukturellen Akzentuierungen erhoffte Transparenz hat Heimann selbst in einem Vortrag vor Lehrern zum Ausdruck gebracht: „Diese sechs Grundkategorien müßten ... so zu Ihrer zweiten Natur geworden sein ..., daß Sie bei jedem ‚Unterrichtsgeschäft‘, das Sie beginnen, mit diesen Grundfragen operieren. Selbst, wenn Sie es nicht ganz explizit tun, sondern so im Nebenher aus Gewohnheit oder aus Routine. Der Unterricht würde bestimmt mehr Präzision und Klarheit bekommen. Sie würden dazu etwas erlangen: Sie würden Ihre eigenen Mißerfolge begreifen und besser ursächlich durchschauen." (Heimann 1976 b, S. 121)

Welche besondere Bedeutung haben nun die im vorangegangenen erläuterten Momente (Akzentuierung und Transparenz) für die hier zu verfolgende Frage nach der Relevanz allgemeindidaktischer Modelle für fachdidaktisches Denken und Handeln? Zur Beantwortung dieser Frage lehnen sich die folgenden Überlegungen eng an die Ausführungen Achtenhagens zur „Theorie der Fachdidaktik" (1981) an. Teilt man mit Achtenhagen die Auffassung, Aufgabe der Fachdidaktik sei es, „für unterrichtliches Handeln schlüssige Entscheidungshilfen bereitzustellen und diese im theoretischen Zusammenhang zu begründen" (Achtenhagen 1981, S. 275), dann werden die unterrichtspraktischen Probleme, mit denen Lehrer täglich zu tun haben, zum Ausgangspunkt didaktischer Reflexion.[9] Demnach sind all diejenigen Fragen relevant, „die sich begründet in bezug auf ein Unterrichtsfach stellen lassen". (Ebd., S. 285) Die Lösung unterrichtspraktischer Probleme kann zwar auch vom Lehrer vor Ort mit Hilfe seines Alltagswissens angestrebt und erreicht werden. Die so zustandegekommenen „Lösungen" sind aber oft genug keine eigentlichen Lösungen, etwa wenn hinsichtlich des Problembefundes oder der Effektivität der gewählten Strategie Fehleinschätzungen vorausgegangen sind. Gerade für solche Fälle sollten die Allgemeine Didaktik und die Fachdidaktiken Handlungsempfehlungen entwickeln, „die in konkretes Handeln umsetzbar und als solche überprüfbar sind". (Achtenhagen 1981, S. 276) Insofern komme es darauf an, „sich auf die Lösung konkreter Probleme mit Hilfe pädagogisch legitimierter, geprüfter Theorien zu konzentrieren". (Ebd., S. 287)[10]

In diesem Zusammenhang erhalten nun die Begriffe „Akzentuierung" und „Transparenz" ihre entscheidende Bedeutung. Weil didaktische Modelle immer nur spezifische Ausschnitte der Wirklichkeit thematisieren, also nur bestimmte Problembereiche des Unterrichts zur Sprache bringen, können sie auch nur Anregungen für bestimmte unterrichtspraktische Fragen geben. So ist z.B. eine Antwort auf die Frage „Wie wähle ich Unterrichtsinhalte aus?" weder von der kybernetisch-informationstheoretischen noch von der älteren Konzeption der lerntheoretischen Didaktik (Berliner Didaktik) zu erwarten, sondern am ehesten von der bildungstheoretischen Didaktik, weil dieses Problem in diesem Modell akzentuiert dargestellt und mit Hilfe des angebotenen terminologischen Instrumentariums transparent gemacht wird.

Besonders hoch kann die Transparenz eines didaktischen Modells sein, wenn das vorgeschlagene allgemeindidaktische Vokabular durch einzelne Beispiele exemplifiziert wird. Deshalb enthalten fast alle allgemeindidaktischen Modelle „Konkretisierungen anhand ausgewählter inhaltlicher Probleme. Bei diesen Veranschaulichungen

zeigt sich aber oft, daß die allgemeinen Prinzipien den konkreten Fall nicht voll treffen oder daß die Beispiele die theoretischen Annahmen nicht angemessen abbilden".
(Achtenhagen 1981, S. 287) Hier kann nun die fachdidaktische Arbeit entsprechend
einsetzen, indem danach gefragt wird, welche ausgewählten Problembereiche das jeweilige allgemeindidaktische Modell thematisiert (akzentuiert) und ob gegebenenfalls treffende fachspezifische Konkretisierungen bereits erfolgt sind oder noch von
seiten der Fachdidaktik erbracht werden müssen. Insofern ist für die hier leitende
Fragestellung zu erwarten, daß die Analyse der allgemeindidaktischen Modelle im
Hinblick auf darin eingeschlossene Akzentuierungen und die dadurch intendierte
Transparenz zeigen kann, welche konstruktiven Vorgriffe diese Modelle auf fachdidaktisches Denken und Handeln leisten. Die Vielzahl der sich daraus ergebenden
Anregungen für die einzelnen Fachdidaktiken dürfte dann auch eine tragfähige Basis
für das Gespräch zwischen den Vertretern der Allgemeinen Didaktik und Fachdi-
daktik sein.

Das für die pragmatische Dimension von Modellen charakteristische dritte Moment, die Perspektivität, ist im vorangegangenen indirekt bereits angesprochen worden. „Perspektivität" meint den Sachverhalt, daß ein Modell „aus der Perspektive
bestimmter Menschen und hinsichtlich bestimmter Fragestellungen, Operationen
oder Interessenlagen und meist auch nur für bestimmte Zeiten geschaffen wurde".
(Salzmann 1975, S. 259; 1983, S. 932) Am Beispiel der bildungstheoretischen und
lerntheoretischen Didaktik wurde gezeigt, inwiefern die zugrundeliegende Perspektive auf die Lösung praktischer Probleme (Strukturierung von Unterrichtsinhalten,
Analyse und Planung von Unterricht im Sinne der Grundfragen der Berliner Didaktik) zugeschnitten ist. Die Perspektive eines didaktischen Modells muß aber nicht
primär und nicht nur auf die Lösung unterrichtspraktischer Probleme zielen; ein
Modell kann „auch hinsichtlich eines theoretischen Problems oder hinsichtlich ver-
fügbarer Forschungsmethoden nützlich sein". (Herzog 1984, S. 86) Das wird beispielsweise im neueren Konzept der bildungstheoretischen Didaktik, die Klafki auch
als „kritisch-konstruktive Didaktik" (1985 a) bezeichnet, deutlich. Zwar verweist
der Zusatz „kritisch" zunächst darauf, daß sich „diese Didaktik am Ziel der Befähigung aller Kinder und Jugendlichen ... zu wachsender Selbstbestimmungs-, Mitbe-
stimmungs- und Solidaritätsfähigkeit in allen Lebensdimensionen orientiert".
(Klafki 1985 a, S. 37) Damit wird also das Interesse an der Gestaltung und Veränderung von Praxis angesprochen. Zugleich aber steht die kritisch-konstruktive Didaktik, die als besonderer Zweig kritisch-konstruktiver Erziehungswissenschaft zu
verstehen ist, auch für die Bemühung, ehemals voneinander losgelöste und kontrovers argumentierende methodologische Positionen (Empirie, Hermeneutik, Ideologiekritik) in ein einheitliches Konzept zu integrieren, in dem sich diese Methoden
dann produktiv ergänzen. So gesehen zielt Klafki mit der Neugestaltung seines Modells nicht nur auf die Unterrichtspraxis, sondern auch auf einen Lösungsvorschlag
für ein theoretisches Problem (Integration unterschiedlicher methodologischer Ansätze). Diese beiden Aspekte darf man als die zentrale Perspektive der gegenwärtigen
bildungstheoretischen Didaktik ansehen; erst von ihr aus bekommen die Aussagen

dieses Modells, aber auch die aus der ursprünglichen Fassung übernommenen Fragestellungen, ihren Sinn und Stellenwert.

Aus diesen Erläuterungen zur „Perspektivität" ergibt sich für die in den folgenden Kapiteln vorzunehmende Analyse didaktischer Modelle in erster Linie die Notwendigkeit, die einzelnen Aussagen auf ihre Funktion für die fachdidaktische Theoriebildung einerseits und für die Planung und Analyse von Fachunterricht andererseits hin zu durchleuchten. Darüber hinaus dürfte die Genese didaktischer Modelle von besonderem Interesse sein. Indem beispielsweise der Weg von der ursprünglichen bildungstheoretischen zur kritisch-konstruktiven Didaktik oder von der Berliner zur Hamburger Didaktik nachgezeichnet wird, muß die veränderte Perspektive besonders deutlich zu erkennen sein. Dadurch könnte aber dann auch die Kritik, die an den jeweiligen Modellen im Laufe der Zeit geübt worden ist, in einem anderen Lichte gesehen werden. Denn derartige Kritik hat nicht immer die dem kritisierten Modell zugrundeliegende Perspektive zum Ziel gehabt, wodurch dann allzu oft die damit zusammenhängende Reduktion von Komplexität vergessen und die Leistungsfähigkeit eines didaktischen Modells falsch eingeschätzt wurde. Dies hat zu dem in der Einleitung erwähnten Umstand geführt, daß Fachdidaktiker die vorgetragene Kritik unbefragt übernahmen, das kritisierte Modell als „unbrauchbar" einstuften und schließlich ein anderes Modell für die fachdidaktische Theoriebildung zu Rate zogen. Nur so ist es etwa zu verstehen, daß die von P. Heimann an der bildungstheoretischen Didaktik geübte Kritik (Näheres dazu in Kapitel 3) zu einer entsprechenden Reaktion im Rahmen einzelner Fachdidaktiken geführt hat: Die bleibenden Erkenntnisse der bildungstheoretischen Didaktik, also die Erkenntnisse, die in systematischer Hinsicht auch gegenwärtig noch von Bedeutung für fachdidaktisches Denken und Handeln sind, gerieten in Vergessenheit. Und genau diesen Bruch mit der didaktischen Tradition soll eine modelltheoretische Analyse allgemeindidaktischer Modelle verhindern: Der modelltheoretische Zugriff soll die Perspektivität der einzelnen Modelle nachzeichnen, um so das darin liegende Anregungspotential für die Fachdidaktiken aufzuzeigen; er soll aber auch davor hüten, daß die durch die Perspektivität bedingte Reduktion und Simplifikation vergessen wird „und dem Modell mehr zugeschrieben wird, als es leisten kann". (Herzog 1984, S. 86)[11]

1.3. Funktionen didaktischer Modelle für fachdidaktisches Denken und Handeln

Auf dem Hintergrund der zuvor erläuterten Hauptmerkmale ist es nun erforderlich, einige spezifische Funktionen didaktischer Modelle für fachdidaktisches Denken und Handeln zu beschreiben.[12] Diese Funktionen sind bei den durchzuführenden Analysen im Hauptteil der Arbeit entsprechend zu verifizieren.

Wenn nachstehend und im weiteren Verlauf die Rede vom „fachdidaktischen Denken und Handeln" ist, so bedarf dieser Ausdruck vorab einer kurzen Erläuterung. Die Differenzierung in „fachdidaktisches Denken" und „fachdidaktisches Handeln" bedeutet nicht, der Fachdidaktiker (an der Hochschule) habe das Denken über Unterricht zu besorgen und der in der Praxis unterrichtende Lehrer habe im Sinne der so vorgedachten Strukturen blindlings zu handeln. Eine derartige naive Zweiteilung würde zum einen über Lücken, die fachdidaktische Forschung und Lehre offenlassen und die deshalb vom Lehrer aufgrund eigenständiger Überlegungen immer selbst geschlossen werden müssen, hinwegtäuschen und zum anderen den Eindruck erwecken, als käme der Fachdidaktiker in seiner Arbeit ohne einen Bezug zur Unterrichtspraxis aus und der Lehrer ohne eine – wie auch immer geartete – Theorie. Fachdidaktische Theorie wird hier vielmehr in Anlehnung an geisteswissenschaftliche Pädagogik als Theorie der Praxis für die Praxis verstanden. Sie greift also unterrichtspraktische Probleme auf und versucht, sie theoretisch zu erhellen, zu reflektieren, und (gegebenenfalls) alternative Lösungsvorschläge anzubieten, deren Umsetzung dann aber immer des „pädagogischen Taktes" des Lehrers bedarf.[13] Zum Auffinden solcher Vorschläge können dann auch die in allgemeindidaktischen Modellen angebotenen Aussagen herangezogen werden. Die hier lediglich zu analytischen Zwecken vorgenommene Unterscheidung verweist somit auf die unterschiedliche Situation von Fachdidaktikern und Lehrern: Der Fachdidaktiker unterliegt nicht dem Handlungsdruck, dem der Lehrer ständig ausgesetzt ist; deshalb kann er sich in Muße den Blick auf das Ganze, auf die fachdidaktische Theoriebildung, leisten. Diese Theoriebildung macht aber immer nur Sinn im Hinblick auf Unterrichtspraxis und muß daher im Resultat zu Handlungsalternativen führen. Der Lehrer dagegen muß in der jeweiligen Situation handeln, und zwar häufig genug ohne ausgiebige theoretische Reflexion. Insofern ist er an konkreten Handlungsmöglichkeiten interessiert, deren theoretische Begründung ihm aber transparent sein muß. Fachdidaktisches Denken und Handeln sind demnach immer miteinander verbunden, wenn man die Annahme teilt, daß fachdidaktische Theorie auf unterrichtliches Handeln zielen soll und unterrichtliches Handeln theoretisch zu legitimieren ist. Insofern hebt die Differenzierung in fachdidaktisches Denken und Handeln lediglich zwei Seiten ein und derselben Sache hervor. Diesen Sachverhalt gilt es mitzubedenken, wenn im folgenden die Funktionen didaktischer Modelle paarweise behandelt werden, wobei die jeweils erstgenannte sich schwerpunktmäßig auf den Bereich der fachdidaktischen Theoriebildung bezieht und die zweite stärker auf die Analyse und Planung von Fachunterricht.

(1) Strukturierungsfunktion – Regulierungsfunktion
Didaktische Modelle – so wurde oben gesagt – reduzieren die Komplexität der Unterrichtswirklichkeit und machen sie dadurch transparent. Sie übernehmen daher „die Funktion der klaren Beschreibung und Strukturierung von Unterricht und ... der Regulierung von Unterrichtsprozessen". (Salzmann 1975, S. 275) Bei der Analyse allgemeindidaktischer Modelle wäre also zu fragen, inwiefern sie diese Strukturierungs- und Regulierungsfunktion erfüllen und welche Konsequenzen sich daraus für die Fachdidaktiken ergeben. Hinsichtlich der lerntheoretischen Didaktik wäre beispielsweise zu klären, ob die dort benutzten sechs Grundkategorien und die behauptete Interdependenz dieser Kategorien geeignete Strukturen zur Beschreibung

des fachdidaktischen Aufgabenfeldes sind. Andererseits wäre zu untersuchen, ob die Grundkategorien nicht auch eine regulierende Funktion für die Unterrichtspraxis hätten. Denn eine derartige Strukturierung müßte es den am Unterricht Beteiligten möglich machen, „sich als Subjekte des Handelns zu verstehen, die dem Geschehen nicht schicksalhaft – als bloße Objekte – ausgesetzt sind, sondern es in seiner Struktur und in seinem Ablauf mitbestimmen". (Salzmann 1975, S. 275)[14] Die Regulierungsfunktion könnte sich dann etwa für die tägliche Analyse und Planung von Fachunterricht verifizieren lassen.

(2) Theoriebildungsfunktion – Institutionalisierungsfunktion
Mit der zuvor erläuterten Strukturierungsfunktion hängt aufs engste die „Theoriebildungsfunktion" zusammen. Denn durch didaktische Modelle werden nicht nur einzelne Komplexe von Unterricht beschrieben, sondern auch Zusammenhänge zwischen solchen Komplexen hergestellt und somit einfachere Modelle in komplexere überführt.[15] Insofern leisten didaktische Modelle einen Beitrag zur Theoriebildung. (Vgl. Salzmann 1975, S. 276) Die so gestifteten Zusammenhänge dürften auch für die Theorie einer Fachdidaktik interessant sein, indem danach zu fragen ist, wie der vorgegebene allgemeindidaktische Theorieansatz fachspezifisch konkretisiert werden könnte. Aufschlußreich müßte es in dieser Hinsicht beispielsweise sein, die bildungstheoretische Didaktik auf ihre Theoriebildungsfunktion hin zu untersuchen. Didaktik wurde in der älteren Fassung als „Theorie der Bildungsinhalte" (Klafki 1963 a, S. 21) verstanden. Diese Theorie der Bildungsinhalte arbeitet mit verschiedenen Begriffen (Elementares, Exemplarisches, Fundamentales, Bildungsinhalt, -gehalt, kategoriale Bildung usw.), die eine Auswahl und Strukturierung von Unterrichtsinhalten ermöglichen. Eine modelltheoretische Analyse würde nun zu der Frage führen, ob diese Theorie der Bildungsinhalte, dieses Modell zur Auswahl und Strukturierung von Inhalten, nicht auch zentraler Bestandteil einer fachdidaktischen Theorie sein müßte. Denn – um noch einmal mit Achtenhagen zu sprechen – wenn eine Fachdidaktik über alle Fragen nachzudenken hat, „die sich begründet in bezug auf ein Unterrichtsfach stellen lassen" (Achtenhagen 1981, S. 285), dann ist die Frage nach dem, *was* in dem betreffenden Fach gelehrt werden soll, eine ganz entscheidende, wenn nicht sogar die wichtigste Frage.
Derartige konstruktive Vorgriffe allgemeindidaktischer Modelle auf fachdidaktische Theoriebildung können auch zu Anregungen für die Praxis der Unterrichtsplanung führen. „Was sich auf der einen Seite als System kognitiver bzw. theoretischer Orientierung darstellt, kann auf der anderen Seite – in bezug auf die Handlungsdimension – als Basis begründeter Institutionalisierung verstanden werden: Unterrichtsmodelle helfen, Unterricht – bei aller Einmaligkeit jeder Unterrichtssituation – wiederholbar zu machen, einem Unterrichtskonzept damit eine gewisse Stabilität und Dauer zu verleihen." (Salzmann 1975, S. 276) Um im Beispiel zu bleiben: Dem Lehrer vor Ort dient das fachdidaktisch konkretisierte Begriffsinstrumentarium der bildungstheoretischen Didaktik nicht nur zum Nachvollzug von Lehrplanentscheidungen, er kann danach auch selbst begründete Entscheidungen zur eigenständigen Auswahl von Unterrichtsinhalten fällen, also den Freiraum nutzen, der ihm durch

offene Lehrpläne zugestanden wird. Das entsprechende Begriffsinstrumentarium trägt dann zur Vermeidung zufälliger und zusammenhangsloser Entscheidungen bei, strukturiert und stabilisiert damit das langfristige Planungskonzept des Lehrers.

(3) Heuristische Funktion – Anregungs- und Musterfunktion
Allgemeindidaktische Modelle haben in zweifacher Hinsicht eine heuristische Funktion: „Sie regen zum erkennenden Nachvollzug bereits gedachter Strukturen, aber auch zum Finden neuer Aspekte an." (Salzmann 1976, S. 452) Im Hauptteil der vorliegenden Arbeit kommt es weniger auf das zweite Moment an (Auffinden neuer Aspekte), da hier in erster Linie keine Kritik oder gar „Verbesserung" didaktischer Modelle intendiert ist. Zwar ist bei der Analyse allgemeindidaktischer Modelle auch deren Ergänzungsbedürftigkeit durch andere Modelle mit zu thematisieren. Der Schwerpunkt der Analyse liegt aber primär auf dem ersten Moment, also auf der Frage, inwiefern diese Modelle den Fachdidaktiker „zum erkennenden Nachvollzug bereits gedachter Strukturen" anregen können. In diesem Sinne wäre beispielsweise die von W. Schulz vertretene Hamburger Didaktik (als Fortführung der Berliner Didaktik) daraufhin zu analysieren, wie die dort geforderte Beteiligung von Schülern an der Auswahl von Themen fachdidaktisch verifiziert werden könnte, welche Einschränkung gegebenenfalls von Fach zu Fach zu bedenken oder inwiefern die Schülerbeteiligung schulstufenspezifisch auszulegen wäre. Hinsichtlich der Analyse und Planung von Fachunterricht könnte man dem Hamburger Modell eventuell eine entsprechende Anregungsfunktion zusprechen, wenn sie praktikable Muster, realisierbare Möglichkeiten zur Partizipation der Schüler an der Unterrichtsplanung bereitstellen würde.

(4) Prognostische Funktion – Antizipationsfunktion
Mit der prognostischen Funktion von Modellen sind nicht Prognosen im deduktiv-nomologischen Sinne gemeint; vielmehr wird dadurch der umfassende Sachverhalt zur Sprache gebracht, daß Modelle Vorgriffe auf zukünftigen Unterricht machen; sie sind „Handlungsanweisungen (Normen), die dem Lehrer Anweisung geben, wie er Unterricht planen bzw. wie er Unterricht analysieren soll". (König 1980, S. 40) Die prognostische Funktion der kybernetisch-informationstheoretischen Didaktik läge etwa in der fiktiven Vorwegnahme solcher Unterrichtssituationen, durch die die Lernprozesse der Schüler auf „effektive" Weise gesteuert werden sollen. Fachdidaktische Forschung müßte nun fragen, wie die dort vorgeschlagenen allgemeinen Lehrstrategien künftigen Fachunterricht bereichern könnten. Daraus resultierende fachspezifische Umsetzungen hätten für den Fachlehrer dann Antizipationsfunktion. Er kann beispielsweise die entscheidenden Stellen des Lernprozesses antizipieren, sich dabei eventuell ergebende Lernschwierigkeiten der Schüler voraussehen und auf dementsprechende Lernhilfen sinnen. Handelt es sich für den Lehrer oder den Lehramtsstudenten bei den fachdidaktisch konkretisierten Lehrstrategien um „neue Handlungsideen und Handlungskonzepte", so hätten diese dann eine innovative Funktion (s. Salzmann 1975, S. 276; Popp 1970, S. 58).

(5) Ideologiekritische Funktion

Salzmann und Popp sprechen didaktischen Modellen auch eine „ideologiekritische Funktion" zu (Salzmann 1976; S. 453; Popp 1970, S. 58). Diese Bezeichnung ist insofern irreführend, als man annehmen könnte, didaktische Modelle selbst wären ein Instrument der Ideologiekritik. Diesen – durchaus denkbaren – Sachverhalt meinen Salzmann und Popp aber nicht, sondern die Tatsache, daß didaktische Modelle dazu herausfordern, „die ihnen zugrundeliegenden Grundannahmen ideologiekritisch zu reflektieren und damit u.U. ihren Geltungsanspruch zu relativieren, zumindest die in das Modell eingegangenen Denk- und Einstellungsvoraussetzungen offenzulegen und diskutierbar zu machen". (Salzmann 1976, S. 453)[16]

Die Herausforderung zur Ideologiekritik ist dann aber im Gegensatz zu den anderen oben aufgeführten Funktionen keine eigentliche Funktion des Modells, da sie vom Modellkonstrukteur in der Regel nicht beabsichtigt ist. Im Gegenteil: Didaktische Modelle werden nicht selten vom Konstrukteur so formuliert, daß denkbare Kritik erst gar nicht aufkommen soll. Eine derartige Immunisierungsstrategie stellt beispielsweise die Aussage Heimanns dar, in der er den Anspruch der Berliner Didaktik deklariert: „Didaktik wird hier als Theorie des Unterrichts verstanden, der Unterricht als Ort, wo die ungelösten Fragen der didaktischen Gesamtsituation als konkret zu lösende Lehr- und Lernprobleme auftreten. Einer solchen Theorie kommt es zu, alle im Unterricht auftretenden Erscheinungen unter wissenschaftliche Kontrolle zu bringen. Dabei ist grundsätzlich die Totalerfassung aller im Unterrichtsgeschehen wirksamen Faktoren angestrebt." (Heimann 1965, S. 9) Eine modelltheoretische Perspektive muß solche Allmachtsansprüche zurückweisen, indem die durchgehende Perspektive, aus der heraus das allgemeindidaktische Modell entworfen wurde, rekonstruiert wird. Im Hauptteil der Arbeit wird die von Salzmann und Popp geforderte Offenlegung der jeweils eingeflossenen Prämissen mit der Frage nach der zugrundeliegenden Perspektive eingelöst. Ein Verzicht auf den Terminus „ideologiekritische Funktion" erscheint dann möglich.[17]

1.4. Wissenschaftstheoretischer Exkurs

In die vorausgegangenen Ausführungen zum theoretischen Zugriff auf die leitende Fragestellung sind einige stillschweigende Vorentscheidungen eingeflossen, die abschließend einer näheren Erläuterung und Begründung bedürfen. Es handelt sich dabei (1) um das zugrundegelegte Verständnis von „Didaktik", (2) um den synonymen Gebrauch der Begriffe „Theorie" und „Modell" und (3) um einige wissenschaftstheoretische Prämissen, die mit dem modelltheoretischen Standpunkt eng verbunden sind.

(1) Didaktik wird hier in einem sehr weiten Sinne verstanden, so daß hierzu sowohl die Theorie des Lehrens und Lernens bzw. Unterrichtstheorie als auch die Theorie des Lehrplans gerechnet werden. Dieser weite Didaktikbegriff hängt eng mit der in der Einleitung beschriebenen Aufgabe der Analyse allgemeindidaktischer Modelle

im Hinblick auf deren Verhältnis zur Fachdidaktik zusammen. Wenn hier nämlich vorausgesetzt wird, daß sowohl die bildungstheoretische als auch die kybernetisch-informationstheoretische Didaktik spezifische Anregungen für fachdidaktisches Denken und Handeln geben können, dann ist darin die Forderung einbegriffen, daß didaktische Theorie nicht nur nach einer begründeten Auswahl von Unterrichtsinhalten zu fragen hat, sondern auch Aspekte des Lehrens und Lernens, also auch die Fragen der Vermittlung entsprechender Inhalte, thematisieren muß. Darüber hinaus wäre eine derart weite Auffassung von „Didaktik" für solche Aspekte offen, die durch die drei zur Auswahl kommenden allgemeindidaktischen Modelle eher beiläufig aufgegriffen werden, so etwa für die Aspekte, die in der „kommunikativen Didaktik" oder in der „Gießener Didaktik" beschrieben werden. Zum Gegenstandsbereich einer „Allgemeinen Didaktik" werden hier also schulform-, schulstufen- und fachunabhängige Fragen gerechnet, die im Hinblick auf gegenwärtige und künftige Unterrichtspraxis Sinn machen. Dadurch erfährt auch der modelltheoretische Ansatz noch einmal seine spezifische Berechtigung. Ein engeres Verständnis von Didaktik würde sich nämlich auf eine vergleichsweise geringere Anzahl unterrichtsrelevanter Aspekte beziehen und das heuristische Potential für fachdidaktisches Denken und Handeln entsprechend schmälern. Damit verbunden wäre auch die Gefahr der Verabsolutierung und Ideologisierung des eigenen Standpunktes. Demgegenüber gilt es, die unterschiedlichen modellhaften Konstruktionen der Unterrichtswirklichkeit in ihrer Produktivität zu würdigen. Denn erst „in der Herausforderung zur Ausbildung anderer konkurrierender Sichtweisen und Modelle, anderer und immer wieder neuer Perspektiven der Erkenntnis liegt die eigentliche Produktivität des Modells ... Das Modell übertrifft gerade durch die Reduktion, durch seine Perspektivität und durch die Eindeutigkeit der Konstrukte die vielschichtig-differenzierte, mehrdeutige Wirklichkeit. Dieses Übertreffen aber fordert die immer neue Entwicklung anderer Modelle und anderer Hin-Sichten." (Popp 1970, S. 55) In diesem Sinne geht es dann darum, „von einer Hinsicht zur anderen fortschreitend Umfang und Grad der Erkenntnis zu steigern und durch einen Pluralismus von korrespondierenden und sich korrigierenden Modellen immer neue Durchblicke zu ermöglichen." (Ebd., S. 56)[18]

(2) Die Begriffe „Modell" und „Theorie" werden im Rahmen dieser Arbeit synonym verwendet. Diese terminologische Entscheidung ist in erster Linie ein pragmatischer Entschluß. Eine allgemein anerkannte Definition des Begriffes „Modell" liegt in der Pädagogik nicht vor. So hat W. Brezinka beispielsweise 15 Bedeutungsvarianten recherchiert (s. Brezinka 1984). Im Rahmen dieser Varianten werde ein Modell u.a. als „Paradigma" (S. 848), als „Theorie" (S. 849), als „empirische Theorie" (S. 851) oder als „partieller Vorentwurf einer Theorie" (S. 852) aufgefaßt.[19] Diese letzte Auffassung („Modell als partieller Vorentwurf einer Theorie") wird sinngemäß auch von Salzmann vertreten, wenn er „begrenzte Einzelmodelle" als „theoretische Konstrukte" versteht, „die in umfassendere und komplexere Modellsysteme übergeführt werden können". (Salzmann 1976, S. 453) Zwischen Theorien und Modellen bestehen demnach lediglich graduelle Unterschiede, wenn erstere als konstruktiver Zu-

sammenschluß mindestens zweier Modelle zu verstehen sind. Dieser Zusammen-schluß ändert aber nichts am perspektivischen Charakter der so zustandegekomme-nen „Theorie", die ihrerseits wiederum mit weiteren, zur gewählten Perspektive passenden Modellkomplexen kombiniert werden könnte. Theorien als perspektivi-sche Konstruktionen der Wirklichkeit sind somit Modelle (Vgl. Wittenbruch / Thie-mann 1976, S. 74ff.).

(3) Der in den vorangegangenen Abschnitten (1.2. und 1.3.) dargestellte modelltheo-retische Zugriff wurde dort vor allem mit der Erwartung verknüpft, das heuristische Potential allgemeindidaktischer Überlegungen für fachdidaktisches Denken und Handeln fruchtbar machen zu können. Außer diesem forschungspragmatischen Ge-sichtspunkt lassen sich aber auch gewichtige wissenschaftstheoretische Argumente ins Feld führen; diese sollen abschließend in Anlehnung an die Modelltheorie Sta-chowiaks entfaltet und geprüft werden.[20]

In seiner „Allgemeinen Modelltheorie" vertritt Stachowiak den von ihm entschei-dend mitentwickelten Standpunkt des „Systematischen Neopragmatismus" (1973, S. 39f., 60ff.). Dieser wissenschaftstheoretische Ansatz sei zu begreifen als eine Ant-wort auf die Kritik an den drei großen epistemologischen Richtungen, dem Empi-rismus, dem Konventionalismus und dem Pragmatismus. Welche Defizite sind es im besonderen, die der systematische Neopragmatismus auszugleichen sucht?

Nach Stachowiak habe die Geschichte des Empirismus – gleich welcher Spielart – die Unmöglichkeit von Wirklichkeits-Erkenntnis gezeigt (Stachowiak 1933, S. 129). Im Erkenntnisprozeß wird die Wirklichkeit demnach nicht abgebildet, wie sie ist; empirische Erkenntnis kommt nur in Abhängigkeit „von vorgängigen, in den Er-messensspielraum des Subjekts fallenden theoretischen oder prototheoretischen Vorstellungen" (Stachowiak 1980 a, S. 11) zustande.[21] Da die von Menschen entwor-fenen Theorien lediglich als mögliche Konstruktionen der Wirklichkeit anzusehen sind, ist es nicht verwunderlich, „daß es für ein und dieselbe Beobachtungsgesamt-heit alternative theoretische Interpretationen geben kann". (Ebd.) Dieser Umstand macht es erforderlich, sich zwischen verschiedenen theoretischen Konzeptionen ent-scheiden zu müssen. Damit gewinnt der Konventionalismus an Bedeutung. Die Dis-kussion des von Popper geforderten Fallibilitätsprinzips, die Fortsetzung dieses Ansatzes durch den sogenannten „raffinierten methodologischen Falsifikationis-mus" nach I. Lakatos (1974) und vor allem die zu Anfang der 70er Jahre von Sneed (1971) entwickelte und von Stegmüller (1973) weiter ausgearbeitete strukturalisti-sche Wissenschaftstheorie[22] lassen sich allesamt als Versuche betrachten, die den An-teil an metatheoretischen Entscheidungen (Konventionen) bei der Formulierung von Theorien illustrieren. Stachowiak wirft dem Konventionalismus vor, daß sich in ihm zu sehr „die Freude am Eigenschöpferischen zu ästhetisierender Selbstgerechtigkeit" (1980 a, S. 26) gesteigert habe. Mit anderen Worten: Die Diskussion über die Kon-zeptionen von Theorien, über Theoriendynamik und wissenschaftlichen Fortschritt haben zwar über den maßgeblichen Anteil der konventionalistischen Komponente aufgeklärt, sie haben aber nicht zu der Frage geführt, welchen Sinn wissenschaftliche Forschung für die alltägliche Praxis hat. Diese Frage ist für die dritte große epistemologische Richtung, für den Pragmatismus, von seinen Anfängen her bestimmend gewesen. Erkenntnis ist in diesem Sinne „allein aus ihrer Umsetzung in Praxis ausgewiesen, vom Resultat und von ihren Konsequenzen her". (Stachowiak 1980 a, S. 20) Forschung orientiert sich demnach an der „Verwertbarkeit" ihrer Ergebnisse und kann sich dann bewußt in den Rahmen einer politischen Ethik stellen (s. ebd., S. 21). Und so resümiert Stachowiak: „Aus der Not der Unmöglichkeit von ‚Wirklichkeits'-erkenntnis, die zu wahrem oder nur wahrscheinlichem Wissen sollte führen können, ist die Tugend der Zweckangepaßtheit und operationalen Beweglichkeit pragmatischer Wissenschaft geworden." (1983, S. 129)

Die Konsequenzen, die Stachowiak aus der zweifelsohne berechtigten Kritik an den drei epistemologischen Hauptrichtungen für den von ihm vertretenen „Systematischen Neopragmatismus"[23] zieht, wirken auf Anhieb befremdend. Er formuliert sie plakativ als Ratschlag für den Forscher: „Beschließe über dasjenige, was du unter ‚Erkenntnis' verstehen willst, immer nur bezüglich der Intentionen (Absichten; Zwecke; Ziele), die du dir als einzelner oder als Mitglied einer oder mehrerer hinreichend intentionshomogener Gruppen für eine Zeitspanne gesetzt hast. Versuche also nicht auf Intentionslosigkeit des Erkennens, auf eine Erkenntnis, die nicht ein ‚Wissen wozu' erzeugt, zu intendieren." (1983, S. 117; vgl. auch 1982, S. 356) Dieser „pragmatische Entschluß" bildet die eine „Basiskomponente" des Systematischen Neopragmatismus; die andere ergibt sich aus dem „Modellkonzept der Erkenntnis"; es „greift den Abbildgedanken der klassischen Epistemologie auf, revidiert ihn jedoch im Sinne des pragmatischen Entschlusses. Hiernach ist alle Erkenntnis Erkenntnis in Modellen oder durch Modelle, und jegliche menschliche Weltbegegnung überhaupt bedarf des Mediums Modell." (Stachowiak 1980 a, S. 28f.)

Inwiefern sind nun die in der Allgemeinen Modelltheorie berücksichtigten epistemologischen Grundrichtungen (Empirismus, Konventionalismus und Pragmatismus) für die Konstruktion allgemeindidaktischer Theorien bedeutsam? – Exemplifiziert man die drei erkenntnistheoretischen Strömungen am oben erläuterten Beispiel der kritisch-konstruktiven Didaktik, so fällt zunächst der pragmatische Aspekt ins Auge: Kritisch-konstruktive Didaktik will sich in den Dienst der Praxis stellen, indem sie auf „Modellentwürfe für mögliche Praxis", auf „begründete Konzepte für eine humanere und demokratische Schule und einen entsprechenden Unterricht" (Klafki 1985 a, S. 38) zielt. Diese zugrundegelegte pragmatische Perspektive hängt eng mit den Konventionen zusammen, die Klafki in metatheoretischer Hinsicht eingegangen ist. Denn die beabsichtigte Integration von Hermeneutik, Empirie und Ideologiekritik muß als eine metatheoretische Entscheidung verstanden werden, die auf das pragmatische Motiv abgestimmt ist. Erst die ideologiekritische Position deckt die Verflechtung von pädagogischer Theorie und Praxis „in umgreifende ökonomische, soziale, politische, kulturelle Verhältnisse und Prozesse" (1985 a, S. 57) auf und verleiht von daher hermeneutischer und empirischer Forschung Sinn. Erkenntnis und Interesse sind damit aufeinander bezogen. Der empirische Gehalt des von Klafki entworfenen Modells ist mit dem pragmatischen Motiv bereits angedeutet worden. Es handelt sich um einen „Modellentwurf für mögliche Praxis". Dieser Entwurf kann aber nicht alle Faktoren unterrichtlichen Handelns thematisieren. Er wird sich auf ausgewählte Aspekte, die für die zugrundeliegende Perspektive als wesentlich bewertet werden, beschränken müssen. Das allgemeindidaktische Modell ist also nicht als Abbild der Unterrichtswirklichkeit zu verstehen, sondern als konstruierte Wirklichkeit, als Instrument selektiver Erfahrung, durch das das Bewußtsein für einzelne Aspekte geschärft werden kann.

Die am Beispiel der kritisch-konstruktiven Didaktik konkretisierten erkenntnistheoretischen Aspekte zeichnen somit noch einmal im groben die Aufgaben vor, die sich für die Analyse allgemeindidaktischer Modelle stellen: Es ist danach zu fragen, (1) welche pragmatischen Motive für die Konstruktion des betreffenden Modells ausschlaggebend waren, (2) welche (metatheoretischen) Entscheidungen in die Konstruktion eingeflossen sind und (3) welche Aspekte der Unterrichtswirklichkeit dadurch in den Blick gerückt werden.[24] Die Klärung dieser Aspekte müßte dann erweisen können, inwiefern allgemeindidaktische Modelle konstruktive Vorgriffe auf fachdidaktische Theoriebildung leisten können und für welche Probleme der Unterrichtspraxis Handlungsalternativen vorgezeichnet werden.

2. Kapitel

Bildungstheoretische Didaktik und fachdidaktisches Denken und Handeln

In diesem Kapitel wird die von Wolfgang Klafki vetretene bildungstheoretische Didaktik in ihren Grundzügen dargestellt und daraufhin befragt, inwiefern dieses Modell durch seine allgemeindidaktischen Aussagen Vorgriffe auf die Konzeptionen von Fachdidaktiken und Fachunterricht macht. Demnach geht es im folgenden nicht um eine umfassende Rekonstruktion der bildungstheoretischen Didaktik, sondern vorrangig um die Analyse solcher Aspekte, denen eine besondere fachdidaktische Relevanz zuzusprechen ist.

2.1. Bildungstheoretische Didaktik I

2.1.1. Zur Genese der bildungstheoretischen Didaktik I

Die ursprüngliche Fassung der bildungstheoretischen Didaktik (bildungstheoretische Didaktik I) hat erstmals 1958 in dem Aufsatz „Die didaktische Analyse als Kern der Unterrichtsvorbereitung" Gestalt gewonnen und wurde von Klafki bis Anfang der 70er Jahre nur geringfügig geändert. In dieser Konzeption kommt dem Bildungsbegriff eine zentrale Rolle zu; von ihm aus lassen sich die einzelnen Elemente und Momente der bildungstheoretischen Didaktik I erst hinreichend verständlich machen.

Zwischen 1971 und 1980 veröffentlichte Klafki dann eine Reihe von Aufsätzen, aus denen sich allmählich die gegenwärtige Konzeption einer „kritisch-konstruktiven Didaktik" (bildungstheoretische Didaktik II) entwickelte. Auch dieses Modell will Klafki noch als bildungstheoretisches verstanden wissen (s. Klafki 1985 a, S. 9, 42, 194). Die formal gebliebene Bezeichnung „bildungstheoretisch" darf aber nicht darüber hinwegtäuschen, daß die inhaltliche Bestimmung des Bildungsbegriffes im Laufe der Zeit eine bedeutsame Abwandlung erfahren hat.

Für die hier zu verfolgende Frage nach der Bedeutung allgemeindidaktischer Modelle für fachdidaktisches Denken und Handeln ergibt die vorgenommene Veränderung entscheidende Aufschlüsse. Es erscheint deshalb sinnvoll, die Genese der bildungstheoretischen Didaktik nachzuzeichnen. Der Grad ihrer Wandlung und die dafür maßgeblichen Motive können dann im einzelnen verdeutlichen, wie durch das Modell im Hinblick auf Unterrichtswirklichkeit Akzentuierungen gesetzt und verschoben und wie dadurch der Sinn und Stellenwert der Fachdidaktiken, der einzelnen Fächer im Fächerkanon und der konkreten Unterrichtsplanung verändert oder festgeschrieben wurden. Im folgenden wird zunächst die ursprüngliche Form der bildungstheoretischen Didaktik rekonstruiert und modelltheoretisch analysiert.

2.1.2. Kategoriale Bildung

Den eigentlichen Anlaß zur Konzeption der bildungstheoretischen Didaktik I bildeten für Klafki zwei Probleme, für die es seinerzeit keine zufriedenstellenden Lösungen gab. Einmal sei es die einseitige Betonung von Methodenfragen im Rahmen der
Reformpädagogik gewesen, die ein entsprechendes Korrektiv erfordere. Zum anderen habe die Analyse von Unterrichtsstunden, die Studenten im Rahmen von Praktika gehalten hatten, gezeigt, „daß der Kern des Gelingens oder des Mißlingens in
guter oder mangelnder Strukturierung" (Klafki 1976 c, S. 104) der Unterrichtsinhalte
gelegen habe. Die didaktische Forschung könne diese beiden Probleme, die Überbetonung der Methodenfrage und die Frage der Strukturierung von Unterrichtsinhalten, nur dann lösen, wenn sie an die sich immer deutlicher abzeichnende Entwicklung
pädagogischen Denkens anknüpfe, durch die „die inhaltlichen Fragen der Bildung
und Erziehung in den Mittelpunkt" (Klafki 1963 a, S. 22) gerückt werden.

Die Akzentuierung des inhaltlichen Aspektes von Bildung und Erziehung verweist auf die Frage: „Was soll gelehrt (gelernt) werden?" Diese Frage macht nach
Klafki das eigentliche Problem der Didaktik aus (1963 a, S. 28). Zu ihrer Klärung
dient als „zentrierende Kategorie" (ebd.) der Begriff „Bildung". Er ist notwendig,
um die facettenreiche Unterrichtswirklichkeit unter einem spezifischen Blickwinkel
zu betrachten: Bildung als Inbegriff des „vielfältig gestuften und differenzierten,
letztlich aber doch einheitlichen Gesamtauftrages" (Klafki 1963 a, S. 29) des Unterrichts ermöglicht die „Integration aller unterrichtlichen Bemühungen" und die „Verantwortung aller didaktischen Entscheidungen vor dem jungen Menschen". (Ebd.,
S. 29) Mit anderen Worten: Wer von der These ausgeht „Professionelles didaktisches
Handeln ist rational begründbares Handeln" (Peterßen 1983, S. 12), der hat im Sinne
der bildungstheoretischen Didaktik I alle Entscheidungen daraufhin auszurichten,
ob sie Bildung ermöglichen.

Was ist dabei im einzelnen mit Bildung gemeint? In dem Aufsatz „Kategoriale
Bildung" (1959 a) hat Klafki diesen Begriff an einem Beispiel aus der Physikdidaktik
in Anlehnung an M. Wagenschein (1953) erläutert: Durch ein Gedankenexperiment
soll im Unterricht das Newtonsche Erklärungsprinzip erkannt werden. Man stelle
sich vor, von einem weit über die Lufthülle ragenden Berg werde ein Stein geworfen.
Je stärker die Wurfbewegung ist, desto weiter ist der Auftreffpunkt entfernt. Schließlich ist der besondere Fall denkbar, bei dem die Anfangsgeschwindigkeit des Steines
so groß ist, daß er nicht mehr auftrifft und seine Bahn in ihrer Krümmung der Erdkrümmung entspricht; der Stein kreist, ähnlich wie der Mond, um die Erde. An diesem besonderen Fall wird die Wechselwirkung zwischen der trägen bewegten Masse
und der Gravitationskraft deutlich.

Bildung kommt in diesem Beispiel in zweifacher Hinsicht in den Blick: Zum
einen wird dem Schüler eine Grundeinsicht deutlich, nämlich das Newtonsche Erklärungsprinzip, das den Zusammenhang zwischen träger bewegter Masse und Gravitationskraft erfaßt. Diese Einsicht macht die inhaltliche (materiale) Komponente
des Bildungsvorgangs aus. Es zeigt sich zum anderen aber auch noch ein methodischer, formaler Aspekt, denn die vollzogene Grundeinsicht „ist ja ein theoretisches

Deutungsprinzip, das uns nicht nur die Mondbewegung, sondern planetarische Bewegungen überhaupt verständlich macht, darüber hinaus aber in allen ballistischen Erscheinungen eine Rolle spielt". (Klafki 1959 a, S. 406) Die gewonnene Erkenntnis ist daher ein „Mittel", andere Phänomene auf dieses kausale Erklärungsprinzip zurückführen zu können.[1] Und damit ist etwas Entscheidendes erreicht: Einerseits „erschließt" sich der Schüler einen Teilbereich seiner dinglichen, geistigen oder sozialen Wirklichkeit, er erwirbt ein Deutungsmuster für seine Wirklichkeit, hier die Einsicht in das Newtonsche Erklärungsprinzip. Zum anderen ist dieser Mensch für seine Wirklichkeit erschlossen (vgl. Klafki 1959 a, S. 410), denn mit der Einsicht in dieses Prinzip sind nun auch weitere Naturphänomene zu „verstehen" bzw. exakt zu erklären, hier im Beispiel also etwa durch den Transfer des Newtonschen Erklärungsprinzips auf planetarische Bewegungen oder ballistische Erscheinungen. Deshalb formuliert Klafki: „Das Sichtbarwerden von ‚allgemeinen Inhalten', von kategorialen Prinzipien im paradigmatischen ‚Stoff', also auf der einen Seite der ‚Wirklichkeit', ist nichts anderes als das Gewinnen von ‚Kategorien' auf der Seite des Subjekts". (Klafki 1959 a, S. 410) In diesem Sinne *ist Bildung weder nur inhaltliche noch nur formale Bildung, sondern immer durch ihren dialektischen Charakter bestimmt.*[2] Sie ist „kategoriale Bildung in dem Doppelsinn, daß sich dem Menschen eine Wirklichkeit ‚kategorial' erschlossen hat und daß eben damit er selbst – dank der selbstvollzogenen ‚kategorialen' Einsichten, Erfahrungen, Erlebnisse – für diese Wirklichkeit erschlossen worden ist". (Ebd., S. 410f.)[3]

Aus diesem Verständnis von Bildung geht dann für Klafki die Funktion der Didaktik hervor: Didaktik ist „die Theorie der Bildungsaufgaben und Bildungsinhalte bzw. der Bildungskategorien; sie fragt nach ihrem Bildungssinn und den Kriterien für ihre Auswahl, nach ihrer Struktur und damit auch ihrer Schichtung" und „schließlich nach ihrer Ordnung". (Klafki 1963 a, S. 21)

Mit der Akzentuierung dessen, was als bildend ausweisbar ist, wird zugleich *das Wesentliche vom weniger Wesentlichen* geschieden: Fragen der Methodik, der Wahl der Medien oder Sozialformen sind zwar nicht belanglos, ihnen wird aber doch nur sekundäre Relevanz zuerkannt. Deswegen spricht Klafki auch von „Didaktik im engeren Sinne" (1963 a, S. 22), um dadurch den „Primat der Didaktik" gegenüber der Methodik (ebd., S. 23) zu kennzeichnen, denn „bevor man ... erforschen oder erproben oder darüber Aussagen machen kann, welcher Weg, welche Methoden für diesen oder jenen erstrebten Lehr- oder Lernvorgang bei bestimmten gegebenen Bedingungen mehr oder minder zweckmäßig sind, muß man das Ziel oder die Ziele und die auf diese Ziele hin ausgewählten Inhalte kennen, die durch die Lehre vermittelt und im Lernen angeeignet werden sollen". (Klafki 1970 a, S. 70)[4]

2.1.3. Zur näheren Bestimmung des Bildungsbegriffes

Die bisherigen Ausführungen zum Bildungsbegriff lassen den Modellcharakter der bildungstheoretischen Didaktik zwar in seinen Konturen erkennbar werden, sind aber für konkretere Aussagen über die Bedeutung dieses Modells für die Fachdidaktik zu erweitern und zu präzisieren: Um nämlich über den Bildungswert von Unterrichtsinhalten entscheiden zu können, ist eine nähere Bestimmung des Bildungsbegriffes notwendig. Klafki führt hierzu eine Reihe wichtiger Momente an:

(1) Alles Denken und Handeln des Pädagogen ist der „didaktischen Generalinstanz" (Klafki 1963 a, S. 38), der pädagogischen Verantwortung, verpflichtet. Das didaktische Feld ist daher von einem Punkte aus aufzuschlüsseln: „von der pädagogischen Verantwortung vor dem jungen Menschen, der den Sinn seines Lebens als Kind und Jugendlicher erfüllen und zugleich schrittweise in seine Mündigkeit hineinwachsen soll". (Ebd., S. 38) Gebildet ist dann derjenige, der kraft seiner Mündigkeit ein vor sich und anderen zu verantwortendes Leben zu führen vermag.[5]

(2) Dem Bildungsbegriff kommt somit auch eine politische Dimension zu, er muß „auf die Mitmenschlichkeit, die Sozialität (Gesellschaft) und auf die politische Existenz des Menschen bezogen gedacht werden". (1963 a, S. 31)

(3) Bildender Unterricht orientiert sich an der Idee „einer demokratischen, mobilen Gesellschaft der Gleichberechtigten und Gleichwertigen". (Ebd., S. 34) In diesem Verständnis kann Bildung nicht als Privileg weniger Menschen aufgefaßt werden, sondern nur als „Allgemeinbildung", die jedem Bürger gleiche Chancen und Zugangsmöglichkeiten eröffnet.

(4) Die soziale Wirklichkeit, die sich der junge Mensch erschließen soll, kann im Unterricht nur angemessen thematisiert werden unter Verzicht auf „harmonistische und perfektionistische Leitbilder". (1963 a, S. 33) Bildung hilft dem einzelnen, „Lebensspannungen, nicht auf einen Nenner zu bringende Verhaltensweisen, die die verschiedenen Wirklichkeitsbezüge von uns fordern, zu bewältigen". (Ebd.)

(5) Das so formulierte Bildungsverständnis schließt zugleich eine Haltung mit ein, die Dynamik und Wandlungsfähigkeit als entscheidende Fähigkeiten des einzelnen einfordert. „Wandlungsfähigkeit als Moment der Bildung bedeutet nicht blinde Anpassungsbereitschaft, sondern Bereitschaft, auf neue Situationen produktiv zu antworten." (1963 a, S. 35)

(6) Bildungsprozesse müssen über die „Grenzen des Heimatlichen und der nationalen Kultur und Geschichte" hinaus auch „die Auseinandersetzung mit weltumspannenden Fragen und mit exemplarischen Beispielen der geistigen Welt anderer Völker" (1963 a, S. 34) aktualisieren.

(7) Bildung als Haltung basiert „auf der Erfahrung und der bewußten Aneignung übergreifender Wertprinzipien. Treue und Wahrhaftigkeit, Gerechtigkeit und Hilfsbereitschaft, Tapferkeit und Standhaftigkeit sind auch und gerade heute unabdingbare Werte und Tugenden." (1963 a, S. 35)

(8) Diese angeführten sieben Bestimmungsstücke machen im wesentlichen das *Ergebnis von Bildung* (Bildung als Haltung, wie Klafki sagt) aus; nicht weniger wichtig ist in diesem Zusammenhang aber auch der Aspekt des *Bildungsprozesses*. Hierdurch rückt vor allem die konkrete geistige Aktivität des Schülers, die Art und Weise, in der er „Kategorien" gewinnt, in das Blickfeld.

Bei der konkreten Bestimmung dieses Aspektes (*Bildung als Prozeß*) lehnt Klafki sich in seinen Ausführungen eng an die für die Bildungsdiskussion auch heute noch bedeutende Schrift F. Copeis, „Der fruchtbare Moment im Bildungsprozeß" (erstmals 1950; hier zitiert als 1963[7]), an. Klafki hält die Analyse Copeis und dessen pädagogische Schlußfolgerungen für einen „Grundriß einer allgemeinen Methodik kategorialer Bildung" (Klafki 1959 b, S. 358).

Am oben angeführten Beispiel aus der Physikdidaktik[6] läßt sich zeigen, wie es zu dem „fruchtbaren Moment im Bildungsprozeß" kommen kann und was seinen Sinn ausmacht. Mit der einleitenden Skizzierung des Gedankenexperiments durch den Lehrer wird der fruchtbare Moment vorbereitet; im Schüler kann sich eine echte Fragehaltung, ein tiefes Interesse am Durchdenken und Lösen des gestellten Problems entwickeln. Ob es tatsächlich zu diesem ersten, vorbereitenden Schritt, zu dieser geistigen Beunruhigung (s. Copei 1963[7], S. 27) kommt, ist im besonderen von der Verfassung des Schülers abhängig. Der zweite entscheidende Aspekt im Bildungsprozeß ist der sogenannte „fruchtbare Moment", in dem „die neue Erkenntnis aufglüht". (Copei 1963[7], S. 68) Um im Beispiel zu bleiben: Im besonderen Fall, in dem die Bahnkrümmung des geworfenen Steines mit der Erdkrümmung identisch ist, wird der Zusammenhang, das Zusammenwirken von bewegter Masse und Gravitationskraft, einsichtig. Auch hinsichtlich dieses zweiten Schrittes gilt es zu betonen, daß der Bildungsprozeß nicht beliebig manipulierbar und initiierbar ist. Diesem technologischen Mißverständnis versucht Copei eindringlich vorzubeugen: Wenn eine Methode auch hinführenden oder vorbereitenden Charakter hat, so muß doch auch gesehen werden, daß sie keinesfalls „den fruchtbaren Moment erzwingen kann". (Copei 1963[7], S. 67) In diesem Sinne wird Lernen nicht, wie Nicklis gegenüber der Tradition behavioristischer Theorien kritisch resümiert, in der „Minimalisierung von Lernschritten und der Maximalisierung von Verstärkungen" (Nicklis 1967) gesehen; Lernen ist in besonderer Weise auch (und gerade) durch Irrtum möglich, „der Irrtum selbst hat erkenntnisfördernde Bedeutung". (Copei 1963[7], S. 38)[7]

Damit läßt sich auch das achte Bestimmungsstück des Bildungsbegriffes formulieren: *Kategoriale Bildung ist in ihrem Zustandekommen und Ablauf nur denkbar als die aktive, selbsttätige Auseinandersetzung des einzelnen mit sich selbst und seiner Lebenswelt* (s. Klafki 1959 b, S. 362).[8]

Inwiefern ist nun diese terminologische Bestimmung des Bildungsbegriffes bedeutend für die Frage nach dem Verhältnis von bildungstheoretischer Didaktik und Fachdidaktik? Oder anders gefragt: Welche impliziten Anforderungen stellt Klafki eigentlich mit der Formulierung seines Modells an die fachdidaktische Theoriebildung? – Eine Fachdidaktik, die den Bildungsbegriff Klafkis und dessen Auffassung von Didaktik teilt, hat ihren Blick zu schärfen für die Fragen, die ihren Gegenstandsbereich konstituieren. Es ist weniger wichtig zu klären, *wie* bestimmte Inhalte vermittelt bzw. angeeignet werden können, sondern *welche* Inhalte es im besonderen sein sollen, die eine bildende Auseinandersetzung des Schülers mit dem Gegenstand ermöglichen. Fachdidaktik hätte somit die Aufgabe, eine Matrix von Bildungsinhalten zu erstellen, in der die wesentlichen Inhalte des zugehörigen Fachunterrichts beschrieben und systematisiert werden. Klafki ordnet einer jeden Fachdidaktik demnach eine *strukturierende* Funktion zu.

Entscheidend ist in diesem Zusammenhang die besondere Art des Verhältnisses zwischen Allgemeiner Didaktik und Fachdidaktik; Klafki will es als ein „Gespräch zwischen den Sachwaltern der verschiedenen Abstraktionsebenen didaktischen Denkens", also „als ein Verhältnis partnerschaftlich verbundener und aufeinander angewiesener Gleichberechtigter" (1963 a, S. 27) verstanden wissen. In diesem Sinne versuchen die Bildungstheorie und die Allgemeine Didaktik, „pädagogische Kategorien, Kriterien, Fragestellungen, Prinzipien herauszuarbeiten" und sie „den Fachdidaktiken zur Erhellung ihrer speziellen Aufgaben, zur Konkretisierung und zur kritischen Erprobung" anzubieten. „Die Ergebnisse dieser kritischen Konkretisierung haben die Allgemeine Didaktik und die Bildungstheorie wiederum ... auf ihre allgemeine Bedeutung, auf Möglichkeiten oder Notwendigkeiten der Zuordnung usw. zu durchdenken." (Klafki 1963 a, S. 27)[9]

Es ist zweifelsohne nicht immer einfach, von Fall zu Fall zu entscheiden, inwiefern die allgemeindidaktischen Aussagen Klafkis seinerzeit prägend für das fachdidaktische Denken gewesen sein mögen. Im Rahmen der Fachdidaktik Physik etwa lagen bereits seit längerem einige Arbeiten M. Wagenscheins vor (1949; 1956; 1960 a), in denen er sich intensiv mit der bildenden Aufgabe des Physikunterrichts auseinandergesetzt hatte. Ganz anders aber verhielt es sich mit der Didaktik des Deutschunterrichts. 1966 erschien in erster Auflage die „Didaktik der deutschen Sprache" von Hermann Helmers. In dem Untertitel „Einführung in die Theorie der muttersprachlichen und literarischen Bildung" zeigt sich an, daß mit dieser Schrift eine eigenständige Begründung der Deutschdidaktik beansprucht wird. Helmers, der sich wie Klafki als Schüler Wenigers versteht, lehnt sich eng an das Modell Klafkis an (Helmers 1969[3], S. 42, 350), vor allem durch die Übernahme des allgemeindidaktischen Gliederungsprinzips: „Die allgemeine Didaktik hat für alle speziellen Didaktiken ein durchgehendes Ordnungsschema entwickelt, das auch für die Theorie der muttersprachlichen Bildung von Bedeutung ist. Man unterteilt in ‚Didaktik im engeren Sinne' = Theorie der Bildungsinhalte und ‚Methodik' = Theorie der Unterrichtsverfahren." (Helmers 1969[3], S. 27) Helmers schließt sich der These vom „Primat der Didaktik" an. Methodische Überlegungen können nach seiner Auffassung also immer nur im Hinblick auf inhaltliche vorgenommen und begründet werden.

In dieser eindeutigen Präferenz für inhaltliche Fragen schlugen sich die Forderungen Klafkis nieder. Seine allgemeindidaktischen Aussagen wurden in ganz spezifische fachdidaktische Fragestellungen umgesetzt: Das primäre Interesse der Deutschdidaktik verschob sich von den Methoden des Deutschunterrichts auf dessen Inhalte. Methodenlehren, wie sie etwa von R. Ulshöfer (1952; 1957 a; 1957 b) oder E. Essen (1956) vorgelegt worden und für die Praxis des Deutschunterrichts bis etwa 1965 bestimmend waren, verloren den maßgeblichen Einfluß, den sie lange gehabt hatten.[10] Diese Methodenlehren waren mit zahlreichen Hinweisen auf Unterrichtsverfahren gespickt. So gab E. Essen etwa Anregungen zum Spielgespräch (1956, S. 15ff.), zur Gestaltung lyrischer Gedichte (S. 65ff.) oder zur Methodik des Unterrichtsgespräches (S. 195ff.). Derartige Überlegungen wurden in der fachdidaktischen Forschung nun zweitrangig, denn sie konnten keine „primäre Grundlegung des muttersprachlichen Unterrichts leisten". (Helmers 1969³, S. 31)[11] Vielmehr wurde „die Festlegung eines grundlegenden kategorialen Schemas ... für die Didaktik der deutschen Sprache lebenswichtig. Das geforderte kategoriale Strukturschema (konnte) nur in der Sache selbst gesucht werden". (Helmers 1969³, S. 31)

Die fundamentalen Grundkategorien des muttersprachlichen Unterrichts bildeten für Helmers das Sprechen, Schreiben, Lesen und Verstehen (1969³, S. 32f.). „Wenn jeweils das Ziel in diesen vier Grundrichtungen nach der antiken Scheidung in recte (richtig) und bene (gut, wohlgefällig) aufgeteilt wird, entstehen acht Kategorien. Da einzig das Lesen dank einer eigenwilligen historischen Entwicklung „recte" und „bene" verbindet, verbleiben sieben Teillernziele." (Ebd., S. 32) Daraus ergab sich dann das Schema der Kategorien des Deutschunterrichts:

	Sprechen	Schreiben	Lesen	Verstehen
„recte"	Sprachübung	Rechtschreib-unterricht	Erstlese-lehrgang und weiterführender Lese-unterricht	Sprach-betrachtung
„bene"	Sprech-erziehung	Aufsatz-unterricht		Literatur-unterricht

Aus: Helmers 1969³, S. 32

Es ist nun hier nicht weiter zu verfolgen, wie diese sieben bzw. acht Grundkategorien von Helmers im einzelnen inhaltlich ausgefüllt und in ihrem Zusammenhang bestimmt wurden. Auch die Frage nach der Vollständigkeit, sachlichen Angemessenheit oder der Berechtigung dieser Kategorien interessiert hier weniger. Nur so viel sei zur Sache angemerkt: Helmers' Theorie der muttersprachlichen und literarischen Bildung blieb nicht ohne Kritik (vgl. Bauer 1971; Schlotthaus 1977; Diegritz/König 1973); zum einen ist es wohl diese Kritik, zum anderen dann aber die Weiterentwicklung in der fachdidaktischen Diskussion gewesen, die die elfte Auflage von 1984 von der ersten in einigen Punkten unterscheidet. Dennoch: Die bereits 1966 zusammengestellten Kategorien bilden für Helmers auch heute noch die tragenden Säulen der Didaktik der deutschen Sprache.

Für die hier zu verfolgende Frage nach dem Verhältnis von Allgemeiner Didaktik und Fachdidaktik genügt diese recht grobe Darstellung, denn sie verweist schon auf eine entscheidende Erkenntnis: Mit der Akzentuierung der Inhaltsperspektive leistet Klafki in seinen allgemeindidaktischen Überlegungen insofern einen Vorgriff auf die Aufgabe fachdidaktischer Theoriebildung, als er den Fachdidaktiker mahnt, den Gegenstandsbereich seiner Disziplin klar zu umreißen und daraufhin nach den bildenden Inhalten des betreffenden Fachunterrichts zu fragen. Es handelt sich bei diesem Vorgriff aber nicht um eine Anweisung im Sinne einer Bevormundung der Fachdidaktik durch die Allgemeine Didaktik. Vielmehr geht es dabei um eine emanzipatorische Chance, durch die sich eine Fachdidaktik mit ihrem Gegenstandsbereich erst als eigenständige Disziplin etablieren kann bzw. soll. Diese Chance wurde auch von Helmers erkannt. Die Didaktik der deutschen Sprache gilt für ihn nicht als Derivat der Erziehungswissenschaft oder als Appendix der Germanistik; sie steht als gleichberechtigte Disziplin neben beiden Grundwissenschaften (Helmers 1969³. S. 24f.).

Fazit: Aus den bisherigen Erörterungen zum Bildungsbegriff ergeben sich auf die Frage nach dem Verhältnis von bildungstheoretischer Didaktik I und Fachdidaktik zwei wichtige Antworten, die von systematischer Bedeutung sind, mithin also auch für gegenwärtiges und zukünftiges fachdidaktisches Denken und Handeln bestimmend sein sollten:

(1) Der Modellcharakter der bildungstheoretischen Didaktik I kommt vorrangig darin zum Ausdruck, daß Klafki durch die Bestimmung des Bildungsbegriffes das Hauptaugenmerk auf die Inhalte des Unterrichts lenkt. Die Festlegung auf diese Perspektive hat für die einzelnen Fachdidaktiken eine wichtige Konsequenz: Wer nämlich die Perspektive Klafkis für tragfähig und bedeutungsvoll hält, der sieht sich als Fachdidaktiker vor die Aufgabe gestellt, den Gegenstandsbereich seiner Disziplin zu konstituieren und ein Repertoire an entsprechenden Bildungsinhalten zusammenzustellen. Von entscheidender Bedeutung ist in diesem Zusammenhang, daß die inhaltliche Bestimmung des Bildungsbegriffes terminologisch zwar keineswegs vage, aber dennoch so offen gehalten ist, daß eine Vielzahl von Unterrichtsfächern und zugehörigen Fachdidaktiken sich in dem allgemeindidaktischen Konzept Klafkis wiederfinden kann. Die einzelne Fachdidaktik hat nämlich die Möglichkeit, den Gegenstandsbereich – in Anlehnung an die zuzurechnende(n) Fachwissenschaft(en) und die Bildungstheorie – in völliger Eigenständigkeit abzustecken. Mit anderen Worten: Klafki erkennt mit seinen allgemeindidaktischen Vorgaben die *Autonomie und Gleichberechtigung der einzelnen Fachdidaktiken an.*

(2) Die Eigenständigkeit der jeweiligen Fachdidaktik wird in dem bildungstheoretischen Modell aber nicht nur hinsichtlich der Inhalte, sondern auch bezüglich der Unterrichtsmethoden vorausgesetzt. Dadurch nämlich, daß Klafki sein Interesse auf die Frage nach den Inhalten kanalisiert, werden Fragen der Methodik aus dem Zuständigkeitsbereich der Allgemeinen Didaktik ausgeklammert und damit dem Forschungsgebiet der Fachdidaktik überlassen. Die Konzentration der bildungstheoretischen Didaktik auf die Inhaltsproblematik ist deshalb aber nicht als Defizit zu werten. Im Gegenteil: Aus modelltheoretischer Perspektive ist die intendierte Bescheidung auf bestimmte Aspekte für die fachdidaktische Forschung als ein immenses heuristisches Potential zu sehen. Wenn man nämlich davon ausgeht, daß bei der unterrichtlichen Behandlung fachspezifischer Themen – im Deutschunterricht etwa bei der Behandlung von Gedichten, Dramen oder Sachtexten oder im Fach Chemie beispielsweise bei der Behandlung des Periodensystems oder des Bohrschen Atommodells – jeweils spezifische, d.h. sach- und fachimmanente methodische Zugriffe

das geeignete „Mittel" sind, dann kommt der fachdidaktischen Forschung die Aufgabe zu, nach den für das einzelne Fach sinnvollen methodischen Möglichkeiten zu suchen. Der Wert einer Methode, z.B. der induktiven, deduktiven, genetischen oder historisierenden im Physikunterricht, oder der didaktische Ort einer Sozialform im Deutschunterricht wird demnach nicht durch die bildungstheoretische Didaktik I vorab normiert und entschieden, sondern muß durch die jeweilige Fachdidaktik erst ermittelt werden.

2.1.4. Die Aufgaben der didaktischen Forschung

Die sich in den vorangangenen Ausführungen deutlich abzeichnende Offenheit der bildungstheoretischen Didaktik I gegenüber den Fachdidaktiken wird sich im weiteren Verlauf mehrfach bestätigen, da es nun darauf ankommt, das Bild dieses didaktischen Modells zu vervollständigen. Es sind im wesentlichen zwei Aspekte, denen für die Frage nach dem Anregungspotential dieses Modells für fachdidaktisches Denken und Handeln besondere Aufmerksamkeit zukommen muß: Zum einen ist zu klären, welche Aufgaben Klafki der allgemeindidaktischen Forschung zuspricht; zum anderen ist von Bedeutung, welche Konsequenzen Klafki aus seinen allgemeindidaktischen Überlegungen für die Praxis des Unterrichts und damit für die Unterrichtsvorbereitung ableitet. Im folgenden geht es zunächst um die Frage nach der didaktischen Forschung.

Die Allgemeine Didaktik hat – so Klafki – die Aufgabe, ein „Denkmodell" des didaktischen Feldes zu skizzieren, „in dem alle Grundbeziehungen zur Sprache kommen, die in jeder Gesamtkonzeption einer Besonderen Didaktik oder einer Bereichs- bzw. Fachdidaktik, ebenso aber bei einer einzelnen didaktischen Entscheidung wie auch in der didaktischen Vorbereitung des Lehrers auf eine Unterrichtsstunde berücksichtigt sein wollen und zur Einheit einer verantwortlichen Entscheidung, eines didaktischen Entwurfes zusammengenommen werden müssen". (Klafki 1963 a, S. 36)

Dieses von der Allgemeinen Didaktik zu konzipierende Denkmodell soll keine fertigen Lösungen bieten, sondern lediglich ein „Problemmodell" sein, das „die Struktur einer Problemlage durch ein Gefüge allgemeiner Kategorien aufzuweisen" (ebd., S. 36) beansprucht. Dabei kommt es Klafki im besonderen Maße auf den Bezug dieses Konzeptes zum Aufgabenbereich der einzelnen Fachdidaktiken an. Es soll sich nämlich um ein Modell handeln, das, „weil für alle Fach- und Bereichsdidaktiken zutreffend, erstens eine gemeinsame Gesprächsbasis bietet und den systematischen Ort wesentlicher, in der gegenwärtigen Diskussion gebräuchlicher Grundbegriffe bestimmt, das uns zweitens die Gesamtaufgabe jeder Fachdidaktik sichtbar macht und daher drittens den Ort jeder einzelnen Fragestellung und die daraus sich ergebenden Forschungsaufgaben erkennbar werden läßt; das uns schließlich viertens eine erziehungswissenschaftlich begründete, kritische Betrachtung vorliegender didaktischer Entwürfe erlaubt." (Ebd., S. 37)

Der Aufgabenbereich der didaktischen Forschung – Klafki bezeichnet ihn auch als „didaktisches Feld" (1963 a, S. 36) – gliedert sich in vier wesentliche Dimensionen:

(1) die Dimension der Geschichtlichkeit didaktischer Entscheidungen;
(2) die Dimension der verschiedenen Perspektiven des Welt- und Selbstverständnisses und der Motivation;
(3) die Dimension der allgemeinen Sinngebung der geistigen Grundrichtungen und der Schulfächer und
(4) die Dimension der inneren Struktur und der Schichtung der Bildungsinhalte (s. Klafki 1963 a, S. 37).

Welche Bedeutung haben diese vier Dimensionen im einzelnen für die fachdidaktische Theoriebildung und für die Analyse und Planung von Fachunterricht?

(1) *Zur Dimension der Geschichtlichkeit didaktischer Entscheidungen*

Mit der Dimension der Geschichtlichkeit didaktischer Entscheidungen hebt Klafki darauf ab, daß Entscheidungen für oder gegen bestimmte Bildungsinhalte an der Gegenwart und Zukunft des jungen Menschen ausgerichtet sein müssen. Daraus erwachsen für die fachdidaktische Forschung konkrete Aufgaben. Um es an zwei Beispielen zu verdeutlichen: Im Lernbereich „Chemie – Physik" wäre etwa zu fragen, inwiefern Probleme der Umweltverschmutzung, der Speicherungsmöglichkeiten von Energie o.ä. zum einen im gegenwärtigen Interessenbereich des Schülers liegen und zum anderen auch noch für sein künftiges Leben als Erwachsener von Belang sind. Oder: Können durch die Behandlung des Romans „Homo faber", in dem Max Frisch den Leser mit der Frage nach dem Sinn menschlicher Lebensführung konfrontiert, bereits die gegenwärtigen Nöte und Ängste des Schülers angesprochen und aufgenommen werden, darüber hinaus aber auch solche Anstöße gegeben werden, die für das gesamte Leben des späteren Erwachsenen von ihm als Bereicherung empfunden werden? Konkret also: Welche Impulse vermag der Unterricht mit diesem Roman für die Gegenwart und Zukunft des Schülers zu geben, wenn darin die anfangs so unerschütterliche Zuversicht des Protagonisten in das mathematisch-naturwissenschaftliche Kalkül zerbricht, weil nämlich dadurch auf die entscheidenden Sinnfragen menschlichen Lebens (Fragen nach dem Sinn von Natur, Liebe, Sexualität, Ehe oder Tod) keine Antwort zu finden ist?

Diese Beispiele machen deutlich, wie wichtig es ist zu prüfen, ob tradierte Inhalte noch mit Fug und Recht die Forderung nach Gegenwarts- und Zukunftsbedeutung erfüllen können. Deshalb fordert Klafki eine geschichtliche Erforschung der Bildungsinhalte, der Lehrpläne und der didaktischen Theorien, „um die politischen, sozialen, geistes- und bildungsgeschichtlichen Hintergründe zahlreicher, bis heute wie selbstverständlich tradierter Bestände und Wertungen zu erkennen und damit ihnen gegenüber zu kritischer Prüfung frei zu werden". (Klafki 1963 a, S. 41)

Mit diesen Worten trägt Klafki der fachdidaktischen Forschung eine wichtige Aufgabe an: War weiter oben bereits die Rede davon, daß Klafki der jeweiligen Fachdidaktik das Recht zubilligt, ihren Gegenstandsbereich abzugrenzen[12], so wird hier deutlich, daß dies keine einmalige Aufgabe der Fachdidaktik ist. Denn eine fachdidaktische Theorie der Bildungsinhalte bedarf der ständigen Revision; eine Fachdidaktik, die ihren Beitrag zur Bildung der Heranwachsenden ernst nimmt, hat permanent zu prüfen, was zum festen Wissens- und Könnensbestand des späteren Erwachsenen gehört, welche aktuellen und übergreifenden ethischen Fragestellungen Eingang in den Unterricht finden sollten und welche politischen, zeitgeschichtlichen Fragestellungen und Entscheidungen vom Jugendlichen später mitverantwortet werden müssen.

(2) *Zur Dimension der verschiedenen Perspektiven des Welt- und Selbstverständnisses und der Motivation*

Diese zweite Dimension des didaktischen Feldes zielt in erster Linie auf die altersabhängigen Voraussetzungen des Unterrichts. Die didaktische Forschung soll demzufolge ihr Interesse auf die Bildungsstufen lenken, die man „durch je spezifische Frage-, Interessen-, Verstehens- und Handlungsmöglichkeiten und einen gewissen Spielraum der Ansprechbarkeit, kurz: durch eine jeweils besondere Bildsamkeit und Erziehbarkeit" (Klafki 1963 a, S. 43) charakterisieren kann. Fraglich ist in diesem Zusammenhang, welchen Bezugspunkt die Didaktik wählen soll. D.h.: Welcher Orientierungspunkt soll über die Entwicklung des kindlichen und jugendlichen Welt- und Selbstverständnisses hinaus angestrebt werden? Auf welches Welt- und Selbstverständnis hin soll der schulische Bildungsprozeß ausgerichtet sein?

Nach Klafki soll es die „Perspektive des Laien" sein: „Es ist die Perspektive des aufgeklärten Zeitgenossen, des sich politisch mitverantwortlich fühlenden Bürgers, des Laien in der kirchlichen Gemeinde, die Perspektive, die wir als Konsumenten eines riesigen Waren- und Kulturangebotes, als Mütter und Väter, als Verkehrsteilnehmer oder als Nachbarn tagtäglich sachlich und menschlich zu erfüllen versuchen." (Klafki 1963 a, S. 45)

Diese allgemeindidaktischen Überlegungen verweisen auf eine weitere entscheidende Aufgabe der jeweiligen Fachdidaktik: Es muß darum gehen, das System der fachspezifischen Bildungsinhalte so abzustufen, daß deutlich wird, welche Inhalte in welcher Altersstufe im Frage- und Verständnishorizont des Kindes bzw. des Jugendlichen liegen. Die fachdidaktische Forschung hat ihren Gegenstandsbereich demnach auch auf die verschiedenen Schulstufen hin zu gliedern. Mit anderen Worten: *Fachdidaktik ist aus der Sicht der bildungstheoretischen Didaktik I auch immer stufenbezogene Didaktik.* Auch hier gilt es wiederum zu betonen, daß diese Aufgabenzuweisung der Allgemeinen Didaktik an die Fachdidaktik weniger im Sinne eines Abhängigkeitsverhältnisses zu sehen ist, so als hätte die jeweilige Fachdidaktik bestimmte Präskriptionen der Allgemeinen Didaktik lediglich aufzunehmen oder weiterzuführen. Vielmehr wird auch in diesem Punkt einmal mehr deutlich, daß Klafki hier keine inhaltlichen Entscheidungen vorgeben will, sondern die Zuständigkeit für die Fragen nach dem altersadäquaten Welt- und Selbstverständnis und nach der damit zusammenhängenden stufenspezifischen Bildsamkeit dem Kompetenzbereich der Fachdidaktiken zuordnet.

Die zuerkannte Autonomie der Fachdidaktiken wird zudem durch die Orientierung didaktischer Entscheidungen an der „Perspektive des Laien" gestützt, weil sich

daraus entscheidende Konsequenzen für das Verhältnis von Fachdidaktik und Fachwissenschaft ergeben: Die Perspektive des Laien ist nur selten die des Wissenschaftlers. „Die Aufgabe der Didaktik kann also nicht einfach als Transposition, Umsetzung und Elementarisierung wissenschaftlicher Ergebnisse auf ihrem jeweils
neuesten Forschungsstande bzw. als Transposition und Elementarisierung der
jeweils modernen Richtungen der Kunst verstanden werden. Sie hat vielmehr zu
fragen, wie weit die Fachwissenschaften die Weltperspektive des Kindes und des
Jugendlichen und die des erwachsenen Laien aufzuschließen vermögen." (Klafki
1963 a, S. 47)[13]

Aus dieser allgemeindidaktischen Position heraus stellt Klafki die entsprechende
Forderung an fachdidaktische Konzeptionen: Die Beschreibung und Systematisierung fachspezifischer Bildungsinhalte darf primär nicht wissenschaftsorientiert sein,
sondern hat sich in erster Linie an den altersspezifischen Interessen, der lebenswelt-
lichen Situation und Erfahrung, schließlich an der Bildsamkeit des Heranwachsenden auszurichten.[14] Deshalb brauchen die Fachdidaktiken „eine pädagogische
Eigenständigkeit, die weder als eine Herrschaftsrolle noch als formale Unabhängig-
keit mißverstanden werden darf. Diesen eigenen Stand findet jede Fachdidaktik in
der pädagogischen Verantwortung vor dem und für den jungen Menschen, der auf
dem Weg in seine Wirklichkeit, seine Mündigkeit, Menschlichkeit und Freiheit unserer Hilfe bedarf." (Klafki 1963 a, S. 49)

Mit diesen Äußerungen gibt Klafki entsprechende Anregungen für die fachdidaktische Theoriebildung: Nicht die wissenschaftsorientierte Fachdidaktik, die von
einer dualistischen Auffassung ausgeht, derzufolge hier die kindliche, dort die wissenschaftliche Denkweise existiert, ist gefragt. Die allgemeindidaktischen Vorgaben
Klafkis verlangen nach einer Fachdidaktik, die zunächst das Kind oder den Jugendlichen, deren Selbst- und Weltverständnis, im Blick hat.[15] Ein Beispiel aus der Physikdidaktik mag verdeutlichen, welche fachdidaktische Konzeption ganz im Sinne
der Forderungen Klafkis einzustufen ist. M. Wagenschein hat in vielen Veröffentlichungen erläutert, welche Bedeutung das „genetische Lehren" für den Physikunterricht hat. Mit diesem didaktischen Prinzip zieht Wagenschein gegen einen bloß
wissenschaftsorientierten Unterricht ins Feld, der viel zu früh zum Messen, Mathematisieren und zu steriler Fachsprache ansetzt. Kinder sollen vielmehr erst „in ihrer
eigenen lebendigen Sprache reden und schreiben". (Wagenschein 1960 b, S. 81) Naturphänomene sollen ausgiebig betrachtet und von den Schülern untersucht werden.
Deshalb sei aber nicht zu befürchten, daß Kinder auf diese Art und Weise nicht zum
physikalischen Denken kämen, denn das Denken des Kindes und das wissenschaftliche Denken gehen Hand in Hand: „Daß es eine Kluft geben solle zwischen ihm
und der Physik und, was dasselbe ist, eine Kluft zwischen dem volkstümlichen und
dem wissenschaftlichen Denken, habe ich nie einsehen können aus demselben einen
Grund: wie hätte denn Physik je entstehen können, wenn nicht aus dem volkstümlichen Denken jener Männer, die in dem großen Rausch des 17. Jahrhunderts die
Möglichkeit der Physik entdeckten und die doch, samt ihren 2000jährigen Ahnen,
alle auch einmal Kinder waren? Sie muß in ihnen erwacht sein, sie liegt im Menschen." (Wagenschein 1960 b, S. 77) Und so kann man im unterrichtlichen Gespräch

mit Kindern ständig spüren, „daß sie auf dem Wege zur Physik sind ... Allein können sie es nicht. Sie brauchen unsere, der geschichtsbeladenen Erwachsenen Hilfe dazu. Nur helfen wir ihnen nicht, wenn wir ihre Impulse nicht aufnehmen. Die gehen freilich noch nicht gleich auf das Messen, Mathematisierung und System; sie erwarten nicht das, was wir als Voraussetzungen eines systematischen Weges ansehen ... Sie sind zunächst Gelegenheitsdenker, aber was für welche." (Ebd., S. 77f.)

(3) Zur Dimension der allgemeinen Sinngebung der geistigen Grundrichtungen und der Schulfächer

Aus dieser dritten Dimension ergeben sich nicht nur Konsequenzen für eine einzelne Fachdidaktik, sondern darüber hinaus auch für die Berührungspunkte und Überschneidungen mehrerer Fächer.

Die Frage, welchen allgemeinen Sinn das einzelne Schulfach bzw. das einzelne didaktische Aufgabenfeld im Gesamtzusammenhang der Bildung hat, sieht Klafki in der Zugrundelegung fünf umfassender Sinnprinzipien (Klafki 1963 a, S. 52) beantwortet:

„1. Das ethische Prinzip, also die Begründung eines Faches durch die in ihm erfahrenen sittlichen Werte und Motivationen.
2. Das ästhetische bzw. musische Prinzip, also der Inbegriff der Erfahrung des freien Spiels, des Zusammenklanges von Gehalt und Form in einer ‚Gestalt', der erlebten Einheit von Lösung und Bindung usf.
3. Das theoretische Prinzip, also die Sinnhaftigkeit des reinen Betrachtens, Schauens und Erkennens, der theoria als solcher und um ihrer selbst willen.
4. Das pragmatische Prinzip. Gewöhnlich anderen Prinzipien zu- oder untergeordnet, hat es als solches doch einen eigenen humanen, als sinnvoll erfahrbaren Gehalt: Inhalte und Aufgaben können deshalb sinn- und wertvoll sein, weil sie um des gemeinsamen familiären, beruflichen, sozialen oder politischen Lebens willen schlicht notwendig sind. Es scheint mir, zugleich im Sinne einer Entideologisierung der Pädagogik, heute entscheidend wichtig zu sein, daß wir ... dieses Sinnprinzip des Pragmatischen positiv werten ...
5. Die religiöse Sinngebung (im ursprünglichen, noch nicht polemisch verkürzten Sinn dieses Wortes). Sie läßt sich den vier zuvor genannten innerweltlichen Sinnprinzipien natürlich nicht einfach nebenordnen, sondern liegt gleichsam quer zu ihnen, weist in eine grundsätzlich andere, über die Welt hinausragende Dimension ..." (Klafki 1963 a, S. 55f.)

Aus fachdidaktischer Sicht kommt der Zugrundelegung dieser fünf Sinnprinzipien unmittelbare Bedeutung zu. Sie ermöglichen der einzelnen Fachdidaktik nämlich, das zugehörige Unterrichtsfach im Rahmen des Fächerkanons zu legitimieren.[16] Dabei zeigt sich, daß die Breite der Sinnprinzipien letztlich auf eine gleichberechtigte Stellung der einzelnen Fächer abhebt. So lassen sich unter dieser allgemeindidaktischen Vorgabe sowohl Fächer wie Deutsch, Geschichte, Philosophie als auch die

Fächer Mathematik, Physik, Chemie, Biologie oder Religion, Kunst und Musik subsumieren. Das bedeutet: Klafki setzt mit seinem allgemeindidaktischen Modell keine
Präferenzen hinsichtlich bestimmter Unterrichtsfächer und entsprechender Fachdidaktiken. Vielmehr ist jedes Fach eine sinnvolle Bereicherung des Fächerkanons, sobald es sich durch die vorgegebenen fünf Sinnprinzipien in seinem Beitrag zur
Bildung der Schüler ausweisen kann.

Außer der Legitimationsfunktion für die Stellung eines Faches im Fächerkanon
kommt diesen allgemeindidaktischen Sinnprinzipien zusätzlich eine *heuristische
Funktion für ein einzelnes Fach* und damit für die einzelne Fachdidaktik zu: Die
Sinnprinzipien stellen nämlich ein Suchraster dar, mit dessen Hilfe ein breites Feld
von Bildungsinhalten entdeckt werden kann. Das heißt: Die allgemeindidaktischen
Vorgaben, die sich vermeintlich als enorme Einschränkung für die fachdidaktische
Theoriebildung andeuten, erweisen sich als wichtige Hilfe bei der Suche nach trag-
fähigen Bildungsinhalten.[17]

Man kann diese Hilfe beispielhaft am Bereich der Physikdidaktik demonstrieren.[18] Inwiefern könnten etwa im Teilgebiet „Atomphysik" die genannten Sinnprinzipien zum Tragen kommen? Zunächst zum ästhetischen Prinzip: Atome sind (auch
heute noch) nicht sichtbar zu machen. Im Unterricht bieten sich aber Möglichkeiten,
größere Komplexe strukturverwandter Teilchen (Moleküle oder Ionenaggregate) im
makroskopischen Bereich mit dem bloßen Auge oder unter dem Mikroskop zu beobachten. Die bizarren Formen von Kristallen, die man aus entsprechenden Lösungen züchten kann, werden vom aufmerksamen Beobachter mit Genuß zur Kenntnis
genommen. Ähnlich verhält es sich mit dem Beobachten der sogenannten „Brownschen Molekularbewegung". Sie kann etwa beim Betrachten von „Milchteilchen" in
Wasser, also bei dem Betrachten der Bewegung von Fettmolekülen im Wasser, bereits mit einem einfachen Mikroskop sichtbar gemacht werden. Dieser Blick „ins Innere" fasziniert Schüler, erweckt „staunende Ehrfurcht", um mit Wagenschein zu
sprechen. Zugleich aber stellt sich für den Schüler die Frage nach einer plausiblen Erklärung dieser sinnlich wahrnehmbaren Phänomene, und damit wandelt sich das
ästhetische Interesse in das theoretische. Es wäre nun denkbar, die Behandlung des
Daltonmodells anzuschließen. Hier könnte wirksam werden, was Klafki als „kategoriale Bildung" bezeichnet: Mit der Einsicht in die Annahmen dieses Modells
(Atome sind als winzige kugelförmige, unteilbare Einheiten zu denken. Sie sind in
Abhängigkeit von der Temperatur in ständiger Bewegung und gehorchen beim Zu-
sammenprall dem Gesetz des elastischen Stoßes) erschließt sich der Schüler einen
Teilbereich seiner Wirklichkeit, hier die Deutung der Brownschen Molekularbewegung. Gleichzeitig hat der Schüler ein Deutungsprinzip erkannt, mit dem er nun
unter Rückgriff auf wenige Zusatzannahmen andere Phänomene erklären kann: den
elektrischen Strom als Fließen von Elektronen, die Fähigkeit eines metallischen Leiters, einen Widerstand zu bilden, die Abhängigkeit dieses Widerstandes von der
Temperatur des metallischen Leiters, die Volumenverminderung beim Vermischen
von Alkohol und Wasser, Änderungen des Aggregatzustandes, das „Schmelzen"
einer Sicherung usw. Die vielfältigen Erscheinungsformen, die mit diesem Modell er-
klärbar werden, sind zum Teil schon Anwendungen, in denen sich das pragmatische

Prinzip und die Frage nach dem alltäglichen Nutzen des Deutungsprinzips zeigen: Für einen Fliesenleger ist es außerordentlich wichtig, um den Sinn und die Notwendigkeit einer Dehnungsfuge zu wissen, wenn er Fliesen auf einem beheizbaren Fußboden verlegen will. Der Ingenieur, der eine Autobahnbrücke konstruiert, wird eine entsprechende Toleranz für die Längenänderung der Brücke, den Temperaturschwankungen entsprechend, einkalkulieren und an die notwendigen technischen Probleme (Lagerung) denken müssen usw. Im letzten Beispiel kommt bereits die ethische Dimension in den Blick, denn Fehlkonstruktionen von Brücken können Folgekosten bewirken, die die Allgemeinheit mitzutragen hat. Darüber hinaus gilt für naturwissenschaftliche Erkenntnisse allgemein: Sie sind bezüglich ihrer Anwendungen ambivalent, sie können gewissenhaft oder unbedacht, euphorisch um des technischen Fortschritts willen oder gezielt für ein humaneres Leben verwertet werden, je nachdem wie der Mensch sie zur Anwendung bringt. Diese ethische Problematik zieht noch weitere Kreise, wenn der Physikunterricht mit fortschreitendem Fassungs- und Abstraktionsvermögen der Schüler eine Behandlung komplexerer Atommodelle zuläßt: Die theoretischen Deutungen in der Kernphysik und die dadurch ermöglichten Anwendungen der Kernenergie lassen das Problem der Verantwortung des Physikers in seiner ganzen Tiefe aufbrechen, weil sich hier die Frage nach dem Überleben der gesamten Menschheit stellt. Nicht nur durch das Eindringen in die ethischen Implikationen physikalischer Forschung wird der Physikunterricht zu einem gut Teil Philosophie, sondern auch dadurch, daß sich Beziehungen zwischen Problemen der Atomphysik und dem Aspekt des Religiösen herstellen lassen. Jede neue Erkenntnis in der Atomphysik ruft nämlich mindestens zwei neue Fragestellungen hervor. Dieser Vervielfältigungseffekt trifft auch auf die makrokosmische Forschung zu; jede neue Entdeckung im Weltall bringt zugleich mehrere neue Forschungsprobleme mit sich. Insofern ist das vermeintliche Argument „Naturwissenschaftliche Forschung hat den Glauben an Gott dispensiert, weil das ‚Erklärungsprinzip Gott‘ durch den naturwissenschaftlichen Erkenntnisfortschritt immer weiter an das Ende der Kausalkette rückt“ lediglich der Ausdruck eines gar zu naiven wissenschaftstheoretischen Verständnisses von physikalischer „Realität“ und Forschung. Demgegenüber gilt, was der Physikochemiker M. Thürkauf treffend formuliert: „Der menschliche Geist ist weder in der Lage, das unendlich Kleine noch das unendlich Große zu denken. Aber auch das Denken einer endgültigen Grenze ist ihm versagt. Denkt er sich in den Weiten des Weltalls eine Grenze, so ist diese für ihn nichts anderes als ein Rubikon, den zu überschreiten ihn die Frage ‚Und dann?‘ zwingt. Dort, wo auf solchen Wanderungen die Gedanken sich in der Unendlichkeit verlieren, wird der Himmel des Astronomen zum Himmel des Theologen – das Göttliche wird Gott. Wandert der Geist in die andere Richtung ... zum unendlich Kleinen, so schafft er sich auch da immer wieder von neuem Grenzen ... Sobald wir uns ein letztes Teilchen denken, müssen wir sehen, daß die Begriffe Teil und Teilbarkeit untrennbar miteinander verknüpft sind ... Eine freie Astronomie und eine undogmatische Atomforschung können nicht materialistisch sein; sowohl das unendlich Große als auch das unendlich Kleine führen zu Gott.“ (Thürkauf 1979[2], S. 25) Mit diesen Aussagen erweckt Thürkauf den Eindruck, als ergebe sich die religiöse Sinnfrage folgerichtig aus bestimmten grundsätzlichen Problemen naturwissenschaftlicher Forschung, so als sei sie, die religiöse Sinnfrage, in der Logik der Sache beschlossen. Das ist zweifellos nicht so. Aber: Die prinzipiellen Grenzen, die am Beispiel der Atom- und Astrophysik deutlich werden, lassen den Traum einer letzten Sinngebung menschlichen Lebens durch die Naturwissenschaft zerrinnen. Die Frage nach dem Religiösen wird durch die Naturwissenschaft also nicht sinnlos, sondern aufgrund der sich dort stellenden Probleme erst sinnvoll. Insofern kann auch im Physikunterricht – an sehr sorgfältig auszuwählenden Stellen – die religiöse Dimension ihren begründeten Ort haben. Dabei wird deutlich, daß der Physikunterricht, in dessen Zentrum das „Lernen von Physik" steht, auch in sinnvolle fächerübergreifende Zusammenhänge (z.B. durch die Kooperation mit dem Religionsunterricht) eingebettet werden kann und sollte.

Das hier entwickelte Beispiel sollte zeigen, *wie vielfältig die Begründungsmöglichkeiten von Bildungsinhalten innerhalb einer fachdidaktischen Disziplin sein können.* Die von Klafki vorgeschlagenen allgemeindidaktischen Sinnprinzipien gehen von einem derart breiten anthropologischen Fundament aus (schließlich sind mit den Sinnprinzipien ja fundamentale Möglichkeiten des Menschen gemeint, sich gegenüber sich, anderen und der Umwelt zu verhalten), so daß sie eine fachdidaktisch relevante Theorie der Bildungsinhalte nicht rigide einschränken, sondern ihr erst ein breites Reflexionsspektrum eröffnen. *Zudem lenkt der Modellrahmen der bildungstheoretischen Didaktik I das fachdidaktische Forschungsinteresse auf eine mögliche Zusammenarbeit des jeweiligen Faches mit anderen Fächern hin.* Das Beispiel aus der Physikdidaktik hat diese Möglichkeiten bereits berührt; für diese Fachdidaktik wäre es z.B. eine lohnende Aufgabe, eine Abstimmung der Bildungsinhalte mit den Fächern Chemie und Biologie (etwa im Hinblick auf den Themenkomplex „Umweltverschmutzung") oder Kunst (z.B. bei der Frage nach dem ästhetischen Design technischer Geräte) und Deutsch (Gemeinsamkeiten und Unterschiede von Muttersprache und physikalischer Fachsprache) vorzunehmen.

(4) *Zur Dimension der inneren Struktur und der Schichtung der Bildungsinhalte*

Waren im vorangegangenen hinsichtlich der drei Dimensionen sowohl die Forderung, *daß* die Fachdidaktiken ein System von Bildungsinhalten zu entwickeln haben, als auch einige Hinweise, *wie* diese Aufgabe anzugehen sei, deutlich geworden, so fügt Klafki mit der vierten Dimension noch eine wichtige Ergänzung an: Er fordert von den Fachdidaktiken, daß das System von Bildungsinhalten nicht willkürlich zusammengestellt sein darf, sondern nach bestimmten Kriterien strukturiert und geschichtet sein muß. Zu diesem Zweck schlägt er die Begriffe des Exemplarischen, Elementaren und Fundamentalen und das Begriffspaar „Bildungsinhalt – Bildungsgehalt" (Klafki 1963 a, S. 56) vor. Welche Bedeutung kommt diesen Begriffen im einzelnen zu und in welchem Sinnzusammenhang stehen sie? Einige Beispiele aus der Physikdidaktik können das Gemeinte erläutern.[19] Im Physikunterricht wird im Rahmen der Elektrizitätslehre in aller Regel auf einen fest umrissenen Themenkomplex zurückgegriffen, so etwa auf die Themen „Die Klingel", „Der Tauchsieder" oder

„Verkupfern eines eisernen Gegenstandes". Es handelt sich hier zunächst einmal um potentielle Themen. Die Fachdidaktik Physik hätte erst aufzuzeigen, daß diese Themen auch „Bildungsinhalte" des Physikunterrichts sein können. Damit nun ein Thema zum „Bildungsinhalt" werden kann, muß sein „Bildungsgehalt" nachgewiesen werden. Die Rede vom Bildungsgehalt ist berechtigt, wenn mit dem Thema z.B. Struktureinsichten gewonnen, die Erkenntnis von Gesetzmäßigkeiten herbeigeführt oder das Prinzip einer Methode verständlich werden. Das Thema „Die Klingel" ließe sich demnach als Bildungsinhalt legitimieren, weil dadurch die Einsicht in ein grundlegendes physikalisches Prinzip gewonnen werden kann, nämlich die Einsicht, daß elektrischer Strom eine magnetische Wirkung hervorruft. Diese zu gewinnende Einsicht macht den Bildungsgehalt des Bildungsinhaltes „Die Klingel" aus. Ebenso wären die Themen „Der Tauchsieder" und „Verkupfern eines eisernen Gegenstandes" als Bildungsinhalte zu rechtfertigen, weil deren Bildungsgehalt in der Erkenntnis zweier zusätzlicher Wirkungen des elektrischen Stromes, nämlich der Wärmewirkung und der magnetischen Wirkung, liegt. In dem Begriffspaar „Bildungsinhalt – Bildungsgehalt" schlägt sich also der oben erläuterte Begriff der „kategorialen Bildung" nieder. Denn wer die Funktionsweise der Klingel erkannt hat, der hat sich zum einen ein Stück Wirklichkeit erschlossen und ist zum anderen für die Wirklichkeit erschlossen; durch den Einblick in die Funktionsweise der Klingel hat er nämlich das Prinzip des Elektromagnetismus erkannt, und dieses Prinzip ist nun auf andere Bereiche der Wirklichkeit anwendbar, also etwa auf den Elektromotor, den Elektrokran oder auf das Relais.

Durch diese Beispiele bekommt auch der Begriff des Exemplarischen seine Bedeutung: Themen, die exemplarisch für einen bestimmten Bildungsgehalt stehen, sind dadurch Bildungsinhalte des jeweiligen Faches. Aufgabe der Fachdidaktik ist es also, die in Frage kommenden Bildungsinhalte nach diesem Prinzip des Exemplarischen auszuwählen (Klafki 1963 a, S. 59).

Bei der konkreten Zusammenstellung exemplarischer Themen stellt sich für den Fachdidaktiker allerdings ein wichtiges Problem: Nach welchen Kriterien soll denn entschieden werden, ob der betreffende Inhalt „einen wie auch immer genauer zu bestimmenden allgemeinen Gehalt exemplarisch zugänglich macht"? (Klafki 1963 a, S. 59) Auf diese Frage hebt der Begriff des Elementaren ab. Der Fachdidaktiker muß also konkret fragen: „Sind die Elementaria, jene allgemeinen Gehalte in meinem Fache, Gesetze, Typen, Strukturen, Symbolgehalte, Werterfahrungen, Regeln, Formen, Methoden, Prinzipien, geschichtliche Wirkungszusammenhänge?" (Ebd.) Knüpft man an den oben einbezogenen Bereich der Physikdidaktik an, so wäre also konkret zu fragen: Was sind die elementaren Gehalte des Physikunterrichts? Zu denken wäre hier etwa an die oben erwähnten Wirkungsweisen des elektrischen Stromes, an die Gesetzmäßigkeiten der gleichförmigen und gleichmäßig beschleunigten Bewegung, die Grundgesetze des magnetischen und elektrischen Feldes usw.

Indem solche elementaren Gehalte im Physikunterricht thematisiert werden, zeigen sich für den Lernenden – in der Regel wohl erst nach einer mehrjährigen Begegnung mit verschiedensten Fachinhalten – bestimmte umfassende „Grunderfahrungen, die eine Dimension der geistigen Wirklichkeit als solche konstituieren".

(Klafki 1963 a, S. 60) Diese Grunderfahrungen bezeichnet Klafki im Anschluß an
W. Flitner als das „Fundamentale". (Ebd.) Im Fach Physik dürfte man darunter etwa
die Unterscheidung verschiedener Erfahrungsmöglichkeiten von Naturphänomenen
(lebensweltliche versus naturwissenschaftliche Erfahrung von Natur), die Einsicht in
die Meß- und Mathematisierbarkeit von Naturvorgängen, den Einblick in die Ambivalenz der Anwendung physikalischer Gesetzmäßigkeiten oder die Erfahrung der
Grenzen physikalischer Erkenntnis fassen.

Welche Relevanz haben nun diese vierte Dimension und die damit zusammenhängenden Begriffe des Exemplarischen, Elementaren und Fundamentalen für fachdidaktisches Denken und Handeln? – Das von Klafki bereitgestellte allgemeindidaktische Begriffsinstrumentarium eröffnet den Fachdidaktiken sinnvolle Möglichkeiten, die potentiellen Bildungsinhalte zu legitimieren, zu strukturieren und zu
hierarchisieren. Nach Klafkis Vorschlag bestünde die Schichtung des Lehrplans aus
drei Bereichen: den konkreten Bildungsinhalten (Exemplaria), den elementaren Gehalten dieser Bildungsinhalte (Elementaria) und den durch diese Elementaria eröffneten Grunderfahrungen der geistigen Wirklichkeit (Fundamentalia). Zweifelsohne
ist eine derartige terminologische Dreiteilung eine entscheidende Hilfe, die Bildungsinhalte eines Faches zu beschreiben und zu systematisieren.[20] Und in der Tat
ist diese Gliederungsmöglichkeit ja auch häufig in der Konzeption von Richtlinien
und Lehrplänen zu finden, wenn der Lernbereich eines bestimmten Faches mit den
Begriffen „Feinziel", „Grobziel" und „Richtziel" strukturell gekennzeichnet werden
soll.[21]

Fazit: Aus der Gliederung des didaktischen Feldes in vier Dimensionen (Dimension
der Geschichtlichkeit didaktischer Entscheidungen, der verschiedenen Perspektiven
des Welt- und Selbstverständnisses, der allgemeinen Sinngebung der geistigen Grundrichtungen, der inneren Struktur und Schichtung der Bildungsinhalte) resultieren
weitere systematisch bedeutsame Anregungen für die fachdidaktische Theoriebildung. Denn Klafki geht mit den aus diesen Dimensionen erwachsenen Aufgaben
insofern über die zunächst formale Konzession der Eigenständigkeit der Fachdidaktiken hinaus, als er damit auch inhaltliche Perspektiven vorzeichnet: Mit dem Nachweis der Geschichtlichkeit didaktischer Entscheidungen erinnert er an die Aufgabe,
die Bildungsinhalte des einzelnen Schulfaches auf ihre Relevanz für das gegenwärtige
und zukünftige Leben des Schülers hin zu untersuchen. In Ergänzung dazu soll die
Dimension der verschiedenen Perspektiven des Welt- und Selbstverständnisses auf
die Notwendigkeit verweisen, daß unterrichtliches Lehren und Lernen nicht primär
auf die Vermittlung wissenschaftlicher Erkenntnisse abzielt, sondern „die Weltperspektive des Kindes und des Jugendlichen und die des erwachsenen Laien" auf-
schließen und erweitern soll. Die Fachdidaktiken sind demnach nicht als Appendix
der zugehörigen Fachwissenschaft (en) zu verstehen; sie erfüllen vielmehr einen Teil
des pädagogischen Gesamtauftrages (für dessen Realisierung dann auch die Orientierung an den entsprechenden Wissenschaften Hilfe bieten kann). Die in der
Dimension der allgemeinen Sinngebung der geistigen Grundrichtungen ausgewiesenen fünf Sinnprinzipien ermöglichen dem Fachdidaktiker, den Sinn des von ihm ver-

tretenen Schulfaches im umfassenden Kontext des Bildungsauftrages der Schule zu begründen und damit auch die Stellung dieses Faches im Fächerkanon zu legitimieren. Schließlich schlägt Klafki mit der vierten Dimension ein terminologisches Instrumentarium zur Strukturierung und Schichtung der Bildungsinhalte vor. Das Begriffspaar „Bildungsinhalt – Bildungsgehalt" und die Begriffe des „Exemplarischen", „Elementaren" und „Fundamentalen" eignen sich für die fachdidaktische Aufgabe der Beschreibung und Systematisierung von Fachinhalten und somit zur Konzeption von Lehrplänen.

2.1.5. Unterrichtsplanung im Sinne bildungstheoretischer Didaktik I

Didaktische Modelle leisten im Rahmen ihrer spezifischen Sichtweise von Unterrichtswirklichkeit nicht nur Vorgriffe auf die fachdidaktische Theoriebildung, sondern machen immer auch Aussagen über die Art und den Stellenwert von Unterrichtsplanung. Während sich die vorangegangenen Ausführungen primär auf die Bedeutung der bildungstheoretischen Didaktik I für fachdidaktische Theoriebildung bezogen, soll nun danach gefragt werden, wie im Sinne dieses Modells Unterrichtsplanung konzipiert werden kann.

Die entscheidenden Aussagen Klafkis zu dieser Frage finden sich in dem Aufsatz „Didaktische Analyse als Kern der Unterrichtsvorbereitung" (erstmals 1958, hier zitiert nach 1969[10] b). Die einschlägige Literatur erweckt häufig den Eindruck, als sei in diesem Aufsatz das eigentliche Modell der bildungstheoretischen Didaktik zu sehen.[22] Er ist zwar eher erschienen als z.B. der oben herangezogene Aufsatz „Das Problem der Didaktik"; letztlich ist die „Didaktische Analyse" aber nur als dessen pointierte Kurzfassung anzusehen, denn sie wird in ihren Grundzügen nur hinreichend erfaßt und kann von daher auch nur sinnvoll beurteilt werden, wenn man die in dem Sammelband „Studien zur Bildungstheorie und Didaktik" (hier zitiert als 1963 b) vereinten Aufsätze (darin auch „Das Problem der Didaktik") heranzieht. So gesehen, darf man Klafkis Ausführungen in der „Didaktischen Analyse" durchaus als „materialisierten Ausfluß" der weiter oben entfalteten Kerngedanken der bildungstheoretischen Didaktik I im Hinblick auf die Praxis der Unterrichtsplanung betrachten.

Worin bestehen nun für Klafki die entscheidenden Aufgaben und Schritte der Unterrichtsplanung? Der prinzipielle Sinn der Unterrichtsvorbereitung läßt sich in der Formel zum Ausdruck bringen: „Die Unterrichtsvorbereitung soll eine oder mehrere Möglichkeiten zu fruchtbarer Begegnung bestimmter Kinder mit bestimmten Bildungsinhalten entwerfen." (Klafki 1969[10] b, S. 6).[23] In diesem Zusammenhang warnt Klafki vor der Gefahr, sich bei der Unterrichtsvorbereitung zu sehr auf das „Wie" der zu stiftenden Begegnung zu verlegen und sie primär als eine methodische Aufgabe zu verstehen. Das heißt: Der im allgemeindidaktischen Modell zugrundegelegte Vorrang der inhaltlichen Fragen (Primat der Didaktik gegenüber der Methodik) muß in der Unterrichtsplanung entsprechende Berücksichtigung finden.[24] Eben deshalb ist die „didaktische Analyse" (und nicht die methodische) der eigentliche Kern der Unterrichtsvorbereitung (Klafki 1969[10] b, S. 9).

Die wesentliche Aufgabe der Unterrichtsplanung bekommt ihren Sinn aus der besonderen Situation des Lehrers. Die im Unterricht zu verhandelnden Themen sind nämlich in aller Regel durch den jeweils gültigen Lehrplan vorgegeben. Selbst dort, wo der Lehrplan als Rahmenplan dem Lehrer Freiheitsraum für besondere Themen offen läßt, sind durch die Vorgabe von bestimmten Themenfeldern entsprechende Vorentscheidungen gefallen. Aus dieser Situation heraus fällt dem Lehrer nun die Aufgabe zu, „die in den Lehrplaninhalten verborgene pädagogische Vorentscheidung der Lehrplangestalter gleichsam noch einmal" (Klafki 1969[10] b, S. 8) nachzuvollziehen.[25] Anders formuliert: „Die didaktische Analyse soll ermitteln, worin der allgemeine Bildungsgehalt des jeweils besonderen Bildungsinhaltes liegt." (Klafki 1969[10] b, S. 14)

Diese Aufgabe, also die Ermittlung des allgemeinen Bildungsgehaltes eines jeweils besonderen Bildungsinhaltes, konkretisiert Klafki durch die folgenden fünf didaktischen Grundfragen (aus: Klafki 1969[10] b, S. 15 – 22):

1. Welchen größeren bzw. welchen allgemeinen Sinn- oder Sachzusammenhang vertritt und erschließt dieser Inhalt? Welches Urphänomen oder Grundprinzip, welches Gesetz, Kriterium, Problem, welche Methode, Technik oder Haltung läßt sich in der Auseinandersetzung mit ihm „exemplarisch" erfassen?
2. Welche Bedeutung hat der betreffende Inhalt bzw. die an diesem Thema zu gewinnende Erfahrung, Erkenntnis, Fähigkeit oder Fertigkeit bereits im geistigen Leben der Kinder meiner Klasse, welche Bedeutung sollte er – vom pädagogischen Gesichtspunkt aus gesehen – darin haben?
3. Worin liegt die Bedeutung des Themas für die Zukunft der Kinder?
4. Welches ist die Struktur des (durch die Fragen 1 und 2 und 3 in die spezifisch pädagogische Sicht gerückten) Inhaltes?
5. Welches sind die besonderen Fälle, Phänomene, Situationen, Versuche, in oder an denen die Struktur des jeweiligen Inhaltes den Kindern dieser Bildungsstufe, dieser Klasse interessant, frag-würdig, zugänglich, begreiflich, „anschaulich" werden kann?

Diese fünf didaktischen Grundfragen spiegeln im wesentlichen eine in den Unterricht bzw. in die Unterrichtsvorbereitung hinein verlängerte allgemeindidaktische Theorie wider. Mit ihnen wird nämlich im einzelnen das thematisiert, was Klafki mit den vier Dimensionen des didaktischen Aufgabenfeldes intendierte.

Welche konkreten Möglichkeiten sind es im einzelnen, die das allgemeindidaktische Modell Klafkis mit seinen theoretischen Vorgaben dem Lehrer eröffnet? Zunächst einmal ist der „Didaktischen Analyse" ein nicht zu unterschätzendes Anregungspotential zuzumessen. Modelle können diese *Anregungs- und Impulsfunktion* „aufgrund ihrer Offenheit und des in ihnen belassenen Spielraumes für die konkrete Unterrichtsplanung ... übernehmen". (Salzmann 1976, S. 452) Der Lehrer, der um die Aufgabe der didaktischen Analyse, somit auch um die Bedeutung von Bildungsinhalt bzw. Bildungsgehalt und den Sinn des Exemplarischen, Elementaren und Fundamentalen weiß, ist in der Lage, den ihm durch den Rahmenplan zugestandenen Spielraum als seine pädagogische Freiheit zu nutzen.[26] Er kann den sich bietenden Freiraum als eine Möglichkeit wahrnehmen, solche Themen im Unterricht zu behandeln, die den besonderen Interessen seiner Schüler (die auch mit dem spezifischen Umfeld zusammenhängen, in das die Schule eingebettet ist) entgegenkommen.

Mit der Anregungs- und Impulsfunktion ist eine weitere Funktion der didaktischen Analyse eng verknüpft, nämlich ihre Regulierungsfunktion. Denn die zusätzlichen Themen, die den im Rahmenplan bereits vorgegebenen noch angehängt werden, müssen in einem Sinn- und Strukturzusammenhang mit den Themen des Rahmenplans stehen; sie müssen im Sinne des Exemplarischen, Elementaren und Fundamentalen kategoriale Bildung ermöglichen. Insofern besteht die Regulierungsfunktion der didaktischen Analyse darin, daß sie „Einzelheiten ... im Zusammenhang mit dem übergreifenden Ganzen in den Blick" (Salzmann 1975, S. 452) rückt, hier also den Bildungsgehalt des Additums mit dem vorgeschriebenen System der fachlichen Bildungsinhalte in Einklang bringt. Die didaktische Analyse stiftet diesen Zusammenhang aber nicht nur im Hinblick auf thematische Ergänzungen des Rahmenplans, sondern im besonderen für den Rahmenplan selbst. Das einzelne Thema, das in einer bestimmten Jahrgangsstufe zu behandeln ist, ist in der Regel an bestimmte Voraussetzungen gebunden, die in den voraufgegangenen Jahrgangsstufen erarbeitet wurden. Der Lehrer hat in seiner Unterrichtsplanung folglich zu bedenken, in welchem systematischen Kontext das betreffende Thema zu sehen ist. Das gilt nicht nur für die Aufeinanderfolge und Zuordnung von elementaren Bildungsgehalten, sondern in hohem Maße auch für den Bereich des Fundamentalen. In aller Regel werden „Grunderfahrungen der geistigen Wirklichkeit" nicht im Rahmen einer Unterrichtseinheit, schon gar nicht in einer einzelnen Unterrichtsstunde, gemacht; der Schüler benötigt dazu hinreichend Zeit, er muß an einer langen Reihe von Exempla diese Grundeinsichten gewinnen. Was etwa das Wesen der induktiven Methode, den Sinn und Vorteil physikalischer Begriffsbildung, die Ambivalenz wissenschaftlicher Erkenntnisse usw. ausmacht, wird erst deutlich, wenn man physikalische Fragestellungen bzw. Hypothesen oftmals experimentell geprüft, die Exaktheit von Fachbegriffen gegenüber alltagssprachlichen Begriffen mehrfach erkannt und eine Vielzahl physikalischer Anwendungen auf ihre Erleichterung des tagtäglichen Handelns oder auf die von ihnen möglicherweise ausgehenden Gefährdungen hin betrachtet hat. Insofern ist der übergreifende Zusammenhang der einzelnen Bildungsinhalte und -gehalte nicht nur für den Lehrenden von wesentlicher Bedeutung, sondern in besonderem Maße auch für den Lernenden. Er muß ja schließlich zu den exemplarischen und elementaren Einsichten gelangen und für sich selbst den fundamentalen Zusammenhang stiften. Das kann der Schüler aber nur, wenn der Lehrer ihm hilft, diesen Zusammenhang allmählich aufzubauen. Dem Lehrer kommt dabei die didaktische Analyse insofern zugute, als die ihr zugrundeliegenden Termini (Bildungsinhalt, -gehalt, Exemplarisches, Elementares, Fundamentales) ihm erst den Blick für das Ganze des Bildungsgeschehens eröffnen und die Bedeutung dieses Gesamtzusammenhanges ins Bewußtsein bringen.

Einige der oben aufgelisteten fünf didaktischen Grundfragen sind von Klafki noch durch mehrere Teilfragen aufgeschlüsselt worden. Sie sind als wertvolle Hilfen

für die Planung des Unterrichts zu sehen. Die Untergliederung der vierten Grundfrage zeigt das besonders deutlich. So fragt Klafki zunächst nach den „einzelnen Momenten des Inhaltes eines Sinnzusammenhanges". (Klafki 1969[10] b, S. 18) Am
Beispiel des Themas „Benzinmotor" nennt er vier zu berücksichtigende Momente:
die Ausdehnung von Gasen bei Erwärmung, die niedrige Entzündungstemperatur
von Benzin, die technische Übersetzung einer Auf-Ab-Bewegung in eine Drehbe-
wegung, einfache Zahnradverbindungen zur Richtungsübertragung mechanischer
Bewegungen (s. Klafki 1969[10] b, S. 18). Diese Aufzählung soll den Lehrer offensichtlich auf eine wesentliche Planungsaufgabe verweisen; er hat bei der Planung alle
wesentlichen Begriffe und deren Zusammenhang (etwa Kausalrelationen) aufzulisten, um dadurch die logische Struktur des Gegenstandes durchsichtig zu machen.
Diese Planungstätigkeit hat ihren unmittelbaren Sinn und Zweck freilich nicht darin,
daß der Lehrer sich zunächst in das Thema einarbeiten soll; er sollte diese Kenntnisse
und Strukturzusammenhänge bereits im Studium erworben haben. Bedeutung
kommt dieser Strukturerhellung primär im Hinblick auf den Schüler zu: Der Lehrer
ahnt im Ansatz voraus, wo sich für den Schüler Lernhemmungen und -schwierig-
keiten einstellen können. So wäre etwa zu fragen, welche Begriffe oder Begriffszu-
sammenhänge dem Schüler besondere Schwierigkeit bereiten, um für den Fall, daß
dieses Lernproblem sich tatsächlich einstellen sollte, entsprechende Hilfestellung
(Erläuterungen, Veranschaulichung durch eine Graphik) zu geben. Ähnlich sind
auch zwei andere Teilfragen einzustufen: „In welchem größeren sachlichen Zusammenhang steht dieser Inhalt?" und „Welche Eigentümlichkeiten des Inhaltes werden
den Kindern den Zugang zur Sache erschweren?" (Ebd., S. 19f.) Hinsichtlich der ersten Frage wäre beispielsweise zu bedenken, daß zur Behandlung des Elektromotors
Grundkenntnisse des Magnetismus unabdingbare Voraussetzung sind. Das heißt:
Klafki fragt hier nach kognitiven Strukturen, über die der Schüler bereits verfügen
muß, soll er den neuen Inhalt erlernen können. Der Lehrer kann somit durch eine
Vergewisserung über notwendige Lernvoraussetzungen hilfreiche Anregungen für
den Einstieg in die neue Thematik bekommen. Auch die zweite Teilfrage kann zur
Antizipation von Lernhemmungen beitragen. Im Physikunterricht stellt sich immer
wieder das Problem ein, daß alltagssprachliche Wendungen „bereits falsche Analo-
gievorstellungen geweckt haben oder vermutlich wecken werden". (Ebd., S. 20) So
„schwitzen die Fensterscheiben", der elektrische Strom „fließt". Aufgabe der Unterrichtsplanung ist es demnach, etwaige Lernhilfen zu antizipieren, damit dem
Schüler das allmähliche Eindringen in die Fachsprache gelingt.

Zusammenfassend gilt es also festzustellen: Die Fragen der „Didaktischen Analyse"
ermöglichen es, Lernschwierigkeiten *antizipieren* und entsprechende Lernhilfen bereitstellen zu können.[27] Insofern erfüllt die didaktische Analyse also eine typische
Modellfunktion, denn „Modelle zeichnen Unterricht in der gedanklichen Konstruktion vor ... Für den, der selber planend und handelnd am Unterricht beteiligt ist,
werden im Modell künftige Handlungsmöglichkeiten gedanklich antizipiert". (Salzmann 1975, S. 452)

2.1.6. Zusammenfassende Thesen

Bevor im folgenden der weiteren Entwicklung der bildungstheoretischen Didaktik nachzugehen ist, erscheint es sinnvoll, die systematische Bedeutung der bildungstheoretischen Didaktik I für fachdidaktisches Denken und Handeln in einigen Thesen festzuhalten:

(1) Die bildungstheoretische Didaktik I wählt aus den vielfältigen Möglichkeiten, Unterricht zu betrachten und theoretisch zu erfassen, eine spezifische Perspektive aus. Die bestimmende Fragestellung, unter der die Wirklichkeit in den Blick gelangen soll, lautet: Inwiefern kann Unterricht zur Begegnung bestimmter Kinder mit bestimmten Bildungsinhalten führen?

(2) Durch diese *Akzentuierung inhaltlicher Fragen* wird Wesentliches und weniger Wesentliches geschieden; vor allem die Aspekte der methodischen Gestaltung von Unterricht werden in diesem Modell nahezu ausgeblendet.

(3) Die Perspektivität der bildungstheoretischen Didaktik I zeigt sich auf zweifache Weise: Zum einen will Klafki auf für ihn besonders wichtige Aufgaben der allgemeindidaktischen und fachdidaktischen Forschung aufmerksam machen; zum anderen möchte er dem Lehrer Problematierungs- und Entscheidungshilfen für die Praxis der Unterrichtsplanung geben.

(4) Aus den terminologischen Vorschlägen Klafkis resultiert die hohe *Transparenz* der bildungstheoretischen Didaktik. Denn die zentralen Begriffe seines Modells (Bildung, Bildungsinhalt, -gehalt, Exemplarisches, Elementares und Fundamentales) und dessen umfassende anthropologische Basis (die sich in den genannten fünf Sinnprinzipien niederschlägt) stellt ein in sich schlüssiges, durchschaubares System dar.

(5) Die bildungstheoretische Didaktik I betont das *partnerschaftliche Verhältnis zwischen Allgemeiner Didaktik und Fachdidaktik*. Die Fachdidaktiken sind als Kontrollinstanz anzusehen, die die Vorgaben der Allgemeinen Didaktik verifizieren oder falsifizieren können.

(6) Fachdidaktische Forschung wird durch das allgemeindidaktische Modell Klafkis als *autonome Aufgabe* ausgewiesen. Wenn auch die terminologische und anthropologische Basis der bildungstheoretischen Didaktik I einen vorstrukturierten Rahmen abgibt, so eröffnet dieser Rahmen aber zugleich sinnvolle Forschungsperspektiven, denen die einzelnen Fachdidaktiken als eigenständige Disziplinen nachgehen können.

(7) Mit der Zuordnung spezifischer Forschungsaufgaben erfüllt die allgemeine Didaktik *zugleich eine heuristische und strukturierende Funktion* für die Fachdidaktik; diese Funktionen zeigen sich im einzelnen hinsichtlich der Konstituierung des Gegenstandes der jeweiligen Fachdidaktik, der stufenbezogenen Zusammenstellung und Beschreibung von Bildungsinhalten unter dem Prinzip der Gegenwarts- und Zukunftsbedeutung für den Heranwachsenden (zugleich aber auch mit Blick auf die „Perspektive des gebildeten Laien") und der Strukturierung und Schichtung der Bildungsinhalte nach den Kategorien des Exemplarischen, Elementaren und Fundamentalen.

(8) Die bildungstheoretische Didaktik I zeichnet den Fachdidaktiken einen Weg
     vor, sich selbst und das zugehörige Fach im Rahmen des Fächerkanons zu legi-
     timieren. Unter Rückgriff auf die fünf allgemeinen Sinnprinzipien läßt sich die
     Notwendigkeit eines breiten Spektrums von Fächern begründen. Diese Legiti-
     mationsmöglichkeit schließt die *Präferenz bestimmter Unterrichtsfächer* aus;
     das allgemeindidaktische Modell Klafkis *räumt somit jedem einzelnen Fach eine*
     gleichberechtigte Stellung neben allen anderen ein.
(9) Die „didaktische Analyse" als Extrakt der bildungstheoretischen Didaktik I im
     Hinblick auf Unterrichtsplanung macht den Lehrer auf eine seiner wichtigsten
     Aufgaben aufmerksam: Er soll Bildungsprozesse in Gang bringen und in ihrem
     Ablauf hilfreich unterstützen.
(10) Die Grundfragen der didaktischen Analyse geben dem Lehrer zu diesem Zweck
     wertvolle Anregungen, eventuelle Lernhemmungen und -schwierigkeiten zu
     antizipieren und seine pädagogische Freiheit verantwortungsvoll bei der Aus-
     wahl von Bildungsinhalten zu nutzen. Darüber hinaus ermöglichen ihm diese
     Grundfragen, einzelne Bemühungen um die Bildung der Schüler in einen über-
     greifenden Sinnzusammenhang zu stellen.

2.2. Bildungstheoretische Didaktik II

2.2.1. Bildungstheoretische Didaktik im Umbruch

Bereits 1975 räumte Klafki im Vorwort zur 10. Auflage der „Studien zur Bildungstheorie und Didaktik" ein, daß er dieser nochmaligen Auflage nur mit
großem Bedenken zustimmen könne. Er war sich der Notwendigkeit bewußt,
„daß die Aufsätze dieses Bandes z. T. erheblich überarbeitet, z. T. grundsätzlich
neu gefaßt werden müßten". (S. 3) Als entscheidenden Grund für die Neukonzeption der bildungstheoretischen Didaktik sah Klafki in erster Linie die Unzuläng-
lichkeit der wissenschaftstheoretischen Fundierung der älteren Didaktikkonzeption an. Während diese aus der Perspektive geisteswissenschaftlicher Pädagogik
entworfen war, galt es nun, „ein neues wissenschaftstheoretisches Selbstverständnis zu entwickeln, in dem Grundmotive des früheren Ansatzes in veränderter
Form in einen komplexeren, über den Problemhorizont der geisteswissenschaftlichen Pädagogik weit hinausreichenden Zusammenhang integriert werden. Jener
größere Zusammenhang läßt sich durch die Frage nach der Funktion und den
Möglichkeiten der Erziehung und der Erziehungswissenschaft – hier speziell: der
Bildungstheorie und der Didaktik – im gesamtgesellschaftlich-politischen Zusammenhang andeuten, und zwar in dem Sinne, daß Gesellschaft und Politik wesentlich durch die in ihnen waltenden, nicht zuletzt ökonomisch begründeten Macht-
verhältnisse bestimmt, zugleich aber als veränderbar und veränderungsbedürftig in
Richtung auf den Abbau gesellschaftlicher Klassenschranken und der sie hervor-
bringenden Ursachen, auf Demokratisierung und Humanisierung, auf Mitbestim-

mung, reale Sicherung der Chancengleichheit und soziale Solidarität hin verstanden werden." (Vorwort, S. 3f.)[28]

Neben der zur Notwendigkeit gewordenen Aufnahme der gesellschaftskritischen Position stellen sich für Klafki noch zwei weitere Aspekte als Probleme einer „Neukonzeption der Didaktischen Analyse" (Klafki 1976 c): Die zu revidierende bildungstheoretische Didaktik I muß sowohl „das Verhältnis von Ziel und Inhaltsentscheidungen und Methoden- und Medienentscheidungen von vornherein in einen Gesamtzusammenhang bringen" (Klafki 1976 c, S. 105) als auch neben den ursprünglichen Grundfragen der „didaktischen Analyse" ergänzend „die Frage nach der Erweisbarkeit und Überprüfbarkeit der angestrebten Lernziele" (ebd., S. 112) aufnehmen.

Diese zwei wesentlichen Aspekte werden im weiteren Verlauf zu berücksichtigen sein. Im folgenden ist zunächst danach zu fragen, was Klafki unter „gesellschaftskritischer Perspektive" versteht und wie sich dieses Verständnis auf die Konzeption seines neuen allgemeindidaktischen Modells (bildungstheoretische Didaktik II) und den daraus erwachsenden Vorgriffen auf fachdidaktisches Denken und Handeln auswirkt.

2.2.2. Erziehungswissenschaft als kritisch-konstruktive Theorie

Klafkis Neukonzeption der bildungstheoretischen Didaktik wird von ihm als „kritisch-konstruktive Didaktik" (Klafki 1985 a) bezeichnet. Didaktik versteht sich dabei als Teildisziplin der Erziehungswissenschaft, als „eine bereichsspezifische Konkretisierung einer allgemeinen kritisch-konstruktiven Erziehungswissenschaft". (Klafki 1985 a, S. 32) Das bedeutet: Klafki analysiert, konstruiert und bewertet mit seinem allgemeindidaktischen Modell Unterrichtswirklichkeit unter dem Blickwinkel „kritisch-konstruktiver Erziehungswissenschaft"; die Grundannahmen und Entscheidungen, die diese erziehungswissenschaftliche Position ausmachen, finden dann zwangsläufig ihren Niederschlag in dem danach entworfenen Modell. Somit ist auch aus fachdidaktischer Perspektive zu erwarten, daß dem Fachunterricht und der fachdidaktischen Forschung im Lichte kritisch-konstruktiver Erziehungswissenschaft/ Didaktik bestimmte Aufgabenbereiche als wesentliche Aspekte zugedacht werden, während andere Gesichtspunkte in den Hintergrund treten oder nahezu ausgeblendet werden. Welche Momente sind für die gegenwärtige erziehungswissenschaftliche Position Klafkis im einzelnen kennzeichnend?

Die Aufgabe „einer wissenschaftstheoretischen Ortsbestimmung der heutigen Erziehungswissenschaft" (Klafki 1976 b, S. 13) besteht für Klafki primär darin, die verschiedenen und zum Teil kontroversen Positionen der allgemeinen Wissenschaftstheorie miteinander zu verbinden. Dabei geht es ihm nicht um eine bloße Addition, sondern um eine argumentative Integration der bisherigen methodologischen Grundansätze, nämlich um die Verknüpfung des historisch-hermeneutischen, des erfahrungswissenschaftlich-empirischen und des gesellschaftskritisch-ideologiekritischen Ansatzes. „Die Reflexion auf die Bedingungen, die Grenzen und die Konsequenzen jedes einzelnen Ansatzes zeigt dessen Ergänzungsbedürftigkeit durch die jeweils anderen im Sinne einer konstruktiven Synthese." (Klafki 1985 a, S. 46)

Der historisch-hermeneutische Ansatz wird im wesentlichen der geisteswissenschaftlichen Pädagogik im allgemeinen bzw. der geisteswissenschaftlichen Didaktik im besonderen zugeordnet. Dieser ehemals von ihm vetretenen geisteswissenschaftlichen Position spricht Klafki auch für die gegenwärtige Diskussion noch entscheidende Impulse und Einsichten zu. Sie ging von der Forderung aus, daß pädagogische Theoriebildung nicht um der bloßen Erkenntnis willen, sondern immer im Hinblick auf erzieherische Praxis betrieben werden solle (Klafki 1976 b, S. 17). In dieser Aussage eingeschlossen ist die Annahme, daß Theorie und Praxis im erzieherischen Alltag eng miteinander verbunden seien. „In der pädagogischen Praxis stecken ... immer schon Ansätze von ‚Theorie‘, z. B. Überzeugungen, Auffassungen darüber, wozu und wie erzogen oder unterrichtet werden soll, was man Kindern erlauben darf und was man ihnen verbieten muß usw. Diese Ansätze von Theorie in der pädagogischen Praxis selbst sind meistens weitgehend unreflektiert." (Ebd., S. 18) Geisteswissenschaftliche Pädagogik versucht nun, diese alltagstheoretischen Ansätze kritisch zu prüfen und produktiv weiterzuführen, um so schließlich der pädagogischen Praxis mögliche Lösungen akuter Probleme anbieten zu können. „Eine solche Hilfe der Theorie für die Praxis schien ... nur möglich, wenn die Theorie im Prinzip die Verantwortung der Praxis teilte, wenn sie sich also in die Situation des Praktikers, der Entscheidungen treffen muß, versetzte und engagiert an seiner Verantwortung teilnahm." (Ebd., S. 19) So gesehen war die geisteswissenschaftliche Pädagogik nicht nur eine Theorie der Praxis, indem sie alltagstheoretische Aussagen systematisierte, reflektierte und kritisierte, sondern sie war immer auch eine Theorie für die Praxis, indem sie sich für die Sorgen, Nöte und Probleme des Erziehers engagierte und dementsprechend auch um alternative Lösungsvorschläge bemüht war (s. 1976 b, S. 19; 1985 a, S. 489).

Neben diesem engen Zusammenhang von Theorie und Praxis ist als zweites wesentliches Kennzeichen geisteswissenschaftlicher Pädagogik ihre generelle Zielbestimmung von Erziehung bedeutsam. Jegliche Erziehungsmaßnahme soll Hilfe sein, durch die der junge Mensch „jene geistige Selbständigkeit, jene ‚Mündigkeit‘, jene Fähigkeit zu kritischer Selbstbestimmung und zur Gestaltung einer menschlicheren Gesellschaft" gewinnt, „die die europäische Aufklärungsbewegung als die im geschichtlichen Prozeß erst noch zu erfüllende und dann ständig neu zu verwirklichende ‚Bestimmung‘ des Menschen betrachtete – ‚Ausgang des Menschen aus seiner selbstverschuldeten Unmündigkeit‘, wie Kant es formuliert hat". (Klafki 1976 b, S. 20)

Das Vertrauen in die Möglichkeiten zur Realisierung dieser Erziehungsziele schöpfte die geisteswissenschaftliche Pädagogik aus einer Grundeinsicht, die für sie als drittes Merkmal konstitutiv ist: Es kann „kein zeitlos gültiges, aus vermeintlich allgemeingültigen Philosophien oder Glaubenslehren abzuleitendes System von Erziehungszielen oder Erziehungssituationen oder Erziehungsmethoden geben". (1976 b, S. 22) Demnach ist die Erziehungswirklichkeit selbst, aber auch jegliche pädagogische Theoriebildung, als historische Erscheinung anzusehen. Diese Tatsache impliziert zugleich, daß Erziehungswirklichkeit – eben weil sie Ergebnis historischer Genese ist – auch veränderbar ist und zwar im Hinblick auf ein Mehr an Selbständigkeit, Mündigkeit, Kritikfähigkeit usw.

Mit diesen drei inhaltlichen Momenten ist die methodische Vorgehensweise, nämlich die hermeneutische Methode, als viertes wesentliches Merkmal eng verknüpft. Durch sie versuchten die Vertreter der geisteswissenschaftlichen Pädagogik, den Sinn von pädagogisch relevanten Handlungen zu rekonstruieren. „Denn Erziehung bezeichnet immer sinnhafte bedeutungshaltige Handlungen und Prozesse bzw. die zur Ermöglichung solcher Handlungen und Prozesse geschaffenen, damit also selbst sinnorientierten Institutionen, und pädagogische Auffassungen bzw. Theorien sind explizite Auslegungen pädagogischer Sinngebungen bzw. Sinn-(Bedeutungs-)Zusammenhänge." (Klafki 1985 a, S. 47)[29]

Die Kritik Klafkis an der geisteswissenschaftlichen Pädagogik läßt sich im wesentlichen auf zwei Aspekte konzentrieren:

(1) Geisteswissenschaftliche Pädagogik hat ihre Aussagen „nicht nur als Hypothesen, sondern schon als gesicherte Erkenntnisse" (Klafki 1970 b, S. 68) betrachtet. Darin zeige sich ihre methodische Naivität. „Die Aufgabe, die eigenen Beobachtungen und Erfahrungen methodisch zu sichern, die Notwendigkeit, jeweils gegenwärtige pädagogische Wirklichkeit mit besonderen Methoden zu erfassen, die Überprüfung, ob die eigenen Beobachtungen und Erfahrungen sich verallgemeinern lassen, diese Aufgaben sind der geisteswissenschaftlichen Pädagogik nie ernsthaft zum Problem geworden." (Klafki 1976 b, S. 25; s. auch 1969, S. 147) *Aus dieser Einsicht heraus ist Klafkis Forderung nach Ergänzung der hermeneutischen Forschungsweise durch eine empirische erwachsen* (s. dazu weiter unten).

(2) Die Begriffe „Selbstbestimmung", „Mündigkeit", „Freiheit" usw. wurden von der geisteswissenschaftlichen Pädagogik nur im Hinblick auf den einzelnen zu Erziehenden, nicht aber auf deren gesellschaftliche Bedeutung hin reflektiert. Nach Klafki kann die Förderung des einzelnen Kindes zur Entscheidungsfähigkeit oder Mündigkeit erst ermöglicht werden, „wenn die Beschränkung der pädagogischen Sorge auf das Individuum aufgehoben und die Dialektik individueller und gesellschaftlicher Emanzipation dadurch in den Blick gerät, daß die jeweiligen sozialen Bedingungen sowie die gesellschaftlich-politischen Funktionen der Erziehung untersucht werden". (1976 b, S. 46) *Diese Erkenntnis führe schließlich zu der Forderung nach einer gesellschaftskritisch-ideologiekritischen Methode*, die zusammen mit der hermeneutischen und empirischen Vorgehensweise einen „Methodenverbund" (Klafki 1985 a, S. 46) bilden soll.

Inwiefern tragen nun diese mit der Kritik an der geisteswissenschaftlichen Pädagogik zusammenhängenden zwei Ansätze, die empirische und die ideologiekritische Methodenkonzeption, zur Integration der einzelnen Positionen bei? Die empirische Forschung hat nach Klafki die Aufgabe, die erzieherische Wirklichkeit methodisch kontrolliert zu erfassen. Unterrichtsforschung hätte sich demnach kontrollierter Beobachtung, Tonband- und Filmaufnahmen, Fragebogen und Interviewverfahren, statistischer Erhebungsinstrumente oder geplanter Experimente zu bedienen (Klafki 1976 b, S. 32), um so an gesichertes Material zu gelangen und stichhaltige Aussagen über Unterrichtswirklichkeit machen zu können. Klafki selbst stellt dabei deutlich heraus, daß er nicht einer empirischen Unterrichtsforschung im Sinne des Kritischen Rationalismus das Wort reden will, denn es sei nicht so sehr von Bedeutung, formale, möglichst trennscharfe Beobachtungsklassen zu konstruieren. Gemäß der oben angeführten These, Erziehung bezeichne immer sinnhafte, bedeutungshaltige Handlungen und Prozesse, müsse es vielmehr darauf ankommen, die jeweiligen Sinnzusammenhänge zu ermitteln, in denen die erhobenen Daten stehen. „Unterrichtsforschung steht dann vor der Aufgabe, nicht isolierte Verhaltensakte von Lehrern und Schülern zu registrieren und sie vorweg definierten Verhaltensklassen zuzuordnen, sondern die Akte von Lehrern und Schülern im Unterricht als symbolisch, nämlich sprachlich oder außersprachlich ... vermittelte Interaktion zu betrachten, also Interaktionsfolgen zu beschreiben und in ihrem jeweiligen Sinn zu entschlüsseln." (Klafki 1985 a, S. 55)

Empirische Forschung in dem hier skizzierten Verständnis mache die hermeneutische Methode nicht überflüssig, sondern werde durch diese erst möglich und von den Ergebnissen her erst sinnvoll. Denn zum einen setze jede empirische Erhebung, in welcher Form auch immer, eine spezifische Fragestellung bzw. Hypothese voraus. Darin komme der Sinn pädagogisch relevanter Handlungen, Interaktionen und Zielsetzungen zum Ausdruck. Klafki verdeutlicht das sehr treffend an einem Beispiel: „Wer ... empirisch den Einfluß bestimmter Methoden des Mathematikunterrichts auf die Leistungssteigerung bestimmter Schülergruppen unter bestimmten Bedingungen – z. B. denen einer ländlichen Hauptschule – untersuchen will, betreibt seine Untersuchung sozusagen blind, wenn er nicht die Frage nach den Zielsetzungen des von ihm untersuchten Mathematikunterrichts oder nach der Rechtfertigung einer selbständigen Schulform ‚Hauptschule‘ oder nach der Bedeutung des Leistungsbegriffes, den er zugrundelegt, stellt." (Klafki 1976 b, S. 35) Zum anderen bedarf eine empirische Untersuchung aber auch der Interpretation der ermittelten Fakten. Wenn sich also etwa – um im Beispiel zu bleiben – zeigen sollte, daß eine bestimmte Methode des Mathematikunterrichts zu einer hohen Leistungssteigerung führt, andere Methoden dagegen nur geringe oder keinerlei Zunahme bewirken, so ist zu fragen, wie sich das im einzelnen nun erklären läßt. Eine plausible Erklärung kann dabei immer nur zurückgreifen auf das lebensweltliche Verständnis des Interpreten und damit auf den Sinn, den er – ob als Lehrender oder als Lernender – in der Wirkung dieser Methode selbst erfahren hat.

Die sich hier exemplarisch zeigende wechselseitige Bezogenheit von hermeneutischer und empirischer Methode ist nach Klafki schließlich durch die gesellschaftskritische bzw. ideologiekritische Methode zu erweitern. An dem angeführten Beispiel läßt sich die Perspektive dieses Ansatzes in erster Annäherung erläutern. Sie zeigt sich bereits in der von Klafki angesprochenen Rechtfertigung einer eigenständigen Schulform „Hauptschule" oder auch in der pädagogischen Rechtfertigung des Leistungsbegriffes. Die ideologiekritische Forschung kann erst „die Fragwürdigkeit herkömmlicher Leistungskriterien in ihrer unkritischen Anwendung auf Erziehung

und Unterricht in vollem Umfang" erweisen; „sie hat gezeigt, daß das Leistungsprinzip auch dort, wo Pädagogen es vielleicht als eine Hilfe zur individuellen Selbstprüfung und zur Steigerung persönlicher Fähigkeiten des jungen Menschen
verstehen, in seinen Folgen im gesellschaftlichen Zusammenhang oft als bloßes Mittel der Anpassung an unkritisch akzeptierte wirtschaftliche und soziale Hierarchien,
als der Motor des Strebens nach Berechtigungen und zugleich als Ursache psychischer Störungen und Verkrampfungen und daraus erwachsender Aggression wirkt."
(Klafki 1976 b, S. 41f.)

Dieses Beispiel (Leistungsprinzip) verdeutlicht somit eine wesentliche Grundannahme der gesellschaftskritischen Position; ihre Vertreter – allen voran Horkheimer,
Adorno, Marcuse und Habermas – gehen davon aus, daß menschliches Denken und
Handeln, auch das des Wissenschaftlers, die Formen menschlichen Zusammenlebens
oder die Institutionen, in denen Erziehung und Unterricht erfolgt, letztlich durch
die jeweiligen gesellschaftspolitischen Verhältnisse bestimmt seien. In ihnen werden
„gesellschaftlich vermittelte Interessen, Abhängigkeiten, Herrschaftsverhältnisse,
Zwänge oder auch Chancen" (Klafki 1976 b, S. 41) erkennbar. So vermutet Klafki,
daß eine Überbetonung schulischer Leistungsanforderungen oder die Organisation
und Form der zweigleisigen Berufsausbildung „sehr handfeste unternehmerische Interessen" (ebd., S. 42) dokumentieren. Die ideologiekritische Forschung macht nun
zu ihrer Hauptaufgabe die „Ermittlung der Bedingungen und der praktischen Möglichkeiten, Freiheit, Gerechtigkeit, Vernunft zu realisieren". (Ebd., S. 44) War die
geisteswissenschaftliche Pädagogik bereits um die Selbstbestimmung und Mündigkeit des jungen Menschen bemüht, so geht die ideologiekritische Position insofern
einen Schritt weiter, als sie danach fragt, welche gesellschaftlichen Bedingungen die
Selbstbestimmung und Mündigkeit des einzelnen behindern und welche zur Förderung dieser Disposition erst zu schaffen sind. Zu diesem Zweck ist die ideologiekritische Position auf die Hermeneutik angewiesen, indem sich diese der Aufgabe zu
stellen hat, „Modelle der jeweils möglichen pädagogischen Veränderungen, Verbesserungen oder Neuplanungen zu entwerfen, Modelle zeitgemäßer und zugleich offener Lehrpläne" (ebd., S. 47) usw. Und der Zusammenhang der ideologiekritischen
Position mit der empirischen konstituiert sich schließlich darin, daß sie, die Empirie,
nicht zu einer Verfestigung bestehender Verhältnisse beiträgt, sondern eine rationale
Aufklärung der Wirklichkeit im Hinblick auf die Verwirklichung von mehr Selbstbestimmung, Emanzipation, Mündigkeit usw. leistet.[30]

Fazit: Aufgrund der bisherigen Darstellung zeichnen sich bereits erste Konturen
eines Didaktikmodells ab, das in der Spur dieser kritisch-konstruktiven Erziehungswissenschaft steht. Es gilt als oberstes Ziel von Erziehung und Unterricht, Behinderungen von Mündigkeit und Selbstbestimmung abzubauen und gleichzeitig ein
Optimum an Bedingungen zu schaffen, die zur Realisierung dieser Ziele förderlich
sind. Besondere Bedeutung kommt in dieser Hinsicht zwar auch den konkreten Interaktionen zwischen Erzieher und zu Erziehendem zu, in erster Linie aber der
Frage, welche gesellschaftlichen Institutionen der Verwirklichung der Zielvorstellungen besonders dienlich sind und welche in hohem Maße als restriktiv eingestuft

werden müssen. Diese Fragestellung wird die Erziehungswissenschaft vor allem mit
Hilfe der Soziologie zu klären haben. Für die einzelnen Fachdidaktiken ergäbe sich
dann die Aufgabe, die Ergebnisse der Kooperation von Erziehungswissenschaft und
Soziologie auf ihre spezifischen Interessen und Problemkreise hin auszuwerten.

Darüber hinaus deutet die knappe Darstellung der gegenwärtigen erziehungswissenschaftlichen Konzeption Klafkis bereits an, welche grundsätzliche Anforderung
sich daraus auch für fachdidaktisches Denken und Handeln ergibt: Ein allgemeindidaktisches Modell, das die Zielsetzungen kritisch-konstruktiver Erziehungswissenschaft übernimmt, verpflichtet den Fachdidaktiker zu entsprechenden Antworten
auf die Frage, welchen Beitrag seine fachdidaktische Theorie im Zusammenhang mit
dem zugehörigen Unterrichtsfach zur Realisierung der allgemeinen Ziele (Selbstbestimmung, Mündigkeit) beizusteuern vermag. Ähnliches gilt auch für die Unterrichtsplanung des Lehrers; die entscheidende Frage für ihn wird lauten: Wie kann ich
mit meinem Fachunterricht die Maximen kritisch-konstruktiver Erziehungswissenschaft in konkrete Handlungen umsetzen?

Die sich hier nur vage andeutende Perspektive ist im weiteren zu verfolgen und
differenzierter herauszuarbeiten, um dann präzisere Auskünfte über die Relevanz
dieses allgemeindidaktischen Modells für die Fachdidaktik geben zu können.

2.2.3. Bildungstheoretische Didaktik II als kritisch-konstruktive Didaktik

Für die bildungstheoretische Didaktik II ist und bleibt der Bildungsbegriff das
theoretische Fundament; „Bildung" ist als zentrale, orientierende Kategorie notwendig, „wenn die pädagogischen Bemühungen um die nachwachsende Generation ... nicht in ein unverbundenes Nebeneinander oder gar Gegeneinander von
zahllosen Einzelaktivitäten auseinanderfallen" sollen, „wenn vielmehr pädagogisch
gemeinte Hilfen, Maßnahmen, Handlungen und individuelle Lernbemühungen begründbar und verantwortbar bleiben oder werden sollen". (Klafki 1985 a, S. 13)
Dieses systematische Argument war bereits für die ältere Fassung konstitutiv (s.
Klafki 1963 a, S. 28). Übereinstimmungen sind zum Teil auch hinsichtlich der inhaltlichen Bestimmung festzustellen. Klafki begreift „Bildung" immer noch als
„kategoriale Bildung" (1985 a, S. 13, 26, 44f., 199), als ein „Vermittlungsverhältnis"
zwischen ‚Subjekt' und ‚Objekt', einen aktiven Aneignungsvorgang, in dem sich
geschichtliche Wirklichkeit für den sich bildenden Menschen ‚aufschließt', zugänglich, verstehbar, kritisierbar, veränderbar wird, und in dem gleichzeitig das
Subjekt sich geschichtliche Wirklichkeit ‚aufschließt', also Verständnis-, Hand-
lungs-, Verantwortungsmöglichkeiten in sich entfaltet; beide Aspekte sind Momente eines einheitlichen Prozesses". (1985 a, S. 44)[31]

Über diese Gemeinsamkeiten hinaus nimmt Klafki allerdings auch eine „Präzisierung des kategorialen Bildungsverständnisses" (1985 a, S. 45) vor. Im Rückgriff auf
die Rekonstruktion bedeutender klassischer Bildungstheorien zeigt sich für ihn, daß
„Bildung" hier bereits immer schon als „Allgemeinbildung" ausgelegt wurde; für ein
gegenwärtiges, humanes und demokratisches Bildunsgkonzept habe gerade dieses

Verständnis von „Allgemeinbildung" immense Bedeutung. In diesem Begriff zeigen sich vor allem drei Bedeutungsmomente:

„– Allgemeinbildung als Bildung für alle zur Selbstbestimmungs-, Mitbestimmungs- und Solidaritätsfähigkeit,
 – als kritische Auseinandersetzung mit einem neu zu durchdenkenden Gefüge des Allgemeinen als des uns alle Angehenden und
 – als Bildung aller uns heute erkennbaren humanen Fähigkeitsdimensionen des Menschen." (Klafki 1986 a, S. 474f.)

Was ist nun mit diesen drei Bedeutungsmomenten im einzelnen gemeint, und wie wirken sie sich auf das Konzept der Allgemeinen Didaktik und ihr Verhältnis zu den Fachdidaktiken aus?

(1) In dem ersten Moment (Bildung für alle zur Selbstbestimmungs-, Mitbestimmungs- und Solidaritätsfähigkeit) sind zwei wichtige Aspekte enthalten, indem zum einen der Adressatenkreis (Bildung für alle) und zum anderen die Zielbestimmungen (Bildung zur Selbstbestimmungs-, Mitbestimmungs- und Solidaritätsfähigkeit)[32] zur Sprache kommen. Beide Aspekte ergeben sich stringent aus der oben angeführten ideologiekritischen Perspektive kritisch-konstruktiver Erziehungswissenschaft. Wenn danach nämlich erzieherische Maßnahmen auf eine Verwirklichung von Emanzipation, Selbstbestimmung usw. abheben, dann richtet man sich mit dieser Zielprojektion „gegen die Festschreibung gesellschaftlich bedingter Ungleichheit der Chancen zur Entwicklung menschlicher Fähigkeiten". (Klafki 1985 a, S. 17f.) „Bildung" kann somit nur Bildung für die Allgemeinheit, für alle bedeuten.[33] Hiermit korrespondieren dann auch die allgemeinen Ziele der Erziehung: Selbstbestimmungs-, Mitbestimmungs- und Solidaritätsfähigkeit sind Zielbestimmungen, durch die einer gesellschaftlich bedingten, ungerechtfertigten Ungleichheit der Chancen entgegengewirkt werden kann. So ist die Selbstbestimmung „über die je eigenen, persönlichen Lebensbeziehungen und Sinndeutungen zwischenmenschlicher, beruflicher, religiöser Art" (Klafki 1985 a, S. 45) als Pendant zur Fremdbestimmung zu denken; „Mitbestimmung" bedeutet dann den Anspruch auf „Möglichkeit und Verantwortung für die Gestaltung unserer gemeinsamen gesellschaftlichen und politischen Verhältnisse" (ebd.); Solidaritätsfähigkeit bildet schließlich das ethische Korrektiv zur Selbst- und Mitbestimmungsfähigkeit, „insofern der eigene Anspruch auf Selbst- und Mitbestimmung nur gerechtfertigt werden kann, wenn er nicht nur mit der Anerkennung, sondern mit dem Einsatz für diejenigen verbunden ist, denen eben solche Selbst- und Mitbestimmungsmöglichkeiten aufgrund gesellschaftlicher Verhältnisse, Unterprivilegierung, politischer Einschränkungen oder Unterdrückungen vorenthalten oder begrenzt werden". (Ebd., S. 46)[34]
    Diese ideologiekritische Position gibt dann auch der Bezeichnung „kritisch-konstruktive Didaktik" ihren Sinn. Mit der Bestimmung „kritisch" will Klafki das darin eingeschlossene Erkenntnisinteresse zum Ausdruck bringen, da „diese Didaktik am Ziel der Befähigung aller Kinder und Jugendlichen ... zu wachsender Selbstbestim-

mungs-, Mitbestimmungs- und Solidaritätsfähigkeit in allen Lebensdimensionen orientiert" (1985 a, S. 37f.) ist. In Ergänzung dazu weist der Zusatz „konstruktiv" auf
„den durchgängigen Praxisbezug, auf das Handlungs-, Gestaltungs-, Veränderungsinteresse" (ebd., S. 38) dieser didaktischen Konzeption hin, die damit „Modellentwürfe für mögliche Praxis, begründete Konzepte für eine veränderte Praxis, für eine
humanere und demokratischere Schule und einen entsprechenden Unterricht" (ebd.)
einschließt.

Welche Bedeutung könnten diese allgemeindidaktischen Zielsetzungen für die
einzelnen Fachdidaktiken und die zugehörigen Unterrichtsfächer haben? Es drängt
sich hier zunächst die Vermutung auf, daß die kritisch-konstruktive Didaktik eine
unterschiedlich hohe Affinität zu bestimmten Fächern aufweist und dadurch Vorgriffe auf die Legitimation einzelner Fächer im Fächerkanon leistet. Auf den ersten
Blick spricht nämlich vieles dafür, als seien die Fächer Politik und Geschichte geradezu prädestiniert, die Ziele kritisch-konstruktiver Didaktik in unterrichtliches
Handeln umsetzen zu können. Für die Fächer Mathematik, Werken, Sport oder
Musik scheinen sich demgegenüber Schwierigkeiten aufzutun, derartige Zielsetzungen zu verfolgen.[35]

Für den Geschichts- und Politikunterricht liegen in der Tat genügend Statements,
aber auch mehr oder weniger explizit ausgearbeitete fachdidaktische Positionen vor,
die sich an einer kritisch-emanzipatorischen Leitidee ausrichten. Schließt man etwa
hinsichtlich des Geschichtsunterrichts einmal den Verdacht aus, „hinter der sogenannten kritisch-emanzipatorischen Leitidee verberge sich in Wirklichkeit ein neomarxistisch-parteipolitischer indoktrinierender Standort" (Dörr 1981, S. 437), so
bleibt für K. Bergmann unbestritten, daß „Emanzipation" eine mögliche Kategorie
sein kann, Geschichte verfügbar und vermittelbar zu machen. Geschichtsunterricht
kann dann „gedachte und gelebte, antizipierte und gelungene oder gescheiterte Möglichkeiten menschlich-gesellschaftlicher Existenz" verhandeln, „die Annäherungen
an die Idee der allgemeinen Humanität darstellen und im historischen Kontext und
im Bezugsrahmen gegenwärtiger objektiver Möglichkeiten besprochen werden".
(Bergmann 1985[3], S. 238). Für die Selbst- und Mitbestimmungsfähigkeit des einzelnen sollen so mögliche Perspektiven für die Gegenwart und Zukunft eröffnet werden. Der Schüler erweitere seinen Horizont, indem er aus der Geschichte lerne, was
es für die Zukunft zu bedenken gilt. Geschichtsunterricht ist dann in diesem Sinne
darauf gerichtet, „gleichermaßen politische Apathie und Ohnmachtsbewußtsein wie
naiven politischen Voluntarismus abzubauen und die Möglichkeiten eingreifenden
Denkens und denkenden Eingreifens herauszuarbeiten". (Ebd., S. 238)

Auch im Bereich der Didaktik des Politikunterrichts gibt es fachdidaktische Positionen, die Klafkis genereller Zielbestimmung nahe kommen dürften. Wenn es
nach Klafki nicht dazu kommen soll, dem Schüler „ein harmonisiertes Bild der
Wirklichkeit" zu vermitteln, „eine ‚heile Welt', eine weitgehend gerechte Wirklichkeit, eine Gesellschaft, in der die Prinzipien der Freiheit für alle Mitglieder, der Gerechtigkeit, der demokratischen Bürgerrechte usw. im wesentlichen verwirklicht
erscheinen" (Klafki 1985 a, S. 60), dann decken sich damit weitgehend die Intentionen, die H. Giesecke erstmals 1965 in seiner „Didaktik der politischen Bildung" ver-

folgte. Für Giesecke ist alles das politisch, „was in einer Gesellschaft umstritten ist". (1965, S. 100) Das Anliegen der politischen Bildung richtet sich demnach auf die Analyse politischer Konflikte. Für die Unterrichtsgestaltung sind dann solche Fälle maßgeblich, in denen Konflikte aufscheinen. Zur näheren Identifikation unterrichtsrelevanten Konfliktstoffes verweist Giesecke den Lehrer auf insgesamt elf entscheidende Kategorien: Konflikt, Konkretheit, Macht, Recht, Interesse, Solidarität, Mitbestimmung, Funktionszusammenhang, Ideologie, Geschichtlichkeit, Menschenwürde (1965, S. 99ff.). Diese Termini stimmen zum großen Teil mit Klafkis Begriffen überein. In der von Giesecke 1972 vorgelegten Neubearbeitung, in der er den Konfliktbegriff immer noch für wichtig, wenn auch nicht mehr für zentral hält (Giesecke 1972, S. 159ff.), kommt die gedankliche Nähe zur kritisch-konstruktiven Didaktik besonders dadurch zum Ausdruck, daß er sich ab jetzt vor allem dem gesellschaftskritischen Ansatz der Frankfurter Schule (1972, S. 119ff.) verpflichtet fühlt. Die Übereinstimmung mit Klafkis Position ist offensichtlich: Auch er hat die ideologiekritische Perspektive der kritisch-konstruktiven Erziehungswissenschaft – von einigen Änderungen abgesehen (s. Klafki 1976 b, S. 41; 1985 a, S. 58) – im Rückgriff auf bzw. in Anlehnung an die Frankfurter Schule entwickelt und die ihm vorschwebende Gesellschaftsform als „demokratischen Sozialismus" (1985 a, S. 190) bezeichnet.

Gieseckes „Didaktik der politischen Bildung" ist freilich nicht das einzige fachdidaktische Konzept, das als zentrale Aufgabe des Politikunterrichts die Entwicklung emanzipatorischen und ideologiekritischen Denkens proklamiert (s. auch Claußen 1985; Schmiederer 1977[6]; Weiler 1973). Es sollte hier nur als typischer Vertreter einer fachdidaktischen Position angeführt werden, die ganz im Sinne der allgemeindidaktischen Aussagen Klafkis zu sehen ist.

Neben derartigen Entwürfen gibt es im Bereich der Politikdidaktik allerdings auch solche, die nicht oder zumindest nicht primär und schwerpunktmäßig mit den Kategorien „Emanzipation", „Ideologiekritik", „Konflikt" usw. arbeiten. Auch dazu ein typisches Beispiel: In seiner „Didaktik des politischen Unterrichts" (1971, 1973[2]) fragt Bernhard Sutor nach den Inhalten, die im Politikunterricht gelehrt werden sollen, nach der Struktur dieser Inhalte und den Kriterien für deren Auswahl und Anordnung (Sutor 1973[2], S. 29). Um vorweg mögliche Einseitigkeiten in der Beantwortung dieser entscheidenden Fragen zu vermeiden, warnt er davor, in erster Linie die Politikwissenschaft zu Rate zu ziehen, da hier je nach Auffassung vom Gegenstand (Politik) und der angewandten Methoden manche Seiten des Politischen vernachlässigt würden. Vielmehr habe man sich zuvor der allgemeinen anthropologischen Grundlagen zu vergewissern (1973[2], S. 30). So kommt Sutor zu einem ersten Ergebnis: Aus anthropologischer Sicht ist das Wesen des Politischen „als eine Weise der menschlichen Kommunikation" zu betrachten, „die ... Geschichtlichkeit, Gesellschaftlichkeit und Moralität impliziert". (1973[2], S. 53) Diese allgemeine Bestimmung wird dann in einem zweiten Schritt politikwissenschaftlich präzisiert. Dazu greift Sutor auf eine Reihe grundlegender Begriffe zurück, besonders aber auf die Kategorie des „Gemeinwohls" (ebd., S. 55), weil dieser Terminus die Brücke zwischen philosophisch-politischer Anthropologie und Politikwissenschaft bilde. Mit

der Rede vom Gemeinwohl werde das im Menschenbild des Grundgesetzes einbe-
schlossene Spannungsverhältnis von Individualität und sozialer Bindung, von persönlicher Freiheit und prinzipieller Gleichheit aller Menschen für konkretes
politisches Handeln bedeutsam. Wer nämlich auf das Gemeinwohl bedacht sei, der
sei um einen Ausgleich der unvermeidlichen Spannungen bemüht; hierzu bedarf es
aber einer gesellschaftlichen Ordnung (1973², S. 54ff.).

Mit dieser – sicherlich recht groben – Skizzierung läßt sich Sutors Grundauffas-
sung von politischer Bildung umreißen: „Ordnung" ist der „didaktische Schlüssel-
begriff" des politischen Unterrichts (ebd., S. 89), weil dieser Begriff sich dagegen
verwehrt, „die dialektische Spannung von Pluralität und Solidarität, Konflikt und
Konsens nicht nach der einen oder anderen Seite hin aufzulösen". (Ebd., S. 87)

Der Politikunterricht schließt in diesem Sinne keineswegs die Thematisierung von
Konflikten aus: „Ordnung umgreift, als Prozeß und ständige Aufgabe verstanden,
den Konflikt als ein notwendiges, treibendes Element in ihr, solange er als begrenzter Konflikt verstanden wird, der dazu nötigt, neue Ordnungsaufgaben anzugehen.
Deshalb kann ein aktueller Konflikt im Unterricht einen vorzüglich geeigneten ‚Einstieg' bieten, um politische Ordnung sowohl in ihrem Bestand als auch in ihrer Fragwürdigkeit und in ihrem Aufgabencharakter zu erschließen. Aber zum Gegenstand
wird eben damit nicht der Konflikt als solcher gemacht, sondern die politische Ord-
nungsaufgabe. Sie gilt es zu verstehen, d.h. zu bedenken und in einem inneren Handeln mit zu entscheiden. Andernfalls greift der Ansatz beim Konflikt zu kurz.
Schließlich ist zu beachten, daß auch politische Aufgaben denkbar sind, die sich uns
durchaus nicht in der Form des Konfliktes darbieten." (1973², S. 89)

Wie wäre eine solche fachdidaktische Position aus der Sicht der bildungstheoretischen Didaktik II zu werten? Es erscheint offensichtlich, daß Sutors Konzept gegenüber der kritisch-konstruktiven Didaktik wenn auch nicht unüberbrückbare
Gegensätze, so aber doch zumindest einige Diskrepanzen aufweist. Geht es Klafki
mit seiner allgemeinen Zielbestimmung *primär* darum, daß der Schüler lernen soll,
seine Möglichkeiten zur Selbst- und Mitbestimmung im Leben auszunutzen (freilich
unter der Perspektive, daß auch andere bedürftig sind), so versucht Sutor, entsprechenden Prioritäten von vornherein entgegenzuwirken. In seinem Verständnis von
Politikunterricht kommt es vielmehr darauf an, eine Ausgewogenheit von eigenen
Interessen und den Interessen aller zu erstreben; ansonsten ist zu befürchten, daß
eine Überbetonung individueller Freiheit dem Prinzip der Gleichheit zuwiderläuft
und andererseits eine Steigerung von Gleichheit die Verwirklichung individueller
Freiheit einschränkt. Das Einzelinteresse ist deshalb unter dem Gesichtspunkt des
Gemeinwohls immer abzuwägen gegen die Interessen der Gesamtheit.

In dieser Auffassung Sutors vom Wesen des Gemeinwohls schlagen sich unausge-
sprochen die Grundannahme und die Forderung nieder, daß alle Bürger des Staates
am Wohl der anderen interessiert sind und sein sollten. Gerade in diesem Punkt aber
würde Klafki erhebliche Bedenken anmelden müssen, da Sutor mit dieser Sichtweise
ein allzu harmonisches Bild vom gesellschaftlichen Zusammenleben entwirft, dem
die Realität nicht zu entsprechen scheint: „Wer vorwiegend körperliche Arbeit ver-
richtet und beruflich hauptsächlich mit Dingen, nicht aber mit Menschen zu tun hat,

wer vorwiegend primitive und genormte Tätigkeiten ausübt, jedoch kaum Möglichkeiten zu Initiativen und Entscheidungen in der Berufsarbeit hat, wer am untersten
Ende einer Anweisungshierarchie steht und ständig erfährt, daß man durch Gehorsam, Nichtaufmucken, Sich-ins-Gegebene-Fügen noch am relativ besten fährt, wer
keine Perspektiven beruflicher und sozialer Verbesserung in der Zukunft vor sich
sieht" (Klafki 1985 a, S. 189), dem sind Wege der Selbst- und Mitbestimmung aufzuzeigen.

Für die Frage nach dem Verhältnis von bildungstheoretischer Didaktik II und
Fachdidaktik gibt der Vergleich der beiden skizzierten fachdidaktischen Positionen
(Giesecke – Sutor) einige wichtige Aufschlüsse. Gieseckes Entwurf zeigt zunächst
einmal, daß sich die Zielvorstellungen kritisch-konstruktiver Didaktik – sofern man
ihnen zustimmt – relativ einfach auf die Fächer Politik (und Geschichte) umsetzen
lassen. Das Modell Klafkis hat diesbezüglich keine heuristische oder gar theoriebildende Funktion für die Fachdidaktik, denn derartige Konzeptionen liegen ja schon
lange vor und sind als Anlehnungen an die Kritische Theorie zu verstehen. So gesehen haben sich diese fachdidaktischen Entwürfe zeitlich parallel zur Neufassung
der bildungstheoretischen Didaktik entwickelt. Dem angehenden Lehrer aber, der
sich mit der Allgemeinen Didaktik vertraut machen will, und dem bereits im Beruf
stehenden Lehrer, der sich zum Zwecke der Fortbildung einen Einblick in die neue
Konzeption Klafkis verschaffen möchte, werden Perspektiven an die Hand gegeben, durch die deren Aufmerksamkeit auf bestimmte fachdidaktische Entwürfe
gelenkt wird. Diese Kanalisierung impliziert eine indirekte Wertung von unterschiedlichen fachdidaktischen Positionen, sie erscheinen nämlich um so „wertvoller" und „brauchbarer", je näher sie den allgemeinen Zielvorstellungen der kritisch-
konstruktiven Didaktik kommen. Konzeptionen, wie die hier herangezogene von
Sutor, werden unter den allgemeindidaktischen Aussagen Klafkis eher als ungeeig-
net, eventuell sogar als zu konservativ, reaktionär oder systemstabilisierend zu beurteilen sein.

In bezug auf die oben gehegte Vermutung von der unterschiedlichen Affinität der
kritisch-konstruktiven Didaktik gegenüber den verschiedenen Unterrichtsfächern
darf man vorerst resümieren: Die Zielvorgaben, die Klafki mit seinem allgemeindidaktischen Modell etabliert, lassen sich – ob nun als zentrale Leitlinien (Giesecke)
oder als partielle Momente (Sutor) – auf fachdidaktische Konzepte des Politikunterrichts ohne größere Komplikationen übertragen. Inwiefern, so wäre nun zu fragen,
sind diese Zielbestimmungen aber auch für andere Unterrichtsfächer relevant? Kann
der Unterricht in den Fächern Musik, Kunst, Textilgestaltung, Sport, Mathematik,
Englisch, Französisch oder Deutsch in ähnlich hohem Maße wie der Geschichts-
und Politikunterricht der Förderung von Selbst-, Mitbestimmungs- und Solidaritätsfähigkeit gerecht werden?

Am Beispiel des Kunst- und Musikunterrichts macht Klafki deutlich, wie auch
hier die ideologiekritische Perspektive aufgenommen werden kann. So fragt er mit
Blick auf die gesellschaftliche „Bedingtheit der Zugangsweisen von Kindern und Jugendlichen zu bestimmten Wahrnehmungs- und Gestaltungsphänomenen" (Klafki
1985 a, S. 61), wie Unterricht durch entsprechende inhaltliche und methodische Ge-

staltung etwaige Zugangsbarrieren abzubauen hilft. Hinsichtlich der thematischen Gestaltung wäre etwa zu überlegen: „Wie können fragwürdige, manipulative Verwendungsweisen ästhetischer Mittel aufgedeckt werden – von bestimmten Formen der optisch vermittelten oder musikalisch untermalten Werbung bis zur Benutzung des Liedes als emotionalisierendem Propagandaträger im Liedgut der Hitler-Jugend, aber auch der jungen Pioniere bzw. der FDJ der DDR usw?" (Ebd.)

Diese Hinweise zeigen, daß also auch neben dem Geschichts- und Politikunterricht andere Fächer in Ansätzen die gesellschaftskritische Perspektive aufnehmen können.[36] In diesem Zusammenhang ist allerdings auf mögliche Fehlformen zu achten; so verweist Klafki darauf, daß man seine Argumentation für den ideologiekritischen Ansatz als Moment kritisch-konstruktiver Didaktik mißverstehen würde, „läse man aus ihr ein Plädoyer für eine totale, kurzschlüssig verstandene Politisierung allen Unterrichts heraus. Es gibt aus den letzten Jahren gewiß eine Reihe von Beispielen für solche Kurzschluß-Politisierungsdidaktiken. Darin wird z.B. ästhetische Gestaltung und Rezeption nur noch zum Vehikel der Gesellschaftskritik." (Klafki 1985 a, S. 61)

Als Beispiel für solch eine „Kurzschluß-Politisierungsdidaktik" dürfte man den vom „Bremer Kollektiv" entworfenen „Grundriß einer Didaktik und Methodik des Deutschunterrichts in der Sekundarstufe I und II" (1974) ansehen. Dieses fachdidaktische Konzept entspringt einer gesellschaftspolitischen Analyse der BRD, durch die das Autorenkollektiv zu dem Ergebnis gelangt, „daß die Herrschaft der ... ökonomischen Führungsschicht ungebrochen, weil jeder demokratischen Kontrolle entzogen ist. Ihr Einfluß auf die politischen Mandatsträger ist höher zu veranschlagen als der der auf Akklamation reduzierten Wählerschaft." (Bremer Kollektiv 1974, S. 7) Diese Machtkonstellation hänge von der herrschenden Ideologie ab: „Sie besteht ... darin, die monopolkapitalistische Gesellschaft als ein von Klassenherrschaft und -interessen gereinigtes, gleichsam einer naturgesetzlichen Automatik unterstelltes Gebilde auszuweisen, damit die weiterhin an Kapitalinteressen gekoppelten relevanten Entscheidungen im dunkeln bleiben können." (Ebd., S. 8) Aus diesem Verständnis heraus seien dann auch didaktische Systeme zu beurteilen; sie seien grundsätzlich so angelegt, daß das bestehende System mit ihrer Hilfe sich selbst stabilisieren und reproduzieren, vor allem aber Ansätze zur Änderung im Keim ersticken wolle. Insbesondere die Schule erfülle zur Systemstabilisierung zwei wichtige Funktionen, nämlich eine ökonomische und eine ideologische: „Ihre ökonomische Funktion ist, Arbeitskräfte für den kapitalistischen Produktions- und Verwertungsprozeß auszubilden; ihre ideologische, durch Vermittlung von Verhaltensweisen, Normen und Ideologien die Individuen in die gegebene Gesellschaft zu integrieren und ihre Funktionsfähigkeit sicherzustellen. Die materielle und ideelle Reproduktion der Gesellschaft ist objektive Aufgabe der Schule, die als Institution erzieht." (Ebd., S. 10)

Entgegen diesen systemstabilisierenden Tendenzen im Bildungswesen sei allerdings eine politische Gegenströmung nicht zu übersehen. „Trotz der offiziellen Bemühungen, durch Förderung der für den Produktionsprozeß unmittelbar verwertbaren naturwissenschaftlich-ideologischen Fächer und durch Ausrichtung der

gesellschaftswissenschaftlich-ideologischen auf die Vermittlung nützlicher Arbeitstechniken, Fertigkeiten und Haltungen die Schule langfristig als Lieferanten system-
adäquater Qualifikationen zu erhalten, nimmt die emanzipatorische Politisierung
von Schülern und Lehrern zu." (Bremer Kollektiv 1974, S. 14)

Im Rahmen dieser emanzipatorischen Politisierung komme dem Deutschunterricht eine besondere Chance zu, wenn die fachdidaktische Diskussion an diese Tendenzen anzuschließen und sie weiterzuentwickeln wisse. Eine politische Didaktik
des Deutschunterrichts habe einen technokratischen und unter das Postulat der
„Ideologiefreiheit" und „Wertneutralität" gestellten Deutschunterricht abzulehnen.
Oberstes Ziel einer kritischen Deutschdidaktik sei „die Demokratisierung der Gesellschaft in all ihren Bereichen. ... Die kapitalistischen Herrschaftsverhältnisse in
Wirtschaft und Gesellschaft und die korrespondierenden autoritär-hierarchischen
Machtstrukturen in Staat, Verwaltung, Schule, Militär, Massenmedien etc. müssen
auf dem Wege über Mitbestimmung demokratisiert und schließlich durch Autonomie der unmittelbar Beteiligten ersetzt werden." (Bremer Kollektiv 1974, S. 21) Aus
dieser allgemeinen Zielbestimmung leite sich dann ein konkreteres Fernziel ab, nämlich „die Emanzipation des Individuums, d.h. die Ablösung aus individueller und
sozialer Heteronomie durch die Befähigung des Schülers, sie zu erkennen und im
politischen Handeln zu überwinden". (Ebd.)

Wie sollen diese normativen Setzungen in konkrete Unterrichtsinhalte und damit
in Lehr-/Lernprozesse transponiert werden? Im einzelnen sind es kommunikative
Übungen (Sprachgebrauch), Kommunikationsanalysen (Sprachbetrachtung), die Behandlung von Gebrauchstexten, Massenliteratur, Massenmedien und Massenkom-
munikation und die Beschäftigung mit „Literatur". Wie sich in diesen zentralen
Feldern des Deutschunterrichts emanzipatorisches und ideologiekritisches Denken
freisetzen soll, mag ein Blick auf den Literaturunterricht veranschaulichen. In ihm
komme es im wesentlichen auf fünf Behandlungsschwerpunkte an und zwar auf das
Gesellschaftsbild des literarischen Werkes, die Klassenbedingtheit seiner Ideologie,
seine Parteilichkeit, seine historische Perspektive und die literarische Form (Bremer
Kollektiv 1974, S. 330).

Diese Schwerpunkte des Literaturunterrichts verdeutlichen – exemplarisch für
das gesamte Konzept des Bremer Kollektivs – die von Klafki ausgesprochene Warnung vor einem politiküberladenen Unterricht. Wenn Literaturunterricht auch einsichtig machen kann und soll, auf welche Weise sich ideologische Positionen, gleich
welcher Art, in literarischen Werken niederschlagen, so darf darüber hinaus nicht
vergessen werden, welche anderen bedeutsamen Fähigkeiten des Schülers gefördert
werden können und sollen: Literatur ist etwa auch in ihrem künstlerischen Eigenwert zu respektieren; ein im Unterricht vorgetragenes Märchen, Gedicht oder eine
Kurzgeschichte „leben" zunächst einmal von der sprachlichen Form und Gestaltung
der Texte, sie müssen nicht unbedingt „besprochen" werden. Eine Gedichtrezitation
darf demnach auch als „bloßer" ästhetischer Genuß ihren Ort im Deutschunterricht
beanspruchen. Ähnliches gilt, neben der Textrezeption, auch für die Produktion literarischer Texte durch die Schüler: Die Wiedergabe der sinnlichen Erfahrung von
Welt, der Ausdruck momentaner Stimmungen, die Fixierung erlebter Ängste oder

Freuden, Befürchtungen oder Hoffnungen, allgemein gesprochen also die Wiedergabe oder Antizipation eigener Gefühle und Gedanken, all diese Aspekte tragen dazu bei, Literatur auch als ästhetischen Wert, als Kunstwerk sehen und schätzen zu lernen.

Die hier am Beispiel des Literaturunterrichts aufgezeigten Einseitigkeiten in der Didaktik und Methodik des Bremer Kollektivs illustrieren einerseits, daß eine derartige fachdidaktische Theorie aus der Sicht Klafkis in ihrem Gesamtanspruch einzuschränken ist. Andererseits wird aber auch deutlich, daß dieser Didaktikkonzeption eine gewisse Teilberechtigung nicht abzusprechen ist. Würde man nämlich die Position des Bremer Kollektivs in der Weise reduzieren, daß ihr Ansatz neben anderen Aufgaben des Deutschunterrichts eine spezifische Perspektive thematisiert, dann könnte man durchaus Parallelen zwischen dieser fachdidaktischen Ausrichtung und der kritisch-konstruktiven Didaktik ziehen. Gesellschaftskritik wäre demnach auch *ein* Bestandteil des Deutschunterrichts.

Fazit: Die Diskussion des ersten Momentes von Allgemeinbildung (Bildung für alle zur Selbstbestimmungs-, Mitbestimmungs- und Solidaritätsfähigkeit) läßt auf eine unterschiedliche Affinität der bildungstheoretischen Didaktik II zu bestimmten Fächern schließen. In dieser Hinsicht nehmen die Fächer Geschichte und Politik eine prädestinierte Stellung im Fächerkanon ein, weil durch sie die Umsetzung der allgemeinen Ziele im besonderen Maße gewährleistet werden kann. Neben der Aufwertung dieser beiden Fächer schließt das erste Moment von Allgemeinbildung auch eine implizite Wertung entsprechender fachdidaktischer Positionen ein, wie der exemplarische Vergleich zweier Konzeptionen im Bereich der Politikdidaktik (Giesecke-Sutor) gezeigt hat. Im Hinblick auf andere Fächer scheinen sich für die hier vertretene These der unterschiedlichen Affinität der bildungstheoretischen Didaktik II zu bestimmten Unterrichtsfächern gewisse Einschränkungen zu ergeben, ist doch ein Mindestmaß an Gesellschafts- und Ideologiekritik nicht nur im Geschichts- und Politikunterricht, sondern auch im Deutsch-, Kunst-, Musikunterricht usw. möglich. Dennoch: Die Aufgabe der Gesellschaftskritik ist im Geschichts- und Politikunterricht eher zu leisten, da diese Fächer das politische Geschehen der Vergangenheit und Gegenwart zum direkten Gegenstand haben. Die Verbindung mit dem Gegenstand „Politik" wird aber über die Fächer Deutsch, Kunst, Musik, Religion bis hin zur Mathematik oder Textilgestaltung entsprechend lockerer. Insofern lenkt das allgemeindidaktische Modell Klafkis die Aufmerksamkeit der Adressaten zumindest vordergründig auf die „wichtigsten" Fächer. Diese Konzentration auf einige ausgewählte Fächer wird im folgenden noch deutlicher hervortreten, wenn das zweite Moment von Allgemeinbildung (als kritische Auseinandersetzung mit einem neu zu durchdenkenden Gefüge des Allgemeinen als des uns alle Angehenden) auf seine fachdidaktischen Implikationen befragt wird.

(2) Der zweite Aspekt des Begriffes „Allgemeinbildung" wird von Klafki in der Formel „Bildung im Medium des Allgemeinen" gefaßt. Während das erste Bedeutungsmoment auf die allgemeinen Ziele von Erziehung und Unterricht abhebt, meint

dieser zweite Aspekt nun spezielle Inhalte, die im Unterricht zu thematisieren sind. Allgemeinbildung bedeutet in diesem Sinne dann „ein geschichtlich vermitteltes Bewußtsein von zentralen Problemen der gemeinsamen Gegenwart und der voraussehbaren Zukunft gewonnen zu haben, Einsicht in die Mitverantwortlichkeit aller angesichts solcher Probleme und Bereitschaft, sich ihnen zu stellen und am Bemühen um ihre Bewältigung teilzunehmen". (Klafki 1985 a, S. 20) Im Verlaufe der Schulzeit sollte jeder Schüler einen Einblick in einige solcher Schlüsselprobleme bekommen haben. Klafki hält folgende Problemstellungen für besonders wichtig (aus: Klafki 1985 a, S. 21):

- die Friedensfrage und das Ost-West-Verhältnis
- die Umweltfrage
- Möglichkeiten und Gefahren des naturwissenschaftlichen, technischen und ökonomischen Fortschritts
- sog. „entwickelte Länder" und „Entwicklungsländer" sowie das Nord-Süd-Gefälle
- soziale Ungleichheit und ökonomisch-gesellschaftliche Machtpositionen
- Demokratisierung als *generelles* Orientierungsprinzip der Gestaltung unserer gemeinsamen Angelegenheiten, also z.B. auch der Wirtschaft, oder Begrenzung auf Teilbereiche?
- Arbeit und Arbeitslosigkeit in ihrer ökonomisch-gesellschaftlich-politischen Bedeutung und in ihrer Bedeutung für die individuelle und soziale Identität des einzelnen
- Arbeit und Freizeit – sind wir wirklich auf dem Wege zu einer Freizeitgesellschaft?
- Freiheitsspielraum und Mitbestimmungsanspruch des einzelnen und kleiner sozialer Gruppen einerseits und das System der großen Organisationen und Bürokratien andererseits
- das Verhältnis der Generationen zueinander
- die menschliche Sexualität und das Verhältnis der Geschlechter zueinander
- traditionelle und alternative Lebensformen
- individueller Glücksanspruch und zwischenmenschliche Verantwortlichkeit
- Recht und Grenzen nationaler Identitätsbestimmung angesichts der Unabdingbarkeit universaler Verantwortung
- Deutsche und Ausländer in Deutschland
- Behinderte und Nichtbehinderte
- Möglichkeit und Problematik der Massenmedien und ihrer Wirkung
- die wissenschaftliche Wirklichkeitsbetrachtung, die sog. „Verwissenschaftlichung" der modernen Welt und das alltägliche Verhältnis von Mensch und Wirklichkeit.

Zweifellos handelt es sich bei dieser Auflistung um Themenkomplexe, die in der Politik eine zentrale Bedeutung haben und somit jeden angehen (sollten). Für die hier zu verfolgende Fragestellung nach dem Verhältnis von Allgemeiner Didaktik und Fachdidaktik ist es allerdings in erster Linie nicht entscheidend, ob und inwiefern solche Themen als Unterrichtsthemen zu legitimieren sind. Es ist vielmehr zu klären, wie sich in dieser Liste implizit das von Klafki vetretene Verständnis von Allgemeiner Didaktik und Fachdidaktik im Hinblick auf einzelne Unterrichtsfächer manifestiert.

Eine rein quantitative Betrachtung zeigt, daß etwa die Hälfte von den insgesamt achtzehn angeführten Schlüsselproblemen in den Bereich des Politikunterrichts fällt (Friedensfrage, Entwicklungsländer, soziale Ungleichheit, Demokratisierung, Arbeitslosigkeit, Arbeit und Freizeit, Freiheitsspielraum, nationale Identität, Ausländerproblematik). Drei Komplexe sind vor allem zum Bereich der naturwissenschaftlichen Fächer zu rechnen (Umweltfrage, Möglichkeiten und Gefahren des naturwissenschaftlichen, technischen und ökonomischen Fortschritts, Verwissenschaftlichung der modernen Welt). Die übrigen Problembereiche bilden – je nach dem gesetzten inhaltlichen Schwerpunkt variierend – eine Schnittmenge der Fächer Deutsch, Biologie, Religion, Politik und Sport. Demnach gibt es eine Reihe von Fächern, die zu den zentralen, die gesamte Menschheit angehenden Problemfeldern keinen wesentlichen Beitrag zu leisten vermögen, allen voran die musischen Fächer (Musik, Kunst, Textilgestaltung), der altsprachliche Unterricht mit den Fächern Latein oder Griechisch oder der neusprachliche mit den Fächern Englisch und Französisch. Auch der Bildungswert des mathematischen Unterrichts erscheint nach dieser Liste der „Schlüsselprobleme" fraglich.

Die im Zusammenhang mit dem ersten Bedeutungsmoment von Allgemeinbildung vertretene These von der unterschiedlichen Affinität der bildungstheoretischen Didaktik II zu den einzelnen Fachdidaktiken findet also auch in dem zweiten Aspekt (Bildung im Medium des Allgemeinen) ihren Niederschlag: Klafki nimmt nämlich mit diesem Aspekt eine implizite Legitimation einzelner Fächer vor. Während den sozialwissenschaftlichen Fächern primäre Bedeutung für die Allgemeinbildung zugesprochen wird, haben die naturwissenschaftlichen Fächer nur einen sekundären Stellenwert im Fächerkanon. Darüber hinaus scheinen einer Reihe von Unterrichtsfächern (z.B. Mathematik, Deutsch, Latein, Musik, Kunst) in der Perspektive dieses zweiten Aspektes triftige Legitimationsgründe abgesprochen zu sein.

(3) Als indirekter Beleg für die These der unterschiedlichen Affinität ist auch das dritte Bedeutungsmoment von Allgemeinbildung einzustufen: Bildung muß auf „das Insgesamt der menschlichen Möglichkeiten, sofern sie mit der Selbstbestimmung und der Entwicklung aller anderen Menschen vereinbar sind" (Klafki 1985 a, S. 18), abzielen. Klafki spricht mit Blick auf die Erkenntnisse und Forderungen Herbarts, Pestalozzis und Humboldts „von der allseitigen Bildung des Menschen als erkennendes, ethisch und politisch entscheidendes und handelndes, emotional empfindendes und wertendes, zwischenmenschliche Beziehungen vollziehendes, ästhetisch wahrnehmendes und gestaltendes, nicht zuletzt auch als produktiv arbeitendes und seine Welt handwerklich-technisch veränderndes Wesen". (Ebd., S. 18; auch S. 45)

Offensichtlich greift Klafki mit diesem dritten Aspekt der Allgemeinbildung (als Bildung der Vielseitigkeit) auf die fünf Sinnprinzipien der älteren Fassung zurück; die Sinngebung einzelner Schulfächer leitete sich danach aus dem ethischen, ästhetischen bzw. musischen, theoretischen, pragmatischen und religiösen Sinnprinzip ab (s. 1963 a, S. 54ff.). Der erste Teil dieses Kapitels hat exemplarisch gezeigt, inwiefern durch diese allgemeindidaktische Perspektive einem breiten Spektrum von Unterrichtsfächern eine entsprechende Legitimationsbasis zugesprochen wurde.[37] Mit dem dritten Bestimmungsstück von Allgemeinbildung versucht Klafki offenbar die einseitigen Akzentuierungen der beiden anderen Momente „polar" (1985 a, S. 24) zu ergänzen. „So notwendig nämlich die Konzentration auf aktuelle Brennpunkte ist, so führt sie doch stets auch die Gefahr gewisser Fixierungen auf die Gegenwart, der Blickverengung, mangelnder Offenheit mit sich; überdies ist jene Konzentration auf Schlüsselprobleme mit Anspannungen, Belastungen, Anforderungen intellektueller, emotionaler und moralisch-politischer Art verbunden, die nicht zuletzt auch für junge Menschen zur Überforderung und zur Einschränkung ihrer gegenwärtigen und zukünftigen Möglichkeiten werden können, wenn sie die Bildungsprozesse ausschließlich bestimmen würden." (Klafki 1985 a, S. 24f.)

In diesen Formulierungen bringt Klafki den in der älteren Fassung vertretenen Anspruch des Heranwachsenden „auf erfüllte Gegenwart" (1963 a, S. 39) erneut zum Ausdruck. Fraglich ist nun, welchen Stellenwert man diesen Ergänzungen im Hinblick auf das Verhältnis „Allgemeine Didaktik – Fachdidaktik" einräumen kann. In der neuen Konzeption sind zumindest zwei Gesichtspunkte auszumachen, die hierzu näheren Aufschluß geben. Zunächst einmal fällt ein formaler Aspekt auf: Die Reihenfolge in der Darstellung und die Unterschiede in der Ausführlichkeit, mit der Klafki die drei Momente der Allgemeinbildung bedenkt, verweisen darauf, daß es ihm auf die *Akzentuierung* der ersten beiden Momente besonders ankommt. Während sich nämlich die Erläuterungen zur Zielproblematik und zu den Schlüsselproblemen auf mehrere Seiten erstrecken, wird das „breite Spektrum" der Unterrichtsfächer lediglich mit einer kurzen Passage gewürdigt: Unterricht soll ausgerichtet sein auf „Zugänge zum mathematischen Denken, zur naturwissenschaftlichen Weise der Wirklichkeitserkenntnis und zum vor- und außerwissenschaftlichen, betrachtenden oder aktiven Umgang mit Natur, zur handwerklichen und technischen Wirklichkeitsgestaltung, zur geographischen und ethnologischen Weltkenntnis, zum historischen und sozialwissenschaftlichen Verstehen von Gesellschaft und Politik, zur muttersprachlichen und, wenigstens in Anfängen, zur fremdsprachlichen Kommunikation, zur religiösen bzw. weltanschaulichen Lebensdeutung, zur ästhetischen Wahrnehmung und Gestaltung im sprachlich-literarischen, im musikalischen, im bildnerischen, im mimisch-darstellenden Bereich, und zwar in der Öffnung für die ganze Breite des Ästhetischen – von der Unterhaltungsliteratur bis zur Dichtung i. e. S. d. W., von der Popmusik bis zur klassischen Musik, von der Bildreklame bis zur großen Malerei, Plastik, Architektur, von der laienhaften Pantomime bis zum Drama usw., weiterhin (auf) Zugänge und Anregungen zu verschiedenen Weisen des Spielens, zur körperlichen Bewegung und zum Sport, schließlich zum elementarisch-philosophischen Nachdenken über Sinnfragen der individuellen und der gesellschaftlich-politischen Existenz des Menschen". (Klafki 1985 a, S. 25)

Hier wird auf engstem Raum der gesamte Fächerkanon gestreift. Diese Art der Darstellung zieht ihre Konsequenzen vor allem für einen spezifischen Adressatenkreis nach sich, nämlich für den Studenten in Lehramtsstudiengängen. Er weiß in der Regel wenig über die tiefe anthropologische Bedeutung, die den fünf Sinnprinzipien in der bildungstheoretischen Didaktik I zukam. Geht man zudem noch davon aus, daß in Didaktikseminaren neben der kritisch-konstruktiven Didaktik in der Regel noch andere Didaktikmodelle (Hamburger Didaktik, informationstheoretische, kritisch-kommunikative, Gießener Didaktik) behandelt werden, so ist zu vermuten, daß der Modelladressat den Stellenwert dieser Aufgaben nicht hoch genug veranschlagen kann. Infolgedessen kann es dazu kommen, daß die ersten beiden Momente von Allgemeinbildung (Bildung zur Selbst-, Mitbestimmungs- und Solidaritätsfähigkeit bzw. Bildung im Medium des Allgemeinen) in ihrer Bedeutsamkeit für unterrichtliches Handeln höher eingestuft werden als das dritte (Bildung der Vielseitigkeit). So gesehen kann sich der Eindruck ergeben und verstärken, Klafki setze mit seinen allgemeindidaktischen Aussagen Präferenzen: *Er räumt den sozialwissenschaftlichen Fächern den Vorrang gegenüber den geistes- und naturwissenschaftlichen Fächern ein.* Der Student, der sozialwissenschaftliche Fächer belegt hat, fühlt sich in der Wahl und im Wert seiner Fächer bestätigt; sein späterer Unterricht wird einen ganz besonderen Beitrag zur Realisierung von Selbstbestimmungs-, Mitbestimmungs- und Solidaritätsfähigkeit leisten. Demgegenüber hat der Kandidat, der künftig etwa die Fächer Physik, Chemie oder Mathematik unterrichten will, eine vergleichsweise schmale Argumentationsbasis zur Legitimation seiner Fächer. Sein Unterricht wird im wesentlichen instrumentellen Charakter haben, dienen doch etwa physikalische oder chemische Gesetzmäßigkeiten in der gesellschaftspolitischen Diskussion zur „bloßen" Klärung von Sachfragen.

Damit ist bereits ein zweites Argument angesprochen, das die Annahme der unterschiedlichen Affinität der kritisch-konstruktiven Didaktik zu bestimmten Fachdidaktiken bzw. Unterrichtsfächern bestärkt. Hinsichtlich der im Unterricht zur Behandlung kommenden Inhalte differenziert Klafki nämlich zwischen *potentiell emanzipatorischen Themen einerseits und instrumentellen Themen andererseits.* Instrumentelle Kenntnisse müssen in jedem Unterrichtsfach vermittelt bzw. erarbeitet werden, denn „sinnvolles und ertragreiches Lehren und Lernen im Sinne der angesprochenen Zielperspektiven einer ‚neuen Allgemeinbildung' schließen immer ein erhebliches Maß sehr schlichter, sozusagen handfester Kenntnisse, Fähigkeiten, Fertigkeiten ein – Lesen und Schreiben, sachlich treffendes und kommunikativ verständliches Sprechen, grundlegendes Rechnen, Genauigkeit des Beobachtens, handwerklich-technische Grundfertigkeiten, Informationstechniken ...". (Klafki 1985 a, S. 29) Entscheidend ist in diesem Zusammenhang die Tatsache, daß derartige Kenntnisse ambivalent sind, da sie „als solche nichts über ihre begründbare, verantwortbare Verwendung sagen und ebensowohl in den Dienst humaner, demokratischer, friedlicher, mitmenschlicher Ziele und Handlungszusammenhänge gestellt, wie zum Konkurrenzkampf, zur Herrschaft über andere Menschen und zu ihrer Ausnutzung, zur Vermehrung von Friedlosigkeit, zur Verhinderung von Aufklärung, Mitbestimmung, Chancengleichheit usf. benutzt werden können. Daher ist es verfehlt, und es könnte verhängnisvolle Folgen haben, wenn man sie zu Voraussetzungen anspruchsvoller Bildungsziele und -prozesse erklärt und ihnen sachliche und zeitliche Priorität zuspricht, wie das heute im Zeichen der sog. bildungspolitischen Wende – so auch in den Bonner Thesen ‚Mut zur Erziehung' – nicht selten geschieht, einer Wende zum Konservatismus, zur Restauration." (Ebd.)

Diese Ausführungen lehnen sich eng an die Funktion des Bildungsbegriffes an; ihm kommt ja, so wurde oben dargestellt, eine zentrierende, ordnende Aufgabe zu, damit das unterrichtliche Arrangement nach einem einheitlichen, in sich widerspruchsfreien, normativen Rahmen ausgerichtet ist. Dies ist zweifelsohne eine Forderung, hinter die keine didaktische Konzeption zurückfallen darf. Didaktisches Denken und Handeln ist immer – ob bedacht oder unbedacht – in einen normativen Horizont eingeflochten. Alle unterrichtsrelevanten Entscheidungen sind letztlich von diesem normativen Konzept bestimmt. Diese Erkenntnis gilt auch für jeden Fachunterricht. Problematisch wird Klafkis Kategorisierung nach potentiell emanzipatorischen und instrumentellen Themen im Hinblick auf die einzelnen Fachdidaktiken aber dann, wenn er den instrumentellen Themen die *sachliche und zeitliche Priorität* abspricht. Denn mit dieser These stellen sich unübersehbare Schwierigkeiten bei der Erstellung von Lehrplänen ein.

In Anlehnung an Klafkis Bemerkungen zum naturwissenschaftlichen Unterricht kann das Problem exemplarisch verdeutlicht werden. Zur Konkretisierung der emanzipatorischen Ziele (Selbstbestimmungs-, Mitbestimmungs- und Solidaritätsfähigkeit) wäre zu fragen, was diese Ziele für den Bereich des naturwissenschaftlich-technischen Unterrichts meinen. „Die Antwort könnte für den Bereich der Auseinandersetzung mit der Natur etwa lauten: Unter anderem ist Urteils- bzw. Kritikfähigkeit an die Vermittlung der Erkenntnis gebunden, daß naturwissenschaftliche Gesetzesaussagen nicht eine Beschreibung und eine bloße Widerspiegelung einer ‚an sich seienden Natur' sind, sondern Ergebnisse eines Prozesses, in welchem der Mensch an die Natur Fragen stellt und sie durch Experimente beantworten läßt. – Auf der Ebene bereichsübergreifender Beziehungen würde etwa folgende Zielsetzung liegen: Erkenntnis, daß technische Erfindungen zu unterschiedlichen, diametral entgegengesetzten gesellschaftlichen und individuellen Zwecken verwendet werden können. Diese Erkenntnis zielt auf die Erschütterung eines naiven Fortschrittsglaubens, also der unreflektierten Meinung, daß technischer Fortschritt eo ipso etwas Positives, etwas gesellschaftlich und politisch zu Bejahendes sei; zugleich liegt darin der Hinweis darauf, daß jede technische Erfindung und ihre gesellschaftliche Ausnutzung daraufhin befragt werden müssen, unter welchen Zielsetzungen sie entwickelt und gesellschaftlich eingesetzt werden." (Klafki 1985 a, S. 220)

Welche Probleme ergeben sich aus diesen Aussagen bezüglich der Unterscheidung nach „potentiell emanzipatorischen" und „instrumentellen" Themen und ihrer zeitlichen und sachlichen Abfolge? Für das Fach Physik stellen sich etwa folgende Fragen ein: Ist für den Schüler die Erkenntnis, daß die naturwissenschaftliche Forschung Natur immer nur unter bestimmten Fragestellungen und Aspekten erforscht und in Strukturzusammenhänge einbringt, nicht erst dann möglich, wenn er selbst vielfältige Erfahrung als „Forscher" gemacht hat? Muß er nicht selbst erst durch ausreichende experimentelle Überprüfung seiner Hypothesen erkannt und verstanden haben, wie man überhaupt Fragen an die Natur stellt, nämlich in der Art, daß alle Variablen außer einer konstant gehalten werden müssen? Braucht der Schüler nicht auch einen Einblick in die historische Entwicklung bestimmter Fragestellungen und damit korrespondierender physikalischer Theorien, um erkennen zu können, daß solche Theorien keine physikalische „Wahrheit" widerspiegeln, sondern letztlich nur Versuche sind, Naturerscheinungen möglichst widerspruchsfrei (und nicht „richtig") erklären zu können? Hat man die Erkenntnis, daß „technische Erfindungen zu unterschiedlichen, ja diametral entgegengesetzten gesellschaftlichen und individuellen Zwecken verwendet werden können", nicht als Ergebnis eines langwierigen Generalisierungsprozesses aufzufassen? Sind also nicht erst eine Reihe physikalischer Gesetzmäßigkeiten zu erarbeiten und – damit zusammenhängend – eine Vielzahl ambivalenter Anwendungsmöglichkeiten zu demonstrieren?

Derartige Fragen zeigen an, daß Klafki mit der Trennung in „potentiell emanzipatorische" und „instrumentelle" Themen das Anregungspotential der bildungstheoretischen Didaktik I schmälert. In der älteren Fassung wurde nämlich durch die Trias des „Exemplarischen", „Elementaren" und „Fundamentalen" nicht nur die logische Struktur des Lehrplans (die in entsprechender Korrespondenz mit den zu entwickelnden Denkstrukturen des Schülers zu sehen ist) transparent;[38] auch die zeitliche Abfolge von konkreten exemplarischen Einsichten und der fundamentalen Grunderfahrung einer bestimmten Dimension der Wirklichkeit war in dieser dreifachen Stufung eingeschlossen. Das heißt: Die fundamentalen Einsichten (Einblick in den Aspektcharakter der Physik, in die Methode naturwissenschaftlicher Erkenntnisgewinnung, in die Ambivalenz der Anwendung physikalischer Erkenntnisse usw.) sind als Ergebnis eines langwierigen Lern- und Abstraktionsprozesses anzusehen; aus vielen und vielfältigen Einzelerfahrungen heraus wird für den Schüler erst die notwendige Reflexion auf diese Einzelerfahrungen möglich.

Aus dem eben Gesagten folgt, daß es in der unterrichtlichen Praxis, aber auch bei der Erstellung eines Lehrplans nicht mit „einem notwendigen Minimum an ... naturwissenschaftlichen Kenntnissen" (Klafki 1985 a, S. 207) getan ist. Vielmehr erscheint aus fachdidaktischer Sicht eine ganz andere Strategie erforderlich: Ein Lehrplan muß so konstruiert sein, daß Erkenntnisse gemacht, Einsichten gewonnen, Fähigkeiten erworben und Kenntnisse vermittelt werden, die im Sinne emanzipatorischer Zielsetzungen „später" Verwendung finden können. Untersucht man konkrete Unterrichtsthemen daraufhin, *wann* der Bezug zu diesen Zielen realisiert werden kann, so zeigt sich ein recht differenziertes Bild. Die Gesetzmäßigkeiten des „schiefen Wurfes" lassen direkt im Anschluß an ihre Erarbeitung die Frage zu, inwiefern es humane oder inhumane Verwendungsweisen gibt. So kann der Schüler einerseits lernen, welcher Winkel zur Optimierung seines Schlagballweitwurfes geeignet ist; andererseits kann auch verdeutlicht werden, wie diese physikalischen Gesetze zur Berechnung von Geschossen herangezogen werden. Demgegenüber sind erste atomphysikalische Erkenntnisse erst relativ spät auf Anwendungsmöglichkeiten hin befragbar. Um etwa die Prozesse, die in einem Kernkraftwerk ablaufen, im einzelnen verstehen zu können, sind nicht nur breite Kenntnisse aus der Atomphysik selbst, sondern auch aus den Bereichen Mechanik, Elektro- und Thermodynamik erforderlich. Würde also die Behandlung der entsprechenden Themen nicht sachlich und zeitlich vorausgehen, so würde man mit der Fragestellung „Wie arbeitet ein Kernkraftwerk?" einen Spannungsbogen ziehen wollen, der die Motivationsfähigkeit der Schüler unterschätzt: Wochen- oder monatelang müßten Schritt für Schritt Fachbegriffe und gesetzmäßige Zusammenhänge aus den verschiedensten Teilgebieten der Physik erarbeitet werden, um solch einen unterrichtlichen Themenkomplex zu einem sinnvollen Abschluß bringen zu wollen. Man könnte weitere Beispiele aus anderen Fachgebieten beliebig ergänzen. Das Erlernen des Lesens und Schreibens etwa nimmt einen Zeitraum von zwei Jahren und mehr in Anspruch, und ebenso verhält es sich mit der Behandlung der verschiedenen Zahlenräume im Mathematikunterricht und mit der Einübung in damit zusammenhängende Grundoperationen.

Insofern ist die zu vermutende Befürchtung Klafkis, eine sachliche und zeitliche Priorität der sogenannten instrumentellen Themen könnte den emanzipatorischen Zielbestrebungen hinderlich sein, nicht berechtigt. Im Gegenteil: Kenntnisse, Erkenntnisse, Fähigkeiten usw. haben selbst ein *emanzipatorisches Potential.* Die Fähigkeit, zu lesen und Texte auf ihren Sinn hin entschlüsseln zu können, stellt bereits ein emanzipatorisches Potential dar, das für bestimmte Anlässe aktualisiert werden kann, etwa um manipulative Tendenzen in der Anordnung von Nachrichten auf dem Titelblatt verschiedener Tageszeitungen erkennen zu können. Ähnlich verhält es sich auch mit physikalischen Kenntnissen. Nicht erst die Erkenntnis der Ambivalenz von Gesetzmäßigkeiten in der technischen Anwendung leistet den entscheidenden Beitrag zu den allgemeinen Zielen. Die Kenntnis selbst ist es, die unterschiedlichste Umgangsweisen mit den Dingen eröffnet. Oder: Nicht erst die Fähigkeit, zwei Sonderangebote beurteilen zu können, bürgt für den emanzipatorischen Charakter der Mathematik, sondern die Dreisatzrechnung als mathematische Operation beinhaltet bereits die *Möglichkeit*, über das vermeintliche Sonderangebot selbst entscheiden zu können.

Fazit: Die bereits im ersten Moment von Allgemeinbildung erkennbar werdende unterschiedlich hohe Affinität der bildungstheoretischen Didaktik II zu den einzelnen Unterrichtsfächern findet ihren Niederschlag auch im zweiten und dritten Moment: Der von Klafki aufgelistete Katalog an Schlüsselproblemen legt die Vermutung nahe, den sozial- und geisteswissenschaftlichen Fächern komme im Vergleich zu den naturwissenschaftlichen ein besonderer Stellenwert zu, weil die in den Schlüsselproblemen angesprochenen Themen weitgehend in den Kompetenzbereich der ersteren fallen. Zudem scheinen bestimmte Fächer (z.B. Mathematik, Deutsch, Latein, Musik, Kunst) keinen nennenswerten Beitrag zur Erhellung und zum Verständnis der Schlüsselprobleme leisten zu können.

Mit dem dritten Moment von Allgemeinbildung (als Bildung der Vielseitigkeit) zielt Klafki auf mögliche Anspannungen und Belastungen, die sich aus der permanenten Auseinandersetzung mit den Schlüsselproblemen ergeben können. Im Vergleich zur bildungstheoretischen Didaktik I, in der der Entwicklung bzw. Stärkung der ethischen, ästhetischen, theoretischen, pragmatischen und religiösen Interessen bzw. Fähigkeiten entsprechende Bedeutung zukam, wird die Relevanz dieser Dimensionen insofern geschmälert, als ihnen nun eher die Funktion eines Ausgleiches zu den aus der Beschäftigung mit den Schlüsselproblemen resultierenden Belastungen angetragen wird.

2.2.4. Unterrichtsplanung im Sinne kritisch-konstruktiver Didaktik

War im vorhergehenden vor allem untersucht worden, welche Bedeutung die bildungstheoretische Didaktik II für die fachdidaktische Theoriebildung hat, so bleibt nun zu fragen, welche besonderen Konsequenzen sich aus diesem allgemeindidaktischen Modell für die Unterrichtsplanung des Lehrers ergeben.[39]

In seinen Ausführungen zur Aufgabe der Unterrichtsplanung kommt es Klafki zunächst darauf an, die Leistung, also auch die Grenzen, seines Modells zu kennzeichnen, dem Modellverwender also zu verdeutlichen, welche Erwartungen er zur Lösung seiner praktischen Probleme an das Modell stellen darf und welche nicht. So betont er vor allem, daß das Modell keine konkreten Entscheidungen oder Ratschläge vorgeben wolle; vielmehr handle es sich um ein Problematisierungsraster, „das Dimensionen und generelle Kriterien des Unterrichts bzw. der Unterrichtsplanung benennt und bewußt macht, hinsichtlich derer begründete, konkrete Entscheidungen aber immer nur in den jeweiligen praktischen Situationen getroffen werden können". (Klafki 1985 a, S. 209) In diesem Sinne versteht Klafki sein Unterrichtsplanungskonzept bewußt als offenes Konzept; dadurch werde es dem Lehrer ermöglicht, die in den Richtlinien und Rahmenlehrplänen eingeschlossenen Freiräume in Eigenverantwortung nutzen zu können. (Ebd.) Ähnlich wie bereits in der „Didaktischen Analyse" zeigt sich also auch in dem neu konzipierten Modell ein gewisses Anregungspotential, wenn der Lehrer ausdrücklich auf die Möglichkeiten seiner pädagogischen Freiheit und der Mitgestaltung verwiesen wird. Freilich ist hier nicht an beliebige Entscheidungen zu denken, sondern an solche, die prinzipiell den allgemeinen Zielsetzungen kritisch-konstruktiver Didaktik unterstellt sind.

Die besondere Leistungsfähigkeit seines allgemeindidaktischen Modells bringt Klafki durch den hohen Anspruch des Planungsrasters zum Ausdruck; es ist an dem Ziel orientiert, „möglichst alle wesentlichen Dimensionen des Unterrichts und ihre Beziehungen zur Sprache zu bringen". (Klafki 1985 a, S. 212) Ging es in der „Didaktischen Analyse" noch um die spezifische Aufgabe, den Bildungsgehalt bestimmter Bildungsinhalte aufzuspüren (Klafki 1969[10] b, S. 13), so wird nun also der umfassende Anspruch erhoben, das neue didaktische Modell thematisiere *alle wesentlichen Momente* der Unterrichtsplanung. Dieser Anspruch wird im weiteren noch zu prüfen zu sein.

Im Zusammenhang mit den Aussagen über Leistung und Grenzen des Planungsmodells stehen dann Klafkis „Leitvorstellungen vom Sinn und von der Grundstruktur des Unterrichts" (Klafki 1985 a, S. 199). Aufgrund der ausführlicheren vorangegangenen Darstellung (s. 2.2.3) lassen sich diese allgemeinen Voraussetzungen in aller Kürze wiedergeben.

(1) Die generelle Zielbestimmung des Unterrichts ist in der Entwicklung von Selbst-
    bestimmungs-, Mitbestimmungs- und Solidaritätsfähigkeit zu sehen (Klafki 1985
    a, S. 199).
(2) Lehren und Lernen vollziehen sich im Sinne „kategorialer Bildung". Das heißt:
    Der Lehrende leistet dem Lernenden Unterstützung zum selbständigen Vollzug
    von Erkenntnissen und Einsichten und zum selbständigen Erwerb von Fähig-
    keiten, Kenntnissen usw. (Ebd., S. 180, 199)[40]
(3) Klafki versteht Lehren und Lernen zudem als „Interaktionsprozeß", durch den
    es in zunehmendem Maße ermöglicht werden soll, die Lernenden an der „Mit-
    planung des Unterrichts bzw. einzelner Unterrichtsphasen" (ebd., S. 200) zu be-
    teiligen und das im Unterricht Verhandelte diskursiv zu rechtfertigen.

Mit diesem Verständnis des Lehr-/Lernprozesses als Interaktionsprozeß will Klafki
dem Prinzip der Mitbestimmungs-, Selbstbestimmungs- und Solidaritätsfähigkeit
gerecht werden. Die Erkenntnisperspektive kritisch-konstruktiver Erziehungswissenschaft spiegelt sich also in der Vermittlungsperspektive wider. Zweifellos zeigt
sich darin für den Lehrer ein entscheidender Hinweis für die Unterrichtsgestaltung.
Er hat sich zu fragen, wie Schüler an der Unterrichtsplanung beteiligt werden können. Klafkis Aussagen gehen allerdings über diesen bloßen Hinweis nicht hinaus.
Allem Anschein nach schlägt hier die Intention durch, *alle* wesentlichen Momente
der Unterrichtsplanung aufgreifen zu wollen. Eine derartige Absicht stößt bei der
Konstruktion von Modellen aber schnell an ihre Grenzen. So werden zwar mehrere
Aspekte der Unterrichtswirklichkeit thematisiert, in ihrer Bedeutung aber nur oberflächlich beleuchtet. Auch der zusätzliche Hinweis, Unterricht sei ein sozialer Prozeß (Klafki 1985 a, S. 200), beläßt es bei der bloßen Nennung der These, und die
damit zusammenhängende Forderung nach einer „demokratischen Sozialerziehung"
führt zu keinen näheren Anregungen für die Unterrichtspraxis. Die Rede vom
„Lehr-/Lernprozeß" bedürfte also einer differenzierten Erörterung hinsichtlich der
darin eingegangenen Prämissen und theoretischen Konstrukte. Fraglich wäre dann
aber, ob nicht ein weiteres allgemeindidaktisches Modell zu fordern sei, das diesen
Aspekt (Lehren und Lernen als Interaktionsprozeß) breit entfalten würde. Die kritisch-kommunikative Didaktik hat diese spezifische Perspektive verfolgt und detailliert ausgearbeitet. In dieser Hinsicht geht sie weit über Klafkis Aussagen hinaus,
weil sich aus jenem Modell konkrete Aussagen zur Gestaltung und Reflexion unterrichtlicher Interaktionsprozesse ergeben.[41]
    Neben den genannten allgemeinen Voraussetzungen ist für die Unterrichtspla-
nung auch der neu zu durchdenkende Zusammenhang von Didaktik und Methodik
bestimmend. Zu diesem Zweck erweitert Klafki den in der bildungstheoretischen
Didaktik I verwendeten Didaktikbegriff. Meinte er mit „Didaktik" früher die
„Theorie der Bildungsinhalte", so wird der Begriff nun sehr umfassend verstanden:
„Das Gebiet der Forschung und der Theoriebildung der Didaktik im weiteren Sinne
dieses Wortes ist der Gesamtkomplex der Entscheidungen, Entscheidungsvorausset-
zungen, Entscheidungsbegründungen und Entscheidungsprozesse für alle Aspekte
des Unterrichts. In diesem Sinne ist Didaktik Theorie des Unterrichts. Der Begriff

umfaßt dann die Methodik als Teildisziplin, nämlich im Sinne der auf Organisationsformen und Vollzugsformen des unterrichtlichen Lehrens und Lernens gerichteten Forschungs- und Theoriebildungsbemühungen." (Klafki 1976 a, S. 77; vgl. auch 1974 a, S. 117ff.; 1985 a, S. 202) Mit dieser terminologischen Erweiterung löst Klafki die frühere These vom „Primat der Didaktik" ab durch die „Erkenntnis vom Primat der Zielentscheidungen". (1985 a, S. 202)[42]

Um die Konsequenzen der „Erkenntnis vom Primat der Zielentscheidungen" für die Unterrichtsplanung einschätzen zu können, bedarf es zuvor noch einiger Erläuterungen.[43] Klafki läßt den Begriff „Bildungsinhalt" in der gegenwärtigen Konzeption fallen und ersetzt ihn durch den Begriff „Thema". Zum Thema des Unterrichts wird ein Sachverhalt dadurch, daß er unter einer bestimmten Zielsetzung (Intentionalität) betrachtet wird. So ist z.B. das Modell des elektrischen Stromkreises noch kein Thema für den Physikunterricht. Erst wenn dieser Unterricht das Ziel verfolgt, Schüler in die Funktion und Notwendigkeit physikalischer Modellvorstellungen einzuführen, kann das Modell des elektrischen Stromkreises zum Thema werden. Der bestimmte Zielaspekt (Einsicht in Funktion und Notwendigkeit physikalischer Modellvorstellungen) wirkt sich dann auf weitere Planungsentscheidungen des Lehrers aus, etwa auf den Einsatz von Graphiken zur Veranschaulichung, auf die Aktualisierungsmöglichkeiten des Vorwissens usw. Der „Primat der Zielentscheidungen im Verhältnis zu allen anderen Entscheidungsdimensionen des Unterrichts besagt (also): Sowohl die Entscheidungen darüber, was jeweils und in welcher Perspektive etwas Gegenstand, Thema des Unterrichts sein soll oder besser: was sich im Prozeß des Unterrichts als perspektivisch erörterte Thematik aufbaut, als auch Entscheidungen über Methoden und Medien des Unterrichts, weiterhin die Beurteilung der Bedeutung der jeweiligen soziokulturell vermittelten ‚anthropogenen' sowie der institutionellen Bedingungen für Unterricht sind nur von den Zielsetzungen des Unterrichts her begründet möglich." (Klafki 1985 a, S. 202)

Für die konkrete Unterrichtsplanung ergibt sich aus diesen allgemeindidaktischen Aussagen ein wichtiger Hinweis: Der Lehrer hat darauf zu achten, daß er als Fachlehrer danach fragt, unter welcher Perspektive das von ihm vertretene Fach einen Sachverhalt zum Thema setzen kann. Am Beispiel verdeutlicht, wäre etwa zu fragen: Wie kann der Sachverhalt „Kernkraftwerk" zum Thema in einem bestimmten Unterrichtsfach werden? Für den Physikunterricht kann der Sachverhalt zum lohnenden Thema werden, wenn das Ziel darin besteht, einen Einblick in die physikalischen Grundlagen der Kernenergie zu vermitteln. Der Biologieunterricht untersucht das Thema unter der Fragestellung, wie sich die Abführung überschüssiger Wärmeenergie an Flüsse auf das Leben von Fischen auswirken kann. Der Politikunterricht könnte die wirtschaftlichen Interessen der Kraftwerksbetreiber thematisieren, der Deutschunterricht die sprachlichen Strategien von Texten für und wider die Kernenergie usw. Je nach Fragestellung wird der Sachverhalt dann zum spezifischen Thema. Klafki spricht deshalb von der „themenkonstituierenden Funktion von Fragestellungen bzw. Methoden" (s. 1985 a, S. 203), wobei mit „Methoden" noch nicht die Unterrichtsmethoden gemeint sind. Die *Anregungsfunktion* dieser allgemeindidaktischen Vorgabe erweist sich aber nicht nur jeweils für das einzelne Fach, sondern darüber hinaus auch für die *fächerübergreifende Koordination* von Themenkomplexen. Denn die Behandlung eines umfangreichen Sachverhalts verkommt nicht selten durch überflüssige Überschneidungen zum Modethema. Beim Schüler kann das zu der Einstellung führen, man höre in den einzelnen Fächern immer das gleiche. Derartige Fehlformen sind das Resultat mangelnder Absprache unter den Lehrern. Es muß darauf ankommen – und hierin liegt das *anregende Moment* in der Rede von der „themenkonstituierenden Funktion" –, daß jedes Fach seinen spezifischen Beitrag zum jeweiligen Themenkomplex (z.B. Kernenergie) leistet.[44]

Neben der Tatsache, daß die Thematik des Unterrichts immer durch eine bestimmte Frageperspektive charakterisiert ist, nennt Klafki einen weiteren bedeutsamen Aspekt, den „immanent-methodischen Charakter der Thematik" (1985 a, S. 205). Damit ist gemeint: Unterrichtliche Themen sind „entweder selbst inhaltsbezogene Methoden, Verfahrensweisen, Gestaltungsformen – von mathematischen Operationen bis zu bildnerischen Gestaltungsmöglichkeiten oder Diskussionsformen zur Bearbeitung von Konflikten in der Klasse usw. –, oder sie sind Ergebnisse solcher Operationen, also Ergebnisse von Problemlösungs- oder Gestaltungsprozessen, von ‚Methoden' im weiteren Sinne dieses Wortes". (Ebd., S. 204f.)[45] So hätte der Deutschlehrer beispielsweise das Thema „Tageszeitungen" auf seinen „immanent-methodischen Charakter" zu untersuchen. Dabei würde sich etwa herausstellen, daß durch die Anordnung und vor allem auch durch die Auswahl der Nachrichten auf der Titelseite nicht nur Informationen vermittelt werden, sondern immer auch Meinungsbildung und -änderung intendiert sind. Es erhebt sich daher die Frage: „Wie wird mit der Titelseite einer Tageszeitung Meinung gemacht?" Mit dieser Frage rückt dann das eigentliche Problem, nämlich die Aufgabe und die Methode der redaktionellen Gestaltung, in den Vordergrund. Ergebnis dieses „Problemlösungs- und Gestaltungsprozesses" – um mit Klafki zu sprechen – ist dann die Titelseite selbst. Im Unterricht kommt es deshalb darauf an, den Schülern dieses durch entsprechende Methoden erreichte Ergebnis wieder zum Problem werden zu lassen, also etwa durch die Frage: Wie ist eigentlich die Titelseite einer Tageszeitung gestaltet?

Auch mit der Formel vom „immanent-methodischen Charakter der Thematik" ist noch nicht die Methode des Unterrichtens gemeint. Vielmehr hebt diese Formel auf die methodische Komponente des Gegenstandes, des Themas ab. Klafki geht in dieser Hinsicht jedoch nicht über die Aussagen der „Didaktischen Analyse" hinaus, wie ein Blick auf die fünfte Grundfrage, also auf die Frage nach der Zugänglichkeit des Bildungsinhaltes, zeigt. Aufschluß gibt hier vor allem die erste Teilfrage: „Welche Sachverhalte, Phänomene, Situationen, Versuche, Kontroversen ... sind geeignet, die auf das Wesen des jeweiligen Inhaltes, auf seine Struktur gerichtete Fragestellung in den Kindern zu erwecken, jene Fragehaltung, die gleichsam den Motor des Unterrichtsverlaufes darstellen muß?" (Klafki 1969[10] b, S. 20) Klafkis Anlehnung an H. Roth („Wie mache ich den Gegenstand, der als Antwort auf eine Frage zustande kam, wieder zur Frage?"[46]) verdeutlicht, daß die fünfte didaktische Grundfrage einerseits und die Rede vom „immanent-methodischen Charakter der Thematik" andererseits ein und denselben Sachverhalt bezeichnen. Das bedeutet: Der Lehrer wird zwar durch diese neu geprägte Formel, ähnlich wie bereits in der „Didaktischen Analyse" (s. 2.1.5), auf einen wichtigen Aspekt der Unterrichtsplanung verwiesen. Klafkis Anspruch aber, die bildungstheoretische Didaktik II durchdenke mit dem weiter gefaßten Didaktikbegriff das Verhältnis von Didaktik und Methodik neu, wird damit nur teilweise eingelöst. Thematisiert werden auch heute von ihm lediglich die *methodischen Implikationen* der Thematik bzw. der Bildungsinhalte, nicht aber besondere Formen und Möglichkeiten der Unterrichtsmethode.

Auch durch die Stellen, an denen Klafki zur Unterrichtsmethode selbst Stellung nimmt, ergibt sich für den Lehrer nichts Neues gegenüber der „Didaktischen Analyse". „Unterrichtsmethode" wird definiert „als Inbegriff der Organisations- und Vollzugsformen zielorientierten unterrichtlichen Lehrens und Lernens" (1985 a, S. 205). Die wesentliche Leistung der Unterrichtsmethode müsse darin bestehen, „dem Lernenden die immanent-methodische Struktur des jeweiligen unterrichtlichen Themas an elementarisierten Beispielen zugänglich zu machen". (Ebd.) Dieser Hinweis hat für sich genommen zweifellos eine *heuristische Funktion*, weil der Lehrer dadurch angehalten wird, nach „effektiven" Methoden Ausschau zu halten. Darüber hinaus gibt Klafki aber keine näheren Impulse, wie die Methodenfrage gelöst werden kann. Das ist freilich kein Manko dieses allgemeindidaktischen Modells, denn man darf nähere Ausführungen zum Methodenproblem gar nicht erwarten, weil die Perspektive des Modells – trotz gegenteiliger Ankündigungen Klafkis – immer noch auf die Inhalts- bzw. Zielfragen ausgerichtet ist. Und nur in dieser Hinsicht leistet das Modell sowohl für die fachdidaktische Theoriebildung als auch für die Unterrichtsplanung des Lehrers Hilfe.

Zum Problem wird die kritisch-konstruktive Didaktik für die Unterrichtsplanung erst, „wenn man Unterricht prinzipiell an generellen, kritisch-emanzipatorischen Lernzielen wie der Entwicklung der Selbstbestimmungs- und Solidaritätsfähigkeit, der Mitbestimmungsfähigkeit, der Kritik- und Urteilsfähigkeit, der Fähigkeit zur Reflexion über gesellschaftliche Macht- und Interessenverhältnisse und ihre Bedingungen, an Zielen wie dem ‚Lernen des Lernens' und ähnlichen Qualifikationen orientieren will". (Klafki 1985 a, S. 206) Der Lehrer muß sich also zur Aufgabe stellen, die allgemeinen Ziele kritisch-konstruktiver Didaktik auf die spezifische Lehr-/Lernsituation zu beziehen. Unterrichtsplanung ist dann auch immer stufenbezogene Planung. Folglich stellt sich die Frage, ob die allgemeinen Zielsetzungen Klafkis auf jeder Altersstufe gleichwertig umgesetzt werden können. Kann also der Befähigung zur Selbstbestimmungs-, Mitbestimmungs- und Solidaritätsfähigkeit im Grundschulunterricht der gleiche Stellenwert zugeschrieben werden wie im Unterricht der Sekundarstufe II?

In diesem Zusammenhang ist zunächst zu bedenken, daß Klafki das erste Moment von „Allgemeinbildung", nämlich die Entwicklung von Selbstbestimmungs-, Mitbestimmungs- und Solidaritätsfähigkeit, in Anlehnung an das emanzipatorische Erkenntnisinteresse der Kritischen Theorie bestimmt hat. Dabei geht Klafkis entscheidende Intention darauf zurück, jegliche nicht legitimierbare Machtausübung einzelner gesellschaftlicher Gruppen offenzulegen und dieser über pädagogische Prozesse entgegenzuwirken. Dieser Aufgabe könne das Individuum nur dann entsprechen, wenn es über ein bestimmtes Maß an Selbstbestimmungs- und Solidaritätsfähigkeit verfügt. Offensichtlich zielt Klafki also auf die *politische Emanzipation* des Individuums, an der dem gesamten Bemühen der Kritischen Theorie gelegen ist. Zieht man das zweite Moment von „Allgemeinbildung" (Bildung im Medium des Allgemeinen) noch hinzu, so darf man sagen, es handele sich hier um den *Bereich der Weltpolitik*, um die *Emanzipation von Staaten*, da sich die von Klafki aufgelisteten Schlüsselprobleme ja auf weltumspannende Problembereiche (Entwicklungspolitik usw.) beziehen. Für derartige Fragen und Problemkreise sind Schüler in der Regel etwa erst mit dem 13. oder 14. Lebensjahr aufgeschlossen. Zwar erkennen auch schon Grundschüler das tägliche Elend der Menschen in der Dritten Welt und sind – wie die Erfahrung lehrt – bereit, ihr Mitleid in spontane Aktivitäten umzusetzen, so etwa bei Spendenaktionen, Schulfesten, Basaren usw. Diese (zweifellos nicht zu unterschätzende) emotionale Verarbeitung des Problems führt in dieser Altersstufe aber noch nicht zur kognitiven Erfassung der maßgeblichen politischen und ökonomischen Faktoren. Das heißt: Solidarität mit den Menschen in Entwicklungsländern existiert beim Grundschüler primär auf der emotionalen Ebene, während „Solidarität" im Sinne der Kritischen Theorie durch die rationale Erkenntnis und kognitive Verarbeitung von gesellschafts- und weltpolitischen Ursachen (Machtkonstellationen, Interessengeflechte usw.) erst viel später hinzutreten kann. Die allgemeinen Zielbestimmungen der kritisch-konstruktiven Didaktik in ihrer primären Orientierung an der Kritischen Theorie bedürfen demnach für die konkrete Unterrichtsplanung der schulstufenbezogenen Konkretisierung. Diese Konkretisierung wird von Klafki nicht bedacht: Durch die perspektivische Ausrichtung an einer kritisch-konstruktiven Erziehungswissenschaft erhalten die Begriffe „Selbstbestimmungs-, Mitbestimmungs- und Solidaritätsfähigkeit" eine rigide Einschränkung, die dem Lehrer nicht mehr eröffnet, was diese Ziele in einem weiteren Sinne – also nicht mehr allein im Sinn der Kritischen Theorie – bedeuten können. So finden sich denn auch explizite Hinweise darauf, daß die Zielbestimmungen viel weiter gefaßt werden müssen, als sie aus der ideologiekritischen Perspektive eingegrenzt werden. In einem konkreten Beispiel heißt es: „Die Fähigkeiten, einen Bewerbungsantrag und einen Lebenslauf zu verfassen und ein Einstellungsgespräch zu führen, werden für einen Schüler, der vor dem Eintritt in die Berufsausbildung steht bzw. vor der Alternative, vielleicht eine Lehrstelle zu erhalten oder abgewiesen zu werden, einen anderen, einen direkter seine Selbstbestimmungsmöglichkeiten (im weiteren Sinne des Wortes) betreffenden Charakter haben als für Schüler, die ... sich einstweilen noch für eine längere Schullaufbahn entschieden haben". (Klafki 1985 a, S. 207) Der Zusatz „im weiteren Sinne des Wortes" verweist deutlich darauf, daß das breite Spektrum möglicher Unterrichtsthemen und -ziele mit der engen Fassung der allgemeinen Ziele nicht abzudecken ist.[47]

Wie weit sich Klafki mit derartigen Beispielen von seiner deklarierten Intention, die gesellschafts- bzw. ideologiekritische Perspektive als normierendes und damit zentrales Moment in sein integratives erziehungswissenschaftliches Konzept aufzunehmen, entfernt, geht darüber hinaus auch aus seinen Ausführungen und Stellungnahmen zu den „Aufgaben der Grundschule und der Grundschulreform" (Klafki

1986 b) hervor. Es handelt sich dabei um sechs für ihn bedeutsame Zielkomplexe zeitgemäßer Grundschularbeit:

(1) „Kinder sollen in der Grundschule schrittweise in Formen kontinuierlichen und systematischen Lernens eingeführt werden und – parallel dazu – ihre Spielfähigkeit differenzieren, erweitern und qualitativ steigern." (1986 b, S. 5)

(2) „Kinder sollen in der Grundschule in der Auseinandersetzung mit vielfältigen Lernangeboten und Lernanforderungen ihre Fähigkeiten entwickeln bzw. weiterentwickeln, sie erproben und sich ihrer schrittweise bewußt werden." (Ebd., S. 6)

(3) „Die Grundschule soll die Fähigkeiten der Kinder fördern, d.h. anregen, entwickeln, differenzieren und erweitern, jene gegenständliche und soziale Wirklichkeit, in der sie leben, bewußt wahrzunehmen und sie nach Bedeutungen, Zusammenhängen, Spannungen, Gründen zu befragen." (Ebd.)

(4) „Das Kind soll in der Grundschule grundlegende symbolische Formen der Aneignung und der Verarbeitung seiner Wirklichkeitserfahrung entweder weiterentwickeln oder neu lernen." (Ebd., S. 7)

(5) „Ästhetische Erziehung ist als spezifischer Erfahrungs- und Handlungsbereich zu verstehen, in dem Kinder eigene Vorstellungen, Einfälle, Wünsche, Emotionen im Medium von Formen, plastischen Materialien, Tönen bzw. Musik, vokal oder mit einfachen Instrumenten, im Medium gestischen und mimischen Ausdrucks bis hin zum sog. darstellenden Spiel, im Medium des Tanzes und des Bewegungsspiels zu gestaltetem Ausdruck zu bringen lernen." (Ebd., S. 8)

(6) „Kinder sollen bereits in der Grundschule – als Anbahnung eines dann in allen weiteren Schulstufen fortzusetzenden Prozesses – lernen, ihre eigenen Lernvorgänge zunehmend selbständiger in Angriff zu nehmen, diese Lernprozesse mitzuplanen und ihre Ergebnisse selbst zu kontrollieren." (Ebd.)

In diese sechs Zielkomplexe sind die einschlägigen Termini der kritisch-konstruktiven Didaktik offensichtlich nicht eingegangen. Klafki scheint hier anders zu argumentieren: Die Zielsetzungen für die Grundschularbeit sind zurückführbar auf eine breite anthropologische Argumentationsbasis, die vergleichbar ist mit der anthropologischen Begründung der bildungstheoretischen Didaktik I. Dort ergab sich der Sinn von Unterricht aus den oben genannten fünf Sinnprinzipien.[48] Diese Sinnprinzipien (ethische, ästhetische, theoretische, pragmatische und religiöse Dimension des Unterrichts) lassen sich in den sechs Zielkomplexen wiederentdecken. Insofern kann Klafki in seinem Plädoyer für die „Aufgaben der Grundschule und Grundschulreform" durchaus auf das Vokabular kritisch-konstruktiver Erziehungswissenschaft bzw. Didaktik verzichten, dies vor allem aus zwei Gründen: Zum einen wird in den Zielvorgaben für den Grundschulunterricht primär das dritte Moment von „Allgemeinbildung" (als Bildung der Vielseitigkeit) betont; so stehen im Vordergrund der unterrichtlichen Bemühungen etwa die Einführung in die beiden grundlegenden Symbolsysteme der Sprache und der Zahlen, die Entwicklung ästhetischen Empfindens und Gestaltens oder die Förderung sozialen Lernens im Hinblick auf den mitmenschlichen Umgang. Zum anderen tritt in den sechs Zielkomplexen die politische

Dimension in einem sehr weiten Verständnis in Erscheinung, und zwar so, wie es dem Vermögen und Bedürfnis des Grundschulkindes auch zu entsprechen scheint: „Politik" bedeutet hier „Leben in einer Polis", „Leben in einer für das Kind überschaubaren Gemeinschaft", das freilich auch durch Widerspruchserfahrungen geprägt sein kann. So gesehen ist Klafki zuzustimmen, wenn er behauptet, es sei illusorisch, „Grundschule als Modell einer heilen Kinderwelt, einer pädagogischen Kinderprovinz, eines abgesonderten Kinder-Schutzraumes gestalten zu wollen. Sie muß sich realistisch-kritisch auf die außerschulischen Lebensbedingungen der Kinder beziehen." (1986 b, S. 5) In diesen Lebensbedingungen manifestiert sich aus der Sicht des Kindes aber nur das als widersprüchlich, spannungsbeladen und umstritten, was seine eigene Person direkt betrifft. Die möglichen gesellschaftlichen oder gesellschaftspolitischen Ursachen für derartige Spannungen – und eben diese will Klafki mit seinem allgemeindidaktischen Modell in den Blick bringen – finden noch keinen Eingang in den Fragehorizont der Grundschulkinder.

Für die Frage nach dem Verhältnis der allgemeindidaktischen Aussagen Klafkis zur Unterrichtsplanung gilt es demnach festzustellen: Die grobe Einteilung in „potentiell emanzipatorische" Themen einerseits und in „instrumentelle" andererseits führt bei der konkreten Planungsarbeit zu dem Problem, die allgemeinen Zielbestimmungen kritisch-konstruktiver Didaktik nicht direkt umsetzen zu können. Der Lehrer muß selbst versuchen, ohne daß das allgemeindidaktische Modell ihm hierzu dienliche Hinweise gibt, die obersten Ziele schulstufenspezifisch zu interpretieren. Mit diesem Interpretationsprozeß verläßt der Lehrer aber offenbar den normativen Kontext der Kritischen Theorie, in dem die Ziele ursprünglich stehen. Dieses systematische Defizit könnte die bildungstheoretische Didaktik II nur dann hinreichend ausgleichen, wenn sie die von ihr gesetzten Schwerpunkte verschieben würde. Wäre das dritte Moment von Allgemeinbildung (als Bildung der Vielseitigkeit) das zentrale Ziel, dann würde sich das genannte Problem der Unterrichtsplanung nicht stellen. Einerseits hätte der Lehrer nämlich die Möglichkeit, vielseitigen Unterricht zu planen und zu inszenieren, und andererseits wäre ihm zudem nicht die Möglichkeit verschlossen, die gesellschaftspolitischen Aspekte, auf die es Klafki besonders ankommt, den Fähigkeiten und Interessen der Schüler gemäß einzubeziehen. Damit kann zwar nicht die Aufgabe stufenspezifischer Unterrichtsplanung aufgehoben werden. Der Lehrer stünde dann aber nicht vor der Schwierigkeit, eine recht enge Vorgabe von Zielen sehr großzügig interpretieren und damit den eigentlichen Bezug zur kritisch-konstruktiven Didaktik lösen zu müssen, sondern er könnte dann von einer breiten Legitimationsbasis aus Unterricht planen und durchführen und von dieser Basis aus *auch* gesellschaftspolitische Fragestellungen im Sinne Klafkis thematisieren.

Neben dem Problem, die Begriffe „Selbstbestimmungs-, Mitbestimmungs- und Solidaritätsfähigkeit" in einem sehr weiten Sinn interpretieren zu müssen, stellt sich für den Unterricht planenden Lehrer noch eine weitere Schwierigkeit ein: Die von Klafki vorgenommene Unterteilung von Themen in „potentiell emanzipatorische" und „instrumentelle" ist mit der Forderung verbunden, daß die instrumentellen Themen „immer unter übergreifenden Fragestellungen und im Zusammenhang mit

potentiell emanzipatorischen Themen erarbeitet werden; sie sollten von jenen
emanzipatorischen Themen her als notwendig und sinnvoll für die Schüler gerechtfertigt werden." (KLafki 1985 a, S. 208) Erwuchs aus dieser dualen Kategorisierung
(emanzipatorisch-instrumentell) für die einzelne fachdidaktische Theorie das Problem, das zugehörige Unterrichtsfach im Rahmen des Fächerkanons zu legitimieren[49], so ist hier im Hinblick auf konkrete Unterrichtsplanung zu fragen, ob der
Vorrang emanzipatorischer Themen praktisch überhaupt einlösbar ist. Faßt man die
Selbstbestimmungs-, Mitbestimmungs- und Solidaritätsfähigkeit im engen Sinn der
ideologiekritischen Position auf, so ergeben sich, wie weiter oben bereits exemplarisch belegt[50], entsprechende Schwierigkeiten. Versteht man die Zielbestimmungen
der kritisch-konstruktiven Didaktik in einem sehr weiten Sinn, etwa so, wie Klafki
sie in den zitierten Zielkomplexen des Grundschulunterrichts implizit einfließen
läßt, dann erweist sich – systemstisch gesehen – der geforderte Zusammenhang von
emanzipatorischen und instrumentellen Themen als die pädagogisch so bedeutsame
„Einheit von Erziehung und Unterricht". Diese These wird besonders eindrucksvoll an einem Beispiel belegt, an dem Benner den Zusammenhang von Unterricht
und Erziehung darlegt. Das „Erlernen der Uhr" soll demzufolge nicht auf bloße
Vermittlung von Sachkenntnis abzielen. „Erziehender Unterricht erhebt die Frage
nach der Einteilung und Gestaltung der Zeit sowohl in den sachstrukturellen Merkmalen, was die mathematisierte Zeit, die die Uhr anzeigt, betrifft, als auch im Hinblick auf das Selbstverhältnis der Lernenden zur Zeit, zum Gegenstand des
Unterrichts. Er knüpft an die Fragen und Vorstellungen des Lernenden, wie man
die Zeit einteilen und miteinander gestalten kann, an und erweitert dessen Erfahrung und Umgang mit der Einteilung und Gestaltung von Zeit. Er verbindet das
Erlernen der Uhrzeit mit der Förderung von Sozialkompetenz, was die Teilnahme
des Lernenden an der gemeinsamen Gestaltung der Zeit betrifft. Solcher Unterricht
ist der pädagogischen Idee der Mündigkeit und der in unsere Verfassung aufge-
nommenen Grundnorm der Anerkennung der Würde der Person und des solidarischen Handelns miteinander verpflichtet." (Benner 1984, S. 81)

Die von Benner angeführten „Zielkomplexe" (Sozialkompetenz, Mündigkeit)
decken sich allem Anschein nach mit der Möglichkeit, die Zielangaben Klafkis in
einem sehr weiten Sinne zu interpretieren. Hieße „Selbstbestimmungsfähigkeit" und
„Solidaritätsfähigkeit" dann, in konkreten Situationen seinen Einfluß auf die Zeitge-
staltung nehmen zu können und diesbezügliche Absprachen (Termine) und Forderungen (Pünktlichkeit) auch als Verpflichtung den anderen gegenüber einzulösen, so
würden sich vielfältige Möglichkeiten finden lassen, Erziehung und Unterricht miteinander zu verbinden. Legt man demgegenüber das sehr enge Verständnis kritisch-
konstruktiver Erziehungswissenschaft zugrunde, so würde das Thema „Erlernen der
Uhr" allenfalls einen instrumentellen Stellenwert erhalten können. Mit anderen
Worten: Die Hypothek, die auf der kritisch-konstruktiven Didaktik mit der Übernahme der gesellschaftskritischen Position der Frankfurter Schule lastet, sollte im
Hinblick auf eine vielfältige Unterrichtspraxis und auf die Möglichkeiten der Mitplanung von Unterricht abgelöst werden durch ein sehr weites Verständnis von
Mündigkeit. Denn die „Vorbereitung auf eine selbsttätige Teilhabe am gesellschaftli-

chen Leben" bezieht sich „gleichermaßen auf alle Bereiche zwischenmenschlichen Handelns (Arbeit, Ethik und Politik, Kunst, Religion) ... Im Zusammenhang mit dieser Aufgabe zielt erziehender Unterricht darauf, das Lernen von Kenntnissen (Unterricht) mit der Entwicklung eines reflektierten Selbstverhältnisses der Kinder zum Gelernten (Erziehung) zu verbinden und so eine Handlungskompetenz zu fördern, die Sach- und Sozialkompetenz umfaßt." (Benner 1984, S. 68)

Auf der Basis der im vorangegangenen dargestellten Überlegungen zur Leistungsfähigkeit, zu den Grenzen, den allgemeinen Voraussetzungen und zum neu durchdachten Zusammenhang von Didaktik und Methodik hat Klafki schließlich sein Perspektivenschema (s. S. 98) zur Unterrichtsplanung entwickelt. Dieses Schema darf – ähnlich wie die „Didaktische Analyse" mit ihren fünf Grundfragen – als „materialisierter Ausfluß" der Konzeption einer kritisch-konstruktiven Didaktik angesehen werden. Es verdeutlicht im Überblick die für den Lehrer entscheidenden Aspekte und Fragen der Unterrichtsplanung.

Im Vergleich zur „Didaktischen Analyse" hat Klafki das Planungsmodell um drei Aspekte erweitert: die „Bedingungsanalyse", die „Erweisbarkeit und Überprüfbarkeit" des im Lernprozeß Angeeigneten und die Interpretation des Unterrichtsgeschehens als „Lehr-Lern-Prozeßstruktur".[51] Die Bedeutung dieses dritten Zusatzes für die Unterrichtsplanung wurde bereits weiter oben[52] diskutiert. Was leisten darüber hinaus die beiden anderen Aspekte?

Mit der Bedingungsanalyse der „soziokulturell vermittelten Ausgangsbedingungen einer Lerngruppe (Klasse) ... sowie der unterrichtsrelevanten, kurzfristig änderbaren Bedingungen einschließlich möglicher oder wahrscheinlicher Schwierigkeiten bzw. Störungen" (Klafki 1985 a, S. 213) will Klafki darauf aufmerksam machen, daß alle anderen Momente (1-7) in entscheidendem Maße von diesen Bedingungen abhängen. Unterricht muß immer so angelegt sein, daß die spezifischen Möglichkeiten und Behinderungen des einzelnen Schülers, seine bisherigen individuellen Erfahrungen und Erkenntnisse, die in engem Zusammenhang mit seiner spezifischen Umwelt stehen, für die Anbahnung neuer Einsichten oder für die Aneignung neuer Fähigkeiten berücksichtigt werden. Insofern handelt es sich hierbei um einen Fragenkomplex, dessen Dringlichkeit Klafki zu Recht ins Spiel bringt. In der „Didaktischen Analyse" wurde der „Bedingungsanalyse" noch kein besonderer Stellenwert zugemessen. Dort hieß es zwar bereits, daß die Unterrichtsvorbereitung Möglichkeiten zu fruchtbarer Begegnung *bestimmter* Kinder mit *bestimmten* Bildungsinhalten (Klafki 1969[10] b, S. 6) eröffnen soll, doch die fünf didaktischen Grundfragen, die die Bemühungen der Unterrichtsplanung auf das Wesentliche focussieren, knüpften hier nicht näher an. So gesehen darf man die nun von Klafki im Modell aufgenommene Bedingungsanalyse als zentralen Hinweis für die Planung von Unterricht werten.

Die „Erweisbarkeit und Überprüfbarkeit" des im Lernprozeß Angeeigneten zielt auf die Frage: „Wie, an welchen erworbenen Fähigkeiten, welchen Erkenntnissen, welchen Handlungsformen, welchen ‚Leistungen' im weiteren Sinn des Wortes soll sich zeigen und soll beurteilt werden, ob die angestrebten Lernprozesse bzw. Zwischenschritte als erfolgreich gelten können?" (Klafki 1985 a, S. 223) Als eigentlichen Grund für die Aufnahme dieser Frage in das Planungsmodell nennt Klafki die in den

(Vorläufiges) Perspektivenschema zur Unterrichtsplanung

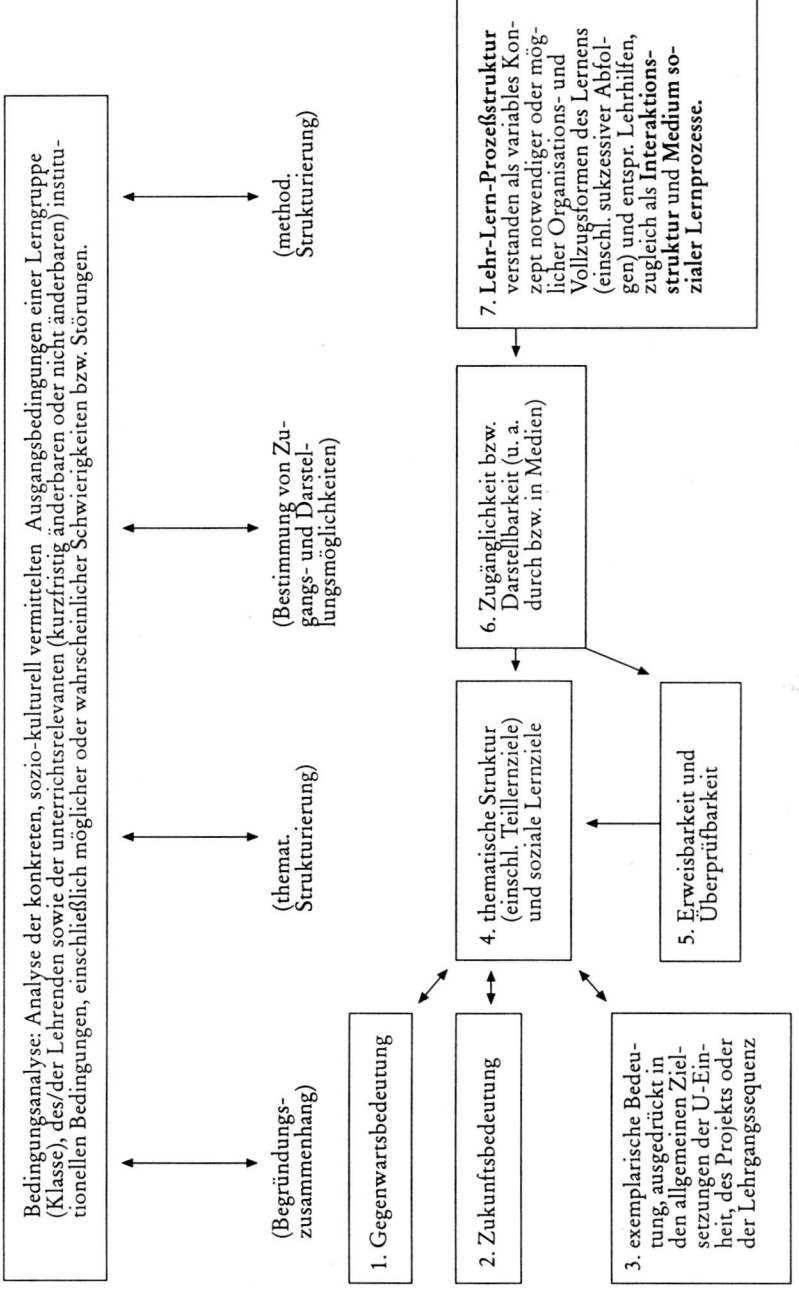

Bedingungsanalyse: Analyse der konkreten, sozio-kulturell vermittelten Ausgangsbedingungen einer Lerngruppe (Klasse), des/der Lehrenden sowie der unterrichtsrelevanten (kurzfristig änderbaren oder nicht änderbaren) institutionellen Bedingungen, einschließlich möglicher oder wahrscheinlicher Schwierigkeiten bzw. Störungen.

(Begründungszusammenhang)

(themat. Strukturierung)

(Bestimmung von Zugangs- und Darstellungsmöglichkeiten)

(method. Strukturierung)

1. Gegenwartsbedeutung

2. Zukunftsbedeutung

3. exemplarische Bedeutung, ausgedrückt in den allgemeinen Zielsetzungen der U-Einheit, des Projekts oder der Lehrgangssequenz

4. thematische Struktur (einschl. Teillernziele) und soziale Lernziele

5. Erweisbarkeit und Überprüfbarkeit

6. Zugänglichkeit bzw. Darstellbarkeit (u. a. durch bzw. in Medien)

7. Lehr-Lern-Prozeßstruktur verstanden als variables Konzept notwendiger oder möglicher Organisations- und Vollzugsformen des Lernens (einschl. sukzessiver Abfolgen) und entspr. Lehrhilfen, zugleich als Interaktionsstruktur und Medium sozialer Lernprozesse.

Aus: Klafki 1985 a, S. 215

70er Jahren viel diskutierte Forderung nach der Operationalisierung von Lernzielen. Er lehnt allerdings eine Deutung von Lernprozessen ab, wie sie in der Tradition behavioristischen Denkens entwickelt wurde, weil es sich vor allem bei „anspruchsvolleren Zielsetzungen – etwa, wenn es darum geht, die Urteilsfähigkeit von Schülern über die Ambivalenz technischer Erfindungen an einem bestimmten Thema zu entwickeln –" nicht darum handeln könne, „in Normarbeiten oder lernzielorientierten Tests abfragbare und direkt nachweisbare ‚Verhaltensqualitäten' zu überprüfen". (Ebd., S. 224)

Die Bedeutung des Komplexes „Erweisbarkeit und Überprüfbarkeit" für die Unterrichtsplanung liegt zum einen darin, daß der Lehrer vor der Oberflächlichkeit gewarnt wird, sich mit dem augenscheinlich Erreichten zufrieden zu geben, und auf die Notwendigkeit verwiesen wird, das über geplanten Unterricht realisierte Ergebnis transparent zu machen, um so – wenn als notwendig erachtet – nachträgliche Korrekturen oder Ergänzungen in die Planung künftigen Unterrichts mit einfließen zu lassen. Klafki spricht zum anderen auch die vermutlich gängige Praxis von Tests an, die Schüler häufig genug über sich ergehen lassen müssen und in deren Aufbau sich die behavioristischen Grundannahmen über Lehren und Lernen niedergeschlagen haben. Über diese zwei pädagogischen Warnungen geht Klafki allerdings nicht hinaus; konstruktive Ratschläge, die dem Lehrer aufzeigen, wie und nach welchen Kriterien er das im Lernprozeß Angeeignete ermitteln kann und sollte, werden nicht erteilt.

Alle anderen Momente des Perspektivenschemas bedürfen hier keiner weiteren Erörterung, weil sie im Zusammenhang mit der „Didaktischen Analyse"[53] eingehend berücksichtigt worden sind. Was also dort über die wichtigen Hilfen der allgemeindidaktischen Aussagen für die Unterrichtsplanung gesagt wurde, gilt im wesentlichen auch hier. Allerdings sei daran erinnert, daß sich die Perspektive des neuen Modells verändert, verengt hat. So betont Klafki hinsichtlich der ersten drei Komplexe (Gegenwarts-, Zukunfts-, exemplarische Bedeutung), daß diese in der „Didaktischen Analyse" nur wenig gesellschaftstheoretisch reflektiert seien (1985 a, S. 216). In dem neuen Perspektivenschema komme es nun darauf an, die „Beziehungen zwischen der Selbstbestimmung des einzelnen einerseits und der kritischen Aktivität in größeren gesellschaftlich-politischen Zusammenhängen, die im Begriff der Solidaritätsfähigkeit (einschließlich der Mitbestimmungsfähigkeit) zum Ausdruck gebracht wird, andererseits" (ebd., S. 219) entsprechend zu berücksichtigen. Wie weit oder wie eng die darin zum Ausdruck kommende gesellschaftstheoretische Perspektive zu fassen ist, läßt sich nicht näher ausmachen. Allem Anschein nach ist auch hier sowohl eine enge Anlehnung an die Ideen der Frankfurter Schule als auch eine implizite Erweiterung dessen zu finden, was mit Selbst- und Mitbestimmung zu bezeichnen wäre, so etwa wenn Klafki fordert, Unterricht solle, „indem er dem jungen Menschen in seiner gegenwärtigen Lebensphase Verstehens-, Urteils- und Handlungsmöglichkeiten eröffnet, ihm zugleich zu entsprechenden Entwicklungsmöglichkeiten auf seine Zukunft hin verhelfen". (Ebd., S. 214f.) Die oben angesprochenen Probleme[54], die sich aus dieser Oszillation zwischen einem engeren und einem weiteren Verständnis von Selbstbestimmungs-, Mitbestimmungs- und Solidaritätsfähigkeit hinsichtlich der fachdidaktischen Theoriebildung ergeben, stellen sich hier auch für den Prozeß der Unterrichtsplanung; eine präzisere Fassung der kritisch-konstruktiven Didaktik könnte notwendige Hilfe schaffen.

Fazit: Die Ausführungen Klafkis zur Unterrichtsplanung im Sinne kritisch-konstruktiver Didaktik geben dem Fachunterricht planenden Lehrer wichtige Anregungen: Mit der Rede von der „themenkonstituierenden Funktion von Fragestellungen bzw. Methoden" wird an die Notwendigkeit erinnert, das im Unterricht zu behandelnde Thema als fachspezifische Fragestellung zu reflektieren. Dadurch ist aber zugleich auch die fächerübergreifende Koordination umfassender Themenkomplexe angesprochen; es wäre also zu fragen, welchen spezifischen Beitrag das einzelne Fach zur Behandlung entsprechender Sachverhalte leisten könnte. In engem Zusammenhang damit ist der Terminus des „immanent-methodischen Charakters der Thematik" zu sehen. Dieser meint den bedeutsamen Sachverhalt, daß Themen entweder als inhaltbezogene Methoden bzw. Operationen oder als deren Ergebnisse zu betrachten sind. Für die Unterrichtsplanung kommt ihm insofern eine entsprechende Anregungsfunktion zu, als die Kläärung des „immanent-methodischen Charakters" wichtige Aspekte zur Artikulation und eventuell auch zur methodischen Gestaltung des Unterrichts in den Blick bringen kann.

Zum Problem wird das Planungsmodell Klafkis jedoch, wenn es darum geht, die vorgegebenen allgemeinen Ziele stufenspezifisch konkretisieren zu müssen. Denn diese Ziele (Selbstbestimmungs-, Mitbestimmungs- und Solidaritätsfähigkeit) sind für den Grundschulunterricht anders zu konkretiseren als für den Unterricht in der Sekundarstufe II. In dieser Hinsicht ist es dann fraglich, ob die Anlehnung des bildungstheoritischen Modells an die ideologiekritische Position der Frankfurter Schule eine tragfähige Orientierung für *alle* Bereiche schulischen Unterrichts darstellt. Die Zielvorstellungen Klafkis für die Grundschularbeit zeigen jedenfalls, daß die ideologiekritische Position hier eher in den Hintergrund tritt, zumindest aber sehr großzügig interpretiert wird. Würde man dagegen im Sinne Benners die selbsttätige Teilhabe des Individuums am gesellschaftlichen Leben als übergreifendes Ziel setzen, dann ließen sich unter diese Vorgabe sowohl Klafkis Zielvorstellungen zum Grundschulunterricht als auch die Thematisierung und Reflexion gesellschaftlicher Macht- und Interessengeflechte in den späteren Jahrgängen der Sekundarstufe I und II subsumieren. So gesehen wäre dann auch die von Klafki vorgeschlagene Zweiteilung von Zielen in „potentiell emanzipatorische" und „instrumentelle" nicht mehr notwendig, weil ein „erziehender Unterricht", der auf die selbsttätige Teilhabe des Individuums am gesellschaftlichen Leben und damit auf die Idee der Mündigkeit zielt, eine Handlungskompetenz fördern soll, in der von vornherein Sach- und Sozialkompetenz als Einheit zu denken sind.

2.2.5. Abschließende Thesen

Welche wichtigen Aufschlüsse hat die Analyse der bildungstheoretischen Didaktik II in ihrem Verhältnis zur fachdidaktischen Theoriebildung und zur Planung des

Fachunterrichts im einzelnen ergeben? Die folgenden Thesen sollen diejenigen Aspekte, die für künftige Gespräche zwischen Allgemeiner Didaktik und Fachdidaktik mitzubedenken sind, zusammenfassen.

(1) Mit der kritisch-konstruktiven Didaktik legt Klafki ein allgemeindidaktisches Modell vor, das Unterrichtswirklichkeit und darauf abzielende fachdidaktische Theorien durch die spezifische Perspektive kritisch-konstruktiver Erziehungswissenschaft in den Blick bringt: Unterrichtliches Handeln und fachdidaktische Theoretisierung dürfen in diesem Sinne als Beitrag zur Allgemeinbildung verstanden werden, wenn sie bezwecken, (1) Selbstbestimmungs-, Mitbestimmungs- und Solidaritätsfähigkeit zu fördern, (2) in zentrale Probleme der Gegenwart einzuführen und (3) die vielfältigen, im Menschen angelegten Fähigkeiten zu entwickeln.

(2) Die durch die inhaltliche Fassung des Allgemeinbildungsbegriffes vorgenommene Akzentuierung bedarf einer bereichs- und fachdidaktischen Konkretisierung. Hierbei handelt es sich aus der Sicht Klafkis aber weniger um ein Gespräch zwischen Allgemeiner Didaktik und Fachdidaktik, etwa in dem Sinne, wie das Verhältnis der beiden Richtungen im Rahmen der bildungstheoretischen Didaktik I verstanden werden sollte. Klafki erhebt nun für seine inhaltlichen Vorgaben einen eindeutigen Geltungsanspruch: „Die allgemeindidaktischen Fragedimensionen werden mit dem Anspruch formuliert, daß sie auch für die bereichs- und fachdidaktischen Überlegungen verbindlich sind." (Klafki 1985 a, S. 209) Dadurch wird die Funktion der Fachdidaktiken, die allgemeindidaktischen Vorgaben zu verifizieren oder zu falsifizieren, zwar nicht ausgeklammert, sie verliert aber zumindest die zentrale Bedeutung, die ihr ehemals zukam. Die in der bildungstheoretischen Didaktik I betonte Eigenständigkeit der Fachdidaktiken gegenüber der Allgemeinen Didaktik wird eher durch eine Weisungsbefugnis der Allgemeinen Didaktik an die Fachdidaktik ersetzt.

(3) Das von Klafki entwickelte integrative Konzept einer kritisch-konstruktiven Erziehungswissenschaft übernimmt für das fachdidaktische Denken und Handeln zwar keine genuin heuristische Funktion, weil schon vor ihrer gegenwärtigen Fassung fachdidaktische Ansätze oder gar ausgearbeitete Entwürfe vorlagen, die explizit in der Spur der ideologiekritischen Perspektive der Kritischen Theorie standen. Darüber hinaus aber verweist das Modell solche Fachdidaktiken, die dieser gesellschaftskritischen Perspektive bisher nur wenig Aufmerksamkeit geschenkt haben (das gilt z. B. für die mathematisch-naturwissenschaftlichen Fächer), auf die Frage, ob und inwiefern das betreffende Fach das System seiner Bildungsinhalte in dem angegebenen Sinn erweitern kann.

(4) Die bildungstheoretische Didaktik II leistet durch die besondere Betonung der ideologiekritischen Position insofern einen *weitreichenden Vorgriff auf die fachdidaktische Theoriebildung*, als sie den einzelnen Fächern indirekt einen unterschiedlichen Grad an Legitimation im Rahmen des Fächerkanons zuspricht. Von besonderer Bedeutung sind die Fächer Politik und Geschichte; es folgen Fächer,

die Gesellschaftskritik zumindest als einen wesentlichen Beitrag ausweisen können (Wirtschaftslehre, Sozialwissenschaften, Pädagogik, Deutsch). Die Fächer
des naturwissenschaftlich-technischen Bereiches haben ein vergleichsweise ge-
ringes Legitimationspotential.

(5) Die *unterschiedliche Affinität der bildungstheoretischen Didaktik II zu den einzelnen Unterrichtsfächern* rührt im wesentlichen aus der unterschiedlichen Begründung der ehemaligen und gegenwärtigen Konzeption. Der ursprüngliche
Bildungsbegriff, der keineswegs unpolitisch war[55], ging auf einen breiten Argu-
mentationsansatz zurück, der seine Gestalt in der Zugrundelegung der fünf allgemeinen Sinnprinzipien (ethisches, ästhetisches, theoretisches, pragmatisches,
religiöses) gewonnen hatte. Von dieser Argumentationsbasis aus ergab sich die
Gleichberechtigung der einzelnen Fächer im Fächerkanon. Die Neufassung des
Bildungsbegriffes legitimiert das allgemeindidaktische Modell nun aus der Notwendigkeit, die Selbstbestimmungs-, Mitbestimmungs- und Solidaritätsfähigkeit des Schülers zu fördern. Fächer, die besonders die ethischen, ästhetischen,
theoretischen, pragmatischen oder religiösen Interessen und Fähigkeiten
verstärken bzw. entwickeln können, sind dann eher als Ausgleich gedacht; sie
sollen vermeiden, daß eine permanente „Anspannung, Belastung und Anforderung" durch die Konfrontation mit den Schlüsselproblemen der Gegenwart zur
Überforderung des jungen Menschen führen (s. Klafki 1985 a, S. 24f.). Mit dieser Art der Begründung wird gleichzeitig die ehemalige Bedeutung der „kategorialen Bildung", durch die sich der Schüler den ethischen, ästhetischen,
theoretischen, pragmatischen oder religiösen Sinnbereich auf- und erschloß, in
ihrem Stellenwert geschmälert.

(6) Ein Problem besonderer Art ergibt sich aus der kritisch-konstruktiven Didaktik für den Unterricht planenden Lehrer: Die relativ enge ideologiekritische Position zwingt ihn, Unterricht auf (zumindest potentiell) emanzipatorische Ziele
hin anzulegen. Bei der Realisierung dieser Intention stellen sich aber schulstu-
fenspezifische Probleme ein. Die obersten Ziele kritisch-konstruktiver Didaktik bedürften nämlich der Konkretisierung; im Rahmen der Grundschularbeit
nimmt die Rede von „Selbstbestimmung" oder „Mitbestimmung" einen anderen Stellenwert ein als in der Arbeit der Sekundarstufe II. Das wird besonders
dann deutlich, wenn Klafki für entsprechende Ziele der Grundschule plädiert
und ihm in diesem Zusammenhang ein Verzicht auf die einschlägigen Termini
der Kritischen Theorie möglich ist. Das bedeutet: In dem Prozeß der Transposition von allgemeindidaktischen Aussagen der kritisch-konstruktiven Didaktik
in stufenbezogene didaktische Aussagen nimmt Klafki stillschweigend eine Interpretation der generellen normativen Prämissen vor, die er zunächst dem
Theoriebestand der Kritischen Theorie entlehnt hat. Im Modell der Unterrichtsplanung (Perspektivplanung) wird weder die Notwendigkeit dieses Inter-
pretationsprozesses ausgiebig thematisiert noch eine Strategie vorgestellt, die
dem Lehrer Kriterien zur stufenbezogenen Interpretationsarbeit vorgibt.

(7) Mit dem „neu durchdachten Verhältnis von Didaktik und Methodik" greift
Klafki einige Aspekte auf, die für die Unterrichtsplanung von Relevanz sind.

Eine besonders hilfreiche Funktion darf man dem Begriff „themenkonstitu-ierende Funktion von Fragestellungen und Methoden" zubilligen. Dem Unter-richt planenden Lehrer wird damit nämlich deutlich gemacht, daß er mit seinem Unterricht immer nur spezifische Aspekte eines Sachverhaltes in den Horizont des Schülers bringt. Insofern fordert dieser allgemeindidaktische Terminus vom Lehrer, die übergreifende Fragestellung der Unterrichtseinheit und/oder -stunde abzuklären und darauf seine weiteren Entscheidungen (Methoden, Sozialformen usw.) hin abzustimmen.

(8) Darüber hinaus zielt Klafki mit dem Begriff „themenkonstituierende Funktion" auch auf die wichtige Aufgabe der fächerübergreifenden Koordinierung von umfassenden Themenkomplexen. Denn mit der Konzentration auf eine spezifi-sche Perspektive eines Sachverhaltes lassen sich Überschneidungen und Wie-derholungen bei der Behandlung von Themen vermeiden. Diese Notwendigkeit der fächerübergreifenden Abstimmung überfordert den Lehrer in hohem Maße, wenn zuvor nicht schon eine entsprechende Vorleistung durch die fachdidakti-sche Forschung erbracht worden ist; so hätten die einzelnen Fachdidaktiken ein grobes Konzept zu erarbeiten, das über die Mitwirkung an dem Entwurf von Richtlinien und Lehrplänen allgemeine Vorgaben zur Koordination fachspezi-fischer Themen setzt, deren konkrete Umsetzung dann „vor Ort" unter Be-rücksichtigung der besonderen Voraussetzungen und Umstände erfolgen kann.

(9) Im Zusammenhang mit der Reflexion des Verhältnisses von Didaktik und Me-thodik ist auch der Aspekt des „immanent-methodischen Charakters der The-matik" von zentraler Bedeutung für die Unterrichtsplanung. Denn durch diese Formel wird verdeutlicht, daß Unterrichtsthemen immer schon Antworten auf (technische, politische, soziale, religiöse, ästhetische) Fragestellungen sind. Im Unterricht müssen derartige Fragestellungen dem Schüler zunächst bewußt werden, damit er dann unter Hilfestellung des Lehrers eigene Wege zur Lösung suchen und testen kann. Der Lehrer, der sich dieses „immanent-methodischen Charakters der Thematik" bei der Planung des Unterrichts versichert hat, erhält damit Aufschlüsse über die Artikulation des Unterrichts und mögliche metho-dische Vorentscheidungen.

(10) Direkte methodische Entscheidungsmöglichkeiten ergeben sich aus der kri-tisch-konstruktiven Didaktik nicht. Wenn Klafki auch beansprucht, alle we-sentlichen Momente der Unterrichtsplanung (s. Klafki 1985 a, S. 212) zu berücksichtigen, so gilt es festzustellen, daß zwar die methodischen Implikatio-nen der Thematik diskutiert werden, nicht aber die Methoden des Unterrich-tens. So gesehen beschränkt sich die kritisch-konstruktive Didaktik, ähnlich wie die bildungstheoretische Didaktik I, weitgehend auf die inhaltliche Dimension des Unterrichts. D.h.: Die modellhafte Erfassung der Unterrichtswirklichkeit hebt im wesentlichen auf die Frage ab, was Unterricht bewirken sollte, und nicht darauf, wie der Lehrer die gesetzten Ziele realisieren kann.

3. Kapitel

Lerntheoretische Didaktik und fachdidaktisches Denken und Handeln

In diesem Kapitel soll untersucht werden, welche Anregungen von der lerntheoretischen Didaktik auf fachdidaktisches Denken und Handeln ausgehen. Da auch dieses allgemeindidaktische Modell im Laufe der Zeit, ähnlich wie die bildungstheoretische Didaktik, erheblich modifiziert wurde und dies zu dementsprechenden Konsequenzen für das darin eingeschlossene Verständnis von Fachdidaktik und Unterrichtsplanung führte, empfiehlt es sich hier wieder, der Genese des Modells nachzugehen und zwischen lerntheoretischer Didaktik I und II zu unterscheiden.

3.1. „Didaktik als Theorie und Lehre" (Das Konzept Paul Heimanns)

Einen ersten Anhaltspunkt zur Bedeutung der lerntheoretischen Didaktik I für fachdidaktisches Denken und Handeln kann man bereits dem 1962 erschienenen Aufsatz P. Heimanns „Didaktik als Theorie und Lehre" (hier zitiert als 1976 a) entnehmen. Diesen Aufsatz darf man als den entscheidenden Baustein für die Konzeption der lerntheoretischen Didaktik I ansehen. Heimann berichtet darin, daß der Anlaß zur Konstruktion dieses allgemeindidaktischen Modells auf die Novellierung des Berliner Lehrerausbildungsgesetzes zurückgehe. Im Sinne dieser 1958 verabschiedeten Gesetzesvorlage sollte die Lehrerbildung eine sinnvolle Integration von allgemeindidaktischer Grundbildung, fachwissenschaftlichem Studium und schulpraktischer Ausbildung gewährleisten. Der schulpraktischen Ausbildung der Lehramtsstudenten wurde dabei eine integrierende Funktion zugemessen, weil „an dieser neuralgischen Stelle das Ineinander von Theorie und Praxis in beispielhafter Form ... verwirklicht werden" (Heimann 1976 a, S. 142) sollte. Diese Ausbildung erfolgte zwischen dem 3. und 5. Semester als „praktisches Halbjahr" und erhielt wegen ihrer „theoretisch-praktischen Funktion" die Bezeichnung „Didaktikum".[1]

Heimann kam es besonders darauf an, das Didaktikum theoretisch zu fundieren und damit zu legitimieren. Diese theoretische Grundlegung sollte die Basis „für drei immer wiederkehrende konkrete Ausbildungsanlässe" bilden:

„1. Für die unterrichtliche Analyse in den häufigen Hospitations-Situationen,
2. Für die Planung von Unterrichtsvorhaben, die von Studenten durchzuführen sind,

3. Für unterrichtliche Experimente, die zur Verifikation oder Falsifikation umstrittener didaktischer Hypothesen gelegentlich unternommen werden." (Heimann
1976 a, S. 142 f.)

Mit diesen Erwartungen ist der Anspruch der theoretischen Grundlegung eng verknüpft; sie ist nämlich als eine Allgemeine Didaktik zu verstehen, „die ein für solche
Zwecke unabdingbares Mindest-Maß an didaktischen Grundkategorien und Denkmethoden bereitstellt, ohne die weder eine kategoriale Durchdringung und Erhellung von Unterrichtsprozessen noch die konstruktive Leistung einer Unterrichtsplanung und -realisierung denkbar erscheint, es sei denn, man überantwortet solche
Funktionen dem intuitiven Geschick eines interpretierenden oder ratgebenden Men-
tors". (Heimann 1976 a, S. 143)

Mit diesen Worten bringt Heimann sein Verständnis vom Verhältnis der Allgemeinen Didaktik zur fachdidaktischen Theoriebildung implizit zum Ausdruck: Die
besondere Leistung der Allgemeinen Didaktik muß darin liegen, daß sie ein terminologisches System erarbeitet, das dann in spezifischer Form von der jeweiligen
Fachdidaktik zu konkretisieren ist. So gesehen handelt es sich hier um ein einseitig
bestimmtes Verhältnis von Allgemeiner Didaktik und Fachdidaktik. Die theoretische Grundlegung des „Didaktikums" soll – „ungeachtet der in den gleichen Pro-
jekten mitwirkenden Fachdidaktiker" (Heimann 1976 a, S. 143) – verbindliche
terminologische Vorgaben machen, durch die die Analyse und Planung von Unterricht ermöglicht werden soll.[2]

Aus welcher modellhaften Perspektive hat Heimann nun die entsprechenden allgemeindidaktischen Kategorien gewonnen? – Eine erste Annäherung an die Perspektive Heimanns zeigt, daß er andere Akzente setzen will als etwa Klafki in der
bildungstheoretischen Didaktik I. Das lassen vor allem die polemisch formulierten
Vorwürfe gegen dieses didaktische Modell erkennen:

(1) Als Einwand gegen den Begriff der „kategorialen Bildung" unterstellte Heimann, daß die in der „Didaktischen Analyse" aufgefundenen Strukturen und
Kategorien „für die didaktischen Entscheidungen des Schulalltags folgenlos bleiben". (1976 a, S. 146) Zwar billigt er Klafki das Verdienst zu, mit seinem Entwurf der „kategorialen Bildung" zu einem Mehr an Präzision und Versachli-
chung beigetragen zu haben; die von anderen Bildungstheoretikern (Derbolav,
Bollnow, Nohl) geprägten Begrifflichkeiten seien aber „keine adäquaten Denkmodelle für das, was in Schulen wirklich vor sich geht". (Ebd.) Diese recht pau-
schal vorgetragene Kritik Heimanns an Vertretern bildungstheoretischer Ansätze schlug sich dann in entsprechenden Wendungen nieder, so etwa wenn er
von bildungstheoretischem „Stratosphärendenken" oder „subtiler Theoretik"
(ebd.) sprach.

(2) Besondere Probleme schien Heimann der Rückgriff Klafkis auf Copeis Theorie
des „fruchtbaren Moments im Bildungsprozeß" zu bereiten, und zwar vor allem
deshalb, weil dort von der „Unverfügbarkeit" des fruchtbaren Moments die

Rede sei; darin drücke sich nämlich die Auffassung aus, daß Bildung „grundsätzlich unplanbar und nicht organisierbar" (Heimann 1976 a, S. 147) sei.

(3) Das entscheidende Defizit aber sah Heimann in der Tatsache, daß die bildungstheoretische Didaktik I den Begriff „Didaktik" ganz für den Problembereich der Unterrichtsinhalte in Anspruch nehme. Dadurch aber werde der Begriff der Didaktik unzweckmäßig verkürzt, man bekomme nämlich das Gesamtphänomen „Unterricht" nicht in den Griff: „Die Ausklammerung der Methodenorganisation oder der Medienwahl aus dem Didaktikbegriff ist ein Akt folgenschwerer Desintegration, der sich nicht nur gegen das Ganze des Unterrichts, sondern gegen den der Inhaltlichkeit selbst richtet. Denken über ‚Inhalte als lehrbare' impliziert das Methodische und die Medienwahl. Methoden und Medien sind auch Dimensionen des Inhalts-Kalküls. Hier tritt die durchgehende Interdependenz der unterrichts-strukturellen Momente ganz massiv in Erscheinung." (Heimann 1976 a, S. 157)

Diese Vorwürfe gegenüber der bildungstheoretischen Didaktik I lassen die grundsätzliche Perspektive der lerntheoretischen Didaktik I bereits klar erkennen: „Didaktik" wird nun nicht mehr als „Theorie der Bildungsinhalte", sondern als „Theorie des Unterrichts" (Heimann 1965, S. 9) verstanden. Eine derartige Theorie muß den unterrichtenden Lehrer in die Lage versetzen, die „formale Baugesetzlichkeit von Lehr- und Lernvorgängen in der Schule" (Heimann 1976 a, S. 154) zu erkennen, denn dadurch erst werde Unterricht analysierbar und planbar. In diesem Zusammenhang verwies Heimann auf die lerntheoretischen Forschungen in den USA und auf Versuche, „das didaktische Denken an kybernetischen Modellen zu orientieren und Lehr- und Lernvorgänge in Begriffen der eben entstehenden ‚Informationstheorie' zu definieren; denn man ist bereits dabei, die ersten pädagogisch-didaktischen Konsequenzen aus diesen neuen Forschungsergebnissen zu ziehen. Auf gleicher Ebene liegt auch der zunehmende Gebrauch von ‚Lehrmaschinen' für schulische Zwecke, die didaktische Produkte lerntheoretischer Grundlagenforschung darstellen (Skinner u.a.) und deren möglicher künftiger Einfluß auf unsere Lern- und Bildungsvorstellungen und Praktiken noch gar nicht abzusehen ist." (Ebd., S. 148)

Daß Heimann sich dennoch nicht explizit derartigen lerntheoretischen Auffassungen angeschlossen hat, mag u.a. daran gelegen haben, daß er sich der „Widersprüchlichkeit und Spannung innerhalb dieses Theoriegesamts" (1976 a, S. 149) bewußt war. Allerdings hat Heimann dieses Unbehagen nicht dazu bewogen, selbst eine klare Bestimmung des Begriffes „Lernen" vorzunehmen. Das bedeutet: Dem allgemeindidaktischen Modell Heimanns, das er selbst als „lerntheoretische Didaktik" bezeichnet (ebd., S. 147), fehlt ein klarer Lernbegriff als Grundlage.[3]

Wie stellt sich nun im einzelnen die „formale Baugesetzlichkeit von Lehr- und Lernvorgängen in der Schule" aus der Sicht der lerntheoretischen Didaktik dar? Um eine Didaktik als „Theorie des Unterrichts" konzipieren zu können, hat man sich zunächst einmal zu vergegenwärtigen, daß Unterricht ein äußerst komplexes Geschehen ist. „Deshalb muß man nach Vereinfachungen suchen." (Heimann 1961; hier zitiert als 1976 b, S. 117) Modelltheoretisch gesprochen heißt das: Die komplexe und

vielschichtige Unterrichtswirklichkeit kann für den Lehrer (oder den Lehramtsstudenten im „Didaktikum") nur dann hinreichend durchschaubar, *transparent* werden,
wenn man entsprechende *Akzentuierungen* vornimmt.

Diese notwendigen Akzentuierungen gewann Heimann durch eine phänomenologische Analyse von Unterricht, um so dessen invariante Strukturmomente offenzulegen. Wie aber zeigt sich Unterricht „von sich selbst her"? (1976 a, S. 153)
Offensichtlich geht es in ihm, ungeachtet der Tatsache, ob es sich um Unterricht in
verschiedenen Fächern, verschiedenen Altersstufen oder verschiedenen Schulformen
handelt, immer darum, „irgendwelche Gegenstände (Lernanlässe) in bestimmter Absicht (zu Lernzwecken) und in bestimmten Situationen in den Erkenntnis-, Erlebnis-
und Tätigkeits-Horizont von Kindern oder Jugendlichen zu bringen, wobei man
sich bestimmter Verfahrensweisen und Medien bedient." (Ebd.) In dieser Beschreibung sind sechs Strukturmomente angesprochen: Intentionen, Inhalte, Methoden,
Medien, anthropologisch-psychologische und schließlich situativ-kulturelle Voraussetzungen (s. S. 153 f.). Die ersten vier Momente (Intentionen, Inhalte, Methoden
und Medien) bezeichnete Heimann auch als „didaktische Entscheidungsfelder", die
beiden letzten (anthropologisch-psychologische und situativ-kulturelle Voraussetzungen) als „didaktische Bedingungsfelder" . (Ebd., S. 154)[4] Diese sechs Strukturmomente sind keine voneinander unabhängigen Faktoren des unterrichtlichen
Geschehens; Entscheidungen in dem einen Felde wirken sich auch immer auf Entscheidungen in den anderen Feldern aus und umgekehrt. Die Strukturmomente sind
also „streng interdependent". (Heimann 1976 b, S. 117) Wolfgang Schulz, ein ehemaliger Mitarbeiter Heimanns, hat das Zusammenwirken der einzelnen Strukturmomente anschaulich in einer Graphik (s. S. 109) geordnet, in der lediglich die von
Heimann benutzten Begriffe „anthropologisch-psychologisch" und „situativ-kultu-
rell" leicht abgewandelt sind, wenn Schulz hier von „anthropogenen" und „sozialkulturellen" Voraussetzungen spricht (s. auch Schulz 1964 a, S. 333)

Was kann nun die Vorgabe dieser sechs Strukturmomente für fachdidaktisches
Denken und Handeln leisten? Es handelt sich hierbei um ein terminologisches Instrumentarium, dem man für die einzelnen Fachdidaktiken eine nicht zu unterschätzende *theoriebildende Funktion* zuschreiben muß. Denn die von Heimann verfolgte
Verlagerung des Interesses auf die Vermittlung von Lerninhalten erinnert den Fachdidaktiker an das breite Forschungsfeld und die mannigfaltigen Aufgaben seiner
Disziplin. Ein Vergleich von lerntheoretischer und bildungstheoretischer Didaktik I
zeigt das; Klafki hatte mit seinem Verständnis von Didaktik (Didaktik = Theorie der
Bildungsinhalte) den einzelnen Fachdidaktiken die Notwendigkeit und den Weg gezeigt, ihren Forschungsgegenstand zu umreißen. Fachdidaktik sollte in diesem Sinne
kein Appendix der zugehörigen Fachwissenschaft(en) sein, sondern eine eigenständige Disziplin, deren Gegenstand sich aus der Aufgabe der Bildung des jungen Menschen konstituiert.

War damit bereits der eigentliche und von Klafki geforderte Schritt in die „Eigenständigkeit der Fachdidaktiken" (Klafki 1963 a, S. 27) getan, so setzt Heimann –
allerdings ohne das mit seinem Modell explizit zum Ausdruck zu bringen – die Intention Klafkis fort: Die Fachdidaktiken sind nicht nur zuständig für die Frage der

Inhalte (und Intentionen), sondern auch für die Frage nach fachspezifischen Methoden und Medien und für die Erforschung der anthropogenen und sozialkulturellen Voraussetzungen, die in den jeweiligen Fachunterricht einfließen. Dadurch übernimmt die lerntheoretische Didaktik eine *integrative Funktion*, denn sie vereinigt zwei ehemals einseitig betonte Forschungsstränge der Fachdidaktiken, nämlich die Kanalisierung auf Methodenprobleme des Unterrichts in den 50er Jahren einerseits[5] und die weitgehende Beschränkung auf die Inhaltsprobleme als Auswirkung der bildungstheoretischen Didaktik I zu Beginn der 60er Jahre andererseits.

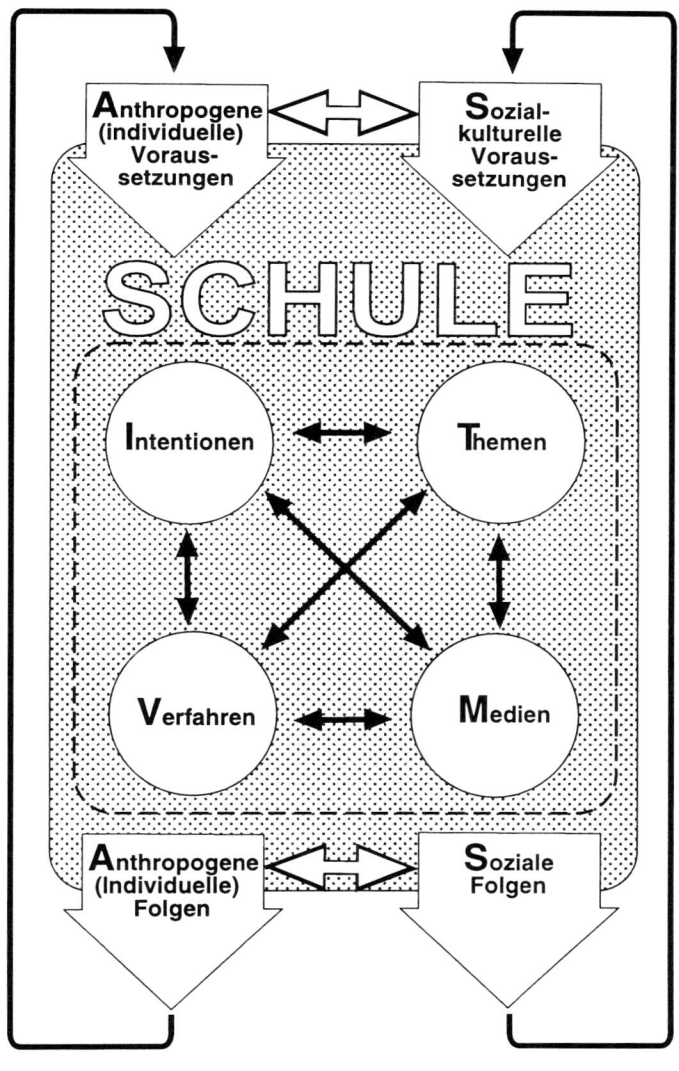

Aus: Schulz 1969 a, S. 63

Die so von Heimann eingeleitete Ausdehnung des Zuständigkeitsbereiches der Fachdidaktiken mußte bei deren Vertretern auf offenes Gehör treffen, da sich nun eine Möglichkeit bot, weitgehend isolierte Stränge der fachdidaktischen Forschung in Anlehnung an dieses allgemeindidaktische Modell integrieren zu können. In diesem Zusammenhang darf man exemplarisch die „Didaktik des fremdsprachlichen Unterrichts" von Frank Achtenhagen (1969) als Prototyp eines fachdidaktischen Forschungskonzeptes ansehen, das den Ansatz Heimanns – wenn auch durch Ergänzungen modifiziert – für die Diskussion des Fremdsprachenunterrichts fruchtbar zu nutzen versuchte.

Achtenhagen ging in seinem Entwurf von der Forderung aus, daß die Allgemeine Didaktik „organisierendes Prinzip der Fachdidaktik" (1969, S. 15) sein solle. Diese Strategie wurde von ihm vor allem deshalb gewählt, weil die damaligen fachdidaktischen Bemühungen unverbunden nebeneinander herliefen und zudem einer systematischen Begründung entbehrten: „Für die Grund- und Realschulen sowie für die Gymnasien ist eine Fülle von Werken nachzuweisen, welche prätendieren, die gesamte Problematik des Fremdsprachenunterrichts ihres jeweiligen Schultyps in den Griff zu bekommen. Solche Abhandlungen nennen sich teils ‚Didaktiken', teils ‚Methodiken', zumeist sind sie kompendienhaft zusammengestellt nach den Erfahrungen einer langen Unterrichtspraxis; in den seltensten Fällen ist aber ihr organisierendes Prinzip klargelegt. So werden Teilgebiete je nach Interesse des Autors besonders betont, eine allgemeine, konsistente Theorie fehlt indessen, die eine Antwort geben könnte ... auf ... in der gegenwärtigen Diskussion vordringliche Fragen." (Achtenhagen 1969, S. 15) Nur mit Hilfe einer übergreifenden Reflexion sei der Stellenwert der einzelnen Probleme auszumachen. Und für diese umfassende Aufgabe zog Achtenhagen die Allgemeine Didaktik zu Rate: „Der Konzeption einer Fachdidaktik kann die allgemeine Didaktik als das organisierende Prinzip für die Synthese von Fachwissenschaften, Psychologie und Soziologie, politischen Forderungen und sonstigen, den Lehrplan normierenden Faktoren dienen." (ebd., S. 15 f.)[6]

Die Auseinandersetzung mit den damals diskutierten allgemeindidaktischen Modellen führt Achtenhagen zu der Erkenntnis, daß die lerntheoretische Didaktik I am besten geeignet sei, die für die Fachdidaktik des neusprachlichen Unterrichts notwendige Integration unterschiedlichster Ansätze und Bemühungen leisten zu können (1969, S. 35). In dieser Hinsicht verweist er immer wieder auf den bescheidenen Anspruch seines Forschungsprogramms, das als zukunftsweisender Vorschlag, keinesfalls aber als relativ abgeschlossenes fachdidaktisches Konzept anzusehen sei. (Ebd., S. 37, 47)

Bevor dieses Forschungsprogramm in aller Kürze vorgestellt wird, ist ein Hinweis auf die darin zum Ausdruck kommende Auffassung Achtenhagens von „Fachdidaktik" und deren wissenschaftstheoretische Fundierung notwendig. Die wesentliche Funktion einer Fachdidaktik liege darin, dem Lehrenden abgesicherte Entscheidungshilfen zu geben (1969, S. 22, 46). Dazu seien zunächst einmal bewährte nomologische Hypothesen notwendig, um prognostizieren zu können, welche der jeweils in Frage stehenden Möglichkeiten am geeignetsten erscheint, um ein Lernziel zu erreichen. So wäre etwa im Hinblick auf die sprachlichen Fertigkeiten

(Hören, Sprechen, Lesen und Schreiben) zu klären, welches die optimale Reihenfolge beim Erwerb dieser Fähigkeiten sei. Achtenhagen muß allerdings zugestehen, daß man sowohl in dieser Frage als auch bei vielen anderen didaktisch-methodischen Problemen noch auf keine hinreichend gesicherten nomologischen Hypothesen zurückgreifen könne. Zum anderen benötige die Fachdidaktik aber auch eine präskriptive Theorie, durch die pädagogische Entscheidungen begründbar und von der her erst Entscheidungen über Intentionen, Themen und den Einsatz von Methoden oder Medien möglich werden.[7] Wie die weitere Darstellung der lerntheoretischen Didaktik I noch zeigen wird, geht Achtenhagen mit der Einführung dieser präskriptiven Theorie, die am emanzipatorischen Interesse der Pädagogik ausgerichtet ist (1969, S. 39), weit über den Ansatz Heimanns hinaus.

Wie soll nun im Sinne Achtenhagens ein fachdidaktisches Forschungsprogramm unter Bezug auf die von Heimann angeführten Entscheidungs- und Bedingungsfelder konzipiert sein? In Anlehnung an fachdidaktische Literatur und unter Einbeziehung allgemeiner Reformentwürfe kommt er zu dem Ergebnis, daß die übergreifende Intention des fremdsprachlichen Unterrichts in der „Kommunikation mit anderen Nationen" liege (1969, S. 54). Für konkrete fachdidaktische Entscheidungen sei diese globale Intention näher zu differenzieren nach der Bereitschaft zur Kommunikation, den kulturellen Bereichen, innerhalb derer die Kommunikation erfolgt, der Art der Kommunikation, dem angesprochenen Personenkreis usw. (S. 55) Diese Teilintentionen gelte es weiter zu untergliedern, etwa im Hinblick auf sprachliche Fertigkeiten, Informationen über den fremden Kulturbereich oder die notwendige Motivation zur Kommunikation. Auch diese Aspekte seien wiederum aufzuschlüsseln, der Aspekt der sprachlichen Fertigkeiten beispielsweise nach dem Hören, Sprechen, Lesen und Schreiben (ebd.).

Bereits diese wenigen Andeutungen geben zu erkennen, wie die fachdidaktische Forschung nach Achtenhagen hinsichtlich des Entscheidungsfeldes „Intentionalität" vorzugehen hätte: Ausgehend von der globalen Intention „Kommunikation mit anderen Nationen" ist dieses Entscheidungsfeld soweit zu differenzieren, bis die aufgefundenen Teilaspekte eine umfassende und klare Gestaltung eines Lehrplans ermöglichen. Ähnlich sei auch im Rahmen der anderen Entscheidungsfelder zu verfahren. Am Beispiel der Grammatik konkretisiert Achtenhagen, welche Leistungen die Fachdidaktik im Bereich „Thematik" zu erbringen hätte und wie dieser Teilbereich „Grammatik" durch nomologische Hypothesen zu beschreiben wäre (S. 58). Die in der Linguistik miteinander konkurrierenden Grammatikmodelle seien zunächst zu vergleichen, um so herausfinden zu können, welche grammatische Theorie das größte Beschreibungspotential für die Sprachfähigkeit und -leistung abgebe. Achtenhagen gibt dabei der generativen Transformationsgrammatik den Vorrang vor anderen Grammatiken (S. 68 f.), dies vor allem deshalb, weil auf diesem Gebiete „die Hypothesenbildung für das Englische schon weite Fortschritte gemacht hat". (S. 69)

Das Entscheidungsfeld „Methodik" beleuchtet Achtenhagen punktuell am Beispiel der „pattern practice". Von den vielen möglichen Methoden im Grammatikunterricht erscheint sie ihm besonders deshalb wertvoll, weil diese Methode durch die generative Transformationsgrammatik erheblich verfeinert worden sei. Damit löst Achtenhagen zugleich Heimanns Postulat der Interdependenz ein, indem hier in Entsprechung zur Thematik (Grammatik) die korrespondierende Methode (pattern practice) gewählt wird (S. 70 ff.).

Die Vorliebe Achtenhagens für das System der generativen Transformationsgrammatik und die Methode der pattern practice führt ihn „folgerichtig" im Bereich „Medienwahl" zu der vorsichtigen Abschätzung der Effizienz bestimmter Medien. Von den vielen möglichen Medien, wie Demonstrationsmaterial, Illustrationen, Wandbilder, Fernsehen, Schulfunk usw., erscheint ihm das Sprachlabor das geeignete technische Mittel zu sein. Teile man die übergreifende Intention (Komunikation mit anderen Nationen) und entscheide sich im Bereich „Thematik" für die generative Transformationsgrammatik und – in Korrespondenz dazu – im Bereich der „Methodik" für die pattern practice, dann zeitigten diese Entscheidungen auch Auswirkungen auf die Medienwahl. So komme den Sprachlehranlagen eine nicht zu unterschätzende Bedeutung zu, denn sie „fördern das aktive Sprechen des einzelnen Schülers entscheidend und bringen ihn nicht mehr in die Zwangslage, es entweder bei durchschnittlich drei Äußerungen pro Unterrichtsstunde bewenden zu lassen oder sich auf Kosten seiner Mitschüler in den Vordergrund zu drängen." (S. 76)

Diese exemplarischen Überlegungen in den Entscheidungsfeldern stehen in engem Zusammenhang mit den anthropogenen und sozialkulturellen Bedingungen. Die Bedeutung der anthropogenen Voraussetzungen im Rahmen eines fachdidaktischen Forschungsprogramms weist Achtenhagen am Beispiel einer Psychologie des Spracherwerbs nach. Auch in dieser Hinsicht seien nur solche Theorien zu akzeptieren, „die den Ansprüchen exakter Hypothesenbildung genügen" (S. 80), und zwar vor allem deshalb, weil eine konsistente psychologische Theorie des Spracherwerbs „eine effektivere Anordnung zumindest der Grammatikteilziele und über den Implikationszusammenhang der entsprechend anzuwendenden Methoden" (S. 80) erlaube. Zu diesem Zweck sei die Psycholinguistik eine hilfreiche Disziplin, da sie auf eine wissenschaftliche Beschreibung der Sprachbenutzung abziele. Zudem orientiere sich diese Disziplin an der generativen Transformationsgrammatik und versuche zu erklären, wie deren Regelsystem vom Kind und Jugendlichen erworben werde und welche Schwierigkeiten sich dabei einstellen könnten. So habe die psycholinguistische Forschung beispielsweise gezeigt, daß Sprechfehler besonders häufig beim Übergang von Phrase (= Satzteil) zu Phrase auftreten. Diese Fehlermöglichkeiten legen für Achtenhagen die Vermutung nahe, daß die pattern practice eine geeignete Methode sei: „Durch entsprechende Übungen mit ganzen Satz- und Phrasenmustern muß man versuchen, die Wahrscheinlichkeiten für das Auftreten von Übergangsfehlern möglichst klein werden zu lassen und so den Prozeß des Spracherwerbs zu fördern." (S. 84)

Die im Bereich der „Thematik" gefällte Entscheidung für die generative Transformationsgrammatik steht auch mit den sozialkulturellen Bedingungen in interdependentem Verhältnis. So hätte die fachdidaktische Forschung des fremdsprachlichen Unterrichts nach Achtenhagen z.B. die Tatsache, daß der Erwerb einer Fremdsprache von schichtenspezifischen Barrieren bzw. Begünstigungen abhängig sei, zu berücksichtigen, denn Mängel im grammatischen Regelsystem „der Muttersprache können die Aneignung der Fremdsprache entscheidend behindern". (S. 88) Aus dieser Sicht rechtfertigt sich für Achtenhagen nochmals der Rekurs auf die generative Transformationsgrammatik und der entsprechenden Methoden- und Medienwahl.

Es kann im Rahmen der hier zu verfolgenden Fragestellung nicht um eine eingehende Prüfung der Frage gehen, ob das Prinzip der Interdependenz bei Achtenhagen konsequent genug durchdacht worden ist; schließlich ist zu berücksichtigen, daß er das Forschungsprogramm nur exemplarisch vorstellen will.[8] Trotz dieser legitimen Einschränkung drängt sich aber bezüglich der Interdependenz der einzelnen Strukturmomente der Verdacht auf, daß die meisten Entscheidungen, die Achtenhagen fällt, verstärkt von der Bevorzugung der generativen Transformationsgrammatik abhängig gemacht werden. Es wäre zumindest danach zu fragen, ob bestimmte anthropogene und sozialkulturelle Voraussetzungen nicht auch berechtigte Argumente für andere grammatische Theorien abgeben könnten. Ein Blick in gegenwärtige Schul- und Arbeitsbücher zum fremdsprachlichen Unterricht zeigt, daß die Hoffnungen, die Achtenhagen in das von ihm prädestinierte Grammatiksystem setzte, offenbar den fachdidaktischen Erkenntnissen in der Folgezeit nicht voll standhalten konnten. Dieser Einwand schmälert aber keineswegs das Verdienst Achtenhagens. Er konkretisierte die theoriebildende Funktion der lerntheoretischen Didaktik I zu einem Zeitpunkt, an dem die Didaktik des fremdsprachlichen Unterrichts mit der Auseinandersetzung und Systematisierung von fachwissenschaftlichen, psychologischen, soziologischen und pädagogischen Aussagen befaßt war.[9]

Losgelöst von diesem fachdidaktischen Beispiel darf man verallgemeinernd auf die Bedeutung der von Heimann angegebenen allgemeindidaktischen Kategorien für die fachdidaktische Theoriebildung schließen: Diese Kategorien haben eine theoriebildende Funktion, weil sie dem Fachdidaktiker ein terminologisches Instrumentarium bereitstellen, mit dessen Hilfe einzelne, zum Teil voneinander losgelöste Forschungsschwerpunkte (Methoden- und Medienforschung, Inhaltsdiskussion) und Forschungsergebnisse zu einem geschlossenen Konzept verarbeitet werden können. Diese Aufgabe scheint um so eher zu gelingen, wenn die Interdependenz der Strukturmomente in den Entscheidungs- und Bedingungsfeldern mitbedacht wird.

Die Leistungsfähigkeit der lerntheoretischen Didaktik I erschöpft sich aber nicht allein in ihrer theoriebildenden Funktion. Fachdidaktik hat nämlich nicht nur im Rahmen der Forschung ihre Aufgaben zu sehen; sie muß ihre Theorien auch durch Lehre an andere weitergeben. Als Adressaten sind dabei zunächst einmal Lehramtsstudenten und Lehrer angesprochen. Darüber hinaus ist es aber auch erforderlich, daß Fachdidaktiker untereinander und mit Allgemeindidaktikern im Austausch stehen. Die Notwendigkeit dieses Austausches ist durch die Struktur heutiger Wissenschaft bedingt. Für eine einträgliche Forschungsarbeit ist nämlich „Spezialisierung in der Forschung notwendig, um das einzelne ... klar und deutlich durch Analyse erfassen zu können. Damit aber die Spezialisierung nicht nur zu einer Anhäufung von Einzeldaten in der Form eines untereinander bezugslosen Faktenwissens führt, bedarf es außerdem der Verfügbarkeit der Forschungsergebnisse für alle am Prozeß von Wissenschaft wie ihrer Vermittlung Beteiligten." (Geißler, E.E. 1981, S. 15) Die arbeitsteilige Form im Forschungsprozeß macht daher die „Kommunikation zwischen den Wissenschaftlern untereinander wie zwischen den Wissenschaftlern und ihren Abnehmern notwendig. Damit diese Kommunikation zustande kommt und nicht abreißt, bedarf sie der sprachlichen und interpretativen Verständlichkeit. Der eine Spezialist muß verstehen können, was der andere Spezialist sagt, und die nicht Spezialisierten müssen insgesamt in die Problematik eingeführt ... werden." (Geißler 1981, S. 16)

Bezieht man diese für alle Wissenschaftler zutreffenden Aussagen Geißlers speziell auf die Fachdidaktiken, so stellt sich auch hier die Aufgabe, von Zeit zu Zeit einen möglichst umfangreichen und systematischen Überblick über den derzeitigen Stand der fachdidaktischen Diskussion zu geben. Und hierzu leistet die lerntheoretische Didaktik I außerordentlich wertvolle Hilfe, weil deren allgemeindidaktische Kategorien sozusagen das Koordinatensystem darstellen, das die Bezüge zwischen den einzelnen Forschungsschwerpunkten herzustellen vermag. Die lerntheoretische Didaktik I übernimmt damit, um mit Salzmann zu sprechen, eine „Deskriptionsfunktion", weil sie durch ihre Kategorien die Gegenstände fachdidaktischen Denkens und Handelns beschreibbar macht.

Als typisches Beispiel einer solchen Bestandsaufnahme soll hier eine Arbeit von G. Otto, einem ehemaligen Mitarbeiter Heimanns, skizziert werden; sie ist unter dem Titel „Kunst als Prozeß im Unterricht" erstmals 1964 erschienen. Ottos erklärte Absicht ist es, „dem Leser ... einen informativen Überblick über das Ineinander von theoretischen und praktischen, von didaktischen und kunstwissenschaftlichen, von allgemeinen und besonderen Aspekten einer kunstdidaktischen Erörterung zu geben". (Otto 1969[2], S. 15) Um ein möglichst klares und verständliches Konzept vorlegen zu können, hält Otto es für unumgänglich, „daß die fachdidaktischen Probleme innerhalb eines allgemeindidaktischen Bezugssystems dargestellt werden". (Ebd., S. 19) Vor die Wahl zwischen bildungstheoretischer und lerntheoretischer Didaktik gestellt, entscheidet er sich für letztere. Diese Entscheidung ist abhängig von der Perspektive Ottos, aus der heraus er Unterricht modelliert; nicht der Begriff „Bildung", sondern der des „Lernens" wird als Ausgangsbasis gewählt. Die Festlegung auf diese Perspektive hat erhebliche Folgen, denn Otto benutzt den Lernbegriff (wie Heimann) nicht als mögliche Ergänzung zum Bildungsbegriff, sondern als Ersatz. Die Ablehnung des Bildungsbegriffes und der bildungstheoretischen Didaktik I drückt sich dann auch in seinem vernichtenden Urteil aus: Bildungstheoretische Didaktik gestatte nicht „die Entwicklung einer fachdidaktischen Perspektive ..., weil die Angaben über die Artikulation des Lernprozesses gegenüber denen des Bildungsprozesses sekundär bleiben". (Ebd., S. 23) Zudem bestehe die ständige Gefahr, daß „im Schatten von Bildungsvorstellungen ... in den Kunstfächern leicht die Sachstruktur pervertiert" (ebd.) werde.

Demgegenüber räumt Otto der lerntheoretischen Didaktik I ein, daß sie in besonderer Weise auf die fachdidaktische Phantasie wirke (1969[2], S. 23). Dieses allgemeindidaktische Modell gebe nämlich durch seine sechs Strukturmomente die formalen Konstanten vor, die von der jeweiligen Fachdidaktik inhaltlich zu füllen seien, „wobei unter inhaltlich ... sowohl fachliche Gegenstände wie fachtypische Verhaltensweisen, also Methoden, Denkweisen oder andere Zuwendungsformen verstanden werden müssen". (Ebd., S. 24)

Die inhaltliche Füllung der „formalen Konstanten" (1969[2], S. 150-182) hebt zunächst mit einem Überblick über die anthropogenen, soziokulturellen und fachlichen Bedingungen des Kunstunterrichts an. Darin wird der Leser in die Denk- und Gefühlswelt des Schulkindes und des Jugendlichen eingeführt und auf die Konsequenzen hingewiesen, die sich aus den anthropogenen Bedingungen für die Intentionen des Kunstunterrichts ergeben. So sei das Verhalten des Schulkindes in den ersten sechs Klassen vor allem dadurch charakterisiert, daß es Wirklichkeit noch mit seinen eigenen, kindlichen, nicht aber mit den Kategorien erfasse, durch die der zeitgenössische Künstler erfaßte oder gestiftete Wirklichkeit darstelle (ebd., S. 153 f.). Deshalb könne die unterrichtliche Funktion der Bildenden Kunst in der Schulzeit nicht in der Kunstnähe der Kinderarbeit zu sehen sein; „für den Kunstunterricht im Schulkindalter ist der Bezug auf die konkrete Umwelt in ihren sinnlich faßbaren Erscheinungsformen ein Fundament. Mit künstlerischen Mitteln kann man reale Umwelt durchdringen und Erwachsenenwelt erwerben. Dies ist für diese Altersstufe die sachlogische Rechtfertigung des Unterrichtsfaches." (Ebd., S. 156) Anders liegen die Verhältnisse im Jugendalter (6. – 10. Schuljahr); als Generaltendenz zeige sich hier neben dem zunehmend kritischen Verhalten der Schüler gegenüber den eigenen Produkten und der nachlassenden Orientierung an subjektiven Ausdrucksbedürfnissen vor allem „die zunehmende Aufmerksamkeit für ästhetische Objekte, deren Anzahl größer, für die mehr Zeit und methodisch gesteuerte Weisen der Auseinandersetzung wichtig werden". (Ebd., S. 168) Als Unterrichtsinhalte seien daher zum einen „bildnerische Problemlösungsprozesse, in denen die Strukturierung von Fläche, Körper und Raum sowie von Farbe im Hinblick auf Fläche, Körper und Raum gelernt werden soll", und zum anderen die „Analyse, Beschreibung und Interpretation ästhetischer Objekte" (ebd.) prädestiniert.

Der – hier stark verkürzt wiedergegebene – Überblick über die Bedingungen von Kunstunterricht gewinnt für denjenigen, der sich über den Stand der Fachdidaktiken informieren und in deren Grundprobleme einführen lassen will, vor allem dadurch an Tiefe, daß Otto vielfältige Bezüge und Querverweise zu psychologischen, fachwissenschaftlichen und fachdidaktischen Arbeiten herstellt. Das gilt auch grundsätzlich für die Ausführungen zu den vier Entscheidungsfeldern. Wie sehr es Otto dabei darauf ankommt, den Forschungsstand zu systematisieren, ist daran zu erkennen, daß er die diesbezüglich gemachten Aussagen in eine tabellarische Zusammenfassung bringt.

Ein Blick auf diese Übersicht (s. S. 116)[10] läßt die Aspekte, die Otto wesentlich erscheinen, erkennen. In einer vorausgegangenen Darstellung, auf deren Referierung hier verzichtet werden muß, hat er diese wesentlichen Aspekte erläutert und differenziert ausgeführt (ebd., S.183-216).

Das herangezogene Beispiel aus der Kunstdidaktik mag den Eindruck provozieren, daß es Otto zum damaligen Zeitpunkt vor allem darauf angekommen sei, das lerntheoretische Modell der Didaktik durch fachdidaktische Konkretisierung publik

Kunstunterricht			
Intention	**Inhalt**	**Methode**	**Medium**
Strukturieren und Kommunizieren	Bildnerische Prozesse Ästhetische Objekte	Produktion und Reflexion	Realisation und Präsentation
Lehrabsicht	**Lehrinhalt**	**Lehrweg**	**Lehrmittel**

zu machen und zu legitimieren. Diese Intention ist durchaus denkbar, zumal die Publikation erst durch die Anregung Heimanns zustande gekommen ist (s. Otto 1969², S. 11). Ungeachtet dieser hypothetischen Überlegungen zeigt die Schrift aber exemplarisch, daß das terminologische Fundament des herangezogenen allgemeindidaktischen Modells eine sinnvolle Möglichkeit bietet, die verschiedensten Fragestellungen und Ergebnisse der fachdidaktischen Forschung auf einen systematischen Nenner zu bringen. Die sich darin zeigende *deskriptive Funktion* der lerntheoretischen Didaktik ist dabei nicht auf den Zeitpunkt der Entstehung dieses Modells eingeschränkt. Wie hilfreich und wertvoll es auch für die gegenwärtige Diskussion ist, wird daran erkennbar, daß die Kategorien Heimanns auch in der Folgezeit die begriffliche Folie für einen Überblick über den fachdidaktischen Forschungsstand in einschlägigen Fachzeitschriften, Lexika, Handbüchern und Einführungen abgeben.[11]

Fazit: Die bisherige Analyse der lerntheoretischen Didaktik I hat für die leitende Fragestellung nach ihrer Bedeutung für fachdidaktisches Denken und Handeln zu einer entscheidenden Erkenntnis geführt: Die dort beschriebenen Strukturmomente und deren Interdependenz sind als eine analytische Folie zu betrachten, die sowohl der fachdidaktischen Forschung als auch der fachdidaktischen Lehre dienlich sein kann. Für die fachdidaktische Theoriebildung geben die Strukturmomente ein formales Raster ab, das die noch zu leistende Integration von Erkenntnissen aus den verschiedensten Bezugsdisziplinen (Pädagogik, Psychologie, Soziologie, Fachwissenschaft) anleiten kann. So gesehen übernimmt die lerntheoretische Didaktik I für die fachdidaktische Forschung eine *theoriebildende* Funktion. Das als Ergebnis derartiger Bemühungen formulierte theoretische Konzept kann dann förderlich für die Kommunikation unter den Fachdidaktikern und für die Kritik und Weiterentwicklung der fachdidaktischen Theorie sein. Darüber hinaus haben die allgemeindidaktischen Strukturmomente aber auch für die fachdidaktische Lehre eine nicht zu unterschätzende Bedeutung; sie stellen ein begriffliches Koordinatensystem dar, mit dessen Hilfe dem Studierenden ein Ein- und Überblick in bzw. über den aktuellen Stand der fachdidaktischen Disziplinen gegeben werden kann.

3.2. „Unterricht – Analyse und Planung" (W. Schulz)

Die von Heimann entwickelte lerntheoretische Didaktik I ist von seinem ehemaligen Mitarbeiter Wolfgang Schulz weitgehend übernommen, z.T. aber auch ergänzt bzw. differenziert worden.[12] Das besondere Verdienst von Schulz ist in erster Linie darin zu sehen, daß er die Gedanken Heimanns einem breiten Publikum zugänglich gemacht hat. Hervorzuheben ist in dieser Hinsicht sein Aufsatz „Unterricht – Analyse und Planung", der 1965 in dem gleichnamigen Sammelband unter Mitherausgeberschaft von P. Heimann und G. Otto abgedruckt wurde. In diesem Band finden sich auch zahlreiche Unterrichtsentwürfe, die das lerntheoretische Modell fachdidaktisch zu konkretisieren versuchen. In Anlehnung an diesen Aufsatz sollen nun im folgenden einzelne Komplexe der lerntheoretischen Didaktik I eingehender vorgestellt und auf ihre Bedeutung für die fachdidaktische Theoriebildung und die Planung von Fachunterricht hin befragt werden.

Die Perspektive, aus der heraus für Schulz die Analyse und Planung von Unterricht sinnvoll erscheint, ist bestimmt von seiner Auffassung von „Unterricht" und „Lernen". Als „Unterricht" bezeichnet er jene Formen der Lehre, die den Lebenszusammenhang, in dem „eine Lehrnotwendigkeit auftaucht, in der Regel verlassen, um das planmäßige Lehren mehrgliedriger Lehrgehalte in voneinander getrennten Zeitabschnitten zu ermöglichen". (Schulz 1965, S. 18) Dabei soll Unterricht Veränderungen im Menschen bewirken. Die Vorgänge im beeinflußten Menschen, die diese Veränderungen ermöglichen, erfaßt Schulz mit dem Begriff „Lernen" (ebd.). Diese Vorgänge sind nicht beobachtbar, wohl aber deren Ergebnisse; Schulz nennt die Ergebnisse des Lernens „Anpassung" (S. 9). Der pädagogische Wert des Unterrichts liege „ausschließlich in seinem Einfluß auf die Lernprozesse, in den Anpassungsleistungen, die er bei den Lernenden bewirkt". (Ebd.) Anpassungsleistungen seien in Form von „Assimilation" oder „Akkommodation" möglich. Obwohl Schulz sich in dieser Terminologie vermutlich an die Erkenntnistheorie Piagets anlehnt, ist doch ein entscheidender Unterschied festzuhalten. Die anthropologische Grundannahme Piagets, derzufolge sich der Mensch seiner Umwelt durch geistige Operationen aktiv bemächtigt, geht nicht in den von Schulz benutzten Begriffen auf. Zwar schränkt er ein, Anpassung sei nicht als „bloße" (also passive) Anpassung zu verstehen (S. 19); die weiteren Formulierungen decken sich aber nicht mit diesem Hinweis, denn Unterricht soll etwas „bewirken", z.B. den sicheren Besitz einer Formel „vermitteln" (ebd.). Insofern liegt die Vermutung nahe, daß es sich eher um eine passivistische Auffassung vom Lernen handelt, nach der der Lernprozeß vom Lehrenden gesteuert wird.

Die von Schulz gewählte Terminologie deutet bereits darauf hin, daß dem lerntheoretischen Modell eine andere Intention zugrunde liegt als der bildungstheoretischen Didaktik I: „Es behandelt die Zielfragen ..., anders als die Didaktik im engeren Sinne, zusammen mit Wegfragen (Methodik und Medienwahl) und läßt das Angewiesensein der Ziele auf geeignete Mittel, umgekehrt die Abhängigkeit der Wahl zweckmäßiger Verfahren von den jeweils gesteckten Zielen klar hervortreten." (1965, S. 25; s. auch 1964 a, S. 333 f.) Unterricht lasse sich daher durch die von Heimann vorgeschlagenen sechs Strukturmomente zum Zweck der Analyse und Planung transparent machen.

Es sind nun zunächst die einzelnen Strukturmomente näher zu beschreiben, um sie dann jeweils auf ihre Bedeutung für fachdidaktisches Denken und Handeln hin zu befragen.

3.2.1. Intentionalität

Jedem Unterricht liegen pädagogische Absichten, Intentionen, zugrunde. Schulz teilt sie nach dem Vorschlag Heimanns (s. 1976 a, S. 125) in drei Dimensionen ein, nämlich in kognitive, emotionale und pragmatische Intentionen (Schulz 1965, S. 25)[13]. Diese Dimensionen sind zudem in drei Stufen gegliedert: Anbahnung, Entfaltung, Gestaltung. In der *kognitiven* Dimension, die auf die gedankliche Erfassung eines Gegenstandes ausgerichtet ist, zeigen sich diese drei Qualitätsstufen entweder als Kenntnisse, als Erkenntnisse oder als Überzeugungen. So kann sich der Unterrichtende beispielsweise damit zufriedengeben, daß die Schüler einen Gegenstand, etwa einen Fahrraddynamo, bezeichnen können. Für diese begriffliche Kennzeichnung ist es lediglich notwendig, die Einzelteile in ihrer Zuordnung erkennen zu können. Soll der Schüler dagegen lernen, wie dieser Dynamo funktioniert, welche physikalische Gesetzmäßigkeit seiner Funktionsweise zugrundeliegt, so wird bereits die Stufe der „Erkenntnis" angestrebt. Vielfältige Anwendungsweisen des „Dynamoprinzips" (Lichtmaschine im Auto, Notstromaggregat, Generator im Kraftwerk usw.) bringen den Schüler zu der „Überzeugung", daß die Erkenntnis, die er zuvor gewonnen hatte, richtig ist.[14]

In der *pragmatischen* Dimension ist mit „Anbahnung" gemeint, daß bestimmte Fähigkeiten erlernt werden. Von „Fähigkeiten" darf man z.B. sprechen, sobald ein Kind erfaßt hat, „daß Buchstabensymbole einen Sinn haben, Wörter bedeuten können". (Heimann 1976 a, S. 135) Im Grundschulunterricht wird diese Fähigkeit zur Fertigkeit (2. Stufe) gesteigert, nämlich beim Lesenlernen. Durch ständige Übung wird dann die 3. Stufe (Gestaltung) erreicht; sinnentnehmendes Lesen wird dadurch zu einer Gewohnheit (Heimann spricht zusätzlich vom „Können"; s. 1976 c, S. 125).

Die *emotionale* Dimension ist durch die Stufen „Anmutung", „Erlebnis" und „Gesinnung" gegliedert. Mit „Anmutung" ist gemeint, daß ein Gegenstand, etwa ein Gedicht, den Schüler gefühlsmäßig anspricht. „Der Begriff Erlebnis sollte für das Gefühl, lebensbedeutsame Eindrücke erfahren zu haben, reserviert werden." (Schulz 1965, S. 26) In der interpretativen Auseinandersetzung mit einem Gedicht kann der Schüler nacherleben, welche Bedeutung beispielsweise die Schönheiten der Natur oder die Freundschaft zu anderen in seinem Leben haben. Diese intensive Auseinandersetzung kann schließlich dazu führen, daß sich aus ihr gegenüber den Erlebnisbereichen (Natur, Umgang mit Mitmenschen) eine emotionale Haltung (Gesinnung) entwickelt.

Welche Bedeutung darf man dieser differenzierten Gliederung im Bereich „Intentionalität" für fachdidaktisches Denken und Handeln zusprechen? Für die fachdidaktische Theoriebildung hat dieses Ordnungsschema, um mit Salzmann zu sprechen, vor allem eine heuristische Funktion: Es mahnt den Fachdidaktiker, sich der Mehrdimensionalität der im Unterricht anzustrebenden Lernziele bewußt zu werden.[15] Eine fachdidaktische Konzeption, die Unterricht beispielsweise primär oder sogar ausschließlich als wissenschaftsorientierten Unterricht verstanden wissen will, grenzt die pragmatische, vor allem aber die emotionale Dimension mehr oder weniger aus. Insofern erinnert die Gliederung nach Heimann/Schulz daran, daß Unterrichtsgegenstände für den Schüler neben der kognitiven z.B. auch noch eine pragmatische Bedeutung (Anwendung gegenüber bestimmten Themenbereichen) haben können. Das bedeutet: Das allgemeindidaktische Modell von Heimann/Schulz leistet einen entscheidenden Vorgriff auf fachdidaktische Theoriebildung, indem dieser – implizit – die Aufgabe zugeschrieben wird, danach zu fragen, wie der jeweilige Fachunterricht den Schüler in seinen Kompetenzen möglichst umfassend ansprechen und fördern kann.[16]

Außer der Gliederung des Bereiches „Intentionalität" in Dimensionen kommt auch der Schichtung in Qualitätsstufen eine heuristische Funktion zu, und zwar vor allem mit Blick auf das Problem der Leistungsmessung und -bewertung. Heimann versuchte diesen Aspekt dadurch zu kennzeichnen, indem er davon sprach, daß in dem Ordnungsschema das „Gesetz der dimensionalen Bereicherung" (1976 c, S. 137) zum Tragen komme. Diese Redewendung ist unglücklich gewählt, weil das Adjektiv „dimensional" hier nicht auf die drei Dimensionen, sondern auf die Schichtung in Stufen zielt. Was meint Heimann mit der „dimensionalen Bereicherung"? Er geht zunächst von der Forderung aus, der Lehrer müsse sich ständig bewußt sein, daß er „es mit Zielen unterschiedlichster Komplexität" (1976 c, S. 137) im Unterrichtsprozeß zu tun habe. Er „muß ein Gefühl für die Hierarchie des Anzustrebenden haben. Dieses Gesetz der dimensionalen Bereicherung wird vor allem bei einem Phänomen ganz deutlich, nämlich bei dem, was wir in der Schule Leistung nennen. Wir gewinnen da so etwas wie ein Leistungsmodell nach Stufen." (Ebd.)

Mit dieser Aussage war Heimann seiner Zeit weit voraus. Denn was er hier im Rahmen eines 1961 gehaltenen Vortrages erwähnte, hat später in der allgemein- und fachdidaktischen Forschung im Rahmen der Lernzieldiskussion einen entsprechenden Stellenwert eingenommen. Diese Diskussion wurde zunächst in den USA eingeleitet; man wollte dort aufgrund der Unzufriedenheit über unklare und nicht eindeutig auslegbare Lernplanformulierungen, die obendrein auch keine Vergleichbarkeit zwischen verschiedenen Klassen einer Schule und zwischen verschiedenen Schulen ermöglichten, ein Instrumentarium schaffen, auf dessen Basis Lernziele eindeutig definiert und Leistungen vergleichbar werden sollten. Dieses Projekt erstreckte sich auf einen Zeitraum zwischen 1949 und 1953 unter der Leitung von Benjamin S. Bloom und wurde 1956 mit einer Veröffentlichung abgeschlossen. 1972 wurde sie erstmals in deutscher Sprache unter dem Titel „Taxonomie von Lernzielen im kognitiven Bereich" (Bloom u.a. 1972) publiziert. In dem hier zu verfolgenden Zusammenhang ist weniger wichtig, wie diese Taxonomie im einzelnen aufgebaut ist, sondern was ihren Grundgedanken ausmacht: Man kann ihn letztlich reduzieren auf den Versuch, Lernziele im kognitiven Bereich nach dem Grad der Komplexität zu klassifizieren, und zwar durch insgesamt sechs Stufen (Wissen, Verstehen, Anwendung, Analyse, Synthese, Evaluation).

Die Taxonomie Blooms hat die didaktische Diskussion intensiv angeregt und beeinflußt.[17] Von Heimanns „Taxonomie" ist dagegen kein nennenswerter Impuls ausgegangen. Der entscheidende Grund dafür liegt wohl in der Tatsache, daß der genannte Vortrag erst über den von K. Reich und H. Thomas herausgegebenen Sammelband (1976) zugänglich wurde und Heimann in dem bereits eingangs angeführten Aufsatz „Didaktik als Theorie und Lehre" zwar auch das beschriebene Ordnungsschema benutzt, die Bedeutung dieser Gliederung für das schulische Leistungsproblem aber unerwähnt läßt. Trotz dieser „Wirkungslosigkeit" ist im Hinblick auf die Frage nach dem Verhältnis von Allgemeiner Didaktik und Fachdidaktik zu konstatieren: Was Bloom mit seiner Taxonomie tatsächlich gelang, nämlich der fachdidaktischen Diskussion entsprechende Anregungen für die Lehrplan- und Lernzielformulierungen zu geben, hätte prinzipiell auch vom Heimannschen Stufenschema ausgehen können. Einer Fachdidaktik, die das lerntheoretische Modell ernsthaft analysiert und auf ihre besonderen Belange hin konkretisiert hätte, wäre damit bezüglich der Leistungsmessung und Lernzielformulierung ein Stück geholfen gewesen. Insofern erinnert der Vergleich mit der Arbeit Blooms und deren Folgen daran, daß die Fachdidaktiker unter ihrer Perspektive die einzelnen terminologischen Vorgaben allgemeindidaktischer Modelle ernsthaft prüfen sollten, um sie dann fachdidaktisch zu verifizieren oder zu falsifizieren.

3.2.2. Thematik

Die im vorhergehenden beschriebene Gliederung der Intentionen steht in engem Zusammenhang mit dem Gegenstand, dem Thema; schließlich ist das „Erkennen, Fertigen, Erleben immer Erkennen, Fertigen Erleben von Etwas". (Schulz 1965, S. 28) Erst durch die Verbindung von Intention und Thema werden Lernziele formulierbar. Auf das oben herangezogene Beispiel „Fahrraddynamo" bezogen, hieße das: je nach anzustrebender Qualitätsstufe wären im kognitiven Bereich u.a. drei Lernzielformulierungen möglich: (1) Der Schüler soll die Einzelteile des Dynamos kennenlernen; (2) der Schüler soll die Funktionsweise des Dynamos erkennen; (3) der Schüler soll sich anhand vielfältiger Anwendungsbeispiele davon überzeugen, daß die von ihm zuvor gemachte Erkenntnis (Funktionsweise) richtig ist. Im Hinblick auf die fachdidaktische Theoriebildung erscheint die Aussage, Lernziele würden durch den Zusammenhang von Intentionen und Themen konstituiert, auf den ersten Blick trivial. Die Bedeutung dieses Sachverhaltes ist aber nicht zu unterschätzen, wie bereits die Überlegungen zur „Intentionalität" zeigten. Zur Erstellung eines Lehrplans sind klare Lernzielformulierungen hilfreich. Dabei ist hier weniger an Lernzieloperationalisierungen (Feinziele) für einzelne Unterrichtsstunden gedacht, durch die die pädagogische Freiheit der Lehrer und die Wahlmöglichkeiten und Lernaktivitäten der Schüler eingeengt würden, sondern eher an Orientierungen, die für umfassendere Unterrichtsreihen oder Halbjahrespläne hilfreich sind. Darüber hinaus wurde auch deutlich, daß die vom Fachlehrer, nach Möglichkeit in Abstimmung mit den Schülern, entsprechend formulierten Lernziele zu einer größeren Klarheit im Rahmen der Leistungsbeurteilung beitragen können.[18]

Schulz führt für die These, daß Intentionen und Themen zusammengenommen erst die Lernziele ergeben, ein anschauliches Beispiel an: „Der ‚Staudamm von Assuan‘ wird anders unterrichtet, je nachdem seine technischen Probleme, seine Bedeutung für Ägyptens Wirtschaft oder als Gegenstand östlicher und westlicher Entwicklungshilfe zur Debatte steht: der Assuan-Staudamm ‚an sich‘ ist wohl schwerlich als Unterrichtsthema denkbar." (1965, S. 28) Dieses Beispiel ist vergleichbar mit einem anderen, das Heimann in dem mehrfach erwähnten Vortrag angeführt hat; darin geht es um eine Unterrichtsstunde, die eine Studentin in einem 2. Schuljahr im Rahmen des Didaktikums zum Thema „Der Mond" gehalten hatte. Während die Studentin beabsichtigte, den Mond als astronomischen Gegenstand zu behandeln (die Schüler sollten die Mondphasen kennenlernen), funktionierten die Schüler das Thema um. Der Mond war für sie ein mythologischer Gegenstand, bekannt vor allem aus der Gattung Märchen.

Die beiden Beispiele (Assuan-Staudamm, Mond) bestätigen zunächst, daß Lernziele aus der Verbindung von Intentionen und Themen hervorgehen. Sie lenken die Aufmerksamkeit zudem auf einen ganz anderen Aspekt, nämlich auf die Tatsache, daß potentielle Themen erst dann zu Themen des Unterrichts werden, wenn man sie aus einer bestimmten Perspektive heraus beleuchtet. So setzt man den Assuan-Staudamm dadurch zum Thema, indem man ihn unter technischer, wirtschaftlicher oder entwicklungspolitischer Sicht zum Gegenstand des Interesses macht; der Mond kann aus astronomischer Sicht oder mythologischer Blickrichtung zum Thema werden. Heimann kennzeichnet diesen wichtigen Sachverhalt so: Ein Gegenstand wird durch seine intentionale Bestimmung zum Thema (Heimann 1976 b, S. 108). Der Stellenwert dieser didaktischen Entdeckung ist daran zu ermessen, daß sie erst viel später zu einem Gemeinplatz der didaktischen Diskussion geworden ist. So spricht etwa W. Klafki heute von der „themenkonstituierenden Funktion von Fragestellungen". (Klafki 1985 a, S. 203) Am Thema „Kernkraftwerk" ist bereits im vorangehenden Kapitel[19] illustriert worden, welche Bedeutung dieser allgemeindidaktische Sachverhalt für fachdidaktisches Denken und Handeln hat: Er hält den Fachlehrer an zu prüfen, unter welcher Perspektive das von ihm vertretene Fach einen Sachverhalt zum Thema setzen kann und welchen Beitrag sein Unterricht durch die Beschränkung auf die gewählte Perspektive zu einem fächerübergreifenden Unterricht zu leisten vermag.

Im Vergleich zur Konzeption Heimanns hat Schulz den Bereich der Thematik in einem wesentlichen Punkt erweitert: Hatte Heimann aufgrund seiner polemischen Stellungnahme gegenüber der bildungstheoretischen Didaktik I erst gar nicht nach einer möglichen Vermittlung gefragt, so greift Schulz zur Strukturierung des Entscheidungsfeldes „Thematik" auf einige Elemente der „Didaktischen Analyse" Klafkis zurück, indem er die Termini „Strukturzusammenhang", „Bedeutungsschichtung" und „Fachbezogenheit" für die Planung und Analyse von Unterricht fruchtbar macht. Die Tragfähigkeit dieser allgemeindidaktischen Begriffe für fachdidaktisches Denken und Handeln ist im Zusammenhang mit der bildungstheoretischen Didaktik I bereits nachgewiesen worden.[20]

Die im vorangegangenen herausgestellte Bedeutung der Strukturmomente „Intentionalität" und „Thematik" für fachdidaktisches Denken und Handeln darf über ein entscheidendes Defizit der lerntheoretischen Didaktik I nicht hinwegtäuschen. Das angebotene Vokabular (Dimensionen und Stufung der Intentionen, intentionale Bestimmung des Themas) leistet für die Fachdidaktiken in erster Linie „technische" Hilfe; es handelt sich hierbei nämlich um formale Vorschläge, die die Verständigung über die Intentionen und die Thematik von Unterricht erleichtern, darüber hinaus aber eine erziehungs- und bildungstheoretische Argumentation aussparen (s. Benner 1978[2], S. 354). Das bedeutet: Die von der bildungstheoretischen Didaktik eingeforderte fachdidaktische Aufgabe der begründeten Auswahl von Unterrichtsinhalten und – damit zusammenhängend – der Legitimation des einzelnen Faches im Fächerkanon bleibt in der lerntheoretischen Didaktik I außen vor. Als Theorie des Unterrichts zielt dieses allgemeindidaktische Modell auf die Vermittlung von vorgegebenen Inhalten und nicht auf deren lehrplantheoretische Auswahl und Begründung.[21]

3.2.3. Methodik

Das Entscheidungsfeld „Methodik" wird von Schulz in einem sehr weiten Sinne gefaßt; es handelt sich um alle Verfahrensweisen, „mit denen der Unterrichtsprozeß strukturiert werden kann". (Schulz 1965, S. 30) Bei der Untergliederung der Verfahrensweisen kommt es ihm nicht auf die Vollständigkeit der Aufzählung, sondern eher auf den Gesichtspunkt der Strukturverwandschaft fachspezifischer Methoden an. Schulz nennt insgesamt fünf Komplexe (ebd., S. 31 ff.):

– Methodenkonzeptionen (ganzheitlich-analytisches Verfahren, elementenhaft-synthetisches Verfahren, Projektverfahren, fachgruppenspezifisches Verfahren)
– Artikulationsschemata, die den Unterrichtsprozeß nach den vermuteten Lernphasen der Schüler strukturieren (z.B. das Artikulationsschema nach H. Roth: Stufe der Motivation – Stufe der Schwierigkeiten – Stufe der Lösung – Stufe des Tuns und Ausführens – Stufe des Behaltens und Einübens – Stufe des Bereitstellens, der Übertragung, der Integration)
– Sozialformen (Frontalunterricht, Einzelunterricht, Gruppenunterricht)
– Aktionsformen des Lehrens (direkt – indirekt)
– Urteilsformen, durch die der Lehrende zum Lernenden in ein wertendes Verhältnis tritt (Lob, Tadel, Aufmunterung, Ermahnung usw.)

Welche Bedeutung hat diese grobe Strukturierung des Bereiches „Methodik" für die fachdidaktische Theoriebildung und die Planung von Fachunterricht? Didaktische Modelle zielen darauf ab, die Komplexität von Unterrichtswirklichkeit beschreibbar und durchschaubar zu machen. Salzmann bezeichnet diese Leistung als „Deskriptionsfunktion" (1976, S. 452). Diese Funktion erfüllt offensichtlich auch die Zusammenstellung von Verfahrensweisen, wie sie von Schulz vorgenommen wird. Damit wird dem Fachdidaktiker die Aufgabe angetragen, die vorgegebene Strukturierung spezifisch auszufüllen. Auf den Aspekt „Methodenkonzeptionen" bezogen, hieße das: Die einzelne Fachdidaktik hätte aus der Sicht der lerntheoretischen Didaktik I also beispielsweise zu fragen, was es im zugehörigen Fach bedeutet, ganzheitlich-analytisch oder elementenhaft-synthetisch zu verfahren. Im Fach Physik ginge man etwa ganzheitlich-analytisch vor, wenn ein Gerät (Fahrraddynamo) in seine Bestandteile zerlegt wird; soll im Anschluß daran das Zusammenwirken der Einzelteile thematisiert werden, so handelt es sich um ein elementenhaft-synthetisches Verfahren. Ob der einzelne Fachdidaktiker allerdings mit der von Schulz erstellten Strukturierung auskommt, ist fraglich. So ergeben sich z.B. im Rahmen der Physikdidaktik zum einen Schwierigkeiten, die induktive und deduktive Methode mit dem elementenhaft-synthetischen bzw. dem ganzheitlich-analytischen Verfahren zur Deckung zu bringen. Es bedürfte nämlich einer äußerst großzügigen Interpretation, um etwa die induktive Methode, die sich im wesentlichen in die Schritte Problemstellung, Hypothesenbildung, Versuchsplanung, Versuchsdurchführung und Ergebnis unterteilen läßt, als elementenhaft-synthetische Methode zu identifizieren. Zum anderen kennt die Methodik des Physikunterrichts auch Verfahrensweisen, die Schulz in seiner Auflistung unbeachtet läßt, so z.B. die historisierende Methode oder die Entwicklung und Anwendung von Modellen (s. dazu Haspas 1973[2], Kapitel 5). Das bedeutet: Neben der Deskriptionsfunktion kommt der Strukturierung des Entscheidungsfeldes „Methodik" für die fachdidaktische Theoriebildung auch eine heuristische Funktion zu; die jeweilige Fachdidaktik hätte also nach weiteren Methoden zu suchen, die im Rahmen eines allgemeindidaktischen Modells noch nicht enthalten sind.[22] Hilfreich dürfte es dabei sein, ältere Methodiken, die evtl. durch bestimmte didaktische Trends nicht mehr aktuell erscheinen, von Zeit zu Zeit erneut auf ihre systematische Bedeutung für den Fachunterricht hin zu untersuchen. In diesem Zusammenhang wird einmal mehr ersichtlich, daß die Fachdidaktiken die direkten oder indirekten Vorgaben der allgemeindidaktischen Modelle nicht unreflektiert übernehmen dürfen, sondern zu prüfen haben, ob sich die entsprechenden Vorgriffe fachdidaktisch einlösen lassen, ob sie vollständig sind und ob gegebenenfalls eine Korrektur des allgemeindidaktischen Modells erforderlich erscheint.[23]

Neben der zuvor diskutierten Bedeutung des Bereiches „Methodik" für die fachdidaktische Theoriebildung gibt die lerntheoretische Didaktik I fruchtbare Impulse für die Planung von Fachunterricht. Im Sinne Salzmanns kann die von Schulz vorgezeichnete Strukturierung Regulierungsfunktion übernehmen. Nachdem man bestimmte Intentionen auf ein Thema bezogen und damit entsprechende Lernziele formuliert hat, stellt sich für den Unterricht planenden Lehrer die Frage nach geeigneten Methoden. Als Alternativen des methodischen Handelns sind dann die Möglichkeiten anzusehen, die Schulz anführt oder die im Rahmen der Fachdidaktik als sinnvolle Verfahrensweisen ausgewiesen sind. Durch diese alternativen Handlungsmöglichkeiten erhält der Lehrer somit Orientierungshilfe für die „praktische Regulierung des Unterrichtsprozesses". (Salzmann 1976, S. 452)

3.2.4. Medienwahl

Schon 1962 hatte Heimann beklagt, „daß die Repräsentation der Unterrichtsinhalte durch bestimmte Medien (Rede, Buch, Bild, Formel, Diagramm, Tonband, Film, Bildschirm, Naturgegenstände, Modelle, Apparaturen und Maschinen) in ihrer modifizierenden und lernförderlichen oder -hemmenden Wirkung in der bisherigen Didaktik nicht angemessen behandelt und bewertet worden ist". (Heimann 1976 a, S. 160) Das Modell der bildungstheoretischen Didaktik I hatte aufgrund des vorrangigen Interesses an der Begründung und Auswahl von Bildungsinhalten die Bedeutung der Medien (auch der Methoden) für den Unterrichtsprozeß ausgeblendet. Dadurch aber, daß sich die lerntheoretische Didaktik demgegenüber auf die Frage der Vermittlung von Inhalten konzentrierte, wurde die Aufmerksamkeit des Unterricht planenden Lehrers zwangsläufig auch auf den Einsatz von Medien gelenkt.[24]

Was hinsichtlich der Methodik bereits oben festgestellt wurde, gilt auch für das Entscheidungsfeld „Medienwahl": Das lerntheoretische Modell übernimmt hier zunächst eine deskriptive Funktion; die Bedeutung des Merkmalkomplexes „Medienwahl" liegt darin, daß dem Modellverwender Unterrichtswirklichkeit mittels einer bestimmten Fragestellung transparent wird, nämlich durch die Frage, inwiefern Medien den Lernprozeß, die Vermittlung von Inhalten, fördern oder hemmen. So beschreibt Schulz einige Möglichkeiten, durch die der zu behandelnde Gegenstand mit Hilfe von Medien repräsentiert werden kann, z.B. durch Muster, Abbildungen, Symbole oder Modelle (Schulz 1965, S. 35). Aufgabe der Fachdidaktiken müßte es demnach sein, die fachspezifischen Medien aufzulisten und deren mögliche Verwendungsweisen zu beschreiben.

Für den Lehrenden bekommt das Entscheidungsfeld „Medienwahl" zudem eine Antizipationsfunktion. Um es am Beispiel zu verdeutlichen: Die von Schulz aufgelisteten Medien (Muster, Abbildungen usw.) unterscheiden sich u.a. durch ihren unterschiedlichen Abstraktheitsgrad, durch den sie Wirklichkeit repräsentieren. Muster (z.B. ein Stück Metall) kann man anfassen (es fühlt sich kalt an), fallen lassen (Metalle haben einen spezifischen Klang) oder ritzen (dann zeigt sich der durch die äußere Schicht verdeckte Metallglanz). Dieses Medium ermöglicht vielfältige sinnliche Erfahrungen. Eine Abbildung schränkt diese Vielfalt bereits erheblich ein. Besonders groß wird der Abstand zwischen Gegenstand und Wirklichkeit im Modell; ein Gittermodell veranschaulicht nur noch die Zuordnung der einzelnen Metallatome. Je nachdem, welches Medium im Unterricht eingesetzt wird, hat der Lehrer sich auf die Schwierigkeiten zu besinnen, die sich für die Schüler im Umgang mit dem jeweiligen Medium stellen können. Allgemein ist davon auszugehen, daß das Medium um so größere Verständnisprobleme bereitet, je abstrakter es den Gegenstand darstellt. Die einzelnen Fachdidaktiken hätten daher u.a. zu untersuchen, welche Medien überhaupt für den zugehörigen Fachunterricht geeignet sind, wie sich diese Medien nach dem Grad der Abstraktheit ordnen lassen und welche Schwierigkeiten beim Einsatz der jeweiligen Medien zu erwarten sind. Aufgrund dieser Vorleistungen hätte der Lehrer dann die Möglichkeit, etwaige Lernhemmungen zu antizipieren und entspre-

chende Lernhilfen (Impulse, Rekurs auf anschaulichere Medien, auf vorangegangene
Erfahrungen usw.) anzubieten.

3.2.5. Anthropogene Voraussetzungen[25]

Wenn Lernen als „Anpassung" verstanden wird, dann muß der Lehrende mit der
Vorgeprägtheit der zu Unterrichtenden rechnen. „Ein Anpassungsstand und eine gewisse Anpassungsoffenheit gegenüber neuen Erfahrungen werden in jedem Unterricht vorausgesetzt." (Schulz 1965, S. 36) Als Bedingungen des Unterrichtsprozesses
sind daher Lernkapazität, Altersstufenmentalität, Geschlecht, Milieu und Individuallage des einzelnen Schülers ins Kalkül zu ziehen (Schulz 1965, ebd.; Heimann 1976
b, S. 113). Hier ist wieder zu fragen, ob Schulz „Lernen" als aktive Auseinandersetzung des einzelnen mit Natur und Gesellschaft betrachtet oder als vom Lehrer zu
steuernde Anpassungsleistung; seine Äußerungen legen die Vermutung nahe, daß
Schulz sich eher zu der zweiten Grundannahme entschlossen hat. Denn nur so wird
seine Warnung verständlich: Wer bei der Unterrichtsplanung mit den anthropogenen
Voraussetzungen „nicht rechnen kann, wird vielleicht erfahren, daß sie sich auch
gegen seinen Willen durchsetzen". (Schulz 1965, S. 36) Das oben angeführte Unterrichtsbeispiel verdeutlicht diese „Gefahr"; die Studentin, die den Mond als astronomischen Gegenstand behandeln wollte (Kennenlernen der Mondphasen), traf im
Stundenverlauf immer wieder auf die Schwierigkeit, daß die Schüler den Mond als
mythologischen Gegenstand betrachteten. Als solcher war er ihnen nämlich aufgrund der altersgemäßen Aufgeschlossenheit für Märchen aus dieser Gattung bekannt. Das heißt also: Die Studentin hatte mit diesen anthropogenen Gegebenheiten
nicht gerechnet; und so setzten sich die Schüler gegen ihren Willen durch, indem sie
es ihr „schwermachten", das Unterrichtsziel zu erreichen.

Die Relevanz der allgemeindidaktischen Kategorie „anthropogene Voraussetzungen" für die fachdidaktische Forschung ist im Zusammenhang mit dem oben skizzierten Forschungsprogramm Achtenhagens bereits angesprochen worden. Deshalb
seien hier nur einige ergänzende Anmerkungen hinzugefügt. Zunächst einmal macht
diese Kategorie darauf aufmerksam, daß die Entwicklungspsychologie eine wichtige
Bezugsdisziplin jeder Fachdidaktik ist; sie kann z.B. wesentliche Erkenntnisse über
die Denk- und Lernfähigkeit von Lernern verschiedener Altersstufen liefern. Wie die
Fachdidaktik diese Erkenntnisse transponieren kann, läßt sich exemplarisch an
einem Forschungsbereich der Fachdidaktik Physik illustrieren. Bekannt ist die psychologische Tatsache, daß Kinder, etwa im Grundschulalter, bestimmte Phänomene
mit Begriffen bezeichnen, die denen der Wissenschaft „Physik" in keiner Weise entsprechen. Dieses Faktum ist allgemein durch entwicklungspsychologische Arbeiten
(s. Piaget 1975 a, 1975 b; Kubli 1981, 1983) abgedeckt, wurde aber vor allem auch
durch spezifische Untersuchungen der Fachdidaktiker oftmals bestätigt.[26] Worin unterscheiden sich die Begrifflichkeiten der Schüler von denen der Fachwissenschaftler? D. Nachtigall nennt einige Merkmale dieser vorwissenschaftlichen Begriffe, in
der Fachdidaktik auch als „Präkonzepte" bezeichnet: Sie werden „vom selbstzen-
trierten Standpunkt der Kinder aus entwickelt, ... dienen der Erklärung eng be-

grenzter, partikularer Phänomene und sind weder kohärent noch logisch widerspruchsfrei. Manche Bereiche des täglichen Lebens sind mit einem, andere mit keinem, wieder andere mit mehreren Präkonzepten besetzt. Die Entwicklung des Sprachvermögens kann, da Präkonzepte von der Umgangssprache abhängig sind, mit zunehmendem Alter zum Anwachsen der Differenzen zwischen Präkonzepten und physikalischen Konzepten führen. Das Spektrum der Präkonzepte zu einem bestimmten physikalischen Phänomen kann bei Beginn des Physikunterrichts sehr umfangreich sein. Sie können religiöse, teleologische, magisch-animistische, alchimistische, rationale u. a. „Färbungen" tragen." (Nachtigall 1986, S. 98)

Entscheidend ist nun die Überlegung, wie man im Unterricht mit derartigen Präkonzepten umgehen will. Sollen sie möglichst schnell an die Konzepte des Wissenschaftlers angepaßt werden, oder soll man den Schülern genügend Zeit gewähren, sich in die Denkweisen und die damit verbundenen Begriffsstrukturen des Physikers vorzutasten? Soll man in der Sekundarstufe I physikalische Begriffe schon in mathematisierter Form einführen, oder sollte dies eher für die Sekundarstufe II reserviert bleiben? Wie immer man auch diese Fragen beantwortet, es wird darin ein implizites Verständnis von Fachdidaktik zum Ausdruck gebracht. Das trifft auch auf den von Schulz zugrundegelegten Lernbegriff zu; bedeutet „Anpassung" nämlich „Anpassung an wissenschaftlich abgesicherte Erkenntnisse und entsprechende begriffliche Konventionen", so hat der Fachunterricht u. a. die Aufgabe, das Fachwissen möglichst schnell und reibungslos an die Lernvoraussetzungen der Schüler anzuschließen. Fachdidaktik wäre in diesem Sinne keine eigenständige Disziplin, sondern ein verlängerter Arm der zugehörigen Fachwissenschaft(en), der darauf abhebt, im Schüler – freilich unter Berücksichtigung seiner Lernkapazität – ein verkleinertes Bild vom derzeitigen Stand der Wissenschaft zu erzeugen. Die in dem von Heimann/Otto/Schulz herausgegebenen Band „Unterricht – Analyse und Planung" abgedruckten Unterrichtsentwürfe scheinen eine Bestätigung dieser These zu sein, weil darin nicht selten die Erhebung des Schülervorwissens genutzt wird, um möglichst ohne Umwege und Irrtümer zur Sache, zum Thema zu kommen. Insofern bleibt zu fragen ob die enorme Erweiterung der Zuständigkeit der Fachdidaktiken, wie sie von Heimann indirekt eingeleitet worden ist[27], durch einen allzu engen Lernbegriff im Bedingungsfeld „anthropogene Voraussetzungen" von Schulz nicht wieder unnötig aufs Spiel gesetzt wird.

Fragt man nach der Bedeutung der anthropogenen Voraussetzungen für die konkrete Unterrichtsplanung, so ist auch hier wieder die Antizipationsfunktion des allgemeindidaktischen Modells für den Fachunterricht hervorzuheben. Dadurch, daß mit diesem Bedingungsfeld wesentliche Aspekte (Lernkapazität, Alter, Geschlecht, Milieu) akzentuiert werden, richtet sich die Aufmerksamkeit des Lehrenden auf die Individuallage des Schülers. Am Beispiel des Physikunterrichts veranschaulicht, hieße das: Auf dem Hintergrund der Tatsache, daß die Jungen einer Klasse dem Lernen von Physik aufgeschlossener gegenüberstehen als die Mädchen[28], oder aufgrund des durch die häuslichen Verhältnisse in hohem Maße mitbedingten unterschiedlichen Vorwissens und Interesses der Schüler kann der Lehrer im voraus abschätzen, welche fördernde oder hemmende Wirkung von diesen anthropogenen Bedingungen auf den einzelnen ausgeht. Die Antizipation dieser Wirkungen zeigt sich dann hilfreich bei der Suche nach geeigneten Lernhilfen (Medien, Methoden).

3.2.6. Sozial-kulturelle Voraussetzungen

Das Bedingungsfeld „sozial-kulturelle Voraussetzungen" läßt sich nach Heimann und Schulz durch drei Abstufungen kennzeichnen. Schulisches Lernen ereignet sich nämlich in Situationen (Heimann 1976 a, S. 150), die eine unterschiedliche Reichweite haben. Mit „Situationen" kann erstens die Klassensituation, das Klassenklima, gemeint sein. So hat jede Klasse beispielsweise „eine bestimmte Frequenz, die Schüler sind gegebenenfalls nach Alter, Geschlecht, Konfession ausgewählt worden. Ranggefälle, Kooperationsformen, Rivalisationsformen, Elemente formeller und informeller Gruppenordnung entstehen." (Schulz 1965, S. 37) Nun ist diese Klassensituation nicht isoliert zu betrachten, sondern „geschachtelt in andere" Situationen (Heimann 1976 b, S. 115). Deshalb ist Unterricht zweitens auch immer mitbedingt durch die Schulsituation, da der Lehrplan, die Ausstattung der Schule oder der Geist des Kollegiums in den Unterricht und dessen Planung hineinwirken. Und drittens kann mit „Situation" auch die sozial-kulturelle Gesamtsituation gemeint sein; Unterricht ist demnach auch beeinflußt durch Forderungen gesellschaftlicher Gruppen. Heimann veranschaulicht diesen Einfluß am Beispiel der mehrfach erwähnten Unterrichtsstunde zum Thema „Der Mond". Die „sozial-kulturelle Gesamtsituation drängt den Lehrer in ganz bestimmte Verhaltensweisen hinein! So drängt z.B. unsere Zeitsituation den Lehrer dazu, etwa technische, astronomische, naturwissenschaftliche Dinge verfrüht in den Horizont unserer Kinder zu bringen, vielleicht schon im 2., 3., 4. Schuljahr." (Heimann 1976 b, S. 116)

Um die Bedeutung der allgemeindidaktischen Kategorie „sozial-kulturelle Voraussetzungen" für die Fachdidaktik näher zu erläutern, beschränken sich die folgenden Überlegungen exemplarisch auf die zuletzt genannte Situationsvariante, die sozial-kulturelle Gesamtsituation. Damit soll nicht zum Ausdruck gebracht werden, daß die beiden anderen Situationsformen (Klassen- und Schulsituation) weniger bedeutend sind; die sozial-kulturelle Gesamtsituation bestimmt aber die Klassen- und Schulsituation immer mit, so daß Aussagen über erstere auch Geltung für letztere haben. Darüber hinaus kann durch die sozial-kulturelle Gesamtsituation in besonderem Maße der gesellschaftspolitische Einfluß auf Unterricht dokumentiert werden. Wie die sozial-kulturelle Gesamtsituation auf Fachunterricht einwirkt und welche fachdidaktische Bedeutung damit die Rede von den „sozial-kulturellen Bedingungen" hat, läßt sich an einem ausgewählten Beispielbereich aufzeigen. Physikunterricht wird bekanntlich in verschiedenen Schulformen erteilt, so etwa in der Hauptschule, im Gymnasium auf der Sekundarstufe II oder in den berufsbildenden Schulen, allerdings mit dem Unterschied, daß Physik das eine Mal integraler Bestandteil eines Projektes, das andere Mal ein eigenständiges Fach oder Teil eines berufsausbildenden Faches ist.

– Für die Hauptschulen des Landes Nordrhein-Westfalen existieren Empfehlungen des Kultusministers für den Wahlpflichtunterricht der Klasse 9 im Lernbereich Naturwissenschaften, die als Projektentwürfe in einer anregenden Schrift zusammengestellt sind (Projektentwürfe 1981). Diese Projektentwürfe sind nicht fachübergreifend, sondern im Rahmen eines Faches als thematische Projekte konzipiert. Im Fach Physik wird beispielsweise das Projekt „Wir richten ein Aquarium mit steuerbarer Heizung und Außenfilterung ein" (S. 35 – 51) vorgeschlagen. Die Schüler werden dadurch in die Heiz- und Filtertechnik eines Aquariums eingeführt, indem sie z.B. etwas über den Aspekt „Sicherheit" erfahren, einfache Heizmodelle kennenlernen, Einblick in die grundsätzliche Funktionsweise eines Leistungstransistors gewinnen und Anweisungen für den Bau eines Heizers bekommen, die etwa auch „Hinweise zum Löten" (S. 43) beinhalten.

– Im Physikunterricht an Gymnasien des Landes Nordrhein-Westfalen ist in einer Halbjahressequenz des 12. Schuljahres das Gebiet „Elektronik" zu behandeln. Neben grundsätzlichen Kenntnissen über die Funktionsweise elektronischer Bauteile werden hier physikalische Sachverhalte auch durch spezifische mathematische Verfahren detailliert erfaßt und beschrieben. Das ist beispielsweise einer Aufgabe eines Mustervorschlages der Richtlinien zu entnehmen, der Anregungen für die Gestaltung einer mündlichen Abiturprüfung geben will; darin heißt es: „Begründen Sie die für den Ausschaltvorgang gültige Differentialgleichung $(R_1 + R_2) \times I + L \times I = 0$." (Richtlinien für die gymnasiale Oberstufe/Physik 1981, S. 178)

– An berufsbildenden Schulen ist Physik kein eigenständiges Fach; physikalische Sachverhalte werden hier als Bestandteile von Fachkomplexen behandelt. Die Ausbildung zum/zur Radio- und Fernsehtechniker/in erfolgt unter anderem im Fach Technologie. In diesem Fach sollen die Schüler im zweiten Ausbildungsjahr in 120 Stunden ihre breiten Kenntnisse, die sie im ersten Ausbildungsjahr gewonnen haben, erweitern und vertiefen. Wie differenziert die Themenkreise gestaltet sind, läßt ein Blick in die Richtlinien erkennen: Allein 26 Unterrichtsstunden sind für die Themenkreise „bipolare" und „unipolare Transistoren" gedacht, die sich in entsprechende Themensektoren aufteilen: Aufbau und funktionales Verhalten bipolarer Transistoren, Transistorenkennlinien und -grenzwerte, Arbeitspunkteinstellung, einstufige Transistorverstärker, Sperrschicht, Isolierschicht. (Richtlinien und Lehrpläne für die Berufsschule/Radio- und Fernsehtechniker/in 1983, S. 23)

Inwiefern lassen diese drei ausgewählten Beispiele nun Schlüsse auf die sozialkulturelle Gesamtsituation zu? Im Unterricht der Hauptschule geht es offenbar vorwiegend darum, physikalische Vorgänge des alltäglichen Lebens (Heizung im Aquarium) verstehen zu können und auf der Basis entsprechender Grundeinsichten für die reibungslose und sichere Funktion von Geräten sorgen zu können. Mit Klafki dürfte man daher sagen, man habe hier die „Perspektive des gebildeten Laien" im Auge. Unterricht hat soviel Allgemeinbildung zu vermitteln, daß man auch den Anforderungen des Alltags gewachsen ist, die durch die spätere Berufsausbildung, z.B. durch eine kaufmännische Lehre, nicht abgedeckt werden. Anders liegen dagegen die Verhältnisse im gymnasialen Physikunterricht. Zwar soll der Schüler im Bereich Elektronik auch grundlegende Kenntnisse und Erkenntnisse gewinnen, darüber hinaus aber soll er an exemplarischen Fällen auch schon Methoden des Wissenschaftlers in einer angemessenen Weise beherrschen können. In der Anwendung der Differentialrechnung auf physikalische Sachverhalte, also in der Anwendung einer für den Physiker unentbehrlichen mathematischen Hilfe, kommt eines der wesentlichen Ziele des Unterrichts zum Ausdruck: Gymnasialunterricht soll durch „wissenschaftspropädeutische Ausbildung" eine „allgemeine Studierfähigkeit" (s. Richtlinien für die gymnasiale Oberstufe/Physik, S. 14 f.) ermöglichen. Der/die zukünftige Radio- und Fernsehtechniker/in wird zwar auch im Fach „Mathematik" ausgebildet, Kenntnisse und Beherrschung der Differentialgleichungen sind hier aber völlig entbehrlich. Die Auszubildenden müssen demnächst nicht in der Lage sein, elektronische Vorgänge berechnen, sondern Radio- und Fernsehgeräte instand setzen zu können. Hierzu sind breite Kenntnisse über die jeweils verwendeten elektronischen Bauteile und deren Zusammenwirken notwendig.

Man darf also zusammenfassend sagen: Jede der hier angesprochenen Schulformen ist in eine sozialkulturelle Gesamtsituation eingebettet, die von ihr, und damit auch von Lehrenden und Lernenden, die Einlösung bestimmter Anforderungen verlangt; die Hauptschulausbildung zielt auf eine recht breite, auf die Alltagssituation abgestimmte Schulbildung, die gymnasiale Oberstufe auf eine allgemeine Studierfähigkeit durch wissenschaftspropädeutische Ausbildung, und die Berufsschulen bilden im Hinblick auf spezifische Berufsqualifikationen aus. Diese unterschiedlichen Zielsetzungen werden über Richtlinien und Lehrpläne zu mehr oder weniger verbindlichen Maximen des Unterrichts. Heimann sprach deshalb auch vom „spezifischen Situationsdruck" (1976 b, S. 115), unter dem jeglicher Unterricht steht. Aufgabe des Lehrers ist es, sich die Wirkung der sozialkulturellen Gesamtsituation bewußt zu machen. Die lerntheoretische Didaktik I stellt somit eine fachdidaktisch bedeutsame Frage: Welche „Tendenzen zur Wahrung bestimmter gesellschaftlicher Traditionen und zur Durchsetzung moderner Trends" (Schulz 1965, S. 37) fließen in die Unterrichtsplanung mit ein? Eine Situationsanalyse hätte für den Lehrer dann die Funktion, sich die gesellschaftspolitischen Einflüsse auf Unterricht und die möglichen (z.B. wirtschaftlichen) Interessen bestimmter Gruppen bewußt zu machen.

Die lerntheoretische Didaktik I liefert allerdings keine Kriterien, nach denen der Lehrer die Ergebnisse einer Situationsanalyse – die wohl nur von der pädagogischen Forschung mit Unterstützung der Soziologie und nicht vom einzelnen Lehrer erbracht werden kann – beurteilen könnte. Sie will, anders als die bildungstheoretische Didaktik, mit ihren Bedingungsfeldern formale Kategorien aufweisen, durch die Unterricht im deskriptiven Sinne analysierbar wird. Spätestens aber bei der Planung von Unterricht steht der Lehrer vor der Entscheidung, ob er die von ihm erkannten Anforderungen des Staates, einzelner Verbände oder Institutionen teilen und in entsprechende Lernziele umsetzen will. Dieses Problem wird weiter unten noch einmal aufgegriffen, wenn es um die Frage der Prüfung der anthropogenen und sozialkulturellen Bedingungen (Bedingungsprüfung) geht.

Fazit: Die von Heimann beschriebenen sechs Strukturmomente (Intentionalität, Thematik, Methodik, Medien, anthropogene und sozial-kulturelle Bedingungen) leisten konstruktive Vorgriffe auf fachdidaktisches Denken und Handeln. Der heuristische Wert der Gliederung der Intentionen in verschiedene Dimensionen liegt in der Forderung, Unterricht nicht auf die bloße Vermittlung von kognitiven Fähigkeiten zu beschränken, sondern auch der pragmatischen und emotionalen Dimension des Lernens gerecht zu werden. Durch die Schichtung von Intentionen (Anbahnung, Entfaltung, Gestaltung) werden diese nach dem Grad ihrer Komplexität geordnet. Die so zustandegekommenen Qualitätsstufen sind als formales Raster zu verstehen, das zum einen eine Beschreibung der unterschiedlichen Lernzielebenen ermöglicht, zum anderen aber auch als Ansatz zur Leistungsmessung und -bewertung dient. Mit dem Strukturmoment „Thematik" zielt Heimann auf die „intentionale Bestimmung" eines Themas. Danach wird ein Gegenstand erst unter einer bestimmten Perspektive zum Thema. Diesem allgemeindidaktischen Sachverhalt ist in zweifacher Weise fachdidaktische Relevanz zuzubilligen. Denn dadurch werden Fachdidaktiker und Lehrer angehalten zu prüfen, unter welcher Perspektive im besonderen Fach ein Gegenstand thematisiert werden kann und welchen Beitrag dann diese fachspezifische Begrenzung zu einem fächerübergreifenden Unterricht erbringt.

Die beiden Strukturmomente „Methodik" und „Medien" lassen sich als Versuche verstehen, durch die Verfahrensweisen des Unterrichtsprozesses (Methoden, Sozialformen usw.) allgemein beschrieben und Medien nach dem Grad ihrer Abstraktheit formal klassifiziert werden. Gegenüber der fachdidaktischen Forschung sind diese allgemeinen Vorgaben als Aufforderung zu verstehen, nach fachspezifischen Möglichkeiten des Medieneinsatzes zu fragen und darüber hinaus dann auch die von der lerntheoretischen Didaktik I vorgegebenen Optionen zu erweitern.

Entscheidende Anregungen für die fachdidaktische Theoriebildung und die Planung und Analyse von Fachunterricht gehen auch von den beiden „Bedingungsfeldern" (anthropogene und sozial-kulturelle Bedingungen) aus. Der Verweis auf die Verflechtung des Fachunterrichts in die sozialkulturelle Gesamtsituation erfordert eine fachdidaktische Besinnung auf die übergreifenden Ziele des Unterrichts und auf die sie bedingenden gesellschaftlichen bzw. gesellschaftspolitischen Erwartungen. Eine Lösung dieser Aufgaben dürfte in hohem Maße zur Klärung des Stellenwertes eines Faches im Rahmen des Fächerkanons beitragen. Im Hinblick auf die konkrete Planung und Analyse von Fachunterricht darf man dem Strukturmoment „anthropogene und sozial-kulturelle Bedingungen" im wesentlichen eine Antizipationsfunktion zuschreiben, weil der Lehrende über die Berücksichtigung der Individuallage des Schülers (die auch immer soziokulturell bedingt ist) mögliche Lernhemmungen voraussehen und entsprechende Lernhilfen in Erwägung ziehen kann.

3.3. Prinzipien der Unterrichtsplanung

3.3.1. Das Prinzip der Interdependenz

In der vorangegangenen Darstellung ist das Zusammenwirken (die Interdependenz) der Strukturmomente ausgeklammert worden, um zunächst einmal die spezifische Bedeutung der einzelnen Momente für fachdidaktisches Denken und Handeln aufweisen zu können. An einem konkreten Beispiel soll nun dieser Aspekt der Interdependenz der Planungsmomente thematisiert werden. Da die Tragfähigkeit der Interdependenzthese für die fachdidaktische Theoriebildung bereits oben[29] im Rückgriff auf das Forschungsprogramm Achtenhagens diskutiert worden ist, soll anhand des folgenden Beispiels vor allem ihr Wert für die Planung von Unterricht untersucht werden.

Das Thema „Anzeigenwerbung" ist zum Standardrepertoire des Deutschunterrichts zu zählen. In der Sekundarstufe I, das läßt ein Blick in die verschiedensten Sprachbücher schnell erkennen, wird es in den einzelnen Jahrgangsklassen mehrfach aufgegriffen. In den Klassen 5 und 6 ist es etwa üblich, Werbetexte auf ihre syntaktischen Elemente hin untersuchen zu lassen. Die Syntax ist im Sinne der Linguistik als die Ordnung des sprachlichen Zeichensystems nach bestimmten Regeln zu verstehen, durch die einzelne Zeichen (Wörter) miteinander verknüpft und umgeformt werden dürfen. In der Anzeigenwerbung bevorzugen die Werbetexter ganz bestimmte syntaktische Elemente und Zuordnungen, so z.B. Wiederholungen, unvollständige Sätze, Nebensätze ohne Hauptsätze, Kurzsätze, Aufzählungen, Häufung von Adjektiven, Reime, Leerformeln, Antithesen, Alliterationen. Mit diesen Elementen werden die einzelnen Intentionen des Textes umgesetzt. Unvollständige Sätze, Nebensätze oder Hauptsätze sollen den Leser einerseits kurz und bündig informieren, ihn andererseits aber auch durch die ungewöhnlichen syntaktischen Anordnungen möglichst auf den Text fixieren. In der Häufung von Adjektiven, in Wiederholungen, Wortschöpfungen oder Aufzählungen sollen die Eigenschaften des anzuzeigenden Produktes umfassend präsentiert werden, während Reime, Antithesen oder Alliterationen eher aus Gründen der Lesbarkeit und Einprägsamkeit Verwendung finden.

Eine wichtige Entscheidung hinsichtlich der Momente „Intentionalität" und „Thematik" ist bereits gefallen, wenn sich der Lehrer entschließt, Anzeigen auf die erwähnten syntaktischen Elemente hin analysieren zu lassen. Besonderes oder ausschließliches Interesse gilt hier nämlich der sprachlichen Gestaltung; die Zuordnung von Bild und Text oder die Komposition der Farben im Bildteil spielen demgegenüber eine untergeordnete Rolle. Der Gegenstand „Anzeigenwerbung" ist also, um mit Heimann zu sprechen, durch die intentionale Bestimmung zum Thema geworden. Die Entscheidung für dieses Thema muß zudem in ihrer Abhängigkeit von den anthropogenen Voraussetzungen der Schüler gesehen werden. Denn es wird in dem Beispiel offensichtlich vorausgesetzt, daß die Schüler bereits über ein notwendiges Repertoire an grammatischen Grundkenntnissen verfügen.

Wenn man für das hier herangezogene Unterrichtsbeispiel einmal annimmt, daß im Bereich „Intentionalität" die Qualitätsstufe „Überzeugung" (kognitive Dimension) angestrebt werden soll, so ist diese Entscheidung wiederum nicht losgelöst von der Wahl der Methodenkonzeption zu betrachten. Der Unterricht müßte von der Analyse eines einzelnen Anzeigentextes ausgehen, damit die Schüler die syntaktischen Elemente zur Kenntnis nehmen und die darin zum Ausdruck kommenden Intentionen des Werbetextes erkennen können. Danach läßt sich ein Vergleich verschiedener Anzeigen anstellen. Die Tatsache, daß die erwähnten syntaktischen Elemente in nahezu allen Texten zu finden sind, kann zu der „Überzeugung" führen, daß das Erkannte „richtig" ist. Dieser methodische Zugriff wäre der induktiven Methode zuzurechnen, da die Erkenntnis zunächst am einzelnen Gegenstand gewonnen und dann an anderen Texten auf ihre Verallgemeinerbarkeit hin geprüft wird.

Die vorangegangenen Überlegungen stehen in engem Zusammenhang mit den zum Einsatz kommenden Medien: Es müssen Anzeigentexte vorliegen, damit die Analysen überhaupt durchgeführt werden können. Das anzuzeigende Produkt sollte im Erfahrungshorizont und Interessenbereich der Schüler liegen. Unter Umständen würden sich auch solche Texte eignen, die als Zielgruppe 11- bis 12jährige Kinder ansprechen, so daß die Schüler entdecken können, wie sie selbst zum Objekt sprachlicher Manipulationstechniken gemacht werden.

Das Planungsmodell soll hier nicht weiter verfolgt werden; denn auch ohne den näheren Bezug auf mögliche Aktions-, Sozial-, Urteilsformen oder sozialkulturelle Voraussetzungen kann es verdeutlichen, daß Entscheidungen in einem bestimmten Bereich immer im Zusammenhang mit den Entscheidungen in anderen Bereichen zu sehen und zu fällen sind. Dies ist eine sehr wichtige, wenn nicht sogar die entscheidende Erkenntnis, die die lerntheoretische Didaktik I für die Analyse und Planung von Fachunterricht bereithält.[30] Wenn man einmal hypothetisch von dem wünschenswerten Zustand ausgeht, daß die fachdidaktische Forschung für den Lehrer in ausreichendem Maße Informationen und eine stringente Argumentation hinsichtlich der Entscheidungs- und Bedingungsfelder bereithält, dann sind es im wesentlichen zwei Funktionen, die durch die Interdependenzthese in den Blick kommen, nämlich die Regulierungs- und die Antizipationsfunktion. Die Regulierung von Unterricht wird erleichtert, weil durch den Zusammenhang der einzelnen Strukturmomente erkennbar wird, daß bestimmte Entscheidungen, die dem Lehrer wünschenswert und realisierbar erscheinen, nur dann umzusetzen sind, wenn andere Planungsentscheidungen darauf abgestimmt sind. Die Antizipationsfunktion der Interdependenzthese liegt demnach vor allem darin, durch planende Voraussicht bereits zu erkennen, welche Entscheidungen auf andere Entscheidungen derart einwirken, daß der Lernerfolg dadurch erheblich beeinträchtigt wird oder sogar ausbleibt.[31]

3.3.2. Das Prinzip der Variabilität

Ein zweites Prinzip der Unterrichtsplanung hängt eng mit der Interdependenzthese zusammen. Denn gemäß dieser These sind Entscheidungen, die der Lehrer aufgrund unzulänglicher oder falscher Annahmen getroffen hat, entsprechend zu revidieren.

Hat der Lehrer beispielsweise den bisherigen Kenntnisstand und das Lernvermögen seiner Schüler unterschätzt, so wird er für die folgenden Unterrichtsstunden eine Lernzielkorrektur „nach oben" vornehmen; das bedeutet: Er wird nicht starr an dem Planungskonzept der Unterrichtsreihe festhalten, sondern es – falls das die Analyse des Unterrichts ergibt – variieren. Dieses Prinzip der Variabilität meint jedoch noch mehr als die nachträgliche Korrektur von Lernzielen. Es zielt auch schon bei der Planung selbst auf mögliche Alternativen. In diesem Zusammenhang kommt es Schulz besonders darauf an zu zeigen, daß nicht nur der Lehrer für die Planung zuständig ist. „Der Unterrichtsplan wird erst unter Mitwirkung der Schüler fertig. Unerwartete Erfahrungen können verarbeitet werden. Variabilität des Unterrichts hat z.B. erreicht, wer Schüler am Entwurf eines Arbeitsplanes beteiligen kann, wer mehrere, auch von Schülern selbst gefundene Gedichte zur Auswahl stellt, wenn schon eines auswendig, by heart, gelernt werden soll, wer an entscheidenden Lernprozessen wenigstens die wahrscheinlichste Variante des Verlaufs so gut vorbereitet hat, daß er ohne Schwierigkeit auch sie verfolgen kann, wenn es sich ergibt." (Schulz 1965, S. 45)

Was dieses allgemeindidaktische Prinzip der Variabilität für fachdidaktisches Denken und Handeln bedeutet, läßt sich an einem Vergleich demonstrieren. Erst 10 Jahre nach dem erstmaligen Erscheinen des Buches „Unterricht – Analyse und Planung" wurde unter dem Schlagwort „Offenes Curriculum" im wesentlichen der Sachverhalt diskutiert, den Schulz mit dem Prinzip der Variabilität zum Ausdruck brachte. Zwar wurde der Begriff „Offenes Curriculum" bereits 1972 von H. Brügelmann in die deutschsprachige pädagogische Literatur eingeführt (s. Brügelmann 1972), eine umfangreiche Rezeption und Weiterentwicklung setzte aber erst Mitte der 70er Jahre ein. Die Hauptintention, die man mit diesem Konzept verfolgen wollte, muß im Zusammenhang mit der vorangegangenen Entwicklung gesehen werden. Die von Robinsohn 1967 eingeleitete Curriculumrevision hatte teilweise zu der Vorstellung geführt, daß es sinnvoll sei, den Unterrichtenden mehr oder weniger vollständig ausgearbeitete Unterrichtsreihen zur Verfügung zu stellen, die der Lehrer als Ausführungsorgan nur noch im Unterricht umzusetzen brauchte. Besonderen Einfluß hatten dabei die einseitige Betonung der Wissenschaftsorientierung der Inhalte und die damit zusammenhängende Operationalisierungseuphorie gewonnen. Als Reaktion auf diese zweckrational konstruierten und methodisch ausgeklügelten Curricula setzte dann entsprechende Kritik ein. Man warf ein, „daß solche Planungskonzeptionen, insbesondere dann, wenn sie zu schematisch angewendet werden oder wenn sie einen zu generellen Anspruch erheben, zu einer starken Einschränkung der planerischen Phantasie des Lehrers und der Lehrern und Schülern im Unterricht verbleibenden Handlungsspielräume führen". (Messner 1974, S. 9) Demgegenüber komme es darauf an, die Mündigkeit und soziale Handlungsfähigkeit der Schüler anzustreben. Diese Ziele könnten nur erreicht werden, „wenn die Schüler lernen, sich den Sinn dessen, was sie in der Schule tun, zu vergegenwärtigen, sich selbst Ziele zu setzen und ihr eigenes Lernen selbst zu organisieren. Es wäre – lern- und sozialpsychologisch gesehen – absurd anzunehmen, daß sich am Ende einer langen Folge hinsichtlich ihrer Ziele und Inhalte fremdbestimmter schulischer

Lernprozesse bei den Schülern plötzlich Selbständigkeit und Entscheidungsfähigkeit einstellen könnten." (Messner 1974, S. 14 f.) In methodischer Hinsicht forderte man deshalb einen „erfahrungsoffenen Unterricht" (Garlichs/Groddeck 1978), der auf Lernprozesse und Gegenstände aus dem Erlebnisbereich der Lernenden zurückgreift.

Mit diesen wenigen Anmerkungen kann die Diskussion um „Offene Curricula" und deren Entwicklung nur oberflächlich eingefangen werden. Für die hier zu verfolgende Fragestellung nach dem Verhältnis von Allgemeiner Didaktik und Fachdidaktik bestätigt dieser Vergleich eine bereits im Zusammenhang mit dem Bereich „Intentionalität" gewonnene Einsicht.[32] Allgemeindidaktische Modelle stellen durch ihre Terminologie und systematischen Aussagen ein heuristisches Potential bereit: Die fachdidaktische Forschung hätte das Prinzip der Variabilität ernsthaft prüfen können. Es wäre zu fragen gewesen, was es im einzelnen Fach heißen könnte und wie es möglich sei, den Schüler an der Planung von Unteticht in altersgemäßer Form zu beteiligen. Für den Handlungsbereich des Lehrers hätte die lerntheoretische Didaktik I – vermittelt über die entsprechenden Vorleistungen der Fachdidaktiken – Anregungs- und Musterfunktion erhalten; Lehrer und Schüler hätten aufgrund der Offenheit der erstellten Curricula und des damit eröffneten Spielraumes eigene Entscheidungen, Alternativen und Interessen einbringen können.[33]

3.3.3. Das Prinzip der Kontrollierbarkeit

Als drittes Prinzip der Unterrichtsplanung führt Schulz das Prinzip der Kontrollierbarkeit didaktischer Entwürfe an. Dieses sei jedoch nicht so zu verstehen, „daß der Lehrer nach Möglichkeit nur noch lehren soll, was auch nach dem heutigen Stand der Prüfungstechnik exakter Erfolgskontrolle unterworfen werden kann. Auch ein planmäßiges entwickeltes Annäherungswissen von der Wirksamkeit der eigenen Aktivität schützt den Lehrer vor Über- und Unterschätzung seiner Möglichkeiten." (Schulz 1965, S. 45)

Offensichtlich will Schulz mit diesem Prinzip die Effektivität von Lernprozessen ins Blickfeld des Lehrers rücken. In dieser Hinsicht wirkt diese allgemeindidaktische Forderung regulierend auf die Planung und Durchführung von Unterricht, indem der Lehrer vor die Aufgabe gestellt wird, die eigenen Entscheidungen, die er vor der Durchführung des Unterrichts getroffen hat, auf den damit intendierten Erfolg hin zu überprüfen. Über diese hilfreiche Anregung hinaus bleibt aber zu fragen, ob das Prinzip der Kontrollierbarkeit nicht zudem impliziten Aufschluß über das Verhältnis von lerntheoretischer Didaktik I und Fachdidaktik gibt. Wenn Schulz auch konzidiert, daß neben einer nicht immer möglichen, exakten Erfolgskontrolle eine Überprüfung der Effektivität auch im Rückgriff auf das reflektierte Erfahrungswissen des Lehrers zulässig sei, so scheint das Prinzip doch im wesentlichen auf die Überprüfbarkeit von Wissen „im weitesten Sinne" gemünzt zu sein. Das legen mehr oder weniger deutlich die praktischen Hinweise nahe, die Schulz dem Modellverwender geben möchte; so heißt es etwa: „Man schreibe sich hinter jedem Lehrschritt auf, wieviele Minuten man für ihn zu benötigen glaubt." (Schulz 1965, S. 45) Für einen Anfänger oder für den Studenten im Praktikum mag dieser Ratschlag hilfreich sein; Unterricht, der aber permanent darauf ausgerichtet ist, in bestimmten Zeitabschnitten eine bestimmte Effektivität zu erzielen, läuft Gefahr, streng lernzielorientiert zu verfahren. Denn Irrwege, die die Schüler in ihren Denkprozessen beschreiten, das Entwerfen und die z.T. recht aufwendige Überprüfung ihrer Hypothesen oder das „ehrfürchtige Staunen" (Wagenschein) über ein Phänomen sind Sachverhalte, die sich nicht in starre Zeitraster drängen lassen, will man nicht die damit verbundene Intensität, Fruchtbarkeit, Kreativität und Faszination im Keim ersticken. Insofern legen die Ausführungen von Schulz die Vermutung nahe, daß Unterrichtsplanung und -durchführung primär auf Vermittlung von Wissen ausgerichtet sind und daß sich fachdidaktische Forschung in erster Linie mit der Frage zu befassen hat, wie irgendwelche fachwissenschaftlichen Inhalte möglichst effektiv zu vermitteln sind. Auf diese Weise würde die von Klafki und Heimann angeregte und mitbewirkte Eigenständigkeit der jeweiligen Fachdidaktik aufgegeben, da Fachdidaktik lediglich als verlängerter Arm der zugehörigen Fachwissenschaft(en) fungieren würde.

Fazit: Von den Prinzipien der Unterrichtsplanung gehen recht unterschiedliche Anstöße für fachdidaktisches Denken und Handeln aus. Dem Prinzip der Interdependenz der einzelnen Strukturmomente kommt in erster Linie eine Regulierungsfunktion für die Unterrichtsplanung zu, weil dieses Prinzip, bei aller Einmaligkeit von Unterricht, den für jede einzelne Unterrichtsstunde maßgeblichen wechselseitigen Zusammenhang der Planungsentscheidungen beschreibt. Das Prinzip der Variabilität soll der Tatsache Rechnung tragen, daß die Planung und Durchführung von Unterricht nicht nach starren Vorgaben verlaufen darf, sondern dazu auch die Lernbedürfnisse und -aktivitäten der Schüler zur Genüge zu berücksichtigen sind. Dieses allgemeindidaktische Postulat ist aber nicht nur an den einzelnen Lehrer, sondern auch an die fachdidaktische Forschung gerichtet, die für den jeweiligen Fachunterricht Konzepte und gegebenenfalls auch Muster offenen Unterrichts zu entwickeln hätte. Als unübersehbare Einschränkung der fachdidaktischen Forschung darf das Prinzip der Kontrollierbarkeit angesehen werden. Denn eine Fachdidaktik, die vorschreibt, in erster Linie das zu lehren, was exakter Erfolgskontrolle unterworfen werden kann, begrenzt Unterrichten auf reine Wissens- und Fertigkeitsvermittlung. Fachdidaktik wäre dann auf bloße Unterrichtsmethodik reduziert, deren Aufgabe in der möglichst effektiven Umsetzung fachwissenschaftlicher Erkenntnisse läge.

3.4. Bedingungsprüfung

Die vorangegangene Analyse der lerntheoretischen Didaktik hat sich im wesentlichen auf die deskriptiven Elemente dieses allgemeindidaktischen Modells beschränkt. Es bleibt nun zu fragen, ob auch normative Aussagen vorliegen, die für das Verhältnis zur Fachdidaktik maßgebend sein könnten.

Heimann hatte seine allgemeindidaktischen Aussagen nach zwei „Reflexions-Stufen" klassifiziert. Auf der ersten Stufe sei danach zu fragen, welche „strukturellen Konstanten von Unterrichtsvorgängen" (Heimann 1976 a, S. 152) herausgearbeitet werden könnten. Resultat dieser Strukturanalyse waren die oben diskutierten sechs Strukturmomente (Entscheidungs- und Bedingungsfelder). Auf der zweiten Stufe handelt es sich dann „um die Ermittlung der Faktorengruppen, die die didaktische Entscheidung konkret und materiell herbeiführen. Es geht hier nicht um Möglichkeiten, sondern um Realisation von Entscheidungen und Realitäten. Auf dieser Stufe sind die unterschiedlichen Begründungen für so und nicht anders abgelaufene oder für planend vorweg zu nehmende Unterrichtsvorgänge aufzusuchen und zu explizieren." (Ebd., S. 152)

Schulz hat diese prinzipielle Zweiteilung übernommen; er nennt die zweite Reflexionsstufe „Bedingungsprüfung", während Heimann von „Faktorenanalyse" sprach. Mit dieser Bedingungsprüfung überschreite die Didaktik „die Grenzen einer rein beschreibenden Disziplin, wenn sie nach den Bedingungen fragt, die zu dem Strukturprofil geführt haben, das sie ermittelt hat." (Schulz 1965, S. 37) In diesem Zusammenhang seien ihr drei Aufgaben zuzuordnen: die Normenkritik, die Faktenbeurteilung und die Formenanalyse.

3.4.1. Normenkritik

Die lerntheoretische Didaktik I geht davon aus, „daß der Erziehende und damit auch der Unterrichtende sein Gegenüber beeinflussen will." (Schulz 1965, S. 39 f.) Die Ziele der Beeinflussung ergeben sich aus dem jeweiligen Zusammenhang von Intentionalität und Thematik.[34] Aufgabe der Didaktik darf es nach Schulz aber nicht sein, Entscheidungen für oder gegen bestimmte Lernziele zu fällen: „Normensetzung ist nicht das Ergebnis wissenschaftlichen Denkens." (Schulz 1965, S. 40) Deshalb könne die Didaktik Unterrichtsnormen lediglich „auf ihre semantische Eindeutigkeit als Handlungsanweisungen hin untersuchen, ihre Vereinbarkeit miteinander prüfen, die Begründungen prüfen oder wenigstens charakterisieren, die für die Setzung angegeben werden, nach der Herkunft der Setzungen und nach ihren möglichen Nutznießern fragen, die prüfbaren Folgen ermitteln, die die Setzungen in der Durchführung gehabt haben". (Ebd.)

Diesen Aussagen ist zu entnehmen, daß die lerntheoretische Didaktik I durch die Normenkritik, als Teilaufgabe der Bedingungsprüfung, trotz gegenteiliger Behauptung nicht „die Grenzen einer rein beschreibenden Disziplin" überschreitet, sondern sich in dieser Hinsicht auf deskriptive Leistungen beschränkt. Ein Vergleich dieser Aussagen mit der von Max Weber geforderten Wertfreiheit der Wissenschaften bestätigt nämlich, daß Schulz hinsichtlich der Normenkritik auf die Beurteilung von Normen verzichtet. Webers These der Wertfreiheit besagt, „daß es niemals Aufgabe einer Erfahrungswissenschaft sein kann, bindende Normen und Ideale zu ermitteln". (Weber 1968³, S. 149) Der Wissenschaftler könne wohl klärend zu den Fragen beitragen, ob bestimmte Mittel für einen gegebenen Zweck geeignet seien, welche Chancen zur Realisierung der Ziele bestünden und welche Folgen der Einsatz bestimmter Mittel nach sich ziehen kann (ebd., S. 149 f.). Neben dieser „technischen Kritik" räumt Weber noch eine weitere Möglichkeit ein, sich wissenschaftlich mit Normen auseinanderzusetzen. So gehöre es auch zur Aufgabe der Sozialwissenschaften, kulturelle Ideale „dem geistigen Verständnis zu erschließen", die Inhalte „an dem Postulat der inneren Widerspruchslosigkeit des Gewollten" zu prüfen und die „letzten Maßstäbe, welche sich in dem konkreten Werturteil manifestieren, zum Bewußtsein zu bringen". (Ebd., S. 151)

Diese Weberschen Postulate decken sich ausnahmslos mit den oben angeführten Aufgaben, die Schulz der Normenkritik zuweist. Im Rahmen der hier zu verfolgenden Fragestellung kann es nicht um eine Beurteilung der nachgewiesenen Beschränkung auf „technische Kritik" gehen. Es bleibt zunächst einmal festzustellen, daß das von Schulz vorgeschlagene Verfahren – anders als in den Konzeptionen der bildungstheoretischen Didaktik I und II – sowohl dem Fachdidaktiker als auch dem Lehrer keine normativen Entscheidungshilfen gibt, somit als wertfreies Verfahren anzusehen ist. Diese Feststellung darf aber nicht zu der irrigen Annahme führen, als könne man Lehrpläne gestalten und in deren Spur Unterricht planen, ohne normative Entscheidungen zu fällen. Achtenhagen war sich dieser Tatsache bewußt, wenn er davon sprach, daß jede Fachdidaktik mit der „aktiven Lehrplangestaltung" eine „politische Dimension" (1969, S. 88) gewinne. Daraus zog er dann auch entsprechende Konsequenzen, indem er es nicht für ausreichend hielt, daß sich fachdidaktische Forschung nur mit der Überprüfung erfahrungswissenschaftlicher Sätze begnüge. So sei auf einer zweiten Stufe die Entscheidungstheorie oder die Entscheidungslogik heranzuziehen, „welche die möglichen Entscheidungen für die eine oder andere Alternative normativ nach Maßgabe eines vorbestimmten Kriteriums fällt". (Ebd., S. 36) In der inhaltlichen Bestimmung dieses Kriteriums lehnte er sich an „das Vernunftpostulat der Aufklärung", an „die Forderung nach Freiheit und Mündigkeit des Individuums" (ebd., S. 93) an.

Wenngleich damit ein entsprechendes Defizit der lerntheoretischen Didaktik I aufgewiesen ist, so bleibt doch, ungeachtet dieser Einschränkung, zu fragen, welche Funktion der allgemeindidaktischen Forderung nach Normenkritik für die fachdidaktische Theoriebildung und für den jeweiligen Fachunterricht zugesprochen werden kann. Zur Klärung dieser Frage stützen sich die folgenden Überlegungen auf Veröffentlichungen aus zwei fachdidaktischen Bereichen, und zwar auf eine Einführung in didaktische Konzeptionen der politischen Bildung von W. Gagel und auf eine Synopse der Didaktiken der Physik von H. Mikelsis.

W. Gagel verfolgt mit seiner Einführung die Absicht, „das Einlesen und Einarbeiten in didaktische Konzeptionen des politischen Unterrichts zu erleichtern". (Gagel 1979, S. 7) Diese Intention habe ihren berechtigten Grund vor allem darin, daß in den Hochschulen und Seminaren der zweiten Phase der Lehrerausbildung in der Regel eine der etablierten Konzeptionen dominiere. Insofern erweitere ein Überblick über verschiedene fachdidaktische Positionen den Horizont des zukünftigen Lehrers (S. 9). Hinsichtlich des hier zu untersuchenden Aspektes der Normenkritik ist nun interessant, wie Gagel die einzelnen didaktischen Konzeptionen darstellt. Es kommt ihm nicht auf ihre inhaltliche Paraphrasierung an; vielmehr sollen bestimmte Aspekte an sie herangetragen werden, um so eine Vergleichbarkeit zu gewährleisten. Unter der Fragestellung, „was für die praktische Verwertung einer didaktischen Konzeption wichtig sein könnte" (S. 10), erscheinen ihm vier Aspekte maßgeblich: der Wertbezug einer didaktischen Konzeption, ihr Zielsystem, ihre Inhaltsstruktur und ihre Umsetzung in Unterrichtspraxis (s. S. 10). Für einen Vergleich mit der lerntheoretischen Didaktik I ist der erste Aspekt besonders aufschlußreich.

Mit diesem Aspekt (Wertbezug) „soll das normative Vorverständnis des jeweiligen Autors ermittelt werden". (S. 15) Hierzu untersucht Gagel, ob der betreffende Fachdidaktiker die normative Leitidee, die obersten Lernziele offenlegt, und begründet dieses Interesse im Hinblick auf ein korrektes methodisches Vorgehen; als Mindestanforderung an normative Aussagen habe zu gelten, „daß sie als Werturteile überhaupt erkennbar sind und daß sie argumentativ begründet werden". (S. 16) Diese Vorgabe deckt sich insofern mit der Intention der Normenkritik, als auch Schulz die Überprüfung von Unterrichtsnormen auf semantische Eindeutigkeit und argumentative Begründung anführt. Schulz fragt zudem nach der Herkunft der normativen Setzungen und den möglichen Nutznießern. Diese Aspekte werden von Gagel berücksichtigt, wenn er die verschiedenen didaktischen Positionen auf den zugrundegelegten Demokratiebegriff hin untersucht; die jeweilige Demokratievorstellung enthalte nämlich „eine Aussage über wünschenswerte, grundsätzliche Ziele und Wertorientierungen des politischen Handelns". (S. 18) Die Anlehnung an eine von Alemann entwickelte Typologie politischer Positionen (rechtskonservativ, altliberal, pluralistisch-integrativ, linksliberal, radikaldemokratisch-sozialistisch, orthodox-marxistisch, antirevisionistisch-marxistisch) ermöglicht Gagel dann Aussagen darüber, wer im Sinne der einzelnen didaktischen Konzeptionen „Nutznießer" politischen Handelns sein soll (S. 18).

Wie Gagel versteht auch H. Mikelsis seine Publikation als eine Einführung. Ihm geht es um einen Einstieg in das Studium der Physikdidaktik (1982, S. II). Neben einer Synopse kommt es ihm in zweiter Linie auf eine Kritik fachdidaktischer Konzepte an. Die folgende Darstellung beschränkt sich auf den ersten „dokumentarisch-analytischen Teil". In Entsprechung zu den von Gagel gewählten vier Aspekten vergleicht Mikelsis insgesamt vierzehn Didaktiken der Physik nach acht für ihn bedeutsamen Gesichtspunkten: Fachsystematik, Natur, Technik, Gesellschaftsbezug, Alltagswelt, Ziele, Methoden und Medien (S. 14). Besonders aufschlußreich sind für die hier zu klärende Frage die beiden Aspekte „Gesellschaftsbezug" und „Ziele". Mikelsis listet dazu Zitate aus den einschlägigen Didaktiken auf, die verdeutlichen, welche normativen Aussagen darin aufgestellt und vertreten werden. Hinsichtlich des Aspektes „Gesellschaftsbezug" wird erkennbar, daß einige Didaktiker die Verflechtung der Physik mit ökonomischen und politischen Interessen unthematisiert lassen, andere erläutern vage ihre Forderung, daß Physikunterricht seine fachwissenschaftliche Grenze auch stellenweise überschreiten müsse (S. 63). Die Tatsache, daß der Gesellschaftsbezug z.T. gar nicht zur Sprache kommt, kann für eine Normenkritik zwar keine positive Hilfe leisten, da eben keine Aussagen zur semantischen und logischen Untersuchung vorliegen. Sie legt allerdings die Vermutung nahe, daß Physikunterricht im wesentlichen auf die Vermittlung fachimmanenter

Inhalte ausgerichtet sein soll und eine Einsicht in den Zusammanhang von Physik und Gesellschaft in den betreffenden Fachdidaktiken entweder als sekundär oder als unwichtig beurteilt wird.

Aufschlußreicher ist dagegen die Zusammenstellung von Aussagen zum Aspekt „Ziele". Hier ergibt sich ein breites Spektrum erstrebenswert gehaltener Unterrichtsziele: Erzeugung physikalischen Wissens, Einsicht in gesetzmäßige Zusammenhänge, Vermittlung von Kenntnissen und Fertigkeiten für das praktische Leben, Nachdenken über Physik als einer spezifischen Form menschlicher Teilhabe an der Natur, Autonomie, Kommunikations-, Handlungs-, Verantwortungs- oder Kooperationsbereitschaft (s. S. 95-104). Wenn daraus im einzelnen keine verläßlichen Schlüsse über die „Herkunft der Setzungen" und über ihre „möglichen Nutznießer" zu ziehen sind, so hat aber doch bereits die bloße Anordnung fachdidaktischer Positionen einen recht hohen Informationswert für den Leser: Ihm wird deutlich, welche Zielvorstellungen im einzelnen vertreten werden und was darunter im einzelnen jeweils zu verstehen ist.

Die hier herangezogenen Arbeiten von Gagel und Mikelsis zeigen, was die allgemeindidaktische Forderung nach Normenkritik konkret bedeuten kann und wie diese Aufgabe im Rahmen fachdidaktischer Forschung einzulösen ist. Beide Autoren wählen fachdidaktische Aussagen und Standpunkte nach bestimmten Aspekten aus, die ihnen sinnvoll erscheinen. Dabei liegt den Auswahlkriterien ein entsprechender Maßstab zugrunde, der aber explizit offengelegt wird und für den Leser daher durchschaubar und kritisierbar ist. Auf der Basis dieser normativen Prämissen werden dann deskriptive Aussagen möglich: Zielvorstellungen (Unterrichtsnormen) können auf Eindeutigkeit und auf argumentative Begründung hin transparent gemacht werden. Die lerntheoretische Didaktik I übernimmt damit also eine deskriptive Funktion (Salzmann 1976, S. 453), weil durch die Normenkritik, als technische Kritik im Sinne M. Webers, die normativen Aussagen fachdidaktischer Konzeptionen analysierbar werden.[35]

3.4.2. Faktenbeurteilung

Von den normativen Aussagen, die als Voraussetzungen in den Unterricht einfließen, müssen nach Heimann/Schulz die Fakten getrennt werden, die als Bedingungen des Lerngeschehens anzusehen sind. Als Beispiel für derartige bestimmende Faktoren führt Schulz die Hypothese Bernsteins an: Zu fragen sei, ob der mit ihr behauptete Zusammenhang von Sprachniveau und Schulerfolg zunächst nur als Hinweis oder bereits als gesicherte Tatsache gelten könne. Aus diesem Beispiel geht hervor, daß der Komplex „Faktenbeurteilung" rekonstruierbar ist als Forderung nach empirischer Überprüfung jener Aussagen, die als (vermeintliche) Tatsachen Unterricht bedingen.

Die Bedeutung dieser allgemeindidaktischen Kategorie ist für die fachdidaktische Forschung sicherlich höher zu veranschlagen als für den unterrichtenden Lehrer. Dieser wäre nämlich mit einer empirischen Überprüfung seiner Annahmen und Lehrtechniken offensichtlich überfordert. Im Rahmen der jeweiligen Fachdidaktik aber kommt dieser allgemeindidaktischen Forderung nach Faktenbeurteilung sowohl eine kontrollierende als auch eine heuristische Funktion zu.

Die Kontrollfunktion läßt sich vor allem im Hinblick auf spezielle Forschungsprobleme verdeutlichen, die in der jeweiligen Fachdidaktik zur Lösung anstehen. Am Beispiel des oben skizzierten fachdidaktischen Forschungsprogramms von Achtenhagen[36] kann das Gemeinte konkretisiert werden. Zu fragen wäre etwa, welche Grammatiktheorie zur Realisierung von fremdsprachlicher Kompetenz die größte Effizienz verspricht, ob das Sprachlabor ein geeignetes Medium zur Einübung grammatischer Pattern ist oder wie grammatische Mängel beim Erwerb der Mutter- und Fremdsprache durch schichtenspezifische Gewohnheiten beeinflußt werden und wie sie gegebenenfalls kompensiert oder sogar behoben werden können. Derartige Fragestellungen sind durch eine empirische Überprüfung zu klären. Verallgemeinernd gesprochen ist der Komplex „Faktenbeurteilung" demnach als entsprechende Aufforderung an den Fachdidaktiker zu verstehen: Unterwirf alle Behauptungen, in denen Zusammenhänge bestimmter Faktoren als „Tatsachen" ausgewiesen werden, einer strengen empirischen Kontrolle!

Diese Kontrollfunktion kann schließlich einen nicht zu unterschätzenden heuristischen Wert bekommen: Bei der Überprüfung empirischer Sachverhalte können Größen entdeckt werden, deren Einfluß bisher unterschätzt wurde. Um im gewählten Beispiel zu bleiben: Die von Achtenhagen profilierte Defizithypothese Bernsteins wurde durch mehrere linguistische Untersuchungen erheblich kritisiert. Nahm Bernstein an, daß die Sprachkompetenz im wesentlichen durch die Zugehörigkeit des jeweiligen Sprechers zur Mittel- oder Unterschicht beeinflußt wird, so votierten neuere Erkenntnisse eher für eine „Differenzhypothese", die besagt, daß Unterschiede in der Sprachverwendung in erheblichem Maße von der jeweiligen Situation, in der kommuniziert wird, abhängen. So wäre die Tatsache, daß ein Chirurg den Mitarbeitern seines Teams während der Operationen knappe Anweisungen in Form von Einwortsätzen („Zange!", „Nadel!") gibt, kein Indiz für die Schichtzugehörigkeit des Sprechers, sondern für die Notwendigkeit, in dieser Situation präzise und unverzüglich miteinander kommunizieren zu müssen.[37] Derartige neue Erkenntnisse ziehen entsprechende Konsequenzen für die Gestaltung des Fachunterrichts nach sich; spricht die Defizithypothese für einen Deutschunterricht, der auf Kompensation schichtspezifischer Sprachdefizite ausgerichtet ist, so muß im Sinne der Differenzhypothese Unterricht darauf angelegt sein, dem Schüler Kompetenz für einen situationsadäquaten Sprachgebrauch zu vermitteln.

Das hier herangezogene Beispiel aus der Sprachdidaktik zeigt, daß die fachdidaktische Forschung mit der empirischen Überprüfung von Sachverhalten häufig überfordert ist. Die Diskussion um die Defizit- und Differenzhypothese läßt erkennen, wie sehr die jeweilige Fachdidaktik auf Forschungsergebnisse entsprechender Bezugsdisziplinen, hier etwa der Linguistik – und diese wiederum auf die Soziologie und Psychologie –, angewiesen ist. Je allgemeiner die zu klärenden Probleme sind, desto eher werden sie den Rahmen fachdidaktischer Forschung sprengen und mit Hilfe anderer Disziplinen zu lösen sein.

3.4.3. Formenanalyse

Als dritten Komplex der Bedingungsprüfung führen Heimann und Schulz die Formenanalyse an. Sie soll eine Relativierung von Unterrichtsformen „auf ihre Gebundenheit an die ursprünglichen Voraussetzungen" (Schulz 1965, S. 41) ermöglichen; „schließlich sind Formen des Unterrichts, die in den Entscheidungsbereichen Intentionalität, Thematik, Methodik, Medienwahl gewählt worden sind, didaktische Erfindungen, die einmal unter bestimmten normativen und faktischen Bedingungen Gestalt geworden sind, oft in bestimmten Fachbereichen des Unterrichts". (Ebd., S. 38)

Wie diese historische Relativierung im einzelnen zu verstehen ist und welche Bedeutung damit die Formenanalyse für fachdidaktisches Denken und Handeln hat, soll im folgenden exemplarisch am Bereich „Methodik" demonstriert werden, und zwar an der Arbeitspädagogik Georg Kerschensteiners. 1911 erschien erstmals Kerschensteiners Abhandlung „Begriff der Arbeitsschule" (hier zitiert nach 1965[15]). In dieser Schrift befaßte sich Kerschensteiner mit der Zielsetzung der Volksschulbildung und mit den Möglichkeiten, diese Intention über ein entsprechendes methodisches Unterrichtsarrangement zu realisieren. Dabei ging er von der anthropologischen Grundannahme aus, daß der Mensch in erster Linie ein Wesen sei, das ein zweckbestimmtes Leben führe. „Das Leben des Menschen rollt sich ab in einer Verfolgung von Zwecken. Es gibt auch wohl noch beim Erwachsenen Stunden einer Betätigung, die frei ist von allen selbstgesetzten Zwecken; aber sie füllen nur Pausen in dem rastlosen Triebwerk unserer teleologisch gerichteten geistigen Natur." (1965[15], S. 3) Verfolgen verschiedene Menschen unterschiedliche oder sogar widerstrebende Zwecke, so komme es zwangsläufig zu entsprechenden Konflikten. Um nun derartige Konflikte zu vermeiden und dennoch jedem einzelnen ein Höchstmaß an Möglichkeiten zur Realisierung seiner Interessen gewähren zu können, bedürfe es einer politischen Ordnung, die als „eine durch ein autonomes Rechtssystem organisierte Gemeinschaft" (S. 7) zu verstehen sei. Daraus leitete Kerschensteiner Zweck und Aufgaben des Staates ab. „Der Zweck ... des gegebenen Staates ist ein zweifacher: zunächst ein egoistischer, nämlich die Fürsorge um den inneren und äußeren Schutz und um die leibliche und geistige Wohlfahrt seiner Staatsangehörigen; dann aber ein altruistischer, die allmähliche Herbeiführung des Reiches der Humanität in der menschlichen Gesellschaft durch seine eigene Entwicklung zu einem sittlichen Gemeinwesen und die Betätigung seiner Kräfte in der Gemeinschaft der Kultur- und Rechtsstaaten." (S. 10 f.) Die grundlegende Intention der Volksschulbildung müsse dann darin zu sehen sein, die nachwachsende Generation im Sinne dieser doppelten Aufgabenstellung zu erziehen. Jemand, der so erzogen sei, verdiene das Prädikat „brauchbarer Staatsbürger" (S. 12). Für die schulische Bildungsarbeit erwüchsen daraus drei Anforderungen; sie habe dafür Sorge zu tragen, (1) „dem einzelnen Zögling zu helfen, eine Arbeit im Gesamtorganismus oder, wie wir sagen, einen Beruf zu ergreifen und ihn so gut als möglich zu erfüllen", (2) „den einzelnen zu gewöhnen, diesen Beruf als ein Amt zu betrachten, das nicht bloß im Interesse der eigenen Lebenshaltung und der sittlichen Selbstbehauptung auszuüben ist, sondern auch im Interesse des geordneten Staatsverbandes, der dem einzelnen die Möglichkeit gibt, unter dem Segen der Rechtsordnung und Kulturgemeinschaft seiner Arbeit und damit seinem Lebensunterhalt nachzugehen" und (3) „im Zögling Neigung und Kraft zu entwickeln, daß er neben und durch die Berufsarbeit und nicht zuletzt durch die Arbeit an der Vervollkommnung seines spezifischen Persönlichkeitswertes sein Teil beiträgt, die Entwicklung des gegebenen Staates, dem er angehört, in der Richtung zum Ideal eines sittlichen Gesamtwesens zu fördern". (S. 13 f.)

Das grundlegende methodische Prinzip, das Kerschensteiner zur Erreichung dieser Zielsetzungen für geeignet hielt, nannte er „Arbeit". Damit sei keine rein manuelle Betätigung gemeint; zur Arbeit im pädagogischen Sinne werde solche Betätigung erst in Verbindung mit ihrer geistigen Durchdringung, sie müsse „Ausfluß einer geistigen Vorarbeit" sein, „die schon in dieser Vorarbeit zu einem ersten Abschluß kommt, im Fortgang der Ausführung aber immer von neuem aufgegriffen wird und zu neuen Denkprozessen Veranlassung gibt". (S. 30) Jegliche geistige Arbeit gliedere sich in vier Stufen: „Die Auffindung und Umgrenzung der zu lösenden Schwierigkeiten, die aufsteigenden Vermutungen zu ihrer Lösung, die konsequente Verfolgung dieser Vermutungen auf ihren Wert für die Lösung und schließlich die Verifikation in der Ausführung der Arbeit." (S. 33) Kerschensteiner illustrierte diese Stufenfolge u.a. an dem berühmt gewordenen „Starenkastenbeispiel": „Ein Lehrling soll aus einem Brett von 160 cm Länge, 20 cm Breite, 1 cm Dicke mit geringstem Holzabfall und geringstem Aufwand an Zeit und manueller Arbeit – also ökonomisch-wirtschaftlich – ein Starenhaus herstellen, dessen Dachfläche zur Bodenplatte im Verhältnis 1:2 geneigt ist und etwa 5 cm über die Vorderseite des Hauses hinausragt." (S. 33)

Was bedeutet es nun, dieses methodische Prinzip der „Arbeit" unter dem Aspekt der Formenanalyse auf seine normativen und faktischen Bedingungen hin zu relativieren? Der normative Kontext, in dem das Prinzip Anwendung finden soll, ist in grober Vereinfachung umrissen worden: Kerschensteiner ging es darum, den einzelnen zum „brauchbaren Staatsbürger" zu erziehen. Würde das Arbeitsprinzip nun gegenwärtig im Unterricht als alleinige oder vorwiegende Methode eingesetzt, so läge für Heimann und Schulz die Vermutung nahe, daß das Vorherrschen dieser Methode auf ein mangelhaftes Reflexionsniveau des Unterrichtenden zurückzuführen sei. Denn dieser wendet hier eine Methode an, die vormals zu einem ganz bestimmten Zweck Verwendung fand. Zu fragen wäre nun, ob die Ziele, die der gegenwärtige Unterricht verfolgt, sich mit der übergreifenden Zielvorstellung Kerschensteiners überhaupt decken. Offensichtlich soll gegenwärtige Schulbildung, darin dürften sich die meisten Pädagogen einig sein, nicht nur auf die bloße Reproduktion der Gesellschaft vorbereiten, sondern auch befähigen, soziale und politische Herausforderungen zu erkennen und konstruktiv zu bewältigen. Diese zweite Aufgabe wird von Kerschensteiner zwar auch gesehen, in ihrer Bedeutung aber zweifelsohne unterschätzt, und zwar nicht nur, weil sie der Berufsbildung als „vörderste Aufgabe" (S. 18 ff.) untergeordnet wird, sondern weil auch die Möglichkeiten des einzelnen zur Herbeiführung „der Humanität in der menschlichen Gesellschaft" nicht realistisch genug betrachtet werden. Für heutige Verhältnisse wäre in diesem Zusammenhang u.a. zu berücksichtigen, daß die Produktionsverhältnisse und die Konzentration von ökonomischer Macht dem Mitwirkungs- und Veränderungswillen des einzelnen Schranken setzen.

Die Relativierung des Arbeitsprinzips im Hinblick auf die damit verbundene ursprüngliche Intention zeigt exemplarisch, welche Aufgabe die lerntheoretische Didaktik I der fachdidaktischen Forschung durch die Formenanalyse zuweist: Tradierte Unterrichtsformen (Methoden, Artikulationsschemata) sind auf ihre historische Genese und Bedingtheit hin zu untersuchen. Damit allein würde man diesen Unterrichtsformen, hier etwa dem Arbeitsprinzip Kerschensteiners, bloßen Erinnerungswert zuschreiben; das kann aber nicht der eigentliche Wert historischer Forschung sein, sie muß auch Aussagen für gegenwärtige Probleme der Pädagogik machen können. In diesem Sinne ist die Geschichtsforschung in der Pädagogik immer auch systematische Forschung. Sie kann nämlich zeigen, was man früher bereits über einen bestimmten Problembereich wußte. Ein Pädagoge, der beispielsweise nach den Möglichkeiten des problemlösenden Lernens fragen will, findet in Kerschensteiners Abhandlung wertvolle Hinweise und Strukturierungsmöglichkeiten zur Beantwortung seiner Fragestellung; die vier von Kerschensteiner angegebenen Stufen der geistigen Arbeit sind nämlich offensichtlich Stationen im Problemlösungsprozeß, die eine maßgebliche Rolle im Unterricht spielen. So gesehen erscheint es unproduktiv, wenn eine gegenwärtige Konzeption des problemlösenden Denkens hinter die Konzeption Kerschensteiners zurückfiele; vielmehr müßte der ehemals erreichte Erkenntnisstand als Bestandteil einer umfassenden Theorie konstruktiv verwertet werden.

Die Aufgabe, die der fachdidaktischen Forschung aus der Formenanalyse zuwächst, läßt sich aufgrund der vorangegangenen beispielhaften Überlegungen nun allgemein formulieren: Das lerntheoretische Modell der Didaktik fordert implizit von der jeweiligen Fachdidaktik, die üblichen Unterrichtsformen auf deren ursprünglichen historischen Kontext hin zu befragen. Damit wird zunächst eine normative Relativierung der einzelnen Formen angestrebt; sie wurden zu einem bestimmten Zeitpunkt für bestimmte Intentionen entwickelt und eingesetzt. Von diesen Intentionen her, nicht von den Formen selbst, ist dann der Wert der Unterrichtsformen zu veranschlagen. Darüber hinaus kann fachdidaktische Forschung aber auch zu klären versuchen, welche Bedeutung derartigen Formen für die gegenwärtige Unterrichtsgestaltung zugemessen werden kann. Im Rahmen der methodischen Gestaltung des Physikunterrichts ist etwa das sogenannte „Forschende Verfahren" (s. Plöger 1983) eine Unterrichtsform, die sich großer Beliebtheit erfreut. Sie gliedert sich in die Stufen der Problemerfassung, der Hypothesenbildung, der Planung eines geeigneten Experiments, der Auswertung der Versuchsergebnisse und deren mögliche Verallgemeinerung zu einer Gesetzmäßigkeit. Bereits ein oberflächlicher Vergleich zeigt die strukturelle Verwandtschaft dieser Unterrichtsmethode mit Kerschensteiners Stufung der geistigen Arbeit. Das bedeutet: Die Physikdidaktik hat die Einsichten Kerschensteiners, die dieser ja auch für den naturwissenschaftlichen Unterricht schon z.T. ausgelegt hatte (Kerschensteiner 1953, S. 56 ff.), aufgenommen und verfeinert. Allerdings stellt die Physikdidaktik diese Methode heutzutage nicht mehr in den Zusammenhang einer „staatsbürgerlichen Erziehung", sondern in andere Zielvorstellungen, die hier nicht entwickelt werden können.

Abschließend sei hinzugefügt, daß Schulz – im Vergleich zu Heimann – die Funktion der Formenanalyse erweitert, wenn er zusätzlich zur historischen Relativierung die praktische Bewährung von Unterrichtsformen fordert (s. Schulz 1965, S. 42). So sei etwa zu untersuchen, ob die Arbeit mit Lehrprogrammen effektiver sei als die herkömmliche Unterrichtsgestaltung. Es handelt sich bei dieser Aufgabe also um die Forderung nach empirischer Überprüfung der Effektivität bestimmter Unterrichtsweisen. Die von ihm angegebenen Beispiele zu beiden Komplexen lassen aber eine klare Abgrenzung nicht zu. Dessen ungeachtet hat die Forderung nach empirischer Überprüfung der Effizienz von Unterrichtsformen ihre entsprechende Bedeutung für die fachdidaktische Forschung; sie hat, wie bereits ausführlich für den Komplex „Faktenbeurteilung" gezeigt wurde, auch hier kontrollierende und heuristische Funktion zugleich.

Fazit: Die Frage nach der fachdidaktischen Relevanz der Bedingungsprüfung, unterteilt nach der Aufgabe der Normenkritik, der Faktenbeurteilung und der Formenanalyse, darf hier zusammenfassend folgendermaßen beantwortet werden: Normenkritik hebt auf die technische Kritik der in Unterricht einfließenden allgemeinen Ziele ab. Die in den jeweiligen fachdidaktischen Konzeptionen bestimmenden Zielvorstellungen wären demnach im Überblick zu beschreiben und auf ihre Eindeutigkeit, Widerspruchslosigkeit und argumentative Begründung hin transparent zu machen. Die Erläuterungen zur „Faktenbeurteilung" lassen sich als Aufforderung verstehen, Aussagen über die den Lernprozeß bedingenden Faktoren empirisch zu überprüfen. Fachdidaktische Forschung ist in diesem Sinne dann auch immer empirische Forschung, die über die vorerst hypothetische Effizienz bestimmter Lehr-/Lernstrategien zu befinden hat. Die fachdidaktische Bedeutung der Formenanalyse liegt in der historischen Relativierung überkommener Unterrichtsformen. Diese dürfen nicht unreflektiert übernommen werden, sondern sind auf ihren ursprünglichen historischen Kontext hin zu befragen. Von den Ergebnissen derartiger Untersuchungen ausgehend, wäre dann die Bedeutung dieser Unterrichtsformen für die Intentionen gegenwärtigen und zukünftigen Fachunterrichts auszumachen.

3.5. Zusammenfassende Thesen:

(1)   Die lerntheoretische Didaktik I ist als ein Modell zu verstehen, durch das die komplexe Unterrichtswirklichkeit mittels weniger Strukturmomente (Intentionen, Inhalte, Methoden, Medien, anthropogene und sozial-kulturelle Bedingungen) abgebildet, repräsentiert wird. Die Akzentuierung dieser Strukturmomente geht auf die grundlegende Perspektive zurück, nach der die Vermittlung von Inhalten, nicht deren begründete Auswahl, als vorrangiger Gesichtspunkt für die Analyse und Planung von Unterricht gelten soll. Entscheidende Bedeutung kommt in diesem Zusammenhang der These zu, daß die sechs Struktur-

momente nicht als isolierte Bereiche zu betrachten sind; vielmehr wirken sich die Entscheidungen in dem einen Bereich auch immer auf Entscheidungen in den anderen Bereichen aus und umgekehrt. Die Strukturmomente sind demnach interdependent.

(2) Die perspektivische Konstruktion dieses allgemeindidaktischen Modells führt zu einigen wichtigen Konsequenzen für fachdidaktisches Denken und Handeln. Im Hinblick auf die fachdidaktische Theoriebildung darf zunächst einmal festgestellt werden, daß die lerntheoretische Didaktik I den einzelnen Fachdidaktiken implizit eine erhebliche Erweiterung ihres Forschungsbereiches zuspricht. Hatte Klafki mit der Konzeption der bildungstheoretischen Didaktik I den Grundstein für die Eigenständigkeit der Fachdidaktiken gelegt, so wird diese Tendenz von der lerntheoretischen Didaktik I verstärkt: Fachdidaktiker haben sich demnach nicht nur im Sinne Klafkis mit der Auswahl und Legitimation von Inhalten zu befassen; sie müssen ihre besondere Aufmerksamkeit auch auf die Methoden- und Medienfrage und auf die anthropogenen und sozial-kulturellen Bedingungen von Unterricht richten. Das bedeutet: Das allgemeindidaktische Modell übernimmt durch die Vorgabe der Strukturmomente theoriebildende Funktion; fachdidaktische Erkenntnisse sind durch diesen vorgegebenen theoretischen Rahmen integrativ zu strukturieren.

(3) Es ist allerdings nicht zu übersehen, daß das implizite Plädoyer für die Eigenständigkeit der Fachdidaktik ein Verdienst ist, das mit einem entsprechenden Defizit erkauft wird. Denn durch die Konzentration auf die Vermittlung von vorgegebenen Inhalten kommen die Reflexion um die Stellung eines Unterrichtsfaches im Fächerkanon und die begründete Auswahl von Unterrichtsinhalten zu kurz. Damit wird eine wichtige Errungenschaft der bildungstheoretischen Didaktik I in ihrer Bedeutung gemindert. Klafki hatte nämlich betont, daß der Sinn des einzelnen Unterrichtsfaches nur aus dem Kontext eines umfassenden Verständnisses von Allgemeinbildung heraus bestimmt werden kann.

(4) Neben der theoriebildenden Funktion darf man dem allgemeindidaktischen Modell auch eine deskriptive Funktion zusprechen. Der Fachdidaktiker hat, wie jeder andere Wissenschaftler, die Pflicht und Aufgabe, seine Erkenntnisse anderen verfügbar zu machen. Zu diesem Zweck scheinen die terminologischen Vorgaben der lerntheoretischen Didaktik I besonders geeignet zu sein. Denn die sechs Strukturmomente sind als ein sinnvolles Raster zu betrachten, durch das es dem Fachdidaktiker möglich ist, den jeweils erreichten Forschungsstand seiner Disziplin zu beschreiben und damit also Forschung durch Lehre weiterzugeben.

(5) Die nähere Analyse der Entscheidungsfelder (Intentionalität, Thematik, Methoden, Medien) und die Frage nach deren Bedeutung für fachdidaktisches Denken und Handeln hat gezeigt, daß die lerntheoretische Didaktik I eine Vielzahl fruchtbarer Impulse geben kann: Der vertikalen und horizontalen Gliederung im Bereich „Intentionalität" ist insofern ein heuristisches Potential zuzusprechen, als an die Mehrdimensionalität der im Unterricht anzustrebenden Intentionen und an die Notwendigkeit der Lernzielformulierung und differenzierten Leistungsmessung erinnert wird. Heimanns These von der intentionalen Bestim-

mung eines Themas, heute von Klafki als „themenkonstituierende Funktion von
Fragestellungen und Methoden" bezeichnet, regt den Fachlehrer an zu prüfen,
unter welcher Perspektive er einen Sachverhalt durch seinen Fachunterricht zum
Thema setzen kann und welchen Beitrag er durch diesen spezifischen Focus zu
einem fächerübergreifenden Unterricht zu leisten vermag. Die Aussagen der
lerntheoretischen Didaktik I über die Komplexe „Methoden" und „Medien"
haben für die fachdidaktische Forschung sowohl eine deskriptive Funktion als
auch eine heuristische, darüber hinaus aber auch eine Regulierungsfunktion für
die Unterrichtsgestaltung. Indem nämlich mögliche Methoden zusammengestellt
und nach der lernförderlichen oder -hemmenden Wirkung von Medien gefragt
wird, sind die Fachdidaktiken angehalten, die durch das Modell der lerntheoretischen Didaktik I vorgegebenen Entscheidungsmöglichkeiten fachdidaktisch zu
konkretisieren zu beschreiben. Es bleibt zu vermuten, daß dabei auch eine Reihe
von methodischen und medialen Alternativen „entdeckt" werden kann (heuristische Funktion), die durch das notwendigerweise grobmaschige Netz des allgemeindidaktischen Modells nicht eingefangen worden sind. Eine umfassende Zusammenstellung von derartigen Handlungsalternativen leistet dann für den Lehrenden eine Orientierungshilfe, weil er dadurch – nachdem die Entscheidung für
bestimmte Lernziele erfolgt ist – Anregungen für die praktische Regulierung des
Unterrichtsprozesses erhält.

(6)   Ein besonderes Verdienst der lerntheoretischen Didaktik I liegt in der Aufnahme der beiden Bedingungsfelder, also der anthropogenen und sozialkulturellen Bedingungen von Unterricht. Zwar hatte auch Klafki schon sehr früh auf
die Notwendigkeit dieser Komplexe verwiesen[38] und damit bereits die Bedeutung von Psychologie und Soziologie als Bezugsdisziplinen der Allgemeinen
Didaktik und Fachdidaktik betont. Aber erst durch die explizite Aufnahme der
beiden Merkmalkomplexe in die Konzeption des lerntheoretischen Didaktikmodells wird deren Bedeutung für fachdidaktisches Denken und Handeln in
den Vordergrund gestellt. Sie ist zum einen in ihrer antizipierenden Funktion
für den Unterricht planenden Lehrer zu sehen, weil er durch die Berücksichtigung der Individuallage des Schülers etwaige Lernhemmungen voraussehen
und abschätzen kann; und zum anderen wird der Lehrer darauf gestoßen, sich
die den Unterricht bestimmenden Einflüsse, auch die gesellschaftspolitischen,
bewußt zu machen.

(7)   Problematisch ist in diesem Zusammenhang allerdings der unbestimmte Lernbegriff der lerntheoretischen Didaktik I, weil Lernen im wesentlichen als An-
passungsvorgang gedeutet wird. Die anthropogenen Voraussetzungen werden
lediglich als Anknüpfungspunkte für eine sichere Vermittlung von Lerninhalten betrachtet. Für einen Lehrplan, der bloß dieser Intention Rechnung tragen
soll, gibt es aber im Hinblick auf bestimmte Fächer, etwa für die Fächer Kunst,
Musik oder Sport, nur geringe Legitimationsmöglichkeiten. Denn ästhetische
Bildung geht nicht in der Vermittlung von kognitiven und pragmatischen Inhalten auf. Insofern spricht auch der allzu enge „Lernbegriff" der lerntheoretischen Didaktik I, ebenso wie die perspektivische Betonung der Vermittlung

von Inhalten für die These, daß das Problembewußtsein für den Aufbau und die Legitimation eines Fächerkanons durch dieses allgemeindidaktische Modell nicht geschärft wird und daß Unterricht letztlich im Sinne einer Reproduktion der gegenwärtigen gesellschaftlichen Zustände wirken soll.

(8) Die von der lerntheoretischen Didaktik I betonten Prinzipien der Unterrichtsplanung geben in erster Linie dem Lehrer vor Ort entsprechende Anregungen. Mit dem Prinzip der Interdependenz wird erkennbar, daß die Regulierung durch das Bedenken des Zusammenhanges einzelner Planungsentscheidungen erheblich erleichtert wird. Das Prinzip der Variabilität verweist den Lehrer auf die Möglichkeit, auch auf die Interessen und Wünsche der Schüler im Unterrichtsgeschehen selbst einzugehen, die von ihm entworfene Planung also auch zurückzunehmen, Schüler entsprechend an der Planung von Unterricht zu beteiligen und somit für eine gewisse thematische Offenheit des Unterrichts zu sorgen. Freilich wird diese Offenheit durch die zugrundeliegende Auffassung von Lernen als Anpassung noch viel zu sehr eingeschränkt. Mit dem Prinzip der Kontrollierbarkeit schließlich erinnert das Modell den Modellverwender an die Notwendigkeit, daß die zur Planung und Durchführung von Unterricht gefällten Entscheidungen nicht der Beliebigkeit anheimgestellt werden können; vielmehr bedürfen sie einer kritischen Überprüfung. Das gilt nicht nur für empirisch abgesichertes Wissen, sondern auch für das in konkreten Situationen erworbene Alltagswissen des Lehrers.

(9) Die sich im Prinzip der Kontrollierbarkeit bereits andeutende Forderung nach empirischer Überprüfung deskriptiver Aussagen wird von der lerntheoretischen Didaktik I im Rahmen der Bedingungsprüfung implizit auch auf die fachdidaktische Forschung ausgeweitet. Denn die „Faktenbeurteilung" und zum Teil auch die „Formenanalyse" sind als ein Merkmalkomplex des allgemeindidaktischen Modells zu verstehen, durch den der Fachdidaktiker zu einer empirischen Überprüfung jener Fakten angehalten wird, die als Bedingungen des Lerngeschehens anzusehen sind. Diese Aufgabe kann die jeweilige Fachdidaktik nicht allein, sondern in der Regel nur in Zusammenarbeit mit der Allgemeinen Pädagogik, der Psychologie und der Soziologie bewältigen. Das Insistieren auf empirischer Überprüfung ist insgesamt als ein fortschrittliches Postulat zu werten, weil dadurch die zu Beginn der 60er Jahre eingeleitete „Hinwendung der Pädagogik zu den Erfahrungswissenschaften" (Menze 1966) für die didaktische Diskussion und letztlich auch für die fachdidaktische Forschung fruchtbar zu machen versucht wird.

(10) Für die fachdidaktische Forschung ist schließlich auch der Komplex „Normenkritik" als anregender Impuls zu verstehen. Wenngleich dabei die Kritik auf eine technische Kritik im Sinne M. Webers eingeschränkt bleibt, so gibt das allgemeindidaktische Modell hiermit doch einige wichtige Anregungen: Es fordert indirekt von der jeweiligen Fachdidaktik, Zielvorstellungen, wie sie etwa in Richtlinien oder fachdidaktischen Positionen artikuliert werden, auf Eindeutigkeit und auf argumentative Begründbarkeit hin zu untersuchen bzw. transparent zu machen.

3.6. Kritik an der wissenschaftstheoretischen Ausrichtung der lerntheoretischen Didaktik I

Ähnlich wie die bildungstheoretische Didaktik I hat sich auch das Konzept der lerntheoretischen Didaktik I im Laufe der Zeit geändert. Die Geschichte dieses Modells
„ist nur zu verstehen im Hinblick auf die Geschichte der Kritik an ihr". (Loser/Ter-
hart 1977, S. 23) Der entscheidende Anlaß für die Weiterentwicklung der lerntheoretischen Didaktik I ist insbesondere in der an ihr geübten wissenschaftstheoretischen Kritik zu sehen. Nun kann es im folgenden nicht auf eine umfassende
Darstellung derartiger Stellungnahmen ankommen; vielmehr soll in exemplarischer
Auswahl gezeigt werden, wie die modellhafte Perspektive der lerntheoretischen
Didaktik I von Blankertz und Breyvogel kritisiert wurde und wie Schulz diese Kritik konstruktiv zu wenden versuchte.[39]

Blankertz setzt in seinen Überlegungen bei der Aufgabe der Normenkritik an.
Dadurch sollte nach Heimann und Schulz offengelegt werden, welche Werte und
Normen in Unterricht einfließen und durch ihn angestrebt werden. Besonderes Augenmerk galt dabei sowohl der Begründung und Stimmigkeit der normativen Vorgaben als auch der Frage, welche Folgen sich daraus ergeben könnten und wer
möglicher Nutznießer dieser Folgen sein werde. Normenkritik ist in diesem Verständnis das, was nach M. Weber als technische Kritik bezeichnet wird.

Dieser wertfreien Normenkritik hält Blankertz zwei Einwände entgegen: Zum
einen bestehe keine Möglichkeit, miteinander konkurrierende Ideologien „hinsichtlich der Verbindlichkeit ihrer Ansprüche zu unterscheiden. Die qualitative Differenz
zwischen großer Philosophie, religiösem Glauben, weltanschaulichen Positionen,
Gruppeninteressen, politisch-gesellschaftlichen Meinungen, Vorurteilen und Aber-
glauben ebnet sich ein. Obschon lerntheoretische Didaktik das kühle Pathos der Rationalität für sich beansprucht, kann sie doch nichts dagegen tun, von irrationalen
Dezisionen in Dienst genommen zu werden. Denn um unterrichten und erziehen zu
können, sind Entscheidungen zu treffen: Nach Durchlaufen der lerntheoretischen
Analyse werden sie nicht mehr vorwissenschaftlich-naiv sein, wohl aber nachwis-
senschaftlich-privat. Der Didaktiker entscheidet ideologisch; vor dieser Schwelle
tritt der Erziehungswissenschaftler in ihm ab, jedenfalls dann, wenn die Erziehung
als Ganzes, ihr Sinn und Ziel befragt ist." (Blankertz 1969, S. 111) Zum anderen
wendet Blankertz ein, daß die lerntheoretische Didaktik – trotz der von ihr behaup-
teten Abstinenz gegenüber Werturteilen – sich letztlich für eine bestimmte Art des
Unterrichtens ausspreche; denn sie setze voraus, „daß eine rationale Abklärung unterrichtlicher Vorgänge und daran anschließend deren technologische Strukturierung
vernünftig sei. Damit ist ein Begriff von Vernunft impliziert, der mit den bean-
spruchten wissenschaftstheoretischen Prämissen nicht begründet werden kann.
Denn nach analytischer Auffassung ist jede Entscheidung ideologisch, auch die für
den Wert der Rationalität." (Ebd. S. 112)

Ob die Unterstellung, die lerntheoretische Didaktik I sei streng nach dem (empi-
risch-)analytischen Paradigma konzipiert, zutreffend ist, kann sicherlich nicht eindeutig entschieden werden. Zumindest sind keine expliziten Hinweise darauf bei

Heimann und Schulz zu finden. Die von ihnen verwendete Terminologie und einige Komplexe des Modells, das wurde oben mehrfach angemerkt[40], lassen allerdings die von Blankertz vorgenommene wissenschaftstheoretische Zuordnung sinnvoll erscheinen. So ist etwa in der Rede vom „Lernen als Anpassung", in der Betonung der „Steuerung von Unterricht", der Forderung nach empirischer Überprüfbarkeit von Lernvorgängen und dem Verzicht auf normative Entscheidungen durchaus die strukturelle Verwandschaft zur empirisch-analytischen Wissenschaftstheorie erkennbar. Unterstellt man einmal dieses Wissenschaftsverständnis der lerntheoretischen Didaktik I, dann ist die von Blankertz formulierte Konsequenz plausibel: „Entweder wird Unterricht rein technologisch aufgefaßt und beliebigen außerpädagogischen Zwecken für die Durchsetzung ihrer Intentionen bereitgestellt; oder aber sie diktiert im Namen der Wertfreiheit dogmatisch die eigenen Werte der wie auch immer positivistisch amputierten technologischen Rationalität. Die Antwort auf diese unbefriedigende Alternative ist nur möglich als Rückfrage nach dem erkenntnisleitenden Interesse von Erziehungswissenschaft." (Blankertz 1969, S. 113)

Diese von Blankertz erhobene Kritik deckt sich z.T. mit den Aspekten, die von W. Breyvogel gegen die lerntheoretische Didaktik I angeführt worden sind. Breyvogel will seine Kritik allerdings in einen größeren Zusammenhang gestellt wissen, indem er sie als Vorarbeit ausweist, „die den Zusammenhang von ökonomischer Basisentwicklung und erziehungswissenschaftlicher Überbaureflexion zu bestimmen versucht". (Breyvogel 1972, S. 19) Auch für ihn ist es ohne weiteres auszumachen, daß man im lerntheoretischen Didaktikmodell „die konstruktiven Elemente eines neopositivistischen Theorieverständnisses" (1972, S. 22) erkennen kann. Während Blankertz sich aber um eine immanente Kritik des Modells bemühte, die die inneren Unstimmigkeiten und Konsequenzen des Ansatzes selbst aufzeigen sollte, trägt Breyvogel seinen Maßstab von außen heran; Unterricht ist als Teil gesellschaftlicher Totalität zu sehen (S. 26). Dies verkenne Schulz aufgrund seiner positivistischen Erkenntnishaltung, denn im Rahmen der lerntheoretischen Didaktik I sei Unterricht als ein „experimentelles Modell gedacht, in dem wiederholbare Aktionen Reaktionen bedingen, die intersubjektiv verfügbar sind. In Wirklichkeit sind diese Tatsachen des Positivismus aber die von aller gesellschaftlichen Materialität gereinigten Reste einer formalisierten Wirklichkeitserfahrung, in denen die verdinglichten Subjekte (Schüler) der Regularität, Quantifizierbarkeit und Kalkulierbarkeit unterliegen: daß dann ‚die beobachtbaren Ergebnisse des Lernens Neuanpassung oder einfach Anpassung genannt werden', überrascht nicht mehr." (Ebd.)

Für die Genese der lerntheoretischen Didaktik I, die hier im weiteren nachzuzeichnen ist, sind nun drei Gesichtspunkte in der Kritik Breyvogels von entscheidender Bedeutung:

– Im Hinblick auf die (wertfreie) Normenkritik wirft er Schulz vor, daß er Wissenschaft und Politik trenne (1972, S. 27), damit also Unterricht und darauf abzielende Theorie losgelöst vom gesellschaftspolitischen Kontext betrachte.
– Damit hänge dann auch die Trennung von anthropogenen und soziokulturellen Voraussetzungen zusammen; dadurch werde nämlich verkannt, daß die soge-

nannten anthropogenen Voraussetzungen von geschichtlichen und politisch-ökonomischen Bedingungen bestimmt seien. „Was unter ,anthropologischen Voraussetzungen' (isoliert von soziokulturellen, besser politisch-ökonomischen) als
konstante Bedingungen auf Grund bestimmter, die ,menschliche Natur' konstitu-
ierender Gesetzmäßigkeit postuliert wird, ist unzulässig so aus gesellschaftlichen
Bedingtheiten abstrahiert, daß sie dadurch zu Bedingungskonstanten werden
können. Erst die Reflexion der Vermitteltheit solcher Voraussetzung durch die gesellschaftliche Praxis kann sie im geschichtlichen und politisch-ökonomischen
Zusammenhang relativieren und ihren Bedingungscharakter überwinden." (1972,
S. 27)

– Die Unterscheidung im Bereich „Intentionalität" und „Thematik" nach den drei
  Dimensionen (kognitiv, emotional, pragmatisch) sei zurückführbar auf eine unreflektierte Fortsetzung gesellschaftlicher Praxis. So liege hier die Gefahr nahe, daß
  Unterricht darauf abziele, die Lernenden vorwiegend als „theoretisch Begabte",
  als „pragmatische Techniker" oder „emotional funktionalisierende Arbeiter" zu
  fördern (1972, S. 29). Damit leiste Didaktik einer gesellschaftlichen Praxis Vorschub, in der der einzelne „im Sinne fremdbestimmter Interessen" beherrscht und
  manipuliert werde. (S. 30)

Die kritischen Stellungnahmen von Blankertz und Breyvogel verdeutlichen, welchen
Problemen sich die zukünftige Entwicklung der lerntheoretischen Didaktik zu stellen hatte. Sie war vor allem aufgefordert, zu ihrem wissenschaftstheoretischen
Selbstverständnis Stellung zu nehmen. Das bedeutete im einzelnen eine Entscheidung für oder gegen eine wertfreie Ideologiekritik und eine Entgegnung auf den
Vorwurf, Unterricht sei ein technologisches, auf die Effizienz von Wissensvermitt-
lung abzielendes Unternehmen.

3.7. Lerntheoretische Didaktik im Umbruch

Die am lerntheoretischen Modell der Didaktik geübte Kritik veranlaßte Schulz zu
entsprechenden Korrekturen. Als erste Reaktion darf man seinen 1970 erschienenen
Aufsatz „Didaktik. Umriß der lehrtheoretischen Konzeption einer erziehungswissenschaftlichen Disziplin" (hier zitiert nach 1971) betrachten. Wie dieser Titel bereits
andeutet, will Schulz nun von „lehrtheoretischer Didaktik" sprechen (1971, S. 17).[41]
Das Gegenstandsfeld und die Aufgaben einer derartigen Didaktik ergeben sich dabei
aus seinem Verständnis von „Erziehung" und „Erziehungswissenschaft".

Als „Erziehung" bezeichnet Schulz „das Gesamt aller Einflußnahmen, mit denen
Menschen oder deren Objektivationen Veränderung von Menschen erreichen oder
erreichen wollen, die den Auffassungen der jeweiligen Bezugsgruppe von wün-
schenswerter menschlicher Zuständlichkeit entspricht". (1971, S. 17) Die Erziehungswissenschaft befasse sich mit der Aufklärung des Handlungsfeldes, in dem die
Veränderungen ablaufen sollen. Deshalb habe sie (1) das Erziehungsfeld und das leitende Selbstverständnis der darin tätigen Erzieher zu beschreiben, (2) die Effektivität

erzieherischer Einwirkung zu untersuchen, um so eine allmähliche Optimierung der pädagogischen Methoden und Medien zu bewirken und (3) die Bedingungen der Möglichkeit zu reflektieren, „unter denen die Erziehungsziele gesetzt, die Erziehungswege gewählt, unter denen beide verändert oder nicht verändert werden; sie bewirkt damit die Emanzipation der im Erziehungsfeld Agierenden von der Gesellschaftsgebundenheit ihrer Praxis und stellt damit die conditio sine qua non für die Relativierung jeder Erziehungspraxis und deren Innovation, d.h. theoretisch begründete, empirisch kontrollierte Erneuerung dar." (Ebd., S. 18) Diesen drei Aufgaben der Erziehungswissenschaft ordnet Schulz entsprechende methodische Zugriffsweisen zu: der ersten Aufgabe (Beschreibung des Erziehungsfeldes) die phänomenologische und hermeneutische Methode, der zweiten (Effektivitätskontrolle) die empirisch-analytische und der dritten (Reflexion auf die Bedingung der Möglichkeit, Erziehungsziele zu setzen) eine Denkweise, durch die der Erzieher „Distanz vom sozialkulturellen System gewinnt, in das er einführt und über das er zugleich hinausführen soll, die ihm eine radikale, methodische Reflexion ... verschafft". (Ebd., S. 20)[42]

Die Verschränkung dieser drei Methoden fordert Schulz dann auch für die Didaktik als erziehungswissenschaftliche Disziplin unter einer spezifischen Einschränkung. „Ihr Gegenstandsfeld ist ein Ausschnitt des Erziehungsfeldes, jener Bereich intentionaler Erziehung, den wir als Lehre, insbesondere als Unterricht, bezeichnen. Absichtsvolles Eingreifen in das Leben Lernfähiger, diene es der Anbahnung oder der Förderung erwünschter Lernprozesse, der Hemmung unerwünschter, nennen wir Lehren, wenn damit relativ dauerhafte Veränderungen in Richtung auf eine Weise menschlichen In-der-Welt-Seins beabsichtigt werden, die von der sozialen Gruppe, auf die die Lehrenden sich in ihrem Verhalten beziehen, als wünschenswert angesehen werden." (1971, S. 18)

Auf den ersten Blick scheint sich an der Auffassung von Unterricht nichts Wesentliches geändert zu haben, denn der Begriff des Lehrens, der nun den des Lernens abgelöst hat, deutet immer noch auf die ehemals grundlegende Perspektive hin, nämlich auf die Vermittlung von Inhalten. Aufschlußreich ist aber in diesem Zusammenhang der dritte Aufgabenbereich der Didaktik, durch den die Bedingungen der Möglichkeit reflektiert werden, unter denen Erziehungsziele gesetzt und Erziehungswege gewählt werden können. Mit dieser Intention wird die Emanzipation der im Erziehungsfeld Handelnden angestrebt. Dadurch gibt Schulz erstmals einen Maßstab vor, nach dem Erziehungs- und Unterrichtsziele beurteilt werden können, und geht damit weit über die bloße technische Kritik von Zielen hinaus. „Emanzipation" wird von ihm allerdings nicht positiv, sondern negativ bestimmt, wenn er mit diesem Begriff einen Vorgang beschrieben wissen will, „in dem wir uns aus der Vormundschaft nicht nur der Tradition, sondern aller gesellschaftlich vermittelten Ansprüche befreien, indem wir den durchschauten Interessen anderer unsere eigenen gegenüberstellen. Die Schlußfolgerung, die wir ziehen, wenn wir unser Leben autonom bestimmen, die positive Setzung, die wir machen, wird von einer Erziehung zur Emanzipation nicht gegeben, sondern immer wieder ermöglicht." (1971, S. 20) Ausschlaggebender Grund für eine Beschränkung auf diese negative terminologische Bestimmung sei die Gefahr, konkrete Gruppeninteressen zu propagieren, die dann erneut eine Einschränkung des Autonomiestrebens bedeuten würden (ebd., S. 21 f.).

Schulz hat diese Ergänzungen und Änderungen zum damaligen Zeitpunkt noch nicht näher auf ihre Konsequenzen für die einzelnen Komplexe des Modells (Struktur- und Bedingungsanalyse) bezogen. Erste Hinweise hierzu, z. T. schon in systematisierter Form, konnte man zwei Veröffentlichungen entnehmen, die 1972 erschienen (1972 a, 1972 b). Darin sind insbesondere zwei Gesichtspunkte von Bedeutung, die als Zwischenbilanz auf dem Wege zu einem „neuen" Modell gedeutet werden dürfen: eine Konkretisierung der Zielvorstellungen und die Auslegung dieser Vorstellungen auf die Strukturen und Bedingungen von Unterricht.

(1) Die Konkretisierung der Zielvorstellungen ergibt sich für Schulz aus dem emanzipatorisch-kritischen Ansatz von Apel und Habermas. Dieser Ansatz wird sowohl für die Erkenntnisperspektive der Erziehungswissenschaft als auch für die Handlungsperspektive im pädagogischen Feld in Anspruch genommen. Die Erziehungswissenschaft müsse aus der „Erkenntnis der Gesellschaftsgebundenheit auch scheinbar ‚rein' wissenschaftlicher Probleme" (1972 a, S. 160) fragen, zu wessen Nutzen erzieherische Handlungen in der gegebenen Gesellschaft dienen. Das Interesse des Wissenschaftlers habe sich zu orientieren „an der Humanisierung der sozialen Beziehungen" (S. 160). Deshalb müsse durch Unterricht „die Emanzipation von den sozialisierenden Instanzen, die innere Befreiung von deren Absolutheitsanspruch, das Durchschauen ihrer Interessenbedingtheit" und „das Eingreifen in die Instanzen um unserer Interessen willen" (S. 161) angestrebt werden. Aus diesem Votum leitet Schulz drei grundlegende Intentionen von Unterricht ab, gekennzeichnet durch die Kategorien „Emanzipation", „Solidarität" und „Kompetenz": Unterricht ziele auf Emanzipation, d.h. auf „die Befreiung der in der Gesellschaft konkret Benachteiligten gegenüber den jeweils konkret Herrschenden, in unserem Fall die der Kinder von der überflüssigen Autorität der Erwachsenen, der Lohnabhängigen vom Kapital, der Entwicklungsländer von der Vormundschaft der Industrienationen". (1972 b, S. 22) Zur Realisierung von Emanzipation sei auch immer die Solidarität mit denjenigen notwendig, die von sich aus nur über beschränkte Möglichkeiten verfügen. Schließlich komme es darauf an, durch Unterricht die Kompetenz der Schüler zu fördern, also die Kenntnisse, Fertigkeiten und Einstellungen, „die die ökonomischen und kommunikativen Voraussetzungen für die Humanisierung der Gesellschaft wie für die selbständige und kooperative Lebensführung der einzelnen darstellen". (S. 24)

(2) Die Auslegung dieser Zielvorstellungen auf die Strukturen und Bedingungen von Unterricht deutet sich in der Phase der „Zwischenbilanz" zunächst noch recht vage an. Sie läßt sich am ehesten erkennen an den Prognosen, die Schulz über den Komplex „Methodik"[43] aufstellt: „Methodenkonzeptionen, die konstruktive oder analytische Projekte, also kollektives oder individuelles Problemlösungsverhalten, bevorzugen, werden nach bislang durchaus vorläufigen Schätzungen mehr als bisher

in den Vordergrund treten. Fachsystematische Lehrgänge werden voraussichtlich zur Vorbereitung, Unterstützung, Ergänzung der Projekte wichtig bleiben, aber ohne selbstzweckhaft der Funktionalisierung der Lernenden zu dienen, wie dies ohne den unmittelbaren Bezug auf die Aufgabe der nicht nur kompetenten, sondern auch autonomen und solidarischen Bewältigung von Lebenssituationen der Fall wäre. Damit sind offene, d.h. vom Lernenden mitbestimmte, und sozialstimulierte, d.h. von kooperierenden oder auch rivalisierenden Gruppenmitgliedern durchlaufende Lernprozesse von besonderem Interesse; streng kanalisierende Organisationsformen bedürfen einer besonderen Rechtfertigung." (1972 a, S. 169)[44] Aus diesen Anforderungen an zukünftige Unterrichtsgestaltung ist erkennbar, daß Schulz es mit der Umsetzung des leitenden Erkenntnisinteresses in erzieherische Handlung ernst meint: Unterricht, der Emanzipation (Autonomie) fördern, Solidarität ermöglichen und Kompetenz steigern will, muß die Fähigkeiten und Möglichkeiten der Schüler zur Mitgestaltung und Mitbestimmung des unterrichtlichen Geschehens berücksichtigen. Was Schulz also in der ursprünglichen Konzeption seines Modells unter dem Komplex „Variabilität der Planung" als Mitsteuerung des Unterrichtsprozesses eher beiläufig erwähnte, sollte nun zu einem basalen Baustein des neu zu konzipierenden Modells werden.

Bereits in dieser Phase der Zwischenbilanz führt Schulz für die formalen Strukturmomente des Unterrichts neue Termini ein, die er auch heute noch benutzt: Intentionalität und Thematik werden als „Zielprojektion" zusammengefaßt, anthropogene und soziokulturelle Voraussetzungen als „Ausgangslage" und die Methodik und Medienwahl als „Anregungsvariablen". Als viertes Strukturmoment fügt er die „Erfolgskontrolle" hinzu (s. 1971, S. 24).[45]

3.8. Das gegenwärtige Konzept der lerntheoretischen Didaktik (Hamburger Modell)

Hatte Schulz in der Umbruchphase für sein Modell die Bezeichnung „lehrtheoretische Didaktik" bevorzugt (1971), so wählt er für die Neufassung seiner Didaktikkonzeption gelegentlich wieder den Begriff „lerntheoretisch" (s. 1980 a, S. 80); er ist sich aber darüber im klaren, daß dadurch die Ansicht entstehen könnte, „es handle sich um die Umsetzung nicht hinterfragter Lerntheorien im Unterricht". (Schulz 1980 b, S. 49) Deshalb spricht er in seinem Buch „Unterrichtsplanung", in dem er die Neufassung erstmals in systematischer Form vorlegt (Schulz 1979; hier zitiert nach 1981[3]), auch vom „Hamburger Modell" (Schulz lehrt seit 1976 an der Universität Hamburg), „weil der Versuch, die Vorstellungen zur Diskussion zu stellen, die im Gespräch mit Paul Heimann und den Kollegen an der Pädagogischen Hochschule Berlin entstanden waren, oft als Berliner Modell oder Berliner Schule zitiert worden" (Schulz 1981[3], S. 183; 1980 c, S. 49) ist. In der folgenden Analyse der gegenwärtigen Konzeption wird auf die ursprüngliche Benennung (lerntheoretisch) zurückgegriffen und von „lerntheoretischer Didaktik II" gesprochen.

3.8.1. Aufgaben und Adressaten des Modells (Ein Überblick)

Für die Darstellung der Neufassung und deren Analyse unter dem Aspekt der Bedeutsamkeit für fachdidaktisches Denken und Handeln ist ein grober Überblick hilfreich. Damit ist weniger eine vorbereitende Orientierung für den Leser beabsichtigt, sondern eine erste Querverbindung zum modelltheoretischen Ansatz, der hier als analytisches Instrumentarium benutzt wird. Die Begründung für dieses Vorgehen ergibt sich vor allem aus der Art und Weise, durch die Schulz selbst in die neue Konzeption der lerntheoretischen Didaktik einführt, indem er nämlich das didaktische Modell unter expliziter Bezugnahme zur Modelltheorie vorstellt. Im Rückgriff auf Popp legt Schulz zunächst die grundlegende Aufgabe des Modells dar: „Angestrebt wird ein Modell der Unterrichtsplanung, ein allgemeindidaktisches Modell. Von einem Modell kann man einiges von dem erwarten, was man sich auch von einem Rezept verspricht: Anschauliche Nähe zu den konkreten Aufgaben, eine Vereinfachung, die handlungsfähig macht; aber zugleich wird die Erwartung erfüllt, in die Voraussetzungen des Vorgelegten eingeführt zu werden, in mögliche Verzerrungen des Problems durch seine selbstkritisch vorgenommene Akzentuierung. Planungspraxis wird nicht durch Anwendung eines Rezeptes bearbeitet oder mit Hilfe einer Theorie aufgeklärt, die aufgrund des begrenzten Handlungsfeldes kaum falsifizierbar ist. Ein Planungsmodell geht über die Ansprüche eines Modells hinaus und bleibt hinter denen einer Theorie bewußt zurück." (Schulz 1981[3], S. 6) Dabei hebt Schulz hervor, daß sein Planungsmodell durch bestimmte Annahmen und leitende Interessen auf eine „Reduktion der Komplexität der Planungsaufgaben" (ebd.) ausgerichtet sei. „Die Offenheit, mit der leitende Interessen, Vereinfachungen und Akzentuierungen vorgelegt und dadurch relativiert werden, sichert Transparenz des Modells für seine Benutzer, erleichtert seine Diskussion, vor allem aber seinen Gebrauch in experimenteller Haltung." (Ebd.) Als Adressaten werden vor allem Studenten, Referendare, Lehrerfortbildner und Dozenten (S. 2) angesprochen. Inhaltlich thematisiert Schulz Unterrichtsplanung in der Alltagspraxis auf vier Ebenen (Perspektivplanung, Umrißplanung, Prozeßplanung und Planungskorrektur). Bestimmend ist in diesem Zusammenhang sein Verständnis von Unterricht, der „zu einem entscheidenden Teil eine Planungsaufgabe der unmittelbar Beteiligten" ist. „Curriculum-Entwicklungen im Sinne theoriegesteuert vorproduzierter, empirisch kontrollierter Planungsvorgaben können die Planungsarbeit vor Ort anregen, aber nicht ersetzen." (S. 2)

In dieser kurzen Skizzierung des allgemeindidaktischen Modells deutet sich bereits an, wie Schulz die an der Konzeption der lerntheoretischen Didaktik I geübte wissenschaftstheoretische Kritik konstruktiv wenden möchte. Offensichtlich wird Unterricht nicht mehr als „Steuerung von Verhaltensweisen" und „Lernen" nicht mehr als „Anpassungsleistung" verstanden; darauf läßt zumindest die Vorsicht schließen, mit der Schulz selbst die Kennzeichnung „lerntheoretisch" verwenden wissen will. Vielmehr soll Unterricht nun „emanzipatorisch relevant" sein; dessen charakteristischer Zug sei in der „dialogischen Planung" (1981[3], S. 6) zu sehen. Das bedeutet: Die grundlegende Intention des neugefaßten Modells besteht darin, dem

Unterrichtenden zu zeigen, daß Unterricht zur Emanzipation Heranwachsender befähigen soll und inwiefern dazu die Beteiligung der Schüler an der Planung von Unterricht erforderlich erscheint.[46]

Im folgenden werden zunächst die in das Modell eingeflossenen leitenden Interessen dargestellt; anschließend wird dann zum einen erläutert, wie nach Schulz diese Leitvorstellungen in den vier Planungsebenen zu realisieren sind, und zum anderen gefragt, welche Bedeutung diesen allgemeindidaktischen Vorgaben für fachdidaktisches Denken und Handeln zuzumessen ist.

3.8.2. Die leitenden Interessen

Die Intentionen der lerntheoretischen Didaktik II sind nur hinreichend verständlich, wenn man um die grundlegenden Aufgaben weiß, die Schulz einem „freiheitlich-demokratischen und sozialen Rechtsstaat" (1981[3], S. 12) zuweist. Zum einen komme es darauf an, die junge Generation an das gewachsene Kulturgut heranzuführen, also „die Reproduktion des einzelnen wie der Gesellschaft ... durch Sinntradierung zu sichern". (S. 11) Zum anderen müsse diese Tradition aber auch so erschlossen werden, „daß sie die Möglichkeit, sie zu kritisieren, offenhält, die Möglichkeit, nicht nur Geschöpfe, sondern auch Schöpfer von Kultur hervorzubringen, Menschen mit einem Potential für Veränderung". (Ebd.) Das Ziel gesellschaftlicher Veränderung sei der „Abbau unkontrollierter Herrschaft von Menschen über Menschen, wie sie in unserer Gesellschaft vor allem durch übermächtiges Privateigentum an Produktionsmitteln entsteht". (S. 10) Nur so sei der „Anspruch aller auf größtmögliche Verfügung über sich selbst" (S. 12) zu verwirklichen.

Welche Funktion kommt Unterricht unter derartigen Prämissen zu? Nach Schulz ist er „ein Versuch partieller Vorwegnahme des Abbaus der Herrschaft von Menschen über Menschen". (1981[3], S. 13) Zu diesem Zwecke sei das Bemühen um partizipatorische Unterrichtsplanung das geeignete Mittel. Denn „der Dienst am Anspruch aller Menschen auf größtmögliche Verfügung über sich selbst enthält den selbstverständlichen Verzicht des Unterrichtenden und seiner Wissenschaft auf eine Behandlung der Schüler als Objekte, über die man verfügt". (S. 12) Vielmehr sei Schulunterricht „als ein soziales Handlungsfeld so zu begreifen, daß es den Handelnden in diesem Feld erleichtert wird, sich über die Planungselemente ihres Handelns zu verständigen, die Effektivität der Planung zu prüfen und die Bedingungen, unter denen die Übereinkünfte und ihre erfolgreiche Umsetzung angemessen erscheinen, zu hinterfragen". (S. 9)

Hinsichtlich der Realisierung der leitenden Interessen stellt sich dabei die Frage, welche Art von Interaktion für eine partizipatorische Unterrichtsplanung geeignet erscheint. Für Schulz leistet das Konzept der „themenzentrierten Interaktion" (im folgenden TZI) entscheidende Hilfe. Es verhindere nämlich zwei Tendenzen, die einer dialogischen Unterrichtsplanung im Wege stehen: einerseits die vorrangige Orientierung an der Sache, wie sie ein ausschließlich wissenschaftsorientierter Unterricht erfordere, und andererseits die alleinige Festlegung von Zielen, Inhalten, Methoden und Medien durch den Lehrer (1981[3], S. 13). Eine themenzentrierte

Interaktion wirke derartigen Einseitigkeiten entgegen, indem eine dynamische Balance zwischen dem thematischen Aspekt, dem personalen Aspekt und dem Soziierungsaspekt eines Unterrichtsgegenstandes gewährleistet sei: „Alle Teilnehmer, Schüler wie Lehrer, machen sich die Anforderungen klar, die von der Sache her, vom Thema her, aus gesellschaftlichen Vorgaben, wissenschaftlichen Vorarbeiten erwartet werden (T), sie reflektieren auf die Hoffnungen und Ängste, die Vorerfahrungen, die in jedem von ihnen, in ihnen als Person, ausgelöst werden (P), sie überlegen, wie eine Selbstorganisation der Gruppe unter den gegebenen Bedingungen zwischen Sachansprüchen und Ichansprüchen am besten vermittelt." (S. 14) Die folgende Graphik, die neben den drei Aspekten auch das Bedingungen setzende Umfeld einbezieht, gibt eine anschauliche Übersicht (aus: Schulz 1981[3], S. 14):

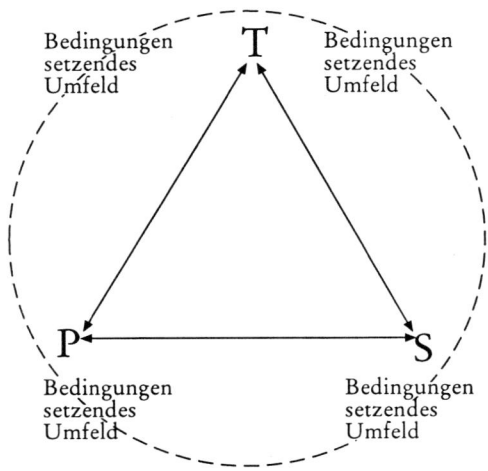

T = Thematischer Aspekt: Die Intention, die gesellschaftlich vorgegebene, wissenschaftsorientierte Thematik als Qualifikationsaufgabe zu erwägen.

P = Personaler Aspekt: Die Intention, sich in die Behandlung der Thematik selbst einzubringen und dabei zu sich selbst zu kommen.

S = Soziierungsaspekt: Die Intention, mit den Gruppenmitgliedern Beziehungen zu unterhalten, die der Themenentfaltung, Ich-Stärkung, und der wechselseitigen Hilfe dabei nützen.

Um die Balance der TZI nicht zu gefährden gelte es, einer Überbetonung einzelner Aspekte vorzubeugen. Die Konzentration auf das Thema allein führe „zur völligen Entmündigung der Schüler", zur „Unterwerfung unter eine scheinbar menschenunabhängige Sachgesetzlichkeit" und zu einer darauf beruhenden „Lehrerautorität" (S. 16); die Konzentration auf das einzelne Gruppenmitglied allein könne „die einseitige Freisetzung bestimmter Individuen auf Kosten anderer" (S. 20) bedeuten; die alleinige Konzentration auf die Gruppe berge die Gefahr, „daß dem befriedigenden Zusammenleben im Augenblick sowohl die gesellschaftsnotwendige Qualifizierung als auch die Entfaltung der einzelnen Person aufgeopfert wird" (S. 21), demnach kämen also der thematische und der personale Aspekt zu kurz; schließlich sei die Balance durch „institutionelle Determinanten" gefährdet, wenn diese „weder eine Partizipation an der Thematik noch eine wirkliche Berücksichtigung der einzelnen Unterrichtsteilnehmer und schon gar nicht eine noch so begrenzte Selbstorganisation der Gruppe zuläßt". (S. 23) Schulz ist sich in diesem Zusammenhang allerdings der Grenzen der Unterrichtsplanung im Sinne der TZI bewußt. Sie allein bewirke keine Emanzipation; ihr bescheidener Beitrag, emanzipatorisch relevant zu sein, liege in der Förderung der Fähigkeiten, „eigene Interessen zu erkennen und wahrzunehmen und mit dem, was ist, den Horizont von Möglichkeiten offenzuhalten". (S. 24 f.)[47]

Wenn mit den vorangegangenen Ausführungen die Neukonzeption der lerntheoretischen Didaktik auch erst in ihren Konturen skizziert worden ist, so zeichnet sich doch hier bereits eine vorläufige Antwort auf die Frage ab, welche Vorgaben die grundlegende Perspektive des allgemeindidaktischen Modells für fachdidaktisches Denken und Handeln macht. Der entscheidende Ansatzpunkt zur Beantwortung dieser Frage muß offensichtlich in der Auffassung von Schulz zu suchen sein, derzufolge Unterricht als Mittel zum Zweck gesehen wird; danach leistet Unterricht seinen bescheidenen Beitrag zur Emanzipation durch partizipatorische Planung. Soll Unterricht also seine wesentliche Aufgabe nicht verfehlen, so muß die Beteiligung der Schüler bei der Unterrichtsplanung ein zentraler Aspekt fachdidaktischen Denkens und Handelns werden. Das anregende Moment (Anregungsfunktion) dieser allgemeindidaktischen Vorgabe für die fachdidaktische Forschung ist zunächst einmal als eine Aufforderung zu sehen, die möglicherweise einseitige Betonung des Prinzips der Wissenschaftsorientierung zu relativieren und gleichzeitig nach Möglichkeiten zu suchen, durch die Schülern bei der Auswahl und Bewertung von Lernzielen und -wegen ein Mitspracherecht zugestanden werden kann.[48] Für Schulz sind die Ursachen eines vorwiegend wissenschaftsorientierten Unterrichts in erster Linie in der einseitigen Ausbildung der Lehramtsstudenten zu sehen. Inwiefern ihm mit seiner Einschätzung, daß Lehrerbildung im wesentlichen auf Stofflernen ausgerichtet sei (1981[3], S. 13), Recht zu geben ist, kann im Rahmen dieser Arbeit nicht entschieden werden. Zumindest scheint die These für die Ausbildung in den naturwissenschaftlichen Unterrichtsfächern berechtigt zu sein. So ist beispielsweise die Ausbildung der Studenten im Fach Physik für das Lehramt in der Sekundarstufe II schwerpunktmäßig als fachwissenschaftliche Qualifizierung einzustufen, dies nicht nur deshalb, weil die eigentlichen didaktischen und methodischen Themenbereiche zeitlich knapp bemessen sind, sondern weil im Grundstudium vom Lehramtskandidaten nahezu die gleichen Leistungen zu erbringen sind, die auch im Diplomstudiengang gefordert werden. In Entsprechung dazu konzentriert sich das Forschungsinteresse der Fachdidaktiker in hohem Maße auf fachwissenschaftliche Aspekte. Ein Blick in einen Tagungsband des Fachausschusses „Didaktik der Physik der Deutschen Physikalischen Gesellschaft" (1986) verdeutlicht das: Von den darin veröffentlichten 87 Vorträgen sind allein 71 (!) mehr oder weniger als fachwissenschaftliche Beiträge einzustufen, während nur 7 schwerpunktmäßig der Didaktik und 6 der Methodik des Physikunterrichts zuzuordnen sind (s. Kuhn 1986). Bezeichnend ist in diesem Zusammenhang auch die Tatsache, daß der Vortrag „Spiel und Spaß mit Physik" (Treitz 1986) als Abendvortrag gehalten wurde; d.h.: Schülerorientierte Beiträge scheinen eher geeignet, ein unterhaltsames Rahmenprogramm für fachwissenschaftliche Tagungen abzugeben.[49]

Ein kritischer Blick in solche Publikationen darf zweifellos nicht dazu verleiten, den Wert derartiger Forschungsarbeiten zu mindern. Vielmehr gilt es ausdrücklich zu betonen, daß der unterrichtende Lehrer dadurch eine Fülle von Anregungen erhält; die Beanspruchung in der Praxis läßt ihm in der Regel gar nicht die Zeit zu entsprechenden „Entdeckungen", also etwa zum Ersinnen ausgeklügelter Experimente, die für den Unterricht eine enorme Veranschaulichungshilfe sein können. In Frage steht hier nur – denn darauf zielt Schulz mit seinem Modell ab – die vorrangige, einseitige Orientierung an der Struktur der Fachwissenschaften. Demgegenüber fordert Schulz dazu auf, Wege und Möglichkeiten zu suchen, durch die die Schüler aufgrund ihrer Bedürfnisse und Interessen Einfluß auf die Unterrichtsplanung und -gestaltung nehmen können. Diese Aufforderung richtet er direkt zwar nur an die Unterrichtenden (Modelladressaten), indirekt werden aber auch die Fachdidaktiker aufgerufen, ihre Aktivitäten entsprechend zu kanalisieren.

Fazit: Die grundlegende Perspektive der lerntheoretischen Didaktik II ist durch das übergreifende Ziel von Unterricht gekennzeichnet; er orientiert sich am Anspruch aller „auf größtmögliche Verfügung über sich selbst". Dieser Anspruch kann im Unterricht nur dann eingelöst werden, wenn Schüler an der Planung und Durchführung von Unterricht entsprechend beteiligt sind und dieser partizipatorische Prozeß durch eine Balance von Sach-, Person- und Gruppenansprüchen geleitet ist. Diese allgemeindidaktischen Vorgaben fordern die Vertreter der Fachdidaktiken auf zu prüfen, inwiefern im jeweiligen Fachunterricht eine Beteiligung der Schüler an der Unterrichtsplanung ermöglicht werden kann. Lenkte die lerntheoretische Didaktik I das Interesse des Fachdidaktikers auf die Frage der effektiven Vermittlung von Wissen, also von fachwissenschaftlich abgesicherten Erkenntnissen, so tritt nun das Prinzip der Wissenschaftsorientierung deutlich in den Hintergrund. Fachdidaktik ist demnach nicht als Appendix einer zugehörigen Fachwissenschaft zu verstehen, sondern hat primär Partei für einen schülerorientierten Unterricht zu ergreifen, durch den die Interessen und Bedürfnisse der Schüler vertreten werden.

Im folgenden ist nun zu klären, inwiefern das damit offengelegte Spannungsverhältnis von Wissenschaftsorientierung einerseits und Schülerorientierung andererseits in der dialogischen Unterrichtsplanung ausbalanciert werden kann. Zu diesem Zweck ist es notwendig, die einzelnen Planungsebenen des Modells darzustellen und auf ihre fachdidaktische Relevanz hin zu analysieren.

3.8.3. Die Planungsebenen des Modells

Unterrichtsplanung vollzieht sich in der Alltagspraxis „auf mindestens vier Ebenen der zeitlichen Abfolge und der Konkretisierung" (Schulz 1981[3], S. 3), und zwar in der Perspektivplanung, der Umrißplanung, der Prozeßplanung und der Planungskorrektur.

3.8.3.1. Perspektivplanung

Unterricht mag in der Praxis in erster Linie in Form von Unterrichtseinheiten und -stunden geplant werden. Letztlich sind Planungsentscheidungen aber immer eingebettet in Leitvorstellungen, die sich erst über Halbjahre und Jahre hinweg realisieren lassen. Die dazu erforderliche Kontinuität wird durch Rahmenpläne, aber auch durch die Schulorganisation und die Aus- und Fortbildung der Lehrer angestrebt. Deshalb fordert Schulz, Unterrichtsplanung unter dem Aspekt übergreifender Vorstellungen zu betreiben und zu begründen. Diese „Planung über die Unterrichtseinheit hinaus" bezeichnet er als „Perspektivplanung". (S. 29)

Auf allen Ebenen gilt es, Planungsentscheidungen so zu fällen, daß sie dem mit dem Modell verknüpften leitenden Interesse, der größtmöglichen Verfügbarkeit aller über sich selbst (1981[3], S. 30, 33, 65), nicht widerstreben. Inwiefern kann nun die Perspektivplanung diesem leitenden Interesse Rechnung tragen? Den am Unterricht Beteiligten sind zwar durch die Vorgaben der Richtlinien und Lehrpläne gewisse Grenzen gesetzt. Demgegenüber betont Schulz aber, daß die zum Teil recht offenen Zielformulierungen und die Möglichkeiten, eigene Schwerpunkte zu setzen, dem Lehrer einen nicht zu unterschätzenden Freiraum eröffnen; es liege nämlich in seinem Ermessen, vorgesehene Themen zum Teil oder insgesamt zur „Wahl zu stellen, um die Reihenfolge, das zeitliche Gewicht und auch erste Akzentuierungen der Themen mit Schülern und Eltern (wo zweckmäßig auch mit Kollegen) festzulegen". (S. 32) Damit kommt bereits die eigentümliche Aufgabe der Perspektivplanung in den Blick: Durch sie soll „eine kritische und kreative Auseinandersetzung mit amtlichen Planungsvorgaben und eine Gewichtung der eigenen Planungsideen" (S. 35) ermöglicht werden.[50] Zu diesem Zweck seien Kriterien notwendig „als Maßstäbe zur Beurteilung amtlicher Vorgaben und konkreter Ziele unterrichtlichen Handelns: Ziele, nach denen sich andere Ziele richten sollen". (S. 34)

Schulz instruiert den Modelladressaten für diese Aufgabe, also für die Beurteilung von Themen und damit zusammenhängenden Zielen, durch die *Vorgabe* eines sogenannten „Richtzielkataloges", der in Form einer Matrix erstellt ist (s. folgende Abbildung auf S. 160 aus Schulz 1981[3], S. 39)

Die vertikale und horizontale Gliederung dieser Matrix bilden zwei bereits aus der älteren Konzeption der lerntheoretischen Didaktik her bekannte Strukturelemente, die Komplexe „Intentionalität" und „Thematik".

Die Differenzierung des Komplexes „Intentionen" in die drei Richtziele „Kompetenz", „Autonomie" und „Solidarität" ergibt sich für Schulz aus dem leitenden Interesse der Erziehungswissenschaft im allgemeinen und der Didaktik als Teildisziplin im besonderen. Erziehung und Unterricht sind demnach um die größtmögliche Verfügbarkeit aller über sich selbst, um die Autonomie, bemüht. Autonomie sei aber für sich allein nicht zu fördern, „sondern nur über die Art und Weise, in der man mit dem Erwerb der dazu erforderlichen Kompetenzen zugleich übt, sich in diesem Prozeß einzubringen, Subjekt des eigenen Lernprozesses zu sein". (1981[3], S. 36) Da Un-

INTENTIONEN (Absichten) / THEMEN (Erfahrungsaspekte)	I KOMPETENZ	II AUTONOMIE	III SOLIDARITÄT
1 SACHERFAHRUNG	I/1	II/1	III/1
2 GEFÜHLS-ERFAHRUNG	I/2	II/2	III/2
3 SOZIALERFAHRUNG	I/3	II/3	III/3

terricht ein soziales Handlungsfeld sei, in dem mehrere Beteiligte Kompetenzen zum Zwecke der Selbstbestimmung erwerben, könne es zu entsprechenden Konflikten kommen. In solchen Fällen bedürfe es der Solidarität mit den konkret Benachteiligten. „Solidarität soll nicht Ansätze zur Selbstbestimmung in Kollektivismus ersticken, sondern wechselseitige Hilfe bei der Autonomisierung bedeuten." (S. 37) Autonomie für alle ist also nicht erreichbar ohne ein Mindestmaß an Kompetenz und Solidarität. Das bedeutet: Die Aspekte der Intentionalität sind in ihrem Implikationszusammenhang zu sehen und „würden gründlich mißverstanden, unverantwortlich verkürzt, wenn man sie additiv nebeneinander oder gar nacheinander fördern zu können meinte". (S. 36)

Die Aufteilung des Komplexes „Thematik" in die drei Bereiche „Sacherfahrung", „Gefühlserfahrung" und „Sozialerfahrung" resultiert aus der bereits oben angesprochenen Übernahme des Konzeptes der TZI.[51] Entscheidend ist nun, daß Schulz die Schnittpunkte von „Themen" und „Intentionen" zu insgesamt neun Richtzielen kombiniert. Zum besseren Verständnis sollen hier einmal die Richtziele auf der Diagonale vom Schnittpunkt I,1 bis zum Punkt III,3 exemplarisch erläutert werden. Es ergeben sich die Richtziele: (1) Kompetenz, bezogen auf Sacherfahrung, (2) Autonomie, bezogen auf Gefühlserfahrung und (3) Solidarität, bezogen auf Sozialerfahrung.[52]

– Zur Kompetenzförderung, bezogen auf Sacherfahrung (I,1)
Schüler sollen Kenntnisse und Fertigkeiten erwerben, „die es ihnen ermöglichen, sich unter den gegebenen Bedingungen durch gesellschaftliche Arbeit zu erhalten und ihre Rechte und Pflichten als Bürger wahrzunehmen". (Schulz 1981[3], S. 39) Damit aber die so erworbenen Kompetenzen der Förderung von Autonomie Rechnung tragen, müssen die Schüler lernen, „daß Natur und Gesellschaft in unterschiedlichem Ausmaß und auf unterschiedliche Weise handelnd beeinflußbar sind und daß in die Behandlung der Natur gesellschaftsbedingte Vorentscheidungen eingehen". (S. 39)

– Zur Autonomieförderung, bezogen auf Gefühlserfahrung (II,2)
Schüler sollen lernen, ihre Gefühlserfahrungen zu akzeptieren, aber auch auf die Ansprüche anderer abzustimmen. Insofern sollen sie befähigt werden, zwischen eigenen Wünschen und Anpassungsanforderungen zu vermitteln. „Sie ertragen ein gewisses Maß an Versagungen, Frustrationen, ohne mit Aggression oder Regression zu antworten; wenn es ihnen dann doch zu viel wird, richten sie ihre Aggression nicht primär gegen die konkreten Anlässe, seien es Personen oder Sachen oder gegen sich; sie versuchen, die Ursachen der Frustration auszumachen und anzugehen." (S. 41)

– Zur Solidarität, bezogen auf Sozialerfahrung
Schüler sollen zur Einsicht gelangen, „daß Autonomie gegenüber gesellschaftlichen Anpassungszwängen und angesichts der natürlichen Lebensbedingungen auf Dauer nur gemeinsam entwickelt und immer wieder zurückgewonnen werden kann. Sie lassen sich deshalb nicht gegen andere in gleicher Lage ausspielen, verzichten auf Lernvorteile aus persönlichem Besitzstand und arbeiten gegen autonomiefeindliche gesellschaftliche Kräfte mit denen zusammen, deren Anspruch auf menschenwürdigere, d.h. Freiheit, Gleichheit und Mitmenschlichkeit verbürgende Lebensbedingungen noch nicht gesichert ist." (S. 42)

Wie kann der Modellverwender nun mit einem derartigen Richtzielkatalog umgehen? Seine Anwendung auf Lehrpläne und Zielsetzungen von Unterrichtseinheiten soll Aussagen über die Vollständigkeit der berücksichtigten Aspekte, über eventuelle Einseitigkeiten und über ihre Orientierung am leitenden Interesse des Modells ermöglichen (1981[3], S. 34 f.) Schulz versucht dessen Brauchbarkeit an Beispielen nachzuweisen, zum einen durch Anwendung der Matrix auf einen von der Hamburger Schulbehörde erstellten Katalog „Allgemeine Lernziele", zum anderen durch eine Konkretisierung der Perspektivplanung anhand verschiedener Unterrichtseinheiten. Die folgenden Überlegungen beschränken sich auf die Auseinandersetzung mit der Lehrplanarbeit in Hamburg und den von der Schulbehörde vorgegebenen „Allgemeinen Lernzielen". Schulz kommt zunächst zu dem Ergebnis, daß das von ihm entworfene analytische Instrumentarium (die Richtzielmatrix) greift; das zeige sich nämlich daran, daß alle Aussagen des behördlichen Zielkataloges sich einem Feld des Rasters zuordnen lassen. Allerdings sei eine ungleichmäßige Gewichtung der Intentionen zu bemängeln, weil es „keine Aussagen zur Förderung der Solidarität als bewußtem Mitdenken, Mitfühlen und Mithandeln für Benachteiligte gegen regressive Strukturen" (S. 44) gebe. Darüber hinaus würde die Hauptaufgabe der Schule in der individuellen und gesellschaftlichen Reproduktion gesehen, weniger in der Förderung der Fähigkeit, in gesellschaftliche Entwicklungen verändernd eingreifen zu können (ebd.). Diese Einseitigkeit korreliere mit einem additiven Verständnis von Kompetenz- und Autonomieförderung, durch das letztlich das leitende Interesse des Modells unterlaufen werde (S. 45).

Will man die im vorangegangenen dargestellte Ebene der Umrißplanung und die daraus folgenden Anweisungen für die am Unterricht Beteiligten auf ihre Bedeutung für fachdidaktisches Denken und Handeln befragen, so stellen sich unübersehbare Schwierigkeiten ein. Die Fachdidaktiken hätten zunächst einmal die Aufgabe, bestehende Richtlinien und Lehrpläne auf ihre Übereinstimmung mit dem leitenden Interesse des Modells, auf ihre Vollständigkeit bezüglich der Intentionalität und Thematik und auf Ausgewogenheit der Richtziele hin zu untersuchen. Die lerntheoretische Didaktik II würde den Fachdidaktiken damit eine entsprechende Deskriptionsfunktion zuweisen. Diese implizite Vorgabe wurde allerdings auch schon von dem ursprünglichen Modell geleistet. Problematisch wird nun die Tatsache, daß es sich nach der neuen Konzeption nicht mehr um bloße technische Kritik handeln kann; denn das leitende Interesse an Emanzipation führt zwangsläufig zu einer normativen Kritik. Und damit stellt sich für den Fachdidaktiker die Frage: Was ist zu tun, wenn die Analyse von Richtlinien und Lehrplänen zu der Einsicht führt, daß deren Aussagen und Forderungen nicht oder nur teilweise mit den normativen Ansprüchen des Richtzielkataloges in Einklang stehen? Mit einer bloßen Feststellung derartiger Defizite dürfte sich der Fachdidaktiker aus der Perspektive des Modells nicht begnügen. Ist er aber befugt, die an der Unterrichtsplanung Beteiligten zu einer entsprechenden Korrektur aufzurufen, nach der sie im Unterricht auch solche Zielstellungen verfolgen, die den Intentionen der amtlichen Vorgaben widersprechen?

Schulz streift dieses Problem durch die Unterscheidung der Legalität und Legitimität von Vorgaben. Danach sind Richtlinien und Lehrpläne legal, wenn sie in einem demokratisch anerkannten Verfahren zustande gekommen sind. Die Legitimität weise sich aber erst dadurch aus, daß in den Vorgaben ein entsprechender Entscheidungsspielraum offen gehalten wird und die Abnehmer, also Lehrer und Schüler, durch diese Freiheit erst wählen können. Das bedeutet: Richtlinien, Lehrpläne oder auch Curricula können „die Legitimierung für die konkrete Lehr-Lern-Gruppe nicht ersetzen". (1981[3], S. 100) Partizipatorische Unterrichtsplanung würde demnach erst Ziele legitimieren, wenn die Beteiligten sie aus ihrer Sicht akzeptieren, sie für ihre gegenwärtige Lage also als bedeutsam und erstrebenswert einstufen.

Fazit: Trotz dieser offenen Fragen, die sich nur durch eine noch ausstehende Präzisierung und Erweiterung des allgemeindidaktischen Modells beantworten lassen, darf aber aus fachdidaktischer Sicht festgehalten werden: Das oben[53] angesprochene Spannungsverhältnis zwischen Wissenschaftsorientierung einerseits und Schülerorientierung andererseits wird durch die allgemeindidaktischen Vorgaben auf der Stufe der Perspektivplanung bereits einseitig zu Lasten der Wissenschaftsorientierung ver-

schoben. Nicht die Vermittlung von Kenntnissen, Wissen, Einsichten usw. unter
Bezug auf den jeweiligen fachwissenschaftlichen Erkenntnisstand und die sich daraus ergebenden potentiellen Handlungsmöglichkeiten sind von primärem Interesse.
Vorrang haben zunächst nur die Bedürfnisse und Wünsche der Schüler. Diese Priorität schließt die Berücksichtigung des Sachaspektes nicht aus; die Beschäftigung mit
der Sache darf aber nicht vom Lehrplan oder Lehrer gefordert, sondern muß in TZI
von allen Schülern erst beschlossen werden. Zu fragen wäre dann aber auch, ob
Schulz auf diese Weise die für schulpädagogisches Denken konstitutive Bedeutung
lehrplantheoretischer Reflexion, wie sie seit jeher von der bildungstheoretischen Didaktik herausgestrichen wird, für überflüssig erklären will.

Die Möglichkeiten und Grenzen einer so verstandenen Schülerorientierung können an dieser Stelle noch nicht hinreichend abgeschätzt werden. Das wird erst gelingen, wenn im folgenden die Ebene der Umrißplanung erläutert und analysiert
worden ist.

3.8.3.2. Umrißplanung

Wenn die Perspektivplanung auch als Richtschnur und Korrektiv für alle weiteren
didaktischen und methodischen Entscheidungen gilt, so sieht Schulz doch die
Umrißplanung „als das unverzichtbare Kernstück der Unterrichtsplanung in der
Alltagspraxis" (1981³, S. 75) an. Auf dieser Ebene planen Lehrer und Schüler Unterrichtseinheiten in Form der dialogischen Planung; darin erweise sich „die Unverfügbarkeit der am Unterricht beteiligten Personen", indem sie „sich die Möglichkeit
vorbehalten müssen, die Details anders als vorgesehen auszufüllen und im Unterrichtsprozeß immer wieder zu modifizieren". (S. 75)

Welche Vorgaben und Anregungen werden von Schulz dabei als entscheidende
Bausteine für das Gelingen partizipatorischer Unterrichtsplanung angeführt? Die
einzelnen Aspekte der Umrißplanung lassen sich an einem Beispiel erläutern, das
Schulz selbst als gelungenes Beispiel dem Modelladressaten vorstellt.

Es handelt sich dabei um das Ergebnis einer Planungseinheit, entstanden im
Deutschunterricht der Sekundarstufe II. Die Lehr-Lern-Gruppe hatte sich zunächst in der Perspektivplanung mit einer Vorgabe des Hamburger Rahmenplans
auseinandergesetzt, nach dem Gedichte in ihren verschiedenen gesellschaftlichen
Funktionen zu thematisieren sind. Über den Verlauf dieser Auseinandersetzung
berichtet Schulz allerdings nicht. Man einigte sich auf die Beschäftigung mit Gedichten des 20. Jahrhunderts. Zum einen sollten mit Hilfe des Lehrers Gedichte
ausgesucht werden, „die in der Zeit des Nationalsozialismus die Funktion hatten,
die Herrschaft Hitlers mit poetischen Mitteln zu festigen oder, im Gegenteil, sie
aus der Position des Widerstandes zu demaskieren", zum anderen solche, die „von
Schriftstellern aus der DDR verfaßt worden waren und nur im Ausland veröffentlicht werden konnten, oder aus kritischer Haltung zur Bundesrepublik verfaßt
worden waren". (1981³, S. 92) Insgesamt kamen sechs Arbeitsgruppen zustande;
eine hatte sich mit dem Brechtschen Gedicht „Fragen eines lesenden Arbeiters"
befaßt. Die Vorschläge dieser Arbeitsgruppe sind im folgenden ungekürzt wiedergegeben (aus 1981³, S. 93 f.):

„Vorschläge der Arbeitsgruppe ‚Brecht' zur Behandlung des Gedichts ‚Fragen eines lesenden Arbeiters'. Auswahl und Ergänzung möglich.

– Wir könnten die Botschaft des Gedichts herauszuarbeiten versuchen und die Auffassung vom lesenden Arbeiter, an den Brecht sich wendet; wir könnten uns fragen, inwieweit sie eine Botschaft zum Widerstand gegen die nationalsozialistische Herrschaft ist […]. Dazu muß der Text für alle Mitglieder vorliegen. Er sollte erst einzeln gelesen und dann in kleinen Kreisen besprochen werden, damit möglichst viele Meinungen zu Wort kommen können.

– Wir könnten mit Hilfe von Biografien und Selbstzeugnissen die Situation zu ermitteln versuchen, in der Brecht sich damals im Exil befand, und die Funktion, die seine Arbeit damals seiner Ansicht nach hatte. Einige könnten die Quellen einzeln durchsehen und uns mündlich oder auf einem Arbeitsblatt zusammenstellen, was sie gefunden haben.

– Wir könnten die sprachlichen Mittel, die Brecht zur Realisierung seiner Botschaft gebraucht, herausarbeiten, mit seinen theoretischen Vorstellungen vergleichen und ihre Wirkung auf uns einschätzen. Dazu wäre Brechts Aufsatz über reimlose Lyrik in unregelmäßigen Rhythmen […] ganz oder auszugsweise zu vervielfältigen. Wenn jeder Gedicht und Aufsatz gelesen hat, könnten wir in ein Gespräch eintreten, dessen Ergebnis schriftlich zusammengefaßt und für alle vervielfältigt werden sollte. Mit Sondervoten.

– Wir könnten üben, das Gedicht seiner Botschaft und seinen sprachlichen Mitteln entsprechend vorzutragen, einzeln oder chorisch als eine Gruppe von Arbeitnehmern, wenn wir das Ergebnis aufnehmen, können wir die Wirkung auf andere (Eltern, Nachbarklassen, Bauarbeiter) erproben.

– Wir könnten untersuchen, welchen Eindruck das Gedicht heute auf Arbeitnehmer macht, oder auf Schüler (als künftige Arbeitnehmer), die sich noch nicht mit Brecht beschäftigt haben, und die Tonbandprotokolle für alle auswerten.

– Wir könnten prüfen, ob Brechts Einschätzung ‚In den Büchern stehen die Namen von Königen' heute noch stimmt: Wir könnten in den Geschichtsbüchern nachlesen, die in unserer Schule gebräuchlich sind, und zu Hause in Lexika. Typische Beispiele könnten zusammengestellt und fürs Plenum vervielfältigt werden.

– Wir könnten einen Schallplattennachmittag für Interessenten veranstalten, weil es vielleicht Euch auch so geht wie uns in der Vorbereitungsgruppe: Wir denken bei Brecht an ‚Dreigroschenoper', aber was außer Macky Messer darin vorkommt, wissen wir nicht genau. Es gibt verschiedene Aufnahmen[…].

– Alles könnten wir nur schaffen, wenn in Gruppen gearbeitet wird. In jeder Gruppe würde einer von den Vorbereitern mitmachen." (aus Schulz 1981³, S. 94)

An diesem Beispiel läßt sich zunächst einmal zeigen, daß das Konzept der TZI hier weitgehend realisiert worden ist. Was der einzelne (personaler Aspekt) in die Planungsdiskussion eingebracht hat, läßt sich im nachhinein rekonstruieren, und zwar im Zusammenhang mit den Beschlüssen der Gruppe (Sozierungsaspekt, Gruppenbezug). Jeder Teilnehmer scheint vorgebracht zu haben, welche persönlichen Erwartungen und Wünsche im Hinblick auf den Gegenstand existieren; im Verlauf des Gespräches ist es dann gelungen, die verschiedensten Sichtweisen und Intentionen zu koordinieren und ein gemeinsames Arbeitsprogramm aufzustellen. Das dokumentiert jeweils das einleitende „Wir" der einzelnen Absätze. Der dritte Aspekt, der Sachbezug, ist im Planungsergebnis mehrfach erläutert, so etwa in den Entschlüssen, die sprachlichen Mittel herauszuarbeiten, die gesellschaftstheoretischen Vorstellungen Brechts darauf zu beziehen oder die biographische Interpretationsmethode auf das Gedicht anzuwenden usw.

Neben der Art der Interaktion, die für die dialogische Unterrichtsplanung konstitutiv sein soll, fordert Schulz von den Beteiligten die Verständigung über den didaktischen Handlungszusammenhang (S. 80). Hierzu gehöre insbesondere die Verständigung über die Unterrichtsziele, die Ausgangslage der lernenden Schüler und ihrer mitlernenden Lehrer, die Vermittlungsvariablen und die Erfolgskontrollen (S. 80). Ein Vergleich zur ursprünglichen Konzeption der lerntheoretischen Didaktik macht deutlich, daß Schulz die sechs Strukturmomente (Bedingungs- und Entscheidungsfelder) zur Konstruktion seines neuen Modells übernommen hat. In Anbetracht des nun leitenden Intereses benutzt Schulz die bereits in der Umbruchphase vorgeschlagenen terminologischen Änderungen.[54] Er spricht jetzt also weiterhin von Unterrichtszielen anstatt von Intentionen und Themen, als Ausgangslage werden in einem Zugriff anthropogene und soziokulturelle Voraussetzungen erfaßt, der Begriff „Vermittlungsvariablen" ist „ein Sammelname für vermittelnde Methoden und Medien" (S. 84), und der Komplex „Erfolgskontrolle" zielt auf die Überprüfung von Lernergebnissen. Die einzelnen Strukturmomente stehen in einem Implikationszusammenhang (S. 83); dadurch übernimmt Schulz auch die Interdependenzthese aus der ursprünglichen Konzeption. Trotz der formalen Übereinstimmung darf aber nicht übersehen werden, daß diese Strukturmomente in der Neufassung unter einem anderen Vorzeichen stehen: Es geht nun nicht mehr darum, den Lehrer daran zu erinnern, welche Momente in der Planung von ihm zur Vermittlung von Inhalten zu berücksichtigen sind; jetzt geben die Strukturmomente die zentralen Aspekte vor, über die sich Schüler und Lehrer gemeinsam zu verständigen haben.

Ein Blick auf das angeführte Planungsbeispiel zeigt, wie die Strukturmomente hier berücksichtigt worden sind. Das Leitziel der Unterrichtseinheit besteht darin, die „gesellschaftliche Funktion" von Gedichten zu erarbeiten. Auf das Brechtsche Gedicht angewandt, ergeben sich daraus entsprechende Teilziele; so wurde etwa beschlossen, die Botschaft des Gedichtes zu identifizieren, den Vortrag des Gedichtes zu üben usw. Der Beschluß der Lehr-Lerngruppe, diese Ziele anzugehen, muß offensichtlich durch das Bedenken der eigenen Ausgangslage zustandegekommen sein. Die Teilnehmer wußten um den Zusammenhang von sprachlichen Mitteln und Inhalt oder um die Bedeutung der biographischen Situation, in der Literatur entstan-

den ist, für deren Interpretation; sie hatten also im vorangegangenen Unterricht Vorerfahrungen gemacht, Einsichten gewonnen, die sie gemeinsam nutzen wollen. Hinsichtlich der Vermittlungsvariablen hat man sich zudem auf bestimmte Methoden
und Medien geeinigt. Im Wechsel von Einzel- und Gruppenarbeit bzw. Unterrichtsgespräch sollen die Ziele in bestimmter Reihenfolge realisiert werden. Dazu werden
der Gedichttext, Selbstzeugnisse des Autors, Geschichtsbücher oder Schallplatten als
Medien eingesetzt. Der Textauszug gibt zwar keine direkten Aufschlüsse über den
Komplex „Erfolgskontrolle"; es ist aber im Sinne der TZI anzunehmen, daß die allgemeinen Entscheidungen für bestimmte Ziele und Wege letztlich auch als Maßstab
für deren Erreichen oder Verfehlen gesetzt worden sind.

Für die leitende Fragestellung nach dem Verhältnis von Allgemeiner Didaktik und
Fachdidaktik ergeben sich aus diesem Beispiel bereits wichtige Einsichten. Die lerntheoretische Didaktik II erweist sich als ein Modell, das sowohl dem Fachdidaktiker
als auch dem unterrichtenden Lehrer sinnvolle Anregungen geben kann. Es besteht
kein Grund zu zweifeln, daß das von Schulz vorgestellte Planungsbeispiel dokumentiert, wie eine Lehrplanvorgabe von Schülern und Lehrern sinnvoll diskutiert
und in Unterrichtsplanung umgesetzt werden kann.[55] Auch aus der Sicht der bildungstheoretischen Didaktik wäre zuzugestehen, daß hier „anspruchsvoller Unterricht" in die Wege geleitet wird. Denn im Sinne kategorialer Bildung haben die
Schüler sich im vorausgegangenen Unterricht ein Stück Wirklichkeit erschlossen, sie
wissen beispielsweise um das Zusammenspiel von Form und Inhalt literarischer
Texte und um die Methode der biographischen Interpretation. Zugleich sind sie
damit für die Wirklichkeit erschlossen, indem sie diese Einsichten und Fertigkeiten
nun auf ihnen unbekannte Texte anwenden.

Für die fachdidaktische Theoriebildung läßt sich aus diesem Beispiel eine wichtige
Aufgabe herleiten. Sie hat zu fragen, inwiefern der jeweilige Unterricht Schülern eine
angemessene Beteiligung an der Planung von Unterricht ermöglichen kann.[56] Diese
Aufgabe hat ihren Reiz vor allem für solche Fächer, die einen mehrperspektivischen
Zugriff auf den Gegenstand eröffnen. Im Bereich des Deutschunterrichts läßt sich
das leicht nachweisen. Bei der Behandlung des Brechtschen Gedichtes beispielsweise, seiner Interpretation, muß man nicht zwangsläufig für die biographische Interpretationsmethode votieren. Das vorgegebene Leitziel (gesellschaftliche Funktion
von Literatur) legt diese Methode zwar nahe, denkbar wäre aber auch ein soziologischer Interpretationsansatz oder eine Kombination bzw. eine Ergänzung der beiden
Methoden. Darüber hinaus gäbe auch der textimmanente Interpretationsversuch
aufgrund der eindeutigen Formulierungen Aufschluß über die Autorintention. Eine
schlüssige Argumentation für die Bevorzugung der einen Interpretationsmethode
gegenüber den anderen kann die Literaturwissenschaft nicht liefern.[57] Insofern stehen die unterschiedlichen Ansätze mehr oder weniger gleichberechtigt nebeneinander. Echte Wahlmöglichkeiten für Schüler bietet in der Unterrichtspraxis diejenige
Literatur, die für vielfältige Interpretationsmethoden zugänglich ist.[58]

Was hier am Bereich des Deutschunterrichts exemplarisch aufgezeigt worden ist,
darf man im Hinblick auf die Frage nach dem Verhältnis von Allgemeiner Didaktik
und Fachdidaktik vorsichtig verallgemeinern: Die Beteiligung von Schülern an der

Planung von Unterricht erscheint in den Fächern möglich und relativ unproblematisch, die als Bezugsdisziplin auf eine Fachwissenschaft bzw. auf Fachwissenschaften rekurrieren, in der/denen kein Konsens über Gegenstand und Methode vorliegt. Das ist in der Germanistik beispielsweise der Fall, wie die verschiedenen Sprach- und Literaturtheorien beweisen. Ähnliches gilt auch für die Politik- und Geschichtswissenschaft.

Mit der Tatsache, daß sich Vertreter bestimmter Fachwissenschaften mit dem Dissens über Gegenstand und Methode arrangieren müssen, hängt ein weiterer Aspekt zusammen. Gerade weil es nicht *den* Gegenstand und *die* Methode gibt, ist in diesen Disziplinen auf keine stringente Systematisierung, schon gar nicht auf eine Axiomatisierung von Aussagen zu hoffen. Das hat zur Folge, daß der Fachunterricht, der sich auf derartige Fachwissenschaften bezieht, nicht durchgehend auf eine bestimmte Reihenfolge in der Behandlung von Themen und in der Vermittlung von Arbeitstechniken und Methoden abgestimmt werden muß. Um so größer sind dementsprechend die Möglichkeiten, Schüler an der Auswahl von Themen, an der Festlegung der Reihenfolge und der Setzung von Schwerpunkten zu beteiligen.

Diese These läßt sich an mehreren Unterrichtsfächern verifizieren. Um zunächst einmal beim Deutschunterricht zu bleiben: Es gibt keine zwingende Reihenfolge für die Behandlung grammatischer Theorien (Dependenzgrammatik, generative Transformationsgrammatik) in der Sekundarstufe. Aus fachwissenschaftlicher Sicht allein liegen auch keine triftigen Gründe vor, die Themenschwerpunkte „Natur" oder „Gerechtigkeit" im Unterricht vorrangig anhand von Gedichten, Kurzgeschichten, Novellen (fiktionale Texte) oder anhand von Nachrichtentexten (nicht-fiktionale Texte) zu behandeln. Ähnliche Freiräume eröffnen sich auch für die Gestaltung des Religionsunterrichts; auch hier können Schüler bei der Wahl thematischer Schwerpunkte entsprechend beteiligt werden. So fordert etwa das fachdidaktische Korrelationsprinzip, wenn es ernst genommen wird, die Berücksichtigung der Wünsche, Bedürfnisse und Erfahrungen der Schüler geradezu heraus. Denn dieses Prinzip, das seine didaktische Legitimation aus dem Offenbarungsgeschehen gewinnt, erfordert einen Unterricht, der Glaubensüberlieferung und Lebenssituationen miteinander verbinden soll (s. Richtlinien und Lehrpläne für die Grundschule in NRW – Katholische Religion 1985, S. 23 f.). Aus dieser Sicht kommt es darauf an, den Schülern Gelegenheit zu geben, die für sie bedeutsamen Lebenssituationen (Sehnsucht nach Geborgenheit, Hilflosigkeit, Liebe) mit in den Unterricht einbringen zu können.[59] Auch die Fächer Kunst und Musik bieten Möglichkeiten, die allgemeindidaktische Vorgabe (partizipatorische Unterrichtsplanung) im Fachunterricht umsetzen zu können. Für den Kunstunterricht lassen sich keine exakten Regeln für die Reihenfolge bestimmter Techniken aus der Disziplin selbst ableiten; verschiedene Techniken bieten verschiedene Zugriffsweisen, Wirklichkeit einzufangen, wiederzugeben, und damit auch unterschiedliche Möglichkeiten, den Sinn von Wirklichkeit zu konstituieren. Schüler, die im Fach Musik über eine enstprechende Grundausbildung verfügen (Gehörschulung, Notenlesen, Harmonielehre), können durchaus vor thematische Alternativen gestellt werden. So gibt es im Themenbereich „Moderne Musik" keine zwingende Reihenfolge, nach der etwa die Jazzmusik in ihren verschiedensten Versionen vor der Popmusik behandelt werden müßte. Zwar mag die geschichtliche Entwicklung dieser Musikstile für ein Nacheinander sprechen; die Analyse von Popmusik ist aber prinzipiell auch dann zu leisten, wenn keine Kenntnisse der Jazzmusik vorliegen.[60]

Diese hier zusammengestellten Möglichkeiten partizipatorischer Unterrichtsplanung zeigen, daß die lerntheoretische Didaktik II den Modellverwender vorrangig auf das Prinzip der Schülerorientierung kanalisiert. Zu fragen ist nun, ob die vom Modell vorgegebene Balance zwischen personalem Aspekt, Gruppenaspekt und Sachaspekt nicht zugunsten der beiden ersten Aspekte verschoben wurde. Schulz läßt zumindest eine Reihe von wichtigen Problemfragen offen und unberührt, wenn er sein Modell primär aus der Perspektive der Schülermitbeteiligung konstruiert. Das bedeutet: Die lerntheoretische Didaktik II thematisiert einerseits einen spezifischen Aspekt von Unterricht, nämlich die Möglichkeit partizipatorischer Planung; sie gibt dem Modellverwender aber andererseits keine Instruktionen, wie er den Sachaspekt angemessen berücksichtigen kann und gewichten soll. Diese These bedarf einiger Erläuterungen. Zu diesem Zweck gehen die folgenden Überlegungen zunächst von einem fachdidaktischen Projekt aus, um daraus schließlich Einsichten zu gewinnen, die von allgemeiner, fachübergreifender Bedeutung sind.

Das hier zu skizzierende Projekt ist ein musikdidaktisches, dessen Ergebnisse unter dem Titel „Unterrichtsmodelle auf dem Prüfstand" (Schneider/Wittenbruch 1982) veröffentlicht wurden. Dieses Projekt wurde im Rahmen einer Tagung durch die Frage angestoßen, ob und welche Kooperationsmöglichkeiten es zwischen Erziehungswissenschaft und Fachdidaktik gibt. Im Vordergrund stand dabei das Interesse an der Anwendbarkeit von allgemeindidaktischen Modellen für die Planung und Analyse von Unterricht. Der Folkwanghochschule in Essen fiel unter der Leitung von E. K. Schneider und W. Wittenbruch die Aufgabe zu, die lerntheoretische Didaktik zu analysieren. Man wählte hierzu eine Vorgehensweise, durch die sich Reflexionsphasen in der Seminararbeit und Erkundungs- und Erprobungsphasen im Unterricht wechselseitig ergänzten. Im Seminar wurden die Studenten nicht nur mit der Fassung der lerntheoretischen Didaktik I und II vertraut gemacht, sondern auch zum Zwecke der metatheoretischen Betrachtung dieser beiden allgemeindidaktischen Modelle in die Grundgedanken der Modelltheorie eingeführt.

In einer ersten Reflexionsphase wurde das Modell von Heimann und Schulz erschlossen und musikdidaktisch differenziert, um es als Instrument zur Analyse einer gefilmten Hospitation zu erproben. In dieser Unterrichtsstunde, die in einem Kurs der Sekundarstufe II aufgenommen worden war, ging es um das Stück „Phorion" von Lukas Foss. „In diesem Werk wird das Präludium aus der E-Dur-Partita für Solovioline von J. S. Bach in einem längeren Prozeß aufgelöst, in dessen Verlauf die Fragmente des Originals bis zur Unkenntlichkeit über- und nebeneinander montiert und klanglich zersetzt werden." (Schneider/Wittenbruch 1982, S. 637) Die einzelnen Ergebnisse der Analyse erwiesen die Brauchbarkeit des allgemeindidaktischen Modells für die Unterrichtsbeobachtung. So war etwa die Dominanz der kognitiven Dimension zu erkennen, während die affektive und pragmatische Dimension nahezu ausgeblendet waren (S. 639). Darüber hinaus fiel auf: „Lehrer und Schüler unterliegen stabilen Rollenzuweisungen; der Unterrichtsverlauf ist über die Einzelstunde hinaus vorstrukturiert; die Einhaltung der Planung wird durch Eingangsimpulse und Zusammenfassung des Lehrers gesichert; individuelle Wirkungserfahrungen der Schüler, die durch das Stück hervorgerufen werden, tauchen im Unterrichtsverlauf nicht auf." (Ebd.)

Gerade diese Erfahrungen waren es dann auch, die bei den Seminarteilnehmern die Frage provozierten, inwiefern Schüler „mit ihren eigenen Musikerfahrungen als Partner in den Unterricht" (S. 640) einbezogen werden können. Es wurde daher eine Unterrichtsstunde zu dem gleichen Inhalt (Phorion) geplant und in der 10. Klasse eines Gymnasiums durchgeführt. Die sich anschließende Analyse gab z.B. Aufschluß über die Ansprüche der Schüler an Musik, über ihre alltäglichen Hörgewohnheiten, aber auch über ihre Analyse- und Interpretationsversuche zum gehörten Stück und über die Problematisierung und Verfestigung von Deutungsmustern durch das Unterrichtsgespräch. Damit war man einem „schülerorientierten" Unterricht ein Stück näher gekommen. Die Unterrichtsanalyse dokumentierte aber auch das Problem, daß eine derartige Unterrichtsgestaltung eine entsprechende Varietät von Interpretationen und Beiträgen nach sich zieht, die durch das Zeitlimit des Unterrichts notwendigerweise zu reduzieren ist. Für die nächste Unterrichtsstunde faßte man daher folgenden Plan: „Den Schülern sollten verschiedene Bearbeitungsrichtungen, denen die Frage nach der Faktur und Rezeption des Musikstückes gemein war, angeboten werden, und in einem nachfolgenden Gespräch sollte eine Entscheidung für eine Zugriffsweise getroffen werden. Der jeden Unterricht auszeichnende Vorgang des ‚Erstellens von Lösungsmannigfaltigkeit' und deren Einschränkung durch ‚Sachzwänge' und ‚objektive Tatbestände' sollte den Schülern offengelegt werden, damit die Schüler nicht das Gefühl hätten, ‚überfahren' zu werden." (S. 718)[61]

Die Realisierung dieses Plans stieß auf Schwierigkeiten; da der Lehramtsstudent die unterrichtlichen Wege unbedingt offenhalten wollte, die Schüler für ein solches Verfahren aber ungeübt waren und sich nicht für eine bestimmte Bearbeitungsart entscheiden konnten, kam das Unterrichtsgespräch zum Erliegen. Es fehlte offensichtlich ein theoretischer Hintergrund, der Handlungsalternativen für diese Situationen bereitstellen konnte. Dieses Defizit sollte in einer weiteren Reflexionsphase verringert werden. Man griff hierzu auf das Konzept einer „nicht-vorschreibenden Unterrichtsplanung" von F. Thiemann und W. Wittenbruch (1975) und auf die Neufassung der lerntheoretischen Didaktik zurück. Die analogen Aspekte der nicht-vorschreibenden Planung im Vergleich zur gegenwärtigen Fassung und ihre Divergenzen gegenüber der älteren Fassung der lerntheoretischen Didaktik gehen aus der folgenden Übersicht (s. S. 170) hervor (aus: Thiemann/Wittenbruch 1975, S. 286)

Im Sinne dieser „nicht-vorschreibenden" Unterrichtsplanung wurde nun eine Unterrichtsstunde konzipiert, durchgeführt und ausgewertet. Die Ergebnisse können hier nicht im einzelnen wiedergegeben werden. Als Resümee der durchgeführten Exploration darf man aber die Erkenntnis ansehen, „welch komplexes Feld bedacht werden muß, will man Schüler an Unterrichtsplanung beteiligen, so daß die

Bauelemente
einer

vorschreibenden Planung	nicht-vorschreibenden Planung
Der Plan orientiert sich an Lehrzielen als Konkretionen gesellschaftlicher Erwartungen.	Der Plan orientiert sich an Lernzielen als Artikulationen von Schülerwünschen (-erwartungen).
Soziale Interaktion wird kanalisiert, um sie dem Aufbau von Leistungsqualitäten dienstbar zu machen.	Die Modi sozialer Interaktion können zum Thema werden. Sie haben eine nicht bloß strategische Bedeutung.
Die Parts der Teilnehmer an der Interaktion sind eindeutig und vorab definiert.	Die Parts der Teilnehmer an der Interaktion sind nicht eindeutig definiert. Es besteht Raum für Um- und Neudefinitionen.
Die Parts von Lehrer und Schülern sind komplementär aufeinander bezogen.	Die Parts von Lehrer und Schülern sind situationsabhängig entweder symmetrisch oder komplementär aufeinander beziehbar.
Artikulationsschemata legen für alle Schüler verbindlich fest, zu welchem Zeitpunkt ein Lerngegenstand angegangen werden muß und in welchem Modus dies geschehen soll.	Artikulationsschemata sind *mögliche* Gliederungen. Es muß sich erst erweisen, für welche Schüler, Aufgaben und Tätigkeiten sie tatsächlich gelten können.
Sachbezogene Handlungen von Lehrer und Schülern sind festgelegt.	Sachbezogene Handlungen von Lehrer und Schülern sind diskutierbar. Es kann über sie in actu entschieden werden.
Materialien sind „präpariert" auf das Planziel hin.	Materialien sind unstrukturiert. Sie lassen verschiedene Interpretationen zu.

„nicht-vorschreibende" Variante von Unterrichtsplanung zwar als mögliche Alternative diskutiert werden kann, aber keinen Anspruch als „Universalkonzept" für Unterrichtsplanung erheben sollte". (Schneider/Wittenbruch 1982, S. 723) Auf dem Hintergrund der unterrichtspraktischen Erfahrungen, die man bei der Umsetzung der „nicht-vorschreibenden" Unterrichtsplanung gewonnen hatte, konnte man dann in der Abschlußphase des Projektes zu einer Verifizierung bzw. Falsifikation der allgemeindidaktischen Vorgaben der lerntheoretischen Didaktik (Neufassung) übergehen. Dabei ergaben sich im Hinblick auf die Brauchbarkeit dieses Modells zwar keine grundsätzlichen Zweifel, wohl aber einige kritische Einwände, die sich auf die

Perspektive, durch die Schulz Unterricht abbilden will, beziehen. Unter der hier zu verfolgenden Fragestellung seien diejenigen Fragen und Probleme referiert, denen nicht nur musikdidaktische Bedeutung zugemessen werden kann, sondern die darüber hinausgehend fächerübergreifend Grenzen des Modells aufzeigen.

- Fraglich bleibt zunächst einmal, ob die durch das leitende Interesse des Modells vorgegebenen Perspektiven nicht eine ungewünschte Verengung der Unterrichtsgestaltung bewirken können. „Wird damit eine Praxis nahegelegt, die den analytischen Klärungsprozeß von vornherein den pädagogischen Intentionen gemäß einengt? Es stellt sich die Frage, ob in der Unterrichtsvorbereitung nicht möglichst viele Ansichten einer Thematik freigelegt werden sollten, um im Unterricht selbst unterschiedliche Zugangs- und Kontaktstellen bereitstellen zu können und damit auch neue und unerwartete Perspektiven zu eröffnen." (Schneider/Wittenbruch 1982, S. 724)
- Problematisch ist die Tatsache, daß Schulz keine näheren Kriterien vorschlägt, die eine konkrete Auswahl und Differenzierung von Unterrichtsthemen (1982, S. 724) ermöglichen. So mögen die normativen Vorgaben der Zielmatrix zwar für einige Themenbereiche des Deutschunterrichts Orientierungshilfe für die Planung der Beteiligten leisten; auf die mathematisch-naturwissenschaftlichen Fächer scheint dies – das wird weiter unten noch zu zeigen sein – weniger zuzutreffen.
- Hinsichtlich der Auswahl von Inhalten stellt sich noch eine weitere Schwierigkeit ein: Sollen im Unterricht nur diejenigen Themen behandelt werden, die den jeweiligen Interessen der Schüler entgegenkommen? Bezogen auf den Musikunterricht wäre also zu fragen: „Wieweit gibt es im Musikunterricht Themen/Inhalte von übergreifender Bedeutung, deren Behandlung, unabhängig von einer Ausrichtung auf die aktuelle Situation, wichtig ist als Vorbereitung auf zukünftiges Handeln?" (1982, S. 724) Diese fachdidaktisch formulierte Frage gilt für alle anderen Unterrichtsfächer ebenso. Die lerntheoretische Didaktik hat diese Fragestellung von Anfang an ausgeblendet: Das Auswahlproblem wurde in der älteren Konzeption nicht mitbedacht, weil man sich dort auf die *Vermittlung* von Inhalten konzentrierte, und es wird in der Neufassung nicht akut, weil hier primär der Frage nach der möglichen Schülerbeteiligung und -orientierung gezielt nachgegangen wird. Im Vergleich dazu ist das Auswahlproblem für die bildungstheoretische Didaktik von den Anfängen her immer als kardinale Perspektive der Modellbildung verstanden worden.
- Von allgemeindidaktischer Bedeutung ist schließlich auch die fachspezifische Erkenntnis, „daß es im Musikunterricht ein überaus schwierig zu lösendes Problem ist, die in der Vorbereitung gewonnenen vielfältigen objekt-, subjekt- und umfeldbezogenen Aspekte in eine überzeugende zeitliche Folge zu bringen und in diesen Vorgang die Schüler einzubeziehen. Nicht Sachzwänge allein bestimmen die Planung, sondern im Kontext der aktuellen Situation durch die Beteiligten zu treffende Entscheidungen, die in der Spannung konkurrierender Ansprüche stehen und ohne Wertungen nicht auskommen." (1982, S. 724 f.)

Das zuletzt angesprochene Problem der zeitlichen Reihenfolge dürfte sich im Unterrichtsprozeß nicht nur bei der Koordinierung der von den Schülern zusammengetragenen vielfältigen Aspekte erweisen, sondern auch hinsichtlich der Frage, inwieweit die Behandlung bestimmter Themenbereiche an bestimmte Voraussetzungen gebunden ist. Können also Themen von Schülern gewählt werden, ohne daß eine gewisse Rücksicht auf entsprechende Lernvoraussetzungen genommen werden muß? Diese Frage stellt sich vor allem für diejenigen Unterrichtsfächer, deren fachwissenschaftliche Bezugsdisziplinen eine eindeutige Strukturidentität zwischen Gegenstand und Methode aufweisen. Diese Disziplinen sind durch ihren stringenten, zum Teil axiomatisierten Aufbau gekennzeichnet. In diesen Disziplinen greift man Sachverhalte auf, die nur im Zusammenhang mit anderen Sachverhalten hinreichend beschrieben oder erklärt werden können. In der Organischen Chemie benötigt man beispielsweise Begriffe und Gesetzmäßigkeiten, die in der Allgemeinen und Anorganischen, zum Teil auch Physikalischen Chemie, zugrundegelegt werden. Auch innerhalb eines Teilgebietes einer Wissenschaft gibt es Sachverhalte, die terminologisch nur einwandfrei unter Rückgriff auf andere Termini erfaßt werden können. Dies drückt sich dann in der Rede von sogenannten Grundgrößen und abgeleiteten Größen aus. So wird beispielsweise in der Physik im Teilbereich „Mechanik" der Terminus „Druck" zurückgeführt auf die Termini „Kraft" und „Fläche" und dabei als deren Quotient definiert, in der Elektrizitätslehre ist der Begriff „Stromstärke" durch den Quotienten der Grundgrößen „Ladungsmenge" und „Zeit" bestimmt.

Diese Beispiele zeigen, daß im Fachunterricht, in dem Schüler auch in die Denk- und Arbeitsweisen und Erkenntnisse bestimmter Wissenschaften eingeführt werden sollen, um so bestimmte Alltagsphänomene deuten zu können, entsprechende Themen nur dann auf Wunsch der Schüler behandelt werden können, wenn spezifische Sachkenntnisse als Voraussetzung vorliegen (vgl. hierzu Zimmermann 1980, S. 171) Heißt das nun, daß der Unterricht in den mathematisch-naturwissenschaftlichen Fächern keine Möglichkeiten partizipatorischer Unterrichtsplanung eröffnet? Zur Beantwortung dieser Frage kann das weiter oben skizzierte Beispiel aus dem Deutschunterricht (Behandlung eines Brechtschen Gedichtes) Aufschluß geben. Das in der Perspektivplanung von Schülern und Lehrer gemeinsam erstellte Arbeitsprogramm erweist sich bei näherer Betrachtung keineswegs als ein „ad-hoc-Unterricht", in dem beliebige Themen zu beliebigen Zeitpunkten auf Wunsch der Schüler behandelt werden könnten. Das geht nämlich aus den Lernvoraussetzungen hervor, über die die Schüler für ein derartiges Arbeitsprogramm verfügen müssen. Im vergangenen Unterricht – und dazu ist zumindest auch schon der Unterricht in der Sekundarstufe I, wenn nicht sogar der in der Primarstufe zu zählen – haben die Schüler eine breite Kompetenz erworben: Aufgrund der vielfachen und vielfältigen Beschäftigung mit Gedichten wissen sie, daß man deren „Botschaft" herausarbeiten kann, daß man die Botschaft durch einen mündlichen Vortrag angemessen zum Ausdruck bringen kann oder daß autobiographisches Material ein spezifischer Schlüssel zur Botschaft von Gedichten sein kann. All diese Vorkenntnisse sind in die gemeinsame Planung der Unterrichtseinheit eingeflossen. Die Schüler lernen hier also hinsichtlich des Sachaspektes nichts Neues hinzu, sondern wenden ihre Kompetenz an, sie erschließen sich damit ein weiteres Stück Wirklichkeit. Als Ausnahme könnte allenfalls die Absicht gelten, die gesellschaftliche Funktion von Literatur zu durchleuchten; aber diese Intention wurde ja durch den Rahmenplan vorweggenommen. Diese Vorgabe diente gewissermaßen als noch zu verifizierende Hypothese. („Stimmt die Aussage des Rahmenplans, daß Literatur auch eine gesellschaftliche Funktion hat?")

Die Tatsache, daß in dem von Schulz angeführten Planungsbeispiel im Grunde genommen lediglich bereits erworbene kognitive Strukturen zur Erschließung eines „neuen" Sachverhalts dienen, schmälert nicht die Bedeutung der dokumentierten dialogischen Unterrichtsplanung. Im Gegenteil: Durch die Ebene der Perspektivplanung gibt Schulz mit den gewählten allgemeindidaktischen Kategorien (Intentionalität, Thematik, themenzentrierte Interaktion usw.) dem Lehrer Anregungen, die in diesem Grad der Konkretheit in der allgemeindidaktischen Literatur Seltenheitswert haben. Die Anregungs- und Musterfunktion (Salzmann) des Modells ist also darin zu sehen, daß Lehrer und Schüler gemeinsam überlegen sollen, inwiefern bestimmte Themenbereiche mit bereits erworbener Kompetenz erschlossen werden können. Und hierin liegt dann auch die fachdidaktische Bedeutung der lerntheoretischen Didaktik II für den mathematisch-naturwissenschaftlichen Lernbereich. Sie wird weniger Anregungen geben können für die Erarbeitung von Wissen, Erkenntnissen, Begriffen, Arbeitstechniken usw; sie leistet in diesem Zusammenhang auch keine nennenswerte Hilfe für die Lösung des Problems, wie eine angemessene Fachsystematik und – damit zusammenhängend – ein Mindestmaß an Überblick über die Breite des Gegenstandsfeldes gewährleistet werden kann. Im Gegensatz zu diesen Einschränkungen besteht aber auch in diesem Lernbereich die Möglichkeit, die Schüler immer dann mit in die Planung einzubeziehen, wenn es um die Anwendung von Sachkenntnis geht.[62] Es steht außer Frage, daß die mathematisch-naturwissenschaftlichen Fachdidaktiken diese Möglichkeit bisher nicht ausreichend genutzt haben. Schülerorientierung drückt sich aus ihrer Sicht in der Regel nur in der Frage aus, ob Schüler schon in der Lage sind, bestimmte Sachverhalte geistig bewältigen zu können und ob diese Sachverhalte bereits im Interessenhorizont der Schüler liegen oder noch zurückgestellt werden müssen. Schülerorientierung wird aber weniger als Chance wahrgenommen, Schüler mitwählen und mitplanen zu lassen.[63]

Welche Aufgabe wird der fachdidaktischen Forschung damit implizit durch die lerntheoretische Didaktik II zugewiesen? Von jener – und das gilt nicht nur für Fachdidaktiken der mathematisch-naturwissenschaftlichen Fächer – müßte man erwarten können, daß sie zusammenstellt, welche Themenbereiche Schülern aufgrund des jeweils erreichten Leistungsstandes zur Auswahl angeboten werden könnten. Es ist anzunehmen, daß dadurch eine nicht unerhebliche Anzahl von Alternativen aufgelistet werden kann. So wäre etwa das von Schulz vorgestellte Planungsbeispiel im groben durchaus als fiktives Resultat einer fachdidaktischen Arbeitsgruppe anzusehen, weil hier gezeigt würde, wie bereits vorhandene Schülerkompetenz entsprechende Wahlmöglichkeiten eröffnet.

Von dieser fachdidaktischen Aufgabenstellung dürften eventuell auch Aufschlüsse darüber zu erwarten sein, ob und gegebenenfalls wie die von Schulz proklamierte Balance der drei Aspekte (personaler Aspekt, Gruppenaspekt, Sachaspekt) gehalten werden kann. Mit der Neufassung der lerntheoretischen Didaktik gibt Schulz dem Modellverwender hinsichtlich des Sachaspektes jedenfalls nur geringe Hilfen und Anregungen. Für diese These sprechen im einzelnen folgende Gesichtspunkte:

(1) Der Stellenwert der Strukturmomente ist nach Schulz vorrangig an der Beteiligung der Schüler an der Unterrichtsplanung zu bemessen. Die Arbeit an der Sache, der Erwerb neuer Einsichten und Erkenntnisse verliert demgegenüber an Bedeutung. Das läßt sich exemplarisch an dem Komplex „Vermittlungsvariablen" (Methoden und Medien) nachweisen. Unter dem Terminus „Methodische Modelle" spricht Schulz vor allem das Lernprojekt und das Plan- und Simulationsspiel an. Von den in der älteren Fassung der lerntheoretischen Didaktik aufgeführten Methoden (elementenhaft-synthetisches und ganzheitlich-analytisches Verfahren, direkte Methode) wird also nur das Projektverfahren einbezogen, weil es besonders geeignet sei, „die Sachansprüche, Ichansprüche und Gruppenansprüche in einem Lernprozeß auszugleichen, in dem die Unterrichtsteilnehmer sich als handlungsfähige Subjekte entfalten und mit ihrem ‚Werk' der sozialen Kontrolle stellen". (Schulz 1981³, S. 110) Mit dieser Formel bekräftigt Schulz die Balance der drei Aspekte nur erneut; die Frage nach etwaigen Sachzwängen und einer einzuhaltenden Reihenfolge tritt gegenüber den Interessen und Wünschen der Schüler offensichtlich in den Hintergrund. Plan- und Simulationsspiel können den Erwerb von Sachkenntnis zweifelsohne fördern. „Wer einmal die Entscheidungsprobleme bei einer der vielen Varianten des Monopoly-Spieles zu lösen versucht hat, mit der Erfahrung der fiktiven Folgen am fiktiven Geld, wird bestätigen, daß die Fiktion einen in der Regel nicht daran hindert, Erkenntnisse zu gewinnen, Freuden und Leiden als motivationale Stimulanz zu empfangen." (S. 111) Dem muß aber entgegengehalten werden, daß Plan- und Simulationsspiele in den verschiedensten Fächern (Mathematik, Physik, Chemie, Musik, Kunst) für den Erwerb der Sachkompetenz nur in den seltensten Fällen als geeignetes methodisches Modell Verwendung finden können. Auch die Ausführungen zum Komplex „Sozialformen" verweisen auf die einseitige Betonung des personalen Aspektes und des Gruppenaspektes. In entsprechender Reihenfolge werden dem Modelladressaten die Formen präsentiert: Plenum, Gruppenarbeit, Partnerarbeit und Einzelunterricht (Damit ist offensichtlich Einzelarbeit gemeint; d. Verf.). Schulz verweist darauf, daß man dieses Repertoire an Sozialformen „sehr unterschiedlichen Intentionen dienstbar machen kann: Im offen anregenden, im ... schülerzentrierten Unterricht wird das Plenum ein Gesprächskreis sein, in dem alle, auch der Lehrer, um die gemeinsame Sache herumsitzen. Im straff lenkenden Unterricht wird im Plenum Frontalunterricht gemacht, in dem alle genehmen Schülerkontakte über den Lehrer laufen, der Chairman und Referent, erster Diskutant und Kontrolleur in einer Person ist." (S. 117) Unerwähnt bleiben in diesem Zusammenhang solche Gesichtspunkte und Hinweise, die gerade dem Anfänger (dem Studenten und Referendar) Hilfe bieten können, beispielsweise die Frage: Wie führt man die Schüler sinnvoll auf eine Gruppenarbeitsphase hin? Mit der Sozialform „Grup-

penarbeit" kann wohl nur in den seltensten Fällen ein Problemlösungsprozeß beginnen, wie man sich an dem von Schulz in der älteren Fassung des Modells empfohlenen Artikulationsschema nach H. Roth klar machen kann. Soll nach diesem Schema z.B. die Funktionsweise einer technischen Apparatur thematisiert werden, so erscheint es angeraten, den Gegenstand zerlegen und seine Teile betrachten zu lassen, um auf diese Weise zur Problemstellung hinzuführen. Erst dann können Schüler in kleinen Gruppen Experimente planen und durchführen. Und so wie die Form des Unterrichtsgespräches zu dieser Gruppenarbeit hinführte, ist dann auch eine anschließende Auswertung und Bewertung der Ergebnisses im Unterrichtsgespräch notwendig.

(2) Unberührt bleibt in der Neufassung des Modells die Frage, inwieweit die allgemeindidaktischen Vorgaben der Perspektivplanung schulartspezifisch eingelöst werden können. Vor allem der Berufsschullehrer als potentieller Modelladressat scheint in die Überlegungen von Schulz nicht hinreichend einbezogen zu sein. Jener steht nämlich vor der Aufgabe, Schüler auf spezifische Anforderungen hin vorzubereiten; durch die Festlegung des Schülers auf ein bestimmtes Berufsfeld ergeben sich für Lehrer und Schüler „oft nur geringe Möglichkeiten, Lerninhalte auszuwählen und die inhaltliche Planung zu beeinflussen. Viele Lernziele werden operational definiert, weil es hier in erster Linie darauf ankommt, den Schüler im Hinblick auf die Ausübung einer beruflichen Tätigkeit zu qualifizieren. Wenn z.B. im kaufmännischen Bereich ein Buchhaltungskurs durchlaufen wird, die Buchungen mit Hilfe der elektronischen Datenverarbeitung vorgenommen werden, dann sind die einzelnen Unterrichtsstunden und -einheiten weitgehend vorgezeichnet, und die gemeinsame Planung entfällt." (Becker 1984, S. 96)

(3) Bestimmte Unterrichtssituationen grenzen die Möglichkeit partizipatorischer Unterrichtsplanung nicht unerheblich ein. So instruiert Schulz den Modellverwender beispielsweise nicht für die Situation des Anfangsunterrichts. Offensichtlich kann das Modell hierzu auch keine Anregungen geben. Denn die Wahlmöglichkeiten der Schüler sind im Anfangsunterricht denkbar gering. Sie könnten beim Erlernen einer zweiten Fremdsprache zwar eventuell ihre Erfahrungen mit einbringen, die sie beim Erwerb der ersten Fremdsprache gesammelt haben, etwa indem ihre Vorliebe für bestimmte Methoden, nach denen ihnen das Lernen besonders leicht fiel, berücksichtigt wird. Thematische Wahlmöglichkeiten aber sind ihnen im Anfangsunterricht verschlossen. Das gilt nicht nur für den Anfangsunterricht in den verschiedenen Fremdsprachen; auch in den Fächern Chemie, Physik oder Informatik müssen die Schüler zunächst kontinuierlich auf ein bestimmtes Lernniveau gebracht werden, von dem aus sich dann später echte thematische Wahlmöglichkeiten ergeben.

(4) Schließlich wird die starke Betonung der Schülerorientierung auch dadurch mit verursacht, daß Schulz in der Darlegung und Erläuterung seines neugefaßten Modells den Adressaten nicht auf den Stand bringt, den er selbst Ende der 70er Jahre vertrat. 1977 hatte er sich explizit zum Verhältnis von Allgemeiner Didaktik und Fachdidaktik geäußert. In diesem Zusammenhang hatte er mit Blick auf

die Mathematikdidaktik zwar die Vorliebe ihrer Vertreter für fachwissenschaftliche Themen und inhaltsorientierte Lehrgänge beklagt; gleichzeitig räumte er aber auch ein, daß es nicht die Aufgabe der Allgemeindidaktiker sei, „ihre Kollegen dazu zu verführen, den Anspruch ihrer Sache, hier des wissenschaftlich vorinterpretierten mathematischen Aspektes des Denkens aufzugeben, um nur wechselnden subjektiven Bedürfnissen der Schüler oder partiellen gesellschaftlichen Interessen hilfreich zu sein". (Schulz 1977 b, S. 243) Schulz hatte dabei besonders „die Entwicklung solcher Fächer vor Augen, die ihre Fachstruktur nicht partiell und temporär, sondern total aufgegeben haben, um Funktionen in fächerübergreifende Projekte einzubringen. Man denke an die problematische Fachsituation zwischen Geschichte, Geographie, Politik und Weltkunde, denke an „visuelle Kommunikation" und an das Chamäleonsgesicht des Deutschunterrichts. Hier liegt die Gefahr vor, daß die formende Wirkung systematischer Orientierung in einem didaktischen Occasionismus verlorengeht, der den Anspruch wissenschaftlicher Weltorientierung aufgibt: Fächerübergreifend kann man nur arbeiten, wenn man die Fachaspekte auch in ihrem Eigenwert erfahren hat." (1977 b, S. 244) Diese Überlegungen zeigen, wie sehr Schulz auch die systematische Vermittlung von Inhalten schätzt. Deshalb beteuert er auch an anderer Stelle: „Selbst in den vorfachlichen und den fächerübergreifenden Unterricht wirkt der Anspruch der Wissenschaften, Künste, Techniken hinein, die Vorklärung der Welt, die mit Hilfe ihrer Fragestellungen, ihrer Ergebnisse und Methoden produziert worden ist, im Unterrichtsprozeß erfahren zu lassen, ja, ihre Komplexität macht die unterrichtlichen Prozesse vorrangig erforderlich." (1977 a, S. 84) Unterricht werde deshalb erst zu einem spezifischen pädagogischen Problem durch „die Spannung zwischen den Zielen unmittelbarer Verhaltensformung und der Wirkung über die Konfrontation mit Wissenschaften, Künsten, Techniken". (1977 a, S. 85) Und so resümiert Schulz: „Allgemeine Didaktiken, die den Beziehungsaspekt isolieren, werden diesem Anspruch ebensowenig gerecht, wie Fachdidaktiken, die den Anspruch ihrer Sache verabsolutieren." (Ebd.) Damit plädiert er zwar auch für einen schülerorientierten und emanzipatorisch relevanten Unterricht (s. auch 1977 a, S. 84; 1977 b, S. 241); er räumt aber gleichzeitig die Bedeutung systematischer Sachkenntnisse ein. Und im Hinblick auf den Mathematikunterricht relativiert er das Prinzip der Schülerorientierung erheblich. Seine Aussagen erwecken teilweise den Eindruck, als kapituliere ein Protagonist der partizipatorischen Unterrichtsplanung vor der Stringenz der Fachwissenschaft, wenn es heißt: „Was nützt es dem Menschen, wenn er den Pythagoräischen Lehrsatz kann, aber Schaden an seiner Seele genommen hat! Dieser Satz gilt aber auch umgekehrt: Ohne Kompetenz wird man auf die Dauer auch hier und heute nicht frei! Wir müssen versuchen, beides miteinander in Übereinstimmung zu bringen. Insofern ist der Sozialisationsgesichtspunkt äußerst wichtig, und er muß auch reflektiert werden. Aber er darf doch nicht von allem abgehoben werden. Denn wenn der Lehrer weiß, er wird nur noch daran gemessen, wie wenig Frustration er in der Stunde verursacht hat, dann kann er nicht mehr Mathematik unterrichten. Diese Mathematik ist – bei allen noch so gut genutzten Primär- und Sekundärmotivationen – langfristig nur über eine gewisse, gemeinsam aufzuarbeitende Frustration für Lehrer und Schüler vermittelbar." (Schulz 1978, S. 98)

Fazit: Mit den allgemeindidaktischen Ausführungen zur Ebene der Umrißplanung gibt Schulz den einzelnen Fachdidaktiken eine entscheidende Anregung. Deren Hauptaufgabe muß im Sinne der lerntheoretischen Didaktik II in der Suche nach Möglichkeiten partizipatorischer Unterrichtsplanung bestehen. Was in der bildungstheoretischen Didaktik II von Klafki als Interaktion von Lehrenden und Lernenden angesprochen wird, bildet hier also die zentrale Perspektive des didaktischen Modells. Der Beitrag der Fachdidaktiken zu einer gelungenen Unterrichtsplanung läge dann vorrangig in der Erstellung von Mustern partizipatorischer Planung, aber auch in der Sichtung und Dokumentation alternativer Themenschwerpunkte, Bearbeitungsgesichtspunkte, Methodenvarianten oder anregender Medien. In der fachdidaktischen Lehre käme es darauf an, die Studenten über eine entsprechende Ausbildung für eine offene Unterrichtsplanung zu rüsten.

Dieser von der lerntheoretischen Didaktik II ausgehende Impuls ist gerade für die Fachdidaktiken der mathematisch-naturwissenschaftlichen Fächer bedeutsam. Sie zeigen sich bekanntlich besonders resistent gegenüber der Forderung nach partizipatorischer Unterrichtsplanung. Zu überlegen wäre hier, ob nicht gerade der Bereich der vielfältigen Anwendungen zuvor erworbener Kenntnisse und Erkenntnisse auch in diesen Fächern entsprechende Wahlmöglichkeiten für Themen eröffnet.

Über diese Anregungen hinaus bleiben aus fachdidaktischer Sicht aber auch Vorbehalte, die sich aus der allzu engen Perspektive der lerntheoretischen Didaktik II ergeben. Denn viele Aspekte fachdidaktischen Denkens und Handelns bleiben unbedacht: Gibt es Themen, die unabhängig von den gegenwärtigen Bedürfnissen und Wünschen der Schüler bedeutsam für künftiges Handeln sind? Wird partizipatorische Unterrichtsplanung nicht auch durch eine zeitliche Rangfolge thematischer Aspekte erheblich eingeschränkt? Sind weitere Einschränkungen etwa durch die Zielbestimmungen verschiedener Schularten (z.B. Gmynasien, berufsbildende Schulen) gegeben? Bieten die verschiedensten Wissenschaften nicht doch solche Deutungsmuster an, die Schüler zur Bewältigung alltäglicher Lebenssituationen kennenlernen sollten? Sind Schüler überhaupt in der Lage, ihre eigenen soziokulturell bedingten anthropogenen Lernbedingungen (Ausgangsvariablen) zu erfassen? Müßten sie dazu nicht auch Experten auf den Gebieten der Lern- und Entwicklungspsychologie oder Soziologie sein?

Dieser – sicherlich unvollständige – Fragenkatalog zeigt, welche Bedeutung der Perspektivität der lerntheoretischen Didaktik II zukommt. Lernen kann der Fachdidaktiker aus den vielfältigen Anregungen zur partizipatorischen Unterrichtsplanung. Bedenken muß er aber, daß das Modell viele wichtige Aspekte der Lehrplan- und Unterrichtstheorie ausklammert und ihm somit nur ein schmales Betätigungsfeld zuweist.

3.8.3.3. Prozeßplanung und Planungskorrektur

Der dritten und vierten Ebene der Unterrichtsplanung, der Prozeßplanung und der Planungskorrektur, schenkt Schulz in seinen Ausführungen wenig Raum, so daß es gerechtfertigt erscheint, diese beiden Ebenen hier zusammenfassend darzustellen und auf ihre Relevanz für fachdidaktisches Denken und Handeln hin zu befragen.

Prozeßplanung heißt für Schulz: „Transformation, Überführung der Möglichkeiten des Handelns, die sich in der Umrißplanung unter den planungsleitenden Perspektiven ergeben haben, in den Plan, den man zunächst zu realisieren versuchen will, Umsetzen der aufgeklärten Handlungsgrundlagen in einen Entwurf des Handlungsablaufs". (1981³, S. 162) Dabei sind im einzelnen „die Reihenfolge der Teilziele, der Hilfen und der Selbstkontrollen, die man ihnen antizipierend zugeordnet hat" (ebd.), zu bedenken. Entscheidend ist auch für die Ebene der Prozeßplanung die Beteiligung der Schüler. Sie ermögliche die Integration zweier ansonsten additiv aneinandergefügter Perspektiven, nämlich der Perspektive der „oft allein Sacherfahrung problematisierenden Fachdidaktiken einerseits" und die der „oft allein die Gruppendynamik der Schulklasse reflektierenden kommunikativen Didaktiker andererseits". (S. 172) Diese Zweiteilung könne durch partizipatorische Prozeßplanung überwunden werden: „In der Beteiligung der Schüler an Zielsetzung, Einschätzung der Ausgangslage, am Vorgehen und seiner Kontrolle, am Bedenken seiner Voraussetzungen, vollzieht sich die Integration sozialen und reflexiven Lernens mit instrumentellem." (S. 172 f.) Parallel dazu sei die Funktion des Lehrers zu sehen; er solle „diesen Prozeß professionell beraten und anregen". (S. 178)[64]

Je nach dem faktischen Ablauf des in der Prozeßplanung antizipierten Unterrichts kann eine Korrektur der Prozeßplanung notwendig werden. Anstöße zu derartigen Planungskorrekturen können vom Lehrer ausgehen, dürfen aber auch von Schülern gegeben werden. „In der Vorstellung des Modells tragen alle Mitglieder der Lehr-Lern-Gruppe als handlungsfähige Subjekte den Plan mit; sie sind für Fehler in der Planung oder der Umsetzung mitverantwortlich. Deshalb können auch alle im Prozeß den Antrag stellen, den Plan zu revidieren, weil neue Erfahrungen dies erforderlich zu machen scheinen. Das ist manchmal unangenehm – für alle Beteiligten –, weil man sich schon auf dem richtigen Weg glaubte. Aber es ist nicht zuletzt ein Zeichen dafür, daß ein zentrales Merkmal pädagogisch wertvoller Erfahrung aktualisiert werden kann: Es handelt sich um Erfahrung, die einen nicht verleitet, stehen zu bleiben, sondern weiter zu fragen." (1981³, S. 178)

Will man nun die von Schulz vorgegebenen Maßstäbe auf ihre Bedeutung für fachdidaktisches Denken und Handeln einschätzen, so stellen sich – gerade wegen der sehr allgemein gehaltenen Vorgaben – entsprechende Schwierigkeiten ein. Zum einen besteht der Zweifel, „ob Forderungen solchen Abstraktionsniveaus, die u. a. auf die Angabe des für die Realisierung wünschenswerten situativen Arrangements oder des in der öffentlichen Schule vorauszusetzenden Spielraumes verzichten, den praktizierenden Lehrer erreichen." (Wittenbruch 1983, S. 46)[65] Zum anderen bleibt fraglich, ob Schulz die Fähigkeiten der Schüler, ihre Ausgangslage einzuschätzen, sich kompetent für oder gegen bestimmte Methoden entscheiden oder die didaktische Funktion von Medien beurteilen zu können, kurz, ob Schulz die Planungskompetenz der Schüler nicht erheblich überschätzt. Die vielfältigen und komplexen Bestrebungen in der Lehrerausbildung, die darauf zielen, den Lehramtsstudenten in das Problemfeld des Theorie-Praxis-Bezuges einzuführen, auf die Bedeutung der soziokulturell bedingten Fähigkeiten des Schülers aufmerksam zu machen, zu einer Auseinandersetzung mit den Grundbegriffen von Erziehung und Unterricht (z. B. Erziehung, Bildung, Lernen) anzuregen oder ihn mit möglichen Hilfestellungen für den schulischen Lernprozeß (Methodenvielfalt, Möglichkeiten des genetischen und/oder exemplarischen Lernens usw.) vertraut zu machen, scheinen für Schulz nicht den Stellenwert zu haben, der diesen Aspekten üblicherweise zugerechnet wird. Zwar hat der Lehrer für eine professionelle Beratung der Schüler Sorge zu tragen; den Schülern selbst wird aber von vornherein ein natürliches Talent für die komplexe Tätigkeit der Unterrichtsplanung unterstellt.[66]

Wenn man die abstrakt gehaltenen Forderungen von Schulz so auslegen darf, dann resultiert daraus allerdings eine entscheidende Erkenntnis über dessen implizite Einschätzung der fachdidaktischen Forschung: Sie kann keine als mögliche Alternativen verstandenen Handlungsempfehlungen mehr aussprechen. Denn nicht nur der Lehrer, sondern auch der Schüler hätte diese Empfehlungen zur Kenntnis zu nehmen, einzuschätzen und mit entsprechendem „pädagogischen Takt" auf die Erfordernisse konkreter Prozeßplanung und Planungskorrektur umzusetzen. Was sich also als treffende Methode, als geeignetes Medium oder als besonderes thematisches Interesse erweist, das entscheidet erst die Planungsgemeinschaft der Schüler unter Beratung des Lehrers. Fachdidaktische Vorgriffe sind demnach unnötig, weil sie mit hoher Wahrscheinlichkeit der subjektiven Interessenlage und Entscheidungskompetenz des Schülers ungelegen kämen. Sollten diese Annahmen die Aussagen von Schulz angemessen interpretieren, dann würde dies bedeuten, daß seine Vorstellungen über partizipatorische Unterrichtsplanung Sinn und Notwendigkeit fachdidaktischer Forschung und Lehre zumindest in Frage stellen, wenn nicht sogar auf die Abschaffung der Fachdidaktik hinauslaufen.[67]

3.9. Abschließende Thesen

(1) Die lerntheoretische Didaktik II ist ein Modell, durch das völlig andere Aspekte der Unterrichtswirklichkeit akzentuiert dargestellt werden als in der lerntheoretischen Didaktik I. Denn in dem neuen Modell geht es nicht mehr um ein rein analytisches Instrumentarium zur wertfreien Beschreibung unterrichtlicher Strukturmomente und der in sie eingeflossenen Bedingungen, nicht mehr um die Frage der effektiven Vermittlung von Wissen und Erkenntnissen und auch nicht mehr um Lernprozesse, die als Anpassungsvorgänge gedeutet werden können.

(2) Demgegenüber setzt die lerntheoretische Didaktik II den „Anspruch aller auf größtmögliche Verfügung über sich selbst" als oberste Maxime. Unterricht trägt zur Realisierung dieser Zielsetzung bei, indem Schülern entsprechende Möglichkeiten zur Beteiligung an der Planung von Unterricht gegeben werden. Voraussetzung für eine solche partizipatorische Unterrichtsplanung sei die über eine

themenzentrierte Interaktion anzustrebende Balance von Sach-, Person- und Gruppenansprüchen.

(3) Die Einhaltung dieser Balance führt zu der aus fachdidaktischer Sicht bedeutsamen Eingrenzung des wissenschaftsorientierten Unterrichts. Fachdidaktiken dürften demnach nicht als Instanzen verstanden werden, die nach Elementarisierungs- und methodischen Umsetzungsmöglichkeiten fachwissenschaftlicher Inhalte zu fragen haben, sondern Konzeptionen eines schülerorientierten Unterrichts entwerfen sollen, durch die die Intentionen der Schüler über entsprechende Wahlmöglichkeiten berücksichtigt werden.

(4) Aus der Balance von Sach-, Person- und Gruppenansprüchen entwirft Schulz eine Richtzielmatrix. Sie dient auf der Ebene der Perspektivplanung zur Überprüfung von Richtlinien und Lehrplänen auf deren eventuelle Ergänzungsbedürftigkeit hinsichtlich der Förderung von Kompetenz, Autonomie und Solidarität, jeweils bezogen auf Sach-, Gefühls- und Sozialerfahrung. Aufgabe der Fachdidaktiken müßte es demnach sein, geltende Richtlinien und Lehrpläne auf die Einlösung der Richtziele hin zu überprüfen. Problematisch erscheint aus fachdidaktischer Sicht die Unterscheidung der Legalität und Legitimität von Lehrplanentscheidungen. Denn wenn legal zustandegekommene Entscheidungen über die Inhalte von Lehrplänen erst durch die Zustimmung der einzelnen Lerngruppen zu Unterrichtszielen legitimiert werden, dann stellt sich die Frage, ob es überhaupt noch zum Aufgabenbereich einer Fachdidaktik gehören sollte, über die Konzeption von Lehrplänen Einfluß auf die betreffenden Bildungsinhalte eines Faches zu nehmen. Die lerntheoretische Didaktik II läßt diesen Aspekt unberührt und beschränkt die Zuständigkeit der Fachdidaktiken auf die Frage, wie partizipatorische Unterrichtsplanung realisierbar sei.

(5) Das Kernstück des partizipatorischen Planungsprozesses ist die Umrißplanung. Durch sie sollen sich die an der Planung Beteiligten über den didaktischen Handlungszusammenhang, also über Ziele, Ausgangslage, Vermittlungsvariablen und Erfolgskontrollen, verständigen. Anregungs- und Musterfunktion haben dabei vor allem die von Schulz vorgegebenen Planungsbeispiele. Aufgabe der Fachdidaktik müßte es in diesem Sinne sein, nach fachspezifischen Möglichkeiten der Schülerbeteiligung zu fragen. Dieser Aspekt ist besonders für die Fachdidaktiken der mathematisch-naturwissenschaftlichen Fächer bedeutsam, weil er dort bisher nur spärliche Berücksichtigung findet.

(6) Die perspektivische Thematisierung der Schülerbeteiligung an der Unterrichtsplanung darf nicht darüber hinwegtäuschen, daß die lerntheoretische Didaktik II das Forschungsfeld der Fachdidaktiken – etwa im Vergleich zur lerntheoretischen Didaktik I und zur bildungstheoretischen Didaktik – erheblich einschränkt. Fragen nach der Konzeption von Lehrplänen, nach dem Sinn eines Schulfaches im Fächerkanon, nach fächerübergreifenden Kooperationsmöglichkeiten oder nach einem umfassenden Lernbegriff werden nicht gestellt. Zudem wird die notwendige Zusammenarbeit der Fachdidaktiken mit der Psychologie und Soziologie nicht gefordert, da Lehrer und Schüler im Unterricht über die Ausgangsvariablen selbst befinden sollen.

Die kybernetisch-informationstheoretische Didaktik und ihre Bedeutung für fachdidaktisches Denken und Handeln

In diesem Kapitel sollen die allgemeindidaktischen Aussagen der kybernetisch-informationstheoretischen Didaktik, wie sie von Felix von Cube vertreten wird, auf ihre Konsequenzen für fachdidaktisches Denken und Handeln hin untersucht werden. Genau so wie in den beiden vorangegangenen Kapiteln zur bildungstheoretischen und lerntheoretischen Didaktik soll es auch hier nicht auf eine umfassende Darstellung, Analyse und Kritik dieses allgemeindidaktischen Modells ankommen; zu fragen ist vielmehr nach solchen Merkmalkomplexen, die als explizite oder implizite Vorgriffe auf fachdidaktische Theoriebildung und die Praxis der Unterrichtsplanung anzusehen sind.

4.1. Entwicklung und Optimierung von Lehrstrategien als Aufgabe der Didaktik

Die Perspektive, aus der heraus die kybernetisch-informationstheoretische Didaktik Unterricht modelliert, ist besonders deutlich zu erkennen an der terminologischen Bestimmung des Begriffes „Didaktik". Das darin eingeschlossene Verständnis von „Didaktik" und dessen wissenschaftstheoretischen Hintergrund gilt es zunächst darzustellen und auf mögliche Implikationen für fachdidaktisches Denken und Handeln zu befragen.

Von Cube sieht die Aufgabe der Didaktik in der Entwicklung und Optimierung von Lehrstrategien (1977 a, S. 56, 61; 1980, S. 55; 1982[4], S. 213). Lehrstrategien sind dadurch gekennzeichnet, daß zur Erreichung bestimmter Lehr-/Lernziele spezifische Methoden und Medien eingesetzt werden. Dabei verweist von Cube auf die Notwendigkeit, zwischen den beiden Begriffen „Lehrstrategie" und „Methode" deutlich zu unterscheiden: „Eine Methode entsteht durch die Entwicklung und Fixierung einer Strategie; sie wird sozusagen von ihrem Ziel abgetrennt und kann dann als Instrument zur Erreichung unterschiedlicher Ziele dienen. Dies wird z.B. beim Rollenspiel deutlich: Es kann zur Änderung von Einstellungen eingesetzt werden, zur Schulung der Argumentation u.a. Umgekehrt wird eine Methode dann zur Strategie, wenn sie zur Erreichung eines ganz bestimmten Zieles eingesetzt wird." (von Cube 1977 a, S. 35)

Mit der Entwicklung und Optimierung von Lehrstrategien scheint das Aufgabenfeld der Didaktik sehr weit gefaßt zu sein. So könnte man etwa meinen, daß von Cube damit auf solche Aspekte zielt, die auch von der bildungstheoretischen und lerntheoretischen Didaktik thematisiert werden. Denn die Frage nach möglichen Lehr-/Lernzielen, also die Frage nach dem „Was" bzw. „Wozu", darf man als die zentrale Perspektive der bildungstheoretischen Didaktik und das Interesse an der Verknüpfung von Lernzielen (als Verbindung von Intentionen und Thematik) mit entsprechenden Methoden und Medien als ein wesentliches Anliegen der lerntheoretischen Didaktik bezeichnen. Genau dieser Eindruck soll aber durch die strikte Trennung der Begriffe „Lehrstrategie" und „Methode" bzw. „Ziel" und „Methode" vermieden werden. Didaktik als Teildisziplin der Erziehungswissenschaft habe nämlich die Aufgabe, Strategien für solche Ziele zu erstellen, die ihr bereits vorgegeben sind (von Cube 1977 a, S. 24, 30, 35). Es erhebt sich für von Cube also gar nicht das Problem, welche Ziele, Themen oder Bildungsinhalte ausgewählt werden sollen; im Vordergrund didaktischer Theoriebildung soll lediglich das Bemühen um optimale Lehr-/Lernstrategien (im Hinblick auf vorgegebene Lernziele) stehen.

Wie begründet von Cube diese Verengung des Didaktikbegriffes und damit auch die Perspektive, aus der heraus er das kybernetisch-informationstheoretische Modell konstruiert? Die Antwort auf diese Frage ist in seiner Auffassung von „Erziehungswissenschaft" zu suchen. Diese könne nur dann Anspruch auf Wissenschaftlichkeit erheben, wenn sie als eine wertfreie Erziehungswissenschaft im Sinne des Kritischen Rationalismus betrieben werde (von Cube 1977 a, S. 41, 73; 1980, S. 54; 1982[4], S. 24 f.). Deshalb übernimmt von Cube auch die bekannten metatheoretischen Regeln dieser wissenschaftstheoretischen Ausrichtung: Erziehungswissenschaft als kritisch-rationale Wissenschaft (von Cube spricht auch von logisch-empirischer Wissenschaft; s. 1977 a, S. 76) sei dem Prinzip der Wertfreiheit verpflichtet und müsse sich deshalb auf deskriptive Aussagen beschränken.[1] Diese deskriptiven Aussagen seien als Hypothesen aufzufassen und so zu formulieren, daß eine empirische Überprüfung möglich sei (1982[4], S. 211, 219). Die dadurch geforderte Falsifizierbarkeit als Abgrenzungskriterium zwischen wissenschaftlichen und nichtwissenschaftlichen Aussagen ermögliche eine permanente Revision von Hypothesen und Theorien. Für die von ihm vertretene kybernetische Erziehungswissenschaft bzw. kybernetische Didaktik behauptet von Cube, sie habe allen Falsifikationsversuchen standhalten können: „So intensiv die gesamte kybernetische Pädagogik auch diskutiert und kritisiert wurde – eine Falsifikation der zentralen Theorien, insbesondere der Redundanztheorie des Lernens und Lehrens, ist mir nicht bekannt geworden. Die fachliche Kritik bezog sich im wesentlichen auf Rechenfehler und Detailergebnisse. Aus dieser Feststellung darf man – mit den Worten Poppers – die Konsequenz ziehen, die aufgestellten Theorien ‚weiterzuverwenden' und weiterzuentwickeln." (von Cube 1982[4], S. 11)

Die Behauptung, daß die Aussagen der kybernetisch-informationstheoretischen Didaktik bisher nicht falsifiziert werden konnten, verleitet von Cube zu einer verengten Kenntnisnahme und Bewertung anderer wissenschaftstheoretischer Ansätze in der Pädagogik: „Legt man den logisch-empirischen Wissenschaftsbegriff zugrunde, so erweisen sich die Aussagen der geisteswissenschaftlichen, marxistischen und kritisch-emanzipatorischen Pädagogik im wesentlichen als moralische oder politische Programme. Es gehört dabei zur politischen Strategie, diese pseudowissenschaftliche Literatur in großer Menge zu verbreiten ... Demgegenüber ist noch kein Dutzend Autoren zu nennen, die den Versuch unternehmen, systematische Erziehungswissenschaft zu treiben. Neben den Vorläufern Lochner, Meister und Willmann sind es vor allem Brezinka, Klauer, Rössner und einige kybernetische Pädagogen wie Frank und Weltner." (von Cube 1977 a, S. 76) Die Haltung von Cubes gegenüber der „marxistischen" und „kritisch-emanzipatorischen Pädagogik" ist zwar insofern verständlich, weil sein Entschluß für die kritisch-rationale Wissenschaftsauffassung und damit für eine wertfreie Erziehungswissenschaft schlechterdings mit den Zielsetzungen dieser beiden Richtungen unvereinbar ist. Unreflektiert bleibt allerdings seine Einschätzung, daß es sich bei der Rede und Begründung von normativen Aussagen um „bloße subjektive Aussagen" (s. von Cube 1977 a, S. 42; 1980, S. 54; 1982[4], S. 25) handele, die nicht intersubjektiv begründbar seien, sondern lediglich durch metaphysische Instanzen, durch ein persönliches Bekenntnis oder durch bestimmte Verfahren (Mehrheitsbeschlüsse, Wahlverfahren) legitimiert werden könnten. Hier übergeht von Cube zumindest solche Ansätze, durch die der Versuch unternommen wird, Normen intersubjektiv zu begründen. Derartige Versuche (s. z.B. Apel 1973, S. 253 ff.; Habermas 1971; König 1975, S. 164 ff.) mögen mit entsprechenden methodischen Mängeln behaftet sein; sie decken sich aber insoweit mit den normativen Prämissen des Kritischen Rationalismus, als man dort die transzendentalen Bedingungen für eine intersubjektiv nachvollziehbare Argumentation aufdeckt und zum Kriterium für eine gerechtfertigte Normenbegründung erhebt. An diesem Entschluß für eine rationale Argumentation dürfte auch dem Kritischen Rationalisten gelegen sein, denn auch er versucht, aufgrund experimenteller Daten, für oder gegen eine Theorie zu argumentieren.

Anlaß zu Bedenken gibt zudem von Cubes Haltung gegenüber der geisteswissenschaftlichen Pädagogik; hier meldet er vor allem Zweifel an ihrem methodischen Vorgehen, also an der Methode des Verstehens bzw. Interpretierens an. Das Verstehen ziele immer auf die Einordnung eines Sachverhaltes in einen größeren Zusammenhang. Problematisch sei die verstehende Methode immer dann, wenn ein Sachverhalt, etwa ein beobachtetes Handeln, nicht eindeutig auf einen Zusammenhang bezogen, sondern in unterschiedliche Zusammenhänge eingebettet werden könne. In diesen Fällen müsse man vom „Interpretieren" sprechen (von Cube 1982[4], S. 269). Entscheidend für von Cube ist in diesem Zusammenhang, daß interpretative Aussagen und Verstehensleistungen keine Objektivität und damit keine Wissenschaftlichkeit beanspruchen können. „Erkennen und Verstehen sind immer subjektive Akte (Ich habe erkannt, daß ...; Ich verstehe ...); sie unterliegen damit nicht den Kategorien ‚wahr' oder ‚falsch'. Diese Kategorien beziehen sich nur auf die jeweiligen Zusammenhänge selbst: Nur Aussagen über Zusammenhänge können wissenschaftlichen Charakter haben – selbstverständlich auch (allgemeine) Aussagen über den Prozeß des Verstehens als solchen." (1982[4], S. 269)

Gegen diese Art und Weise der Rekonstruktion des geisteswissenschaftlichen Vorgehens sind zumindest zwei Einwände anzuführen. Zum einen ist darauf zu verweisen, daß von seiten der geisteswissenschaftlichen Pädagogik im Hinblick auf interpretative Aussagen keine Ansprüche auf Objektivität im Sinne von absoluter

Wahrheit und Unfehlbarkeit geltend gemacht werden. Man denke hier beispielsweise an die erkenntnistheoretischen Schriften Bollnows (1975, 1981[2]), in denen er
die Unmöglichkeit letztgültiger Erkenntnis (auch empirischer Erkenntnisse) ausführlich erörtert und als ein wesentliches Kriterium von Wissenschaftlichkeit
schließlich das Postulat der „Übersubjektivität" erhebt; dieses methodische Prinzip
(Übersubjektivität) verpflichtet den Forscher darauf, seine interpretativen Erkenntnisse zur Diskussion zu stellen und im Gespräch mit anderen über die prinzipielle
Fehlbarkeit und Ergänzungsbedürftigkeit dieser Erkenntnisse zu befinden.[2] Genau
das aber sind die kardinalen Forderungen, die Popper auch für die Arbeit des Kritischen Rationalisten einklagt. Zum anderen greift von Cube selbst auf Hypothesen
zurück, deren Sinn nur durch verstehende Reflexion auf lebensweltliche Erfahrung,
also auf die Erfahrung, auf die die Hermeneutik rekurriert, konstituiert werden
kann. So geht er etwa von der Annahme aus, daß das Vertrauen eines Schülers in seinen Lehrer positive Wirkungen auf die Lernleistungen zeitige (von Cube 1977 a,
S. 132 f.). Eine derartige Annahme kann offensichtlich nur aus der eigenen Lebens-
erfahrung erwachsen sein. Dieser Fundus an Lebenserfahrungen wird in der Hermeneutik in der Tradition Diltheys auch als „Gemeinsamkeiten" (Dilthey 1958,
S. 141) bezeichnet. Diese Gemeinsamkeiten, zu denen auch die gemeinsame Sprache
gehört, bilden die Möglichkeit einer intersubjektiven Verständigung und des intersubjektiven Verstehens. Sie bilden, um mit Apel zu sprechen, als Kommunikations-
apriori die transzendentale Bedingung der Möglichkeit intersubjektiver Verständigung (s. Apel 1973, S. 220 ff.). Von derartigen Gemeinsamkeiten macht von Cube
ausgiebigen Gebrauch, indem er für sein Alltagsverständnis dem Leser gegenüber
stillschweigend intersubjektives Einverständnis voraussetzt, obwohl ihm dies seine
Kritik an der verstehenden Methode geradezu verbietet.

Welche Konsequenzen ergeben sich nun aus dem durch von Cube zugrundegelegten Wissenschaftsverständnis für das Verhältnis von kybernetisch-informationstheoretischer Didaktik und Fachdidaktik? Die Aufgabe der fachdidaktischen
Theoriebildung müßte demnach in zweifacher Hinsicht zu beschreiben sein, und
zwar in positiver wie in negativer. Eine positive Beschreibung ergibt sich aus der Definition des Didaktikbegriffes (Didaktik als Entwicklung und Optimierung von
Lehrstrategien): Dem Fachdidaktiker wird die Aufgabe zugewiesen, sein Forschungsinteresse auf Phänomene des Lehrens und Lernens zu richten. Zentralen
Stellenwert hätten dann etwa die Fragen nach der Art und Weise, in der Schüler lernen, und nach den Möglichkeiten des Lehrers, Lernprozesse in Gang zu bringen und
im Hinblick auf den Lernerfolg optimal zu gestalten. Gegenüber dieser impliziten
Zuweisung wird der Aufgabenbereich einer Fachdidaktik aber auch negativ umschrieben; das Plädoyer von Cubes für eine wertfreie Erziehungswissenschaft und
Didaktik[3] grenzt den Aufgabenbereich des Fachdidaktikers nämlich erheblich ein.
Denn die Diskussion um die Inhalte, die im Unterricht thematisiert werden sollen,
kann nicht als wissenschaftliche geführt werden; sie gehört in den Bereich der Bildungspolitik (von Cube 1977 a, S. 83 ff.). Die Erstellung von Richtlinien und Lehrplänen darf folglich nicht zum Kompetenzbereich der Fachdidaktiker gerechnet
werden. In der Fachdidaktik sind derartige amtlichen Vorgaben als vorgegebene

Lernziele anzusehen, für deren Erreichung nur noch die entsprechenden Lehrstrategien zu entwickeln bzw. zu optimieren sind.

Mit dieser negativen Eingrenzung des fachdidaktischen Aufgabenfeldes stellt sich zwangsläufig die Frage nach der Eigenständigkeit der jeweiligen Fachdidaktik. Denn eine Fachdidaktik, die sich lediglich um spezifische Probleme des Lehrens und Lernens bemühen soll, kann offensichtlich immer nur als verlängerter Arm, als Appendix einer vorgeordneten Instanz betrachtet werden. Dabei ist es formal gesehen zunächst unwesentlich, ob diese Instanz eher bildungspolitische oder fachwissenschaftliche Vorgaben präjudizieren will. Entscheidend ist vielmehr, daß die kybernetisch-informationstheoretische Didaktik die fachdidaktische Theoriebildung um eine wichtige Aufgabe bringt, nämlich um die Argumentation für die Bedeutung eines Faches im Fächerkanon. Das bedeutet: Die kybernetisch-informationstheoretische Didaktik ist als ein Modell zu verstehen, durch das die typische Fragehaltung der bildungstheoretischen Didaktik als unwesentlich, weil unwissenschaftlich, deklariert wird. Die bildungstheoretische Didaktik schreibt der Fachdidaktik nämlich die Aufgabe zu, die Bildungsinhalte des betreffenden Faches im Sinne der fünf Sinndimensionen (ethische, ästhetische, theoretische, pragmatische, religiöse Sinndimension) zusammenzustellen. Im Nachweis dieser allgemeinbildenden Dimensionen liegt letztlich die Legitimation des entsprechenden Unterrichtsfaches im Fächerkanon. Dadurch wird der Fachdidaktik ein eigener Forschungsgegenstand zugeschrieben, der ihr aus der Sicht kybernetisch-informationstheoretischer Didaktik nicht mehr zugestanden werden kann. Denn wenn es sich „bei der sogenannten Bildung um die Steuerung von Menschen zu bestimmten Zielen" handelt und „Bildung" dabei nichts anderes bedeutet „als die besondere Bewertung bestimmter Erziehungsvorgänge oder -ziele durch gesellschaftliche Gruppen" (von Cube 1977 a, S.14), dann dürfen aus der Sicht des Kritischen Rationalismus Aussagen über den Bildungswert eines Faches oder eines spezifischen Inhaltes lediglich als subjektiv und unverbindlich bezeichnet werden. Die sich daraus ergebenden Konsequenzen für das Selbstverständnis einer Fachdidaktik lassen sich an dieser Stelle bereits andeuten: Eine sich als Wissenschaft verstehende Fachdidaktik müßte die Frage nach den Inhalten des Lehrens und Lernens ausklammern; demgegenüber hätte sie ihr Aufgabenfeld eher als Methodik eines Unterrichtsfaches auszufüllen. Da Fachdidaktik in diesem Sinne Strategien zur Erreichung von *vorgegebenen* Lernzielen zu entwickeln hätte, ist zu fragen, ob Lehren/Lernen dann im wesentlichen als Vermittlung fachwissenschaftlicher Inhalte zu begreifen und ob Fachdidaktik als unselbständiger Appendix der zugehörigen Fachwissenschaft(-en) aufzufassen wäre; die entscheidende Fragestellung, die das allgemeindidaktische Modell der Fachdidaktik vorgibt, hieße dann: *Wie können fachwissenschaftliche Inhalte möglichst effektiv über Unterricht gelehrt werden?*

Ein derartiges Verständnis von Fachdidaktik würde darüber hinaus auch Konsequenzen für das gesellschaftspolitische Bewußtsein des Fachdidaktikers und des Fachlehrers nach sich ziehen. Denn die Aufgabe der Entwicklung und Optimierung von Lehrstrategien würde den Anschein erwecken, daß schulisches Lernen als Lernen objektiver, wertfreier Sachverhalte möglich sei. Das dies jedoch nicht der Fall ist,

läßt sich exemplarisch leicht nachweisen. Selbst im Bereich des naturwissenschaftlich-technischen Unterrichts kommt die Auswahl und Anordnung von Lerninhalten
immer auch einer Bewertung der einzelnen Inhalte gleich. Diese Tatsache spielt beispielsweise beim Einsatz von Schulbüchern eine entsprechende Rolle. Wenn in verschiedenen Biologiebüchern etwa die Verschmutzung von Luft, Wasser und Boden
behandelt wird, dann lassen sich das Ausmaß und die möglichen Auswirkungen der
Umweltverschmutzung unterschiedlich darstellen, obwohl jede Information für sich
genommen unbestreitbares Faktum ist. So kann ein Text diesbezüglich knapp gehalten und unbebildert sein; er kann aber auch sehr ausführlich über den Themenkomplex informieren und durch Bilder die Situation als sehr bedrohlich veranschaulichen. Zum Alltag des Fachlehrers gehört es nun, in Zusammenarbeit mit der
Schulkonferenz über die Einführung von Lehrbüchern zu beratschlagen, er muß also
Stellung zu den impliziten Welt- und Gesellschaftsbildern nehmen, die ihren Niederschlag in den zunächst sachlichen Informationen und den Bildern gefunden
haben. Soll Fachdidaktik dem Lehrer im Sinne Achtenhagens Entscheidungshilfen
bieten, dann dürfte die gesellschaftliche bzw. gesellschaftspolitische Relevanz der im
Unterricht zu behandelnden Themen nicht unreflektiert bleiben. Ansonsten würde
Unterricht zur bloßen Vermittlung vermeintlich wertfreien Fachwissens verkom-
men, dessen gesellschaftspolitische Bedeutsamkeit für den Schüler im Hinblick auf
die von ihm mitzubestimmende und mitzuverantwortende Zukunft uneinsichtig
bleibt. Im Sinne der kybernetisch-informationstheoretischen Didaktik wird die jeweilige Fachdidaktik also darauf kanalisiert, Unterricht im wesentlichen nach dem
Prinzip der Wissenschaftsorientierung zu modellieren und das Prinzip der Gesellschaftsorientierung auszuklammern. Diese These gilt es weiter unten eingehender zu
belegen.

Fazit: Die terminologische Bestimmung von Didaktik und die damit korrespondierende wissenschaftstheoretische Ausrichtung der kybernetisch-informationstheoretischen Didaktik am Kritischen Rationalismus leisten einen impliziten Vorgriff auf
das Selbstverständnis einer Fachdidaktik. Ihr fällt offensichtlich nicht die Aufgabe
zu, eine begründete Auswahl von Bildungsinhalten vorzulegen. Diese Einschränkung geht auf das Wertfreiheitspostulat des Kritischen Rationalismus zurück. Damit
hängt dann auch aufs engste die Stellung der jeweiligen Fachdidaktik im Spannungsfeld zwischen Erziehungswissenschaft bzw. Allgmeiner Didaktik und Fachwissenschaft zusammen: Sie ist als unselbständiger Appendix der zugehörigen Fachwissen-
schaft(-en) aufzufassen und hat als untergeordnete Instanz danach zu fragen, wie
fachwissenschaftlich abgesicherte Erkenntnisse über Unterricht optimal vermittelt
werden können. Fachdidaktik wird in diesem Sinne zur Methodik eines Unterrichtsfaches degradiert; dessen pädagogische Legitimation gehört demzufolge nicht
zu ihrem Gegenstandsbereich.

4.2. Der Begriff „Erziehung"

Ebenso wie die im vorangegangenen beschriebene Engführung des Terminus „Didaktik" ist auch der für das kybernetisch-informationstheoretische Modell zentrale Begriff „Erziehung" im Zusammenhang mit dem Votum von Cubes für den Kritischen Rationalismus zu sehen. Was ist dabei im einzelnen unter „Erziehung" zu verstehen, und welche Implikationen ergeben sich daraus für das Verhältnis von kybernetisch-informationstheoretischer Didaktik und Fachdidaktik?

Die Definition des Erziehungsbegriffes durch von Cube ist in zweifacher Weise durch die übernommenen metatheoretischen Voraussetzungen des Kritischen Rationalismus geprägt: Zum einen könne man wissenschaftliche Aussagen nur über „beobachtbare Aktionen" machen; von Cube spricht deshalb auch vom „Erziehungsverhalten" oder „Zielverhalten" (1977 a, S. 15). Zum anderen müsse der Erziehungsbegriff aufgrund des Wertfreiheitspostulates inhaltsfrei bleiben: „Eine Definition von Erziehung, die intersubjektiv (und international) anerkannt werden kann, muß notwendig formal sein." (1977 a, S. 13) Auf der Basis dieser beiden Prämissen glaubt von Cube imstande zu sein, die vielseitigen, komplexen und zum Teil auch widersprüchlichen Aussagen über Erziehung und Bildung[4] auf einen Nenner bringen zu können; es zeige sich nämlich „bei aller Unterschiedlichkeit im einzelnen", daß „die Begriffe Erziehung, Bildung und Ausbildung einen gemeinsamen Kern enthalten: die Steuerung von Menschen zu einem vorgegebenen Zielverhalten". (von Cube 1977 a, S. 11)[5] Für eine weitere Präzisierung dieser Definition komme es darauf an, zwischen zwei Arten der Verhaltenssteuerung zu unterscheiden, und zwar zwischen der Lernsteuerung und dem Verhaltensmanagement. In beiden Fällen gehe es um die Änderung menschlichen Verhaltens; während beim Lernen aber der Neuerwerb von Verhaltensweisen bei gleichbleibender Reizsituation intendiert werde, ziele man beim Verhaltensmanagement, etwa bei der Werbung, darauf, durch veränderte Reizkonstellation „ein potentiell schon vorhandenes Verhalten zur Auslösung" (von Cube 1977 a, S. 17) zu bringen. „Erziehung" ist aus der Sicht der kybernetisch-informationstheoretischen Didaktik also identisch mit dem Prozeß der „Lernsteuerung" (ebd.).

Für von Cube stellt sich nun die Frage, wie „eine einfache, adäquate und exakte Beschreibung des altbekannten Vorganges der Erziehung" (1977 a, S. 11) möglich sei. Er ist der Ansicht, daß die Begriffe der Kybernetik und Informationstheorie besonders geeignet seien, die formale Struktur des Erziehungsvorganges modellhaft zu erfassen. Aus der Sicht der Kybernetik sei Erziehung als Regelkreis darstellbar.[6] „Dieses Modell läßt die einzelnen Instanzen der Erziehung bzw. Ausbildung deutlich hervortreten: Lehrziel, Lehrstrategien, Medien, Adressat und Lernkontrolle." (1977 a, S. 11)

Die graphische Darstellung des Regelkreises (s. S. 188) zeigt den Zusammenhang der einzelnen Elemente: Das Lehrziel ist als Soll-Wert vorgegeben; die Trennungslinie soll symbolisieren, daß der Prozeß der Zielsetzung selbst nicht als Aufgabe des Erziehungswissenschaftlers bzw. Didaktikers anzusehen ist. Im Regelkreis der Erziehung versucht der Erzieher als Regler, das Verhalten des Adressaten, im Unter-

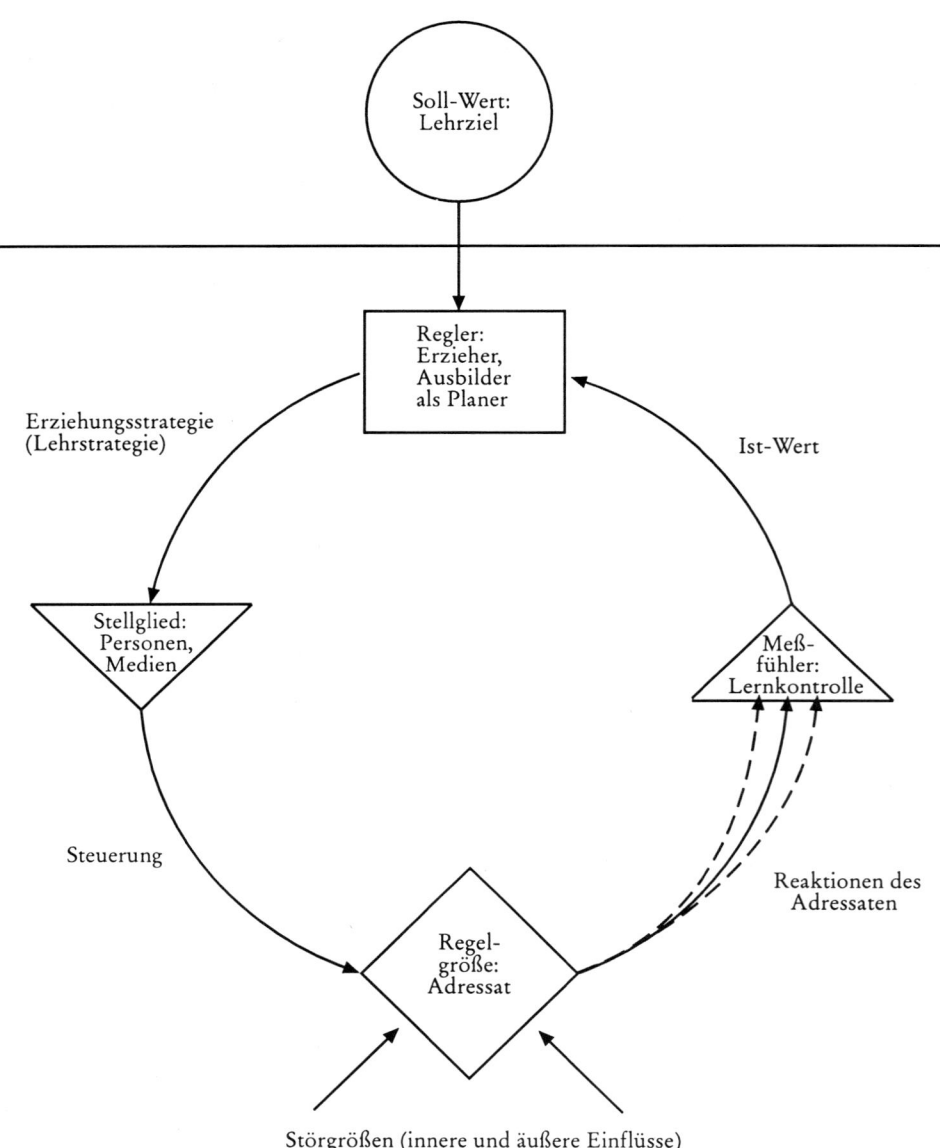

Regelkreis der Erziehung; aus: Von Cube 1977 a, S. 25

richt also das Verhalten des Schülers, so zu steuern, daß das durch den Soll-Wert vorgegebene Zielverhalten erreicht wird. Zu diesem Zwecke dient eine entsprechende
Strategie. Ob diese Strategie tatsächlich als erfolgreich zu beurteilen ist, geht aus der
Lernkontrolle hervor, die den Ist-Wert (Fähigkeiten des Schülers) mißt. Von Cube
verdeutlicht das Geschehen im Regelkreis an einem Beispiel: 10jährige Schüler „sol-

len ein gleichseitiges Dreieck mit Zirkel und Lineal konstruieren und die Konstruktion beschreiben können. Um eine Lehrstrategie zur Erreichung dieses Lehrzieles entwickeln zu können, muß zunächst der Ist-Wert der Schüler ermittelt werden. Hier gehen wir davon aus, daß die Schüler zwar mit Zirkel und Lineal umgehen können ..., aber noch keine Dreieckskonstruktionen durchgeführt haben. Im übrigen soll es sich um normal intelligente und sozial unauffällige Schüler handeln. Eine mögliche Strategie besteht nun darin, daß der Lehrer den geometrischen Ort des Punktes C ... als Schnittpunkt der beiden Kreise A und B mit demselben Radius, nämlich der Seitenlänge des gesuchten Dreiecks, erklärt. Der Lehrer führt dabei die Konstruktion (evtl. mehrmals) an der Tafel aus und läßt sie dann von den Schülern durchführen." (von Cube 1977 a, S. 33) Nach mehrmaliger Wiederholung der Konstruktion und ihrer Beschreibung durch Fachausdrücke erfolgt die Lernkontrolle „über die Konstruktion eines anderen gleichseitigen Dreiecks mit der dazugehörigen Beschreibung der einzelnen Schritte". (Ebd.)

Von Cube gesteht zwar zu, daß eine solche Lehrstrategie nicht besonders originell sei, sie führe aber ganz sicher zu einem Lernerfolg (ebd.). Insofern werde an diesem Beispiel besonders deutlich, „daß die Aufgabe der Erziehungswissenschaft eben nicht nur in der Erstellung irgendwelcher Strategien besteht – ein Lernerfolg läßt sich fast immer nachweisen –, sondern in der Optimierung von Lehrstrategien und deren Durchführung". (Ebd.) Für eine mögliche Optimierung seien drei Kriterien zu unterscheiden. Einmal könne die Optimierung einer Strategie in der Minimalisierung des Zeitaufwandes liegen, wenn der Aufwand für die Realisierung (Medien, Lehrperson) konstant sei. Zweitens könne die Optimierung auf die Minimalisierung des Realisierungsaufwandes bei entsprechender konstanter Zeitvorgabe hinauslaufen. Drittens sei ein Kompromiß möglich, wenn die Optimierung die beiden Größen „Zeit" und „Aufwand" in ein „angemessenes Verhältnis" setze (S. 31 f.). Denkbar wäre es zudem, daß man neben Zeit und Aufwand auch „subjektive Kriterien" mit einbeziehe, wie etwa das Wohlbefinden des Adressaten: „Die Strategie soll etwa ein Minimum an Überwindung kosten, sie soll positiv bewertet werden oder ähnliches. Grundsätzlich könnte eine solche Aufgabe durchaus gelöst werden; es tritt dabei eben das bekannte Problem der Messung von Einstellungen oder Gefühlen auf." (S. 32)

In seinen weiteren Ausführungen schenkt von Cube derartigen „subjektiven Kriterien" allerdings keine besondere Aufmerksamkeit.[7] Insofern scheint für Schüleraktivitäten, für die Vielfalt von Lernwegen wenig Platz; der Irrtum, bei Copei als eine förderliche Station auf dem Weg zum „fruchtbaren Moment im Bildungsprozeß" (Copei 1963[7], S. 28 ff.) geschätzt, muß aus der Sicht der kybernetisch-informationstheoretischen Didaktik eher als Hindernis bei der Optimierung betrachtet werden, denn Lernumwege über den Irrtum gehen auf Kosten des Zeitfaktors. Dessen Optimierung wird also unkalkulierbar.

Als Voraussetzung für die Entwicklung und Optimierung von Lehrstrategien verweist von Cube auf die Notwendigkeit der Operationalisierung von Lernzielen. Sie ergibt sich zwangsläufig aus seinen metatheoretischen Vorentscheidungen. Denn im Sinne kritisch-rationaler Erziehungswissenschaft „müssen Lehrziele zwei Bedingungen erfüllen: Sie müssen überprüfbar formuliert und für die betreffenden Adressaten erreichbar sein." (1977 a, S. 27) Die herkömmliche Einteilung von Zielen in Richt-, Grob- und Feinziele sei wenig zweckmäßig, weil der Grad der Exaktheit dadurch nicht eindeutig bestimmbar sei. Von Cube schlägt demgegenüber zwei Kategorien zur Unterscheidung vor, nämlich operationale und nicht-operationale Lernziele: „Lernziele sind dann operational, wenn sie in Form eindeutiger Operationen (des Adressaten) angegeben sind. Trifft dies nicht zu, sind sie also ... ‚vage‘, so bedeutet das, daß (noch) Entscheidungsspielräume vorhanden sind. Unter Operationalisierung versteht man die Ausschöpfung dieses Entscheidungspotentials." (von Cube 1982[4], S. 206) Dabei sei es wichtig, die Zweistufigkeit der Operationalisierung zu betonen. Zunächst komme es darauf an, eine Entscheidung für ein bestimmtes Zielverhalten (kognitive, affektive und pragmatische Ziele) zu treffen. Dieser Schritt komme einer politischen Entscheidung gleich (1977 a, S. 29). Erst auf der zweiten Stufe handele es sich um einen wissenschaftlichen Vorgang, mit dem auf die „Messung des inneren Zustandes durch beobachtbare Operationen des Adressaten" (1977 a, S. 28) gezielt werde.

Welche Erkenntnisse ergeben sich aus den vorangegangenen Ausführungen zum Erziehungsbegriff von Cubes und zum Erziehungsprozeß als Regelkreis hinsichtlich des Verhältnisses von kybernetisch-informationstheoretischer Didaktik und Fachdidaktik? Näheren Aufschluß kann zunächst einmal die Perspektive geben, aus der heraus der Schüler und dessen Aktivitäten betrachtet werden. Wird Erziehung als Lernsteuerung verstanden, so kommt dem zu Erziehenden offensichtlich eine eher passive Rolle zu. Das bedeutet nicht, daß von Cube dem Lernenden Attribute wie Aktivität, Kreativität und Eigeninitiative abspricht. Im Gegenteil: Er teilt die anthropologischen Annahmen, daß der Mensch über „eigene Willensakte" verfüge (1977 a, S. 39), über „Initiative und Spontaneität" (S. 20); er sei „aktiv und zielorientiert" (S. 26), zur „Einsicht" (S. 114) und zum Verstehen „sinnvoller Texte" (1982[4], S. 143) fähig. All diese Termini dokumentieren, daß von Cube nicht von einem streng behavioristischen Menschenbild ausgeht. In seinem Regelkreismodell bleiben diese Dispositionen allerdings unberücksichtigt, denn darin treten sie als „Störgrößen" auf und sind für die Optimierung einer Lehrstrategie hinderlich. Das bedeutet: Schüleraktivitäten, -wünsche und -meinungen sind in einem lernzielorientierten Unterricht, vor allem wenn er teil- oder vollautomatisiert wie etwa im Programmierten Unterricht verläuft, nicht gefragt. Das gesteht auch von Cube ein: „Für den Adressaten bedeutet ein streng lernzielorientierter Unterricht, daß sein spontanes, kreatives und originelles Verhalten eingeschränkt wird. Für automatische Ausbildungssysteme gilt diese Einschränkung zwangsläufig: Es können ja nur ganz bestimmte Äußerungen einprogrammiert bzw. zugelassen werden. Grundsätzlich gilt diese Einschränkung jedoch auch für den lernzielorientierten Lehrerunterricht: Äußerungen, die nicht zum Ziel führen, hemmen den Unterrichtsverlauf, sie verzögern die Erreichung des Lernziels, sie „gehören nicht zum Thema" etc... Wenn also die Lernziele exakt formuliert sind und der Ausbilder diese Ziele in optimaler Weise anzusteuern hat, so bleibt ihm nur die Rolle des Steuernden und dem Adressaten nur die des Gesteuerten." (von Cube 1976 a, S. 131)

Bedeutsam für eine Beurteilung der kybernetisch-informationstheoretischen Didaktik ist nun, daß von Cube – wenn auch nur am Rande – die Gefahren, die durch streng lernzielorientierte Ausbildungsgänge entstehen, einzuschätzen weiß. Sie setzen Ausbilder und Adressaten nämlich unter erheblichen Zwang, sie „können nicht ausweichen, pausieren oder abschalten; sie stehen unter Leistungsstreß". (von Cube 1976 a, S. 138) Gerade die „Rationalisierung" und „Effektivierung der Ausbildung" habe dazu geführt, daß die so gewonnene Zeit nicht für „freie Kommunikation" genutzt, sondern gleich wieder durch neue Curricula ausgenutzt werde. „Die Ideale der Allgemeinbildung, der Leistung, der Pflichterfüllung u. ä. bewirken immer wieder eine (vorwiegend) intellektuelle und nervliche Überbeanspruchung von Ausbilder und Adressat, von Lehrer und Schüler. Heute ist der Streß in der Schule offenkundig; die Frage: ‚Macht die Schule unsere Kinder krank?' wird zunehmend zum Politikum." (Ebd., S. 139) Aufgrund derartiger Fehlentwicklungen fordert von Cube eine angemessene Verteilung der Unterrichtszeit auf zielorientiertes Lernen einerseits und freie Kommunikation andererseits. Die Begründung dieser Forderung ergebe sich aus der gesellschaftlichen Realität: „Die Tatsache, daß in der wissenschaftlich-technischen Zivilisation einerseits und in einer demokratischen Gesellschaft andererseits beide Bereiche unabdingbar sind, ist m.E. nicht zu bezweifeln. Würde man in einer Art Gedankenexperiment die lernzielorientierte Ausbildung ausschließen, so würden Wissenschaft und Technik zusammenbrechen; würde man die freie Kommunikation ausschließen, so wären die demokratischen Tugenden der Selbstbestimmung und Mitbestimmung, der Gleichberechtigung und Kritik aufgehoben; wir hätten ein unmenschliches System der ständigen Steuerung und Kontrolle." (Ebd.)

Durch die Forderung nach gegenseitiger Ergänzung von (lernzielorientiertem) Unterricht und „freier Kommunikation" grenzt von Cube die Reichweite des von ihm entworfenen allgemeindidaktischen Modells ein: Sein Interesse richtet sich nicht auf den zweiten Aspekt, sondern lediglich auf den ersten, also auf die Frage, wie lernzielorientierte Ausbildung durch geeignete Strategien optimiert werden kann; nur dies sei die Aufgabe der Didaktik.[8] Diese Einengung des Forschungsinteresses hat zur Konsequenz, daß der Modelladressat (der Student, Lehrer, Ausbilder) auf diese Perspektive kanalisiert wird. Das wird vor allem durch den Anspruch auf Wissenschaftlichkeit im Sinne des Kritischen Rationalismus einerseits und die damit zusammenhängende Abwertung anderer Ansätze, etwa des geisteswissenschaftlichen, andererseits gezielt angestrebt. Und gerade darin liegt ein entsprechender Vorgriff auf fachdidaktisches Denken und Handeln: Der Modelladressat wird dazu angehalten, sich nur mit der zentralen Fragestellung (Entwicklung und Optimierung von Lehrstrategien) zu befassen. Andere für den Unterrichtenden und für die am Unterricht beteiligten Schüler wichtige Aspekte, etwa der Aspekt der „freien Kommunikation" und der der sozialen Interaktion (s. Schröter 1980, S. 71), gehören nicht in den Bereich der Didaktik und Fachdidaktik, weil es sich dabei nicht um Fragen handelt, die sich „wissenschaftlich" beantworten lassen.

Aufgaben und Fragerichtungen der fachdidaktischen Forschung sind damit implizit vorgegeben: Fachdidaktik soll weder danach fragen, welche Unterrichtsinhalte im Hinblick auf eine mitverantwortliche Teilhabe des Schülers am gesellschaftlichen und politischen Leben auszuwählen sind, noch hat sie Unterrichtskonzepte zu entwickeln, durch die auch die Neigungen, Interessen und Alltagsbedürfnisse der

Schüler berücksichtigt werden könnten. Unterricht käme demnach also nicht unter den Aspekten von Gesellschafts- und Schülerorientierung in den Blick. Er müßte vielmehr die Aufgabe übernehmen, wissenschaftliche (d.h. wertfreie) Erkenntnisse zu vermitteln.[9] Fachdidaktik hätte in diesem Sinne also zu fragen, wie Unterricht wissenschaftsorientiert konzipiert werden könnte. Die Konkretisierung eines derartigen fachdidaktischen Forschungsfeldes und die damit zusammenhängenden Probleme sollen im folgenden an zwei Beispielen erörtert werden, und zwar am Bereich der Musik- und Physikdidaktik.[10]

In einem Interview mit dem Redaktionsteam der „Zeitschrift für Musikpädagogik" (hier zitiert als „Gespräch 1980") hat von Cube sich selbst ausführlich zu der Frage geäußert, wie der Unterricht im Fach Musik aus der Sicht der kybernetisch-informationstheoretischen Didaktik gestaltet werden müßte. Den Ausgangs- und übergreifenden Bezugspunkt seiner Überlegungen bildet auch hier sein Bekenntnis zum Kritischen Rationalismus. Weil es danach auf allgemeine und intersubjektiv überprüfbare Aussagen ankomme, sei Wissenschaft „von speziellen Individuen losgelöst", „sie berührt nicht die Intimsphäre des einzelnen. Im Gegensatz dazu betreffen Religion, Politik, Literatur, Kunst und Musik den einzelnen in seiner Individualität". (Gespräch 1980, S. 24) Auf den spezifischen Bereich der Musik bezogen, bedeute das: „Man kann sicher allgemeine und überprüfbare Aussagen über Musik machen, d.h. man kann Musik zum Gegenstandsbereich der Wissenschaft machen; die Empfindungen und Wertungen bei Musik bzw. von Musik sind aber subjektiv, sie sind (Gott sei Dank) sehr unterschiedlich." (S.24) Für von Cube ergeben sich aus dieser Auffassung entsprechende Konsequenzen: Es könne im Musikunterricht nicht darauf ankommen, viel singen und dadurch Musik zum Ereignis werden zu lassen (S. 24). Zu fordern sei vielmehr „die Intellektualisierung der Musik in der Schule", denn diese sei die einzige Möglichkeit, „den Intimbereich des einzelnen und damit das ‚Ereignis Musik' zu bewahren. Nein – in einer freiheitlichen Demokratie darf es auch keinen musikalischen Bekenntniszwang geben, kein öffentliches Bekenntnis zu dieser oder jener Musik. Die staatliche Schule darf nur im intersubjektiven Bereich Zwang ausüben, in Wissenschaft, Technik und rechtsverbindlichen Verhaltensnormen." (S. 24)

In diesem Zusammenhang sind dann auch die Vorschläge von Cubes für die Gestaltung des Musikunterrichts an staatlichen Schulen zu sehen.[11] „Teilt man den Musikunterricht zunächst in einen Unterricht über Musik und einen Unterricht in Musik ein, in die Ausübung, in das Hören von Musik, so kann ... in einer Demokratie nur der erstgenannte Unterricht verpflichtend gemacht werden. Hier ist nun wiederum zu fragen, welche Kenntnisse für sämtliche Schüler obligatorisch sein sollen und welche (weitergehenden) Kenntnisse und Erkenntnisse in einem wählbaren Schwerpunkt erworben werden können sollen. So kommt es insgesamt zu der Dreiteilung: Obligatorischer Bereich, Wahlpflichtbereich und freier Bereich." (S. 26 f.) Diesen drei Bereichen teilt von Cube entsprechende Zielsetzungen zu. „Der obligatorische Bereich soll ein Fundament an Informationen und Erkenntnissen abdecken." (S. 27) Eine hierzu besonders geeignete Methode stelle das Lernen mit Programmen dar (S. 28). Darüber hinaus müsse der Schüler Einblick in die „soziologisch-politische Funktion" von Musik gewinnen und „musikalische Techniken" kennenlernen (S. 28). Im Leistungsbereich soll dem Schüler die Möglichkeit geboten werden, „nach Interesse und Leistungsfähigkeit voranzuschreiten." (S. 27) Der freie Bereich biete schließlich die Gelegenheit, „aktiv und kreativ tätig zu sein" (S. 27), hier müsse also Raum für „Selbstverwirklichung" (S. 28) gegeben werden. Zu berücksichtigen sei dabei auch der Zusammenhang von obligatorischem und freiem Bereich; im Pflichtbereich soll der Schüler nicht nur Einsicht in die soziologisch-politische Funktion gewinnen und musikalische Techniken erwerben, sondern auch mit „Alternativen" konfrontiert werden. „Er muß ja, um seinem emotionalen Bedürfnis gerecht werden zu können, ganz unterschiedliche Arten von Musik kennenlernen. Insofern ist der Pflichtbereich die Entscheidungsbasis für die eigene Aktivität, für die Selbstverwirklichung im freien Bereich." (S. 28)

Für die Frage nach dem Verhältnis von kybernetisch-informationstheoretischer Didaktik und Fachdidaktik ist es wesentlich, daß die vorgeschlagene Dreiteilung von Unterricht nicht auf das Fach Musik zu beschränken ist, sondern nach den Vorstellungen von Cubes für alle Fächer maßgeblich sein soll (S. 28). Entsprechende Forderungen stellt er beispielsweise an den Mathematikunterricht: „Im verpflichtenden Teilbereich würden stufenweise die notwendigen Rechentechniken gelernt, die grundlegenden mathematischen Methoden, wie direkte und indirekte Beweise, logische Schlußweisen und die wichtigsten Anwendungsbereiche in unserer heutigen Gesellschaft. Im Schwerpunktbereich wären die Mathematikkurse ebenfalls stufenweise aufgebaut, wobei die oberen Kurse ohne weiteres nach Inhalt und Schwierigkeit über das gegenwärtige Abiturniveau hinausgehen könnten. Die Schwerpunktbildung erlaubt ja gerade auch eine Vertiefung der betreffenden Fächer. Diejenigen Schüler schließlich, die in dem systematisch aufgebauten Mathematiklehrgang ihre Interessen noch nicht ausreichend befriedigt sehen, können im freien Bereich weitere Stoffgebiete erarbeiten. Hier könnten ebenso die Grundlagen der Mathematik wie die moderne Informationstheorie von Interesse sein." (S. 28)

Die in diesen Ausführungen von Cubes zum Musik- und Mathematikunterricht eingeflossenen Zielsetzungen lassen sich verallgemeinernd auf eine fächerübergreifende Struktur bringen. Unterricht

- ist als systematische Einführung in die Grundlagen einer wissenschaftlichen Disziplin gedacht (etwa als Einführung in die Grundlagen der Mathematik);
- muß zu diesem Zweck nach dem Konzept des stufenweisen Aufbaus der wissenschaftlichen Disziplin organisiert werden (das Rechnen mit Logarithmen setzt das Beherrschen von Addition, Subtraktion, Multiplikation, Division und Exponentialrechnung voraus);
- bedient sich bei der Vermittlung von Inhalten vorrangig der spezifischen Methoden der betreffenden Fachwissenschaft (etwa der direkten und indirekten Beweise im Mathematikunterricht);
- soll im Sinne formaler Bildung besondere „geistige Fähigkeiten" fördern (etwa die logische Schlußweise).

Die fachdidaktische Relevanz dieser vier Strukturmerkmale wird deutlich, wenn man sie einmal mit den in der Einleitung erwähnten Empfehlungen der Bildungskommission des deutschen Bildungsrates zum Strukturplan für das Bildungswesen in Vergleich setzt. In einem zentralen Punkt dieses Strukturplans von 1970 stellt die Kommission den Aspekt des „wissenschaftsbestimmten Lernens" in den Vordergrund: „Die Bedingungen des Lebens in der modernen Gesellschaft erfordern, daß die Lehr- und Lernprozesse wissenschaftsorientiert sind. Das bedeutet nicht, daß der Unterricht auf wissenschaftliche Tätigkeit oder gar auf Forschung abzielen sollte; es bedeutet auch nicht, daß die Schule unmittelbar die Wissenschaften vermitteln sollte ... Wissenschaftsorientierung der Bildung bedeutet, daß die Bildungsgegenstände, gleich ob sie dem Bereich der Natur, der Technik, der Sprache, der Politik, der Religion, der Kunst oder der Wirtschaft angehören, in ihrer Bedingtheit und Bestimmtheit durch die Wissenschaften erkannt und entsprechend vermittelt werden. Der Lernende soll in abgestuften Graden in die Lage versetzt werden, sich eben diese Wissenschaftsbestimmtheit bewußt zu machen und sie kritisch in den eigenen Lebensvollzug aufzunehmen. Die Wissenschaftsorientiertheit von Lerngegenstand und Lernmethode gilt für den Unterricht auf jeder Altersstufe. Es wird eine vordringliche Aufgabe der Didaktik sein, den für das jeweilige Lebensalter und den geistigen Entwicklungsstand förderlichsten Grad aufzufinden und einen entsprechenden Modus der Vermittlung zu entwickeln." (Deutscher Bildungsrat 1970, S. 33)

Auf dem Hintergrund dieser programmatischen Empfehlungen wird deutlich, daß die aus den Äußerungen von Cubes herauszulesenden Strukturmerkmale eine eindeutige Präferenz setzen: Unterricht im Sinne kybernetisch-informationstheoretischer Didaktik muß (zumindest im obligatorischen Bereich) immer wissenschaftsorientierter Unterricht sein. Gegenüber dieser Priorität treten die Interessen der Schüler zurück, denn sie können erst im freien Bereich entsprechend berücksichtigt werden. Auch die Frage der Anwendung von Kenntnissen und Erkenntnissen ist von sekundärer Bedeutung.

Besonders offen gegenüber dieser Präferenz für wissenschaftsorientiertes Lernen (im Sinne der Empfehlungen des Deutschen Bildungsrates) zeigen sich diejenigen Fachdidaktiken, deren fachwissenschaftliche Bezugsdisziplinen sich der Arbeitsweise des Kritischen Rationalismus verpflichtet wissen.[12] Dabei leitet man die Aufgabe der Fachdidaktik und des Fachunterrichts zwar nicht aus der Didaktikkonzeption von Cubes ab; die inhaltlichen Aussagen decken sich aber nahezu vollständig mit den Gedanken von Cubes zur Gestaltung des Musik- und Mathematikunterrichts. Ein Beispiel aus dem Bereich der Physikdidaktik soll diese auffallende Affinität in der Argumentation abschließend dokumentieren.

In seinem 1977 erschienenen Buch „Beiträge zur naturwissenschaftlich-technischen Fachdidaktik" hat sich Karl Hecht u.a. über „Sinn, Ziel und Methode des Physikunterrichts" geäußert. Hecht betont dabei zunächst, daß Physikunterricht „ein Teil des allgemeinen Bildungsunterrichts und darum keine Fachausbildung" (S. 11) sei. Es handele sich dabei folglich nicht um die Vermittlung von Fachwissen, sondern es komme „auf eine Einführung in das Wesen der Physik im Hinblick auf ihre Bedeutung für das moderne Leben an". (S. 11) Diese Äußerungen erwecken den Anschein, Hechts fachdidaktische Argumentation beziehe sich primär auf die Alltagswelt des Schülers. Für den Umgang mit Natur könnte der Physikunterricht dann mehrere Perspektiven eröffnen, etwa den ästhetischen Zugang zu Naturphänomenen, deren rationale Erfassung durch Reduktion des Komplexen auf das quantitativ faßbare Zusammenwirken isolierter Variablen, die Rückbindung der theoretischen Erkenntnis in den alltäglichen Handlungszusammenhang, die damit zusammenhängende Ambivalenz der Anwendung physikalischer Erkenntnisse usw. An einer derartigen Mehrperspektivität ist Hecht aber nicht gelegen, denn die weiteren Forderungen hinsichtlich des Bildungswertes des Physikunterrichts optieren für einen ausschließlich wissenschaftsorientierten Unterricht. Durch ihn solle ein Einblick in die Wissenschaft Physik vermittelt werden. Dazu sei es notwendig, sich auf eine Auswahl zu beschränken. „Diese soll das Charakteristische der Methoden und der Ergebnisse erkennen lassen." (S. 11) In methodischer Hinsicht müsse dem Experimentieren ein hoher Stellenwert zugerechnet werden. Hecht begründet diese Forderung aber nicht aus der Sicht des Schülers, sondern führt auch hier die Struktur der Disziplin als entscheidenden Faktor an: „Je mehr im Experiment die Zergliederung in einfache Zusammenhänge durchgeführt ist, um so besser läßt es Weg und Ziel der Physik erkennen: die Messung und das aus ihr folgende Gesetz." (S. 11) Die Formulierung dieser Gesetze sollte nach Möglichkeit in „mathematischer Formelsprache" erfolgen. „Von Versuchsergebnissen wird induktiv auf allgemeine, die gewählte Anordnung als Spezialfall enthaltende Zusammenhänge geschlossen. Sie werden zunächst in Sätzen ausgesprochen und können in Formelsprache abgekürzt werden." (S. 12) Neben dieser Empfehlung für die induktive Methode verweist Hecht schließlich auch auf die Bedeutung des deduktiven Vorgehens: „Die aus experimentellen Ergebnissen gewonnenen Gesetze müssen im Sinne der Theoriebildung in größere Zusammenhänge gebracht werden. Es ist für die Darstellung theoretischer Überblicke nicht notwendig, alle sie stützenden Gesetze gebracht zu haben. Der Überblick ist wertvoller als das Einzelgesetz, wenn er sich auf verstandene Einzelgesetze stützt. Wichtig ist, an Beispielen Folgerungen aus solchen Theorien durch entsprechende Versuche zu belegen." (S. 12)

Die Argumentation Hechts weist hinsichtlich der Ziele und Methoden des Unterrichtens deutliche Parallelen zur Argumentation von Cubes auf. Ging es diesem in bezug auf den Mathematikunterricht um eine Einführung in die Grundlagen der Mathematik und um die Einübung in mathematische Methoden (direkte und indirekte Beweise), so spricht jener von der Einführung in das „Wesen" der Physik und in ihre Methoden (induktive und deduktive Methode). Auch die bei von Cube hervorgehobene Schulung geistiger Fähigkeiten (logisches Schließen) hat ihr spezifisches Pendant in der fachdidaktischen Argumentation Hechts: „Der Physik-Unterricht soll beitragen zu bescheidener Ehrfurcht. Die Ableitung oder Aufstellung physikalischer Gesetze und Theorien aus experimentellen Ergebnissen dient hervorragend der Schulung logischen Denkens. Die anzustrebende Strenge der Darstellung unbestechlicher Naturvorgänge verträgt keine Unaufrichtigkeit." (S. 13) Schließlich sei noch die weitgehende Übereinstimmung hinsichtlich der Anwendung fachwissenschaftlicher Erkenntnisse erwähnt. Von Cube weist auf die „wichtigsten Anwen dungsbereiche in unserer Gesellschaft" in Kürze hin. Noch unbedeutender erscheint Hecht die Anwendung physikalischen Wissens zu sein. Das geht aus seiner ablehnenden Haltung gegenüber der Behandlung technischer Geräte hervor: „Technische Einzelheiten gehören nicht in den Physikunterricht. Technische Lösungen unterliegen ständiger Veränderung, können überholt und durch andere ersetzt werden, während die Grundlagen der Physik bleiben. Der Physikunterricht darf nicht utilitaristisch betrieben werden, sonst verfehlt er seinen Zweck als Bildungsunterricht. Das schließt nicht aus, daß technische Geräte, Anlagen oder Maschinen, z.B. auch auf Fragen aus dem Schülerkreis hin, besprochen und die ihnen zugrunde liegenden physikalischen Zusammenhänge gesucht werden." (S. 13)

Wie ist nun der in den vorangegangenen fachdidaktischen Beispielen aufgezeigte Vorgriff der kybernetisch-informationstheoretischen Didaktik insgesamt einzustufen? Wo sind also im Hinblick auf fachdidaktisches Denken und Handeln Reichweite und Grenzen der von diesem allgemeindidaktischen Modell vorgedachten Perspektive zu sehen? Zur Beantwortung dieser Fragen sind vor allem zwei Aspekte von besonderer Bedeutung: In wissenschaftstheoretischer Hinsicht wäre (1) zu fragen, ob die Argumentation von Cubes stringent ist, und in bezug auf fachdidaktische Theoriebildung wäre (2) zu überlegen, welche Vorbehalte gegenüber der Forderung nach einem vorrangig wissenschaftsorientierten Unterricht zu erheben sind.

(1) Auf die wissenschaftstheoretische Problematik der Position von Cubes kann hier nur in Kürze eingegangen werden. Dabei kommt es im folgenden nicht auf eine Kritik an, die ihre Maßstäbe von außen herantragen will (s. dazu z. B. Nicklis 1967; Pongratz 1978). Vielmehr ist hier an solche Ungereimtheiten zu denken, die sich aus dem Verständnis und Anspruch des Kritischen Rationalismus selbst ergeben. In dieser Hinsicht ist vor allem das Verhältnis von metatheoretischer Argumentation und theoretischen Aussagen aufschlußreich. Zum einen wird deutlich, daß der metatheoretische Entschluß, auf theoretischer Ebene keine normativen Aussagen zuzulassen, aufgrund seines metaphysischen Charakters keine Wissenschaftlichkeit beanspruchen kann. Denn wenn normative Aussagen nach von Cube als Metaphysik abzuwerten sind, dann folgt daraus, daß das Fundament des Kritischen Rationalismus selbst Metaphysik ist; kritisch rationale Wissenschaft kommt nämlich erst durch das subjektive Bekenntnis des Forschers zu den proklamierten metatheoretischen Entscheidungen, zur „Wertbasis" (Albert), in Gang. Zum anderen ist festzuhalten, daß von Cube das Postulat der Wertfreiheit in seinen Aussagen zur Organisation der Unterrichtsinhalte mißachtet: Er plädiert dafür, daß die (wertfreien) Erkenntnisse der Wissenschaften (z.B. der Musikgeschichte, Musiksoziologie oder Mathematik) die einzig legitimierbaren Gegenstände des Lehrens und Lernens sein sollen. Dadurch aber wird der Schüler letztlich dazu gezwungen, die Welt mit den Augen des Kritischen Rationalisten wahrzunehmen, weil ihm nur die Deutungsmuster vermittelt werden, die die empirisch-analytische Forschung bereithält. So gesehen schreiben die metatheoretischen Normen dem Fachdidaktiker und dem Fachlehrer indirekt vor, was gelehrt werden soll.

(2) Die vom kybernetisch-informationstheoretischen Modell eingeforderte Wissenschaftsorientierung (dieser Terminus wird im folgenden im Sinne der Empfehlungen des Deutschen Bildungsrates gebraucht) ist als ein didaktisches Prinzip zu betrachten, das hinsichtlich seiner Legitimation und Realisierung eine Reihe mehr oder weniger gewichtiger Probleme aufwirft:

– Bei der Vermittlung wissenschaftlicher Erkenntnisse im Unterricht stellt sich permanent das Problem der Elementarisierung.[13] Schüler der Primarstufe und Sekundarstufe I können nur in begrenzter Weise die Denk- und Forschungswege des Wissenschaftlers nachvollziehen. Selbst für den Bereich der Sekundarstufe II sind noch viele Themen zu abstrakt und komplex. Deshalb ist es für den alltäglichen Unterricht ein geradezu typisches Phänomen, daß vorwissenschaftliche und wissenschaftliche Sprache miteinander verbunden werden müssen. Besondere Schwierigkeiten stellen sich diesbezüglich in den naturwissenschaftlichen Fächern ein, weil deren Bezugsdisziplinen in jüngster Vergangenheit eine Entwicklung durchlaufen haben[14], „die nicht nur eine gewaltige Erweiterung des Wissens über die Natur gebracht hat, die sich nicht nur ständig weiter differenziert und spezialisiert, sondern auch fortschreitend formalisiert". (Flitner, W. 1977, S. 949) Naturwissenschaft „wird dadurch immer schwerer lehrbar. Ihre elementaren Stufen und deren universelle Verbindung geraten in immer größere Distanz zur Frontarbeit der Forschung. Die Formalisierung erweitert die Kluft zwischen den anschaubaren Phänomenen und der wissenschaftlichen Sprache, in der sie beschrieben werden." (Flitner, ebd.) Aus der Sicht der dem jeweiligen Fach zuzurechnenden Bezugsdisziplin(en) bedeutet das aber, daß Unterricht allzu häufig nur „halbe Wahrheiten" vermittelt, „Unschärfe" zulassen und sich „unzutreffender Analogien" bedienen muß. Unterricht, der aus der Perspektive der kybernetisch-informationstheoretischen Didaktik heraus modelliert wird, kann dem Anspruch der Wissenschaftsorientierung nur annäherungsweise nachkommen, weil die Unterrichtsinhalte immer bestimmte Abweichungen vom wissenschaftlichen Standard darstellen.

– Hinsichtlich der Inhalte eines wissenschaftsorientierten Unterrichts stellt sich die Aufgabe der Auswahl: Welche Themen und Fragestellungen sollen aus dem Erkenntnisreservoir der Wissenschaften für die Behandlung im Unterricht berücksichtigt werden? Die einzelne Wissenschaft selbst liefert hierzu keine Kriterien. So hätte ein Physiker beispielsweise keine triftigen Gründe ins Feld zu führen, nach denen entschieden werden könnte, ob die physikalischen Grundlagen der Lasertechnik und entsprechende mögliche Anwendungen Eingang in den Unterricht der Sekundarstufe II finden sollten. Vielmehr sind immer außerwissenschaftliche Kriterien vonnöten, die eine inhaltliche Selektion erst ermöglichen. Das Problem wird noch dadurch verschärft, daß innerhalb vieler Wissenschaften kein Konsens über die „richtige" Theorie und die angemessenen Forschungsmethoden existiert. Für die Planung wissenschaftsorientierten Unterrichts bedeutet das konkret: Der Lehrer hat sich aufgrund der nur in beschränktem Maße verfügbaren Zeit für die eine Theorie und gleichzeitig gegen andere zu entscheiden. Derartige Entschei-

dungsprozesse werden dem Modellverwender aufgrund der Voreingenommenheit
von Cubes für den Kritischen Rationalismus nicht transparent gemacht.

– Gegenwarts- und Zukunftsbedeutung der Lerngegenstände spielen im wissenschaftsorientierten Unterricht eine untergeordnete Rolle.[15] Nicht die Erfahrungen
der Schüler stehen im Zentrum didaktischer Überlegungen, sie dienen eventuell
noch als Motivationsmöglichkeiten, um das Interesse an der fachwissenschaftlichen Fragestellung nicht zum Erliegen zu bringen. Der im Unterricht behandelte Gegenstand – das haben die fachdidaktischen Überlegungen von Cubes und
Hechts gezeigt – verkommt dann in der Regel zum Anwendungsbeispiel einer
wissenschaftlichen Theorie (s. Hoffmann 1987 a, S. 21 f.; 1987 b, S. 452 f.).[16]

– Zur Aufgabe der wissenschaftlichen Bildung gehört auch „die Reflexion auf ihre
Wissenschaftlichkeit". (Derbolav 1977, S. 936) Für die unterrichtliche Realisierung dieser Forderung stellen sich entsprechende Schwierigkeiten ein. Soll der
Schüler in die Lage versetzt werden, Bedingungen und Möglichkeiten von Wissenschaft zu reflektieren, um dadurch auch eine kritische Distanz zum Vermittelten einnehmen zu können, so muß er beispielsweise um den Modellcharakter der
betreffenden Theorie wissen, er muß die künstlich geschaffene Terminologie der
Theorie in ihrem Verhältnis zur Wirklichkeit beurteilen können, er sollte über die
Einsicht verfügen, daß die jeweils angewandte Methode und die in sozialwissenschaftliche Forschung eingeflossenen anthropologischen Grundannahmen den
Gegenstand mitkonstituieren. Schließlich müßte diese Reflexion auch dazu anleiten, „wissenschaftliche Erkenntnisse in ihren Motiven und in ihrer Tendenz und
Reichweite von gesellschaftlichen Voraussetzungen her verständlich zu machen".
(Derbolav 1977, S. 939) In diesem Sinne käme es darauf an zu zeigen, „daß wissenschaftlich-technische Rationalität solange im Geheimen und unaufgeklärt
funktioniert und prosperiert, wie nicht eine kritische Öffentlichkeit, sensibilisiert
für die Frage nach den Perspektiven und Maßstäben einer human zu gestaltenden
Zukunft, die wissenschaftlich-technische Rationalität dazu zwingt, sich als konstitutives Element einer humanen Zukunft verständlich zu machen". (Giel/Hiller
1977, S. 960) Unterricht, der derartigen Forderungen nachkommt, wird damit
wissenschaftstheoretischer bzw. philosophischer Unterricht. Für die entsprechenden Probleme und Fragestellungen sind aber günstigstenfalls Oberstufen-
schüler aufnahmefähig und aufgeschlossen. Wissenschaftsorientierter Unterricht
muß daher lange Zeit auf die Reflexion von Wissenschaftlichkeit verzichten.

– Wissenschaftsorientierter Unterricht im Sinne kybernetisch-informationstheoretischer Didaktik verleitet den Modelladressaten dazu, „nicht-wissenschaftliche"
Bedürfnisse des Schülers ungesättigt zu lassen. Denn „Wissenschaftsorientierung
als didaktisches Prinzip läßt Bereiche aus der Schule herausfallen, deren Kenntnisse und Ausbildung der junge Mensch zur Einrichtung seines Lebens benötigt.
Der junge Mensch soll das Handeln-Können erlernen; Handeln-Können heißt
aber nicht nur, selber fähig zu sein, zwischen Alternativen auf rationale Weise ab-
wägen, sondern auch, diese Handlungen selbst initiieren und durchführen zu
können ... Das schließt auch die Einübung von als sinnvoll erkannten Fertigkeiten
und Haltungen ein. Welchen anderen Sinn, um bei besonders augenfälligen

Fächern anzusetzen, sollten Zeichnen, Werken, Musik, Sport sonst haben?"
(Menze 1981, S. 158) Die Ausgrenzung sogenannter nicht-wissenschaftlicher Inhalte trifft dann etwa auch zu „auf die handwerkliche Improvisation und das Spiel
in seinen unterschiedlichen Dimensionen: als Spiel der gestalterischen Phantasie,
der entspannten Kommunikation, der freien Assoziation; und schließlich als Kon-
trastprogramm der Vernünftigkeit, als Scherz, Laune, Blödeln". (Derbolav 1977,
S. 944) Zwar hat von Cube, wie oben erwähnt, neben dem Bereich des lernzielorientierten Unterrichts auch auf den der „freien Kommunikation" verwiesen;
dem Modellverwender wird aber durch das pejorative Konnotat, es handle sich in
diesem Bereich lediglich um subjektive Bedürfnisse, eine höhere Bedeutung des
ersteren, also des lernzielorientierten Unterrichts suggeriert.

Fazit: Der von der kybernetisch-informationstheoretischen Didaktik zugrundegelegte Erziehungsbegriff ist semantisch durch die Anlehnung an den Kritischen Rationalismus vorbestimmt. Danach wird „Erziehung" mit Lernsteuerung identifiziert.
Didaktik als Wissenschaft hat die Aufgabe, Strategien zur Lernsteuerung zu entwickeln und zu optimieren; die Diskussion von Lernzielvorgaben selbst darf nicht
zum Kompetenzbereich des Didaktikers gerechnet werden. Aus diesen metatheoretischen Entscheidungen ergeben sich weitreichende Konsequenzen für fachdidaktisches Denken und Handeln: Fachdidaktik kann dann keine eigenständige Disziplin
sein, die zu fragen hätte, welcher Sinn und Bildungswert dem zugehörigen Fach im
Fächerkanon zugemessen werden kann und welche Unterrichtsinhalte im Lehrplan
aufgenommen sein sollten. Vielmehr besteht die Gefahr, daß sich die einzelne Fachdidaktik als Appendix der Fachwissenschaft(-en) versteht. Der Modelladressat wird
dazu angehalten, solche Lernziele auszuwählen, deren Inhalte sich auf vermeintlich
wertfreie und ggf. vorläufig unumstrittene Erkenntnisse erstrecken. Solche Erkenntnisse kann aber nach von Cube nur eine Wissenschaft erbringen, die im Sinne des
Kritischen Rationalismus verfährt. Fachunterricht ist dann in erster Linie als wissenschaftsorientierter Unterricht zu gestalten. Die curriculare Orientierung richtet
sich an der Wissenschaft aus, „die intellektuellen Gerüste, die kategorialen Strukturen, die Verfahrensmuster, allenfalls noch die wissenschaftlichen Einstellungen, gelten als vermittlungsrelevant". (Tütken 1981, S. 143) Dementsprechend werden
Schülerinteressen, die ästhetische Wahrnehmung und Gestaltung der Alltagswelt,
der soziale Umgang der Schüler untereinander, die kritische Reflexion des vermittelten Wissens im Hinblick auf dessen Verwendung und die kritische Reflexion der
Wissenschaftlichkeit des Fachwissens nahezu ausgeblendet.

4.3. Lernen als Informationsaufnahme und -verarbeitung

Die vorangegangene Analyse und Kritik des Erziehungsbegriffes hat gezeigt, daß
von Cube „Erziehung" als Lernsteuerung auffassen will. Zur Beschreibung der verschiedensten Lernvorgänge greift er auf Grundgedanken der Kybernetik (Regelkreis) zurück. Die Kybernetik allein kann den Vorgang der Lernsteuerung aber nur

formal beschreiben. Wie Lernen sich dabei im einzelnen vollzieht, bleibt also zunächst unthematisert. Von Cube versucht deshalb, die verschiedenen Arten des Lernens mit Hilfe der Informationstheorie zu beschreiben. Im folgenden sollen die wesentlichen Aussagen der Informationstheorie dargestellt und auf ihre Relevanz für fachwissenschaftliches Denken und Handeln hin befragt werden.

Die Bedeutung, die von Cube der informationstheoretischen Beschreibung von Lernvorgängen zumißt, läßt sich an einem einfachen Stufenmodell illustrieren:

Stufe IV	Informationstheorie
Stufe III	Lernpsychologische Theorien
Stufe II	Alltagstheorien
Stufe I	Konkrete Lernvorgänge

Auf der ersten Stufe sind die aus dem Alltag bekannten Lernvorgänge einzuordnen, also etwa das Lernen von englischen Vokabeln oder Städtenamen, das Erlernen des Schwimmens oder die Einsicht in die Funktionsweise einer Luftpumpe. Über derartige Lernvorgänge reflektiert bereits der Nicht-Wissenschaftler mit seinem Alltagsverstand. Die Ergebnisse dieser Reflexion sind als Alltagstheorien zu bezeichnen (Stufe II); sie haben ihren Niederschlag beispielsweise in Sprichwörtern oder Aphorismen gefunden. Lernpsychologen versuchen darüber hinaus (Stufe III), die alltäglichen Erklärungsmuster für entsprechende Lernvorgänge wissenschaftlich zu überprüfen, zu revidieren, zu systematisieren und zu erweitern. Sie präsentieren ihre Aussagen in Form der bekannten lernpsychologischen Theorien (Lernen durch Versuch und Irrtum, Modellernen, Lernen durch Einsicht, Reiz-Reaktionslernen usw.). Von Cube kommt es nun auf eine nochmalige Systematisierung an. Er ist der Ansicht, daß die beiden grundlegenden Begriffe der Informationstheorie, nämlich die Begriffe „Information" und „Redundanz", diesen Anspruch einlösen können.[17]

Informationswert hat für eine Person immer nur das, was noch nicht (hinlänglich) bekannt ist. Für jemanden, der noch nie etwas über die Auswirkungen des Alpinismus auf die Zerstörung der Natur gehört hat, haben entsprechende Mitteilungen einen sehr hohen Informationswert. Die Tatsache, daß die Gravitationskraft eines Planeten mit zunehmender Entfernung von ihm abnimmt, ist dagegen jedem physikalisch Gebildeten bekannt, sie stellt für ihn also keine Information dar. Wenn unter „Lernen" nun der Erwerb neuer Verhaltensweisen (im weitesten Sinne) zu verstehen ist, dann hat alles Erlernte informationstheoretisch betrachtet keinen Informationswert, alles zu Lernende (noch nicht Bekannte, also Neues) einen mehr oder weniger hohen Informationswert. Lernen ist demnach nichts anderes als „Informationsabbau". Entsprechendes gilt umgekehrt für den Begriff „Redundanz"; dieses aus dem Lateinischen entlehnte Wort bedeutet so viel wie „Überfluß". Im informationstheoretischen Sinne verwendet man es als Bezeichnung für das Vorhandensein von solchen Elementen einer Nachricht, die keine zusätzliche Information bieten. Je mehr jemand im Hinblick auf ein angestrebtes Endverhalten hin lernt, desto höher wird die Redundanz; Unbekanntes, noch nicht Gelerntes, weist dagegen keine Redundanz auf, da die Informationen noch nicht gespeichert bzw. verarbeitet sind, also noch nicht überflüssig sind. Lernen ist dann zusammenfassend als Informationsabbau einerseits und als Redundanzaufbau andererseits zu verstehen.

Die These, daß sich sämtliche Lernprozesse des Menschen unter ein gemeinsames strukturelles Prinzip, das der Redundanzerzeugung, subsumieren lassen, führt von Cube auf eine einzige anthropologische Grundannahme zurück: „Der Mensch (und wohl auch jeder wahrnehmungs- und lernfähige Organismus) ist bestrebt, die objektive Information der Außenwelt auf verschiedene Weise subjektiv zu verringern. Die Redundanzprozesse, die sich in Prozesse des Informationsabbaues von Ereignissen und Texten und in Prozesse zunehmender ... Ordnung aufgliedern lassen, haben dabei den Sinn, dem Menschen (bzw. dem Organismus) die Außenwelt so informationsarm zu machen, daß eine Orientierung und ein geordnetes Verhalten darin möglich wird." (von Cube 1982[4], S. 137) Redundanzerzeugung ist deshalb immer gleichbedeutend mit der Herstellung von „Ordnung".

Kybernetik und Redundanztheorie sollen sich nach von Cube nicht nur „auf die Beschreibung gemeinsamer Strukturen und Systeme in den verschiedenen Wirklichkeitsbereichen" beschränken; sie sollen „diese Strukturen und ihre Veränderungen auch in mathematischen Begriffen und Gesetzen" (1982[4], S. 77) erfassen. Die traditionelle Lernforschung habe nur deshalb zu einer auffallenden Verschiedenartigkeit der Theorien geführt, weil das „gemeinsame und zentrale Phänomen des Lernens, die Verringerung von (subjektiver) Information und der Gewinn (subjektiver) Ordnung", nicht auf eine „gemeinsame strukturelle und mathematische Basis der verschiedenartigen Lernprozesse" (ebd., S. 116) zurückgeführt worden ist. Hinsichtlich der Frage nach der fachdidaktischen Bedeutsamkeit der Redundanztheorie des Lehrens und Lernens muß hier auf deren mathematische Beschreibung verzichtet werden (s. dazu z.B. von Cube 1982[4], S. 43-171; Weltner 1970); sie würde für diese leitende Fragestellung allerdings auch keine nennenswerten Erkenntnisse erbringen, da das grundlegende Prinzip (Lernen = Informationsabbau bzw. Redundanzaufbau) dadurch wohl quantitativ erfaßt werden kann, die inhaltlichen Aussagen der Redundanztheorie aber in ihrem Kern unverändert bleiben.

Welche Bedeutung hat nun die informationstheoretische Deutung der verschiedenen Lernvorgänge für fachdidaktisches Denken und Handeln? Wenn man zur Beantwortung dieser Frage noch einmal auf das obige vierstufige Modell blickt, ist zu erkennen, daß es von Cube nicht auf die Entdeckung irgendwelcher Lerngesetzmäßigkeiten ankommt, sondern auf eine *Präzisierung* und *Systematisierung* der von der Lernpsychologie bereits aufgestellten Theorien. Insofern betont er ausdrücklich, „daß die Anwendung kybernetischer Begriffe und Methoden auf die Steuerung von Lernprozessen zwar außerordentlich zweckmäßig, nicht aber unbedingt notwendig ist". (1977 a, S. 21) „Die Informationstheorie bestätigt viele didaktische Regeln" (ebd., S. 110), deren Vielfalt sie mit einem Minimum an Begriffen (Informations- und Redundanzbegriff) erfassen will.

Daß es von Cube tatsächlich um einen konstruktiven Umgang mit bekannten lernpsychologischen Ansätzen geht, ist an entsprechenden Äußerungen zu erkennen, mit denen er die Umsetzung solcher Ansätze in die Terminologie der Kybernetik und Informationstheorie demonstriert. So kann beispielsweise der von Ausubel geprägte Begriff „advance organizer" informationstheoretisch gedeutet werden. „Dabei handelt es sich um die Vorstrukturierung von Lernmaterial, die zu einer höheren Lerneffektivität führen soll. Die Wirkung des advance organizer liegt in der Herabsetzung der Information (des Lernmaterials) durch Superzeichenredundanz: Wenn ein Superzeichen vorhanden ist, das es erlaubt, einzelne Zeichen darin einzuordnen, so wird die Information dieser Zeichen herabgesetzt: Die einzelnen Zeichen werden durch das Superzeichen sozusagen ‚festgelegt', es wird didaktische Redundanz erzeugt." (von Cube 1982[4], S. 230) Auch das „Lernen durch Einsicht" geht im Begriff der Redundanzerzeugung auf. Danach verläuft einsichtiges Lernen in zwei Stufen: „Die erste Stufe besteht in der Speicherung von Einzelinformationen, die zweite Stufe in einer zeitlichen und räumlichen Anordnung dieser Elemente, die eine gleichzeitige Wahrnehmung im Gegenwartsgedächtnis ermöglicht. Führt die Strategie zum Erfolg, so zeigt sich dies meist in einer ‚schlagartigen' Einsicht in die Zusammenhänge." (1977 a, S. 114) Die von der Gestaltpsychologie beschriebenen Phänomene der Ganzheiten und Gestalten sind dann als Superzeichen zu verstehen, „welche die subjektive Information in einer prinzipiell exakt angebbaren Weise herabsetzen bzw. Redundanz erzielen." (1982[4], S. 142) Das von Piaget beschriebene Äquilibrationsprinzip würde informationstheoretisch gesehen dem Bestreben des Menschen gleichkommen, Ordnung, d.h. Redundanz aufzubauen. Ein Kind, das eine neue kognitive Struktur aufbaut, versucht dadurch, vorhandene Widersprüche (etwa bei der Einteilung von Gegenständen nach ihren Formen) abzubauen. Die neu gebildete Struktur setzt den Informationswert von Aussagen (hier über die Formen von Gegenständen) drastisch herab (s. von Cube 1982[4], S. 202). Weitere Vergleiche zieht von Cube zu den lernpsychologischen Arbeiten von Dewey, Guyer, Wertheimer u.a. (s. 1982[4], S. 103 f., 110 ff., 297).

Die wenigen Beispiele, die hier den Anspruch der Informationstheorie auf systematische Beschreibung von Lernvorgängen demonstrieren sollten, genügen, um deren fachdidaktische Relevanz herauszustellen:

(1) Für die fachdidaktische Theoriebildung ist das kybernetisch-informationstheoretische Modell zunächst insofern bedeutsam, als es den Merkmalkomplex „Lernen" überhaupt thematisiert und dadurch verschiedenste Lernvorgänge zu erfassen versucht. Soll die jeweilige Fachdidaktik dem Lehrer Entscheidungshilfen für diejenigen Situationen geben, die sich in der Unterrichtswirklichkeit ständig stellen und für den Prozeß des Lehrens und Lernens maßgeblich sind, dann muß selbstverständlich auch nach den Arten des Lehrens und Lernens gefragt werden. Dieser Sachverhalt ist um so bedeutsamer, als die in den vorangegangenen Kapiteln analysierten didaktischen Modelle den Merkmalkomplex „Lernen" zwar nicht aussparen, ihm insgesamt aber eine vergleichsweise geringe Aufmerksamkeit schenken. So spricht Klafki etwa im Zusammenhang mit dem Begriff der „kategorialen Bildung" zwar vom Erwerb von Kategorien, fundamentalen Einsichten usw. (Klafki 1959 a, S. 410); er verzichtet aber auf eine ausführliche Darlegung der im Bildungsbegriff implizierten Lerntheorie. Auch in

der neueren Fassung wird wohl das exemplarische Lernen mit dem Begriff des sinnvollen bzw. sinnhaltigen Lernens identifiziert (s. Klafki 1985 a, S. 77); eine weiterführende Aufarbeitung entsprechender Lerntheorien erfolgt jedoch nicht. Ähnliche Aussparungen hinsichtlich des Merkmalkomplexes „Lernen" sind auch für die lerntheoretische Didaktik zu registrieren. Die ursprüngliche Polemik Heimanns gegen die bildungstheoretische Didaktik hatte noch nicht einmal zu einem klaren Lernbegriff geführt. Auch Schulz sprach in der Fortführung weiterhin von der Bedeutung der lerntheoretischen Sichtweise, ohne um eine konsistente lernpsychologische Terminologie bemüht zu sein.[18] In der gegenwärtigen Fassung der Hamburger Didaktik bleibt die Frage des Lehrens und Lernens hinter dem vorrangigen Interesse an der Beteiligung der Schüler bei der Planung von Unterricht zurück. Es ist in diesem Zusammenhang wichtig zu betonen, daß die ausgebliebene Thematisierung des Komplexes „Lernen" nicht als besonderes Defizit der beiden didaktischen Modelle zu werten ist. Denn deren jeweilige Perspektive konzentriert das Forschungs- und Handlungsinteresse des Didaktikers auf andere wichtige Aspekte der Unterrichtswirklichkeit. Allerdings entbindet ihn diese legitime Modellierung von Unterricht nicht von der Pflicht, die Vielfalt und Komplexität der unterrichtlichen Fragen und Probleme im Auge zu behalten und sich deshalb auch für die verschiedenen Möglichkeiten des Lehrens und Lernens offenzuhalten. Und genau diese Perspektive wird durch die kybernetisch-informationstheoretische Didaktik verfolgt. Freilich ist diese Perspektive von vornherein stark eingeengt; das hat die obige Kritik[19] an der vorrangigen Wissenschaftsorientierung gezeigt. Aber innerhalb dieses engeren didaktischen Horizontes gewinnt die Frage nach den Strategien des Lehrens und Lernens an Gewicht: Sind Entscheidungen für die Thematisierung spezifischer Sachverhalte gefallen – unabhängig davon, ob diese Entscheidungen vom Lehrplan vorgegeben sind, vom Lehrer unter Ausnutzung seines pädagogischen Freiraumes im Alleingang getroffen oder zusammen mit den Schülern gefällt worden sind –, dann stellt sich die Frage, wie diese Sachverhalte in den Verständnishorizont des Schülers gebracht werden können.

(2) Außer der Tatsache, daß das kybernetisch-informationstheoretische Modell den Komplex „Lernen" zu seinem Hauptthema erklärt, ist für die Fachdidaktik der Versuch bedeutsam, die verschiedensten Lernarten unter einer spezifischen Sichtweise (der Mensch als informationsaufnehmendes und -verarbeitendes Wesen) zu systematisieren. Der Deutung von Lernvorgängen als Informationsabbau und Redundanzaufbau ist deshalb eine nicht zu unterschätzende „Theoriebildungsfunktion" (Salzmann) zuzuschreiben. Denn die informationstheoretische Deutung ermöglicht es, daß die verschiedenen Theorien des Lehrens und Lernens in ein umfassenderes und komplexeres Modell überführt werden können (s. Salzmann 1976, S. 453). Inwiefern danach die Deutung der Lerntheorien in entsprechende Lehrstrategien des Fachunterrichts umgesetzt werden können, wird im folgenden noch zu diskutieren sein.

Fazit: Die kybernetisch-informationstheoretische Didaktik zielt auf die Entwicklung und Optimierung von Lehrstrategien. Dabei gewinnt die Frage nach der Art des Lehrens und Lernens einen zentralen Stellenwert. Jegliches Lernen wird im Sinne der Informationstheorie als Informationsabbau bzw. als Redundanzaufbau gedeutet. Für die fachdidaktische Theoriebildung ergeben sich daraus wichtige Impulse: Zum einen wird daran erinnert, den Komplex „Lernen" als wesentlichen Aspekt von Unterricht zu beachten. Zum anderen wird danach gefragt, inwiefern die verschiedenen Lernvorgänge systematisch beschrieben werden können und welche spezifische Bedeutung sie für den jeweiligen Fachunterricht haben könnten.

4.4. Lehrstrategien und ihre fachdidaktische Relevanz

Die Hauptaufgabe der kybernetisch-informationstheoretischen Didaktik liegt – wie oben ausführlich erläutert – in der Erstellung und Optimierung von Lehrstrategien. Bisher hat von Cube insgesamt sieben verschiedene Lehrstrategien vorgestellt: Strategien zur Erlangung von Kenntnissen, zur Erlangung von Erkenntnissen, zur Steigerung produktiven Denkens, zur Erlangung kritischen Verhaltens, Trainingsstrategien, Effektivitätsstrategien und Strategien zur Erlangung von Einstellungen. Die folgenden Überlegungen beschränken sich auf die exemplarische Analyse von drei der genannten Lehrstrategien, auf die Strategien zur Erlangung von Erkenntnissen, auf Strategien zur Erlangung kritischen Verhaltens und auf die Trainingsstrategien.

4.4.1. Strategien zur Erlangung von Erkenntnissen

Der Prozeß des Erkennens erstreckt sich auf „die Feststellung abstrakter Zusammenhänge, Beziehungen, Strukturen. Beispiele für solche Beziehungen finden sich in wissenschaftlichen Sätzen und Theorien, in den Regeln der Logik, in der Bildung von Begriffen usw." (von Cube 1977 a, S. 112) Eine Möglichkeit der Überprüfung, ob eine Erkenntnis zustandegekommen ist, bietet der Transfer. „Hier geht es um die Übertragung der Struktur des Systems auf ein anderes mit gleicher oder ähnlicher Struktur. Dies kann (selbstverständlich) nur gelingen, wenn die Struktur selbst erkannt wurde und damit auch wiedererkannt werden kann ... Da beim Transfer der Inhalt verändert wird, läßt sich auf diese Weise die Kenntnis von der Erkenntnis unterscheiden." (Ebd.) Die Strategie zur Erlangung von Erkenntnissen zielt also auf das Zustandekommen von Einsicht. „Vom redundanztheoretischen Standpunkt aus bedeutet plötzliche Einsicht nichts anderes als eine rasche Superzeichenbildung und damit einen raschen und wirksamen Informationszusammenbruch." (1982[4], S. 278)
    Von Cube gibt hinsichtlich der Arbeit im Unterricht zu bedenken, daß der Lehrer die Erkenntnis beim Schüler nicht erzwingen könne; er kann lediglich versuchen, durch irgendwelche Steuerungsoperationen Impulse zu schaffen, die die Erkenntnis nahelegen (1977 a, S. 112). Hier zeigt sich die gedankliche Nähe zu Copeis Ansicht, wonach sich der „fruchtbare Moment im Bildungsprozeß" nicht beliebig arrangie-

ren läßt (s. Copei 1963[7], S. 67). Auch die Auffassung Bollnows, „Bildung" sei als Begegnung zu verstehen, deren Zustandekommen grundsätzlich unplanbar, also zufällig sei (s. Bollnow 1955, S. 10 f.), deckt sich weitgehend mit von Cubes Aussage. Dennoch ist er darum bestrebt, eine Strategie vorzustellen, „die mit größtmöglicher Sicherheit und Schnelligkeit zu Erkenntnissen führt". (von Cube 1977 a, S. 113) Es müsse darauf ankommen, den zu erkennenden Zusammenhang so darzubieten, daß die kognitive Strukturierung der einzelnen Elemente möglichst leicht falle. Demnach bestehe die Strategie zur Erlangung von Erkenntnissen aus zwei aufeinanderfolgenden Schritten: „Die erste Stufe besteht in der Speicherung der Einzelinformationen, die zweite Stufe in einer zeitlichen oder räumlichen Anordnung dieser Elemente, die eine gleichzeitige Wahrnehmung im Gegenwartsgedächtnis ermöglicht." (Ebd., S. 114) Von Cube demonstriert diese zweistufige Strategie am Beispiel der Winkelsumme im Dreick:

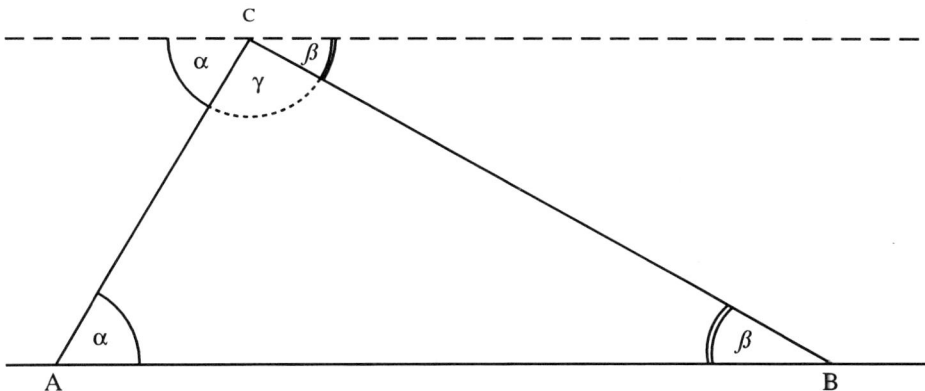

Diese Graphik soll dem Schüler die Beziehung zwischen den drei Winkeln einsichtig machen. Damit er diese Beziehung erkennt, muß er um die einzelnen Elemente des zu erkennenden Zusammenhanges wissen. Das bedeutet, „daß die Begriffe Winkel, Parallele, Wechselwinkel und der Satz von den Wechselwinkeln an Parallelen vorher bekannt sein müssen; nur dann kann es dem Adressaten gelingen, den Zusammenhang der Elemente zu sehen". (Ebd.)

Ein Vergleich dieser Strategie zur Erlangung von Erkenntnissen mit der vierten Grundfrage aus der „Didaktischen Analyse" macht deutlich, daß es Klafki dort auf ähnliche Aspekte ankommt. Unter der Frage nach der „Struktur des Inhalts" (s. Klafki 1969[10] b, S. 17 ff.) listet er weitere Aspekte auf, die die einzelnen Momente des Inhaltes hervorheben, den Zusammenhang der einzelnen Momente klären und an die sachlichen Voraussetzungen zur Behandlung des Inhalts erinnern sollen. Setzt man den von Klafki benutzten Begriff „Moment" mit dem bei von Cube aus der Gestaltpsychologie entlehnten Begriff „Element" gleich, dann ist zu erkennen, daß sich von Cubes Strategie zur Erlangung von Erkenntnissen zum Teil mit den Intentionen Klafkis deckt. Beiden kommt es darauf an, dem Lehrenden Hilfen bei der Unterrichtsplanung anzubieten. Zwei wesentliche Unterschiede sind dabei jedoch festzuhalten:

(1) Klafki betont, daß die Analyse der Inhaltsstruktur in Verbindung mit den anderen Grundfragen nach der Exemplarität, Gegenwarts- und Zukunftsbedeutung zu sehen ist: „Unabhängig von der durch jene Fragen geschaffenen Perspektive wird die Strukturfrage zur vorpädagogischen „Sachanalyse", d.h. man fragt theoretisch-wissenschaftlich – jedenfalls der Intention nach – und erhält darauf wissenschaftlich gemeinte Antworten." (Klafki 1969[10] b, S. 17 f.) Diese Gefahr stellt sich für von Cube offensichtlich nicht. Da er nämlich ein Modell vorstellt, das – wie oben gezeigt wurde – einen wissenschaftsorientierten Unterricht zumindest begünstigt, wenn nicht sogar fordert, kommt wohl auch keine andere Möglichkeit in Betracht, als aus theoretisch-wissenschaftlicher Perspektive nach den Elementen zu fragen.

(2) Von Cube geht insofern über die „Didaktische Analyse" hinaus, als er auch an die methodische Gestaltung des Unterrichts denkt. Indem er eigens darauf verweist, daß es beim Erkennen eines Zusammenhanges aus der Sicht des Lehrenden auf die gleichzeitige Darbietung der einzelnen Elemente ankomme, bringt er die Frage der konkreten unterrichtlichen Realisierung in den Blick.

Auf dem Hintergrund dieser Divergenz ist dann auch die fachdidaktische Bedeutung der Strategie zur Erlangung von Erkenntnissen einzuschätzen. Die kybernetisch-informationstheoretische Didaktik hat in dieser Hinsicht zwei entscheidende Funktionen für die Planung und Gestaltung von Unterricht:

– Ihre Institutionalisierungsfunktion liegt darin, daß dem Unterricht planenden Lehrer drei grundlegende Fragen in Erinnerung gerufen werden, deren Beantwortung als notwendige Voraussetzung für einen erfolgreichen Lernprozeß anzusehen sind: Welche kognitiven Elemente (Begriffe, Regeln, Gesetzmäßigkeiten usw.) müssen im einzelnen berücksichtigt werden? Sind diese Elemente den Schülern bereits bzw. noch bekannt? Wie kann man die Elemente, deren Zusammenwirken vom Schüler erkannt werden soll, zeitlich und räumlich so anordnen, damit „eine gleichzeitige Wahrnehmung im Gegenwartsgedächtnis" möglich wird? Bei der Klärung dieser Fragen leistet das allgemeindidaktische Modell eine wichtige Hilfe, „Unterricht – bei aller Einmaligkeit jeder Unterrichtssituation – wiederholbar zu machen, einem Unterrichtskonzept damit eine gewisse Stabilität und Dauer zu verleihen". (Salzmann 1976, S. 453) Denn die Anbahnung von Erkenntnissen gehört nun einmal zu den Standardsituationen des Unterrichtsalltags. Die außerordentlichen Be- und Überbelastungen des Lehrers setzen seinem Erfahrungsreichtum insbesondere hinsichtlich der dritten Frage nach den Möglichkeiten einer gleichzeitigen Wahrnehmung der Elemente entsprechende Grenzen. Deshalb ist gerade die fachdidaktische Forschung dazu aufgerufen, entsprechende

Vorleistungen zu erbringen. Zu denken wäre hier etwa an die Erstellung von Medien, die einerseits soviel Freiraum lassen, daß sie den Unterrichtsablauf nicht unnötig einengen, und die andererseits gerade solche Möglichkeiten ausschöpfen, denen der Lehrer aus zeitlichen und technischen Gründen nicht nachkommen kann. Das gilt im Bereich des naturwissenschaftlichen Unterrichts beispielsweise für die Produktion von Trickfilmen, die dem Schüler den Blick „ins Innere" eröffnen (Blutkreislauf des Menschen, Atombau, Auf- und Abbau magnetischer Felder usw.).

– Den drei genannten Fragen ist zudem eine Antizipationsfunktion zuzumessen. Durch deren Berücksichtigung kann der Lehrer nämlich bereits bei der Planung etwaige Schwierigkeiten voraussehen und auf gezielte Lernhilfen sinnen. Entsprechendes gilt auch für die Nachbereitung; bei der Reflexion über mögliche Ursachen „mißglückten" Unterrichts dienen die drei Fragen (neben vielen anderen) als Anhaltspunkte der Fehlerdiagnose: Verfügten die Schüler über ein ausreichendes Vorwissen? Sind die einzelnen Elemente, die für den Erkenntniszusammenhang maßgeblich sind, ausnahmslos und klar herausgearbeitet worden? Ist das „Sehen" des Zusammenhangs durch ungeschickten Medieneinsatz erschwert oder verhindert worden? Die Beantwortung dieser Fragen vermag wichtige Aufschlüsse zu geben, die dann für die weitere Unterrichtsplanung und -durchführung berücksichtigt werden können, mithin einen besseren Unterricht ermöglichen.

4.4.2. Strategien zur Erlangung kritischen Verhaltens

Die Ausführungen von Cubes über Strategien zur Erlangung kritischen Verhaltens könnten auf den ersten Blick den Eindruck erwecken, als überschreite er damit die von ihm selbst gesetzten wissenschaftstheoretischen Grenzen, da Kritik ja immer auch eine Bewertung von Sachverhalten oder Standpunkten impliziert. Das ist jedoch nicht der Fall: „Da es sich bei den Lehrstrategien sowohl um allgemeine als auch um nachprüfbare Implikationen handeln soll, müssen die betreffenden Lehrziele ebenfalls allgemein und nachprüfbar sein, d.h. insbesondere, daß die Lehrziele eben nicht inhaltlich festgelegt sein dürfen." (von Cube 1977 a, S. 107) Strategien zur Erlangung kritischen Verhaltens werden deshalb von der kybernetisch-informationstheoretischen Didaktik in ihrem formalen Ablauf erfaßt. Dabei unterscheidet von Cube zwei Arten des kritischen Verhaltens, die unreflektierte kritische Haltung und die reflektierte kritische Haltung.

Die unreflektierte kritische Haltung kennzeichnet er durch drei Schritte. Den ersten Schritt nennt von Cube „Analyse". „Um eine Entscheidung, eine Handlung, einen Sachverhalt oder allgemein ein System kritisieren zu können, ist – sofern die Struktur nicht schon offen zutage liegt – eine Analyse dieses Systems erforderlich. Man analysiert eine wissenschaftliche Abhandlung auf Widerspruchsfreiheit, Schlüssigkeit u.ä., einen Film auf Wertaussagen, auf Ziele, Strategien etc." (1977 a, S. 124) Im zweiten Schritt (Vergleich) „wird das System mit einem zugrundeliegenden Bezugssystem oder auch mit alternativen Bezugssystemen verglichen. Beispiele sind die

Überprüfung von Aussagen anhand eines logisch-empirischen Bezugssystems, die Feststellung von Rechtschreibfehlern mit Hilfe festgesetzter Normen, die Feststellung, daß ein Wertsystem nicht mit dem eigenen oder anderen übereinstimmt." (S. 125) Nach dem Vergleich der beiden Systeme schließt sich dann im dritten Schritt die „Bewertung des zu kritisierenden Systems" an. „Die wissenschaftliche Abhandlung oder die Rechtschreibung führt im Vergleich zu der Beurteilung ‚richtig' oder ‚falsch'. Handelt es sich beim zugrundegelegten Raster um ein eigenes Wertsystem (z.B. um ein moralisches, politisches oder ästhetisches), so führt es sogleich zur Anerkennung oder Entwertung übereinstimmender bzw. nichtübereinstimmender Systeme." (Ebd.)

Diese drei Schritte seien auch bei der sogenannten „reflektierten" Kritik zu durchlaufen; aber sie unterscheide sich von der unreflektierten durch einen zusätzlichen vierten Schritt, durch die Reflexion des eigenen Bezugsystems. Während also bei der unreflektierten Kritik das eigene Bewertungssystem „die absolute und unbedingte Instanz der Beurteilung" ist, wird im vierten Schritt „das eigene Bezugsystem ... reflektiert und relativiert". (von Cube 1977 a, S.125) Reflexion bedeutet dabei, „daß der Kritiker sein Bezugssystem begründen und legitimieren kann". (Ebd.)

Wie sind diese beiden Arten kritischen Verhaltens aus der Sicht der Informationstheorie zu deuten? Die unreflektierte kritische Haltung kommt der „Erzeugung von Sicherheit durch ein starres Bezugssystem" gleich. „Oft wird dieses System noch zusätzlich durch Superzeichen (‚gut', ‚böse') vereinfacht und dadurch redundant gemacht." (von Cube 1982[4], S. 309) Während dort also Redundanz aufgebaut wird, ist bei der Erzeugung einer reflektierten kritischen Haltung das Gegenteil der Fall. Hier wird Redundanz vermindert, „schon gebildete (selbstverständliche) Superzeichen werden differenziert und problematisiert". (Ebd.) Denn „die Bildung von Alternativen heißt ja zunächst einmal die Erweiterung des Repertoires. Der Adressat erfährt, daß es auch andere Möglichkeiten gibt, z.B. andere Rollen, andere Bewertungen, andere Positionen etc. Schon durch die größere Anzahl von Elementen wird aber die Information der eigenen Position erhöht" (S. 310), die Redundanz also vermindert. Diese wenigen Andeutungen zeigen, daß es durchaus möglich ist, den Vorgang kritischer Reflexion in die Terminologie der Informationstheorie umzusetzen. Eine mathematische Formulierung, wie sie an sich angestrebt wird, findet sich bei von Cube nicht. Offensichtlich scheint diese nicht möglich zu sein.

Für die Unterrichtspraxis ergeben sich aus der *formalen* Struktur der erläuterten kritischen Verhaltensweisen zwei unterschiedliche Strategien. Will man es bei der unreflektierten kritischen Haltung belassen, so genügt es, „die Durchführung von Analysen zu trainieren". (von Cube 1977 a, S. 126) Bei Textanalysen hätte der Schüler z.B. danach zu fragen, „warum ein Autor diese oder jene Aussage macht, welche Interessen er verfolgt, wem die Aussage nützt, welche Konsequenzen sie hat". (Ebd.) Derartige Analysen sind für von Cube „ohne jeden Zweifel Voraussetzung für eine kritische Haltung, und es ist auch anzunehmen, daß der Adressat durch eine ständige Wiederholung die Gewohnheit annimmt, nach solchen Fragen zu verfahren". (Ebd.) Soll zudem auch die Reflexion des eigenen Bezugsystems angestrebt werden, dann muß die Strategie darauf hinauslaufen, das selbstvertändliche Wertsystem des Schülers zu relativieren. „Um dies zu erreichen, kann der Adressat mit einem ungewohnten, abweichenden Wertsystem konfrontiert werden. Die Abweichung darf allerdings nicht so weit gehen, daß der Adressat die Aussagen nicht mehr ernstnimmt; er muß nur überrascht werden, vielleicht wütend, enttäuscht oder verwundert." (S. 127)

Die fachdidaktische Bedeutung, die den Strategien zur Erlangung kritischen Verhaltens zugesprochen werden kann, soll im folgenden an zwei Beispielen aus dem Bereich des Deutschunterrichts verifiziert werden, zum einen an der Rechtschreibung und zum anderen an der Behandlung von Parabeln. Diese beiden Beispiele benutzt auch von Cube in ähnlicher Weise als fachdidaktische Konkretisierung seiner allgemeindidaktischen Überlegungen.

Der Rechtschreibunterricht erstreckt sich weitgehend auf den Erwerb und die Einübung orthographischer Regeln. Darüber hinaus muß im Unterricht auch die Schreibweise solcher Wörter trainiert werden, für die es keine Regeln gibt. Wie kann der Schüler nun zu einer unreflektierten kritischen und zu einer reflektierten kritischen Haltung kommen? Wenn der Schüler etwa bei der Niederschrift eines Partnerdiktates vormals erworbene Regeln anwendet, das Geschriebene anschließend überprüft (Analyse), es zu den zuvor gelernten Regeln in Bezug setzt (Vergleich) und dann erkennt, ob bzw. welche Fehler er gemacht hat (Bewertung), dann hat er die bei von Cube aufgelisteten drei Schritte vollzogen, die für eine unreflektierte kritische Haltung kennzeichnend sind. Die Reflexion auf das System der Rechtschreibregeln bleibt dabei noch aus; der Schüler hat noch nicht erkannt, daß dieses System, das er unhinterfragt als sein Bezugssystem übernommen hat, ein geschichtlich bedingtes ist. Zeigt man ihm Schriftdokumente aus den letzten vier oder fünf Jahrhunderten, so wird ihm klar, daß man zu verschiedenen Zeiten ein und dasselbe Wort unterschiedlich geschrieben hat, daß Orthographie ein konventionalisiertes System ist, daß diese Konventionen von Menschen geschaffen wurden, daher auch in Zukunft geändert werden können. Auf diese Weise wird der Schüler zur Reflexion (4. Stufe) angeregt; er kann nun die Vorzüge und Nachteile der gegenwärtig geltenden Rechtschreibregeln überdenken.

Als „hervorragendes" Beispiel für das Infragestellen eines gewohnten Denk- und Wertesystems führt von Cube die Parabel „Der hilflose Knabe" von B. Brecht an (s. 1982[4], S. 309). In dieser Parabel klagt ein kleiner Junge einem vorübergehenden Mann weinend seinen Kummer; man habe ihm einen seiner zwei Groschen entrissen, mit denen er einen Kinobesuch finanzieren wollte. Als er um Hilfe geschrieen habe, sei er von niemandem gehört worden. Die Frage, ob er denn nicht lauter schreien könne, muß der Junge resigniert verneinen. Daraufhin nimmt der Mann dem Jungen den zweiten Groschen und geht weiter. Der Ausgang der Parabel überrascht zunächst, denn die gängigen Denkschemata hätten vermuten lassen, daß der Mann dem Jungen einen zweiten Groschen geschenkt hätte. Aber auf diese Erschütterung des gewohnten Wertesystems kommt es Brecht mit seiner bekannten Verfremdungstaktik an. Bei der Behandlung dieser Parabel im Unterricht wären die vier oben aufgeführten Schritte zu durchlaufen: Das Erkennen des Handlungszusammenhanges (1. Stufe) und der Vergleich (2. Stufe) mit dem Wertesystem des Schülers fordert eine entsprechende Bewertung (3. Stufe) heraus. Durch den Hinweis auf den einleitenden Satz der Parabel („Herr Keuner sprach über die Unart, erlittenes Unrecht stillschweigend in sich hineinzufressen") wird der Schüler angeregt zu reflektieren (4. Stufe), inwiefern er seinen „voreiligen" Schluß revidieren und seine moralischen Beurteilungskriterien erweitern und differenzieren muß.

Die beiden Beispiele machen deutlich, worin die fachdidaktische Relevanz der durch von Cube beschriebenen Strategien zur Erlangung kritischen Verhaltens liegt: Wenn Unterricht Sachverhalte und tradierte Denk- und Wertesysteme nicht nur vermitteln, sondern auch Gelegenheit zu deren Reflexion geben soll, dann ist danach zu fragen, wie diese Intentionen im jeweiligen Fachunterricht zu realisieren sind. Hierzu bieten die formalen Strategien der kybernetisch-informationstheoretischen Didaktik eine wertvolle Hilfe. Denn der Lehrer wird auf die entscheidenden Schritte hingewiesen, die für eine kritische Reflexion zu durchlaufen sind. Das bedeutet: Die Schrittfolge hat für die Unterrichtsplanung eine entsprechende institutionalisierende Funktion, weil sie dem Lehrer ein situationsübergreifendes formales Instrumentarium an die Hand gibt, mit dem er vergleichbare Situationen angehen kann. Aufgabe der Fachdidaktiken müßte es demnach sein, dieses von der kybernetisch-informationstheoretischen Didaktik vorgeschlagene Instrumentarium exemplarisch zu konkretisieren, um den Lehrer dessen Anwendungsmöglichkeit zu demonstrieren. In diesem Zusammenhang wäre aber auch darüber nachzudenken, daß ein Unterricht, der permanent auf die Erschütterung gewohnter Denk- und Bewertungsmuster abzielt, entsprechende Gefahren nach sich ziehen kann. Denn er kann zu „einer erheblichen psychischen Belastung führen ... Die Gewohnheit, alles in Frage zu stellen und zu relativieren, widerspricht im Grunde dem weitgehend angeborenen Bedürfnis nach Sicherheit. So ist es ja geradezu ein konstitutives Merkmal der Einstellung, eine sichere Verhaltensbasis zu besitzen." (von Cube 1977 a, S. 127) Ähnlich warnt auch Klafki in seiner neueren bildungstheoretischen Konzeption. Allgemeinbildung dürfe sich nicht nur auf die Auseinandersetzung mit den Schlüsselproblemen der Gegenwart beschränken, denn die Konzentration auf jene aktuellen Brennpunkte sei auch immer „mit Anspannungen, Belastungen, Anforderungen intellektueller, emotionaler und moralisch-politischer Art verbunden, die nicht zuletzt auch für junge Menschen zur Überforderung und zur Einschränkung ihrer gegenwärtigen und zukünftigen Möglichkeiten werden können, wenn sie die Bildungsprozesse ausschließlich bestimmen würden". (Klafki 1985 a, S. 25) Während Klafki aber als Ergänzung auf die fünf Sinndimensionen verweist, kann von Cube diesbezüglich wenig entgegensetzen. Aus seiner Sicht käme allenfalls der Bereich der „freien Kommunikation" als Ausgleich zum lernzielorientierten Unterricht und zu den Anspannungen kritischer Auseinandersetzung in Betracht.

4.4.3. Trainingsstrategien

Trainingsstrategien zielen auf „ein gesichertes, stets wiederholbares Verhalten, das auf bestimmte Reizsituationen hin abgerufen werden kann". (von Cube 1977 a,

S. 128) Die dadurch angestrebte Routine bedeutet informationstheoretisch gesehen einen „Gewinn an Sicherheit und Souveränität" (ebd.) im Verhalten. Um optimale Leistungen des Adressaten erreichen zu können, muß das Training aus zwei Phasen bestehen, der Erkenntnis- und der Übungsphase. „In der Erkenntnisphase erfährt der Adressat die Zweckmäßigkeit des Soll-Wertes, in der Übungsphase wird jedes gelungene Verhalten verstärkt, jedes mißlungene gelöscht." (S. 129) Die Erkenntnisphase dient dazu, daß der Schüler (von Cube spricht auch vom „Trainee") den „Sinn des zu trainierenden Verhaltens" einsieht und „gegebenenfalls bejaht". (Ebd.) Daraus ergebe sich in der Regel eine entsprechende Motivation. Die Übungsphase müsse „notwendig in programmierter Form erfolgen". (S. 130) Damit fordert von Cube nicht unbedingt, daß Lehrprogramme (lineare oder verzweigte) eingesetzt werden müssen. Dies ist zwar möglich; entscheidend sei aber, daß die Schritte des Trainings im Hinblick auf das Ziel klar festgelegt sind (S. 130).

Zwei fachdidaktische Beispiele aus dem Bereich der Chemiedidaktik und der Sportdidaktik sollen zeigen, wie sich dieses Training konkretisieren läßt, um dann verallgemeinernd danach fragen zu können, welche fachdidaktische Relevanz den Trainingsstrategien zugesprochen werden kann.

Das Beispiel zum Chemieunterricht ist der in der ehemaligen DDR erschienenen „Methodik des Chemieunterrichts" (1977[2]) entlehnt. In dieser Methodik wird in dem Kapitel „Typische Situationen bei der Lösung von Bildungs- und Erziehungsaufgaben im Chemieunterricht" unter anderem auch über das „Vermitteln von Schrittfolgen und Handlungsschemas" (1977[2], S. 291) referiert. Dort heißt es: „Insbesondere für das Operieren mit chemischen Zeichen, für das Ausführen von anderen Operationen, aber auch für das Beurteilen von Bindungsverhältnissen müssen den Schülern Schrittfolgen für die systematische und rationelle Lösung entsprechender Aufgaben vermittelt werden." (Ebd.)

Zu diesem Zweck fordert das Autorenkollektiv die Orientierung an algorithmischen Vorschriften. Es entlehnt den Algorithmusbegriff dabei aus dem von L. N. Landa verfaßten Standardwerk „Algorithmierung im Unterricht" (1969). Nach Landa ist ein Algorithmus „eine exakte, eindeutig bestimmte Vorschrift zum Vollzug einer Reihe elementarer Operationen (oder von Systemen solcher Operationen), um Aufgaben einer bestimmten Klasse oder eines bestimmten Typs zu lösen". (Landa 1969, S. 22) Algorithmen beschränken sich nicht nur auf intellektuelle Tätigkeiten, sondern können sich auch auf praktische Fähigkeiten beziehen. Ein Algorithmus zur Aufstellung chemischer Gleichungen erfordert beispielsweise vorrangig intellektuelle Tätigkeit, eine Anweisung zum Gebrauch einer Feinwaage dagegen vorwiegend die praktische Handhabung dieses Gerätes. Die Verwendung von Algorithmen versucht das Autorenkollektiv am Beispiel „Aufstellen chemischer Gleichungen" zu verdeutlichen: Nachdem im Unterricht das Gesetz von der Erhaltung der Masse experimentell an der Reaktion von Magnesium mit Sauerstoff erarbeitet worden ist, wird diese Reaktion unter Bezug auf das Gesetz quantitativ gefaßt. Als Resultat liegt die chemische Gleichung für diese Reaktion vor. Anschließend sollen die Schüler die einzelnen Schritte, die zur Gleichung geführt haben, noch einmal nachvollziehen und versprachlichen. Daraus ergibt sich dann ein vierstufiger Algorithmus: 1. Aufstellen der Wortgleichung; 2. Einsetzen der chemischen Zeichen (Symbole, Formeln) für die Stoffe; 3. Ausgleichen durch Auffinden von Faktoren und Kontrolle nach dem Massenerhaltungsgesetz; 4. Hinschreiben der richtigen Gleichung (s. dazu Chemie. Lehrbuch Klasse 7, Berlin-Ost 1980, S. 63). Dieser Algorithmus soll – so der Vorschlag des Autorenkollektivs – im folgenden Unterricht zur Übung und Festigung beim Aufstellen chemischer Gleichungen als Anleitung zur Lösung entsprechender Aufgaben dienen. Die Schüler haben damit also eine detaillierte Vorschrift an der Hand, die ihnen die selbständige Lösung und Kontrolle solcher Aufgaben ermöglicht. Dabei solle die Festigung aber nicht zu blindem, mechanischem Umgang mit dem Algorithmus entarten; vielmehr gelte es, das Erlernte durch „bewußte Anwendung der Schrittfolge" (Methodik des Chemieunterrichts 1977[2], S. 292) zu festigen.

Aus dem beschriebenen Beispiel geht zunächst einmal hervor, daß es den Autoren nicht auf die bloße Vorgabe des Algorithmus, sondern auf dessen einsichtige Erarbeitung ankommt; die Schüler sollen erkennen, was eine chemische Gleichung ist bzw. ausdrückt und welche Schritte zum Aufstellen zu vollziehen sind. Sind sie zu dieser Einsicht gekommen, so können sie erkennen, daß die erarbeitete Schrittfolge sinnvoll ist. Sie ist nämlich die einzig richtige. Damit ist nach dem Vorschlag von Cubes bereits die erste Phase des Trainings, die Erkenntnisphase, abgeschlossen. Denn die Schüler haben den „Sinn des zu trainierenden Verhaltens eingesehen" und die „Optimalität des Soll-Verhaltens" (1977 a, S. 129) erkannt. In der zweiten Phase des Trainings soll dann das als optimal erkannte Zielverhalten geübt werden. Dabei käme es darauf an, typische Fehler zu vermeiden, also etwa darauf zu achten, daß „zum Ausgleichen keine Formeln verändert werden dürfen" oder daß der Ausgleich „nie durch Verändern tiefgestellter Zahlen, sondern immer nur durch Einsetzen von Faktoren vor den chemischen Zeichen" (Unterrichtshilfen Chemie, Klasse 7, S. 134) erfolgen darf. Durch mehrfaches Üben, so wäre anzunehmen, müßten die Schüler dann fehlerfrei chemische Gleichungen aufstellen können.

Es gilt hier zu bedenken, daß das herangezogene Beispiel aus einem besonderen institutionellen Zusammenhang genommen ist. Methodiken in der DDR, das trifft vor allem für den naturwissenschaftlichen Unterricht zu, sind in der Regel nämlich nicht als isoliert entstandene Werke zu verstehen. Sie sind vielmehr bis auf Details auf die einheitlichen Schulbücher abgestimmt. Zudem werden sie ergänzt durch die sogenannten „Unterrichtshilfen", die dem Lehrer im Sinne geschlossener Curricula das Lernpensum, die Ziele der Unterrichtsreihen und -stunden, die Methoden, Sozialformen, Experimente usw. exakt vorschreiben. Die Verflechtung dieser drei Elemente (Methodiken, Schulbücher, Unterrichtshilfen) ändert aber nichts daran, daß die prinzipielle fachdidaktische Bedeutung der Vermittlung von Algorithmen und deren Verwendung in Übungssituationen auch auf die fachdidaktische Diskussion in der BRD übertragbar erscheint. Im Bereich des alltäglichen Unterrichts ist die Übung von zuvor erkannten Zusammenhängen als Standardsituation zu betrachten. Wenn auch die einzelne Situation dem Inhalt und den soziokulturell bedingten anthropogenen Voraussetzungen gemäß variiert, so bleibt darüber hinaus jedoch die

Notwendigkeit bestehen, Erkanntes für dessen Anwendung fruchtbar zu machen. Diese Anwendungen müssen bis zu einem gewissen Grade an Sicherheit und Schnelligkeit auch trainiert werden, besonders dann, wenn sie zum Erwerb weiterer Einsichten unabdingbare Voraussetzung sind. Für derartige Lehr-/Lernsituationen kann die Verwendung von Algorithmen sinnvoll sein. Gerade dem „schwachen" Schüler könnte ein Algorithmus helfen, sich noch einmal die wesentlichen Schritte des Lösungsprozesses zu vergegenwärtigen und somit unnötige Mißerfolge zu vermeiden. Geht man von dem strengen Algorithmusbegriff ein Stück ab und nimmt sogar vom Lehrer gegebene oder von Schülern selbst verfaßte, aber weniger „exakte" Schrittfolgen zur Lösung bestimmter Aufgaben hinzu, dann decken solche Lernhilfen ein breites inhaltliches Spektrum ab. Sie können formuliert werden für die Lösung mathematischer Aufgaben, für die Gliederung und inhaltliche Erfassung von Texten, für das Verfassen bestimmter Textsorten (Inhaltsangaben, Erörterungen, Schilderungen) oder für die Auswertung von statistischem Datenmaterial im sozialwissenschaftlichen Unterricht. So gesehen wird auch hinsichtlich der Trainingsstrategie deutlich, daß die kybernetisch-informationstheoretische Didaktik Hilfestellung für fachspezifische Lehr-/Lernsituationen geben kann. Die Fachdidaktiker hätten zum einen nach Möglichkeiten zu suchen, durch die Schüler den Sinn der zu übenden „Verhaltensweisen" erkennen können, und zum anderen solche Lernhilfen zu konstruieren, die dem Schüler eine sichere Anwendung des Gelernten erlauben. Diese fachdidaktischen Anregungen hätten insofern eine institutionalisierende Funktion, weil sie dem Lehrer Möglichkeiten bieten, immer wiederkehrende, strukturell ähnliche Situationen zu bewältigen.

Ein anderes Beispiel aus dem Bereich der Sportdidaktik soll abschließend noch einmal aus anderer Perspektive Sinn und Grenzen von Trainingsstrategien aufzeigen. Zu Beginn der 70er Jahre war die Begeisterung der Fachdidaktiker für den Einsatz von Lehrprogrammen im Unterricht noch recht groß. Auch in der Sportdidaktik zeichnete sich ein entsprechender Trend ab, der allerdings spätestens Ende des Jahrzehnts wieder stark abflachte. Das Beispiel bezieht sich auf eine Unterrichtsreihe, in der das Delphinschwimmen mittels Lehrprogrammen erlernt werden sollte (Blischke u.a. 1976). Den Schülern wurde zuvor die Möglichkeit geboten, aus einem umfassenderen Angebot (z.B. weitere Schwimmarten, Wasserspringen usw.) eine Auswahl zu treffen. Nachdem sie sich für das Lernen des Delphinschwimmens entschieden hatten, wurde ihnen das Lehrprogramm vorgestellt und erläutert. Es bestand aus sieben linearen Schritten, durch die die notwendigen Teilstrukturen (Bein- und Armschlag, Kopfhaltung, Atmung) nacheinander erlernt, koordiniert und geübt wurden. Beim Durchlaufen eines jeden Programmschrittes registrierten die Schüler mit ihrem Übungspartner und dem Lehrer die Fehler, um sie noch vor dem Übergang zum nächsten Schritt zu korrigieren.

Aufbau und Durchführung des Programms zeigen, daß die beiden entscheidenden Schritte der Trainingsstrategien, die Erkenntnis- und Übungsphase, zum Zuge kamen: „Es ging einerseits darum, durch systematische Vorbereitung und nachfolgende Reflexion des Lehr-Lern-Prozesses Organisationsform und Lernlogik des Verfahrens zu erläutern." (Blischke u.a. 1976, S. 14) Dadurch wurde den Schülern der Sinn der einzelnen Sequenzen samt deren Koordination transparent gemacht. Andererseits „galt es, durch Fehlerdarstellung und -rückmeldung während des Lehr-Lern-Prozesses dessen Struktur und Ablauf einsichtig zu machen". (Ebd.)

Auch an diesem fachdidaktischen Beispiel wird exemplarisch die Relevanz von Trainingsstrategien deutlich. Im Sportunterricht nimmt das Training sensomotorischer Fähigkeiten einen breiten Raum ein. Läßt man hier einmal außer Betracht, wie die Ziele legitimiert werden und welche schließlich für den Unterricht ausgewählt werden, so scheint die Effektivität des beschriebenen Vorgehens für sich zu sprechen. Das belegt auch das von Blischke u.a. durchgeführte Vor-Nachtest-Verfahren (s. 1976, S. 26 ff.). Mit anderen Worten: Ein Sportunterricht, der zu einem gewissen Teil lernzielorientiert durchgeführt werden soll und damit auf die Optimierung sensomotorischer Fähigkeiten ausgerichtet ist, wird durch Training eine entsprechende Effektivität bewirken. Die kybernetisch-informationstheoretische Didaktik gibt somit dem Fachdidaktiker ein Elementarmodell an die Hand, das die beiden wesentlichen Etappen des Trainings (Erkenntnis- und Übungsphase) herausstellt und zu einer Konkretisierung im Hinblick auf verschiedenste sensomotorische Lernziele auffordert.

Fazit: Die fachdidaktische Relevanz der im Rahmen der kybernetisch-informationstheoretischen Didaktik vorgeschlagenen Lehrstrategien ist im Kontext der wissenschaftstheoretischen Grundlegung dieses Modells zu betrachten. Wenn sich die kritisch-rationale Erziehungswissenschaft aufgrund ihres metatheoretischen Regelsystems Zielentscheidungen gegenüber enthalten will, bleibt ihr nur ein recht schmales Betätigungsfeld; als Didaktik beschränkt sie sich selbst auf den Bereich, der traditionellerweise als Methodik bezeichnet wird. Aber auch innerhalb dieses Gebietes wird eine weitere Verengung des Blickfeldes vorgenommen. Denn sowohl die Bedeutung der Sozialformen als auch die der Aktionsformen oder der verschiedenen geläufigen Unterrichtsmethoden wird durch von Cube nicht thematisiert. Die von ihm bevorzugte informationstheoretische Deutung von Unterricht reduziert diesen vielmehr auf Lernvorgänge. Lernen wird dabei als Informationsabbau bzw. als Redundanzaufbau interpretiert. Das bedeutet: Die kybernetisch-informationstheoretische Didaktik muß als eine übergreifende Lehrtheorie verstanden werden, in der die etablierten lernpsychologischen Theorien aufgehen sollen. Dies ist in der Tat eine sehr enge Argumentationsperspektive. Hat der Modelladressat aber diese mehrfache Reduktion erkannt, dann schält sich auch die fachdidaktische Bedeutung der kybernetisch-informationstheoretischen Didaktik heraus: Sie thematisiert einen Bereich der Unterrichtswirklichkeit, der durch das terminologische Instrumentarium der bildungs- und lerntheoretischen Didaktik nicht hinreichend eingefangen wird, für eine Vielzahl von Lernsituationen aber mitzubedenken ist. In dieser Hinsicht übernimmt das allgemeindidaktische Modell in erster Linie eine Institutionalisierungsfunktion; die beschriebenen Lehrstrategien geben ein formales Raster vor, nach dem Lernvorgänge initiiert und optimiert werden können. Diese formalen Aspekte entbinden den Lehrer selbstverständlich nicht von der Pflicht, die besondere Konstellation der jeweiligen Lernsituationen im Auge zu behalten; sie ermöglichen aber doch, ähnliche

Situationen durch entsprechende Lehrstrategien im voraus zu strukturieren. Im Zusammenhang mit dieser Vorstrukturierung ist dann auch eine zweite Funktion der kybernetisch-informationstheoretischen Didaktik zu sehen. Die Orientierung an den allgemein formulierten Lehrstrategien kann nämlich bereits bei der Unterrichtsplanung zur Antizipation möglicher Lernschwierigkeiten der (einzelnen) Schüler führen.

4.5. Unterrichtsplanung aus der Sicht der kybernetisch-informationstheoretischen Didaktik

Didaktik als wissenschaftliche Disziplin und Unterrichtsplanung bilden im Rahmen der kybernetisch-informationstheoretischen Didaktik einen engen Zusammenhang. Denn „die Ergebnisse der Entwicklung und Optimierung von Lehrstrategien dienen gleichzeitig als Basis für eine systematische Unterrichtsplanung: Dem Planer steht einerseits eine Reihe zentraler Lehrstrategien zur Verfügung, andererseits hat er aber noch genügend Entscheidungsspielraum, aus diesen Strategien zu wählen und sie zu kombinieren oder auch weitere Strategien zu entwickeln." (von Cube 1982[4], S. 355) Das eigentliche Kernstück der Unterrichtsplanung ist damit die Strategieplanung. Alle anderen Momente, nämlich die Ziel-, Medien-, Kontroll- und Verlaufsplanung, treten damit von ihrer Bedeutung her in den Hintergrund.

Um diese einzelnen Momente in ihrem Zusammenspiel und in ihren Teilfunktionen zu beschreiben, instruiert von Cube den Adressaten vorab über den Sinn von Unterrichtsplanung, bei der es „im allgemeinen nicht um die Alternative ‚geplant‘ bzw. ‚ungeplant‘ geht, sondern um den optimalen Grad der Planung: Eine weitgehende Planung hat eine entsprechend weitgehende Starrheit der Durchführung zur Folge, ein geringer Planungsgrad verlegt die Entscheidung in den laufenden Prozeß; das bedeutet zwar eine hohe Spontaneität, zugleich aber auch eine hohe Unsicherheit." (von Cube 1982[4], S. 343) Der Lehrende steht also vor der Wahl: „Unsicherheit" oder „Sicherheit". Die in dieser Gegenüberstellung mitschwingende Assoziation wird dadurch verstärkt, daß von Cube auch von der Alternative „unvorbereitet" und „programmiert" spricht (S. 344). Das bedeutet: Wenn Unterrichtsplanung ihren Sinn im optimalen Grad der Planung gewinnt, dann ist alle Mühe daran zu setzen, jede Unsicherheit auszuschalten und Unterricht nach Möglichkeit in programmierter oder zumindest teilprogrammierter Form durchzuführen.

Als Planungsschema empfiehlt von Cube das oben beschriebene Regelkreismodell. Daraus ergeben sich fünf Schritte der Unterrichtsplanung:

(1) Zielplanung
In der Zielplanung kommt es zunächst darauf an, die Bedingungen zu analysieren, die zur Realisierung der Ziele gegeben sein müßten. Zu bedenken seien etwa der vorgegebene Zeitrahmen, Alter, Geschlecht, Sozialisation, Fähigkeiten, Vorkenntnisse, Interessen usw. (s. 1982[4], S. 352) Des weiteren sei nach dem „Subjekt der Zielplanung" zu fragen: „Die Vorentscheidungen können von einer Person allein, beispiels-

weise vom unterrichtenden Lehrer oder Ausbilder getroffen werden, die Entscheidungen können aber auch unter Mitwirkung der Adressaten zustande kommen. Die Frage, wer die Zielentscheidungen treffen soll, ist letztlich eine politische; sie kann daher auch nur politisch beantwortet werden." (Ebd.) Da die Legitimation von Zielentscheidungen auf dem persönlichen Bekenntnis des einzelnen Lehrers beruhe, liege auch bei ihm die Verantwortung.

(2) Strategieplanung

Sind die Entscheidungen über die Lernziele gefallen, so beginnt aus der Sicht der Informationstheorie nun die zentrale Aufgabe der Unterrichtsplanung: die Strategieplanung. Die oben aufgeführten formalen Lehrstrategien müssen nun auf die vorgegebenen Ziele abgestimmt, damit also inhaltlich konkretisiert werden. Dabei kann die Wahl auf eine einzelne Strategie fallen, es können aber auch mehrere Strategien zum Einsatz kommen. Maßgeblich für diese Entscheidung ist der angestrebte Soll-Wert. Im Hinblick auf diese Strategien sind schließlich die Methoden (damit meint von Cube die Einzel-, Partner- oder Gruppenarbeit) zu adaptieren (s. 1982[4], S. 359 ff.).

(3) Medienplanung

Lernen als Informationsaufnahme setzt voraus, daß es Träger der Information gibt. Diese Funktion übernehmen Medien. In der Medienplanung ist darüber zu befinden, welche Medien zur Erreichung der gesetzten Ziele die effektivste Lernwirkung versprechen. Hier müsse deshalb entschieden werden, welcher technische Aufwand erforderlich sei, welcher Grad der Visualisierung in Frage komme, ob ein personaler oder technischer Träger zu bevorzugen sei und ob sich der Einsatz vorgefertigter Medien lohne (s. S. 360 ff.).[20]

(4) Kontrollplanung

Mit Kontrollplanung ist zwar auch die Planung und Durchführung von Lernkontrollen gemeint; in erster Linie sei aber zu bedenken, an welchen Stellen des Unterrichts die Lernkontrollen stattfinden sollen. Von Cube nennt derartige Stellen „didaktische Stationen" (1982[4], S. 363). Diese Stationen dienen zur Feststellung des Ist-Zustandes.

(5) Verlaufsplanung

Die Verlaufsplanung gibt übersichtlich die Abfolge der einzelnen Unterrichtsphasen wieder; sie wird zusätzlich durch die Zeiteinteilung strukturiert. Die folgende Graphik (s. S. 215) stellt einen Ausschnitt aus einem Verlaufsplan dar (aus von Cube 1982[4], S. 367).

Neben der Unterrichtsplanung und -durchführung durch den Lehrer spricht von Cube der teil- und vollautomatischen Unterrichtung eine besondere Effizienz zu, vor allem dem Programmierten Unterricht. Er „ist als vollautomatisches Lehrsystem, d.h. als Lehrsystem ohne Mitwirkung eines Lehrers, konstitutiver Bestand-

Zeit (Min)	Steuerungsphase		Adressaten-verhalten	vorgesehenes Ausb.verh.	Lern-kontrolle	did. Stat.
	Information (Meth., Medien)	Auf-forderung				
a'	z. B. Darstellung eines Zusam-menhangs	z. B. Frage	richt. Verh.	Bestätigung	z. B. Transfer	1. St.: Erk. eines best. Teilzu-sam-men-hanges
	Vortrag Schemata etc.	Sprache (Text)				

(Diagramm: vorges. Fehler (1) → geplante Korrektur (1); vorges. Fehler (2) → geplante Korrektur (2))

teil der kybernetischen Pädagogik". (1982⁴, S. 376) Das, was also in der Unterrichtsplanung an Optimierung erreicht werden kann, werde durch Programmierten Unterricht weitaus übertroffen, wenngleich damit auch eine stärkere Einengung des Adressatenverhaltens einhergehe (S. 381 ff.).

Fragt man nun nach der Bedeutung dieses Planungskonzeptes für fachdidaktisches Denken und Handeln, so ist zunächst einmal vorauszuschicken, daß sich daraus keine direkten Impulse, wohl aber indirekte Handlungsanweisungen ergeben. Dieser Sachverhalt resultiert aus der Kluft zwischen metatheoretischer Grundlegung kritisch-rationaler Didaktik und ihrer theoretischen Gestalt. Die metatheoretische Abstinenz, keine normativen Aussagen auf der Theorieebene machen zu wollen, wird zweifelsohne bei von Cube durchgehalten. Aber die in die terminologische Bestimmung der Begriffe „Erziehung" und „Lernen" stillschweigend eingeflossenen Voraussetzungen bzw. Behauptungen (Erziehung als Steuerungsprozeß; Lernen als Informationsabbau bzw. Redundanzaufbau) stellen den Fachdidaktiker und den Fachlehrer vor eine klare Alternative: Entweder man akzeptiert die Prämissen der kybernetisch-informationstheoretischen Didaktik; dann enthält man sich, um „Wissenschaftlichkeit" zu wahren, der Zieldiskussion und sieht die Hauptaufgabe des Unterrichts in der optimalen Steuerung von Lernvorgängen. Oder man verwahrt sich gegen eine Einvernahme des Schülers durch äußere Steuerung; dann wird Unterricht zur „freien Kommunikation". Dieser Bereich fällt aber nicht mehr in die Zuständigkeit einer „wissenschaftlichen" Didaktik. Der Fachdidaktik bleibt daher nur die erste Möglichkeit: Will sie im Sinne kybernetisch-informationstheoretischer Didaktik nicht den Anspruch auf Wissenschaftlichkeit aufgeben, dann muß sie sich für einen lernzielorientierten Unterricht stark machen. Woher aber sollen die Lernziele genommen werden? Diese Frage wird durch von Cube zwar nicht beantwortet, weil diese Antwort immer einer Wertentscheidung gleichkäme. Seine weiter oben diskutierten Vorstellungen zur inhaltlichen Organisation des Musik- und Mathematikunterrichts schreiben der Fachdidaktik jedoch indirekt vor, was zu lehren ist: die wissenschaftlichen Erkenntnisse, die bisher allen kritisch-rationalen Falsifikationsversuchen standgehalten haben. Der Fachdidaktiker hätte in diesem Sinne für einen wissenschaftsorientierten Unterricht zu plädieren. Das wäre allerdings eine Wertentscheidung, weil im Unterricht dann (vermeintlich) wertfreie Erkenntnisse vermittelt werden müßten. Unterrichtsplanung hätte dann Entwürfe zu entwickeln, nach denen wissenschaftlich abgesicherte Sachverhalte möglichst *effektiv* vermittelt werden können.

4.6. Zusammenfassende Thesen:

(1) Die grundlegende Perspektive der kybernetisch-informationstheoretischen Didaktik ist durch das wissenschaftstheoretische Bekenntnis von Cubes zum Kritischen Rationalismus bestimmt. Demzufolge muß sich die Didaktik als wissenschaftliche Disziplin jeglicher Wertentscheidung enthalten und ihr Aufgabenfeld auf den Bereich der Methodik des Unterrichtens eingrenzen. Sie hat sich dann um die Entwicklung und Optimierung von Lehrstrategien zu bemühen.

(2) Die durch die wissenschaftstheoretischen Prämissen bestimmte Aufgabe der Didaktik, Lehrstrategien zu entwickeln und zu optimieren, leistet einen entscheidenden (impliziten) Vorgriff auf das Selbstverständnis einer Fachdidaktik: Sie ist immer eine Vollstreckungsinstanz vorgegebener Entscheidungen, da sie diese – will sie im kritisch-rationalen Sinne wissenschaftlich sein – nicht selbst fällen kann. Fachdidaktik kann somit keine eigenständige Disziplin sein, die etwa als Theorie der fachspezifischen Bildungsinhalte zu verstehen wäre.

(3) Nicht also eine Theorie der Bildungsinhalte, sondern eine Theorie des Lehrens und Lernens schreibt sich die kybernetisch-informationstheoretische Didaktik als Hauptgegenstand zu. Unterricht kommt somit als lernzielorientierter Unterricht in den Blick, der von der sogenannten „freien Kommunikation" deutlich zu unterscheiden ist. Um den Prozeß des Lernens terminologisch auf den Nenner zu bringen, bedient sich von Cube der Kybernetik: Lernen ist danach als Regelungsprozeß zu verstehen, durch den der Schüler die vorgegebenen Verhaltensweisen schrittweise erlernt.

(4) Soll Fachdidaktik Unterricht als lernzielorientierten Unterricht modellieren, so ist zunächst danach zu fragen, welche Instanz die Lernziele vorgeben kann. Auf diese Frage gibt das kybernetisch-informationstheoretische Modell keine direkte

Antwort. Es legt allerdings indirekt nahe, daß die Lernziele letztlich nur den Erkenntnissen kritisch-rationaler Wissenschaften entlehnt werden können. Die Entscheidung für die Vermittlung solcher Erkenntnisse käme selbstverständlich einer Wertentscheidung gleich, sie würde den Lehrenden aber insofern „entlasten", als er dann deskriptive und nicht normative Sachverhalte zum Gegenstand des Lernens macht. Lernzielorientierter Unterricht läuft demnach immer Gefahr, auf bloßen wissenschaftsorientierten Unterricht reduziert zu werden.

(5) Die Verkürzungen, die die kybernetisch-informationstheoretische Didaktik durch diese Reduktion indirekt vornimmt, sind nicht zu übersehen. Denn das indirekte Votum für die ausschließliche Wissenschaftsorientierung des Unterrichts hebt einige wesentliche Probleme nicht ins Bewußtsein des Modelladressaten, so etwa das Problem der didaktischen Reduktion und die damit einhergehende Notwendigkeit der Verknüpfung von vorwissenschaftlicher und wissenschaftlicher Sprache, die Frage nach den Kriterien der Auswahl fachwissenschaftlicher Inhalte, die Gegenwarts- und Zukunftsbedeutung des Lerngegenstandes für den Schüler, die erkenntnistheoretische Reflexion wissenschaftlicher Praxis und die Gebundenheit dieser Praxis an gesellschaftliche Voraussetzungen.

(6) Neben dem Rückgriff auf das Regelkreismodell der Kybernetik benutzt von Cube zwei zentrale Begriffe der Informationstheorie bei der Konzeption seines allgemeindidaktischen Modells, den der Information und den der Redundanz. Während das Regelkreismodell den prozessualen Ablauf des Lehrens und Lernens erfassen soll, zielen die anderen beiden Begriffe auf eine inhaltliche Deutung verschiedenster Lernvorgänge. Sie werden durch die informationstheoretische Interpretation allesamt als Informationsabbau und Redundanzaufbau beschrieben. Der Reiz für die Fachdidaktik liegt darin, daß hier ein terminologischer Rahmen angeboten wird, unter den sich unterschiedlichste Lerntheorien systematisch subsumieren lassen. Die informationstheoretische Deutung des Lernens könnte somit eine Theoriebildungsfunktion für die Fachdidaktiken übernehmen, weil durch sie eventuell ein Teil der fachspezifischen Lernmodi stringent dargestellt werden könnte.

(7) Die in der kybernetisch-informationstheoretischen Didaktik selbst gewählte Einengung des Gegenstandsbereiches auf die Frage nach der Entwicklung und Optimierung von Lehrstrategien überläßt zwar auch der fachdidaktischen Forschung ein dementsprechend eingeschränktes Aufgabenfeld. Dafür aber wird der Modellkomplex „Lernen" um so ausführlicher thematisiert. Den durch von Cube erläuterten Strategien kommt dabei eine Institutionalisierungsfunktion zu. Mit Hilfe der Strategien lassen sich eine Vielzahl strukturell gleicher Situationen erfassen. Im Hinblick auf die Unterrichtsplanung bedeutet das: Unterricht wird – bei aller Einmaligkeit der jeweiligen Situation – strukturierbar und planbar. Aufgrund dessen haben die Strategien auch eine Antizipationsfunktion, weil der Lehrende durch sie vorab eventuelle Lernschwierigkeiten der Schüler voraussehen kann. Fraglich bleibt dagegen, ob der durch von Cube erhobene Anspruch auf eine exakte mathematische Erfassung von Lernvorgängen einzulösen ist. Bis-

her ist dieser Anspruch jedenfalls – sieht man von bescheidenen Versuchen bei der Speicherung von Informationen ab – bloßes Programm geblieben.

(8) Unterrichtsplanung muß im Sinne der kybernetisch-informationstheoretischen Didaktik auf Lerneffizienz abzielen. Der Modelladressat kann zwar grundsätzlich wählen zwischen geplantem und ungeplantem und damit zwischen „lernzielorientiertem Unterricht" und „freier Kommunikation". Aber nur für den ersten Bereich, den lernzielorientierten Unterricht, ist das Instrumentarium (Regelkreis, Informationstheorie) der „wissenschaftlichen" Didaktik gedacht. Die Gefahren eines derartigen Unterrichts sind unübersehbar: Er beschränkt sich auf die kognitive und pragmatische Dimension und vernachlässigt gleichzeitig die emotionale und soziale Dimension. Darüber hinaus wird das lernende Subjekt hinsichtlich einer möglichen Mitplanung und -gestaltung ausgeklammert; denn je größer dessen Einfluß würde, um so weniger wäre eine Entwicklung und Optimierung von Lehrstrategien im voraus zu entwerfen.

Historisch-systematische Überlegungen zum Gegenstandsbereich der Allgemeinen Didaktik

Die in den vorangegangenen Kapiteln (2 – 4) vorgenommenen Analysen beschränkten sich jeweils auf ein einzelnes allgemeindidaktisches Modell. Ein Vergleich der Modelle untereinander ist also – von einigen Andeutungen abgesehen – bewußt unterlassen worden. Ein solcher Vergleich wird im abschließenden sechsten Kapitel angestellt, um durch eine entsprechende Gegenüberstellung zeigen zu können, daß jedes der drei analysierten Modelle entscheidende – wenn auch jeweils begrenzte – „Fragen lehrt" (s. Diederich, J. 1988, S. 10), deren Beantwortung als Aufgabe des Fachdidaktikers anzusehen ist.

Für die Durchführung eines solchen Vergleiches stellt sich die Frage nach einem Orientierungshorizont, durch den die Selektivität des allgemeindidaktischen Modells nachgewiesen werden kann. Die nähere Beschreibung dieses Orientierungshorizontes bildet das Thema dieses fünften Kapitels, in dem nach dem Gegenstandbereich der Allgemeinen Didaktik gefragt werden soll. Wo aber zeigt sich ein solcher Orientierungshorizont?

Eine Antwort auf diese Frage wird durch die in dieser Arbeit beschriebene Genese der allgemeindidaktischen Modelle selbst nahegelegt. Ihre Entwicklung ist das Ergebnis vorangegangener Diskussion und Kritik: Allgemeindidaktische Modelle unterliegen dem Wandel. Sie sind also geschichtliche Gebilde, Reaktionen auf Fragen, die die didaktische Diskussion in der Vergangenheit gestellt und/oder offengelassen hat. Zum Teil sind es allerdings auch Reaktionen auf unterbliebene Fragen gewesen.

Diese Andeutungen verweisen auf die Notwendigkeit eines historisch-systematischen Exkurses. Durch ihn könnte eine Vielzahl allgemeindidaktischer Theorieelemente in Erinnerung gebracht werden, die dann als analytische Folie für den Vergleich der herangezogenen Modelle dienen kann.[1]

Damit sind dann auch die beiden Ziele dieses fünften Kapitels präzisiert: Es sollen (1) unter Rückgriff auf eine geschichtliche Position allgemeindidaktische Theorieelemente herausgearbeitet werden, die von systematischer Bedeutung sind, also auch für die gegenwärtige Diskussion Orientierung bieten. Diese historisch-systematischen Überlegungen sollen (2) den Nachweis erbringen, daß allgemeindidaktische Modelle stets als aspekthafte Konstruktionen zu betrachten sind, durch die nur bestimmte allgemeindidaktische Fragen in den Blick kommen und die deshalb auch nur ein begrenztes Anregungspotential für fachdidaktisches Denken und Handeln bilden.

Der historisch-systematische Exkurs stützt sich auf einige für die hier anstehende Frage besonders wichtige schulpädagogische Aussagen F. W. Dörpfelds (1824 – 1893). Für den Rekurs auf Dörpfeld sprechen insbesondere drei Gründe:

(1) Die Art und Weise, in der Dörpfeld seine pädagogischen Schriften abgefaßt hat, erscheint mir durchaus als typisches Beispiel damaligen wissenschaftlichen Selbstverständnisses und entsprechender Publikationspraxis. Blankertz spricht diesem Präsentationsmodus neben anderen Merkmalen das der „Narrativität" zu. Im Rahmen der Geschichtsschreibung des 19. Jahrhunderts, wie sie sich etwa in der „Geschichte des gelehrten Unterrichts" von F. Paulsen zeige, sei diese Narrativität durch den Verzicht auf die Darstellung von Einzelheiten und durch gleichzeitige Bemühungen um einen konsistenten und daher erzählbaren geschichtlichen Überblick gekennzeichnet (s. Blankertz 1983, S. 7). Eine solche Narrativität sei den damaligen Historikern im allgemeinen und den Pädagogen im besonderen nie zum Problem geworden, weil der „Zusammenhang der Ereignisse, von denen sie berichteten, im wesentlichen im Rückgriff auf ihre allgemeine menschliche Umgangserfahrung erklärt" (ebd., S. 6) wurde. Nur wenige „Bereiche erforderten einen fachwissenschaftlichen Sachverstand". (Ebd.) Die weitere Wissenschaftsentwicklung habe dann über entsprechende Detailuntersuchungen zu einem kaum noch integrierbaren Fachwissen geführt.

Diese Überlegungen von Blankertz lassen sich zum Teil auch auf die Schriften Dörpfelds und die darin zum Ausdruck kommende Denk- und Arbeitsweise beziehen. Allerdings trifft es – wie die Darstellung seiner Schulpädagogik noch zeigen wird – nicht zu, daß er auf „fachwissenschaftlichen Sachverstand" verzichtete. Er war darüber hinaus zutiefst der Ansicht, daß es Aufgabe des Wissenschaftlers sei, auf das Ganze seiner Disziplin zu sehen: „Ein partielles Erkennen, sofern es vereinzelt und darum einseitig bleiben muß, befriedigt ihn nicht. Wo er auf wissenschaftlichem Gebiete anfaßt, da strebt er nach etwas Ganzem, – nicht um viel zu wissen, sondern um den Zusammenhang zu erkennen: der Blick vom Ganzen her soll ihm helfen, eine tiefere, eine organische Auffassung, einen wirklichen Einblick zu gewinnen." (Dörpfeld 1910 b, S. 47)

In diesen Worten deutet sich das Bemühen Dörpfelds um eine ausgewogene Beurteilung kontroverser Standpunkte und um eine holistische Betrachtung des in Frage stehenden Gegenstandes an. Im Vergleich zu dieser Art der damaligen wissenschaftlichen Praxis ist für die heutige Situation die starke Zersplitterung der Pädagogik in Teildisziplinen charakteristisch. Nicht nur unterschiedliche theoretische und metatheoretische Positionen sorgen innerhalb dieser Teildisziplinen für eine entsprechende Diskordanz, sondern auch die notwendig gewordene Arbeitsteilung, die ihren Ausdruck in der jeweils begrenzten Fragestellung findet, führt nicht selten zu einem Forschungsstand, der durch Desintegration von Einzelergebnissen gekennzeichnet ist. In dieser Hinsicht darf man sich von der Rekonstruktion der Dörpfeldschen Schulpädagogik Hilfe für den Blick auf das „Ganze", auf die Vielfalt didaktischer Theorieelemente erhoffen. Dementsprechend wird der anzustellende Vergleich zwischen damaliger und heutiger didaktischer Forschung und Theoriebildung verdeutlichen können, daß den gegenwärtigen didaktischen Modellen zwar eine hohe Selektivität im Hinblick auf die darin thematisierten Aspekte zu eigen ist, daß sie durch diese Reduktion aber zugleich den Vorteil der Schärfe im Detail gewinnen.

(2) Dörpfeld war Zeit seines Lebens Lehrer. Als Mann der Praxis war er mit den vielschichtigen Problemen und Nöten des Unterrichtens vertraut, ohne dabei auf eine theoretische Fundierung verzichten zu wollen. Freilich ist hier gleich vorab zu sagen, daß Dörpfelds Schriften nicht die Stringenz und Präzision aufweisen, wie wir sie etwa von Schleiermacher und Herbart kennen. Allerdings hat der Einfluß dieser beiden Pädagogen auf Dörpfeld, insbesondere seine Orientierung an Herbart[2], dazu beigetragen, daß er auch den Blick für die entscheidenden Elemente und Ebenen schulpädagogischen Denkens hatte. In seinen Publikationen werden nämlich drei wesentliche Ebenen der Schulpädagogik in ihrem wechselseitigen Verhältnis berücksichtigt: die Theorie des Lehrens und Lernens, die Theorie des Lehrplans und die Theorie der Schule[3]. Diese drei Ebenen schulpädagogischen Denkens sind bezüglich der Frage nach der Leistungsfähigkeit allgemeindidaktischer Modelle für fachdidaktisches Denken und Handeln mit zu berücksichtigen, weil dadurch erst geklärt werden kann, auf welcher Ebene die Aussagen des betreffenden Modells vorwiegend angesiedelt sind und welche Theorieelemente der einzelnen Ebenen thematisiert werden bzw. unberücksichtigt bleiben.

(3) Der wohl wichtigste Grund, im folgenden an Dörpfeld anzuknüpfen, liegt schließlich in dem Sachverhalt, daß seine allgemeindidaktischen Überlegungen immer auch im Zusammenhang mit fachspezifischen Fragen und Handlungsmöglichkeiten standen. Drückt man es in der uns geläufigen Terminologie aus, so dürfte man sagen: Dörpfeld war – wie wohl kein anderer Schulpädagoge seiner Zeit – darum bemüht, allgemeindidaktische Fragen immer schon im Hinblick auf fachdidaktische Antworten auszulegen und umgekehrt sein fachdidaktisches Denken und Handeln ständig in den Kontext allgemeindidaktischer Argumentation und schultheoretischer Erwägungen einzustellen. Insofern darf man von diesem weiten Gesichtsfeld auch Aufschlüsse über die Frage erwarten, inwiefern die Aussagen allgemeindidaktischer Modelle sowohl auf fachdidaktisch als auch auf schultheoretisch bedeutsame Aspekte verweisen.

5.1. Dörpfelds schulpädagogische Schriften vor dem Hintergrund der „Stiehlschen Regulative" (1854) und der „Allgemeinen Bestimmungen" (1872)

Die schulpädagogischen Schriften Dörpfelds konfrontieren den Leser mit einer Vielzahl von Aspekten und Problemkreisen, Fragestellungen und Lösungsvorschlägen, die man nur hinreichend verstehen und würdigen kann, wenn man sie in ihrer Verflechtung mit der damaligen Schulpolitik des preußischen Staates betrachtet und sie somit auch als Reflex auf die entsprechenden Schulerlasse begreift. Bezeichnend für diese Schulpolitik waren vornehmlich zwei Verordnungen, die sogenannten „Stiehlschen Regulative" von 1854 und die „Allgemeinen Bestimmungen" von 1872.

Die Stiehlschen Regulative über die Einrichtung des evangelischen Seminar-, Präparanden- und Elementarunterrichts sind Zeugnis einer Schulpolitik, durch die der Staat sich der Volksschule zwecks Durchsetzung seiner politischen Ziele zu bemächtigen versuchte.[4] Als Reaktion auf die gescheiterte Revolution von 1848 setzte die Obrigkeit alles daran, das Volk wieder zu gesinnungstreuen Anhängern der Monarchie zu machen. Der Unterricht in den Schulen erschien für diesen Zweck besonders geeignet zu sein. Während der Zugriff des Staates auf die Gymnasien eher zögerlich betrieben wurde[5], gelang die Instrumentalisierung des Volksschulunterrichts nahezu perfekt. Durch den Erlaß der Regulative, vom Geheimen Regierungsrat Ferdinand Stiehl zusammengestellt und am 1., 2. und 3. Oktober 1854 veröffentlicht, wurden die organisatorische und didaktische Struktur des Volksschulunterrichts nämlich nachhaltig geprägt, und zwar vor allem hinsichtlich der Ziele des Unterrichts, des darauf abgestimmten Lehrplans, der Angabe verbindlicher Unterrichtsinhalte, der anthropologischen Begründung der Ziele und Inhalte und der Konzeption der Volksschullehrerausbildung.

Die *Ziele* des Unterrichts waren deutlichster Ausdruck restaurativer Staatspolitik. Als basale Tugenden des einfachen Mannes sollten wieder Demut gegenüber dem Herrscherhaus, Liebe zum Vaterland und Gottesfurcht gelten.[6] In Abstimmung darauf sah man im Lehrplan 12 Stunden für das Erlernen des Lesens und Schreibens, 5 Stunden für das Rechnen, 6 Stunden für den Religionsunterricht und drei Stunden Gesangsunterricht vor.[7] Demnach fiel der Hauptanteil des Unterrichts auf den Erwerb von Kulturtechniken und Grundfertigkeiten (17 Stunden). Im Religionsunterricht und dem ihm zugeordneten Gesangsunterricht sollten neben Volks- und Vaterlandsliedern in erster Linie Kirchenlieder eingeübt werden. Zudem wurde ein umfangreiches Memorierpensum verlangt; die Schüler hatten Gebete, Wochensprüche, die Sonntagsevangelien, den Katechismus und mindestens 30 Kirchenlieder auswendig zu lernen.[8] Den Zielen und Inhalten des Unterrichts entsprach dessen *anthropologische Legitimation*: Die Begabung des Volksschülers lag danach weit unter der des Real- und Gymnasialschülers. Deshalb sei der Volksschulunterricht auf Einübung von Grundfertigkeiten zu beschränken; keinesfalls könne und dürfe es hier um Anleitung zum abstrakten, selbständigen oder kritischen Denken gehen.[9] Derartige Einschränkungen individueller Bildsamkeit machte man schließlich auch für die *Ausbildung der Volksschullehrer* geltend.[10] Sie waren vorrangig in den Kulturtechniken zu schulen. Pädagogik, Anthropologie, Didaktik, Methodik, Psychologie und Katechetik wurden nicht mehr als eigenständige Disziplinen gelehrt, sondern schrumpften zu zwei Stunden Schulkunde zusammen.[11] Die Minimierung der Lehrerbildung war letztendlich ein Mittel politischer Entmündigung; denn in Zukunft sollte vermieden werden, daß die Lehrerschaft die restaurative Politik des Staates noch einmal durch „Aufwiegelung" der Massen unterlaufen könnte.[12]

Die Stiehlschen Regulative blieben bis zum Erlaß der „Allgemeinen Bestimmungen" im Jahre 1872 in Kraft. Die Gründe für die Entstehung und den Erlaß der „Allgemeinen Bestimmungen" sind vielfältig. Sie hängen aufs engste mit der ökonomischen, gesellschaftlichen und politischen Entwicklung des preußischen Königstums bzw. großpreußischen Kaisertums im 19. Jahrhundert und der daraus resultierenden Funktion der Schule zusammen.

Zunächst spricht vieles dafür, „den Ausbau des Volksschulwesens als einen ökonomisch bedingten Anpassungsprozeß zu begreifen". (Herrlitz/ Hopf/ Titze 1981, S. 93)[13] In Verquickung mit dieser wirtschaftlichen Entwicklung sind dann drei weitere Aspekte für die damalige Situation bezeichnend gewesen:

- Die sozialökonomische Entwicklung hatte Spannungen herbeigeführt, die sich „wegen der Blockierung der gesellschaftlichen und politischen Emanzipation nur durch eine konservative Sammmlungspolitik und den Imperialismus auf Kosten der Wohlfahrt und Mündigkeit einer Mehrheit der Staatsbürger" (Wehler 1970, S. 14) überbrücken ließ. In diesem Kontext bekam die Volksschule „die Aufgabe zuerteilt, die bestehende Gesellschaft zu rechtfertigen, indem diese im Unterricht als gottgewollte Ordnung und als ein vor jeder Veränderung zu schützender Organismus dargestellt wurde". (Wittenbruch 1974 a, S. 78)
- „Die Synchronisierung der gesellschaftlichen mit der verfassungsrechtlichen Entwicklung" (Wehler 1970, S. 14) gelang bis zum Ende des 1. Weltkrieges nicht, weil keine legale Opposition zugelassen war, die den Staat zu entsprechenden Reformen hätte bewegen können. Die Volksschule wurde daher als Instrument benutzt, „das die brutale Härte der Industriegesellschaft und die schroffen Klassengegensätze durch die Verpflichtung auf eine einheitliche, von allen Volksschichten erreichbare Gesinnung und durch den Appell an die Versöhnungsbereitschaft zu dämpfen hatte. Sie erschien als sozialdefensive Waffe geeignet, die gegen diejenigen Kräfte ohne Skrupel eingesetzt wurde, die die dem sozialen und ökonomischen Wandel nicht mehr gerecht werdende Gesellschaftsordnung zu verändern suchten." (Wittenbruch 1974 a, S. 78)
- Das „Gefälle in der reichsdeutschen Klassengesellschaft" (Wehler, ebd.) konnte im Kaiserreich nicht abgebaut werden. An dieser Entwicklung hatte auch die Volksschule entsprechenden Anteil: „Sie diente der Integration mit negativer Tendenz, indem sie die Abwehr der sogenannten ,roten Gefahr' ... unterstützen mußte." (Wittenbruch, ebd.)

Über die hier angeführten ökonomischen, gesellschaftlichen und politischen Gründe hinaus darf man für den Erlaß der „Allgemeinen Bestimmungen" auch die unter Schulpädagogen und in Teilen der Lehrerschaft wachsende Einsicht anführen, wonach die Didaktik der Regulative antiquiert und durch eine bessere ersetzbar sei.[14] Schließlich mag dann die 1871 erfolgte Neugründung des Deutschen Reiches der historisch günstige Moment gewesen sein, durch den sich der preußische Staat ein Jahr später mit einer neuen Schulgesetzgebung präsentieren wollte und der gleichzeitig eine Kaschierung der tatsächlichen Staatsinteressen erlaubte.

Die Allgemeinen Bestimmungen waren in fünf Teile gegliedert. Den ersten (für die im folgenden anzustellenden Überlegungen wichtigsten) Teil bildete die „Allge-

meine Verfügung über Einrichtung, Aufgabe und Ziel der preußischen Volksschule"
(hier zitiert als 1974).[15] Diese „Allgemeine Verfügung" enthielt insgesamt 38 knappe
Abschnitte, durch die Richtlinien für Schulbau und -organisation, für Mobiliar und
Lehrmittel und für den Lehrplan und die daraus hervorgehende Unterrichtsorganisation vorgegeben wurden.

Als „Normalschule" galt von nun an die mehrklassige Volksschule, die sich in
Unter-, Mittel- und Oberstufe gliedern sollte (1974, S. 34). Hinsichtlich der räumlichen Verhältnisse gab die Allgemeine Verfügung z.B. Anhaltspunkte für Größe und
Lichtverhältnisse von Schulzimmern und für deren Ausstattung mit einem Mindestmaß an Schultischen, -bänken und Lehrmitteln (1974, S. 32-34).

Das Kernstück der Allgemeinen Verfügung bildeten 25 Abschnitte zum Lehrplan und zur Unterrichtsorganisation. Im Vergleich zu den Regulativen zeigte der
Lehrplan nun folgendes Bild: Der Religionsunterricht wurde je nach Schulstufe um
1 bis 2 Stunden gekürzt; dadurch schränkte man auch das im Zuge der Regulative
geforderte Memorierpensum erheblich ein. In mehrfacher Weise wurde darauf aufmerksam gemacht, daß es hier nicht um „geistloses Einlernen" (1974, S. 36) gehe,
sondern um das „Verständnis" der Heiligen Schrift und um die Befähigung, diese
„selbständig" lesen zu können. (Ebd., S. 35) Ähnlich wie im Fach Religion ver-
ringerte sich auch die Stundenzahl der Fächer Deutsch und Rechnen. Die entscheidende Neuerung lag jedoch in der Einführung der Realien (Geschichte, Geographie, Naturbeschreibung, Naturlehre), die in der Mittel- und Oberstufe mit jeweils
6 Wochenstunden angesetzt wurden. Die Darstellungen des Lehrers sollten in diesem Lernbereich „anschaulich" und „frei" erfolgen; in Entsprechung dazu war „das
rein mechanische Einlernen von Geschichtszahlen, Regentenreihen usw., Länder-
und Städtenamen, Einwohnerzahlen, von Namen, Merkmalen der Pflanzen, Maß-
und Verhältniszahlen in der Naturlehre verboten". (Ebd., S. 40 f.) Der Unterricht in
Geschichte, Erd-, Heimat- und Weltkunde war auf reine Gesinnungsbildung abgestellt. Gerade die Unterweisung im Fach Geschichte war so konzipiert, daß sie „den
Wünschen des Kaisers und den staatlichen Ansprüchen" sehr entgegenkam. „Sie er-
möglichte, den Unterricht auf den Erwerb von Treue und Gehorsam abzuzwecken
und durch die Stoffauswahl zunächst moralisch, dann national gefärbte Gesinnung
zu erzeugen, die sich gemäß der Methode der Personalisierung am Vorbild des geschichtlichen Helden oder des lebenden Herrschers entzünden sollte." (Wittenbruch 1974 a, S. 76)

Inwiefern war nun der hier – sehr verkürzt – dargestellte historische Kontext für
die schulpädagogischen Schriften F. W. Dörpfelds bestimmend? – Seine einschlägigen Publikationen kann man als Versuch deuten, die Einseitigkeiten, Lücken und
Desiderate, die er sowohl den Regulativen als auch den Allgemeinen Bestimmungen
zuschrieb, aufzudecken und ihnen eine Schulpädagogik entgegenzustellen, durch die
den entsprechenden Schwachpunkten abgeholfen werden sollte.

Sinn und Notwendigkeit der von Dörpfeld geforderten reformerischen Schritte,
die ihren Niederschlag in seiner Theorie des Lehrens und Lernens, in der Theorie
des Lehrplans und in der Schulverfassungslehre fanden, hat er u.a. in der 1879
erschienenen Schrift „Der didaktische Materialismus" (hier zitiert als 1910 b) näher

erläutert. Darin führt er alle für ihn maßgeblichen schulpädagogischen Unzuläng-
lichkeiten auf das von ihm so benannte Phänomen des „didaktischen Materialismus"
zurück. Die Eigenart dieses Phänomens charakterisierte er als „jene oberflächliche
pädagogische Ansicht, welche den eingelernten Stoff, gleichviel wie er gelernt sei,
ohne weiteres für geistige Kraft hält und darum das bloße Quantum des absolvierten
Materials schlankweg zum Maßstab der intellektuellen und sittlichen Bildung
macht". (1910 b, S. 6)
Die Erscheinungsform des didaktischen Materialismus war für Dörpfeld allerdings nur Symptom. Erst die Aufdeckung der jeweiligen Ursachen könnte entsprechende Konsequenzen zur Reform von Erziehung und Unterricht ergeben. Von den
vielen und vielfältigen Bedingungen, die Dörpfeld für den didaktischen Materialismus verantwortlich macht, sind vor allem drei als entscheidende Ursachen heraus-
zuheben:

(1) Einen erheblichen Anteil am didaktischen Materialismus habe das mechanische
Lernen und Memorieren, die Methode der „Wurststopferei" (1910 b, S. 8), wie sie
insbesondere im Zuge der Didaktik der Regulative von 1854 Verbreitung gefunden
hatte. Das Wuchern dieses „Memoriermaterialismus" (1909 a, S. 133) basiere auf der
irrigen Annahme, daß „das Unterrichten in der Hauptsache aus den zwei Operationen: dozieren und einprägen oder einüben" (1910 b, S. 6) bestehe. Die richtige
Didaktik bzw. Methodik (Dörpfeld benutzt diese Begriffe synonym)[16], „die sich
besser auf die Psychologie versteht, lehrt, daß zum bildenden und erziehenden Unterricht noch andere Lehroperationen gehören ... und daß diese anderen Operationen zugleich dazu nötig sind, um das Einprägen vor Mechanismus zu bewahren und
überhaupt erst recht fruchtbar zu machen." (1910 b, S. 7) Abhilfe sei deshalb von
einer „Theorie des Lehrverfahrens" – wir würden heute von einer *Theorie des Lehrens und Lernens* sprechen – zu erwarten, die Aufschluß über „die genaue Feststellung der sämtlichen Durcharbeitungsoperationen, welche jedes Pensum fordert, und
die Anleitung, wie dieselben auf die verschiedenen Lehrgegenstände anzuwenden
sind" (1910 b, S. 42), geben könne.

(2) Das zu hohe „Quantum des absolvierten Materials" sei zudem auch als Ergebnis
unangemessener Lehrplangestaltung anzusehen. Hierzu habe vor allem der Erlaß der
„Allgemeinen Bestimmungen" beigetragen, denn „seit 1872" sei „das Übermaß der
Lehrstoffe noch drückender geworden". (1910 b, S. 22) Dörpfeld stellt als deren Verdienst zwar die Einführung des Sachunterrichts als eigenständiges Unterrichtsfach
ausdrücklich heraus, bemängelt aber, daß man bei der Aufnahme des Faches zwei
wesentliche Fehler begangen habe: Zum einen sei der Zusammenhang dieses Faches
mit den anderen Fächern nicht thematisiert worden, und zum anderen habe man
nicht darauf geachtet, „daß das Lehrstoffquantum in der ganzen Runde dem neuen
Zuwachs entsprechend modifiziert bzw. ermäßigt wurde". (1910 b, S. 9) Zur Vermeidung derartiger Fehlgriffe bedürfe es einer *Theorie des Lehrplans*; mit ihrer Hilfe
sei die „Frage von der qualitativen Vollständigkeit des Lehrplans" (1910 b, S. 39), der
letztlich „ein organisch-gegliedertes Ganzes" (ebd., S. 40) sein müsse, zu klären.

(3) Neben den zuvor genannten Mängeln werde der „Geist des didaktischen Materialismus" aber auch noch von institutioneller Seite aus genährt, und zwar durch „die Art und Weise der Schulaufsicht". (1910 b, S. 12) Dörpfeld erhebt diesbezüglich nicht nur den Vorwurf, daß es der Volksschullehrer im Vergleich zum Gymnasiallehrer mit einem ganzen „Heer von Aufsichtspersonen" (1910 b, S. 13) zu tun habe und diese Personen „den Volksschuldienst nicht aus eigner Arbeit und Mühe" (1910 b, S. 21) kennen; viel gewichtiger sei noch der Sachverhalt, daß sich der didaktische Materialismus durch die hergebrachte Aufsichtsweise „gleichsam legitimiert, ja gehegt, getragen, begünstigt, geehrt und prämiert" (1910 b, S. 21) sieht. Die Lehrer dagegen, die „höhere Bildungsziele und bessere Mittel kennen, fühlen sich beklemmt, verkannt, zurückgesetzt und ... in die Bahn der didaktisch-materialistischen Lehrweise hineingedrängt – mit der ganzen Wucht der Druckkraft, die in der Verwaltungsmaschinerie eines Großstaates steckt". (Ebd.) Dörpfelds große Skepsis gegenüber der zentralen bürokratischen Verwaltung des Schulwesens veranlaßte ihn schließlich zum Entwurf einer Schulverfassungslehre, die den rechtlichen Rahmen der Institution Schule abgeben und zugleich ihre pädagogische Legitimation ermöglichen sollte. Eine solche Schulverfassungslehre würden wir heute als einen Teilbereich einer „Theorie der Schule" bezeichnen.[17]

Die hier im Zusammenhang mit dem Problem des didaktischen Materialismus angesprochenen drei Ebenen schulpädagogischen Denkens (die Theorie des Lehrens und Lernens, die Theorie des Lehrplans und die Theorie der Schule) sind nicht nur als einmalige, historisch bedingte Antworten eines Schulpädagogen des 19. Jahrhunderts auf brennende Probleme seiner Zeit zu betrachten. Vielmehr sind es die drei Ebenen, die auch heute noch konstitutiv für schulpädagogisches Denken sind bzw. sein sollten. Dörpfeld erinnert uns somit an den umfassenden Horizont dieses Gegenstandsbereiches.

Was folgt daraus insbesondere für die hier leitende Fragestellung: Was leistet die Allgemeine Didaktik für fachdidaktisches Denken und Handeln? Faßt man – wie im ersten Kapitel[18] vorgeschlagen – den Begriff der Allgemeinen Didaktik in einem sehr weiten Sinne, so daß darunter sowohl die Theorie des Lehrens und Lernens als auch die Theorie des Lehrplans und der Bildungsinhalte verstanden wird, dann gilt es, nicht nur zu klären, welche allgemeindidaktischen Theorieelemente in den herangezogenen Modellen (Kapitel 2 – 4) erörtert werden und welche damit unberücksichtigt bleiben, sondern es ist darüber hinaus zu fragen, ob in diesen Modellen auch der Zusammenhang zwischen den Theorieelementen der verschiedenen Ebenen und somit auch der Zusammenhang von Allgemeiner Didaktik und Schultheorie diskutiert wird. Im folgenden geht es zunächst darum, die drei Ebenen der Schulpädagogik Dörpfelds und die darin berücksichtigten Theorieelemente näher darzustellen, um daran dann im sechsten Kapitel einen Vergleich der analysierten Modelle anschließen zu können.

5.2. Dörpfelds Theorie des Lehrens und Lernens

Im Zentrum der von Dörpfeld entwickelten Theorie des Lehrens und Lernens (als der eine Teil seiner Allgemeinen Didaktik) steht der Begriff des Lernens. Was dabei „Lernen" heißt und welche Konsequenzen sich aus diesem Lernbegriff für andere Theorieelemente (Unterrichtsmethode, Sozialformen, Artikulation, Funktion des Lehrers usw.) ergeben, läßt sich an einem von Dörpfeld selbst gegebenen fachdidaktischen Beispiel veranschaulichen:

„Angenommen, es gelte, den Begriff ‚Lippenblütler' zu vermitteln.
1. Lehrakt. Sein Zweck ist, die benötigten Anschauungen zu gewinnen. Zu dem Ende zeigt der Lehrer einen konkreten Lippenblütler vor, etwa die allbekannte weiße Taubnessel, und läßt diese Pflanze betrachten und beschreiben – oder mit anderen Worten: ihre sämtlichen Merkmale aufsuchen und nennen. Die gefundenen Merkmale werden der Reihe nach untereinander an die Wandtafel geschrieben. Jetzt muß ein zweiter Lippenblütler vorgeführt werden. Die Wahl ist übrigens, wie sich unten zeigen wird, keineswegs gleichgültig. Doch greifen wir einstweilen aufs Geratewohl zu: nehmen wir etwa den Waldziest. Die Betrachtung geschieht genau wie vorhin, ebenso das Auffinden der gefundenen Merkmale. Daß die Beschreibung bis in die äußersten Einzelheiten fortgeführt werde, ist nicht nötig; wenn die sämtlichen wesentlichen und dann noch die wichtigsten abweichenden Merkmale genannt sind, so kann das für den vorliegenden Zweck genügen. – Soweit die erste, die Voroperation. Sie ist es, welche die meiste Zeit in Anspruch nimmt. Wird sie richtig und sorgfältig ausgeführt, so vollziehen sich die übrigen leicht und schnell. Zur sorgfältigen Ausführung gehört aber noch eins, was vorhin nicht erwähnt wurde. Beim Aufschreiben der Merkmale beider Pflanzen muß der Lehrer es stillschweigend so einrichten, daß 1. in jeder Reihe die übereinstimmenden Merkmale oben, die differenten unten zu stehen kommen, und daß 2. die beiden Reihen von Punkt zu Punkt parallel sind.
2. Lehrakt. Sein Zweck ist, die gemeinsamen Merkmale der beiden Pflanzen festzustellen. Das unterrichtliche Kommandowort heißt: vergleichen. Führt der Lehrer zu diesem Ende jetzt die beiden Pflanzen nebeneinander vor, so wird die Vergleichung schnell vollzogen sein, da die Schüler – wenn das Aufschreiben mit der bezeichneten Vorsorglichkeit geschehen ist – weiter nichts zu tun haben, als die betreffenden Stücke von der Wandtafel abzulesen. Zum Überfluß kann der Lehrer ihnen auch noch dadurch zu Hülfe kommen, daß er die beiden abweichenden Merkmale an der Wandtafel durchstreicht. Sie sprechen demnach: die beiden Pflanzen haben gemeinsam a) einen vierkantigen Stengel, b) abwechselnd gegenständige Laubblätter, c) einen blattwinkelständigen Blütenstand, d) einen verwachsenen, fünfzipfeligen Kelch, e) eine verwachsene, lippenförmig eingeschnittene Blumenkrone, f) zwei lange und zwei kurze Staubblätter, g) einen zweispaltigen Griffel und h) vier (zwei mal zwei) Früchtchen. – Es gehört nicht notwendig zur Begriffsbildung, daß die Differenzen beider Pflanzen gemerkt seien, oder daß ein Unterscheiden – wie man es nennt – vorgenommen werde. Um aber das Gemeinsame durch den Gegensatz etwas stärker hervortreten zu lassen, so mag der Lehrer, wenn er es für gut findet, auch ein paar unterschiedliche Merkmale angeben lassen.
3. Lehrakt. Sein Zweck ist – worauf auch das Wort ‚Begriff' hindeutet – die gefundenen gemeinsamen Merkmale in einen Griff zusammenzufassen. Im Grunde kann man dies kaum einen besonderen, neuen Akt heißen; denn indem in der vorigen Operation von den differenten Merkmalen abgesehen (abstrahiert) und dagegen auf die gemeinsamen hingeblickt wurde, ist die Zusammenfassung (Synthese) der letzteren mit vollzogen worden. Nur um das Zusammen-Vorstellen etwas schärfer zu markieren und dem neuen Begriffsnamen, der dies besiegeln will, die nötige Aufmerksamkeit zu bereiten – nur darum ist es unterrichtlich rätlich, an diesem Punkte wieder einen Augenblick still zu stehen, eine Haltestelle zu machen. Der Lehrer spricht demnach: wir haben gesehen, daß die beiden Pflanzen verwandt sind und worin sie verwandt sind, d.i. worin sie übereinstimmen; um dieses Gemeinsamen willen bekommen sie

auch einen gemeinsamen Namen, nämlich den Namen ‚Lippenblütler‘, gerade wie Kinder aus einer und derselben Familie neben ihrem besonderen Namen (Taufnamen) auch einen gemeinsamen Namen (Familiennamen) haben. Nach ihrem besonderen Namen heißt die eine Pflanze ‚weiße Taubnessel‘, die andere ‚Waldziest‘; nach ihrem gemeinsamen Familiennamen heißen beide ‚Lippenblütler‘.

4. Lehrakt. Er geschieht in der Weise, daß der Lehrer noch etliche andere Pflanzen aus dieser Familie vorführt – aber nicht zugleich, sondern eine nach der anderen – um beurteilen zu lassen, ob dieselben ebenfalls unter diesen Begriff fallen. Dieser Lehrakt enthält das, was man Anwendung des Gelernten nennt, und hat den zwiefachen Zweck: einmal zu prüfen, ob der Begriff klar gefaßt ist, und zum anderen denselben fest und geläufig zu machen. Es wird nicht nötig sein, auf das Lehrverfahren näher einzugehen. Nur das sei bemerkt: der Lehrer kann zunächst nach dem allgemeinen Eindruck, nach dem Augenschein, urteilen lassen; sodann aber muß auch die genaue Untersuchung vorgenommen werden, d.h. die Schüler müssen zusehen, ob bei der vorgezeigten Pflanze die Begriffsmerkmale sämtlich vorhanden sind.“ (Aus: Dörpfeld 1909 b, S. 13 f.)

Im hier wiedergegebenen Beispiel handelt es sich um die Darstellung eines *Unterrichtsablaufes*, also nicht um die explizite Beschreibung eines *Lernprozesses*. Es eignet sich aber dennoch für eine nähere Analyse des Dörpfeldschen Lernbegriffes, weil Dörpfeld aus der Stufung menschlichen Lernens direkte Konsequenzen für die zeitliche Abfolge des Unterrichtens ableitete. Deshalb läßt dieses Unterrichtsbeispiel auch umgekehrt Schlüsse auf die zugrundeliegende Lerntheorie zu.

Auffallend ist an diesem Beispiel zunächst einmal die starke Führung des Unterrichts durch den Lehrer. Besonders in den ersten beiden Lehrakten gehen die Aktionen von ihm aus. Dennoch unterscheidet sich diese Art des Lehrens und Lernens gänzlich von jener, die im Zuge der Stiehlschen Regulative die Arbeit in den Klassen bestimmte, weil dort die unterrichtlichen Aktivitäten auf das „Dozieren und Einprägen“ (1910 b, S. 6) beschränkt blieben. Hier wird dagegen die geistige Selbsttätigkeit des Schülers gefordert. Er ist es, der die Begriffsbildung für sich vollziehen muß. Das Erkennen der gemeinsamen Merkmale – hier der Lippenblütler – bleibt also die eigenständige Leistung des Schülers. Der Lehrer kann ihm dabei lediglich, wie Dörpfeld sagt, „zu Hülfe kommen“, er kann das Tafelbild so anlegen, daß mögliche Lernhemmungen vermieden oder gering gehalten werden. „Lehren“ bedeutet bei Dörpfeld also immer *„Hilfe zum Lernen“*.

Was versteht er nun im einzelnen unter „Lernen“? Der im Beispiel beschriebene Lernprozeß gibt näheren Aufschluß über die einzelnen Momente von Lernen:

(1) Lernen, Dörpfeld spricht auch vom „Neulernen“ (s. z. B. 1909 a, S. 87), verläuft in drei Stufen: Es beginnt mit dem Anschauen (1. Lehrakt); die Funktion der Anschauung wird im folgenden noch näher zu erläutern sein. An die Anschauung knüpft die 2. Stufe, das Denken (s. 2. Lehrakt), an. „Denken“ ist dabei identisch mit dem Vorgang der Begriffsbildung (1909 a, S. 61). Allerdings spricht Dörpfeld von „Begriffen“ in einem sehr weiten Sinne; denn dazu rechnet er auch die Regeln des Addierens und des Rechnens überhaupt (s. 1909 a, S. 29) oder das Erkennen kausaler Zusammenhänge im Bereich der Naturlehre (s. 1909 b, S. 31 f.). Zu dieser zweiten Stufe des Lernprozesses gehört auch der dritte Lehrakt, die Benennung des erkannten Sachverhaltes.[19] Die dritte Stufe des Lernens, das Anwenden (4. Lehrakt),

dient zum einen der Kontrolle des Gelernten, zum anderen aber auch zu dessen Übertragung auf andere Sachverhalte.

(2) Neben der Stufung des Lernprozesses (Anschauen, Denken, Anwenden) sind dem Beispiel auch Hinweise über das *Zustandekommen* von Lernen zu entnehmen. Das Anschauen der konkreten, „allbekannten" Pflanzen soll zweierlei bewirken. Es ermöglicht Lernen erst insofern, als dadurch die Alltagserfahrung, das Vorwissen des Schülers, aktiviert wird. „In der Anschauungsoperation muß nämlich dem Darbieten des Neuen ein Vorakt voraufgehen, die sogenannte Vorbereitung ..., damit das Neue an bereits Bekanntes angeknüpft werde." (1909 a, S. 97) Darüber hinaus bewirkt der Rückgriff auf selbstgemachte Erfahrungen aber auch, „daß ein lebhaftes Interesse für den neuen Stoff geweckt wird". (1909 a, S. 97)

(3) Ein weiteres konstitutives Merkmal von Lernen, das oben bereits im Zusammenhang mit dem Begriff des Lehrens angesprochen wurde, ist das der geistigen „Selbsttätigkeit"[20]. Dörpfeld betont zwar eigens, Unterricht könne nicht so angelegt sein, daß „der Schüler selbständig, ohne jede Hülfe, die Denkarbeit vornehmen soll". (1909 b, S. 22) Die Begriffsbildung, das Denken, müsse vielmehr unter „schulgerechter Anleitung" (ebd.) stehen. Den Akt der Begriffsbildung aber habe der Schüler selbst zu vollziehen. Diese eigenständige Leistung sei dem Schüler ohne weiteres möglich. „Was hier dem Schüler zugemutet wird, ist so leicht, daß im Schulunterricht kaum etwas Leichteres vorkommen kann. Denn wenn der erste Akt, das Betrachten (Analysieren) der beiden Repräsentanten, regelrecht vor sich gegangen ist, so hat der Schüler weiter nichts zu tun, als die gemeinsamen Merkmale, wie sie an der Wandtafel stehen, abzulesen – und sich dann den gemeinsamen Namen der beiden Repräsentanten zu merken." (1909 b, S. 22) Stärker noch als auf der Stufe des Denkens wird die geistige Selbsttätigkeit des Schülers auf der Stufe der Anwendung betont. Die Anwendung eines erworbenen Begriffes besteht darin, daß „dem Schüler mehrere neue Anschauungsbeispiele nacheinander vorgeführt werden, damit er zusehe, ob dieselben gleichfalls unter den bekannten Begriff fallen". (1909 a, S. 88) Während der Lehrer also bei der Begriffsbildung „mit tätig" war, muß „jetzt der Schüler selbständig den Denkakt vornehmen ...; überdies kann die Aufgabe des Schülers noch dahin gesteigert werden, daß er selber neue Beispiele suchen soll". (Ebd.)

(4) Lernen als Begriffsbildung im weitesten Sinne wird von Dörpfeld als „Erzeugung abstrakter Vorstellungen" (1909 a, S. 87) verstanden. Im obigen Beispiel besteht Lernen also in der Verknüpfung der gemeinsamen Merkmale der beiden Pflanzen. Die in einem derartigen Verständnis eingeschlossene mechanistische Deutung von Lernen, ja von psychischen Prozessen überhaupt, illustriert Dörpfeld an anderer Stelle durch entsprechende Hinweise: „Auch der einfachste körperliche Gegenstand ist für das Wahrnehmen etwas Zusammengesetztes; da kommt in Betracht: Gestalt, Größe, Farbe, Stoff, Gewicht, Härte usw. ... Demgemäß darf man sich die Anschauung von einem solchen Objekte nicht als ein Bild aus einem Gusse denken, sondern als ein

psychisches Gebilde, das aus mehreren einfachen oder Einzelvorstellungen besteht, und zwar aus so vielen, als Merkmale gemerkt worden sind." (1909 a, S. 15) Selbst das Erlernen einer Melodie ist für Dörpfeld demnach eine Verknüpfung von einzelnen Tönen (s. Dörpfeld 1909 a, S. 92) und nicht, wie wir heute sagen würden, die ganzheitliche Erfassung einer Gestalt, die mehr als die Summe ihrer Elemente ausmacht, der also eine ganz andere Qualität zukommt als der Aneinanderreihung ihrer Elemente (Töne).

(5) Die Verknüpfung elementarer Vorstellungen zu komplexeren bzw. abstrakteren geht mit einer eigentümlichen *Intensität* einher. Denn eine derartige Verknüpfung, die Dörpfeld im Gegensatz zur mechanischen[21] auch als judiziöse bzw. denkende Verknüpfung bezeichnet (1909 a, S. 92 ff.), besitzt eine so „starke Memorierkraft", daß „der Begriffsbildungsakt nur einer geringen Repetition" (1909 a, S. 98) bedarf. Darüber hinaus spricht Dörpfeld der judiziösen Verknüpfung noch zwei weitere Vorteile hinsichtlich ihrer „Memorierkraft" zu. Zum einen sei die Reichweite, die „Extension", hier größer als beim mechanischen Lernen. „Denn nachdem der Begriff einmal da ist, so kommt sein Licht, seine Reproduktionskraft auch allen übrigen verwandten Vorstellungen, die in der Seele vorhanden sind, zu gute: auch sie sind, je nach dem Grade ihrer Verwandtschaft, reproduktionsfähiger geworden ... und gehören demnach zu dem Reproduktionskreise, in dessen Zentrum der Begriff als Monarch steht. Man kann dies z. B. daran erkennen, daß die Schüler nach dem Begriffsbildungsakte in der Lage sind, selbständig neue Beispiele zu suchen." (1909 a, S. 94) Auf das obige Beispiel bezogen, hieße das: Andere Pflanzen, die ebenfalls zu den Lippenblütlern gehören, können als Beispiele für den erarbeiteten Begriff erkannt werden. Zum anderen sorge die judiziöse Verknüpfung für eine „vielseitige" Reproduktionsfähigkeit. „Denn einmal können die sämtlichen dazu gehörigen konkreten Vorstellungen einander reproduzieren und zwar wechselseitig; sodann können diese Vorstellungen und der Begriff einander wechselseitig reproduzieren." (1909 a, S. 95)

Die drei Vorteile des judiziösen Lernens sind zugleich die Nachteile des mechanischen Lernens. Letzteres, zu dem beispielsweise die Verknüpfung von Gegenstand und Name, von geschichtlichem Faktum und betreffender Jahreszahl oder von mutter- und fremdsprachlicher Vokabel (s. Dörpfeld 1909 a, S. 92) gehören, zeitige nämlich einige negative Folgen: Es führe zur Langweiligkeit (1909 a, S. 105), zur Interessenlosigkeit (ebd., S. 106) und zur gedankenlosen Wiedergabe von auswendig Gelerntem, weil beim Repetieren „nur oberflächlich an den Inhalt gedacht wird". (Ebd., S. 107) Diese Folgeerscheinungen bewirken schließlich, daß dem Schüler „der Lehrgegenstand mehr oder weniger verleidet wird". (Ebd., S. 131) Daß Dörpfeld so viel an der Betonung des judiziösen Lernens samt dessen Vorteilen gegenüber dem mechanischen liegt, steht in engem Zusammenhang mit seiner Beurteilung der Stiehlschen Regulative und des durch diese hervorgerufenen „Memorierwahns" (1909 a, S. 130). Er versteht seine lernpsychologischen Arbeiten deshalb als „Anklageschriften wider den Memoriermaterialismus" (1909 a, S. 133), wie er insbesondere im Religionsunterricht im Zuge der Regulative üblich war.[22]

(6) Lernen, das durch judiziöse Verknüpfung zustande kommt, läßt sich als *Verschränkung zweier Momente* charakterisieren. Es ist nämlich „objektiv nichts anderes als der gleichartige Inhalt der Vorstellungen ..., und subjektiv nichts anderes als das Erkennen, das Bewußtgewordensein dieses Inhaltes". (1909 a, S. 93) Im angeführten Unterrichtsbeispiel läge das objektive Moment in den gemeinsamen Merkmalen der vorgeführten Pflanzen, also in den Merkmalen der Lippenblütler; das subjektive Moment bestünde dann im Erkennen und im bewußten Aufnehmen der Merkmale seitens des Schülers.

Durch die Unterscheidung dieser beiden Momente stellt Dörpfeld offensichtlich einen Bezug zwischen „Lernen" und „Bildung" und damit auch eine Verbindung der Theorie des Lehrens und Lernens mit der Theorie des Lehrplans her. In der Theorie des Lehrplans, die weiter unten noch ausführlich zu behandeln sein wird, entwickelt Dörpfeld nämlich ein Konzept von Allgemeinbildung, aus dem er Konsequenzen für die Vollständigkeit des Fächerkanons und für die Inhalte des Lehrplans ableitet. Die über Unterricht intendierte Bildung des Individuums erscheint ihm nur möglich, wenn geklärt worden ist, wie der Bildungsprozeß im Individuum – durch die pädagogische Hilfe von außen angestoßen – abläuft, wie sich also das Subjekt die bildenden Inhalte aneignet.

(7) Judiziöses Lernen erzeugt nicht nur Wissen, sondern auch „Können" (1909 a, S. 88). Auf dieses Können zielt insbesondere die 3. Stufe des Lernens, das Anwenden. Nachdem im erwähnten Unterrichtsbeispiel der Begriff „Lippenblütler" gebildet worden ist, werden nacheinander weitere Pflanzen vorgeführt, „um beurteilen zu lassen, ob dieselben ebenfalls unter diesen Begriff fallen". (1909 b, S. 14) Mit dieser Erweiterung der Beispielklasse verfolgt Dörpfeld im wesentlichen drei Absichten: Zunächst einmal sollen Umfang (Extension) und Inhalt (Intension) des Begriffes erweitert werden (1909 a, S. 87). Auf diese Weise erfährt der Schüler, daß der erlernte Begriff Transfercharakter in sich trägt, also auf andere „Fälle" anwendbar ist. Zweitens wird der Schüler in der Anwendung des Begriffes sicherer. Diese Sicherheit bezeichnet Dörpfeld als „Können" (1909 a, S. 88). Wichtig ist aber noch ein Drittes: „Außer denjenigen Vorstellungen, aus denen der Begriff gewonnen worden ist, können auch noch andere in der Seele vorhanden sein, die unter denselben gehören. Bleibt nun der Begriffsbildungsprozeß bei jenen wenigen Beispielen stehen, so bleiben die übrigen verwandten Anschauungen von der Wohltat des Durchdenkens ausgeschlossen; sie sind für die Intelligenz noch nichts anderes als Rohmaterial, noch keine höheren Erkenntnisprodukte, keine ausgeprägte Münze und keine Denkinstrumente." (Ebd.) In der heutigen Terminologie würde man also sagen, daß die im Denkprozeß gebildeten Begriffe nun als kognitive Strukturen fungieren, unter die bereits erkannte Erscheinungen (im Beispiel also weitere Pflanzen, die zur Art der Lippenblütler gehören) subsumiert werden können.

(8) Wenn im vorangegangenen auf den Transfereffekt judiziösen Lernens hingewiesen wurde, so ist damit zugleich schon angedeutet, daß judiziöses Lernen immer auch *exemplarisches* Lernen ist. Der Begriff „Lippenblütler", der im Naturkundeun-

terricht gebildet werden soll, ermöglicht dem Schüler nicht nur die Einordnung weniger Pflanzen; er ist eine Kategorie, die eine Vielzahl konkreter Lippenblütler zu identifizieren erlaubt. Auch dieses Moment der Exemplarizität des Lernens verweist bereits über die Theorie des Lehrens und Lernens hinaus in Dörpfelds Lehrplantheorie. Da diese weiter unten noch näher diskutiert wird, mögen an dieser Stelle einige Andeutungen genügen.

In der Schrift „Grundlinien einer Theorie des Lehrplans" führt Dörpfeld ein anderes Beispiel exemplarischen Lehrens und Lernens an, wenn er dort die These vertritt, alle menschlichen Bedürfnisse und Tätigkeiten ließen sich auf sechs Hauptbedürfnisse und auf sechs entsprechende Klassen menschlicher Arbeit reduzieren. „Es sind: die Arbeiten für den Landesschutz und den Rechtsschutz, für die Gesundheit und den Wohlstand, für die Bildung und das Seelenheil." (1910 a, S. 18) Der von ihm vorgeschlagene Unterricht gleicht formal der Einführung des Begriffes „Lippenblütler". „Der Lehrer wird aus jeder dieser Arbeitsklassen (gerade wie in der Naturkunde) einen oder etliche bekannte Repräsentanten vorführen, – also etwa erinnern an: den Offizier, den Richter, den Arzt, den Bergmann, den Lehrer, den Prediger – und diese Namen neben andern ihres gleichen in richtiger Ordnung an die Wandtafel schreiben. Nun gilt es, vergleichend zu besehen, für welches Bedürfnis jeder dieser Stände zu sorgen, zu arbeiten hat. So in die Bahn gebracht und durch Fragen geleitet, macht es selbst zehn- bis elfjährigen Kindern nicht die geringste Mühe, die Vergleichung durchzuführen; dem Lehrer bleibt nur übrig, jeweilig den sachgerechten Ausdruck hinzuzubringen. Hieran reiht sich dann die für die Kinder so interessante wie instruktive Schlußübung, alle ihnen bekannten Beschäftigungsarten in die sechs Rubriken einzuordnen." (1910 a, S. 19 f.) Der exemplarische Charakter dieses Lehrganges ist kein Selbstzweck; er muß im Hinblick auf die Gegenwarts- und Zukunftsbedeutung für den Schüler gerechtfertigt werden. Für Dörpfeld liegt diese Gegenwarts- und Zukunftsbedeutung auf der Hand: Der Lehrgang ist nützlich, weil das Kind mit den erworbenen Begrifflichkeiten seine Lebenswirklichkeit aufschlüsseln kann und weil es dadurch zu der Einsicht gelangt, „daß jede dieser Arbeiterklassen für ein notwendiges Bedürfnis tätig ist, und daß die Offiziere, Richter, Ärzte, Lehrer, Prediger ebenso gut ‚arbeiten' wie die Bergleute, Schreiner, Kaufleute usw. Es wird sich somit nicht mehr einbilden, nur diejenigen seien ‚Arbeiter', welche vornehmlich mit den Leibesgliedern tätig sind, oder nur die, welche beim Erwerb der wirtschaftlichen Güter dienen." (1910 a, S. 20) Sieht man von den in dieser Begründung zum Tragen kommenden impliziten gesellschaftstheoretischen Vorstellungen Dörpfelds ab, so bleibt formal etwas Wesentliches festzuhalten: Judiziöses Lernen ist exemplarisches Lernen und ermöglicht dem Individuum eine Orientierung in der vielgestaltigen Welt. Deshalb zielt es auf transferierbare Begriffe, Strukturen, Kausalzusammenhänge, Regeln usw.

(9) Lernen bedarf der Übung. Dörpfeld denkt dabei allerdings weniger an die mechanischen Übungen, die sich auf gedankenloses Repetieren von Bibelsprüchen, Katechismussätzen oder Lesestücken erstrecken (s. 1909 a, S. 105 ff.). Ihm geht es vielmehr darum, Formen sinnvollen Übens zu entwickeln, die das Verständnis der

gelernten Sache vertiefen und festigen können.[23] So empfiehlt er für das unerläßliche Memorieren die Vorgabe von „Reflexionsfragen" (1909 a, S. 135), und zwar insbesondere in den Fällen, in denen sich der Lehrer vergewissern will, ob der Inhalt eines Lesestückes verstanden worden ist. Dies könne dann etwa in der Art geschehen, „daß man zergliedernde Fragen stellt, deren Antwort aus dem Buche gelesen werden kann, so daß also das monotone Lesen sich gleichsam in einen Dialog verwandelt". (1909 a, S. 117) Auf diese Weise werde nämlich „durch die voraufgehende Frage ... der Inhalt der Antwort unter einen begrifflichen Gesichtspunkt gestellt". (Ebd.)

Zusammenfassend läßt sich der Begriff des Lernens, der die zentrale Kategorie in der Dörpfeldschen Theorie des Lehrens und Lernens darstellt, durch folgende Momente charakterisieren:

(Judiziöses) Lernen
- verläuft in drei Stufen (Anschauen, Denken und Anwenden);
- wird durch die Anknüpfung an Erfahrung und Umgang des Schülers in Gang gesetzt;
- erfordert die geistige Selbsttätigkeit des Schülers;
- entsteht durch die Verknüpfung von Vorstellungselementen zu abstrakteren Vorstellungen;
- besitzt eine weitaus stärkere Intensität als das mechanische und spricht zudem das Interesse des Schülers an;
- bedeutet Verschränkung von Inhalt (objektives Moment) und Erkenntnis (subjektives Moment); es läßt sich daher als subjektiver Ablauf des individuellen Bildungsprozesses verstehen;
- erzeugt nicht nur bloßes Wissen, sondern auch ein Können, das den Transfer des Erlernten ermöglicht;
- ist immer auch exemplarisches Lernen, das auf Orientierung und Verständnis der vielgestaltigen Wirklichkeit ausgerichtet ist;
- bedarf adäquater Übungsformen.

Mit den im vorangegangenen beschriebenen zwei Elementen der Theorie des Lehrens und Lernens, dem Begriff des Lehrens einerseits und dem des Lernens andererseits, stehen bei Dörpfeld andere Elemente in engem Zusammenhang, nämlich die Artikulation des Unterrichts und die Unterrichtsmethode, darüber hinaus aber auch die Lernzielkontrolle, die Aktionsformen des Lehrens, die Sozialformen, die Lehrmittel und die Voraussetzungen, die Schüler in den Lernprozeß mit einbringen. Wenn diese Theorieelemente hier mit den gegenwärtig geläufigen Termini benannt werden, so ist mitzubedenken, daß Dörpfeld diese Begrifflichkeiten nicht benutzte, ja noch nicht einmal für alle der genannten Elemente Fachausdrücke prägte. Die ersten zwei Elemente (Artikulation und Methode) hat Dörpfeld eingehender erläutert als die übrigen. Auf diese beiden Elemente konzentrieren sich zunächst die folgenden Überlegungen.

Die Artikulation des Unterrichts in Stufen bzw. Phasen vollzieht Dörpfeld als direkte Umsetzung der von ihm zugrundegelegten lernpsychologischen Theorie.

Pädagogik ist für Dörpfeld nämlich „angewandte Psychologie".[24] (1909 a, S. 161)
Das angeführte Beispiel aus der Naturkunde belegt das: Die Lehrakte korrespondieren direkt mit den Stufen menschlichen Lernens. Für Dörpfeld stand dabei außer
Zweifel, daß die Phasierung des Unterrichts in der Folge von Anschauen, Denken
und Anwenden die *Regel* sinnvoller Unterrichtsplanung und -gestaltung sei: „Jede
Lektion, d.i. jedes Stoffquantum, das als eine sog. ‚Lehreinheit' auftreten soll, muß in
jener dreifachen Weise – anschauend, denkend, anwendend – durchgearbeitet werden." (1909 a, S. 89) In Anlehnung an die „Herbartianer" (nicht an Herbart) sprach
Dörpfeld dann auch von den drei *formalen* Stufen des Unterrichts (s. 1909 b,
S. 45 f.).[25] Aus der strengen Orientierung an der Psychologie leitete er allerdings
nicht nur die Legitimation der unterrichtlichen Formalstufen, sondern auch deren
schwerpunktmäßige Berücksichtigung in den verschiedenen Altersstufen her. Die
Jugend (damit meint Dörpfeld die Kinder bis zum 8. Lebensjahr) sei „offenbar vorwiegend für die erste Lehrstufe ... disponiert. Hier wird daher der Anschauungser-
werb den Denkertrag überragen. Das Jünglingsalter zeigt dagegen auch bereits eine
entschiedene Befähigung und Neigung zur Reflexion ... Die volle Neigung und Befähigung zur Anwendungsreflexion und zum selbständigen Forschen tritt in der
Regel erst im reiferen Jünglings- und Mannesalter ein." (1909 b, S. 36) Diese
entwicklungspsychologischen Annahmen erfordern nach Dörpfeld neben der
entsprechenden Gewichtung im Unterricht auch analoge schulorganisatorische
Maßnahmen, nämlich die Gliederung der Volksschule in eine Unter-, Mittel- und
Oberstufe (s. 1909 b, S. 36 f.). Lern- und Entwicklungspsychologie geben demnach
nicht nur Anregungen für die konkrete Unterrichtspraxis, sondern verweisen darüber hinaus auf die Notwendigkeit einer Theorie der Schule, die u.a. Auskunft über
die institutionelle Organisation von Unterricht gibt.

Die *Unterrichtsmethoden*, die Dörpfeld dem Volksschullehrer empfiehlt, sind eng
an die formale Stufung des Unterrichts angelehnt. Für die ersten beiden Stufen (Anschauen und Denken) bevorzugt er ein induktives Vorgehen, für die Phase der Anwendung ein deduktives, weil beim Anschauen, vor allem aber beim Denken, „die
Gedankenbewegung vom Besonderen zum Allgemeinen", beim Anwenden dagegen
„vom Allgemeinen zum Besonderen" (1909 a, S. 88) verlaufe. Beide methodischen
Formen sind in engem Zusammenhang mit der mechanistischen Auffassung von Lernen zu sehen. Verläuft die Gedankenbewegung vom Besonderen zum Allgemeinen, so
hat der Schüler elementare Vorstellungen zu komplexen zu verknüpfen. Soll das Allgemeine am Besonderen demonstriert und überprüft werden, so muß der Schüler fest-
stellen, ob die erworbenen abstrakten Vorstellungen auf konkrete anwendbar sind.

Die übrigen Theorieelemente (Lernzielkontrolle, Aktionsformen des Lehrens,
Sozialformen, Lehrmittel und Lernvoraussetzungen) hat Dörpfeld in seinen Ausführungen nur spärlich bedacht.

– Die Notwendigkeit der *Lernzielkontrolle*, also die Notwendigkeit „zu prüfen, ob
  der Begriff klar gefaßt ist", wird von Dörpfeld nicht erhoben, um so eine Grundlage für die Bewertung der Schülerleistung zu schaffen. Vielmehr soll der Lehrer
  eine entsprechende Rückmeldung über den bereits erzielten oder über den noch

ausgebliebenen Lernzuwachs erhalten. Ähnlich wie bei seinem Plädoyer für das judiziöse gegenüber dem mechanischen Lernen liegt Dörpfeld auch hier in erster Linie daran, ob der Schüler den Inhalt aufgenommen hat.

– Das mögliche Repertoire an *Aktionsformen des Lehrens* wird in Dörpfelds Theorie des Lehrverfahrens drastisch eingeschränkt. Dem Lehrer wird angeraten, Lernen direkt anzuleiten; seine Hinweise und Hilfen sollen also möglichst schnell und sicher zum Ziel führen. So haben die Schüler bei der Behandlung der Lippenblütler nicht die Möglichkeit, selbst „Lösungen" zur Beschreibung und Kategorisierung der entsprechenden Pflanzen vorzuschlagen, sondern das Tafelbild wird vom Lehrer so komponiert, daß der Schüler zwangsläufig in die Denkweise des Botanikers verfällt. Für Dörpfeld hat diese Engführung des Unterrichts nichts Problematisches an sich; schließlich zielt schulisches Lernen auf „deutliche und wissenschaftlich gültige Begriffe". (1909 b, S. 12)[26]

– Die Einschränkung der Aktionsformen des Lehrens korrespondiert mit einer entsprechenden Begrenzung der von Dörpfeld empfohlenen *„Sozialformen"*. Für die Stufe des Anschauens und Denkens rät er zu dem, was heute in der Fachliteratur unter dem Sammelbegriff „Frontalunterricht" gefaßt wird. Anstöße, Impulse und Fragen gehen vom Lehrer aus; Schülerbeiträge sind umgekehrt direkt an den Lehrer gerichtet. Für die Stufe der Anwendung eigne sich ebenfalls diese Form der Interaktion; der Lehrer könne hier – so zeigt es das Beispiel „Lippenblütler" – die Festigung des erlernten Begriffes durch Verweis auf andere Repräsentanten anleiten. Darüber hinaus empfiehlt Dörpfeld aber auch die Einzelarbeit; sie erfolge bei den Anwendungsübungen „möglichst als stille Selbstbeschäftigung der Schüler". (1909 a, S. 99)

– Als *Lehrmittel* (Medien) zieht Dörpfeld konkrete Gegenstände (im obigen Beispiel sind es Pflanzen), die Tafel und vor allem das Lehrbuch in Betracht. Derartige „Medien" unterstützen das Anschauen, Denken und Anwenden gleichermaßen. Dem Lehrbuch (Lesebuch, Realienbuch) sprach Dörpfeld dabei eine entscheidende Bedeutung für die Vermeidung mechanischen Memorierens zu (s. z.B. 1909 a, S. 117, 141; 1909 b, S. 25 f.).

– Die *individuellen Voraussetzungen*, die Schüler für schulisches Lernen mitbringen, läßt Dörpfeld weitgehend unbeachtet. Wenn er auch an einer Stelle unter Bezug auf Mager die unterschiedliche Sprachkompetenz von Kindern auf deren unterschiedliche (häusliche) Sozialisation zurückführt (1910 a, S. 33)[27], so spielt insgesamt gesehen aber die individuelle Lerngeschichte des Kindes bei Dörpfeld keine nennenswerte Rolle. Die Vernachlässigung der (soziokulturell bedingten) anthropogenen Voraussetzungen des Lernens zeigt sich dann auch in der pauschalen Unterscheidung von schwächeren und besseren oder auch von begabteren und minder begabten Schülern (s. 1909 a, S. 119). Die unterschiedliche Leistungsfähigkeit der Schüler ist aber kein Anlaß, konkrete Maßnahmen, wie etwa die der inneren Differenzierung, in die Wege zu leiten.

Will man nach der Bedeutung der im vorangegangenen beschriebenen Elemente der Theorie des Lehrens und Lernens für die gegenwärtige allgemeindidaktische Dis-

kussion fragen, so wird man vorab herausstellen müssen, welche Bedeutung diese
Elemente in der damaligen Situation gehabt haben könnten.

In dieser Hinsicht ist zunächst einmal der Sachverhalt hervorzuheben, daß Dörpfeld im wesentlichen für Lehrer geschrieben hat. Seine Schriften zur Theorie des
Lehrens und Lernens sind der Intention nach Veröffentlichungen, die als wissenschaftliche Fundierung der methodischen Gestaltung des Unterrichts gedacht
waren.[28] Dörpfeld war gegenüber der Schulpolitik des preußischen Staates zu skeptisch, um von ihr entsprechende Impulse und Neuerungen zu erwarten. Ihm lag vielmehr an einer „Reform von unten", deren Gelingen im hohen Maße von der
methodischen Kompetenz des Lehrers abhing.[29] So gesehen ist Dörpfelds Theorie
des Lehrens und Lernens ein Beitrag zur Professionalisierung des Volksschullehrers;
hatte dieser ursprünglich eher im Nebenberuf „Schule gehalten", so sollte er über
derartige Schriften Fachmann für methodisch reflektiertes Unterrichten werden.[30]

Darüber hinaus sind einige Aussagen Dörpfelds als Korrektiv für die damalige
Diskussionslage zu werten. Hierzu darf man insbesondere seinen Vorwurf gegenüber der Zillerschen Pädagogik und Seminarausbildung in Leipzig rechnen, wenn er
diesbezüglich anmahnte, daß durch sie zu sehr das „mechanische Repetieren" in der
Schule unterstützt und zu wenig thematisiert werde, wann, was und wie geübt werden müsse (s. z. B. 1909 a, S. 126, 134, 138; vor allem auch 1909 b, S. 45 f.). Des weiteren beklagte Dörpfeld, die Leipziger Seminaristen würden dazu „angeleitet, ihre
Lehrpräparationen (in jedem Fache) streng nach den 4 Apperzeptionsstufen einzu-
richten und demgemäß auch bei der praktischen Ausbildung zu verfahren". (Dörpfeld 1909 b, S. 45) Demgegenüber kam es ihm darauf an, die Eigentümlichkeit der
Stoffe stärker zu betonen. Dabei sah er den wechselseitigen Bezug der verschiedenen
Ebenen schulpädagogischen Denkens: Seine Theorie des Lehrens und Lernens enthält wichtige Bezüge zur Theorie des Lehrplans – insbesondere durch seine Auffassung vom exemplarischen Lehren und Lernen, das auf eine begründete Wahl von
Unterrichtsinhalten drängt – und schließt auch Bezüge zur Theorie der Schule ein,
wie sie beispielsweise in der Forderung zur Einteilung der Elementarschule in Stufen (Unter-, Mittel- und Oberstufe) zum Ausdruck kommt (s. 1909 b, S. 36).

Neben diesen gewürdigten Aspekten der Dörpfeldschen Theorie des Lehrens und
Lernens im Hinblick auf die damalige Situation sind aus heutiger Sicht allerdings
auch deren Grenzen zu sehen. Aus systematischen Gründen können hier nur einige
wichtige Gesichtspunkte angeführt werden:

– Was Eduard Spranger bereits 1916 in einem anderen Zusammenhang über die
  Desiderate der Schulpädagogik Herbarts und einiger Herbartschüler der ersten
  und zweiten Generation gesagt hat, trifft weitgehend auch auf Dörpfeld zu.
  Spranger mahnte dort nämlich die einseitigen Verzerrungen der Herbartschen
  Psychologie an, auf der die Volksschulpädagogik des 19. Jahrhunderts weitgehend aufbaute: Sie sei intellektualistisch, da sie zu sehr auf die geistige Selbsttätigkeit ziele; sie sei individualistisch, weil sie „die Erziehung zu einem Duett
  zwischen Lehrer und Schüler" (Spranger 1916, S. 49) mache, und sie sei mecha-
  nistisch, indem sie „das Geschehen in der Schule aus der Statik und Dynamik

von Vorstellungselementen deutete". (Ebd.) Rückblickend auf das Unterrichtsbeispiel „Lippenblütler" zeigt sich, daß auch Dörpfelds Theorie des Lehrens
und Lernens von den drei durch Spranger hervorgehobenen Einseitigkeiten gekennzeichnet ist: Die intellektualistische Einseitigkeit kommt in der Beschränkung auf bloße geistige Selbsttätigkeit zum Tragen (Erkennen der Merkmale),
die individualistische in der drastischen Einschränkung der Sozialformen (fron-
tal gelenkter Unterricht), und die mechanistische Auffassung vom Lern- und
Denkprozeß wird erkennbar in der Assoziation begrifflicher Elemente (Verknüpfung der Merkmale im Begriff „Lippenblütler").

– Die lernpsychologische Konzeption Dörpfelds, vor allem die Auffassung, Lernen
verlaufe in Stufen, verleitete ihn zu der Forderung, die Artikulation des Unterrichts streng an diesen Lernstufen zu orientieren. Ein derartiger Umschlag einer
Lerntheorie in Unterrichtsartikulation ist insofern problematisch, als dadurch die
Eigentümlichkeiten fachspezifischer Inhalte ausgeklammert bleiben; die jeweiligen Besonderheiten würden nämlich durch den lernpsychologischen Vorgriff
nivelliert. So hätten nach Dörpfelds Artikulationsschema etwa der Tanz im Musikunterricht, das Bestaunen von Naturphänomenen im Physikunterricht oder
das Generieren verschiedener Interpretationsansätze im Deutschunterricht eine
vergleichsweise geringe Bedeutung.

– Problematisch erscheint schließlich auch die durch Dörpfelds Aussagen nahege-
legte Ansicht, über eine lernpsychologisch angeleitete Unterweisung zu wissenschaftlich abgesicherten „wahren" Begriffen zu gelangen. Am Beispiel des
Lippenblütlers zeigt sich, daß Dörpfeld zu einer solchen Lehrweise rät, obwohl
ihm Ausnahmen für den Begriff „Lippenblütler" durchaus bekannt sind (z.B.
1909 b, S. 15). Auch die Festlegung von Begriffen im Bereich der „geistigen Welt",
wie etwa die Festlegung der Begriffe „Zuversicht", „tiefsinnig", „Rache", „Kraft"
oder „Geist" (s. 1909 b, S. 19), verdeutlicht diesen Sachverhalt, wenn er behauptet, solche Begriffe seien durch „Exempel aus dem Menschenleben" zu klären, in
denen das, „was gemerkt werden soll, deutlich in Erscheinung tritt". (Ebd.) Hinter derartigen Formulierungen darf man den Glauben an eine „an sich seiende"
Welt vermuten, deren Vielfalt und Komplexität durch „objektive" Strukturen
(Begriffe, Gesetzmäßigkeiten usw.) abgebildet oder widergespiegelt werden
könnten.

Was darf man dann aber über die hier aufgezeigten Grenzen hinaus als das auch
heute noch Bedenkenswerte an Dörpfelds Theorie des Lehrens und Lernens für allgemeindidaktisches Denken festhalten? Welche Theorieelemente sind also auch im
Rahmen der gegenwärtigen Allgemeinen Didaktik zu berücksichtigen?
Spricht man der Allgemeinen Didaktik im Sinne J. Diederichs die Aufgabe zu,
„Fragen zu lehren" (s. Diederich 1988, S. 10), deren Beantwortung dann dem Fachdidaktiker anzutragen ist, so kann man im Anschluß an Dörpfeld einige Fragenkomplexe herausstellen, hinter die die allgemeindidaktische Diskussion der
Gegenwart nicht mehr zurückfallen dürfte.[31] Demnach hätte die Allgemeine Didak-
tik auf einer ersten Ebene (der Ebene der Theorie des Lehrens und Lernens)

- in Anlehnung an lern- und entwicklungspsychologische Ansätze den Begriff des
  Lernens zu explizieren. Die Auslegung des Lernbegriffes wäre dabei pädagogisch
  legitimiert, wenn Lernprozesse als Stufen auf dem Weg in die Mündigkeit gedeutet werden;
- Stellung und Funktion des Lehrers im Lernprozeß zu thematisieren. Dessen Aufgabe erschöpft sich nicht allein in der Vermittlung von Inhalten. Aus pädagogischer Sicht heißt „Lehren" vor allem „Hilfe zum Lernen": Der Lehrende bietet
  dem Lernenden Hilfen an, mit denen er sich das zueignen kann, was die ältere Generation für bedeutsam hält, durch die ihm aber auch die Möglichkeit gegeben
  wird, zu den angebotenen Denk- und Erfahrungsmustern Position zu beziehen
  und sie gegebenenfalls verwerfen zu können;
- das breite Spektrum der Methodik zu erörtern, wodurch dann verschiedene Formen der Lernhilfe zur Sprache kämen: verschiedene Unterrichtsmethoden, Möglichkeiten der Unterrichtsartikulation, der Aktionsformen, der Sozialformen, des
  Medieneinsatzes und der Lernzielkontrolle, die dem Lernenden Auskunft über
  seinen Lernzuwachs geben soll;[32]
- unter Bezug auf die soziologische und entwicklungspsychologische Forschung
  die Bedeutung der soziokulturell vermittelten anthropogenen Bedingungen des
  Lernens zu klären und von daher Sinn und Notwendigkeit individueller Lernhilfen (z. B. innere Differenzierung) zu bestimmen.

Die Graphik auf der folgenden Seite veranschaulicht den Zusammenhang der einzelnen Fragenkomplexe.

Die hier angeführten Fragenkomplexe können im Bereich der Allgemeinen Didaktik freilich nur in allgemeiner Form, also schulform-, schulstufen- und fachun-
abhängig, behandelt werden. Im Hinblick auf die leitende Fragestellung (Was leistet
die Allgemeine Didaktik für *fachdidaktisches* Denken und Handeln?) folgt daraus,
daß es sich dabei um Vorgriffe handelt, die im Rahmen der jeweiligen Fachdidaktiken fachspezifisch zu konkretisieren sind. Soll Fachdidaktik im Sinne Achtenhagens
„schlüssige Entscheidungshilfen für unterrichtliches Handeln" bereitstellen und
diese im „theoretischen Zusammenhang" begründen (Achtenhagen 1981, S. 275), so
wird deutlich, daß die aufgelisteten Fragen ein Minimum an allgemeinen Elementen
einer Theorie des Lehrens und Lernens darstellen, die für die fachdidaktische Theoriebildung von entscheidender Bedeutung sind.

Im abschließenden sechsten Kapitel kann dann – nachdem im folgenden zunächst
noch nach Theorieelementen auf der Ebene der Theorie des Lehrplans und der
Theorie der Schule zu suchen ist – danach gefragt werden, welche der genannten
Fragenkomplexe jeweils in den im Hauptteil analysierten allgemeindidaktischen
Modellen berücksichtigt werden, welche Fragen das jeweilige Modell also den Fach-
didaktiker lehrt und welche nicht gestellt werden.

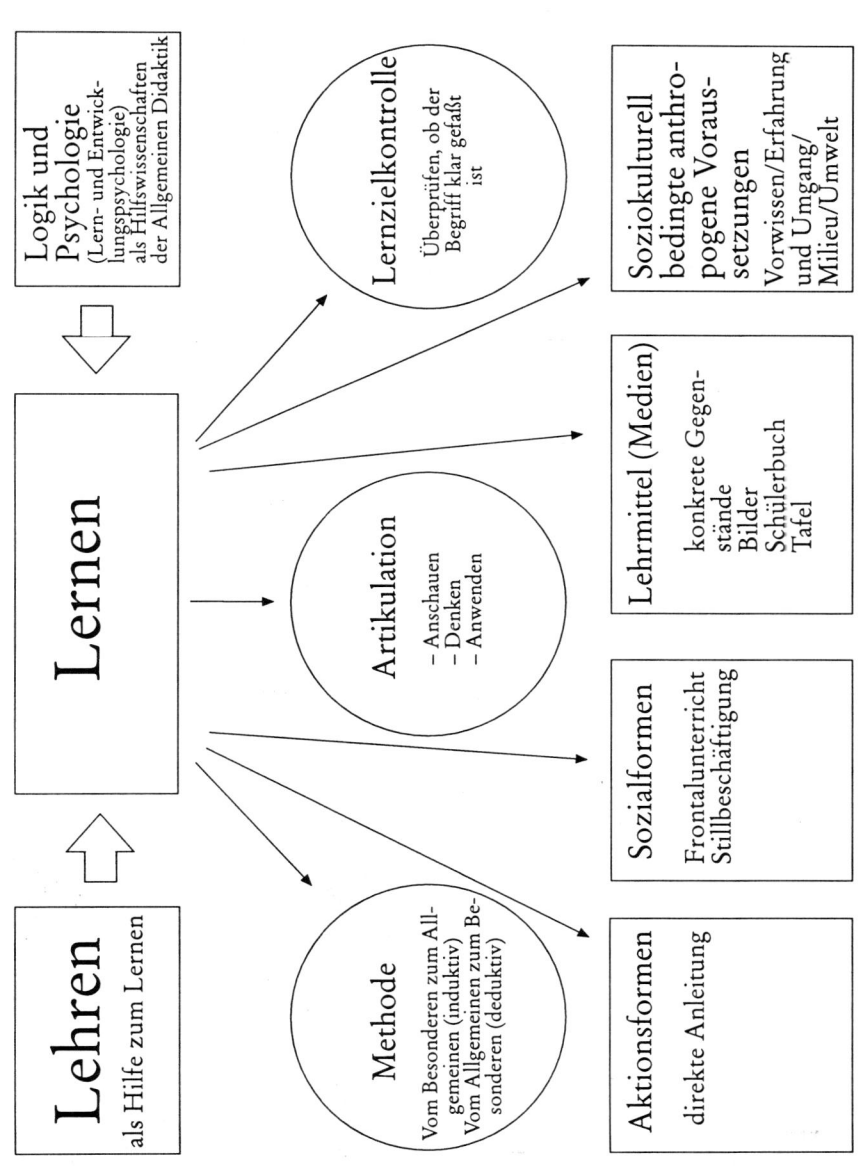

5.3. Dörpfelds Theorie des Lehrplans

Wenn im folgenden die Grundzüge der Dörpfeldschen Lehrplantheorie nachgezeichnet werden, so muß der Darstellung eine wichtige Bemerkung vorausgeschickt
werden: Dörpfeld ging es in der erstmals 1873 erschienenen Schrift „Grundlinien
einer Theorie des Lehrplans" (hier zitiert als 1910 a) nicht um die Aufstellung eines
konkreten Lehrplans, sondern um „eine Theorie desselben". (1910 a, S. V) Er wollte
damit bewußt von solchen Fragen absehen, die „mit dem Lehrziel und mit der Verteilung des Stoffes" (ebd.) zu tun haben. Denn derartige Fragen könnten „nicht allgemein, sondern nur für bestimmte konkrete Verhältnisse beantwortet werden".
(1910 a, S. VI) Mit anderen Worten: Lehrpläne sollen weder von der Theorie (hier
also von der Schulpädagogik) noch von administrieller Ebene aus verordnet werden,
sondern sind am Standort der einzelnen Schulen gemäß der jeweiligen Situation zu
erstellen. Ein derartiges Votum, das die Betroffenen in den pädagogischen Entschei-
dungsprozeß mit einbezieht, hängt aufs engste mit der Frage zusammen, inwiefern
sich Schule als Institution und der in ihr erteilte Unterricht pädagogisch legitimieren
lassen. Diese Frage verweist auf die Notwendigkeit einer Theorie der Schule, auf die
weiter unten im Kontext mit der Schulverfassungslehre Dörpfelds noch näher einzugehen ist.

Das Bestreben, dem Lehrer vor Ort keine konkreten Lehrplanvorgaben machen
zu wollen, bedeutet für Dörpfeld jedoch nicht, daß dieser seinen Lehrplan nach persönlichem Gutdünken aufstellen soll. Er benötigt für diese Tätigkeit vielmehr ein
theoretisches Instrumentarium, eben eine Lehrplantheorie; sie klärt den Lehrer über
die entscheidenden Bedingungen und Voraussetzungen auf, die in die Lehrplangestaltung (bewußt oder unbewußt) mit eingehen.

Die Essenz seiner Lehrplantheorie hat Dörpfeld auf ein knappes Ergebnis zu
bringen versucht:

„Der Lehrplan der Volksschule muß umfassen:
A. Die sachunterrichtlichen Fächer: Naturkunde, Menschenleben (in Gegenwart
und Vergangenheit), Religion:
B. Die Sprache (Muttersprache) mit ihren Fertigkeiten: reden, lesen, schreiben;
C. die (rein) formunterrichtlichen Fächer: Rechnen, Zeichnen, Gesang." (1910 a, S. 1)

Diese Zusammenfassung läßt erkennen, daß Dörpfeld „1. eine bestimmte Vollzahl
von Lehrfächern, 2. eine bestimmte Gruppierung dieser Fächer und 3. eine bestimmte Aufeinanderfolge dieser Gruppen" (ebd.) fordert. Was dabei im einzelnen
unter diesen Erfordernissen zu verstehen ist und wie das Ergebnis, die Lehrplantheorie, begründet werden kann, hat Dörpfeld in Form von sechs erläuternden
Grundsätzen ausgeführt. Diese Grundsätze sollen im folgenden kurz referiert und
auf ihre Implikationen hin untersucht werden.

1. Grundsatz: „Der Lehrplan muß qualitativ vollständig sein." (1910 a, S. 9)

„Qualitative Vollständigkeit" heißt für Dörpfeld: „der sachunterrichtlichen Fächer müssen drei sein". (Ebd.) Erst alle drei „Wissensfächer" zusammen (Naturkunde, Menschenleben, Religion) machen den Sachunterricht aus und bilden die „Basis des gesamten Unterrichts". (1910 a, S. 6)
Dörpfelds Forderung nach qualitativer Vollständigkeit des Lehrplans ist in erster Linie als Ergebnis der Kritik vorgefundener Lehrplanpraxis zu begreifen. Früher habe man die Lehrgegenstände der Volksschule in anderer Reihenfolge aufgezählt: „Lesen, Schreiben, Rechnen, Religion, Gesang, – eventuell ... noch Geographie und Geschichte ..., vielleicht auch Naturkunde. Woher diese Redeweise stammt, ist klar: in dieser Reihenfolge sind die Lehrfächer nach und nach in die Volksschule aufgenommen worden." (1910 a, S. 1 f.) Die Reihenfolge dieser Fächer verrate, daß der Schwerpunkt des entsprechenden schulischen Unterrichts in der Ausbildung von Fertigkeiten gelegen habe. Dadurch sei schließlich – vor allem auch durch den Erlaß der Regulative begünstigt – die Menge des Memorierstoffes zum Maß der Bildung geworden. Dörpfeld bestreitet zwar nicht die Notwendigkeit, derartige Fertigkeiten zu vermitteln, sie müßten aber an einem „wissenswerten Material" erworben werden. „Den Fertigkeiten soll überhaupt nichts abgebrochen, sie sollen nur so viel möglich mit den Wissensfächern in eine innige Verbindung gebracht werden, damit das Üben desto frischer geschehen könne und desto reicheren Gewinn verspreche. Kurz, meine Theorie denkt sich die Volksschule als eine wahre Bildungsanstalt, nicht als eine bloße Fertigkeitsschule." (1910 a, S. 6)
Mit der falschen Reihenfolge der Lehrfächer und der unangemessenen Gewichtung der Fertigkeitsschulung hängen für Dörpfeld auch die Entscheidungen zusammen, durch die in der Vergangenheit die Stellung und Funktion der „Realien" im Rahmen des Lehrplans bestimmt wurden. Die Einführung der Realien sei eine Reaktion gegen den mittelalterlichen Humanismus gewesen. Diese Reaktion machte geltend, daß der Humanismus nicht zur „rechten" Humanität erziehe; „er befasse sich zu wenig mit dem Sinne, dem Inhalte der Schriften und lehre daher vielfach bloße Worte und Phrasen; es müsse mehr erklärt, mehr auf die Sachen eingegangen werden". (1910 a, S. 11) Solche Mahnungen hätten sich zunächst nur auf die Unterrichtsmethode, nicht aber auf die Lehrplangestaltung ausgewirkt. Zwar habe man mehr Wert „auf Kenntnis und Verständnis der Sachen" (ebd.) gelegt; der Sachunterricht sei aber noch nicht als eigenständiges Fach, sondern als Teil des Sprachunterrichts erteilt worden. Mit der Zeit habe man jedoch eingesehen, „daß der Weg durch die Sprache zu den Sachen ein Umweg sei". (S. 12) Diese Einsicht zeitigte nun Konsequenzen für die Lehrplangestaltung: Man „forderte, daß vor und neben dem sprachlichen Lernen auch ein selbständiger Unterricht in den Sachen (Realien) eingeführt werde". (S. 12) Dieser „Realunterricht" ist „Sachunterricht im weitesten Sinne, wonach auch die geistigen Lehrobjekte (des menschlichen wie des religiösen Gebietes) mit einbegriffen sind. Kurz, der Realunterricht, so gefaßt, ist nichts anderes als unsere drei sachunterrichtlichen Fächer, die vor und neben dem Sprachunterricht getrieben werden sollen." (Ebd.)

Der von Dörpfeld gegebene Überblick über die historische Entwicklung des Sachunterrichts mag den Eindruck erwecken, als sei diese Entwicklung in den Augen Dörpfelds lediglich durch den Austausch pädagogischer Argumente vorangekommen. Er war sich allerdings darüber im klaren, daß das Zustandekommen von Lehrplänen von verschiedensten Interessen abhängt. Das wird z.B. deutlich, wenn er die Befürwortung und Forcierung der Realien auf die Interessen des höheren Gewerbestandes zurückführt (1910 a, S. 13) oder die Interessen der Wissenschaftler (etwa der Theologen, Philologen und Mathematiker) an einem fachwissenschaftlich orientierten Unterricht beschreibt (1910 a, S. 16 f). Dörpfeld wußte also: In die Gestaltung von Lehrplänen fließen immer auch Ansprüche verschiedener gesellschaftlicher Kräfte (z.B. Wirtschaft, Wissenschaft, Kirche, Staat) mit ein.[33]

Dörpfelds Kritik ehemaliger Lehrplanpraxis stützt seine Argumentation für den 1. Grundsatz (qualitative Vollständigkeit des Lehrplans) zwar insofern, als dem zeitgenössischen Lehrer die zu vermeidenden Fehlformen vor Augen geführt werden. Die positive Begründung für die qualitative Vollständigkeit des Lehrplans aber geht auf zwei wichtige Momente seiner (impliziten) Bildungstheorie zurück, wonach Bildung zum einen „allseitige Bildung" und zum anderen „Bildung für alle" heißt.

Das hervorstechendste Merkmal dieser Bildungstheorie liegt in der Forderung, „die Zöglinge allseitig zu schulen". (1910 a, S. 14) Diese Notwendigkeit ergebe sich aus der „Kulturgeschichte" und der „Analyse der Bildungselemente"; sie „lehren, daß die Kultur an den genannten drei Wissensgebieten – Natur, Menschenleben, Religion – groß gewachsen ist. Es gibt somit drei grundverschiedene Objekte, an denen der menschliche Geist sich bilden kann. In jedem dieser Kulturelemente steckt eine Bildungskraft eigentümlicher Art." (1910 a, S. 9) Im Bildungsprozeß stehen dem Menschen diese drei Wissenskreise allerdings nicht bloß als „Bildungsmittel gegenüber. Es sind vielmehr reale Lebenssphären, in welche er mit seiner gesamten Existenz – nach Leib, Seele und Geist – hineingepflanzt ist". (Ebd.) Bildung ist nach Dörpfeld somit als der Prozeß zu verstehen, durch den das Subjekt in die Lage versetzt wird, am kulturellen Leben teilhaben zu können. Sie zielt, wie Dörpfeld sagt, in subjektiver Hinsicht auf die „freie und lebendige Entwicklung der Individualität" (1898 b, S. 35) und soll in objektiver Hinsicht „das Individuum für die Sozietät, für die tätige Teilnahme an allen Lebensgemeinschaften allseitig" (1898 b, S. 33) ausrüsten.[34] Sinn und Funktion des Sachunterrichts im weitesten Sinne (Naturkunde, Menschenleben, Religion) ergeben sich daher von dieser Zielstellung (mündige Teilhabe an der Gesellschaft). Das bedeutet: Jedes Fach, das den drei Gebieten des Sachunterrichts zugeordnet werden bzw. in den Fächerkanon aufgenommen werden soll, ist an dieser übergreifenden pädagogischen Leitidee zu messen. Diese Idee könnte dann auch ein ungeordnetes Nebeneinander fachunterrichtlicher Einzelstränge vermeiden helfen und das integrierende Moment für den „organischen Zusammenhang" (1910 a, S. V) der Fächer abgeben.

Mündige und allseitige Teilhabe am gesellschaftlichen Leben ist bei Dörpfeld nicht als Privileg weniger Auserwählter gedacht, das beispielsweise durch den Besuch bestimmter Schularten erworben werden könnte. Es muß vielmehr das Ziel aller allgemeinbildenden Schulen (Volksschule, Realschule, Gymnasium) sein. „Bildung" bedeutet daher (zweitens) auch immer „Bildung für alle". Und da die allgemeinen Bildungsanstalten im Vergleich zu den Fachschulen nicht auf eine bestimmte, sondern auf die allseitige Teilhabe am gesellschaftlichen Leben vorbereiten, „so müssen sie die sämtlichen Wissensgebiete in ihren Lehrplan aufnehmen; sie dürfen keins zurückstellen und keins bevorzugen". (1910 a, S. 14)

2. Grundsatz: „In jedem der drei sachunterrichtlichen Gebiete müssen die Zweigdisziplinen, so weit möglich, zu einer einheitlichen Schulwissenschaft zusammengefaßt werden, woraus dann auf jeder Stufe von unten auf, soweit tunlich, etwas Ganzes zu lehren ist." (1910 a, S. 15 f.)

Dörpfeld hat für diesen Grundsatz zwei für ihn entscheidende Argumente ins Feld geführt: „Fürs erste zielt er auf eine einheitliche Anschauung in jedem Gebiete – anstatt der zersplitterten, zusammenhangslosen Kenntnisse ... Zum anderen zielt er auf Vereinfachung des Lehrmaterials – gegenüber einer massenhaften Anhäufung, die keine gründliche Durcharbeitung zuläßt und darum die Schüler ohne Nutzen belastet." (1910 a, S. 16) Die Hauptursache für die „Zusammenhangslosigkeit des Wissens" und „die übermäßige Ausdehnung des Lehrmaterials" (ebd.) sah Dörpfeld in der zu sehr fachwissenschaftlich orientierten Lehrweise, wie sie vor allem in den Fachschulen (aber nicht nur dort) betrieben werde: „Wem wäre es entgangen, daß z. B. der Religionsunterricht, selbst bis in die Volksschule hinunter, durchweg zu zünftig-theologisch geartet ist, – d.h. manches hereinzieht, was vielleicht dem theologischen Fachmanne wichtig und interessant sein mag, aber den schlichten Christen weder interessiert, noch ihm frommt? Wer hätte ferner nicht oft darüber klagen hören, daß der fremdsprachliche Unterricht, zumal in den Gymnasien, vielfach zu zünftig-philologisch sei? Und die Mathematik – hat sie nicht das Mißgeschick, daß ein großer Teil der Schüler nie recht „anbeißen" will, und rührt dies nicht vornehmlich daher, weil sie zu frühe ein fachwissenschaftliches Gesicht annimmt?" (1910 a, S. 16 f.)

Aus diesen Bemerkungen Dörpfelds geht hervor, daß er die Unterweisung in einem Schulfach nicht als wissenschaftspropädeutische Ausbildung verstanden wissen will, da ein derartiger Unterricht zu sehr an dem vorbeigehe, was den Schüler in seiner Gegenwart und Zukunft direkt betreffe. Lehrpläne müßten daher solche Unterrichtsinhalte berücksichtigen, die dem Schüler eine entsprechende Orientierung in der Welt ermöglichen. Am Beispiel der Gesellschaftskunde (als Teil der Kunde vom Menschenleben) hat Dörpfeld diese Notwendigkeit exemplarisch erläutert. Hier komme es darauf an, daß sich das Kind „in den vielgestaltigen, verwickelten Einrichtungen des Staates ... zurecht zu finden" (1910 a, S. 21) wisse. Würde man versäumen, dem Schüler eine einheitliche Anschauung zu vermitteln, so käme ihm das Leben „mit seinen vielgestaltigen Verhältnissen und verschlungenen Beziehungen ... vor wie ein verwirrtes Wolkengewimmel, worin weder Ordnung noch Regel zu entdecken sei". (1910 a, S. 21 f.) Anzustreben sei daher eine „Einheitlichkeit im Wissen". (1910 a, S. 17)

Entsprechende Konsequenzen seien für die Auswahl der Unterrichtsinhalte zu ziehen. Sie müßten so ausgewählt und angeordnet sein, „daß der Bildungsunterricht auf jeder Stufe ... etwas Ganzes biete, in konzentrischen Kreisen fortschreite". (1910 a, S. 17) Dörpfeld vermeidet es diesbezüglich, den in der Schulpädagogik des 19. Jahrhunderts vielfach benutzten und schillernden Begriff „Konzentration"[35] zu gebrauchen, wie er etwa in den Arbeiten von Ziller und Rein zu finden ist.[36] Dies hängt wohl auch mit seiner kritischen Haltung gegenüber der Zillerschen Kulturstufentheorie und der gesinnungsbildenden Unterrichtskonzentration ab.[37] Er beschränkt sich demgegenüber auf andere Auswahlkriterien: Der Inhalt müsse „ebenso lehrbar als wissenswert" (1910 a, S. 18) sein, und die Behandlung müsse eine „schlicht elementarische" (im Gegensatz zur wissenschaftlichen) sein (ebd.).

Solche Auswahlkriterien erfordern auch entsprechende Voraussetzungen im Lehrverfahren. Lehren und Lernen muß nach Dörpfeld daher „exemplarisches Lehren und Lernen" sein. Das oben im Zusammenhang mit der Erörterung des Lernbegriffes angeführte Beispiel aus der Gesellschaftskunde kann diesen Sachverhalt noch einmal aus anderer Sicht verdeutlichen. Die im Unterricht behandelten sechs menschlichen „Hauptbedürfnisse" und die jeweils zugeordneten Berufe sind ein Ergebnis exemplarischen Lernens: Der Schüler hat eine kognitive Struktur erworben, die Transfercharakter in sich trägt; sie ermöglicht ihm die Zurodnung aller Berufsarten zu diesen sechs „Hauptbedürfnissen". Dadurch entwickele sich dann eine gewisse „Einheitlichkeit" in den „vielgestaltigen Verhältnissen und verschlungenen Beziehungen" (1910 a, S. 21) gesellschaftlichen Lebens.

3. Grundsatz: „Nicht Lesen und Schreiben, überhaupt nicht der Sprachunterricht, sondern die drei sachunterrichtlichen Fächer müssen die didaktische Basis des gesamten Unterrichts bilden." (1910 a, S. 25)

Mit diesem Grundsatz betont Dörpfeld das Rangverhältnis unter den einzelnen Fächern. Zwar seien alle Fächer notwendig, sie hätten aber „nicht alle den gleichen Bildungswert". (1910 a, S. 26) Das bedeutet: Die drei sachunterrichtlichen Fächer spiegeln den inhaltlichen Rahmen wider, mit dem sich der junge Mensch auseinandersetzen soll. Die übrigen Fächer (die Sprache und die rein formunterrichtlichen Fächer) haben gegenüber dem Sachunterricht eine dienende Funktion, da in ihnen vorrangig Fertigkeiten, wie etwa das Schreiben, Lesen oder Rechnen, geschult werden. Diese Fertigkeiten sind gewissermaßen das geistige Werkzeug, mit denen der Schüler die Bereiche seiner Lebenswelt aufschlüsseln, verstehen kann; sie ermöglichen also erst die bildende Aneignung der Kultur und die kritische Auseinandersetzung mit ihr. Würde sich der Unterricht auf das Training derartiger Fertigkeiten beschränken, so wäre die Volksschule „bloße Fertigkeitsschule" (1910 a, S. 6), aber keine „wahre Bildungsanstalt". (Ebd.)

Oberflächlich betrachtet, mag der 3. Grundsatz unbedeutender erscheinen als die beiden ersten Grundsätze. Er stützt aber die beiden ersten und den in ihnen enthaltenen Bildungsgedanken. Wenn „Bildung" nämlich von Dörpfeld als der Prozeß verstanden wird, durch den sich das Individuum allseitige Teilhabe am gesellschaftlichen Leben erwirbt, dann kommt es primär auf die Inhalte, auf das „wissenswürdige Material" (1910 a, S. 27), und erst in zweiter Linie auf die Fertigkeiten an, die zum Erfassen dieser Inhalte erforderlich sind. Das oben herangezogene Beispiel aus der Gesellschaftskunde kann diesen Sachverhalt näher illustrieren: Das Erkennen der sechs menschlichen Hauptbedürfnisse und der entsprechenden Berufsklassen verleiht aus Dörpfelds Sicht dem Schüler eine gewisse Orientierung in seiner Welt. Dieses Stück Orientierung ist für ihn daher ein Beitrag zur Mündigkeit des jungen Menschen. Die Fertigkeiten, die bei diesem Prozeß unabdingbar sind, etwa das Sprechen und Lesen, später evtl. noch das Schreiben, sind dagegen Mittel zum Zweck; Sprache als symbolische Form der Verständigung wird hier also nicht selbst zum Thema gesetzt, sondern als Schlüssel zum Verstehen der Wirklichkeit benutzt.

Will man die lehrplantheoretische Bedeutung des dritten Grundsatzes auf eine kurze Formel bringen, so dürfte man sagen: Lehrpläne dokumentieren Zielsetzungen von unterschiedlichem Allgemeinheitsgrad und unterschiedlicher Reichweite. Sie verweisen (1) in relativ abstrakter Form auf den umfassenden Sinn von Erziehung und Unterricht; das wird bei Dörpfeld mit der Rede von der Befähigung zur allseitigen Teilhabe am gesellschaftlichen Leben ausgedrückt. In Lehrplänen müssen (2) solche Inhalte berücksichtigt werden, mit denen sich der junge Mensch im Hinblick auf seine Gegenwart und Zukunft auseinandersetzen soll, um so der mündigen Teilhabe ein Stück näher zu kommen; Dörpfeld demonstriert diesen Sachverhalt etwa an dem Beispiel aus der Gesellschaftskunde. Die Auseinandersetzung mit gegenwarts- und zukunftsbedeutsamen Inhalten erfordert (3) bestimmte Fertigkeiten (Lesen, Schreiben, Rechnen); sie haben bei Dörpfeld die Funktion des Mittels, das die Erschließung bestimmter Inhalte erst möglich macht.

Die dienende Funktion der Fertigkeiten, die im Sprachunterricht und in den formunterrichtlichen Fächern trainiert werden sollen, hat Dörpfeld in drei weiteren Grundsätzen beschrieben. Diese drei Grundsätze haben eher fachdidaktischen als allgemeindidaktischen Charakter. Da sie allesamt das Verhältnis einzelner Fächer zum Sachunterricht zum Gegenstand haben, können sie im folgenden zusammenhängend behandelt werden. Sie lauten im einzelnen:

4. Grundsatz: „Die Sprachbildung muß, wenn sie gediegen und gesund sein soll, ihrem Kern nach in und mit dem Sachunterricht erworben werden." (1910 a, S. 29)
5. Grundsatz: „Im Sprachunterricht hat sich die Hauptsorge auf ein geläufiges und sicheres Können – im Reden, Lesen, und Schreiben – zu richten." (Ebd. S. 56)
6. Grundsatz: „Auch in den rein formunterrichtlichen Fächern müssen ihre eigentümlichen Beziehungen zum Sachunterricht sorgfältig beachtet und zum Besten beider Teile unterrichtlich verwertet werden." (Ebd., S. 68)

Diese drei Grundsätze bezeichnet Dörpfeld als „die spezielle Anwendung" (1910 a, S. 7) des dritten Grundsatzes. Insofern stützen sie allesamt nochmals seine These, der Sachunterricht sei die Basis des Unterrichts und deshalb erhielten die übrigen Fächer „ihren sachlichen Inhalt mittelbar oder unmittelbar aus den Wissensgebieten". (1910 a, S. 83)

Für den Sprachunterricht bedeutet das: Sein „Kern", nicht der gesamte Sprachunterricht, muß im Sachunterricht liegen. (Ebd., S. 46) Die Eingliederung der Sprachbildung in den Sachunterricht (S. 29) erfordere aber „einen methodisch-richtig erteilten Sachunterricht". (S. 33) Hören, Lesen, Reden und Schreiben seien daher die entscheidenden Fertigkeiten, die für die drei Stufen des Neulernens (Anschauen, Denken, Anwenden) und für das Einprägen jeweils spezifisch berücksichtigt und gewichtet werden müßten (s. S. 32-40). Diese Fertigkeiten, vor allem das Lesen, seien „gleichsam ein Hilfsinstrument für das übrige Lernen". (S. 58) Und umgekehrt gewinnen die sprachlichen Übungen „durch den sachlichen Stoff ... qualitativ; sie werden inhaltlich gehaltsvoller, darum auch interessanter". (S. 44)

Hat der Sprachunterricht dann eigentlich noch einen eigenständigen Bildungswert? – Für Dörpfeld scheint dies nicht der Fall zu sein. Dies wird deutlich, wenn er im 5. Grundsatz das „geläufige und sichere Können" zur Hauptsorge des Sprachunterrichts erklärt. Sprache wird also nie selbst zum Gegenstand zu machen sein, indem beispielsweise ihre kommunikative und soziale Funktion thematisiert würden. In ähnlicher Weise übt Dörpfeld auch entsprechende Zurückhaltung gegenüber der künstlerischen Sprachform, wie sie im belletristischen Lesebuch gepflegt werde. Der dort verhandelte Stoff werde „nicht so dargestellt, wie er dem objektiv betrachtenden Verstande erscheint und wie das Real-Lesebuch ihn bietet, sondern wie er im Gemüte sich gespiegelt hat und in dieser subjektiven (ästhetischen oder ethischen) Betrachtung verarbeitet worden ist". (1910 a, S. 47) Demnach sieht er belletristische Lesestücke als perspektivische Erweiterung des Sachunterrichts. Und „nur in diesem Sinne – nur weil das belletristische Lesebuch eine besondere Seite des Sprachunterrichts vertritt – nur darum steht es auch für die Sprachbildung neben dem Real-Lesebuch ebenbürtig da. Die künstlerische Form allein würde ihm diesen Rang, d.h. den tatsächlichen Einfluß auf die Sprachbildung, nicht verschaffen können." (Ebd., S. 47 ff.)

Der Schulung sprachlicher Fertigkeiten im Dienst des Sachunterrichts entspricht formal die Mediatisierung der rein formunterrichtlichen Fächer (Rechnen, Zeichnen, Gesang) für den Sachunterricht. Das zeigt sich deutlich an den von Dörpfeld selbst gegebenen fachdidaktischen Beispielen. Der Unterricht im Rechnen soll das, was im Sachunterricht behandelt wird, veranschaulichen. (1910 a, S. 74) Denn Zahlen lassen „auf die sachlichen Verhältnisse ein neues Licht fallen". (Ebd., S. 74) Im Bereich der Naturkunde könne man die Kinder zum Staunen bringen, wenn man berechnen läßt, wieviele Blüten insgesamt an einer Doldenpflanze zu finden oder wie groß die Vermehrung von Insekten und die durch sie verursachten Verheerungen sind (s. S. 74f.). Der Gesangsunterricht diene dem Sachunterricht dadurch, daß auf dem religiösen Gebiete Kirchenlieder, auf dem Naturgebiete Lieder zu den jeweiligen Jahreszeiten und auf dem Gebiete des Menschenlebens Vaterlands-, Heimats- oder Wanderlieder gesungen werden (S. 76). Die subjektive Bedeutung des Liedes für den Schüler hebt Dörpfeld zwar hervor, wenn er das „gesungene Lied" als „verdoppelte Poesie" (S. 77) bezeichnet, die das Gemüt veredle und befestige. (Ebd.) Insgesamt gesehen wird dadurch aber der Gesangsunterricht nicht als eigenständiges Fach erteilt. Er ist vielmehr der verlängerte Arm des Sachunterrichts. So verhält es sich schließlich auch mit dem Zeichnen. Durch entsprechende Zeichenübungen wird „der Unterricht in den sachunterrichtlichen Fächern befruchtet: die Gestalten der dort vorkommenden körperlichen Dinge werden durch das Zeichnen schärfer aufgefaßt und fester eingeprägt". (S. 79) Auf diesem Hintergrund empfiehlt Dörpfeld beispielsweise, im Naturkundeunterricht Blattformen und Formen des Blütenstandes oder im Geschichtsunterricht „Trachten, Hausgeräte, Arbeits- und Kriegswerkzeuge, Musikinstrumente ... " (S. 79) zeichnen zu lassen. Die ästhetische Qualität von Zeichnungen und die zugehörige Sinngebung durch den Schüler bleiben dagegen unerwähnt.

Sieht man von den eben genannten Bedenken gegenüber der von Dörpfeld beabsichtigten rigorosen Mediatisierung der „formunterrichtlichen" Fächer ab, so zeigt die von ihm entwickelte Lehrplantheorie doch eine Reihe von Aspekten, die von systematischer Bedeutung sind. Sie verweist nämlich auf einen Mindestbestand theoretischen Bewußtseins, hinter den die gegenwärtige allgemeindidaktische Diskussion nicht mehr zurückfallen darf. Die Aktualität der Lehrplantheorie Dörpfelds zeigt sich besonders eindrucksvoll, wenn man sie z.B. mit der Lehrplantheorie Erich Wenigers vergleicht.

Im ersten Teil seiner Schrift „Didaktik als Bildungslehre" (1952)[38] hat Weniger eine „Theorie der Bildungsinhalte und des Lehrplans" vorgelegt. Der folgende Vergleich (Dörpfeld – Weniger) kann nur einige wesentliche Aspekte zur Sprache bringen:[39]

(1) Weniger will seine Lehrplantheorie als einen „Bestandteil der Praxis" verstanden wissen, „und zwar nicht nur so, daß sie in ihrer Fragestellung auf die Erziehungswirklichkeit bezogen ist, sondern auch in ihrem Willen, die Praxis vorwärtszutreiben". (1952, S. 16)

(2) Bei Weniger liegt der Ausgangspunkt der lehrplantheoretischen Überlegungen wie der Didaktik überhaupt „in der Gegebenheit des Lehrgefüges, in der Bildungssituation, wie sie in der Erziehungswirklichkeit jeweils vorgefunden wird, und nicht in der Theorie selbst oder in Prinzipien". (1952, S. 6)

(3) Mit dem im vorhergehenden genannten Aspekt (Ausgang von der Erziehungswirklichkeit) hängt aufs engste Wenigers These von der Geschichtlichkeit der Lehrpläne zusammen. Denn „der Bedeutungs- und Wirkungszusammenhang, den die Didaktik (und somit auch die Lehrplantheorie als deren Bestandteil, d.Verf.) zu erfassen sucht, ist ... ein geschichtlicher, d.h. er ist nicht nur aus der Oberfläche seiner jeweiligen Form zu verstehen, und er wandelt sich in der Zeit, im Ganzen und in jedem seiner einzelnen Momente. In der bildenden Begegnung zwischen den Generationen in Unterricht und Lehre und was es sonst an Formen der Einführung in die geistige Welt geben mag, vollzieht sich zu einem erheblichen Teil Fortgang und Wandel der geschichtlichen Welt selbst." (1952, S. 6)

(4) Die geschichtliche Entwicklung von Lehrplänen ergibt sich aus den jeweiligen Interessen und Motiven, mit denen verschiedene gesellschaftliche Kräfte auf die Gestaltung der Lehrpläne einwirken. Weniger hat diese Kräfte bekanntlich als

gesellschaftliche „Mächte" bezeichnet und hierzu „Staat und Kirche, Wirtschaft und Gesellschaft, Kunst und Wissenschaft, Recht und Sitte" (1952, S. 7) gezählt.

(5) Beherrschender Faktor für die einzelnen Unterrichtsfächer dürfen nach Weniger nicht die jeweiligen Fachwissenschaften sein: „Die Fachwissenschaft sieht im Schulunterricht gewöhnlich nur eine Propädeutik des wissenschaftlichen Unterrichts, der der Vollendung durch diesen bedürftig ist. Die Schule aber kann sich nicht darauf einlassen ..., zumal wenn sie ihre Schüler nicht mehr, wie im Zeitalter der Gelehrtenschule, für die ihren Hauptfächern entsprechenden Berufe vorzubereiten hat. Sie ist darauf angewiesen, daß in den einzelnen Fächern jedesmal ein in sich sinnvoller Zusammenhang und eine in sich geschlossene Zielsetzung zum Ausdruck kommt, und daß sie selbst zu einer relativen Vollendung und einem wirklichen Abschluß gelangt." (1952, S. 24)

(6) Weniger gliedert die verschiedenen Aussagen, die in Lehrplänen getroffen werden, in drei „Schichten". Die erste umschreibt das „Bildungsideal". Dieses „enthält ... die anschauliche Vorwegnahme der Zukunft, wie sie gewünscht wird von den erfahrenen Aufgaben und von dem Bestand an Kräften und Strebungen in der Gegenwart aus". (1952, S. 66) Damit aber die Rede vom Bildungsideal nicht in leere Zielangaben zerrinne, sei es notwendig, Bildungsinhalte auszuwählen. „Das Problem der Auswahl und Konzentration der Bildungsinhalte stellen, heißt ... sich besinnen auf die existentielle Konzentration, in der uns in unserem Lebenszusammenhang die geistig-geschichtliche Welt gegeben ist, und zwar von den Aufgaben aus, die sich in unserer konkreten Situation jeweils vorfinden." (S. 96) Die zweite Schicht des Lehrplans zielt auf „die Fülle und Vielseitigkeit des Lebens". (S. 77) „Hier handelt es sich darum, einen die ‚Wirklichkeit repräsentierenden Zusammenhang von Vorstellungen' herauszubilden, die Grunderlebnisse zu vermitteln, in denen der Zusammenhang des Lebens aufgeht, die ‚wesentlichen Lebensbezüge', in denen das Leben gelebt wird. Die Kategorien zur Beherrschung der Welt und des Lebens überhaupt sollen in der Schule gelehrt werden." (Ebd.) Zu diesen Kategorien zählt Weniger „das religiöse Verhalten überhaupt", „das geschichtliche Verständnis", „das naturwissenschaftliche Denken" oder „die ‚wissenschaftliche Einstellung", „die philosophische Fragehaltung" und „die ästhetische Betrachtung der Welt". (S. 79) In einer dritten Schicht des Lehrplans gehe es dann schließlich um „Kenntnisse und Fertigkeiten" (S. 87). Sie erweisen sich vielfach als „Bedingung für die Arbeit in den anderen Schichten". (Ebd.) Ihre isolierte Vermittlung habe jedoch keinerlei Berechtigung, denn die Erfahrung der großen Klassiker der Pädagogik lehre, „daß Kenntnisse und Fertigkeiten ohne die bildende Gestaltung des Unterrichts, also ohne den geistigen Hintergrund, wie er durch die Arbeit in den ersten beiden Schichten der Erziehung hergestellt wird, nicht tragen und darum keine Garantie ihres rechten Gebrauches geben kann". (S. 88)

(7) Nach Weniger bedarf der „Kampf der geistigen Mächte" (Kirche, Staat, Wirtschaft, Wissenschaft usw.) einer ausgleichenden Kraft: „Träger des Lehrplans und regulierender Faktor ist, seit es Lehrpläne im modernen Sinne gibt und bis zur Gegenwart hin, der Staat." (1952, S. 33) Die staatliche Regulierungsfunktion

wirft aber ein gewichtiges Problem auf, da der Staat durch den Erlaß von Lehrplänen gewissermaßen zweimal in Erscheinung tritt. Denn zum einen hat er ein
eigenes politisches Interesse an dem, was in Schulen vor sich geht. Zum anderen
muß er für einen Ausgleich der Interessen aller geistigen Mächte sorgen. Letzteres birgt aber immer auch die Gefahr, daß die staatliche Obrigkeit ihre Befugnis
überschreitet, insbesondere dann, wenn „Lehrplan und Schule jeweils Machtin-
strumente der den Staat beherrschenden Mehrheiten werden". (S. 36) Dadurch
würden Lehrer und Schüler gleichermaßen in ihren Handlungsmöglichkeiten
beschnitten, denn als Menschen sind sie „frei, zu tun und frei, zu unterlassen, zu
hören oder nicht zu hören, frei, auszuwählen und frei, auch geistigen Gründen,
neuen Ereignissen und Erlebnissen gegenüber gegen alle Erwartung, gegen ihre
eigenen Voraussetzungen zu entscheiden, sich zu bekehren, sich zu verwandeln,
zurückzutreten oder wie man diese Äußerungen der Freiheit bezeichnen mag".
(1952, S. 12) Diese „Autonomie der Pädagogik" (S. 62) schien Weniger zunächst
gewährleistet zu sein. 1953 revidierte er diese Ansicht, da der Mißbrauch der
Macht „durch den totalen Staat nach 1933" (1953, S. 5) sein vormaliges Vertrauen zerstört hatte. Weniger plädierte nun für eine „neue Form der Selbstverwaltung der Schule und des Erziehungswesens überhaupt, in der alle ... Mächte
und Kräfte und Rechte" (1953, S. 5), also auch die der Lehrer, Schüler und Eltern, Berücksichtigung finden. „Es geht um das, was man vielleicht als Synodal-
verfassung des Erziehungswesens bezeichnen könnte." (Ebd.)[40]

Ein tabellarischer Vergleich kann auffallende Gemeinsamkeiten von Wenigers und
Dörpfelds Lehrplantheorie verdeutlichen.

Leitende Gesichtspunkte in der Lehr-plantheorie Wenigers	*Leitende Gesichtspunkte in Dörpfelds Lehrplantheorie*
1. Die Theorie des Lehrplans ist in ihrer Fragestellung nicht nur auf die Erziehungswirklichkeit bezogen, sondern will die erzieherische Praxis auch vorantreiben (s. 1952, S. 16).	1. Die Theorie des Lehrplans ist eine Anleitung für den praktizierenden Lehrer, nach der er „vor Ort" einen Lehrplan mit konkreten Bildungsinhalten erstellen kann (s. 1910 a, S. VI).
2. Der Ausgangspunkt lehrplantheoretischer Überlegungen liegt „in der Gegebenheit des Lehrgefüges, in der Bildungssituation" vorgefundener Erziehungswirklichkeit (s. 1952, S. 6).	2. Dörpfeld analysiert die damaligen Lehrpläne und die daraus hervorgegangene Unterrichtspraxis, etwa im Hinblick auf die Zusammenhangslosigkeit der Fächer (1910 a, S. 16), auf die stoffliche Überfrachtung der Lehrpläne (S. 16) oder im Hinblick auf die übermäßige Betonung der Fertigkeitsschulung (S. 6).

3. Lehrpläne sind als geschichtliche Entwürfe permanentem Wandel unterlegen (s. 1952, S. 6).

3. Die Geschichtlichkeit vorgefundener Lehrpläne demonstriert Dörpfeld z.B. an der langwierigen Entwicklung des Sachunterrichts, um so zeigen zu können, daß das Selbstverständnis des zeitgenössischen Sachunterrichts als Resultat ehemaliger Kontroversen über den Sinn dieses Faches zu begreifen ist (s. 1910 a, S. 11 f.).

4. Entwicklung und Entstehung von Lehrplänen werden in hohem Maße durch die Motive und Interessen der „gesellschaftlichen Mächte" (Staat, Kirche, Wissenschaft usw.) geprägt.

4. Dörpfelds lehrplantheoretische Ausführungen klären über die Interessen der verschiedenen Wissenschaften (z.B. Theologie, Mathematik, Philologie), der Wirtschaft (z.B. höherer Gewerbestand), der Kirche und über die Interessen des Staates an der Lehrplangestaltung auf (s. z. B. 1910 a, S. 13, 16 f., 21, 68, 70, 77).

5. Unterrichtsfächer erhalten ihren bildenden Sinn nicht aus den jeweiligen Fachwissenschaften. In den einzelnen Fächern müssen vielmehr ein „in sich sinnvoller Zusammenhang und eine in sich geschlossene Zielsetzung zum Ausdruck" kommen (s. 1952, S. 24).

5. Dörpfeld kritisiert die zu starke fachwissenschaftliche Orientierung des Unterrichts und drängt darauf, „daß der Bildungsunterricht etwas Ganzes biete, in konzentrischen Kreisen fortschreite" und damit die „Einheitlichkeit im Wissen" zum Ziel haben müsse (s. 1910 a, S. 17).

6. Aussagen, die in Lehrplänen getroffen werden, gliedern sich in drei Schichten:
(a) das Bildungsideal

6. Dörpfelds lehrplantheoretische Erwägungen lassen sich verschiedenen Abstraktionsebenen zuordnen:
(a) Oberstes Ziel schulischen Unterrichts ist die Befähigung zur mündigen Teilhabe am gesellschaftlichen Leben.

(b) die Fülle und Vielseitigkeit des Lebens

(b) Die Vollzahl der Unterrichtsfächer und ihr „organischer Zusammenhang" sind auf die allseitige Bildung des Individuums ausgerichtet.

(c) Kenntnisse und Fertigkeiten (s. 1952, S. 77, 79, 87).

(c) Voraussetzung für die allseitige Bildung des Individuums sind entsprechende Fähigkeiten, wie das Lesen, Schreiben, Rechnen usw.

7. Die staatliche Regulierungsfunktion im „Kampf der geistigen Mächte" darf nicht dazu führen, daß der Staat die Schule über den Erlaß entsprechender Lehrpläne zum Instrument seiner Machtausübung benutzt. Dem gegenüber stellt Weniger die „Autonomie der Pädagogik", die die Verzweckung des Unterrichts für außerpädagogische Intentionen verhindern soll (s. 1952, S. 12, 33, 36, 62).

Diese tabellarische Gegenüberstellung zeigt, daß die Lehrplantheorie Dörpfelds in ihren Kernaussagen weitgehend mit der Theorie Wenigers übereinstimmt. Das bedeutet: Bis in unsere Gegenwart hinein hat die Lehrplantheorie keine entscheidenden Veränderungen erfahren; gegenwärtige Lehrplantheorie fußt also weitgehend auf den entsprechenden „Vorläufern" des 19. Jahrhunderts.

Der Vergleich zwischen Wenigers und Dörpfelds Lehrplantheorie ist hinsichtlich des letzten Vergleichspunktes (7) noch unvollständig. Aus Dörpfelds Lehrplantheorie allein sind nur Andeutungen zu entnehmen, die auf dieses Problemfeld hinweisen. Die Tatsache, daß er es dem praktizierenden Lehrer selbst überlassen wollte, konkrete Lehrpläne aufzustellen, mag solch ein Hinweis sein. Auch sein Kampf gegen den „didaktischen Materialismus", der ja auch ein Kampf war gegen die „Druckkraft, die in der Verwaltungsmaschinerie eines Großstaates steckt" (1910 b, S. 21), deutet darauf hin. Eine explizite Erläuterung des Verhältnisses zwischen Staat und Schule hat Dörpfeld aber nicht in seinen lehrplantheoretischen, sondern in seinen schultheoretischen Schriften vorgelegt. Damit wird sich der folgende Teil (5.4.) näher befassen.

Zuvor sollen an dieser Stelle jedoch noch einmal die systematisch bedeutsamen Theorieelemente der Lehrplantheorie Dörpfelds zusammengefaßt werden. In Anlehnung an die Überlegungen zur Lehrplantheorie Dörpfelds und Wenigers stellt sich der Allgemeinen Didaktik ein Katalog an Aufgaben und Problemkreisen, der für die gegenwärtige Diskussionslage als unabdingbares Mindestmaß anzusehen ist. Die Allgemeine Didaktik hätte auf der Ebene der Lehrplantheorie

– Aufklärung über die Bedingungen und Entscheidungen für das Zustandekommen von Lehrplänen zu leisten. Hier wären insbesondere die Interessen gesellschaftlicher Gruppen und ihr Einfluß auf die geltenden Lehrpläne zu untersuchen;
– im Zusammenhang mit der Allgemeinen Pädagogik die übergreifende Zielstellung, nämlich die mündige Teilhabe am gesellschaftlichen Leben, im Hinblick auf schulisches Lernen auszulegen;

- bestehende Lehrpläne daraufhin zu überprüfen, ob die darin angegebenen Inhalte der übergreifenden Zielstellung noch entsprechen. Lehrpläne als geschichtliche Gebilde sind demnach permanent unter dem Aspekt der Gegenwarts- und Zukunftsbedeutung für den jungen Menschen zu analysieren und gegebenenfalls zu revidieren;
- ein integratives Konzept zu entwickeln, durch das verschiedenste Unterrichtsfächer auf die übergreifende Zielstellung bezogen werden können. Zu diesem Zweck wird die Allgemeine Didaktik auf eine Theorie der Allgemeinbildung (oder ein theoretisches Äquivalent) angewiesen sein. Die Theorie der Allgemeinbildung bringt die verschiedenen Möglichkeiten des menschlichen In-der-Welt-Seins zur Sprache. Von dort aus sind die unterschiedlichen Sinndimensionen des Unterrichts (ästhetische, theoretische, pragmatische, soziale, ethische, religiöse Dimension) inhaltlich zu konkretisieren;
- die Ebenen des Lehrplans, die durch einen unterschiedlichen Grad an Komplexität gekennzeichnet sind, zu beschreiben. Dadurch wird es dem Adressaten ermöglicht, die in Lehrplänen vorgegebenen Entscheidungen für bestimmte Bildungsinhalte, aber auch die eigene Auswahl von Inhalten an der übergreifenden Zielstellung und den verschiedenen Sinndimensionen des Unterrichts zu orientieren. Ohne diese Orientierung an verschiedenen Abstraktionsebenen didaktischen Denkens würden Analyse, Planung und Durchführung von Unterricht in ein Neben- oder gar Gegeneinander von Einzelaktivitäten zu zerfallen drohen;
- den Aspekt des pädagogischen Freiraumes zu thematisieren, durch den die von Lehrplanentscheidungen Betroffenen, vor allem also Lehrer und Schüler, Gelegenheit erhalten, zu den vorgegebenen Lehrplanentscheidungen selbst Stellung nehmen zu können.

Die einzelnen Aspekte dieses Mindestkataloges bedürfen der fachdidaktischen Konkretisierung. Hinsichtlich der leitenden Fragestellung (Was leistet die Allgemeine Didaktik für fachdidaktisches Denken und Handeln?) hieße das: Die Allgemeine Didaktik lehrt den Fachdidaktiker auf der Ebene der Lehrplantheorie Fragen, die er fachspezifisch zu beantworten hat.[41] Durch diese Fragen wird er aufgefordert,

- das von ihm vertretene Schulfach hinsichtlich der übergreifenden Zielstellung (Mündigkeit) und hinsichtlich der verschiedenen Sinndimensionen von Unterricht zu legitimieren;
- die geschichtliche Entwicklung des Unterrichtsfaches nachzuzeichnen, um so Aufschluß über die Motive und Interessen zu erhalten, die zur Einführung des Faches Anlaß gegeben bzw. seine Funktion und unterrichtliche Ausprägung bis in die Gegenwart hinein bestimmt haben;
- auf dem Hintergrund der geschichtlichen Analyse sowohl die gesellschaftlichen Bedingungen und Voraussetzungen als auch die gesellschaftlichen Wirkungen des Unterrichtsfaches aufzuzeigen;

– die übergreifende und relativ abstrakte Zielbestimmung (mündige Teilhabe am gesellschaftlichen Leben) zu konkretisieren, um so Ziele „mittlerer Reichweite" (z.B. Kritikfähigkeit, Kommunikationsfähigkeit usw.) fachspezifisch auszulegen;
– das Verhältnis von Schulfach und Fachwissenschaft zu reflektieren. Mit Hilfe derartiger Überlegungen wäre insbesondere danach zu fragen, inwiefern dem jungen Menschen wissenschaftliche Deutungsmuster helfen können, sich in der Gesellschaft zurechtzufinden und an ihrer Gestaltung aktiv mitarbeiten zu können;
– an der Gestaltung von Lehrplänen mitzuwirken oder doch zumindest Alternativen zu bestehenden Lehrplänen zu entwerfen, um so Einfluß auf die Auswahl von Bildungsinhalten nehmen zu können. Dieser Einfluß ist aber insofern zu beschränken, als auch den Betroffenen „vor Ort" genügend Möglichkeiten zur Beschäftigung mit „nicht amtlichen" Bildungsinhalten offen stehen müssen.

5.4. Dörpfelds Theorie der Schule

Dörpfelds Schriften zur Theorie der Schule sind in erster Linie Schriften zur „Schulverfassungslehre"[42]. Diese Bezeichnung legt die Vermutung nahe, als handle es sich dabei lediglich um die bildungspolitische oder juristische Begründung der institutionellen Rahmenbedingungen schulischen Unterrichts. Genau das ist aber nicht der Fall. Überlegungen zur Organisation des Schulwesens spielen in Dörpfelds Schultheorie eher eine sekundäre Rolle. Sie sind nämlich als Konsequenzen aufzufassen, die sich aus dem Versuch ergeben, die Institution „Schule" pädagogisch legitimieren zu wollen.[43]

Wie aber ist eine solche Legitimation möglich? – Eine pädagogisch begründete Theorie der Schule muß offensichtlich „aus dem Zweck der Erziehung gedacht und legitimiert werden". (Benner 1977, S. 110) Was den „Zweck der Erziehung" bei Dörpfeld ausmacht, wurde im Zusammenhang mit seiner Lehrplantheorie weiter oben (s. 5.3.) dargelegt: Erziehung und Unterricht zielen auf die mündige Teilhabe am gesellschaftlichen Leben. In diesem Sinne hätte eine pädagogisch gerechtfertigte Theorie der Schule nach institutionellen Bedingungen Ausschau zu halten, die die angestrebte Mündigkeit des Individuums mehren können.

Wenn nun im folgenden geprüft wird, ob die pädagogische Begründung der Institution „Schule" bei Dörpfeld gelungen ist, so muß vorab auf einige notwendige Beschränkungen verwiesen werden. Der Gegenstandsbereich einer Theorie der Schule wird dadurch nämlich nur ausschnittsweise behandelt. Zu ihm gehören z.B. auch die Diskussion der gesellschaftlichen Funktionen von Schule (Qualifikations-, Selektions-, Allokationsfunktion)[44], das „pädagogische Problem der Leistung in der Schule" (Furck 1964)[45] , die Gliederung des Schulwesens nach Schularten[46] und -stufen[47], die sozialpädagogische Dimension der Schule (z.B. Homfeldt u.a. 1977), die „dialektische Problemsicht des Zusammenhanges von Schule, Gesellschaft und Erziehung" (Kemper 1983) oder etwa die Bedeutung eines vielgestaltigen Schullebens.[48] Diese und andere Teilkomplexe, deren Klärung von der genannten Teilfrage (pädagogische Legitimation der Institution „Schule") allerdings nicht zu trennen ist, müssen hier unberücksichtigt bleiben. Im Hinblick auf die übergreifende Fragestellung nach der Bedeutung allgemeindidaktischer Modelle für fachdidaktisches Denken und Handeln ist vielmehr im Anschluß an Dörpfeld danach zu fragen, welche Konsequenzen sich aus einer pädagogisch begründeten Theorie der Schule für die Theorie des Lehrplans und die Theorie des Lehrens und Lernens ergeben. Umgekehrt gefragt, hieße das: Welche Aspekte schultheoretischer Reflexion müßten im Rahmen der Allgemeinen Didaktik zur Sprache kommen, damit das an lehrplan- und lehr-/lerntheoretischen Überlegungen ausgerichtete Handeln in der Unterrichtspraxis nicht dem „Zweck der Erziehung" zuwiderläuft?

5.4.1. Dörpfelds Kritik an der hergebrachten Schulverfassung

Die pädagogische Legitimation der Institution „Schule" basiert bei Dörpfeld auf einer kritischen Analyse der damaligen Schulverfassung, deren sämtliche Schwächen und negativen Auswirkungen von ihm auf „drei Grundgebrechen" zurückgeführt werden.

Das *erste Grundgebrechen* sieht Dörpfeld in der bürokratischen Form des Schulregiments, „welches entschlossen ist, vom Zentrum aus alles bis tief ins Detail hinein zu regieren". (1898 b, S. 6) Dieser zentralistische Zugriff des Staates sei vor allem deshalb nicht gerechtfertigt, „weil die Erziehung der Jugend, also auch die Schule, mit dem Zentrum des Privatlebens, der Familie, eng verbunden, darin gewurzelt ist und deshalb nur teilweise als eine öffentliche Angelegenheit betrachtet werden kann". (1898 b, S. 5) Durch die Beschneidung dieses Familienrechtes werde Schule zum Spielball parteipolitischer Interessen. Gegen die politische Einflußnahme auf Schule und Unterricht sprächen zudem noch zwei weitere Gründe: „Denn einmal ist auf geistigem Gebiet ein solch nivellierendes Oktroyieren auf so weitem Raum überhaupt unzulässig; sodann läßt sich ein Volk weder wider Willen ,aufgeklärt', noch wider Willen ,fromm' machen". (Ebd., S. 10) Bildung kann also nicht von oben verordnet werden, sondern setzt die Unverfügbarkeit des Subjekts voraus. Im Hinblick auf eine zu entwerfende Schulverfassungslehre stellt sich für Dörpfeld daher die Frage, wie die Allmachtsansprüche des Staates auf ein pädagogisch legitimes Maß reduziert werden könnten.

Als *zweites Grundgebrechen* bezeichnet Dörpfeld den Sachverhalt, daß „bei der bestehenden Schulverfassung ... die durch die Pädagogik geforderte Einheitlichkeit der Schularbeit, des Schullebens und der Schulverwaltung nicht hinlänglich dargestellt und garantiert" (1898 b, S. 13) sei. Mangelnde Einheitlichkeit zeige sich beispielsweise im Fehlen eines „technischen Dirigenten" (Hauptlehrers) für mehrklassige Schulen (S. 13 f.), in der Aufteilung der Schulverwaltung auf mehrere Behörden (S. 14 ff.) und damit auch in der „Vielköpfigkeit" der Schulaufsicht (S. 23 ff.). Diese und viele andere Mängel hängen „mit dem unzulänglich geordneten Verhältnis der Schule zu den interessierten Lebensgemeinschaften" (S. 72) zusammen. Keine dieser Lebensgemeinschaften – Staat, Kirche, Volkswirtschaft, Wissenschaft – dürfe „das Bildungswesen einer Nation" allein beeinflussen; es müsse mit allen „in inniger Verbindung stehen". (S. 36)

Im Vergleich zum ersten Gebrechen, aus dem sich zunächst nur die Frage nach der Begrenzung des staatlichen Machtanspruches ergibt, führt die Beschreibung dieses 2. Gebrechens zu der Frage, wie neben dem Staate auch andere gesellschaftliche Mächte ihre Interessen an der Schule artikulieren können und wie es zu einem Ausgleich dieser Interessen kommen kann.

Das *dritte Gebrechen* der hergebrachten Schulverfassung liegt für Dörpfeld darin, „daß auf allen Stufen der Schulverwaltung der arbeitende Techniker, der Lehrer, von jeder amtlichen Mitwirkung ausgeschlossen ist". (1898 b, S. 77) Die im Zusammenhang mit den beiden ersten Grundgebrechen geforderten notwendigen Reformen könnten die Befreiung der Schulen aus den Händen des Staates nur mit Hilfe eines qualifizierten Lehrerstandes in Gang bringen. Insofern bedeutet „Emanzipation der Schule" bei Dörpfeld etwas Dreifaches: „Vorab kann die Schule durch äußere Mächte, z.B. dadurch, daß Staat und Kirche überwiegend das Schulregiment an sich genommen haben, in ihrer Arbeit und Entwicklung sich gehemmt fühlen. Damit, daß die Voransprüche dieser Mächte auf das richtige Maß zurückgeführt wären, würde die Emanzipation noch lange nicht am Ziele sein. Jetzt kann erst der zweite Akt der Freimachung beginnen: die natur- und bestimmungsgemäße Organisation der Schulverwaltung und der Schulanstalten, wodurch aber, wie wir gesehen haben, die Schule so wenig von der Kirche als von den anderen Lebensgemeinschaften getrennt wird. Wäre auch dieses Zweite in Ordnung, so handelt es sich noch um das Dritte, welches die Hauptsache ist: um die eigentlichen Kräfte im Schulorganismus, vor allem um einen sittlich, wissenschaftlich und technisch wohl ausgerüsteten Lehrerstand. Erst mit dieser dritten Bedingung ist die volle Emanzipation des Schulwesens gegeben." (1898 b, S. 86 f.)

5.4.2. Dörpfelds Schulverfassungslehre

Die von Dörpfeld aufgezeigten „drei Gebrechen der hergebrachten Schulverfassung" führen – so wurde oben deutlich – insbesondere zu drei Fragen, die einer dringenden Antwort bedürfen:

(1) Wie ist der Einfluß des Staates auf das Schulwesen zu begrenzen?
(2) Wie kann eine angemessene Vertretung der an Schule interessierten gesellschaftlichen Kräfte gewährleistet werden?
(3) Wie ist die notwendige Mitwirkung des Lehrerstandes zu realisieren?

Dörpfeld schlug als Antwort auf diese Fragen die Einrichtung von Schulgemeindevertretungen vor. Diese Organe sollten von der Schulgemeinde, also „von einem Verband von Familien" (1897, S. 66), getragen sein. Zusammensetzung, Arbeitsweise und Aufgaben der Schulgemeindevertretungen ergaben sich nach Dörpfeld aus drei Prinzipien: (1) dem Selbstverwaltungsprinzip, (2) dem Familienprinzip und (3) dem Prinzip der Interessenvertretung.

(1) Das Selbstverwaltungsprinzip

„Dieses Prinzip bildet den Gegensatz zum Zentralisationssystem und zur bürokratischen Verwaltungsweise, wonach nämlich alles von oben herab, vom Zentrum aus bloß durch Beamte regiert wird." (1897, S. 158) Es soll zum einen vor einer einseitigen Verzweckung des Bildungswesens, ob durch den Staat, die Kirche oder durch eine andere Macht, schützen (S. 161), zum anderen aber auch eine effektive Schulgemeindearbeit ermöglichen, die das pädagogische Interesse der Beteiligten stärke (ebd.). Die Mitarbeit in solchen Gremien sei darüber hinaus für das „Gemeinschaftsleben im ganzen" (S. 162) fruchtbar; sie kann daher durchaus, um mit Gamm zu sprechen, als „eine Vorschule der Demokratie" (1961, S. 32) angesehen werden.

(2) Das Familienprinzip

Mit dem „Familienprinzip" (1898 a, S. 27, 66 ff.) wird die notwendige enge Verbindung von Schule und Elternhaus eingefordert: „Der Charakterzug der Familienhaftigkeit muß in der Einrichtung und im Leben der einzelnen Schulanstalten deutlich ausgeprägt und durch die Verfassung und Leitung des gesamten Schulwesens anerkannt und geschützt werden." (1898 a, S. 29) Für Dörpfeld gab es keinerlei Zweifel an der Mitwirkungskompetenz der Familien. Insbesondere dort, wo es seit der Reformation selbständige Kirchengemeinden gebe, hätten sich die Familien bei der Beteiligung an der Einrichtung und Verwaltung von Kirchengemeindeschulen ein reiches Erfahrungspotential erworben. So sei in der Mehrzahl der Bevölkerung ein lebhaftes „Interesse an der Schulbildung" und dadurch auch „das Bewußtsein der Mündigkeit, d.i. das Bewußtsein der Elternpflichten und der Elternrechte hinsichtlich der Erziehung" (1897, S. 10) erwacht.

Das Recht auf Mitwirkung der Familien leitet Dörpfeld im Sinne eines Naturrechtes aus den Elternpflichten ab: „Nicht Staat, Kirche und bürgerliche Gemeinde sorgen für den leiblichen Unterhalt der Kinder in Nahrung, Kleidung, Wohnung usw., sondern diese Pflicht ruht lediglich und ganz auf der Familie. Und da der Geist mehr ist als der Leib, so müssen die Eltern noch viel lebhafter die Pflicht fühlen, für die Geistespflege, für Unterricht und Erziehung zu sorgen." (1897, S. 65) Aus diesen „Pflichten folgen Rechte" (ebd., S. 64), die nur dann hinreichend in Anspruch genommen werden können, wenn „jede Schulanstalt ihre besondere Schulgemeinde" (ebd., S. 66) besitzt.

(3) Das Prinzip der Interessenvertretung

Neben den Rechten der Eltern will Dörpfeld allerdings auch die Interessen von Kirche, bürgerlicher Gemeinde und Staat berücksichtigt wissen: „Der Kirche liegt vornehmlich die Gesinnungsbildung, die ethisch-religiöse Seite der Erziehung am Herzen, der bürgerlichen Gemeinde hauptsächlich die Ausrüstung für das wirtschaftliche Leben, dem Staate die Kultur im allgemeinen und speziell im Blick auf das politisch-gesellschaftliche Leben. ... Die Familie dagegen, wofern sie sich ihrer Erziehungspflicht klar bewußt ist, muß die ganze Erziehungsaufgabe bedenken, ihr muß die ganze Persönlichkeit des Kindes am Herzen liegen. Jene drei Korporationen sind also nur Teilinteressenten; die Familie hingegen ist Vollinteressent, d.h. das

Familieninteresse schließt die Teilinteressen des Staates, der Kirche und der bürgerlichen Gemeinde als Bestandteile in sich." (1897, S. 65)

Alle drei von Dörpfeld geforderten Prinzipien (vor allem jedoch das Prinzip der Interessenvertretung) drängen auf einen Ausgleich der jeweiligen Rechte der beteiligten Kräfte. Deshalb bedürfe es „einer Verständigung der Beteiligten". (1897, S. 66) Eine solche diskursive Beratung verlangt dann aber nach einer entsprechenden institutionellen Regelung, nach einer Schulverfassung.

Dörpfelds Vorstellungen zufolge soll die Schulverfassung für eine synodale Organisation des Schulwesens bürgen, die nicht hierarchisch von oben nach unten, sondern umgekehrt strukturiert ist. Zunächst seien durch Urwahlen Schulgemeindevertretungen zu gründen, aus denen sich dann die Zusammensetzung kommunaler Schuldeputationen ergebe. Von dort aus seien Kreis-Schulausschüsse zu bilden; diese entscheiden über die Mitglieder in den Regierungsbezirks-Schulsynoden und letztere wiederum über die Vertreter der Landesschulsynode. (S. Dörpfeld 1897, S. 165 ff.) Auf jeder dieser Ebenen müßten die Ansprüche der oben genannten vier Interessenten und die der Schulpädagogik (je nach Ebene: Lehrer, Seminardirektoren, Professoren) durch paritätische Stimmenanteile gesichert werden.

Das Herz dieser synodalen Schulverfassung ist somit die Schulgemeinde-Vertretung, da nur sie sich aus Urwahlen konstituiert und von ihr die Zusammensetzung der weiteren Ausschüsse direkt und indirekt abhängt. Dörpfeld untergliederte die Schulgemeinde-Vertretung in zwei Organe, in den Schulvorstand und die Schulrepräsentation, und sah dafür folgende Zusammensetzung vor:[49]

Der *Schulvorstand* sollte aus fünf Mitgliedern bestehen: aus zwei Familienvätern, einem Vertreter der bürgerlichen Gemeinde, dem Pfarrer und dem Lehrer (s. 1897, S. 165). Dieses Kollegium habe die „laufenden Geschäfte", also vor allem Verwaltungsgeschäfte zu besorgen.

Die *Schulgemeinde* sollte nach Dörpfelds Vorstellungen aus sechs oder mehr Mitgliedern bestehen, wobei den Vertretern der Schulgemeinde (Familienvertreter), denen der kirchlichen und denen der bürgerlichen Gemeinde jeweils ein Drittel des Stimmenanteils zuzusprechen ist (1897, S. 152). Dieses größere Gremium tritt im Vergleich zum Schulvorstand nur zu besonderen Anlässen zusammen, in erster Linie zur Wahl der Lehrpersonen. Die Entscheidung für oder gegen die Anstellung von Lehrern dürfe weder von staatlicher noch von kirchlicher oder kommunaler Seite aus im Alleingang erfolgen. Denn der Schuldienst sei ein „Vertrauensamt". Und nur, wenn man der Person des Lehrers „mit Vertrauen entgegenkommen" (1897, S. 66) könne, sei dessen Wirksamkeit in Erziehung und Unterricht garantiert. Deshalb sei es das vornehmste Recht der Schulgemeinde, den Lehrer ihres Vertrauens wählen zu dürfen.

Der Einfluß der Schulgemeinde auf die Anstellung der Lehrer bildet für Dörpfeld aber auch zugleich die Grenzen der Mitbestimmung. Die Schulgemeinde soll nämlich nicht die spätere pädagogische Tätigkeit des Lehrers beurteilen; hierzu sind „besonders qualifizierte Personen erforderlich" (1897, S. 67), die Kreisschulinspektoren. Sie beaufsichtigen aber nicht nur die Arbeit der Lehrer, sondern haben auch ent-

sprechende Freiräume zu konzidieren, vor allem für die Aufstellung konkreter Lehrpläne. Auf dem Hintergrund der allgemeinen Lehrplantheorie (s. 5.3.) konzipiert der
Lehrer „in Rücksicht auf die örtlichen Verhältnisse" (1897, S. 76) und unter An-
hörung der Schulgemeindevertretung (ebd.) spezielle Lehrpläne, die dann dem
Kreisschulinspektor zur Genehmigung vorzulegen sind (s. 1898 a, S. 135). Nach diesem Procedere sei auch bei der Einführung neuer Schulbücher zu verfahren; der Einfluß der Schulbehörden habe sich darauf zu beschränken, „ungeeignete Lesebücher
abzuweisen und gute zu empfehlen". (1898 b, S. 10; 1897, S. 76)

Die vorangegangenen Ausführungen müssen auf einige Kerngedanken der Schultheorie Dörpfelds beschränkt bleiben.[50] Dennoch ist es von dieser gedrängten Darstellung her möglich, nach der systematischen Bedeutung der schultheoretischen
Überlegungen Dörpfelds zu fragen, um im Anschluß daran auch zeigen zu können,
daß die Allgemeine Didaktik ohne den Bezug zur Schultheorie nicht auskommen
kann.

Die entscheidende Frage, die sich für die Beurteilung des systematischen Gehaltes
stellt, ist, ob die Begründung der Institution Schule bei Dörpfeld pädagogisch erfolgte, ob er sie also „aus dem Zweck der Erziehung gedacht und legitimiert" (Benner 1977, S. 110) hat. Die Beantwortung dieser Frage soll hier durch einen Vergleich
zwischen der Schulverfassungslehre Dörpfelds und den Ausführungen Eduard
Sprangers über „Die wissenschaftlichen Grundlagen der Schulverfassungslehre und
Schulpolitik" (erstmals 1928; hier zitiert als 1969) angegangen werden.

Spranger verfolgt mit dieser Abhandlung eine „geisteswissenschaftliche Besinnung" (1969, S. 91) auf die Grundlagen der Schulverfassung und Schulpolitik. Eine
solche Besinnung müsse ihren Ausgangspunkt in der „schulpolitischen Wirklichkeit" und in ihrer Verflechtung mit der „Gesamtkultur" (S. 117) nehmen. Aus dieser Position heraus übt Spranger Kritik an der im Laufe des 19. Jahrhunderts aufgestellten „Fülle rein abstrakter schulpolitischer Theorien ..., denen der Sinn für
die Wandelbarkeit und die strukturellen Verschiebungen zwischen den beteiligten
Kulturmächten fehlt". (S. 116) Viele dieser schultheoretischen Ansätze erlägen der
„Fiktion, von einer Art von rechtlich unbestimmter Lage ausgehen und das Schulrecht als ein eben völlig neu werdendes in Gedanken erzeugen zu können".
(S. 114) Diesen Vorwurf richtet Spranger auch an Dörpfeld. Er stelle „den Satz,
daß das Recht auf Privaterziehung den Eltern gewahrt bleiben müsse, als eine
Ewigkeitsforderung auf". (S. 116) Dörpfeld gehe also von „einer Art von schulpo-
litischem Naturzustand aus", um von daher „neue Gesetzesforderungen aufzustellen. Da aber das geltende Schulrecht im weitesten Sinne mit zu den Kräften
gehört, die die Lage der Gegenwart bestimmen und die mögliche Zukunftsbewe-
gung erheblich eingrenzen, so handelt es sich bei solchen Erörterungen de lege
ferenda meist um reine Luftkonstruktionen, die nicht an der Wirklichkeit geschult
sind, also auch nicht Wirklichkeit gestalten können." (S. 116) Wirksame Schulpolitik sei demgegenüber nur „auf der Basis einer gegebenen geistig-gesellschaft-
lichen Kräfteverteilung und einer bereits wirksamen Staats-, Rechts- und Gesellschaftsordnung" (S. 116) möglich.

Was aber macht diese „geistig-gesellschaftliche Kräfteverteilung" aus, und inwiefern ist sie bestimmend für den in der Institution Schule erteilten Unterricht? – Die von Spranger so benannte „Kräfteverteilung" ergibt sich aus den unterschiedlichen Motiven gesellschaftlicher Mächte (Staat, Wissenschaft, Wirtschaft, Kirche usw.). Diese Motive könnten zu analytischem Zwecke beschrieben und auseinandergehalten werden, ihre theoretische Unterscheidung sei für die Begründung einer Schulverfassung aber nicht ausreichend: „Nicht nur der Staat wird so, isoliert von allen anderen gesellschaftlichen Mächten, aus einem ursprünglichen Rechts- und Sicherheitswillen gedanklich erzeugt, sondern entsprechend: die Wirtschaft aus dem reinen, meist individuellen, ökonomischen Erwerbstrieb, die Kirche aus dem reinen Prinzip der Frömmigkeit, die Universität aus der reinen Wissenschaftsidee. In unserem Falle würde eine solche Einstellung dazu führen: die reine pädagogische Idee als Kraft anzusehen, die die Schule formt, hingegen alle staatlichen, religiösen, beruflichen Kräfte nur als Fremdmächte aufzufassen, die das gesunde Wachstum des reinen Erziehungsorganismus stören." (S. 117)

Wenn aber entgegen einer solchen Isolierung der gesellschaftlichen Teilsysteme die Motive der einzelnen Mächte miteinander verstrickt sind, kann dann überhaupt noch von einer Autonomie der Erziehung und des Schulwesens gesprochen werden? Kann die Institution „Schule" so organisiert werden, daß Erziehung und Unterricht nicht dem Kräftespiel der verschiedenen Interessengruppen hilflos ausgesetzt sind? – Sprangers Antwort auf diese Frage setzt bei der terminologischen Klärung des Begriffes „Autonomie" an, indem er drei Bedeutungsvarianten unterscheidet: „Autonomie im theoretischen Sinne, Autonomie im ethischen und Autonomie im juristisch-organisatorischen Sinne." (S. 134)

(1) „Autonomie im theoretischen Sinne" zielt auf „die gedanklich festzuhaltende spezifische Sinnrichtung" (S. 137) eines Kulturgebietes. „So hat etwa die Wirtschaft (als objektives Gebilde genommen) ihren spezifischen Sinn, der sich von der Technik oder der Gesellschaft scharf unterscheidet, und demgemäß das individuelle oder kollektive wirtschaftliche Tun seine spezifische Sinnrichtung. Analog ist es bei der Wissenschaft oder bei der Kunst." (S. 135) Kann nun „dem Erziehungsgebiet in gleicher Weise, d.h. in gedanklich isolierender Betrachtung, Autonomie zugeschrieben werden"? (S. 136) Spranger zeigt, daß man hier lediglich von einer „sekundären Autonomie" (ebd.) sprechen könne. Die „Autonomie der Lebens- und Sachgebiete, für die und in deren Sinn erzogen wird, greift in das ganze Erziehungsgebiet über. Eben deshalb kann von einer vollen Autonomie des Erziehungsgebietes selbst bei isolierender Betrachtung nicht die Rede sein. Denn die Erziehung wird notwendig weithin beherrscht von dem Eigenrecht der Wissenschaft in der Wissensbildung, von der Kunst in der Kunsterziehung, der Technik in der Schulung der technischen Fertigkeiten, der religiösen Sinngehalte in der religiösen Erziehung." (Ebd.)

(2) Eine ganz andere Bedeutung bekommt der Begriff „Autonomie" nach Spranger dann, wenn es um den konkreten Erziehungsprozeß, etwa in der Schule, geht. „Alle Erziehung ... ruht auf dem Gesetz der freien inneren Zustimmung"

(S. 139) von Erzieher und Zögling. Die Einwirkung der verschiedenen „Wertge-
biete der Kultur" ist also nur dann pädagogisch gerechtfertigt, wenn sie „unter
Schonung der bereits gebildeten oder sich bildenden persönlichen Gesinnungs-
haltung" (S. 139) erfolgt. „Speziell: nicht der Staat ist der Idee nach von der Erziehung fernzuhalten, sondern der Gesinnungsdruck des Staates als bloßer
Machtorganisation; nicht die Wissenschaft natürlich, wohl aber alles nur dogmatische, nicht innerlich eingesehene und bejahte Wissen; nicht die Welt der Interessen und des Nutzsuchens überhaupt, wohl aber die Herrschaft von
Interessen, zu denen die Seelen nicht von ihrem höheren sittlichen Selbst aus ‚Ja'
sagen können." (S. 139 f.) Die Möglichkeit des Bildungssubjektes, zu den im
Unterricht verhandelten Sachverhalten und den damit verbundenen Wertan-
sprüchen (Kriegsdienstverweigerung als Gewissensentscheidung, technische
Verwertung physikalischen Wissens usw.) Stellung nehmen zu dürfen, macht das
aus, was Spranger als „Autonomie im ethischen Sinne" bezeichnet.

(3) Von „Autonomie im juristisch-organisatorischen Sinne" spricht Spranger
schließlich, wenn es um „die Organisation des Erziehungsgebietes" (S. 141) geht.
Dieses Recht auf Autonomie ergebe sich aus der Idee des demokratischen Staates, die „auf der freien sittlichen Zustimmung seiner Bürger" (S. 143) ruhe.
„Schon rein als Staat ... muß er seine Willensbildung so gestalten, daß sie die sittliche Totalgesinnung seiner Bürger so wenig wie möglich einengt." (Ebd.) Insbesondere dürfe er „in seiner Eigenschaft als Erziehungsträger" die unterschiedlichen Überzeugungen der Bürger und die daraus hervorgehenden Spannungen
und Konflikte nicht unnötig einengen. „Andernfalls übt er statt echter Erziehung nur Machtwirkungen unter dem Schein der Erziehung. Und diese Unecht-
heit würde sich im Resultat notwendig gegen ihn kehren." (Ebd.)

Während Spranger seinen allgemeinen Überlegungen zur Autonomie der verschiedenen Kulturgebiete und zur Autonomie der Erziehung breiten Raum schenkt, hat er
konkrete Möglichkeiten der Selbstverwaltung, also der Autonomie im organisatorischen Sinne, kaum bedacht. Abgesehen von diesem Mangel geht sein Entwurf aber in
noch heute gültiger Weise[51] in drei Punkten über den Ansatz Dörpfelds hinaus:

1. Dörpfeld setzt das Familienrecht als Naturrecht voraus. Spranger versucht gegenüber dieser ahistorischen Denkweise zu zeigen, daß jede Schulverfassung – auch die
   Dörpfelds – ein Resultat gesellschaftlicher Entwicklung sei. Insofern wäre die
   synodal geordnete Schulverfassung Dörpfelds vor allem auch im Zusammenhang
   mit solchen Bestrebungen zu sehen, durch die den kirchlichen Schulgemeinden seit
   der Reformation ein größeres Maß an Autonomie zugesprochen wurde. Obwohl
   Dörpfeld selbst auf die Entstehung und Weiterentwicklung dieser Schulgemeinden
   in einem kurzen Rückblick hinweist (s. z.B. Dörpfeld 1897, S. 3 ff.), wendet er diese
   historische Betrachtungsweise auf das Familienrecht selbst nicht an.
2. Die unreflektierte Setzung des Familienrechtes erscheint um so unverständlicher,
   als Dörpfeld die Interessen der jeweiligen gesellschaftlichen Mächte (Staat, Kirche, Wirtschaft, Wissenschaft usw.) an der Institution „Schule" klar erkannt hat

(s. 5.3.). Unthematisiert bleibt dabei aber das Verhältnis des „Erziehungsgebietes"
zu den anderen „Kulturgebieten" und damit auch der Sachverhalt, den Spranger
als „sekundäre Autonomie" der Pädagogik bezeichnet. Es wird also nicht danach
gefragt, inwiefern Ansprüche aus anderen „Kulturgebieten" in Erziehung und
Unterricht hineinwirken. Staat, Kirche, Wirtschaft und Wissenschaft gewinnen
bei Dörpfeld über die Interessenvertretung in der Schulgemeinde vergleichsweise
geringen Einfluß. Denn hinsichtlich der Lehrplangestaltung und der auszuwählenden Bildungsinhalte reguliert allein der Lehrer, der ja als pädagogischer
Fachmann die konkreten Lehrpläne erstellt, die Interessen der gesellschaftlichen
Mächte.

3. Aus heutiger Sicht ist die Dörpfeldsche Schultheorie insbesondere auch deshalb
ergänzungsbedürftig, weil in ihr die von Spranger so benannte „Autonomie im
ethischen Sinne" ausgeblendet wird. Von diesem Autonomiebegriff aus ist nämlich erst die Frage zu beantworten, ob die Institution „Schule" pädagogisch, also
aus dem Zweck der Erziehung gedacht und legitimiert werden kann. Autonomie
im ethischen Sinne bedeutet bei Spranger, daß alle Erziehung „auf dem Gesetz der
freien Zustimmung" (1969, S. 139) des Zöglings ruht. Diese „innere Zustimmung"
kommt bei Dörpfeld jedoch nicht zur Sprache. Das läßt sich durch den Rückgriff
auf das oben angeführte Unterrichtsbeispiel (s. 5.2.) aus der Gesellschaftskunde
zeigen. Dörpfeld geht es in diesem Beispiel um die Erkenntnis der sechs menschlichen Hauptbedürfnisse und der diesen Bedürfnissen entsprechenden Arten der
Arbeit. Ausgeschlossen aber bleibt die Überlegung, ob der Schüler diese Kategorisierung der Bedürfnisse teilt oder ob er die finanziell unterschiedliche Gratifi-
kation und damit auch die gesellschaftliche Bewertung der jeweiligen Berufe als
gerecht oder als veränderungswürdig empfindet. Dörpfelds pädagogische Legitimation der Institution „Schule" besteht also darin, daß er als oberstes Ziel von Erziehung und Unterricht die allseitige mündige Teilhabe am gesellschaftlichen
Leben setzt und diese Teilhabe im wesentlichen durch Tradierung entsprechender
Inhalte gewährleistet sieht.

Was können nun die Ausführungen zur Schultheorie Dörpfelds und deren kritische
Beurteilung in Anlehnung an Spranger für die übergreifende Frage nach dem Verhältnis von Allgemeiner Didaktik und Fachdidaktik zeigen? Welche systematischen
Gesichtspunkte darf man also zusammenfassend herausheben und für die gegenwärtige und künftige allgemeindidaktische Diskussion als notwendige Theorieelemente
ansehen?

Als ein *erstes* entscheidendes Ergebnis ist zunächst festzuhalten: Wenn Schule als
eine Institution anzusehen ist, die ihren Beitrag zu einer mündigen Teilhabe des Individuums an allen wichtigen Bereichen gesellschaftlichen Lebens leisten soll, dann
ist auch das konkrete Lehren und Lernen in der Schule diesem Ziel verpflichtet. Die
pädagogische Begründung der Schule steht und fällt daher mit der Frage, ob das
Lehren und Lernen die „freie Zustimmung" des Schülers sichert.[52] Aus unserer heutigen Sicht kann schulisches Lernen daher nicht auf die bloße Weitergabe tradierter
Wissensbestände abgestellt sein, weil der Schüler dadurch auf vorhandene gesell-

schaftliche Denk- und Handlungsmuster festgelegt wird. Einer pädagogisch begründeten Theorie der Schule kommt es demgegenüber auf eine Praxis an, „die die Heranwachsenden für eine Mitwirkung an der menschlichen Gesamtpraxis aufschließt
und die Bereiche gesellschaftlichen Handelns für eine Mitwirkung der Heranwachsenden öffnet". (Benner 1987, S. 120)

Im Zusammenhang mit diesen Überlegungen zur pädagogischen Legitimation der
Institution „Schule" ist indirekt ein *zweites* systematisch bedeutsames Ergebnis an-
gesprochen worden: Allgemeindidaktische Aussagen – seien es nun Aussagen auf der
Ebene der Theorie des Lehrens und Lernens oder auf der Ebene der Lehrplantheorie – stehen in einem unauflösbaren Zusammenhang mit der pädagogisch begründeten Theorie der Schule. Eine so begründete Theorie bedarf nämlich einer adäquaten
Lehrplan- und Unterrichtsgestaltung, die dem obersten Zweck der Erziehung, der
Erziehung zur Mündigkeit, nicht zuwiderlaufen. Konkret hieße das dann für die
Ebene der Lehrplantheorie: Lehrpläne entsprechen der pädagogischen Legitimation
nur dann, wenn sie nicht als Vorgabe bestimmter Lernpensen konzipiert sind, wenn
sie den am Unterricht Beteiligten also die Freiheit zugestehen, vorgeschlagene Inhalte kritisch prüfen und nicht vorgeschlagene auch zum Gegenstand des Unterrichts wählen zu können. Und für die Ebene der Theorie des Lehrens und Lernens
hieße es: Alle Maßnahmen zur methodischen Gestaltung des Unterrichts sind als
Hilfen zu verstehen, die den jungen Menschen nicht auf tradierte gesellschaftliche
Praxis festlegen. Diese Hilfen müssen ihm vielmehr Möglichkeiten aufzeigen, wie er
sein Lernen selbst (mit-)bestimmen kann, wie er also durch Lernhilfen zum selbst-
bestimmten Lernen kommt (s. Biermann 1985 a, S. 94 f.) und wie sich daraus Perspektiven für die Mitwirkung an der Humanisierung der Gesellschaft ergeben.

In Ergänzung zu diesen eben genannten Ergebnissen ist schließlich noch ein
dritter Aspekt anzuführen, der das Verhältnis von Staat und Schule unter organi-
satorischen Gesichtspunkten charakterisiert: Soll die ethische Autonomie des im
Unterricht lernenden Subjekts gewährleistet werden, dann darf die Institution
„Schule" nicht als verlängerter Arm staats- und parteipolitischer Interessen fun-
gieren. Über Unterricht freizusetzende mündige Teilhabe an den verschiedensten
Bereichen gesellschaftlichen Lebens erfordert vielmehr ein Schulwesen, das den
Betroffenen entsprechende Möglichkeiten eröffnet, über das, was in Schule und
Unterricht vorgehen soll, mitbestimmen zu können. Dies bedeutet auf der einen
Seite den „Abbau der staatlichen Schulaufsicht" und auf der anderen Seite die
„Schaffung schulischer Freizügigkeit". (Menze 1974, S. 29) Diese Freizügigkeit
sollte nicht nur der inhaltlichen und methodischen Gestaltung von Unterricht vor-
behalten bleiben, sondern auch Chancen zur Prägung des pädagogischen Profils
von Einzelschulen sicherstellen.[53]

5.5. Zusammenfassende Thesen

Der historische Rekurs auf die Schriften F. W. Dörpfelds und die kritische Auseinandersetzung mit dieser schulpädagogischen Position haben eine Reihe von Theorieelementen zur Sprache gebracht, die für die gegenwärtige Theoriebildung im Rahmen der Allgemeinen Didaktik von systematischer Bedeutung sind. Die folgenden Thesen sind als Mindestkatalog solcher allgemeindidaktischer Theorieelemente zu verstehen und versuchen, die im Rahmen der historischen Rekonstruktion zum Teil isoliert behandelten drei Theorieebenen (Theorie der Schule, des Lehrplans und des Lehrens und Lernens) in ihrer wechselseitigen Beziehung zu berücksichtigen.

(1) Schulisches Lehren und Lernen bekommt seinen übergreifenden Sinn aus dem Zweck der Erziehung. Danach ist erzieherisches Handeln als Hilfestellung auf dem Weg in die Mündigkeit zu verstehen.

(2) Eine aus diesem Zeck der Erziehung gerechtfertigte Theorie begreift Schule als Institution, durch die Schüler in alle wichtigen Bereiche gesellschaftlichen Lebens eingeführt werden, ohne den jungen Menschen dadurch schon auf gesellschaftliche Denk- und Handlungsmuster festzulegen.

(3) Zum Gegenstandsbereich einer pädagogischen Theorie der Schule gehört u. a. die Frage nach der angemessenen Organisation des Schulwesens. Soll diese Organisation dem obersten Zweck der Erziehung Rechnung tragen, dann müssen den Betroffenen entsprechende Mitwirkungsmöglichkeiten eingeräumt werden. Diese Mitwirkungsmöglichkeiten sind auch auf der Ebene der Lehrplantheorie und auf der Ebene der Theorie des Lehrens und Lernens zu konkretisieren.

(4) Die Theorie des Lehrplans (als der eine Teil der Allgemeinen Didaktik) hat die Berechtigung „alter" und die Notwendigkeit neuer Unterrichtsinhalte zu klären. Lehrpläne sind in diesem Sinne als geschichtliche Gebilde zu betrachten, in die immer auch Interessen gesellschaftlicher Mächte (Staat, Kirche, Wissenschaft usw.) mit eingeflossen sind. Die Entscheidung für oder gegen bestimmte Inhalte hängt davon ab, ob der betreffende Unterrichtsinhalt die Mündigkeit des jungen Menschen mehren kann.

(5) Eine kritische Analyse bestehender und die Konzeption neuer Lehrpläne bedürfen einer bildungstheoretischen Fundierung. Lehrpläne für allgemeinbildende Schulen sind demnach so zu gestalten, daß die zur Auswahl kommenden Inhalte eine vielseitige Bildung des Individuums und damit auch dessen vielseitige Teilhabe am gesellschaftlichen Leben ermöglichen. Von einem solchen bildungstheoretischen Verständnis aus kann dann der Versuch unternommen werden, den Sinn eines Schulfaches im Fächerkanon zu bestimmen.

(6) Soll schulisches Lehren und Lernen nicht auf die bloße Weitergabe tradierter Wissensbestände beschränkt bleiben, sondern dem jungen Menschen auch Perspektiven für mögliche Verbesserungen des Miteinanderlebens eröffnen, dann sind Lehrpläne als offene Lehrpläne zu gestalten. Derartige Lehrpläne lassen genügend Freiräume, wenn die Beschäftigung mit bestimmten Bildungsinhalten vom Umfang und vom perspektivischen Zugriff her noch nicht verplant ist und

wenn zudem Möglichkeiten bestehen, daß Lehrer und Schüler in gemeinsamer Abstimmung sich für andere als die empfohlenen Inhalte entscheiden können.

(7) Die Theorie des Lehrens und Lernens (als der andere Teil der Allgemeinen Didaktik) richtet ihr Augenmerk auf die Analyse, Planung und Gestaltung des Unterrichts. Alle Einzelüberlegungen, die auf dieser Theorieebene der Allgemeinen Didaktik angestellt werden, sind auf die beiden Kernbegriffe, auf den Begriff des Lernens und den des Lehrens, hin zu beziehen und auszulegen.

(8) Lernen bedeutet, sich Möglichkeiten anzueignen, durch die man Welt deuten und durch die man handelnd in Welt eingreifen kann. „Lernen" und „Bildung" stehen daher in engem Zusammenhang. Denn wenn schulisches Lernen auf die vielseitige mündige Teilhabe am gesellschaftlichen Leben zielt und deshalb eine vielseitige Bildung in Gang setzen soll, dann ist die konkrete Lernaktivität des Schülers als sich im Subjekt vollziehende Bildung anzusehen.

(9) Schulisches Lehren erhält seine übergreifende Bestimmung aus der pädagogischen Legitimation der Institution „Schule". Danach ist Schule aus dem Zweck der Erziehung, aus der Erziehung zur Mündigkeit, zu begründen. Lehren kann deshalb nicht die bloße Reproduktion gesellschaftlicher Wissensbestände und Handlungsweisen meinen, sondern muß so angelegt sein, daß Schüler derartige Denk- und Handlungsweisen kennenlernen, ohne darauf festgelegt zu werden. Der Lehrende steht dabei in der schwierigen Situation, Vermittler zwischen älterer und jüngerer Generation zu sein, indem er zum einen die Berührung mit der Tradition in Gang bringen muß und zum anderen die Stellungnahme und Wertung des Schülers, evtl. auch seine mögliche Ablehnung gegenüber der Tradition respektieren muß. In diesem Sinne bedeutet Lehren nicht *Vermittlung* von Wissen und Erkenntnissen, sondern „Hilfe zum Lernen".[54]

(10) Hilfen zum Lernen können Lehrende auf vielfältige Weisen geben. Neben den beiden Kernbegriffen (Lehren und Lernen) sind diese Weisen zu helfen die weiteren Elemente einer Theorie des Lehrens und Lernens. Hierzu sind im einzelnen zu zählen: die verschiedenen Methoden, Sozial- und Artikulationsformen des Unterrichts, die Unterstützung des Lernprozesses durch mediale Hilfen, bestimmte Aktionsformen des Lehrens oder durch Formen der inneren Differenzierung, schließlich auch eine am individuellen Lernzuwachs orientierte Leistungsbeurteilung, die dem Schüler Impulse zum Weiterlernen geben kann. Bei all diesen Hilfen handelt es sich in der Unterrichtspraxis um individuelle Hilfen. Sie sind deshalb auf die soziokulturell bedingten anthropogenen Voraussetzungen des Schülers zu beziehen. Die Einschätzung dieser Voraussetzungen verpflichtet den Lehrenden immer auch zu der Entscheidung, ob der Lernprozeß eher noch fremdbestimmt anhand der Lernhilfen verlaufen soll oder ob er in verstärktem Maße schon selbstbestimmt erfolgen kann, weil die Schüler bereits in der Lage sind, über die Auswahl geeigneter Lernhilfen mitberaten zu können.

6. Kapitel

Was leisten allgemeindidaktische Modelle für fachdidaktisches Denken und Handeln?

Die vorangegangene Thematisierung der schulpädagogischen Schriften F. W. Dörpfelds hat eine Reihe von Theorieelementen zur Sprache gebracht, deren Berücksichtigung für gegenwärtige und weitere allgemeindidaktische Theoriebildung unabdingbar erscheint. Zugleich wurde aber auch die enge Verbindung zwischen Allgemeiner Didaktik und einer pädagogisch begründeten Theorie der Schule deutlich.

Vor diesem Hintergrund kann nun gezeigt werden, daß allgemeindidaktische Modelle Aussagen machen, die auf verschiedenen Theorieebenen angesiedelt sind. Es kann sich im einzelnen um Aussagen auf der Ebene der Theorie des Lehrens und Lernens, aber auch um Aussagen auf der Ebene der Theorie des Lehrplans handeln. Allgemeindidaktische Aussagen sind darüber hinaus implizit oder explizit in schultheoretische Erwägungen eingebettet. Das gilt auch für die Fälle, in denen der betreffende Autor die schultheoretische Einbettung seiner allgemeindidaktischen Überlegungen nicht ausführt. Selbst ein vermeintlich „harmloser" Begriff des Lehrens, demzufolge schulisches Lernen auf die Aneignung von Wissen und Fertigkeiten abzielt, hat eine implizite schultheoretische Dimension, wenngleich dadurch die Theorie der Schule in einem anderen „pädagogischen" Sinne gerechtfertigt würde, als es oben (s. 5.4.) im Anschluß an Dörpfeld und Spranger geschehen ist.

Aussagen allgemeindidaktischer Modelle können sich nicht nur dadurch unterscheiden, daß sie sich auf verschiedene Ebenen schulpädagogischen Denkens beziehen. Der Gehalt eines Modells hängt auch stark davon ab, *welche* Elemente einer einzelnen Theorieebene thematisiert bzw. ausgeblendet werden. Bindet man diesen Sachverhalt hier noch einmal in die im 1. Kapitel vorgeschlagene modelltheoretische Terminologie zurück, dann bedeutet das: Allgemeindidaktische Modelle sind in zweifacher Hinsicht Instrumente selektiver Theoriebildung, weil ihr Aussagenbereich sich in der Hauptsache auf eine bestimmte Theorieebene beschränkt und daraus wiederum bestimmte Theorieelemente ausgrenzt. Diese aspekthafte Selektion zieht dann im Hinblick auf die Relevanz des jeweiligen Modells für fachdidaktisches Denken und Handeln einen bedeutsamen Sachverhalt nach sich: Allgemeindidaktische Modelle bilden jeweils ein spezifisches und damit auch begrenztes Anregungspotential für die fachdidaktische Theoriebildung und die Analyse, Planung und Gestaltung von Fachunterricht. Diese These soll im folgenden noch einmal rückblickend auf die im Hauptteil erfolgte Analyse belegt werden. Hier geht es nun aber nicht mehr um die erneute Aufzählung der einzelnen Ergebnisse, wie sie jeweils die zusammenfassenden Thesen am Ende der Kapitel 2-4 dokumentieren, sondern um einen metatheoretischen Vergleich, der die unterschiedliche Leistungsfähigkeit der einzelnen Modelle von den drei Ebenen schulpädagogischer Reflexion aus (Theorie des Lehrens und Lernens, Theorie des Lehrplans und der Schule) darstellen soll.

6.1. Bildungstheoretische Didaktik und fachdidaktisches Denken und Handeln

Die Entstehung der bildungstheoretischen Didaktik I ist in engem Zusammenhang mit der damaligen Forschungslage zu betrachten. Nach Klafki hatte sich die didaktische Diskussion der Reformpädagogik vorwiegend auf Aspekte der Unterrichtsmethodik beschränkt. Gegenüber dieser einseitigen Orientierung an Methodenproblemen forderte er, wieder verstärkt „die inhaltlichen Fragen der Bildung und Erziehung in den Mittelpunkt des pädagogischen Denkens zu rücken". (Klafki 1963, S. 22) Versucht man diese Veränderung des Forschungsinteresses in den Kontext schulpädagogischer Reflexion zu stellen, dann heißt das: Klafki kam es darauf an, das Interesse verstärkt auf die Ebene lehrplantheoretischer Überlegungen zu lenken. Dieser Sachverhalt kam besonders durch die Rede vom „Primat der Didaktik" zum Ausdruck; Fragen der Methodik, also Fragen, die der Ebene der Theorie des Lehrens und Lernens zuzuordnen sind, sollten demnach als Folge „didaktischer Vorentscheidungen" (ebd., S. 23) behandelt werden.

Im Zuge einer solchen perspektivischen Konzentration auf die Ebene der Lehrplantheorie verstand Klafki dann Didaktik als „Theorie der Bildungsaufgaben und Bildungsinhalte bzw. der Bildungskategorien; sie fragt nach ihrem Bildungssinn und den Kriterien für ihre Auswahl, nach ihrer Struktur und damit auch ihrer Schichtung". (Ebd., S. 21) Alle didaktischen Entscheidungen sind demnach dem Begriff der Bildung unterstellt. Dieser Begriff meint im Sinne Klafkis den Prozeß, durch den der junge Mensch „Kategorien" (Strukturen, Zusammenhänge, Motive, Methoden, Symbolgehalte, Gesetzmäßigkeiten usw.) gewinnt, mit deren Hilfe er die Fülle lebensweltlicher Erscheinungen auf eben solche Kategorien reduzieren kann. Bildung bleibt aber nicht auf das bloße Verstehen von Welt beschränkt, sondern zielt zudem auf die Bereitschaft des jungen Menschen, „Lebensspannungen, nicht auf einen Nenner zu bringende Verhaltensweisen ... zu bewältigen". (Ebd., S. 33) Bildung ist somit auch auf die „Gesellschaftlichkeit" und „auf die politische Existenz des Menschen" (S. 31) ausgerichtet; sie impliziert deshalb auch immer die „Bereitschaft, auf neue Situationen produktiv zu antworten". (S. 35) Schulisches Lehren und Lernen, das dieser Vorstellung von Bildung gerecht werden soll, hat dann eine doppelte Funktion: Es führt den jungen Menschen in überlieferte Deutungs- und Handlungsmuster ein und verweist zugleich auf deren Veränderungsmöglichkeit und eventuelle Veränderungsbedürftigkeit.

Von diesen bildungstheoretischen Prämissen her formulierte Klafki dann die vier Hauptaufgaben der Didaktik: Sie habe (1) die Geschichtlichkeit der in Lehrplänen kondensierten didaktischen Entscheidungen aufzudecken, um so „die politischen, sozialen, geistes- und bildungsgeschichtlichen Hintergründe zahlreicher bis heute wie selbstverständlich tradierter Bestände und Wertungen zu erkennen". (1963 a, S. 41) Die auf der kritischen Analyse bestehender Lehrpläne basierenden Entscheidungen für oder gegen bestimmte Bildungsinhalte müssen sich (2) an der „Perspektive des gebildeten Laien" (ebd., S. 45) orientieren, an der „Perspektive des aufgeklärten Zeitgenossen, des sich politisch mitverantwortlich fühlenden Bürgers". (Ebd.) Von daher sei auch der Anspruch wissenschaftsorientierten Unterrichts zu begrenzen; wissenschaftliche Deutungsmuster sollen in den Unterricht dann einfließen, wenn sie dem Schüler Verständnishilfen und Handlungsmöglichkeiten für seine Gegenwart und Zukunft eröffnen. Unter der „Perspektive des gebildeten Laien" wächst der Didaktik (3) die Aufgabe zu, „den Bildungssinn der geistigen Grundrichtungen und der Schulfächer" (S. 52) zu beschreiben. Im Rahmen dieser Aufgabenstellung wird gefragt, ob das jeweilige Schulfach primär der ästhetischen, theoretischen, pragmatischen, ethischen oder religiösen Sinndimension zuzurechnen ist. (S. 52 ff.) Durch den Nachweis derartiger Sinndimensionen wird die Stellung des betreffenden Faches im Fächerkanon legitimiert. Schließlich habe die Didaktik (4) mit Hilfe der Begriffe „Elementares, „Exemplarisches" und „Fundamentales" die „innere Struktur und Schichtung der Bildungsinhalte" (S. 56 ff.) zu untersuchen. Auf diese Weise würden „didaktische Pläne möglich, die den Praktiker nicht gängelten, ... die ihn aber auch nicht überfordern, ... indem sie ihm die volle Last der Entscheidung sowohl im Feld der Gehalte als auch in dem der situationsgemäß zuzuordnenden Inhalte auferlegen". (S. 61)

Die eben genannten Aufgabenbereiche gehören allesamt der Ebene der Lehrplantheorie an. Das gilt letztlich auch für Klafkis Überlegungen zur „Didaktischen Analyse", die ja durch die oben beschriebenen fünf Grundfragen dem praktizierenden Lehrer den Nachvollzug der in Lehrplänen verborgenen Entscheidungen über Bildungsinhalte ermöglichen soll. Klafki betont damit also die Möglichkeit der Dezentralisierung von Lehrplanentscheidungen.

Einen Berührungspunkt zur Ebene der Theorie des Lehrens und Lernens zeigt sich in der bildungstheoretischen Didaktik I dort, wo Klafki – in Anlehnung an Copei – vom „fruchtbaren Moment im Bildungsprozeß" spricht und diesen Prozeß (exemplarischen) Lernens als „Grundriß einer allgemeinen Methodik kategorialer Bildung" (Klafki 1959 b, S. 358) bezeichnet. Danach kann Lernen von außen nicht erzwungen, wohl aber durch die unterstützende Hilfe des Lehrers initiiert werden. „Lehren" bedeutet diesem Verständnis zufolge „Hilfe zum Lernen".

Außer diesen knappen Erläuterungen zum Begriff des Lehrens und dem des Lernens werden keine weiteren Elemente der Ebene einer Theorie des Lehrens und Lernens entfaltet. Die Ebene der Theorie der Schule kommt nur indirekt zur Sprache. Der Rekurs auf den Copeischen Bildungsbegriff und das Insistieren auf die Freiheit des Lehrers, den in Lehrplänen amtlich vorgegebenen Bildungsinhalten weitere hinzufügen zu können, sind lediglich als Hinweise auf diese Theorieebene zu verstehen.

Insgesamt gesehen geht aus diesem knappen Überblick hervor, daß die bildungstheoretische Didaktik I die Aufmerksamkeit des Modellverwenders auf lehrplantheoretische Überlegungen lenkt und dadurch nur bestimmte Aspekte der Unterrichtsanalyse, -planung und -gestaltung thematisiert. Im Hinblick auf die fachdidaktische Theoriebildung heißt das: Die bildungstheoretische Didaktik I wirft spezifische Fragen auf, die der Fachdidaktiker aufgreifen und auf seine Disziplin beziehen kann. Diese Fragen blenden zwar nahezu alle wichtigen unterrichtsmethodischen Aspekte aus, sind demgegenüber aber durch ihre terminologische Stringenz geeignet, das fachdidaktische Bewußtsein für lehrplantheoretische Aspekte zu schärfen. Der Fachdidaktiker wird inbesondere an folgende Fragen erinnert:

(1) *Welchen Beitrag kann das einzelne Fach im Hinblick auf die übergreifende Zielstellung schulischen Unterrichts leisten? Welche Deutungs- und Handlungsmöglichkeiten bietet dieses Fach an, damit der junge Mensch als „gebildeter Laie" das gegenwärtige und zukünftige gesellschaftliche Leben mitgestalten kann?*

(2) *Welche Sinndimension (ästhetische, theoretische, pragmatische, ethische, religiöse) wird durch das jeweilige Fach primär vertreten?*
Mit dieser Frage klärt der Fachdidaktiker die zentrale Perspektive ab, unter der das betreffende Fach im wesentlichen unterrichtet wird.

(3) *In welchem Verhältnis steht das Schulfach zur Fachwissenschaft?*
Diese Frage verweist auf die Notwendigkeit, Bildungsinhalte aus ihrer Bedeutung für die Gegenwart und Zukunft des jungen Menschen, nicht aber aus dem System einer Fachwissenschaft heraus zu legitimieren. Der Primat der didaktischen gegenüber einer fachwissenschaftlichen Legitimation von Bildungsinhalten impliziert die Ablehnung eines ausschließlich wissenschaftsorientierten Unterrichts; dieser ist aus didaktischer Sicht aber immer dann berechtigt, wenn die durch ihn erarbeiteten fachwissenschaftlichen Deutungsmuster die private und gesellschaftliche Handlungsfähigkeit des „gebildeten Laien" fördern.

(4) *Inwiefern kann die Geschichte eines Schulfaches Aufklärung über solche Motive und Interessen leisten, die das Selbstverständnis und die Unterrichtswirklichkeit des jeweiligen Faches geprägt haben und bis in die Gegenwart hinein bestimmen?*
Die Beantwortung dieser Frage gibt Aufschlüsse über die gesellschaftlichen Voraussetzungen und Wirkungen von Fachunterricht und damit auch über die noch bestehenden Behinderungen, die den Beitrag des Fachunterrichts im Hinblick auf den Gesamtauftrag schulischen Lehrens und Lernens (s. Frage 1) schmälern.

(5) *Wie kann der Gesamtauftrag schulischen Lehrens und Lernens über die Gestaltung fachspezifischer Lehrpläne eingelöst werden?*
Die Gestaltung von Lehrplänen setzt die Auseinandersetzung mit bestehenden Lehrplänen voraus. Auf dieser Basis wird zu fragen sein, ob die „älteren" Bildungsinhalte dem Gesamtauftrag noch nachkommen können oder durch „neuere" ersetzt werden sollten. Zur Gestaltung des neuen Lehrplans wird dann der übergreifende Auftrag in unterschiedlichen Abstraktionsebenen (Fundamentales, Elementares, Exemplarisches) ausformuliert.

Eine Kanalisierung des Forschungsinteresses auf die lehrplantheoretische Ebene ist auch für das gegenwärtige Konzept der bildungstheoretischen Didaktik II zu verzeichnen. Fragen des Medieneinsatzes, der Unterrichtsmethoden oder der Lernzielkontrolle werden dort zwar angesprochen, aber nicht weiter ausgeführt, so daß dem Fachdidaktiker damit kein ausgearbeitetes terminologisches Instrumentarium für die Ebene des Lehrens und Lernens angeboten wird.

Alle fünf im vorangegangenen aufgeführten Fragenkomplexe bilden auch die wesentlichen Bereiche des gegenwärtigen Modells. Ihre *inhaltliche* Ausführung hat allerdings einen anderen Akzent erhalten, der sich aus der geänderten wissenschafts-theoretischen Begründung von Didaktik ergibt. Didaktik wird nun als Teilbereich kritisch-konstruktiver Erziehungswissenschaft verstanden und dadurch in den „gesamtgesellschaftlich-politischen Zusammenhang" (Klafki 1975[10], S. 3 f.) gestellt. Diese besondere Akzentuierung drückt sich vor allem in der Präzisierung des (All-gemein-)Bildungsbegriffes aus. Allgemeinbildung wird von Klafki in dreifacher Weise charakterisiert, nämlich (1) als Bildung für alle zur Selbstbestimmungs-, Mit-bestimmungs- und Solidaritätsfähigkeit, (2) als Bildung im Medium des Allgemeinen und (3) als Bildung aller wesentlichen Fähigkeitsdimensionen des Menschen.

Für die einzelnen Fachdidaktiken ergibt sich aus dieser dreifachen Bestimmung die Aufgabe, die oben genannten Fragenkomplexe in verstärktem Maße unter der vorgegebenen „gesamtgesellschaftlich-politischen" Perspektive zu konkretisieren. Die bildungstheoretische Didaktik II erinnert die Fachdidaktiker also weiterhin daran, das betreffende Fach im Hinblick auf die Sinn- bzw. Fähigkeitsdimensionen zu legitimieren, seine Geschichte fortzuschreiben und bestehende Lehrpläne kritisch zu analysieren und entsprechend zu revidieren. Wenngleich der Fachdidaktik also formal ähnliche Aufgaben angetragen werden, so soll nun in besonderem Maße die gesellschaftspolitische Intention des Unterrichts (Förderung der Selbstbestim-mungs-, Mitbestimmungs- und Solidaritätsfähigkeit) die Auswahl von Bildungsin-halten bestimmen. Die impliziten Präferenzen, die sich aus dieser Akzentuierung für den Stellenwert bestimmter Unterrichtsfächer gegenüber anderen ergeben, sind im Verlauf des 2. Kapitels breit diskutiert worden, so daß hier auf weitere Erläuterun-gen verzichtet werden kann.

Abschließend bleibt zu fragen, ob die bildungstheoretische Didaktik II auch Ele-mente einer pädagogisch legitimierten Theorie der Schule zur Sprache bringt. Das scheint nicht der Fall zu sein. Lediglich ein Aspekt deutet den Bezug auf eine impli-zite Theorie der Schule an. Wenn Klafki nämlich fordert, daß die Lernenden an der „Mitplanung des Unterrichts bzw. einzelner Unterrichtsphasen" (1985 a, S. 200) zu beteiligen sind, dann könnte sich von daher die Frage ergeben, inwiefern dieses selbstbestimmte Lernen dem Schüler Möglichkeiten für die Mitgestaltung des ge-sellschaftlichen Lebens eröffnen soll. Diese Frage wird in der bildungstheoretischen Didaktik II allerdings nicht weiter verfolgt.

6.2. Lerntheoretische Didaktik und fachdidaktisches Denken und Handeln

Die zentrale Perspektive der lerntheoretischen Didaktik I, durch die Unterricht mo-dellhaft konstruiert wird, hat Heimann gegenüber den Intentionen bildungstheoretischer Didaktik abzusetzen versucht. Ihm kam es darauf an, praktische Hilfen für die Analyse und Planung von Unterricht zu geben, ohne dabei freilich auf eine theoretische Begründung verzichten zu wollen (Heimann 1976 a, S. 142 f.). Der bildungstheoretischen Didaktik I warf er vor, den Begriff der Didaktik unzweckmäßig verkürzt zu haben. Vor allem die „Ausklammerung der Methodenorganisation oder der Medienwahl" sei ein „Akt folgenschwerer Desintegration, der sich nicht nur gegen das Ganze des Unterrichts, sondern gegen den der Inhaltlichkeit selbst richtet. Denken über ‚Inhalte als lehrbare' impliziert das Methodische und die Medienwahl." (1976 a, S. 157)

Der in diesen Vorwürfen steckende Anspruch erscheint uneinlösbar. Denn Heimann gibt dadurch nicht nur vor, diejenigen Theorieelemente thematisieren zu wollen, die in der bildungstheoretischen Didaktik I ausgeklammert worden sind, sondern das „Ganze" des Unterrichts in den Blick nehmen zu können. Bezieht man dieses hochgesteckte Ziel auf die oben vorgeschlagene Dreiteilung schulpädagogischen Denkens, dann heißt das: Heimann will das „Ganze" des Unterrichts dadurch zur Sprache bringen, daß er sowohl auf der Ebene der Theorie des Lehrens und Lernens als auch auf der Ebene der Theorie des Lehrplans argumentieren und die auf diesen Ebenen thematisierten Theorieelemente evtl. noch in einen Bezug zur Theorie der Schule setzen möchte.

Die im dritten Kapitel vorgenommene Analyse hat jedoch gezeigt, daß die Aussagen der lerntheoretischen Didaktik I im wesentlichen auf die Ebene der Theorie des Lehrens und Lernens beschränkt bleiben und daß sie lehrplantheoretische Aspekte lediglich streifen. Ein kurzer Rückblick verdeutlicht das. Heimann verstand sein Didaktikmodell als eine „Theorie des Unterrichts" (1965, S. 9), die den Lehrer in die Lage versetzen sollte, die „formale Baugesetzlichkeit von Lehr- und Lernvorgängen in der Schule" (1976 a, S. 154) zu erkennen. Diese Baugesetzlichkeit beschrieb Heimann mit den sechs bekannten Strukturmomenten (Intentionalität, Thematik, Methodik, Medienwahl, anthropogene und sozialkulturelle Voraussetzungen). Die ersten beiden Strukturmomente (Intentionalität und Thematik) lassen vermuten, daß hierdurch lehrplantheoretische Aspekte diskutiert würden. Heimann benutzt sie, um zu zeigen, daß beide Strukturmomente zusammengenommen die Lernziele des Unterrichts ausmachen. Diese Lernziele werden von ihm aber stillschweigend als bereits vorgegebene Ziele gedacht. Denn an keiner Stelle wird die Fragwürdigkeit vorgegebener Ziele in Augenschein genommen oder deren Berechtigung verteidigt. Der Kern lehrplantheoretischer Überlegungen, nämlich die Frage der *begründeten* Auswahl von (Bildungs-)Inhalten, wird also nicht in den Fragehorizont der Fachdidaktiker und Fachlehrer gerückt. Mit anderen Worten: Genau diejenigen Fragenkomplexe, die die bildungstheoretische Didaktik I und II lehren, bleiben durch die modellhafte Konstruktion der lerntheoretischen Didaktik I ausgeblendet.

Der von Heimann gesteckte hohe Anspruch muß aber auch noch in anderer Hinsicht eingeschränkt werden. Die Aussagen dieses allgemeindidaktischen Modells bleiben nämlich nicht nur auf die Ebene der Theorie des Lehrens und Lernens begrenzt, sondern sie verkürzen das Minimum an lehr-/lerntheoretischen Elementen (s. 5.2.) gerade um die beiden zentralen Begriffe, um den Begriff des Lehrens und den des Lernens. Diese Begriffe werden weder von Heimann noch von seinem Schüler W. Schulz explizit eingeführt. Daß die Autoren aber insbesondere nicht auf den Lernbegriff verzichten *können*, zeigen einige implizite Hinweise. So wird etwa davon gesprochen, daß im Unterricht etwas zu „bewirken" oder zu „vermitteln" (Schulz 1965, S. 19) sei. „Lernen" wird dabei als Anpassungsleistung (ebd.), als Aufnahme zu tradierender Sachverhalte, gedeutet. Und vor diesem Hintergrund zeigt sich dann auch die der Institution „Schule" (gewollt oder ungewollt) zugeschriebene Funktion: Sie soll Schüler über Unterricht gesellschaftlich zurüsten.

Von dem implizit zugrundegelegten Begriff des Lernens aus erhalten dann auch der unausgesprochene Begriff des Lehrens und die erwähnten sechs Strukturmomente des Unterrichts ihren Stellenwert. „Lehren" bezweckt die Vermittlung von Wissen, Fertigkeiten, Erkenntnissen, Handlungsmustern usw. Die einzelnen Strukturmomente sind dann die planerischen Mittel des Lehrenden: Eine klare Lernzielformulierung, die Wahl effektiver Unterrichtsmethoden und Medien und das Kalkül der Lernvoraussetzungen des Schülers sollen die zu vollziehende „Anpassung" des Lernenden garantieren.

Welche Bedeutung kommt nun der lerntheoretischen Didaktik I im Hinblick auf fachdidaktisches Denken und Handeln zu? – Man kann das Anregungspotential dieses allgemeindidaktischen Modells – ohne hier die einzelnen Ergebnisse des 3. Kapitels wiederholen zu wollen – auf einen entscheidenden Fragenkomplex reduzieren. Ergänzt man die sechs Strukturmomente um die fehlenden Begriffe „Lehren" und „Lernen", und zwar in dem Sinne, in dem sie oben (s. 5.2.) eingeführt worden sind, dann lautet die fachdidaktisch zu beantwortende Frage: *Welche Lernhilfen kann der Lehrende dem Lernenden geben, damit dieser sich Denk- und Handlungsmuster erschließt und zu ihnen Stellung nehmen kann?*

Die einzelnen Fachdidaktiken hätten demnach das breite Spektrum der Methodik zu erörtern; sie hätten also zu fragen nach den verschiedenen Unterrichtsmethoden, den Möglichkeiten der Unterrichtsartikulation, den Aktions- und Sozialformen, nach den Möglichkeiten des Medieneinsatzes und der Lernzielkontrolle, die dem Lernenden Aufschlüsse über den erreichten Lernzuwachs gibt. Darüber hinaus müßte fachdidaktische Forschung soziologische und entwicklungspsychologische Erkenntnisse auswerten, um dadurch Aufklärung über soziokulturell bedingte anthropogene Voraussetzungen des Lernens zu leisten.

Während sich die Aussagen der lerntheoretischen Didaktik I weitgehend auf die Ebene der Theorie des Lehrens und Lernens erstrecken, versucht Schulz neuerdings mit seinem Hamburger Modell (lerntheoretische Didaktik II), den Aussagenbereich um lehrplantheoretische Überlegungen zu ergänzen und schultheoretisch zu begründen. Als oberste Maxime gilt der „Anspruch aller Menschen auf größtmögliche Verfügung über sich selbst" (1981³, S. 12). Unterricht könne dieser Maxime nur gerecht werden, wenn Schüler entsprechende Möglichkeiten zur Beteiligung an der Planung von Unterricht erhalten. Partizipatorische Unterrichtsplanung bedeutet dabei im wesentlichen zweierlei: Schüler sollen sowohl Einfluß auf die Auswahl von Inhalten als auch auf die methodische Gestaltung des Unterrichts nehmen können. Diese zwei Forderungen gehen auf die von Schulz beschriebene Funktion der Insti-

tution „Schule" zurück. Schule müsse zum einen „die Reproduktion des einzelnen
wie der Gesellschaft ... durch Sinntradierung sichern". (1981³, S. 11) Zum anderen
müsse die gesellschaftliche Tradition aber auch so erschlossen werden, „daß sie die
Möglichkeit, sie zu kritisieren, offenhält, die Möglichkeit, nicht nur Geschöpfe, sondern auch Schöpfer von Kultur hervorzubringen, Menschen mit einem Potential für
Veränderung". (Ebd.) Mit diesen Worten versucht Schulz, die Institution „Schule"
pädagogisch zu legitimieren. Sie soll solches Lernen initiieren und ermöglichen, das
Schüler zur Teilhabe am gesellschaftlichen Leben befähigt und das zugleich Möglichkeiten eröffnet, das gesellschaftliche Leben mitgestalten zu können.

Die so im Ansatz begründete Theorie der Schule wirkt sich auf die Gestaltung des
allgemeindidaktischen Modells entsprechend aus. Auf lehrplantheoretischer Ebene
löst Schulz das Prinzip partizipatorischer Unterrichtsplanung durch die Forderung
ein, amtliche Zielvorgaben (Richtlinien und Lehrpläne) kritisch zu analysieren und
diese Zielvorgaben im Falle ihrer Ablehnung durch eigene Zielsetzungen abzulösen.
Die Maßstäbe zur Beurteilung amtlicher Vorgaben überläßt Schulz allerdings nicht
der Entscheidung des Schülers. Dieser hat die amtlichen Lehrpläne anhand eines von
Schulz entwickelten Kataloges allgemeiner Ziele (Förderung von Kompetenz, Autonomie und Solidarität; s. 1981³, S. 39) zu überprüfen. Insofern wird fraglich, ob die
durch die pädagogische Legitimation der Institution „Schule" zugesprochene „ethische Autonomie" (Spranger) des Schülers nicht wieder drastisch eingeschränkt wird,
indem der pädagogische Fachmann letztlich die obersten Ziele schulischen Lernens
vorgibt.

Über die lehrplantheoretische Ebene hinaus versucht Schulz aber auch, die Idee
einer pädagogisch begründeten Institution „Schule" in die Ebene der Theorie des
Lehrens und Lernens hineinzudenken: Die methodische Gestaltung kann nicht allein vom Lehrer festgelegt werden, sondern ist ebenso wie die Auswahl der Inhalte
ein Ergebnis partizipatorischer Unterrichtsplanung. Gemeinsam mit dem Lehrer
klären sich die Schüler gegenseitig über ihre „Ausgangslage" auf und wählen von
dort aus geeignete „Anregungsvariablen" (Methoden und Medien). In all diesen Ent-
scheidungsprozessen hat sich der Lehrer als Berater, nicht als „Besserwisser", zu verstehen.

Die Tatsache, daß in der lerntheoretischen Didaktik II alle drei Ebenen schulpädagogischen Denkens Berücksichtigung finden, darf nicht über die „offenen" Stellen dieses Modells hinwegtäuschen. Die Verlagerung von Entscheidungen über
Unterrichtsinhalte und -methoden auf den Schüler erweckt den Anschein, als seien
eine Reihe von allgemeindidaktischen Fragen und Problemstellungen unwichtig: Soll
in Zukunft nicht mehr nach dem Sinn eines Faches im Fächerkanon gefragt werden?
Ist die Geschichte eines Schulfaches kein geeigneter Horizont, von dem aus erst die
Interessen an der Gestaltung von Fachunterricht verständlich werden? Kann man
bei der Gestaltung von Lehrplänen auf den Kontext bildungstheoretischer Einsichten verzichten?

Eines scheint im Hinblick auf derartige Fragen ohne Zweifel: Schüler sind nicht in
der Lage, sich über solche Problembereiche Selbstvergewisserung verschaffen zu
können. Und aus dieser Begrenzung heraus dürfte sich dann auch die entscheidende

Aufgabe für die einzelnen Fachdidaktiken stellen. Sie hätten dem Lehrer ein breites Spektrum unterrichtlicher Planungs- und Gestaltungsmöglichkeiten an die Hand zu geben. Diese thematisch und methodisch offenen Varianten kann der Lehrer dann je nach Situation und Bedarf an die Schüler weitergeben, um sie auf diese Weise bei der Auswahl von Inhalten und bei der Verlaufsplanung des Unterrichts beraten zu können. Einen besonderen Nachholbedarf haben in dieser Hinsicht die Fachdidaktiken der mathematisch-naturwissenschaftlichen Fächer, und zwar nicht nur deshalb, weil dort die Möglichkeiten partizipatorischer Unterrichtsplanung noch nicht ausgeschöpft zu sein scheinen. Die jeweiligen Fachdidaktiken dürften künftig nicht für einen bloß wissenschaftsorientierten Unterricht votieren. Ein solcher Unterricht würde den unterrichtlichen Erkenntnisvorgang von den sich aus diesen Erkenntnissen ergebenden gesellschaftlichen Handlungsmöglichkeiten loslösen und auf diese Weise die Urteilsfähigkeit der Schüler entsprechend einschränken.

6.3. Kybernetisch-informationstheoretische Didaktik und fachdidaktisches Denken und Handeln

Der Aussagenbereich kybernetisch-informationstheoretischer Didaktik und das daraus resultierende Anregungspotential für fachdidaktisches Denken und Handeln sind durch die terminologische Bestimmung des Begriffes „Didaktik" vorgezeichnet. Als Hauptaufgabe der Didaktik betrachtet von Cube die Entwicklung und Optimierung von Lehrstrategien (1977 a, S. 56, 61). Solche Lehrstrategien geben an, welche Methoden und Medien zur Erreichung bestimmter Lehr-/Lernziele eingesetzt werden können.

Auf den ersten Blick erscheint das Aufgabenfeld der Didaktik durch diese begriffliche Festlegung sehr weit gefaßt zu sein, da die Diskussion von Methoden und Medien zum Bereich einer Theorie des Lehrens und Lernens und die Rede von den Lehr- und Lernzielen zum Bereich einer Theorie des Lehrplans zu rechnen wären. Die nähere Analyse der kybernetisch-informationstheoretischen Didaktik im 4. Kapitel hat jedoch zeigen können, daß von Cube didaktische Aussagen auf die Ebene der Theorie des Lehrens und Lernens eingegrenzt wissen will. Diese Beschränkung resultiert aus der von ihm vertretenen metatheoretischen Position. Kybernetische Erziehungswissenschaft im allgemeinen und kybernetisch-informationstheoretische Didaktik im besonderen seien als kritisch-rationale Wissenschaften zu betreiben. Gemäß dem Prinzip der Wertfreiheit könne es dabei lediglich um die empirische Überprüfung deskriptiver Sätze gehen. Eine wissenschaftliche Begründung und Kritik von normativen Sätzen, also auch die begründete Auswahl von Bildungsinhalten, sei daher nicht möglich. Für die didaktische Forschung hat diese metatheoretische Vorentscheidung dann die Konsequenz, Lehr-/Lernstrategien für solche Unterrichtsziele zu erstellen, die ihr bereits von anderer Seite *vorgegeben* sind.

Eine so verstandene Allgemeine Didaktik geht mit einer impliziten Reduktion fachdidaktischer Aufgaben einher. Ähnlich wie in der lerntheoretischen Didaktik I werden auch in der kybernetisch-informationstheoretischen Didaktik all diejenigen

Fragen ausgeschlossen, die Klafki aus bildungstheoretischer Sicht zum Zentrum didaktischen Denkens erklärt. Unreflektiert bleiben hier also die Fragen nach der Geschichte eines Unterrichtsfaches, nach der Stellung des einzelnen Faches im
Fächerkanon, nach dem Bildungsgehalt von Bildungsinhalten und nach einer entsprechenden Lehrplangestaltung. Die entscheidende Frage, die von Cube indirekt an
die Fachdidaktiker stellt, lautet demgegenüber: Welche Lehr-/Lernstrategien eignen
sich zur Erreichung *vorgegebener* fachspezifischer Ziele?

Im Unterschied zur lerntheoretischen Didaktik I, deren entscheidendes Defizit
im Gegensatz zur selbst gewählten Bezeichnung in der Vernachlässigung des Lernbegriffes liegt, versteht von Cube die Vorgänge des Lehrens und Lernens als Kern
seiner Didaktikkonzeption. „Lehren" ist danach ein „Steuerungsvorgang": Der Lehrende versucht, das Verhalten des Adressaten, im Unterricht also das Verhalten des
Schülers, so zu steuern, daß das durch den Soll-Wert (Lernziel) vorgegebene Zielverhalten erreicht wird. Die Effektivität der dazu eingesetzten Lehrstrategie wird
durch die Lernkontrolle, die den Ist-Wert (Fähigkeiten des Schülers) mißt, angezeigt.
Die Aufgabe der didaktischen Forschung bestehe dann nicht in der Erstellung *belie-
biger* Lehrstrategien, „sondern in der Optimierung von Lehrstrategien und ihrer
Durchführung". (von Cube 1977 a, S. 33)

Die Optimierung von Lehrstrategien setzt detaillierte Kenntnisse über menschliches Lernen voraus. Deshalb schenkt von Cube dem Begriff des Lernens besondere
Aufmerksamkeit. Er ist der Ansicht, daß sich die unterschiedlichsten Lernphänomene (Auswendiglernen von Vokabeln, Erkennen physikalischer Gesetzmäßigkeiten, Änderung von Einstellungen usw.) ausnahmslos als Speicherung oder als
Verarbeitung von Information deuten lassen. Im Sinne der Informationstheorie hat
für eine Person das, was ihr noch nicht bekannt ist, hohen Informationswert, und
das, was ihr bereits bekannt ist, was also bereits erlernt worden ist, keinen bzw. einen
geringen Informationswert. „Lernen" bedeutet demnach nichts anderes als Informationsabbau, und „Lehren" erstreckt sich auf die Realisierung geplanter Strategien
zum Zwecke des Informationsabbaus.

Bevor im folgenden danach zu fragen ist, welche Implikationen mit diesem
Verständnis von Lehren und Lernen im Hinblick auf die darin eingeschlossene
schultheoretische Argumentation verbunden sind, darf hier zunächst einmal die
fachdidaktische Relevanz einer solchen Lehr-/Lerntheorie herausgestrichen werden.
Über die Beschreibung verschiedener Strategien (zur Erlangung von Kenntnissen
und Erkenntnissen, zur Steigerung produktiven Denkens usw.) veranlaßt von Cube
den Fachdidaktiker, die im entsprechenden Unterrichtsfach auftretenden Lernmodi
mit den Grundbegriffen der Informationstheorie zu deuten und auf dieser Basis den
in Frage stehenden Lerntypus als eine der vorgeschlagenen Lehrstrategien zu identifizieren. Die formale Lehrstrategie wäre dann inhaltlich auf konkrete Zielvorgaben
auszulegen. So hätte beispielsweise der Physikdidaktiker die beim Schüler beabsichtigte Erkenntnis, daß elektrischer Strom eine magnetische Wirkung hervorruft, als
Informationsabbau zu interpretieren und auf dieser Basis dann die beiden formalen
Elemente der Strategie zur Erlangung von Erkenntnissen (Speicherung von Einzel-
informationen/zeitliche und räumliche Anordnung der Einzelinformationen zum

Zwecke ihrer gleichzeitigen Wahrnehmung im Gegenwartsgedächtnis) auf den gegebenen Inhalt (elektromagnetische Wirkung des Stromes) anzuwenden.

Über dieses Beispiel hinaus darf man die Bedeutung der kybernetisch-informationstheoretischen Didaktik darin sehen, daß der Fachdidaktiker – über die Entwicklung von Lehrstrategien – aufgefordert ist, *fachspezifische Lernhilfen* für Schüler zu konzipieren. Fachdidaktik legt dem Lehrer in dieser Hinsicht Handlungsalternativen nahe, durch die er mögliche Lernhemmungen des Schülers antizipieren und im Falle ihres tatsächlichen Auftretens mindern kann. Die entscheidende Stärke der kybernetisch-informationstheoretischen Didaktik liegt im Vergleich zur bildungs- und lerntheoretischen Didaktik also darin, daß sie die Begriffe des Lehrens und Lernens zum Hauptgegenstand der Reflexion macht und aus diesen Überlegungen heraus Handlungsempfehlungen für die unterrichtliche Realisierung von Lehr-/Lernvorgängen entwickelt. Jede Fachdidaktik täte daher gut daran, das terminologische Instrumentarium der kybernetisch-informationstheoretischen Didaktik auf fachunterrichtliche Einlösbarkeit hin zu überprüfen.

Diese fachdidaktische Relevanz darf freilich nicht darüber hinwegtäuschen, daß die inhaltliche Bestimmung des Lehr-/Lernbegriffes aus einer metatheoretischen Position heraus erfolgt, in die stillschweigend der Versuch einer schultheoretischen Legitimation einfließt. Wenn nämlich „Lehren" als Steuerungsvorgang und wenn „Lernen" (im Sinne des Abbaus von Information) als bloße Vermittlung *vorgegebener* Ziele verstanden wird, dann erscheint Schule als eine Institution, die die Idee der Erziehung unterläuft: Die Institution ignoriert die Autonomie des Schülers, weil die Vermittlung staatlich vorgegebener, wenn auch wissenschaftlich „abgesicherter" Inhalte ihm jede Möglichkeit verwehrt, den in Frage stehenden Gegenstand thematisch mitzukonstituieren. Genau dadurch aber kommt keine Bildung in Gang: Denn „Bildung in der Schule vollzieht sich nicht als Übertragung gesellschaftlicher, staatlich definierter Normen in synchronisch individuelles Handeln, sondern Unterricht als Bildungsprozeß ist auf Zustimmung der Beteiligten ... angewiesen". (Regenbrecht 1978, S. 265) Die Idee der Erziehung würde also durch einen streng lernzielorientierten Unterricht preisgegeben, weil er die „gesellschaftliche Determination" des Lernstoffes nicht in „pädagogische Determination" (Benner 1987, S. 85 ff.) überführt und deshalb auch nicht „die Heranwachsenden für eine Mitwirkung an der menschlichen Gesamtpraxis aufschließt". (Ebd., S. 120)

Die hier thematisierte Kritik läßt sich in schultheoretischer Sicht letztlich als eine Kritik an der impliziten Legitimation der Institution „Schule" begreifen. Heißt das nun, daß die oben zugestandene fachdidaktische Relevanz wieder zurückzunehmen ist, weil die zugrundegelegten Begriffe des Lehrens und Lernens keine pädagogische Legitimation erfahren? – In Frage steht hier zunächst einmal nicht die Notwendigkeit einer Theorie des Lehrens und Lernens. Eine Fachdidaktik, die um den weiten Horizont schulpädagogischer Reflexion bemüht ist, die also auf der Ebene der Theorie des Lehrens und Lernens, der Lehrplantheorie und der Theorie der Schule argumentieren will, kann auf die Begriffe des Lehrens und Lernens nicht verzichten. Will sie andererseits aber auch nicht die pädagogische Legitimation dessen, was im Unterricht auf irgendeine Weise verhandelt wird, preisgeben, so können Lehrstrategien nur dann pädagogisch begründet und eingesetzt werden, wenn die Fragen und Denkrichtungen der Schüler dies nahelegen. Wenn also Schüler mit dem Lehrer dahingehend übereinkommen, daß sie den Unterrichtsgegenstand in einer bestimmten Weise angehen wollen („Wir könnten jetzt einmal untersuchen, wie ...“; „Wir sollten jetzt erst der Frage nachgehen, ob ...“; „Könnte es auch so sein, daß ...?“), dann kann der Lehrer diese Selbsttätigkeit durch entsprechende Lernhilfen unterstützen. Und für diesen „Zweck“ wäre es dann auch möglich, die Fragen der Schüler als Wunsch nach „Informationsabbau“ zu deuten. Ohne eine solche pädagogische Legitimation des Informationsabbaus aber verkäme Unterricht zur Anpassung oder gar zur Indoktrination.

Anmerkungen

Einleitung

1 Die organisatorische Umsetzung der Zusammenarbeit von Allgemeiner Didaktik und Fachdidaktik wurde an verschiedenen Hochschulen verschieden gelöst. Auf die einzelnen Differenzierungen kann hier nicht näher eingegangen werden. Vgl. dazu im Überblick z.B. Klafki 1976 d oder Roth, L. 1980.

2 Auf der Basis der bildungstheoretischen Didaktik haben die verschiedenen fachdidaktischen Disziplinen in erster Linie ihr Gegenstandsfeld konstituiert, um ihre Eigenständigkeit im Spannungsfeld von Erziehungswissenschaft und Fachwissenschaft(en) zu erklären. Im zweiten Kapitel wird dieser Sachverhalt näher dargelegt und für die Didaktiken der Fächer Deutsch, Physik, Geschichte und Politik explizit belegt.

3 Siehe dazu z.B. die fachdidaktischen Publikationen von Claußen (1985), Dörr (1981), Giesecke (1978), Wittenbruch (1983) und Schmiederer (1977[6]).

4 Diesen Umstand beklagt zum Beispiel K. Rebel. Seiner Ansicht nach konzentrieren sich die Fachdidaktiken „durch das Ausblenden allgemeindidaktischer Fragen" zu sehr auf die „Methoden des Lernens. Diese Engform von Didaktik stellt primär auf Erleichterung und Effektivierung des Lernens durch Elementarisierung, Einbeziehung von audiovisuellen Medien, didaktischen Einstiegen usw. ab und läßt weitgehend Fragen des Erkenntnisinteresses, des ‚cui bono' des zu erwerbenden Wissens, von Lernbedürfnissen, Struktur und Systematik der Lerninhalte außer acht. Die Hilfestellung durch Fragestellungen, Theoreme, Modelle der Allgemeinen Didaktik erreicht den praktizierenden Lehrer, die Lehrplanmacher und Lehrerfortbildner kaum." (Rebel 1985, S. 294)

5 So gesehen bringt die didaktische Theoriebildung den Unterrichtenden in eine fatale Situation: Er „soll mit ihr berufliche Kompetenz nachweisen, die Theorie selbst aber ist gar nicht imstande, Realität in ihrer situativen Form zu erfassen, d.h., der Unterrichtende wird im Stich gelassen, weil Theorie grundsätzlich nicht den sofortigen und stetigen Orientierungszwang im didaktischen Handeln befriedigen und leiten kann." (Kösel 1931, S. 33)

6 Siehe vor allem Altrichter, H. u.a.: Fachdidaktik am Scheideweg. Der Zusammenhang von Fachunterricht und Persönlichkeitsentwicklung, München/Basel 1985; Beckmann, H.-K. (Hg.): Schulpädagogik und Fachdidaktik, Stuttgart 1981 a; Heursen, G. (Hg.): Didaktik im Umbruch. Aufgaben und Ziele der (Fach-)Didaktik in der integrierten Lehrerbildung, Meisenheim/Königstein/Ts., 1984 a; Heursen, G.: Lehrerbildung ohne Wissenschaft? – Zur Rolle von Allgemeiner Didaktik und Fachdidaktik in der Lehrerausbildung an der Universität, Meisenheim/Königstein/Ts., 1984 b; Heursen, G.: Didaktik im Umbruch: Fachdidaktik auf dem Weg zu ihrer Eigenständigkeit, Meisenheim/Königstein/Ts., 1984 c; Oelkers J. (Hg.): Fachdidaktik und Lehrerausbildung, Bad Heilbrunn, 1986; Schmiel, M.: Einführung in fachdidaktisches Denken, München 1978; s. auch den von W. Klafki zusammengestellten Thementeil „Allgemeine Didaktik und Fachdidaktik" in der Zeitschrift für Pädagogik 29/1983.

7 Eine ausführliche Darstellung der Entwicklung der Volksschullehrerausbildung, die das Verhältnis von fachwissenschaftlicher und pädagogischer Qualifikation und auch das von Theorie und Praxis seit der zweiten Hälfte des 19. Jahrhunderts bis in das Jahr 1968 hinein

verfolgt, findet sich in der Arbeit Beckmanns, die den Titel „Lehrerseminar – Akademie –
Hochschule. Das Verhältnis von Theorie und Praxis in den drei Phasen der Volksschullehrerausbildung" (1968) trägt. Die folgende knappe Darstellung lehnt sich eng an diese Arbeit an. Vgl. ergänzend dazu auch den ausführlichen Überblick über die Akademisierung
der Lehrerbildung seit 1950 und über die damit zusammenhängenden Auswirkungen auf
die Didaktik bei A. Leschinsky und P.M. Roeder (1980). Die Entwicklung der Lehrerausbildung zwischen 1970 und 1980 ist von H.-K. Beckmann (1980) kritisch analysiert worden. Die Anlehnung an die hier verarbeitete Literatur soll jedoch nicht den Anschein
erwecken, als würden dadurch alle entscheidenden Aspekte der Geschichte der Lehrerbildung abgedeckt. Demgegenüber ist zu betonen, daß die historische Forschung diesbezüglich einiges versäumt hat; s. dazu den Forschungsbericht von R.W. Keck: Historische
Konzepte der Lehrerausbildung und Desiderate ihrer Erforschung. In: Vierteljahresschrift
für wissenschaftliche Pädagogik 60/1984, S. 161-189.

8 In diesem Sinne resümierte W. Klafki: „Die lebhaften und fruchtbaren Kontakte zwischen
Allgemeiner Didaktik und Fachdidaktiken, die sich seit einiger Zeit entwickelt haben, sind
nicht zuletzt dadurch möglich geworden, daß einerseits die Fachdidaktiken sich pädagogisch verstanden und daß andererseits die Allgemeine Didaktik erkannt hat, daß sie sich
nicht anders als in Konfrontation mit dem immer auch fachwissenschaftlich fundierten
Sachverstand der Fachdidaktiker zu entfalten vermag." (Klafki 1965, S. 420)

9 Die hier skizzierte Auffassung und Praxis der Gymnasiallehrerbildung prädestinierte dann
auch entsprechende Vorstellungen über das Selbstverständnis der Fachdidaktiker. Vielfach
galt Fachdidaktik als Derivat der Fachwissenschaft. Besonders anfällig für diese Position
waren in erster Linie diejenigen Fachdidaktiken, die sich auf Wissenschaften mit hohem
formalisiertem Standard bezogen. Als typisches Beispiel ist etwa auf die Fachdidaktik Mathematik zu verweisen; sie beschäftigte sich „in ihren eigenständigen Arbeiten gern mit
einer miniaturisierten Wissenschaft Mathematik". (Keitel 1980, S. 462) Erst zu Beginn der
70er Jahre wandelte sich das traditionelle Selbstverständnis der gymnasialen Mathematikdidaktik, indem sich in der „Neuen Mathematikdidaktik" eine andere Bestimmung des
Verhältnisses von Didaktik und Fachwissenschaft ausprägte: „Die gymnasiale Mathematikdidaktik bezieht die Schulmathematik auf die Fachwissenschaft, die Neue Mathematikdidaktik umgekehrt die Fachwissenschaft auf die Schulmathematik. Dies bedeutet
zunächst, daß die Schulmathematik als etwas Eigenständiges und nicht nur als verkleinerte
Nachbildung der Fachwissenschaft angesehen wird. Zugleich ist damit der Anspruch der
Neuen Mathematikdidaktik begründet, ein von den didaktischen Interessen der Fachwissenschaft unabhängiges Wissenschaftsgebiet mit eigenen Aufgaben und Bestimmungen zu
verwalten." (Keitel 1980, ebd.) Fachdidaktiken, die ihr Selbstverständnis von der zugehörigen Fachwissenschaft ableiten, gab und gibt es allerdings auch im geisteswissenschaftlichen Bereich. Exemplarisch dafür war die Auffassung des Germanisten Conrady
über den Sinn universitärer Lehrerbildung: „Die Universität hat nicht die Aufgabe, die Studenten als Lehrer auszubilden, sondern sie Wissenschaft zu lehren. Das ist nicht widersinnig, sondern im Gegenteil die einzig sinnvolle Vorbereitung für den späteren Beruf."
(Conrady 1966, S. 81)

10 Die verschiedenen Ansichten über die Notwendigkeit der Integration können hier nicht
detailliert wiedergegeben werden. Ausführliche Überlegungen zu spezifischen Lösungswegen der Vereinheitlichung sind beispielsweise dem 1964 vorgelegten Gutachten (Stock
1964) eines Studienausschusses des Arbeitskreises Pädagogischer Hochschulen zu entnehmen. Siehe ergänzend dazu auch die Beiträge im 10. Beiheft der Zeitschrift für Pädagogik
(Beckmann 1971).

11 Neben den Empfehlungen des Deutschen Bildungsrates haben viele Stellungnahmen und
Plädoyers von Lehrerverbänden, Kultusministerien und einzelnen Erziehungswissenschaftlern die Diskussion um das Für und Wider der Integration der Pädagogischen Hochschulen in die Universitäten geprägt. Einen breiten Überblick darüber gibt die Schrift von
H. Stock (1979): „Integration der Lehrerausbildung in die Universität. Chance oder Niedergang?"

12 Für die Fachdidaktik Physik wurde dieses Selbstverständnis beispielsweise von G. Schaefer (1971) entsprechend formuliert: „Der Ort der Fachdidaktik kann ...nur bei der Fachwissenschaft selbst sein." (S. 395) In der Fachdidaktik Mathematik wurde dieser Standpunkt seinerzeit u.a. von H.G. Bigalke vertreten. (Vgl. Bigalke 1969, S. 259)

13 Dieser indirekte Druck auf die Fachdidaktiker geht insbesondere von der Einstellung der Fachwissenschaftler zur Fachdidaktik aus. „Fachdidaktiken unterliegen an den Universitäten einer Geringschätzung von seiten der Fachwissenschaften. Sie erscheinen als die Instanz, die im Namen der pädagogischen Rücksichtnahme die Schwäche des Subjekts – sei es Borniertheit, sei es Faulheit – gegen die objektiven Ansprüche verteidigt. Allenfalls unter psychologischem Interesse hält man diesen Sachverhalt einer wissenschaftlichen Behandlung wert, nicht aber unter dem Geltungsanspruch, den ein wissenschaftsorientierter Unterricht an den Lernenden stellt." (Blankertz 1984, S. 278)

14 Derartige Auswirkungen einzelner theoretischer Ansätze auf die Gestaltung von Sprachbüchern hat beispielsweise Wolfgang Klein (1984) für den Grundschulbereich aufgezeigt. Die Präferenz für bestimmte fachwissenschaftliche Ansätze ist allerdings nicht nur im Bereich der Deutschdidaktik zu verzeichnen. Auch in der Didaktik des Englischunterrichts zeigte sich eine ähnliche Entwicklung. Die dort zu registrierende einseitige Rezeption fachwissenschaftlicher Theorien setzte jeweils mit einer Verzögerung von zwei bis vier Jahren ein und führte dann zu vergleichbaren Einseitigkeiten in fachdidaktischen Konzeptionen (s. ausführlich dazu Neuner 1980 und für den Bereich der Literaturdidaktik Kraft 1980).

15 Die theoretische Legitimation ist als maßgeblicher Grund für die Neukonzeption der bildungstheoretischen und lerntheoretischen Didaktik anzusehen. Der entscheidende Anstoß ging dabei von der methodologischen Diskussion (s. Kapitel 2) und Kritik (s. Kapitel 3) aus und weniger von den Problemen der Unterrichtspraxis. Ein extremes Beispiel der Verlagerung der pragmatischen Begründung auf die theoretische Ebene stellt die „kritisch-kommunikative Didaktik" von K.-H. Schäfer und K. Schaller (erstmals 1971) dar. Die Autoren befassen sich nahezu ausschließlich mit der wissenschaftstheoretischen Legitimation ihres Ansatzes und verzichten auf die notwendige Verknüpfung ihrer Perspektive – der Kommunikation von Lehrern und Schülern im Unterrichtsprozeß – mit lehrplantheoretischen und unterrichtsmethodischen Aspekten. Eine Auslegung dieser allgemeindidaktischen Konzeption auf Unterrichtsplanung durch die Autoren selbst fehlt. Diese Lücke wird durch mehrere Arbeiten R. Biermanns geschlossen. (S. z.B. Biermann 1974[2], 1981, 1985 a, 1985 b) In diesem Zusammenhang sei auch auf den umfassenden Literaturbericht über Versuche des offenen Unterrichts von W. Buschmann (1981) verwiesen, in dem Ansätze kooperativen Lehrens und Lernens in der pädagogischen Praxis vorgestellt werden. Zur Kritik an der wissenschaftstheoretischen Legitimation der kritisch-kommunikativen Didaktik s. z.B. Wiater 1984.

16 Diesen Sachverhalt bestätigen beispielsweise H. Dichanz und K. Hage aufgrund ihrer Erfahrungen, die sie in längeren Interviews mit Lehrern gewonnen haben: „Es gibt hinreichende Anhaltspunkte dafür, daß die in didaktischen Theorien und Modellen enthaltenen Ansprüche hinsichtlich der Gestaltung unterrichtlichen Handelns von den Praktikern nicht wahrgenommen werden oder als unangemessen zurückgewiesen werden. Ein entscheidender Grund dafür dürfte sein, daß die Ansprüche der Praktiker von den Didaktikern nicht ernst genommen werden. So baut sich ein Mißverständnis auf in den Beziehungen zwischen denjenigen, die Unterrichtsstrategien modellhaft entwerfen, und denjenigen, die unterrichten." (Dichanz/Hage 1979, S. 428) Vgl. zu den Schwierigkeiten der Aneignung und Umsetzung didaktischer Theorien auch die entsprechenden Veröffentlichungen von H. Meyer (1980, S. 189ff.; 1983), in denen er die etablierten allgemeindidaktischen Theorien als „Feiertagsdidaktiken" bezeichnet.

17 Gerhard Schröter spricht deshalb zu Recht von einem Hang zum „pars-pro-toto-Prinzip", weil mit der Thematisierung von spezifischen Perspektiven und Fragestellungen der Anspruch erhoben wird, das „Ganze" der Unterrichtswirklichkeit erfassen zu können (s. Schröter 1980, S. 20ff.).

18 Wenn die meisten Darstellungen und Analysen allgemeindidaktischer Modelle auch nicht explizit auf die modelltheoretische Terminologie zurückgreifen, so ist auf jeden Fall festzuhalten, daß einige Arbeiten die grundlegende Absicht der Modelltheorie verfolgen, indem nach den wissenschaftstheoretischen und handlungsleitenden Interessen und Perspektiven gefragt wird und daraufhin Anspruch und Reichweite der verschiedenen Ansätze beurteilt werden. Bereits 1969 hatte H. Blankertz die verbreitetsten „Theorien und Modelle der Didaktik" auf ihre spezifische Perspektive hin untersucht. Er beklagte dabei die fehlende Reduktion des Eigenanspruches didaktischer Modelle: Die „Vertreter der einzelnen didaktischen Positionen gehen nicht von der meiner Darstellung unterlegten Aspektverschiedenheit aus, behaupten vielmehr, mit dem jeweils verfolgten Ansatz allein zum Ziel zu kommen. Dieser Sachverhalt bestätigte sich, als ich einen ersten, wesentlich knapper gehaltenen Entwurf ... mehreren Fachkollegen vorlegte. Die vielen interessanten Anmerkungen, die mir zugeleitet wurden und die ich für dieses Buch verwenden konnte, waren ein Plebiszit der vertauschten Vorzeichen: Einschränkende Ausführungen zum eigenen Ansatz wurden zurückgewiesen, zu den jeweils als konkurrierend betrachteten Positionen hingegen bestätigt, zumeist zugleich mit dem Zusatz versehen, meine Kritik sei nicht weit genug." (Blankertz 1969, S. 8) Neben Blankertz haben auch andere Erziehungswissenschaftler entsprechende Untersuchungen über die spezifische Leistungsfähigkeit von didaktischen Modellen vorgelegt; besonders hervorzuheben sind in dieser Hinsicht die Arbeiten von Beckmann (1981 b, 1972) und Peterßen (1983, 1982, 1973). Zur Notwendigkeit der Reduktion des Eigenanspruches didaktischer Theorien vgl. auch Dichanz (1981 a). Diese Erziehungswissenschaftler benutzen das Vokabular der Modelltheorie jedoch nur ansatzweise. Als ein Novum darf man daher die Arbeit von Wittenbruch und Thiemann („Theorien des Unterrichts"; 1976) betrachten, da hier erstmals eine explizite Anwendung der Allgemeinen Modelltheorie auf allgemeindidaktische Modelle vorgelegt wurde.

19 Siehe z.B. Aschersleben 1983; Blankertz 1969; Borsum/Posern/Schittko 1982; Geißler, E.E. 1981; Reich 1977; Ruprecht/Beckmann /von Cube/Schulz 1972; Peterßen 1983; Hielscher u.a. 1974; Odenbach 1961; Schröter 1981.

1. Kapitel: Der theoretische Zugriff

1 Diese Entwicklung trifft nicht nur auf die Didaktik zu. Auch in anderen wissenschaftlichen Disziplinen hat das Modelldenken seinen Platz (und zum Teil sogar eine lange Tradition), wie etwa in der Psychologie (s. Gigerenzer 1981, Heiss 1965, Herzog 1984), der Literaturwissenschaft (s. Flaschka 1976), der Sprachwissenschaft (s. Gülich/Raible 1977; Hartmann 1965; Helbig 1970; Schweizer 1980), der Physik und Technikwissenschaft (s. z.B. Jammer 1965; Lind 1980; Ropohl 1980; Schürmann 1980) oder in den Wirtschaftswissenschaften (z.B. Bombach 1965; Eichhorn 1972; Kosiol 1968; Neuhäuser 1967).

2 S. dazu auch die Ausführungen von H. Frank (1969[2], S. 299f.), in denen er das Modell des Regelkreises als Kern der informationstheoretischen Didaktik bezeichnet.

3 Derartige Versuche, allgemeindidaktische Positionen vergleichend zu analysieren, liegen seit dem Ende der 60er Jahre in zahlreicher Form vor; s. z.B. Wehle 1967; Nipkow 1968; Ruprecht 1972; Holstein 1974; Peterßen 1973, 1982, 1983; Maskus 1976; Reich 1977; Schmack 1980.

4 Wenn hinsichtlich der älteren Fassungen didaktischer Modelle hin und wieder von einer „gewissen Vorläufigkeit" gesprochen wird, die darin zum Ausdruck komme, „daß die Verfasser teilweise selbst ihre Entwürfe in einem experimentellen Sinne verstehen und Modifikationen entwickeln, wenn sich aktuellen theoretischen oder praktischen Intentionen nicht zu entsprechen vermögen" (Knecht-von Martial 1986, S. 237), dann darf dabei von „Vorläufigkeit" nicht in dem Sinne die Rede sein, daß Komplexe der älteren Fassung, die wichtige Aspekte der Unterrichtswirklichkeit thematisierten, in überarbeiteten Konzeptionen ausgeblendet oder in ihrer Bedeutung unnötig geschmälert werden.

5 Der Terminus „Abbildungsmerkmal" soll hier beibehalten werden, da sich dieser Begriff in der Modelltheorie etabliert hat. Er weckt aber die Assoziation, als handle es sich bei Modellen, besonders bei wissenschaftlichen, um die bloße Wiedergabe einer „an sich" seienden Wirklichkeit. E. Spranger hat diesen erkenntnistheoretischen Sachverhalt treffend formuliert, wenn er sagt: „Jeder, der nur ein wenig in die Erkenntnistheorie eingedrungen ist, weiß, daß es sich beim Erkennen niemals um ein ‚Abbilden' des Gegenstandes handelt, sondern immer nur um ein Bestimmen. Die Begriffe und Gesetze, mit deren Hilfe wir die realen Erscheinungen bestimmen, schöpfen diese nicht aus, sondern ziehen gleichsam nur ein Netz von rationalen Linien in der gegenständlichen Welt." (Spranger 1950[8], S. 410f.) So gesehen unterschlägt die Rede vom „Abbildungsmerkmal" den Umstand, daß Modelle „konstruierte Wirklichkeiten" (s. Watzlawick 1985, S. 79) sind. Giel spricht deshalb auch vom konstruktiven Aufbau der Realität in Modellen (s. Giel 1976). Im folgenden wird der Sachverhalt der „Abbildung" durch die Erläuterungen zum Verkürzungsmerkmal und zum pragmatischen Merkmal noch eingehender beleuchtet.

6 Salzmann hat unterrichtsrelevante Modelle nach vier Ebenen unterschieden (Elementmodelle, Modelle von Unterrichtseinheiten, Typusmodelle, Kategorialmodelle). Der Terminus „Kategorialmodelle" wird als Bezeichnung für allgemeindidaktische Modelle verwandt (Salzmann 1983, S. 935ff.). Auf diese differenzierte Terminologie kann hier jedoch verzichtet werden, da im Hauptteil lediglich allgemeindidaktische Modelle auf ihre Fruchtbarkeit für fachdidaktisches Denken und Handeln hin befragt werden. Zur ausführlichen Erläuterung der von Salzmann vorgeschlagenen Begriffe s. Pütt/Stach 1980, S. 9-16.

7 Mit der Ausgrenzung einzelner Problembereiche hat sich zwangsläufig auch eine nicht zu übersehende Spezialisierung eingestellt. Die Gefahr, die aus dieser Spezialisierung erwachsen kann, hat Heiss sehr treffend für die psychologische Modellbildung formuliert; seine Bedenken gelten prinzipiell aber auch für die didaktische Forschung: „Wie heute schon mehrere, so stünden vielleicht in einer kommenden Zeit eine lange Reihe von psychischen Modellvorstellungen zur Verfügung. Sie stehen nebeneinander und entwickeln unabhängig voneinander ihre Forschung und Erkenntnis. Sie lassen sich nicht miteinander vereinbaren. Ein innerer Zusammenhang ist nicht sichtbar. Es sei denn jene feindliche Verbindung, welche dort auftritt, wo eine der psychologischen Richtungen die andere ablehnt und ihr die Wissenschaftlichkeit abspricht." (Heiss 1965, S. 33) Dieser Gefahr setzte Heiss aber auch die Hoffnung entgegen, „daß es Erscheinungen, Gruppen von Erscheinungen und Zusammenhänge gibt, die wir nicht in einer eindimensionalen Richtung, sondern nur mehrdimensional fassen können. Zugleich wäre damit gesagt, daß in bestimmten Punkten sich die speziell entwickelten Forschungsrichtungen treffen können, sich koordinieren lassen und dann umfangreichere Aspekte entwickeln." (Ebd., S. 36) Diese Hoffnung ist auch mit der hier durchzuführenden Analyse verbunden, durch die die in allgemeindidaktischen Modellen thematisierten einzelnen Aspekte in ihrer Produktivität für fachdidaktisches Denken und Handeln herausgearbeitet und dann in einen größeren Rahmen eingestellt werden (s. fünftes Kapitel).

8 Deshalb ist es aber „kein grundsätzlich vernichtendes Argument, wenn festgestellt wird, ein Denkmodell stelle eine Simplifikation dar. Die entscheidende Frage ist ausschließlich, ob die Benutzung eines Denkmodells bei der Behandlung eines Problemtyps weiterhilft". (Steinbuch 1972, S. 70; ähnlich auch 1970, S. 139)

9 Dieses Verständnis von Fachdidaktik zielt nicht auf die Zusammenstellung von Rezepten, die das Gelingen von Unterricht garantieren sollen. Wohl aber muß sich die fachdidaktische Forschung der Aufgabe stellen, „die Praxis des Rezeptgebrauches zum Gegenstand schulpädagogischer Forschung zu machen, um auf diese Weise zumindest von seiten der Wissenschaft Voraussetzungen für einen reflektierten Umgang mit Rezepten herzustellen. Reflektierter Rezeptgebrauch ist selbst natürlich Sache des Praktikers. Dies kann ihm pädagogische Theorie nicht abnehmen." (Drerup 1988, S. 118)

10 Fachdidaktische Forschung und Lehre haben deshalb insbesondere solche Vorwürfe ernstzunehmen, die die mangelnde Praxisrelevanz und die nicht selten fehlende Verantwortungsbereitschaft des Forschers für die Praxis einklagen. In dieser Hinsicht trifft auch heute

noch die Kritik A. Flitners an der pädagogischen und didaktischen Forschung oft genug zu: „Sie nimmt den Lehrern und Erziehern die Naivität ihrer einfachen ‚Erfahrungen'. Sie stellt die Leistungs- und Anforderungsstrukturen infrage, die Bewertungssysteme, die Zuschreibungen, die Verlängerung von Ungleichheit, von mitgebrachtem Status der Schüler, von überkommenen Methoden der Bestätigung und der Ermutigung der Kinder. Hier überall mischt sie sich in den Alltag des Lehrers oder Erziehers ein mit aufgeklärtem Besserwissen. Aber kümmert sie sich hinreichend darum, wie aus diesem Übermaß von Kritik und Desillusionierung auch wieder Alltag aufgebaut, z.B. alltägliches Schulhalten wieder ermöglicht werden kann? ... Ein Mittragen der täglichen Notwendigkeit von Erziehung und die Rekonstruktion des Erziehungsalltags ist gegenüber der Kritik weit zurückgeblieben." (Flitner, A. 1978, S. 189)

11 Der Aufweis der Perspektivität kommt somit der Forderung Wandschneiders entgegen, die Modellfunktion des Modells mitzumodellieren, indem gezeigt wird, daß das betreffende Modell eben „Modell ist und als solches Orientierung, Leitfaden und Vorverständnis im Umgang mit Wirklichkeit ist". (Wandschneider 1975, S,114)

12 Zu den Modellfunktionen im allgemeinen s. auch Wüsteneck 1976[12].

13 Die Ausführungen zum Theorie-Praxis-Verhältnis müssen hier zwangsläufig knapp und fragmentarisch bleiben. Zur näheren Erläuterung dieser Andeutungen siehe insbesondere Benner 1978, 1980 und Bollnow 1988.

14 K.-H. Flechsig spricht in diesem Zusammenhang auch von „Praxisrekonstruktion" und meint damit die Beschreibung von Unterrichtspraxis durch ausgewählte Begriffe. Diese Begriffe ermöglichen jedoch nicht nur eine entsprechende Beschreibung von Unterricht, sondern bilden auch die Basis zu dessen Veränderung. Denn erst wenn „der didaktisch Handelnde auf eine derart modellmäßig rekonstruierte Praxis zurückgreifen" kann, „eröffnen sich ihm weitere Handlungsperspektiven, z.B. die der Kritik oder der Intervention". (Flechsig 1980, S. 83)

15 Ein besonders umfangreicher Versuch zur Integration verschiedenster Aspekte des Unterrichts stellt beispielsweise das „dynamisch-integrative Unterrichtsmodell" nach R. Maskus (1976) dar. Es „ist an den einzelnen Phasen des unterrichtlichen Prozesses orientiert, begreift Unterricht als dynamische Größe und versucht, ihn von den verschiedensten Seiten her in seiner Gesamtheit zu erfassen. Es ist insofern integrativ, als es die Forschungsergebnisse aller einschlägigen Wissenschaften berücksichtigt und die in anderen Modellen vorliegenden positiven Ansätze, sofern sie sich dem Konzept des dynamischen Modells einfügen, übernimmt." (Maskus 1976, S. 15) Zweifelsohne darf dieses dynamisch-integrative Modell auch heute noch zu den Arbeiten gerechnet werden, in denen die verschiedensten allgemeindidaktischen Modelle auf ihre spezifische Leistungsfähigkeit hin konstruktiv rezipiert worden sind. Allerdings ist auch dieses Modell nicht frei von entsprechenden perspektivischen Verkürzungen. Diese zeigen sich beispielsweise darin, daß Unterricht hier im wesentlichen auf die Vermittlung von kognitiven und pragmatischen Fähigkeiten bzw. Fertigkeiten abzielt, andere Dimensionen des Unterrichtens (z.B. ästhetische, soziale, ethische) dabei aber weitgehend ausgeblendet bleiben.

16 Ähnlich erläutert auch Popp die ideologiekritische Funktion unter Bezug auf die bildungstheoretische Didaktik. Eine kritische Auseinandersetzung mit ihr sei „erst möglich geworden vor dem Hintergrund einer lerntheoretischen Didaktik und einer wissenschaftsorientierten Didaktik und Schultheorie. Ihre vieldeutige Allgemeinheit und relative Folgenlosigkeit für konkrete didaktische Entscheidungen konnte erst sichtbar werden vor dem Hintergrund anderer Modelle. Das galt auch für die kritische Auseinandersetzung mit dem Lernbegriff der Verhaltenspsychologie und ihren Methoden von anthropologischen Modellen her ... oder für die Kritik an den Positionen der Kybernetik." (Popp 1970, S. 58) Aus modelltheoretischer Sicht fordert Popp dann, „daß der Pluralismus von Modellen nicht additiv als bloßes Arrangement, sondern kommunikativ, als Prozeß kritischer Auseinandersetzung und Herausforderung zur Korrektur und Relativierung verstanden werden muß". (Ebd.)

17 Im Hauptteil wird zudem auf das von Salzmann aufgeführte Funktionspaar „Kontroll-funktion – Evaluationsfunktion" (s. z.B. Salzmann 1976, S. 452) verzichtet. Diese Funktionen heben darauf ab, daß ein Modell zu einem Original-Modell-Vergleich herausfordert. Für diesen Vergleich müßte man jedoch ein Kriterium als tertium comparationis angeben. Dieses – nicht unproblematische – Unterfangen kann jedoch im Rahmen dieser Arbeit nicht einmal annäherungsweise geleistet werden.

18 Es geht in dieser Arbeit daher nicht um einen Integrationsversuch der unterschiedlichsten allgemeindidaktischen Ansätze. Denn ein solcher Versuch würde zwangsläufig den Eindruck erwecken, „als begönne eine epigonale Phase in der didaktischen Arbeit, nach der Phase lebhafter Exploration und Aufschlüsselung der didaktischen Probleme nun die der Systematisierung und Konsolidierung endgültig gewonnener Ergebnisse". (Nipkow 1968, S. 335) Im letzten Kapitel soll lediglich der Versuch unternommen werden, einen Mindest-katalog an didaktischen Theorieelementen zusammenzustellen. Dieser Katalog kann zeigen, was es (mindestens) an unterrichtsrelevanten Aspekten zu bedenken gilt und welche dieser Aspekte von den analysierten Modellen näher beleuchtet werden.

19 Zur Diskussion der Begriffe „Modell" und „Theorie" s. auch Neubert 1976; Schmidt 1980 und Willer 1976.

20 Es sei hier bereits vorweg betont, daß die Anlehnung an die Modelltheorie Stachowiaks nicht die Anerkennung seiner Ausführungen über die kybernetischen Implikationen des Erkennens nach sich zieht. Danach ist der Mensch als ein offenes System zu sehen, „das in materiellen und energetischen Austauschprozessen mit seiner physikalischen Umgebung steht". (Stachowiak 1969[2], S. 3) Die Verbindung „Außen-Innen" ergibt sich aus der informationstheoretischen Perspektive, derzufolge „der Organismus als eine ... informationsaufnehmende, -verarbeitende, -speichernde und -übertragende Funktionsgesamtheit betrachtet wird, für die gewisse Sätze der Informationstheorie gelten". (Ebd.; vgl. auch 1973, S. 343) Eine derartige Festlegung auf eine spezifische anthropologische Sichtweise würde auf eine entsprechende Bewertung allgemeindidaktischer Theorien hinauslaufen. Zur Analyse wäre dann lediglich die kybernetisch-informationstheoretische Didaktik heranzuziehen, weil nur in ihr „richtige" anthropologische Grundannahmen über das menschliche Lernen vorausgesetzt werden.

21 K.R. Popper spricht deshalb davon, daß jede Erfahrung von Welt „theoriegetränkt" ist (vgl. Popper 1974[2], S. 371; 1979[5], S. 106). Demnach können nicht Erfahrungssätze Gegenstand wissenschaftlicher Prüfung sein, sondern nur Theorien. Sie sind so zu formulieren – und damit grenzen sie sich im Sinne Poppers von Metaphysik ab –, daß sie an der (theoriegetränkten) Erfahrung scheitern können (Vgl. Popper 1984, S. 44f.).

22 Diese strukturalistische Wissenschaftstheorie läßt sich als eine Radikalisierung der empiristischen, konventionalistischen und pragmatischen Komponenten verstehen. Sie geht von der berechtigten Kritik aus, daß Theorien gegenüber Falsifikationsversuchen grundsätzlich immun sind, weil bei der experimentellen Überprüfung von Theorien auch solche Größen herangezogen werden, die durch die Theorie definiert werden. Zur Falsifikation einer Theorie ist also immer eine Anwendung dieser Theorie selbst notwendig. Die experimentelle Überprüfung der Newtonschen Theorie würde beispielsweise die Anwendung der Begriffe „Masse" und „Kraft" erfordern, Begriffe also, die durch diese Theorie definiert werden. Ähnliches gilt auch für die Theorie des Operanten Konditionierens; für einen Falsifikationsversuch wäre hier der durch die Theorie definierte Begriff „Verstärkung" anzuwenden. (Vgl. dazu auch Ramsenthaler 1982, S. 205f.) Derartige Zirkelprobleme veranlaßten Sneed (1971) dazu, eine Theorie nicht mehr als Aussagensystem aufzufassen, das über einen bestimmten Bereich hypothetische Aussagen macht, sondern Theorien als formale Strukturen zu betrachten. Diese Strukturen sind dann aber keine Behauptungen (daher die von Sneed für diese strukturalistische Auffassung gewählte Bezeichnung „non-statement-view"). Zu prüfen ist nun, auf welche Bereiche diese Struktur angewandt werden kann. Diese Bereiche stellen die „Menge der intendierten Anwendungen" (s. Stegmüller 1973, S. 19; 1979[6], S. 480) dar. Als intendierte Anwendung des Operanten Konditionierens wären nach Skinner beispielsweise verhaltenstherapeutische Maßnahmen im

Klassenzimmer zu verstehen. Empirische Überprüfungen gelten dann nicht mehr der Theorie, sondern der intendierten Anwendung.

Dieser strukturalistische Ansatz ist bereits zur Axiomatisierung in mehreren Disziplinen konkretisiert worden, in der Erziehungswissenschaft von L.M. Alisch und L. Rössner (1978), in der Psychologie z.B. von V. Gadenne (1984) und W. Balzer (1982), im Rahmen ökonomischer Theorien u.a. von W. Diederich (1981) und für physikalische Theorien von W. Stegmüller (1973) und W. Balzer (1982).

23 Der Systematische Neopragmatismus ist für Stachowiak der Inbegriff „einer Erkenntnis- und Methodenlehre, die sich nicht mehr in der Traumwelt eines wesentlich ‚absoluten Sinnes von Wahrheit' angesiedelt findet, sondern die unumgänglichen Wahl- und Entscheidungsakte konkreter (wissenschaftlicher wie wissenschaftsphilosophischer) Erkenntnissubjekte zum Springpunkt nimmt". (Stachowiak 1983, S. 10) Diesen Pragmatismus nennt er systematisch, „weil er sich dem Cartesianischen Clare-et-distincte-Prinzip verbindet und sich bei seinen Systematisierungen des Instrumentariums der formalen Disziplinen ... bedient, und die Vorsilbe ‚Neo-' soll deutlich machen, daß, wo immer in Erkenntnisprozessen Wahlen und Entscheidungen anstehen, diese nicht einfach intuitiv-pragmatisch, nach Zufall, Gewohnheit oder Konvention, sondern auf Grund sorgfältiger Reflexion der bestehenden Alternativen zu treffen sind". (Ebd., S. 10)

24 I. Knecht-von Martial (1986) hat die Brauchbarkeit der Allgemeinen Modelltheorie zur metatheoretischen Beschreibung allgemeindidaktischer Modelle nachgewiesen. Er kommt zu dem Ergebnis, daß die unterschiedlichen pragmatischen Motive zu einer Reduktion des Eigenanspruches dieser Modelle veranlassen: „Die Modelltheorie stellt Kategorien zur Verfügung, welche die pragmatische Relativität allgemeindidaktischer Theorien zu analysieren gestattet. Sie weist das Bestimmtsein der Theorienbildung von wissenschaftsimmanenten Variablen nach, indem sie verdeutlicht, daß Theorien auf die Erfüllung allgemeiner Zwecke hin angelegt sind und von subjektiven und raumzeitlichen Faktoren abhängen. Gerade von dem Nachweis der Bedingtheit und der pragmatischen Relativität kann ein Impuls zur Entdogmatisierung didaktischer Theorienbildung erwartet werden." (Knecht-von Martial 1986, S. 254) Dieser Befund ist für die vorliegende Arbeit insofern von Interesse, als auch hier der Prozeß der Theorienbildung einzubeziehen ist. Während Knecht-von Martial aber „die Bedeutung des Modellbegriffes vor allem für die allgemeindidaktische Theorienbildung" (1986, S. 4) abklären will, geht es in dieser Arbeit primär um die Frage, welche Bedeutung die unterschiedlichen Modelle für *fachdidaktisches* Denken und Handeln haben.

2. Kapitel: Bildungstheoretische Didaktik und fachdidaktisches Denken und Handeln

1 Man darf diese Art und Weise, neue Einsichten zu gewinnen, also durchaus mit der kognitionspsychologischen Frage nach den Möglichkeiten und Vollzugsweisen „sinnvollen Lernens" vergleichen. So ließe sich das im Beispiel angeführte Newtonsche Erklärungsprinzip etwa, um in der Terminologie Ausubels zu sprechen, als „kognitive Struktur" (Ausubel 1980[2], S. 201ff.) im allgemeinen oder im besonderen als „subsuming concept" (ebd., S. 84f.) verstehen.

2 Eine ausführliche Analyse verschiedenster Bildungstheorien hat Klafki in seiner Schrift „Das pädagogische Problem des Elementaren und die Theorie der kategorialen Bildung" (1959 b) vorgelegt und darin gezeigt, daß der herkömmliche Dualismus von „formaler" und „materialer" Bildung unhaltbar ist.

3 Diese Aussage war für P.-M. Roeder Anlaß zur Kritik des von Klafki zugrundegelegten Bildungsbegriffes. Roeder monierte daran vor allem die Verständlichkeit der Aussage, wenn er vom „hohen Abstraktionsgrad der Formel" sprach; die darin enthaltenen „metaphorischen Umschreibungen" würden den Eindruck erwecken, „daß sich das hier mit Bil-

dung Gemeinte eigentlich der Bestimmung entzieht. Selbst der unkomplizierte Begriff ‚Lernen' scheint sich in Poesie aufzulösen". (Roeder 1973, S. 81 f.) Wie die von mir vorgenommene Rekonstruktion des Begriffes der kategorialen Bildung im Rückgriff auf das Beispiel (Physikunterricht) zeigt, meint der Begriff jedoch einen leicht nachvollziehbaren Sachverhalt. Vgl. dazu auch die Replik Klafkis (1973 b), in der er es für bedauerlich hielt, daß Roeders Kritik keine „wirkliche Auseinandersetzung" ermögliche, „weil die elementare Voraussetzung eines produktiven Gespräches, daß man nämlich zunächst einmal zur Kenntnis nimmt, was im zu diskutierenden Text steht, nicht gegeben ist". (Klafki 1973 b, S. 102)

4 Mit dieser Formel („Primat der Didaktik") sollte die oben angesprochene neue Phase der didaktischen Diskussion eingeleitet werden, die sich „deutlich von dem schulpädagogischen Gespräch der Reformpädagogik vor 1933" unterschied. „Damals stand die Frage nach neuen Methoden im Mittelpunkt des Interesses ... Im Grunde aber geht es heute primär um Fragen inhaltlicher Art, also um Probleme der Didaktik im engeren Sinne." (Klafki 1961, S. 121)

5 Mündigkeit, Verselbständigung und Selbstbestimmungsfähigkeit als übergreifende Erziehungsziele implizieren aus methodischer Sicht dann die Forderung nach Selbsttätigkeit des Schülers. Diese Verbindung von Zielsetzung und Methodik werde „durch die Generalhypothese gestiftet, daß Selbständigkeit, wenn sie als Ziel erreicht werden soll, schon den Weg zum Ziele, m.a.W.: die Methode der Erziehung und des Unterrichts bestimmen muß, daß der Lernweg des Schülers also ein Weg zunehmend selbständiger Bewältigung von Lernaufgaben sein muß". (Klafki 1970 e, S. 152)

6 Siehe S. 44f.

7 Die Aktualität der Gedanken Copeis wird derzeit wieder durch einige phänomenologische Arbeiten in Erinnerung gerufen. Dabei wird in erster Linie auf den Aspekt des diskontinuierlichen Lernens verwiesen, so etwa in: Lippitz/ Meyer-Drawe (Hg.) 1982: Lernen und seine Horizonte. Phänomenologische Konzeptionen menschlichen Lernens – didaktische Konsequenzen, Königstein/ Ts., darin vor allem der Beitrag von K. Meyer-Drawe: „Lernen als Umlernen", S. 19-45; s. dazu auch den Aufsatz „Der fruchtbare Moment im Bildungsprozeß. Zu Copeis phänomenologischem Ansatz pädagogischer Theoriebildung" (Meyer-Drawe 1984). Aus „lebensweltlicher Perspektive" wird der Aspekt unstetigen Lernens von Th. Schulze (1985) an Beispielen demonstriert, indem er mehr oder weniger zufällig zustandegekommene lebensweltliche Lernprozesse mit „öffentlichen", „institutionalisierten" Lernabläufen, etwa im schulischen Unterricht, vergleicht. Zur Diskussion von Kontinuität und Diskontinuität s. auch die problemgeschichtliche Analyse von F. Brüggen (1988).

8 Dieses achte Bestimmungsstück des Bildungsbegriffes charakterisiert Klafkis Auffassung von „Lernen", die ihrerseits wieder in Beziehung zur Methodik des Unterrichtens zu sehen ist: Ziel und Kriterium pädagogischer Methoden ist es, „daß oder ob sie rechtes Lernen ermöglichen. Solches Lernen besteht nicht darin, daß der Schüler das von ihm durch methodische Lehre Dargebotene einfach übernimmt und dadurch ‚geprägt', darin ‚eingewöhnt' wird. Es ist vielmehr ein selbständiger geistiger Akt oder ein Gefüge solcher Akte, durch die der Lernende die Struktur einer Erkenntnis oder eines Könnens geistig nachvollzieht und sich aneignet. Unterrichtsmethoden müssen also grundsätzlich die Selbsttätigkeit des Lernenden ansprechen." (Klafki 1971, S. 13) Zwar bleiben diese Aussagen recht allgemein, weil Klafki sich im wesentlichen auf die Didaktik (als Theorie der Bildungsinhalte) beschränken will. Sie verweisen aber auf zwei wichtige Theorieelemente, die im Rahmen einer Theorie des Lehrens und Lernens von systematischer Bedeutung sind. Deshalb sind diese beiden Elemente (die Methodik und die zugrundeliegende Auffassung vom Lernen und deren Verhältnis zueinander) noch einmal aus systematischer Sicht im fünften Kapitel näher zu berücksichtigen.

9 Dieses partnerschaftliche Verhältnis von Allgemeiner Didaktik und Fachdidaktik führt vor allem dort zu einem fruchtbaren Austausch, wo die allgemeindidaktischen Aussagen der bildungstheoretischen Didaktik I in ausführliche „didaktische Analysen" (s. dazu weiter unten) überführt werden. Denn dadurch werden die Gesprächspartner zu jener Konkreti-

sierung gezwungen, „die die Folgerichtigkeit ihrer didaktischen Erwägungen und die Bedeutung bestimmter didaktischer Entscheidungen offen zutage treten lassen und damit
überprüfbar machen. Wo wir im pädagogischen Gespräch konkret werden, uns um ‚Beispiele' bemühen, müssen wir unumgänglich ‚Farbe bekennen', wird den anderen, aber oft
auch uns selbst erst ganz deutlich, was wir mit einer allgemeindidaktischen oder fachdidaktischen Aussage ‚eigentlich' meinen." (Klafki 1964 a, S. 244)

10 Zur Bedeutung dieser „Methodiken" von Ulshöfer und Essen und der Didaktik von Helmers vgl. auch den von R. Dittmar gegebenen Überblick (1984).

11 Es muß in diesem Zusammenhang betont werden, daß die damals vorliegenden Methodiken keine „bloßen" Methodenlehren waren. Zu ihrem Gegenstandsbereich gehörte auch
immer die Frage nach dem zu lehrenden Stoff. Das beweist nicht nur ein Blick in die erwähnten Methodiken von Ulshöfer und Essen; auch in anderen fachdidaktischen Veröffentlichungen, wie etwa in der „Methodik des Englischunterrichts an weiterführenden
Schulen" (Schubel 1958), der „Methodik des Naturlehreunterrichts" (Hammer 1953; s.
auch Hahn/Töpfer 1955; Mothes 1957) oder der „Methodik des biologischen Unterrichts"
(Steinecke 1951; s. auch Hörmann 1956) galt es als Selbstverständlichkeit, daß neben den
breiten Ausführungen zur methodischen Gestaltung von Fachunterricht vorab auch immer
Überlegungen zu den Unterrichtsinhalten angestellt wurden. Diese Überlegungen nahmen
jedoch einen vergleichsweise geringen Raum ein und thematisierten in der Regel nicht die
Frage nach der Legitimation der Inhalte. Insofern darf man der bildungstheoretischen Didaktik das Verdienst zusprechen, diese inhaltliche Dimension wieder in den Mittelpunkt
der Diskussion gerückt zu haben, indem nun verstärkt nach dem Sinn des einzelnen Unterrichtsfaches und der begründeten Auswahl von Unterrichtsinhalten gefragt wurde.

12 Siehe Seite 47ff.

13 Die damit eingeforderte Eigenständigkeit der Allgemeinen Didaktik und der Fachdidaktik
gegenüber den Ansprüchen der Fachwissenschaften wird immer wieder dann aufgegeben, wenn man die vorrangige Aufgabe von Schule und Unterricht in der Vermittlung
wissenschaftlicher Erkenntnisse sieht. Eine solche „Theorie der Wissenschaftsschule" hat
beispielsweise Th. Wilhelm (1967) gefordert und dementsprechende Kritik an der bildungstheoretischen Didaktik geübt: „Die Didaktik, wie wir sie für die Zwecke unserer
Schultheorie hier veranschlagen, tritt gegenüber den Fachwissenschaften nicht mit eigenen
Bildungsansprüchen auf. Sie hat es nicht in der Hand, Gegenstände beliebig auszuwählen
... Sie ist an die Ergebnisse der wissenschaftlichen Durchleuchtung der Sachwelt gebunden,
und dies ebenso unerbittlich wie die Fachwissenschaften selbst. Anders ausgedrückt:
während die Bildungspädagogik Anspruch erhob, mit dem Gepäck von autonomen Er-
kenntnissen einer Allgemeinen Didaktik auf die Fachwissenschaften zuzugehen, müssen in
Wirklichkeit die Fachdisziplinen selbst die didaktischen Prinzipien hergeben. Die didaktischen Maßstäbe ergeben sich jeweils aus der Struktur des wissenschaftlichen Fachgebietes."
(Wilhelm 1967, S. 252) Dabei übersieht Wilhelm allerdings, daß eine Auswahl bestimmter
Themen immer eine Wertentscheidung voraussetzt und dabei zwangsläufig auf außerwissenschaftliche Maßstäbe (Grad der Komplexität, des Umfangs, der Zugänglichkeit usw.)
rekurriert.

14 Zwar sind die Wissenschaften mit ihren Erkenntnissen in der gegenwärtigen Zeit zu „Le-
bensmächten geworden, die unser aller Dasein entscheidend mitbestimmen. Aber diese
Tatsache bedeutet gerade nicht, daß die Wissenschaften in ihrer Systematik und ihrer Methodik direkt für die Auswahl der Bildungsinhalte bestimmend sein könnten, sondern daß
sie didaktisch, vom Aspekt ihrer Bedeutsamkeit für die Lebenswirklichkeit des werdenden
Menschen, ins Auge gefaßt werden müssen. Für die Botanik und Zoologie z.B. mag die Systematik des Pflanzen- und Tierreiches ‚grundlegende' Bedeutung haben, für die Bildung
junger Menschen hinsichtlich ihres Umganges und ihrer Auseinandersetzung mit der organischen Natur dürfte sie recht gering sein." (Klafki 1961, S. 129ff.)

15 Diese Forderung Klafkis bleibt auch für die gegenwärtige Diskussion bedeutsam, weil in
den verschiedensten Fachdidaktiken immer wieder Konzepte vertreten werden, die unter
dem Primat fachwissenschaftlicher Argumentation stehen. Für den Bereich der Deutschdi-

daktik ist dieses Problem von W. Ingenkamp treffend beschrieben worden: „Weil die Deutschdidaktik es bisher vernachlässigt hat, fachspezifische Inhaltsbereiche und die Prozeduren der Themenbestimmung zu erarbeiten, greifen Deutschlehrer in ihrer Not auf Inhalte der Sprach- und Literaturwissenschaften zurück. Das ist inzwischen so selbstverständlich geworden, daß es höchstens noch Lehramtsstudenten auffällt, daß diese Inhalte in den Wissenschaften einen ganz anderen Stellenwert haben, viel umstrittener sind, anderen Zwecken dienen als im Schulunterricht, wo sie dazu dienen sollen, junge Menschen selbständig und verantwortlich, also handlungsfähig in verschiedenen Lebensbereichen werden zu lassen. Ob und welche fachwissenschaftlichen Informationen überhaupt für Lernprozesse tauglich, notwendig, brauchbar sind, kann ja erst durch didaktische Forschung und Begründung unterschieden werden." (Ingendahl 1983, S. 548)

16 Damit ist freilich kein Kriterium gegeben, durch das eine Entscheidung für oder gegen ein bestimmtes Fach in der Vielfalt der Fächerkonkurrenz herbeigeführt werden könnte. Auf diesen Sachverhalt hat beispielsweise J. Ruhloff verwiesen. Ausgehend von der Frage, warum in der Hauptschule nicht auch Fächer, wie „Freizeitkunde, Publikationsmittellehre, Heilkunde, Modekunde, Rechtslehre" (1972, S. 61), als Elemente des Fächerkanons unterrichtet würden, moniert er im Hinblick auf die fünf Sinnprinzipien, „daß in der bildungstheoretischen Konzeption Klafkis ein überzeugendes Spezifikationskriterium für Unterrichtsfächer nicht ausgewiesen ist. Die scheinbar selbstverständliche Aufgliederung der Wirklichkeit in Sektoren ist, genau besehen, außerordentlich trügerisch, da uns die Wirklichkeit nicht schon irgendwelche objektiven Schnittlinien in ihr offenbart. Am Ende hängt womöglich alles mit allem zusammen, und man täte gut daran, auf einen fachmäßig geordneten Unterricht ganz zu verzichten, wenn es in ihm auf eine Einführung in die Lebenswirklichkeit ankommt." (Ruhloff 1972, S. 61)

17 Vgl. hierzu auch die ausführliche Erörterung dieser Sinnprinzipien und deren Bedeutung für die Legitimation schulischen Lernens bei F. Kopp (1974[5], S. 20–63) und bei W. Memmert (1986). Memmert reduziert die Zahl der Sinnprinzipien allerdings auf vier (ästhetischer, technischer, normativer und wissenschaftlicher Aspekt menschlicher Umweltbegegnung und -veränderung), weil er das religiöse Sinnprinzip unter den normativen Aspekt subsumiert (s. S. 67, S. 90).

18 Eine fachdidaktische Konkretisierung für den Biologieuntericht findet sich in der „Methodik und Didaktik des Biologieunterrichts" von W. Kuhn (1974[5], S. 45–55); s. dazu auch den Beitrag von W. Kuhn (1989) in dem von mir herausgegebenen Sammelband „Naturwissenschaftlich-technischer Unterricht unter dem Anspruch der Allgemeinbildung" (Plöger 1989).

19 S. dazu auch die Konkretisierung der Begriffe „Elementares" und „Fundamentales" an fachdidaktischen Beispielen aus den Bereichen des Geschichts- und Mathematikunterrichts in W. Klafki 1961, S. 124ff. und aus den Bereichen des Sprach-, Zeichen- und Wirtschaftslehreunterrichts in Klafki 1958, S. 9ff.

20 Die Tragfähigkeit der Termini „Elementares", „Exemplarisches" und „Fundamentales" hat sich in den verschiedensten Fachdidaktiken bis in die gegenwärtige Diskussion hinein bewährt. An dieser Stelle kann jedoch nur ein relativ schmaler Einblick gegeben werden. Im Lernbereich „Naturwissenschaften" werden diese Begriffe von allen Disziplinen konstruktiv angewandt. So führt etwa A. Schleip (1981) für das Fach Chemie vier Fundamentaleinsichten an (Chemie als aspekthafte Betrachtung der Natur, Erschließung der Natur durch das Experiment, Erkenntnis des gesetzmäßigen Aufbaus der Natur, Verantwortung im Hinblick auf die Anwendung chemischer Erkenntnisse); diese Fundamentalia werden von ihm als „Verdichtung" elementarer bzw. exemplarischer Erkenntnisse bezeichnet (S. 586; 589). Für die Didaktik des Physikunterrichts ist auch heute noch der 1963 erschienene Aufsatz W. Bleichroths von Bedeutung. Die darin genannten Fundamentaleinsichten decken sich weitgehend mit den bei Schleip angeführten; im Vergleich zu Schleip kommt es Bleichroth noch auf die Betonung zweier Aspekte an, nämlich auf die Erkenntnis, daß sich Naturgesetze mathematisch exakt fassen lassen, und auf die Einsicht in die Notwendigkeit, bestimmte Naturerscheinungen nur mit Hilfe von Modellvorstellungen erfassen zu können

(Bleichroth 1963, S. 137ff.). Damit jene fundamentalen Bildungsziele erreicht werden könnten, seien solche Inhalte auszuwählen, die elementare und exemplarische Einsichten ermöglichen (1963, S. 138ff.). In der Biologiedidaktik werden die Begriffe des Elementaren, Exemplarischen und Fundamentalen besonders umfangreich von H. Esser auf die konkreten fachdidaktischen Belange hin spezifiziert (1978, S. 54-69). In Anlehnung an Leschik (1965), Masuch (1970) und Berck (1976) bezeichnet Esser die Fundamentalia als „Kategorien des Lebendigen" (1978, S. 68), die sich in konkreten Lebensvorgängen widerspiegeln und in entsprechenden Grundbegriffen (Fließgleichgewicht, Entwicklung, Baugefüge usw.) ihren Niederschlag finden. Diese Fundamentalia machen für Esser die entscheidende Dimension der Bildung aus, indem sie die Grenzen und Möglichkeiten, die Abhängigkeiten und Freiheiten und die Sonderstellung und Verantwortlichkeit des Menschen zur Einsicht bringen (Esser 1978, S. 68). Zum Begriff des „Exemplarischen" in der Biologiedidaktik s. auch H. Grupe 1975[3], S. 76f.

21 Zu den Formen der Strukturierung von Lehrplänen mit Hilfe dieser Termini s. Klafki 1972[2] b.

22 Die in der Anmerkung 20 angeführte Literatur dokumentiert diesen Sachverhalt nahezu einhellig.

23 Durch die Betonung, daß es im Unterricht um die Begegnung *bestimmter* Kinder mit *bestimmten* Bildungsinhalten gehe, wird die Orientierung am einzelnen Kind deutlich hervorgehoben. Lehren als Hilfe zum Lernen erfordert nach Klafki deshalb auch immer die Berücksichtigung der „unterschiedlichen Ausgangsbedingungen und Lernmöglichkeiten von Schülern", die „in erheblichem Umfang sozialisationsbedingt und damit schichten- oder klassenbedingt" (Klafki 1985 a, S. 123) sind. Diesen unterschiedlichen Ausgangsbedingungen muß Unterricht durch entsprechende Differenzierungsformen gerecht werden. Zur Frage der „Inneren Differenzierung" siehe die fünfte Studie in den „Neuen Studien zur Bildungstheorie und Didaktik" (1985 a), zu den Möglichkeiten äußerer Differenzierung s. Klafki 1972[2] a, S. 66-74.

24 In diesem Zusammenhang ist nochmals zu betonen, daß Klafki nicht auf eine Abwertung der Methodik des Unterrichtens zielt; durch die Rede vom Primat der Didaktik gegenüber der Methodik will er vor allem auf die Abfolge von Planungsentscheidungen verweisen. Deshalb heißt es bei ihm: „Methoden können nur entworfen und bewertet werden, wenn didaktische Vorentscheidungen gefallen sind, und umgekehrt: jeder methodische Entwurf schließt immer schon – bewußt oder unbewußt – didaktische Voraussetzungen ein." (Klafki 1963 a, S. 23)

25 In nachträglichen Reflexionen hat Klafki mehrfach sein Bedauern darüber zum Ausdruck gebracht, seine ursprünglichen Intentionen, nämlich zum einen die erziehungswissenschaftliche Forschung vorantreiben zu wollen und zum anderen auch dem Praktiker Anregungen zu geben, seien „in der Praxis der Lehrerausbildung – insbesondere wohl in der zweiten Phase – ... häufig in eigentümlicher Weise dogmatisiert worden. Ein neuer Herbartianismus hat zum Teil Platz gegriffen." (Klafki 1970 d, S. 392) Gegenüber diesen Fehlentwicklungen betont Klafki, daß die „didaktische Analyse" primär Anregungs- und Impulsfunktion für den Lehrer haben sollte, um seinen pädagogischen Freiraum nutzen zu können; sie war also durchaus kritisch gemeint, „sei es im Bezug auf in Lehrplänen oder Richtlinien vorgeschlagene Zielsetzungen oder Themen, sei es im Hinblick auf eigene Vorstellungen eines Lehrers". (Klafki 1976 c, S. 117) Insofern zielte die „didaktische Analyse" darauf, „den Lehrer davon zu befreien, einfach zu reproduzieren, was ihm an irgendeiner Stelle durch einen Lehrplan, eine Richtlinie, eine in der betreffenden Schule gängige Praxis usf. vorgegeben ist, ihn also zu befähigen, die in solchen Vorgaben steckenden Entscheidungen kritisch zu reflektieren". (Ebd., S. 117f.) In dieser Hinsicht ist die kritische Bemerkung Huiskens, der Lehrer werde „aus der grundsätzlichen Problematik der Selektion" (Huisken 1972, S. 68) entlassen, wenn er gemäß der „didaktischen Analyse" die in den Lehrplan eingeflossenen Vorentscheidungen nur nachzuvollziehen und umzusetzen habe, aber keineswegs hinterfragen könne, unzutreffend. Die Vorgabe bestimmter Inhalte ent-

bindet nämlich „den Lehrer nicht von der Reflexion, sondern auferlegt ihm gerade die Auseinandersetzung mit den Inhalten als vordringliche Aufgabe". (Scholz 1972, S. 352)

26 Freilich besteht diesbezüglich auch immer die Gefahr, „daß in die Unterrichtsplanung unkontrolliert Implikationen, die in der Person des Lehrers liegen, mit einfließen. Es scheint ... nötig, daß der Lehrer angehalten werden muß, sein eigenes Vorverständnis von einer Sache, seine Einstellung zu überprüfen, damit im Unterricht nicht seine persönliche Meinung dominiert oder bei der Auswahl von Themen und Inhalten seine Interessen und Neigungen den ausschlaggebenden Faktor spielen." (Beckmann 1972, S. 111)

27 Lehren ist in diesem Sinne also immer als „Hilfe zum Lernen" zu verstehen. Deshalb erscheint es sinnvoll, mit H. Rauschenberger zu fragen, ob die durch den Begriff der „kategorialen Bildung" vorgezeichnete „Subjekt-Objekt-Beziehung" nicht durch die dreigliedrige Struktur „Subjekt-Subjekt-Objekt" ersetzt werden sollte, denn „jeder Lernprozeß im gesellschaftlich-kulturellen Umfeld setzt prinzipiell den Vermittler voraus, den, mit dem zusammen Lernen erst sinnvoll ist, den, an den man sich wenden kann, sei er nun einzelner oder Gruppe oder Kollektiv, sei er momentan anwesend oder nicht. Alles Lernen kommt aus zwischenmenschlicher Vermittlung, orientiert sich an ihr und vollendet sich in ihr. Daß ein Mensch sich lernend mit einer Sache zu befassen beginnt, ereignet sich nicht im sozialen Vakuum; er erfährt von anderen einen Hinweis, der den Gegenstand als einen sehen läßt, mit dem andere sich bereits befassen." (Rauschenberger 1985, S. 182)

28 Einen informativen Überblick über die einzelnen Motive der Umgestaltung bildungstheoretischer Didaktik, nämlich über die wissenschaftstheoretische Weiterentwicklung, die Auseinandersetzung mit anderen didaktischen Modellen und die notwendige Revision der „Didaktischen Analyse", gibt ein von W. Born mit W. Klafki geführtes Interview, das unter dem Titel „Von der bildungstheoretischen Didaktik zu einem kritisch-konstruktiven Bildungsbegriff" (hier zitiert als Klafki 1978 d) erschienen ist.

29 Vgl. ergänzend hierzu den systematischen Überblick über „Ansätze zur Schultheorie in der geisteswissenschaftlichen Pädagogik". (Klafki 1987, S. 20-45)

30 Die Integration von Hermeneutik, Empirie und Ideologiekritik findet nach Klafki ihre praktische Realisierung in der sogenannten Handlungsforschung; sie ist „von Anfang an auf gesellschaftliche bzw. auf pädagogische Praxis bezogen" und „will der Lösung gesellschaftlicher bzw. praktisch-pädagogischer Probleme dienen". (Klafki 1973 a, S. 488; s. auch 1974 b, S. 267f. und 1983 b, S. 285f.). Klafki und seine Mitarbeiter haben das Programm der Handlungsforschung im „Marburger Grundschulprojekt" konkret umgesetzt. In diesem Projekt galt das besondere Interesse „den Lernbedingungen und der Förderung der Lernmöglichkeiten von Unterschichtkindern". (Klafki 1973, S. 494) S. dazu auch den umfassenden, von Klafki u.a. (1982 a) herausgegebenen Abschlußbericht und die darin zu findende Beschreibung des Projektverlaufes (Klafki 1982 b).

31 Die folgenden Ausführungen zum neugefaßten Bildungsverständnis müssen hier zwangsläufig auf einige wesentliche Momente beschränkt bleiben. Eine umfassende Darstellung, Analyse und Würdigung sowohl der ursprünglichen als auch der gegenwärtigen Bildungstheorie Klafkis hat J. Ebert (1986) vorgelegt.

32 Ein Vergleich dieses ersten Momentes von Allgemeinbildung mit dem auf S. 46 angeführten dritten Bestimmungsstück von Bildung macht deutlich, daß der Bildungsbegriff der älteren Konzeption keineswegs unpolitisch war, weil sich auch dort bereits z.B. die Forderung nach Chancengleichheit niederschlug.

33 Aus diesem ersten Moment von Allgemeinbildung leitet Klafki schulorganisatorische Folgerungen ab. Es führe „mit Notwendigkeit zur Forderung nach der Integrierten Gesamtschule, ... nach einem konsequenten Ausbau des Kernunterrichts in Gesamtschulen bzw. dort, wo (einstweilen) an der Mehrgliedrigkeit des sogenannten allgemeinbildenden Schulwesens festgehalten wird, eines breiten Bereichs inhaltlich übereinstimmenden bzw. gleichwertigen Unterrichts als des Zentrums gemeinsamen Lernens, zugleich aber nach intensiven Bemühungen um den Ausgleich der in der familiären, weithin immer noch schichtenspezifischen Sozialisation begründeten unterschiedlichen Ausgangsbedingungen der Kinder und Jugendlichen". (Klafki 1985 a, S. 19) Zur ausführlicheren Begründung die-

ser Forderung s. auch Klafki 1970 c, S. 101-203 und 1983 a. Die nähere inhaltliche Legitimation dieser Forderung kann hier nicht eingehend referiert werden. Wichtig erscheint es allerdings, auf die sich in Klafkis Forderung zeigende Verbindung von Fragen der Allgemeinen Didaktik (Bildungstheorie) und Fragen einer Theorie der Schule (als Institution) hinzuweisen, da diese beiden Komplexe in ihrer gegenseitigen Abhängigkeit gesehen werden und damit auf deren Einbettung im weiten Horizont der Schulpädagogik aufmerksam machen. Auf den Zusammenhang von Allgemeiner Didaktik und einer Theorie der Schule wird im abschließenden Kapitel aus systematischer Sicht noch einmal eingegangen.

34 Klafki hat an anderer Stelle (1977, S. 29) die hier allgemein gehaltenen Zielvorstellungen konkretisiert, indem er mehrere Grundfähigkeiten als Komponenten dieser komplexen Begriffe auflistete, so etwa die Fähigkeit zur verbalen und extraverbalen Kommunikation, die Fähigkeit zur reflektierten Rollenübernahme und -distanz, zur Toleranz, zur Aufnahme sozialer Beziehungen, zur Teilnahme an praktischen Diskursen usw.

35 Siehe dazu weiter unten S. 77ff.

36 Die fehlende oder nur allzu geringfügige Beachtung der ideologiekritischen Perspektive zeigt sich nach Klafki „im Bereich der Fachdidaktik z.B. in Form bestimmter Vorstellungen von Gesellschaft, die in Lese- oder Sozialkundebüchern vermittelt wurden oder werden, in unkritischen Orientierungen des Fachunterrichts der Schule oder der fachwissenschaftlichen Ausbildung der Lehrer in positivistisch betriebenen Fachwissenschaften, deren historisch-gesellschaftliche Voraussetzungen und Wirkungen unreflektiert bleiben". (Klafki 1978 b, S. 159)

37 Siehe S. 52ff.

38 Siehe S. 58ff.

39 Im folgenden beziehe ich mich in erster Linie auf die 2. und 7. Studie in den „Neuen Studien" (1985 a). Diese beiden Aufsätze sind in zum Teil geringfügig geänderter Form auch an anderer Stelle veröffentlicht worden (s. z.B. Klafki 1980 a, 1980 b, 1985 b).

40 Diese Auffassung vom „Lehren" als „Hilfe zum Lernen" (Klafki 1985 a, S. 58, 77, 80) hat Klafki bereits der älteren Konzeption der bildungstheoretischen Didaktik zugrundegelegt. „Die spezifisch pädagogische Sinngebung des Lernens, die zum erstenmal von Sokrates und Platon – Lehren als Mäeutik = Hebammenkunst, das heißt Hilfe zum Selberfinden – ausgesprochen worden ist, ... die heute in Formeln wie ‚geistige Aneignung‘, ‚denkendes, sinnvolles, bildendes Lernen‘, Lernen als Gewinn ‚arbeitenden‘ oder ‚lebendigen‘ Wissens und Könnens zum Ausdruck kommt, ist zugleich ein kritischer Maßstab für die Beurteilung psychologischer und soziologischer Lerntheorien." (1971, S. 13) In diesem Sinne müsse es dann das Ziel „rechter methodischer Führung" des Unterrichts sein, „sich selbst zunehmend überflüssig zu machen, d.h. aus einer vom Lehrer gebotenen Hilfe zu einem vom Schüler selbständig gehandhabten Werkzeug, zur „methodischen Bildung" zu gelangen(ebd.).

41 Es sei hier an die in der Einleitung genannte Literatur (Anmerkung 14) erinnert. Im folgenden Kapitel wird der Komplex „Interaktion" bei der Analyse der gegenwärtigen Konzeption der lerntheoretischen Didaktik (Hamburger Modell) eingehender behandelt.

42 Mit dieser Erweiterung des Didaktikbegriffes nimmt Klafki auch die Kritik P. Heimanns an der ursprünglichen Konzeption der bildungstheoretischen Didaktik auf. Heimann bemängelte daran, daß der enge Didaktikbegriff Klafkis das Gesamtphänomen Unterricht unzweckmäßig verkürze: „Die Ausklammerung der Methodenorganisation oder der Medienwahl aus dem Didaktikbegriff ist ein Akt folgenschwerer Desintegration, der sich nicht nur gegen das Ganze des Unterrichts, sondern sogar gegen den der „Inhaltlichkeit" selbst richtet. Denken über ‚Inhalte als lehrbare‘ impliziert das Methodische und die Medienwahl." (Heimann 1976 a, S. 157)

43 Diese Erläuterungen müssen hier zwangsläufig sehr knapp ausfallen. Eine ausführliche Analyse der terminologischen Änderungen, die auf den erweiterten Didaktikbegriff zurückgehen, haben G. Hobbensiefken und W. Sesink (1982) vorgelegt.

44 In der neueren Konzeption der bildungstheoretischen Didaktik wird von Klafki die Bedeutung der „themenkonstituierenden Funktion" (erstmals 1976 a, S. 84) zwar prägnant

auf den Begriff gebracht. Allerdings ist in diesem Zusammenhang daran zu erinnern, daß Klafki seit jeher auf diesen zentralen Sachverhalt verwiesen hat, etwa in den Publikationen, in denen er den Begriff der „volkstümlichen Bildung" diskutierte. So schrieb er 1955 hinsichtlich der themenkonstituierenden Funktion eines wissenschaftsorientierten Unterrichts: „Die Wissenschaften, auch die Naturwissenschaften, stoßen nicht einfach durch Täuschung, Subjektivität, Irrtum hindurch auf die hinter all dem liegende einzige wahre Wirklichkeit vor und nehmen dort die Gegenstände hin, wie sie ‚an sich', d.h. ohne den Anteil des Menschen sind. Vielmehr bauen sie ihre ‚Gegenstände' selbst erst in der Begegnung mit der uns alle umgebenden, rätselhaft vielfältigen ‚Wirklichkeit' auf, indem sie sie durch die Anwendung ihrer jeweiligen Methode unter eine bestimmte Fragestellung rücken." (Klafki 1955, S. 68) Zur Diskussion des Terminus „themenkonstituierende Funktion" siehe auch den Beitrag von P. Menck (1976) und die dazu von Klafki (1976 e) verfaßte Replik.

45 Klafki verweist also mit der Rede vom „immanent-methodischen Charakter der Thematik" auf die dialektische Verschränkung von Methoden und dadurch hervorgebrachten Resultaten hin. Insofern zeigen sich hier deutliche Parallelen zur Hauptintention der „Konstruktiven Didaktik", die von K. Giel und G.G. Hiller entwickelt wurde. Die entscheidende Forderung der Konstruktiven Didaktik besagt nach Hiller, „daß im Unterricht stets die Wechselwirkung zwischen den Handlungsfiguren (dem methodischen Zugriff etc.) und dem sich zeigenden Ergebnis (der Sache) reflektiert wird. Indem man die jeweilige Erscheinungsform eines Unterrichtsgegenstandes ausdrücklich rückbindet an die Art und Weise, wie er präsentiert wird, kann verhindert werden, daß Unterrichtsgegenstände ... zu Mitteln werden, durch die man absolut sichere Erkenntnisse gewinnt; solche Erkenntnisse, die man als letzte Aussagen über das Sein der Dinge verstehen muß." (Hiller 1973, S. 207) Diese Forderung müsse sich schließlich in einem „mehrperspektivischen Unterricht" (s. Giel/ Hiller/ Krämer 1974) konkretisieren, der im fächerübergreifenden Sinne auf „modellhafte Rekonstruktionen gesellschaftlicher Handlungsfelder" zielt, „um somit das durchsichtig, diskutabel und veränderbar zu machen, was sich durch bloßes Dabeisein und Mitmachen nicht erfassen läßt". (Giel/ Hiller/ Krämer 1974, S. 15)

46 Siehe Roth 1973[14], S. 115

47 Bedenken gegen die vorrangige Orientierung an den von Klafki genannten allgemeinen Erziehungszielen erhebt auch H.-K. Beckmann. Er argumentiert über die möglichen Verengungen hinaus allerdings aus prinzipieller Sicht, wenn er betont, „daß die Übernahme der Kategorien der Frankfurter Schule für eine Didaktik nicht zwingend ist. Im Gegenteil, es könnte sein, daß ohne sie eher eine pädagogische Argumentation möglich ist. Die Absolutsetzung der Zielvorstellungen „Selbstbestimmungs- und Solidaritätsfähigkeit" wird u.E. dem umfassenden Auftrag von Erziehung und Unterricht nicht gerecht; die Interpretation dieser Zielbegriffe führt zu ganz bestimmten gesellschaftstheoretischen Vorstellungen, die nicht auf einen Konsens rechnen können ...; der alleinige Maßstab der Selbst- und Mitbestimmung für die Entscheidungen inhaltlicher und methodischer Art bedeutet eine rigide Verengung des Unterrichts." (Beckmann 1981 b, S. 88f.)

48 Siehe S. 55ff.

49 Siehe S. 92ff.

50 Siehe S. 93f.

51 Die Beschreibung des Lehr-/ Lern-Vorganges als Interaktionsprozeß zwischen Lehrer und Schüler wäre allerdings durch eine eingehendere Darlegung der zugrundeliegenden Lehr-/ Lern-Theorie zu ergänzen. Denn der zentrale „Bezug zwischen dem Bildungsinhalt der ‚Sache' und den individuellen Bedingungen dafür, daß der Gehalt zu Bildung als individueller psychischer Realität werden kann, ist ohne Aufnahme eines Theorieelements Lerntätigkeiten/ Lernprozesse nicht deutlich genug faßbar." (Straka/ Macke 1979, S. 113)

52 Siehe S. 89.

53 Siehe S. 62ff.

54 Siehe S. 85ff.

55 Ich erinnere hier exemplarisch an die Ausführungen Klafkis zur allgemeinen Zielsetzung schulischer Lernprozesse, die im Zusammenhang mit der Einführung in die gesellschafts-politische Bedeutung der Arbeits- und Wirtschaftswelt standen: „So wenig es die Aufgabe der Schule in einem demokratischen Staate sein kann, bestehende Verhältnisse blind zu sta-bilisieren und junge Menschen zu kritikloser Anpassung zu erziehen, so wenig ist sie aller-dings auch befugt und in der Lage, selbst etwa ein ganz bestimmtes wirtschafts- und gesellschaftspolitisches Programm zu entwerfen und die ihr anvertrauten Zöglinge darauf zu verpflichten ... Es sollte geradezu ein Ziel der zukünftigen Schule sein, die (oft unbe-sonnene und abstrakte) Kritik der Jugendlichen an bestehenden Verhältnissen und die nicht selten schnellfertigen, utopischen Verbesserungsvorschläge frei zu Worte kommen zu las-sen, ja sie herauszulocken, um dann der Berechtigung solcher Kritik und den Bedingungen der Durchführbarkeit der Verbesserungsvorschläge an exemplarischen Beispielen ein Stück weit nachzugehen." (Klafki 1964 b, S. 25)

3. Kapitel: Lerntheoretische Didaktik und fachdidaktisches Denken und Handeln

1 Auch heute noch plädieren die ehemaligen Mitarbeiter Heimanns, Gunter Otto und Wolf-gang Schulz, für die Aktualität des Didaktikums, weil diese Art theoriegeleiteter Ausbil-dung am ehesten geeignet sei, die Verknüpfung von Theorie und Praxis einerseits und die Integration von grund- und fachwissenschaftlicher Ausbildung andererseits leisten zu kön-nen (s. Otto/Schulz 1987, S. 92 f.).

2 Dieses von Heimann geforderte Mindestmaß an allgemeindidaktischen Grundkategorien und Denkmethoden wird auch von K. Reich und H. Thomas als „verbindliche Richt-schnur" für den Fachdidaktiker interpretiert. „Dieser kann nur unter dem spezifischen Ge-sichtspunkt seines Faches didaktische Prozesse als Gegenstand seiner Theorie und Lehre bestimmen, der allgemeine Didaktiker muß hingegen die allgemeinen Grundlagen der ‚ka-tegorialen Durchdringung' des Unterrichtsprozesses verfügbar und fachdidaktisch konkre-tisierbar machen." (Reich/Thomas 1976, S. 30)

3 In dieser Hinsicht bemerkt G. Macke zu Recht, daß der „Aspekt Lernen nicht in systema-tischer Weise in den Blick gerät. Wenn schon der Lernende als beobachtbares Element des Unterrichts nicht in die formale Struktur des Modells eingeht, ist kaum zu erwarten, daß der individuelle Lernvorgang als beobachtbarer Vorgang in die Überlegungen einbezogen wird. Es ist deshalb unverständlich, warum das Berliner Modell als ‚lerntheoretisches Didaktikmodell' eingestuft wird. Denn der Lernprozeß wird als Strukturmoment eines Lehr-Lern-Zusammenhanges nicht thematisiert." (Macke 1978, S. 225) Vgl. dazu auch Offermann 1980, S. 51.

4 Die Beschreibung des didaktischen Feldes anhand dieser sechs Strukturmomente muß im Zusammenhang mit Heimanns Versuch gesehen werden, eine Theorie des Unterrichts zu konzipieren. Die Rezeption dieses Modells in der Praxis hat allzu oft zu einer „handge-rechten" Reduktion geführt, die den analytischen Intentionen des Modells in der Regel nicht gerecht wurde. Zu diesem Problem siehe z.B. ergänzend die Ausführungen von Dichanz 1981 b, S. 268 ff.

5 Siehe dazu die entsprechenden Ausführungen im 2. Kapitel, S. 44.

6 Von diesen Prämissen sind auch die gegenwärtigen Arbeiten Achtenhagens geprägt, wenn er der Fachdidaktik die Aufgabe zuspricht, „für unterrichtliches Handeln schlüssige Ent-scheidungshilfen bereitzustellen und diese im theoretischen Zusammenhang zu begrün-den". (Achtenhagen 1981, S. 275) Zu diesem Zweck sei ein technologisches Verständnis von Fachdidaktik angemessen, um so bewährte von weniger bewährten Handlungsalternativen trennen zu können. (Achtenhagen 1981, S. 276; s. auch Achtenhagen 1977 a, S. 290; 1977 b, S. 8; 1979)

7 Achtenhagens Forschungsprogramm setzt daher in zweifacher Weise einen Standard, hinter den künftig keine Fachdidaktik zurückfallen sollte. „Er hat ... den Bereich empirisch-analytischer Forschung zugänglichen positiven Wissens abgeschritten und gezeigt, wie dies für die Fachdidaktik fremdsprachlichen Unterrichts fruchtbar zu machen wäre. Und er hat ... den Versuch unternommen, das positive Wissen als Moment eines dialektischen Zusammenhanges zu begreifen, als der sich die Didaktik darstellt, sofern man sie nicht auf Unterrichtstechnik oder auf affirmative Sinnvergewisserungen reduzieren will." (Menck 1970, S. 165 f.)

8 In den folgenden Jahren hat Achtenhagen dieses 1969 zunächst nur exemplarisch entworfene Forschungsprogramm nach dem Vorbild der lerntheoretischen Didaktik weiter verfolgt und entsprechend ausgearbeitet (s. Achtenhagen/Wienold 1975).

9 Die lerntheoretische Didaktik I ist von Achtenhagen darüber hinaus auch seit Beginn der 80er Jahre für die Didaktik der Wirtschaftslehre fruchtbar genutzt worden (Achtenhagen 1984). Dieses Konzept ist – wissenschaftstheoretisch gesehen – nach dem gleichen Muster wie das hier beschriebene Forschungsprogramm zum fremdsprachlichen Unterricht angelegt (s. 1984, S. 10 ff., 35 ff., 201 ff.).

10 Auch an anderer Stelle benutzt Otto (s. 1980, S. 276) die hier abgebildete Graphik, um dadurch einen Überblick über die entscheidenden Felder der Kunsterziehung zu geben.

11 Ein Blick auf entsprechende Publikationen bestätigt diese Tatsache, daß die von Heimann genannten Strukturmomente für eine fachdidaktische Bestandsaufnahme außerordentlich hilfreich sind. Hier kann freilich nur eine kleine Auswahl genannt werden. Im Bereich des fremdsprachlichen Unterrichts verfährt z.B. P. Doye (1964; 1986) nach diesem Muster. M. Dörr (1981) beschreibt damit neuere Entwicklungen und gegenwärtige Positionen der Geschichtsdidaktik in der Bundesrepublik Deutschland. Eine Übertragung der Heimannschen Kategorien auf den mathematisch-naturwissenschaftlichen Unterricht im allgemeinen hat z.B. H. Schütz (1969) unternommen. Für die Mathematikdidaktik hat F. Zech (1977) eine entsprechende Konkretisierung vorgelegt, für die Biologiedidaktik beispielsweise G. Schaefer (1979). Die Didaktik der Wirtschaftslehre wird von E. Dauenhauer (1978) und F. Achtenhagen (1984) entsprechend dargelegt, die Didaktik des Sportunterrichts etwa von St. Grössing (1979) und von U. Fischer (1981), darüber hinaus die des Kunstunterrichts von H. Breyer, G. Otto und G. Wienecke (1969).

12 Im Rahmen dieser Arbeit ist es nicht möglich, entsprechend auf die Veränderungen einzugehen, die Schulz, auch aufgrund einer zum Teil geänderten wissenschaftstheoretischen Auffassung, gegenüber der Konzeption Heimanns vorgenommen hat. Dieser Sachverhalt wird z.B. von K. Reich in seinem Buch „Theorien der Allgemeinen Didaktik" (1977; vor allem S. 175 ff.) differenziert entfaltet. In diesem Zusammenhang sei auch auf die von Reich 1979 veröffentlichte Arbeit „Unterricht – Bedingungsanalyse und Entscheidungsfindung" hingewiesen, in der er Heimanns didaktisches Modell auf seine systematische Bedeutung für die didaktische Diskussion auswertet.

13 Hier wird die soziale Dimension des Lernens noch nicht erwähnt. Im neu konzipierten Modell (s. S. 228 ff.) spricht Schulz dann von den Zielkomponenten „Solidarität" und „Sozialkompetenz".

14 Der Begriff „Überzeugung" hat hier also nicht die herkömmliche Bedeutung, mit der etwa eine Gesinnung bzw. Haltung eines Menschen gegenüber einer Sache oder einer Person gekennzeichnet wird. Vielmehr ist bei Schulz damit der Sachverhalt gemeint, daß eine erworbene Erkenntnis im alltäglichen Handeln vielfach bestätigt worden ist und der einzelne daher keinerlei Zweifel an deren Angemessenheit bzw. „Richtigkeit" hegt.

15 Diese heuristische Funktion betont Schulz (und mit ihm G. Otto) später noch, wenn er herausstellt, Taxonomien möglicher Lernleistungen könnten helfen, „die einseitige Bevorzugung kognitiver Zielsetzungen gegenüber affektiven und psychomotorischen zu erkennen und zu bekämpfen". (Otto/Schulz 1986, S. 55)

16 Zu fragen bliebe darüber hinaus aber auch nach der notwendigen Verknüpfung der von Schulz genannten Dimensionen (kognitiv, pragmatisch, emotional) mit entsprechenden Artikulationsformen des Unterrichts. Die Interdependenz dieser beiden Komplexe wird wohl

theoretisch gefordert, im einzelnen aber nicht dargelegt. Eine mögliche Kombination hat z.B. K. Prange vorgeschlagen, indem er Unterricht in dreifacher Weise als Lektion (kognitive Dimension), als Arbeitsprozeß (pragmatische Dimension) und als Appell (emotionale Dimension) beschreibt und diesen drei Varianten dann entsprechende Artikulationsschemata zuordnet (s. Prange 1983, S. 85 – 158, besonders S. 108).

17 Die Diskussion um die Operationalisierung und Taxonomie von Lernzielen hat zu einer entsprechenden Kritik der Einseitigkeiten (Verplanung des Unterrichts, Mißachtung der Inhalte, rigide Eingrenzung der thematischen und methodischen Offenheit, Verlust des Emotionalen und Sozialen usw.) geführt. Aus heutiger Sicht stellt sich nicht die Frage, ob Unterricht lernzielorientiert sein sollte oder nicht, sondern wie Lernzielorientierung und Taxonomie als Aspekte der Unterrichtsplanung mit anderen Aspekten (insbesondere der Beteiligung der Schüler an der Unterrichtsplanung) verbunden werden können, ohne in die im Laufe der Zeit erkannten Einseitigkeiten zurückzufallen. S. dazu z.B. die Publikationen von W. Keck (1983), W. Lemke (1981) oder B. Kozdon (1981).

18 Derartige Abstimmungen zwischen Schülern und Lehrern empfahl Schulz selbst, wenn er es prinzipiell für möglich hielt, „Lernende an der Formulierung genauer Ziele zu beteiligen. Man kann sie zunehmend zwischen Alternativen wählen lassen; die Wege zur Erreichung der Ziele können gemeinsam überlegt werden. Die Kanalisierung, die dann bleibt, ist eine von den Lernenden mitbestimmte, von der Sache her erforderliche Begrenzung." (Schulz 1969 c, S. XII)

19 Siehe s. 90 ff.

20 Siehe dazu S. 62 ff.

21 Trotz dieser selbst auferlegten Beschränkung darf man Schulz zustimmen, daß die lerntheoretische Didaktik I mit der Aufnahme der Komplexe „Intentionalität" und „Thematik" weit über das enge Forschungsfeld der kybernetischen Didaktik hinausgreift, weil diese – so der Einwand von Schulz – auf bloße Methodik reduziert ist und daher nicht nach den Unterricht bestimmenden Fakten und Normen fragt (s. Schulz 1967 a, S. 131).

22 Die Ergänzungsbedürftigkeit der von Schulz aufgelisteten Methoden gilt beispielsweise auch für den Musikunterricht (s. dazu etwa Gruhn 1983, S. 157 – 182; Schneider 1980; Schmidt-Brunner 1982).

23 Es sind vor allem zwei Aspekte, die für den Bereich der „Methodik" auf notwendige Korrekturen hinweisen: Zum einen sind die Elemente der Methodik (Methodenkonzeptionen, Artikulationsschemata usw.) „nicht in einer theoretisch ausgewiesenen Abfolge verknüpft. Es scheint, daß hier einfach einmal alles zusammengetragen wurde, was zu Methodenproblemen in der Literatur bekannt war, und additiv etwas systematisiert wurde." (Moser 1977, S. 14) Zum anderen fällt aber auch innerhalb der einzelnen Elemente der Methodik deren uneinheitliche Zuordnung auf. „Bei den Methodenkonzeptionen bezeichnen z.B. das ganzheitlich-analytische Verfahren und das elementenhaft-synthetische Verfahren sozusagen die erkenntnistheoretische Seite. Die Methodenkonzeption geht von einem Verständnis des Aufbaus des Wissens aus ... Das Projektverfahren demgegenüber geht überhaupt nicht von diesem Problematisierungshintergrund aus, sondern setzt einen bestimmten Erfahrungsbegriff voraus, der im amerikanischen Pragmatismus gewonnen wurde." (Ebd.)

24 Damit wird erstmals die „Medienbedingtheit allen Lehrens und Lernens" in der didaktischen Forschung betont. „Die Erschließung dieser Dimension ist eine wirkliche Entdeckung und eröffnet den Ausblick auf das noch unabsehbar ausbaufähige Feld einer Mediendidaktik. Dabei darf dieser Ausdruck nicht als Forderung nach einer separaten Didaktik der Medien verstanden werden. Der Strukturzusammenhang, wie ihn das Gesamtschema Heimanns aufzeigt, muß immer im Blick bleiben." (Hausmann 1969, S. 101) S. dazu auch Schröter 1981, S. 33.

25 Im folgenden werden die beiden Modellkomplexe „anthropogene" und „sozialkulturelle" Voraussetzungen getrennt behandelt, weil dies in der lerntheoretischen Didaktik I so vorgesehen war. Aus heutiger Sicht erweist sich diese Trennung als unhaltbar, da Fähigkeiten (hier die von Schülern) weniger als angeborenes Potential, sondern „als Resultat der Rückwirkung gegenständlicher gesellschaftlicher Tätigkeit des Menschen auf seine Persönlich-

keitsformung" (Holzkamp 1978[4], S. 48) zu verstehen sind. Insofern sollte man in der didaktischen Diskussion besser den Begriff „soziokulturell vermittelte Ausgangsbedingungen" (s. Klafki 1985 a, S. 215) verwenden. S. dazu auch die Kritik Breyvogels an der
lerntheoretischen Didaktik I, wie sie auf S. 149 f. näher dargestellt wird.

26 Seit Mitte der 70er Jahre ist die fachdidaktische Forschung mit der Frage der Schülervorstellungen und vorwissenschaftlicher Begriffe von physikalischen Phänomenen intensiv
befaßt. Aus der Fülle der dazu erschienenen Arbeiten können hier nur auswahlweise einige
angeführt werden; weitere Hinweise mag der Leser dem Literaturverzeichnis dieser Arbeiten entnehmen: Jung, W. 1985: Schülervorstellungen im Physikunterricht – ein didaktisches
Problem. In: physica didactica 12, S. 11-22; Jung, W. 1979: Zum Problem der Schülervorstellungen in Mechanik. In: Härtel, H. (Hg.): Zur Didaktik der Physik und Chemie. Vorträge auf der Tagung für Didaktik der Physik und Chemie, September 1978, Hannover,
S. 74-76; Niedderer, H. 1982: Probleme der Lebenswelt, Vorverständnis der Schüler und
Wissenschaftstheorie der Physik als Determinanten für den Physikunterricht. In: Fischler,
H. (Hg.): Lehren und Lernen im Physikunterricht, Köln, S. 105-132; Redeker, B. 1982: Zur
Sache des Lernens, Braunschweig; Duit, R./Pfundt, H. (Hg.) 1981: Schülervorstellungen
und naturwissenschaftlicher Unterricht, Köln; Schecker, H. 1986: Schülerinteressen und
Schülervorstellungen zur Mechanik. In: physica didactica 13, S. 21-23.

27 Siehe oben S. 108 ff.

28 Siehe hierzu z.B. die Veröffentlichungen von Hoffmann/Lehrke (1986) und Lehrke (1988)

29 Siehe S. 110 ff.

30 Hier zeigen sich aber auch die Grenzen der lerntheoretischen Didaktik I. Denn die über
das Prinzip der Interdependenz eingeforderte Stimmigkeit der Planungsentscheidungen
bleibt letztlich formal, inhaltlich also unbestimmt. So gesehen mag die „Stimmigkeit didaktischer Entscheidungen ... Reibungslosigkeit des Lehrens und Lernens begründen,
möglicherweise auch hohe Effizienz, aber pädagogisch wirksame Vorgänge sind dadurch
allein noch nicht zu gewährleisten. Lerntheoretische Didaktik deckt also offenbar nicht alle
Ebenen didaktischen Handelns ab." (Peterßen 1983, S. 109) Dies gilt insbesondere für die
Ebene der Zielentscheidungen, da die Setzung von Zielen nicht Sache der theoretischen Reflexion ist, sondern dem Zufall der alltäglichen Unterrichtsplanung überlassen wird.

31 In einer kritischen Auseinandersetzung mit der Interdependenzthese hat Adl-Amini darauf hingewiesen, daß die Interdependenz der einzelnen Strukturmomente im konkreten
Unterricht nicht unbedingt vorliegen muß. Ob das jeweils der Fall ist oder nicht, liegt nämlich „nicht an der Interdependenzthese an sich, sondern an der mangelhaften Herstellung,
an der mißlungenen Explikation der Interdependenz". (1981, S. 21) Sie wird also erst
„durch Konstruktion, durch die Abstimmung der Momente aufeinander, durch die angemessene Wahl, also durch die Gesamtkonzeption des Unterrichts erreicht und ausdrücklich begründet". (Ebd., S. 23) Zudem gilt es zu bedenken, daß Heimann die Interdependenzthese „auf der allgemein-formalen Ebene aufgestellt und begründet" hat.
„Unbewiesen bleibt jedoch die Extrapolation dieser Begründung auf die konkrete Ebene
von Inhalten. Um der Interdependenzthese über die formal-analytische Ebene hinaus Geltung zu verschaffen, müssen andere Kriterien zusätzlich in Anspruch genommen werden."
(S. 18) Vgl. dazu auch ergänzend die Kritik von W. Bürger (1981), die auf eine Erweiterung
und Differenzierung des Interdependenzgedankens im Hinblick auf konkrete Unterrichtsplanung abzielt.

32 Siehe dazu oben S. 119 ff.

33 Ein entscheidender Grund für die unwirksam gebliebene Forderung nach der Variabilität
von Unterrichtsplanung ist sicherlich darin zu sehen, daß sie im Rahmen der lerntheoretischen Didaktik I „nur zugelassen wird, wenn sie sich im Sinne der anderen Planungsprin-
zipien der zweckrationalen Antizipation möglicher Interdependenz von Entscheidungs-
und Bedingungsfaktoren kontrollierbar fügt". (Benner 1978[2], S. 354)

34 Siehe oben S. 121.

35 Im Zusammenhang mit der hier ausgewählten Arbeit von Mikelsis ist darauf zu verweisen,
daß im Rahmen der Forschungsarbeit am Institut für die Pädagogik der Naturwissen-

schaften (IPN) in Kiel ähnliche Berichte für andere Fächer vorgelegt worden sind. Diese Berichte stützen sich allerdings nicht auf die verschiedensten fachdidaktischen Konzeptionen, sondern auf eine Synopse von Richtlinien und Lehrplänen, so etwa die Arbeiten von Staeck (1974), Kriesel (1978), Preut/Ziegenspeck (1978) und Bolscho (1978).

36 Siehe S. 110 ff.

37 Einen informativen Überblick über derartige Forschungsergebnisse und über die linguistische Kontroverse zur Defizit- und Differenzhypothese gibt der von W. Klein und D. Wunderlich herausgegebene Sammelband „Aspekte der Soziolinguistik" (1972).

38 Siehe oben S. 62ff.

39 Neben Blankertz und Breyvogel haben auch andere Pädagogen Kritik an der lerntheoretischen Didaktik I geübt. So hatte W. Gottschalch beispielsweise angemahnt, daß dort „den Erörterungen über die Entscheidungsfelder mehr Raum und Gewicht gegeben wird, als denen über die Bedingungsfelder". (1969, S. 166) Eine andere Einseitigkeit des Modells wurde von G. Hartfiel beklagt, indem er auf die fehlende Reflexion „über die anthropologisch-soziokulturelle Determiniertheit des Lehrers" (Hartfiel 1969, S. 194) aufmerksam machte. (Zur weiteren Kritik s. Glogauer 1967, S. 7 f.; Nipkow 1968, S. 231 f.; Himmerich 1970, S. 78; Bönsch 1971, S. 830 f.; Ruprecht 1972, S. 68) Die hier herangezogene Literatur (Blankertz, Breyvogel) stellt also nur eine schmale Auswahl dar, die sich in erster Linie dadurch begründen läßt, daß darin gerade diejenigen Aspekte thematisiert worden sind, auf die Schulz entsprechend reagiert hat (s. z.B. Schulz 1971, S. 19) und die für die Neukonzeption der lerntheoretischen Didaktik dann maßgeblich geworden sind.

40 Siehe z.B. S. 107 f.; 117.

41 Diese Bezeichnung („lehrtheoretisch") wählte Schulz, weil er „von der Reflexion des durch Lehren und Unterrichten entstehenden sozialen Feldes" ausging, „eines Feldes mit teleologischer Struktur". (Schulz 1970, S. 407)

42 Zur Integration der verschiedenen methodischen Ansätze s. auch Schulz 1975³, S. 272-274.

43 Zur Bedeutung des Komplexes „Medien" für die genannten Zielvorstellungen s. bereits Schulz 1967 b, S. 142 f.

44 Einen ausführlichen Vergleich zum Stellenwert des Komplexes „Methodik" in der lerntheoretischen Didaktik I und II hat W. Wittenbruch (1983) vorgelegt (s. vor allem S. 35-47).

45 Zur Notwendigkeit dieser terminologischen Korrekturen s. bereits Schulz 1967 b, S. 142 f.

46 Zu diesem Zweck sei es dann notwendig, „die Vorstellung von der Autorität als Maß gebender, Maß nehmender Instanz" (Schulz 1987, S. 54) aufzugeben. Demgegenüber könne nur in einem Unterricht, der „von beiden Seiten konstituiert wird, ... Tradition im Hinblick auf eine offene Zukunft menschenwürdig vermittelt und aktiv angeeignet, produktiv verwendet werden. Die Subjekthaftigkeit der Educandi darf durch den Alters-, Informations-, Statusvorsprung von Lehrkräften nicht in Frage gestellt werden, denn Mündigkeit erwirkt man durch Einübung in Partizipation." (Ebd., S. 55)

47 Zur fachdidaktischen Bedeutung der TZI für die Praxis des Religionsunterrichtes s. D. Stollberg 1982, S. 146 – 153.

48 Dadurch gerät dann zunehmend die „subjektive Bedeutung von Lehrinhalten" (Rumpf) ins Blickfeld, die allzu oft durch einseitige Wissenschaftsorientierung ausgeblendet wird und als „inoffizielle Weltversion" unbeachtet bleibt. Gerade aber „diese grundlegenden privaten Identifikationen, die man sich kaum auszusprechen traut ..., die scheinen es doch zu sein, die die Beziehung zu einer Gegebenheit in Natur, in Gesellschaft unterströmen, einfärben. Daß man ein Gebiet mag, sich für etwas interessiert, einem Zusammenhang auf die Spur kommen will – das nimmt seine Schubkraft aus ... privaten Annäherungen, Berührungen, Projektionen." (Rumpf 1979, S. 226) Zur Berücksichtigung dieser „subjektiven Perspektive" s. auch Messner 1983, S. 316 ff.

49 Die fachwissenschaftliche Dominanz, die sich in den entsprechenden fachdidaktischen Forschungsarbeiten zeigt, schlägt bei deren Umsetzung in Unterrichtsplanung in eine „Dominanz der Lehrerperspektive" um. „Diese Konzentration auf die Lehrerperspektive mag auf den ersten Blick selbstverständlich erscheinen, ist es doch der Lehrer, der den Unterricht vorzubereiten hat. Tatsächlich wird durch eine solche ,Selbstverständlichkeit' eine

ganz entscheidende Problematik verdeckt: Der vom Lehrer geplante Unterricht ist nicht identisch mit dem vom Schüler erfahrenen Unterricht; es kann nicht von einem intersubjektiv abgestimmten Kontinuitätsverhältnis zwischen Planung, Realisierung und Schülererfahrung ausgegangen werden." (Loser/Terhart 1979, S. 409)

50 Damit hebt Schulz eine entscheidende Funktion von Unterricht auf, die diesem im Sinne der älteren Konzeption zukam, wenn es dort hieß: „Unterricht ... findet auf Veranlassung der Gesellschaft oder einzelner gesellschaftlicher Gruppen statt, und gesellschaftliche Mächte beeinflussen die Auswahl der Lehrenden und Lernenden, die Ziele, Verfahren des Unterrichts, die Honorierung des Erfolges." (Schulz 1964 b, S. 12)

51 Siehe S. 156 ff.

52 Vor der oben beschriebenen Umbruchphase hatte Schulz bei der Bestimmung der allgemeinen Ziele schulischen Lernens von den hier genannten drei Richtzielen nicht die Kompetenz- und Sozialerfahrung eigens ausgewiesen, wenn er die Aufgaben der Schule in der Erziehung zur Autonomie, der Egalisierung der Lernchancen und der Individualisierung der Begabungsförderung sah (s. Schulz 1969 d, S. 182).

53 Siehe S. 157 ff.

54 Siehe oben S. 150 f.

55 Ähnliche anspruchsvolle Versuche partizipatorischer Unterrichtsplanung im Fach Deutsch stellen Kleiner/Weismann (1972) vor.

56 Durch die lerntheoretische Didaktik II wird damit zwar keine neuartige Aufgabe für die Fachdidaktiken entdeckt, wohl aber an die Notwendigkeit und Möglichkeit partizipatorischer Unterrichtsplanung erinnert. Als wohl umfangreichsten Versuch, kooperativen Unterricht fachdidaktisch zu konkretisieren, darf man das von R. Ulshöfer herausgegebene zweibändige Werk „Kooperativer Unterricht" (1971 und 1972) einstufen. Im ersten Band gibt Ulshöfer einen Einblick in die theoretische Konzeption kooperativen Unterrichts. Im zweiten Band, der insgesamt aus acht Heften besteht, werden die Möglichkeiten und Schwierigkeiten derartiger Unterrichtsgestaltung aus der Sicht der verschiedensten Fächer (ev. und kath. Religionslehre, Deutsch, Neue und Alte Sprachen, Geschichte und Erdkunde, Mathematik und Physik, Biologie, Leibesübungen und Musik) dargestellt.

57 Denn „eine in der Wissenschaft gerade praktizierte Art der Textinterpretation" verpflichtet nicht „zu deren Anwendung in der Schulpraxis. Hier müssen pädagogische Überlegungen über die Rechtfertigung von Unterrichtszielen und Maßnahmen zu deren Erreichung ansetzen. Hier hat man etwa zu fragen, in welchem Maße die verschiedenen Themen und Verfahren dem Schüler für die (jetzige und/oder spätere) Lebensbewältigung helfen und in welchem Maße sie dazu beitragen können, die tatsächlichen Fragen und Probleme der Schüler zu klären und zu diskutieren. Die im Rahmen der Fachwissenschaft entwickelten Verfahren (so z.B. verschiedene Arten der Textinterpretation) sind hier immer nur verschiedene Möglichkeiten, zwischen denen im Blick auf die konkrete Unterrichtspraxis und deren Ziele ausgewählt werden muß." (König 1976, S. 42)

58 Im Rahmen der modernen Literatur sind hierzu beispielsweise die Erzählungen Kafkas zu rechnen, weil gerade dazu die Literaturwissenschaft eine Fülle divergierender, zum Teil aber auch sich ergänzender Interpretationsansätze (psychoanalytische, existenzphilosophische, literatursoziologische, werkimmanente oder autobiographische Zugangsweise) geliefert hat (s. dazu z.B. Goette 1979[5]; Binder 1977[2]).

59 Vergleiche dazu z.B. die Berichte von G. Martin (1972) und H.-D. Haller (1972) über die Praxis kooperativer Unterrichtsplanung im Bereich der Religionslehre.

60 Siehe hierzu beispielsweise den Überblicksbericht von F. Groß (1972), der das Prinzip der kooperativen Planung besonders für Arbeitsgemeinschaften der gymnasialen Oberstufe im Fach Musik praktisch erprobt hat.

61 Für die Erzeugung von Lösungsmannigfaltigkeit und notwendiger Einschränkung der erzeugten Vielfalt hat F. Loser in Anlehnung an Rittel (1970) die für die didaktische Forschung hilfreichen Begriffe „Erzeugung von Varietät" und „Reduktion von Varietät" (s. Loser 1975, S. 251) eingeführt.

62 Derartige Vorschläge richtet auch G. Otto (1981) an die Fachdidaktiker der mathematisch-naturwissenschaftlichen Fächer.

63 Neben den Möglichkeiten, die die Anwendungen erworbener naturwissenschaftlicher Erkenntnisse für eine partizipatorische Unterrichtsplanung bieten, ist auch an den Sachverhalt zu denken, daß neue Problemstellungen für Schüler erst hinreichend erkennbar und somit zur Grundlage für eine entsprechende Auswahl der erkannten Probleme werden, wenn das bereits Erkannte rechtzeitig in Zusammenhänge eingestellt wird. Das zeigt etwa ein Versuch kooperativer Unterrichtsplanung im Fach Physik. „Als ein wichtiges Ergebnis dieses Versuches – es bestätigte sich ausnahmslos in jeder der durchgeführten Unterrichtseinheiten – darf gelten, daß die Resultate der einzelnen Stunde ... so rechtzeitig zusammenzufassen sind, daß die neuen Probleme noch sichtbar werden, von den Schülern erkannt werden und in den Rahmen der gesamten Problementwicklung eingereiht werden können." (Streicher 1972, S. 156 f.) Der Versuch hatte aber auch gezeigt, „daß die Schüler an der Erarbeitung rein wissenschaftlich-abstrakter Erkenntnisse ... kaum im Sinne echter Kooperation beteiligt werden können". (Ebd., S. 161) Ähnliche Grenzen kooperativer Planung wurden auch im Fach Biologie deutlich. Zum einen bildeten „das mangelnde Vorwissen der Schüler, der starke Sachzwang und das Fehlen geeigneter Arbeitsmittel ... schwer zu überwindende Hindernisse". (Spohn 1972, S. 16) Zum anderen ist die Zahl der möglichen Unterrichtsgegenstände zwar theoretisch unbegrenzt, praktisch jedoch sehr klein. Zur Erarbeitung der allgemeinen Gesetze und Prinzipien des Lebens können von den rund 20 000 Protozoen „eben nur ein bis zwei mit schulgemäßen Mitteln kultiviert werden ... Ein Unterricht, der versucht, das lebende Objekt in den Mittelpunkt zu stellen, ist auf wenige Standardobjekte angewiesen. Jedes Abweichen von diesen Objekten aufgrund von Schülervorschlägen würde zu einem nicht tragbaren zeitlichen und meist auch apperativen Mehraufwand führen." (Spohn 1972, S. 14)

64 Bezüglich des Aspektes „Ausgangslage" hat Schulz die in der erziehungswissenschaftlichen Forschung unternommenen Bestrebungen, die Lebenswelt der Unterrichtsteilnehmer zu rekonstruieren, lediglich als einen ersten, aber nicht ausreichenden Schritt in die richtige Richtung bewertet. „Im Modell der pädagogischen Interaktion als Verständigungsprozeß behalten die Ergebnisse solcher Untersuchungen eine begrenzte Gültigkeit als Hilfen für eine erste Orientierung für Lehrende und Lernende. Aber sie werden letztlich Teil eines Unterrichts und einer Erziehung, in denen sich die Beteiligten über ihre Ausgangslage verständigen, um sie zur Steuerung des Lehr-Lern-Prozesses zu nutzen." (Schulz 1985, S. 64)

65 Diese kritische Einschätzung teilt auch Achtenhagen, wenn er bei Schulz didaktische Handlungsempfehlungen als konkrete Hilfestellung für den Lehrer vermißt. Hier drücke sich „eine Tendenz der deutschen didaktischen Diskussion aus, die unter einem emanzipatorischen Anspruch meint, effektive Handlungsanweisungen vom Lehrer fernhalten zu müssen, weil dieser damit prinzipiell Mißbrauch treiben könnte." (Achtenhagen 1983, S. 967) S. dazu auch die Kritik Wollenwebers am Hamburger Modell, in der er Schulz den Vorwurf macht, daß „mit der erfolgten Elaboration seines Modells dem Lehrer keine komplexitätsreduzierenden Analyse- und Planungsinstrumente an die Hand gegeben, sondern vielmehr zusätzliche Ansprüche erhoben werden, denen er im Schulalltag kaum noch gerecht zu werden vermag". (Wollenweber 1985, S. 20)

66 Die Forderung nach der Beteiligung „aller unmittelbar Betroffenen" hat F. Loser 1975 hinsichtlich ihrer Realisierbarkeit und ihrer Zuträglichkeit für die Demokratisierung der Schule skeptisch beurteilt. Ihm schien „das kritische Potential, das mit der Durchsichtigkeit aller Entscheidungen im Lehr-Lern-Prozeß intendiert ist, bereits wieder verspielt zu sein, weil – zumindest solange die Kompetenz für Unterrichtsplanung bei Schülern nicht als vorhanden vorausgesetzt werden kann (und das zu tun wird schwierig sein nach der Diskussion um die Professionalisierung im Lehrerberuf) – ein Rückfall in die Beliebigkeit zumindest nicht auszuschließen ist, in eine Beliebigkeit, die sich jeder Legitimation entzieht und mit dem Eindruck von Willkür auch den des Ausgeliefertseins verstärken muß. Eine dilettantische Unterrichtsplanung aller unmittelbar Betroffenen (das gilt für Schüler wie für Eltern) läuft daher gerade gegen den Strich einer ‚Demokratisierung', die Offenle-

gung und damit Kontrolle von Entscheidungen verlangt und sich Handeln (auch unterrichtliches Handeln) ohne Rechtfertigung vor der Folie von Begründungshorizonten nicht bieten lassen kann." (Loser 1975, S. 246)

67 Die bereits oben im Zusammenhang mit der Perspektiv- und Umrißplanung konstatierte einseitige Schülerorientierung des Unterrichts unter Vernachlässigung der Wissenschaftsorientierung schlägt auch hier wieder durch. Die „Konzentration auf die jeweils momentanen Interessen, Vorlieben, Bedürfnisse der Schüler" führt dabei zu der problematischen Situation, „daß Schüler sich in diesen gegenwärtigen Interessen und Bedürfnissen gleichsam ‚einigeln' – Interessen und Bedürfnisse, die selbst sozial – durch Moden, Massenmedien, familiäre Sozialisation, Peergroups usf. – vermittelt sind. – An dieser Stelle wird ‚Wissenschaftsorientierung' zum notwendigen Korrektiv der ‚Schülerorientierung' ..., sie zielt hier darauf, die lebensgeschichtlich und damit immer auch gesellschaftlich bedingten, subjektiven Horizontbegrenzungen aufzuklären und aufzulockern und Anregungen zur Horizonterweiterung zu geben." (Klafki 1985 a, S. 112 f.)

4. Kapitel: Kybernetisch-informationstheoretische Didaktik und fachdidaktisches Denken und Handeln

1 Von Cube legt deshalb immer besonderen Wert darauf, seine eigenen Zielvorstellungen als persönliches Bekenntnis herauszustellen (z.B. 1977 a, S. 101 ff.; 1979, S. 126 f.; 1977 d, S. 48 f.). Seine persönlichen Vorstellungen zur Aufgabe und institutionellen Organisation der allgemeinbildenden Schulen hat von Cube in seinem Buch „Gesamtschule – aber wie? Ein neues Schulsystem ändert die Gesellschaft" (Stuttgart 1972 b) ausführlich erläutert (s. vor allem S. 63-93).

2 Die herablassenden Äußerungen von Cubes gegenüber den Methoden der Geisteswissenschaften sind, wie Nicklis treffend festgestellt hat, im wesentlichen auf zwei unreflektierten Voraussetzungen gegründet. So gehe von Cube zum einen davon aus, daß Wissenschaft immer identisch sei mit „Naturwissenschaft, Mathematik, Kalkül" und daß „Allgemeingültigkeit" und „Objektivität" dasselbe seien (Nicklis 1970, S. 295). Gegen diese Gleichsetzung von Allgemeingültigkeit und Objektivität hat Bollnow sich schon sehr früh verwehrt (erstmals 1949), indem er als spezifisches Kriterium für die Objektivität geisteswissenschaftlicher Erkenntnisse den oben erwähnten Begriff „Übersubjektivität" geprägt hat.

3 Auf der Basis dieser grundsätzlichen Entscheidung verwirft von Cube dann auch den Ansatz der geisteswissenschaftlichen Didaktik als unwissenschaftlich: „Vom logisch-empirischen Standpunkt aus handelt es sich bei der geisteswissenschaftlichen Didaktik um metaphysische Aussagen, die nur von solchen Menschen als sinnvoll angesehen werden können, die denselben Glauben besitzen. Daß die geisteswissenschaftliche Didaktik mit dem Anspruch der Wissenschaftlichkeit auftritt, bedeutet vom logisch-empirischen Standpunkt aus, daß hier unter dem Namen Wissenschaft Zielsetzung und damit Politik betrieben wird." (1975 b, S. 76)

4 Den Begriff der Bildung hat von Cube in seiner früheren Schrift „Allgemeinbildung oder produktive Einseitigkeit?" wesentlich differenzierter gefaßt. In Anlehnung an Spranger und Kerschensteiner hieß es dort, Bildung habe nichts zu tun „mit allgemeinem Wissen, Bildung ereignet sich im Prozeß der geistigen Arbeit, im selbständigen und mühevollen Erarbeiten eines Kulturgutes. Nur die eigene selbständige geistige Tätigkeit kann mit jenem ‚Erlebnis objektiver Werte' verbunden sein ... Bildung vollzieht sich in einem Akt des Verstehens und Erkennens, des Forschens und Wahrheitssuchens einerseits und in einem Akt der kritischen Selbstprüfung, der Reflexion auf das eigene Werk und das eigene Selbst andererseits. Wo der ‚Geist des Forschens' und das ‚Erlebnis objektiver Werte' fehlen, bleibt alle Bildung formal, wo der Akt der Besinnung fehlt, der Akt der kritischen und verantwortungsbewußten Reflexion, mangelt die Charakterbildung, die ethische Haltung." (von Cube 1960, S. 11 f.) Sinn

und Reichweite dieses umfassenden Bildungsbegriffes gehen im gegenwärtigen Verständnis von Cubes, bedingt durch die kritisch-rationale Sichtweise, verloren.

5 Ähnlich auch 1982[4], S. 21 ff.

6 Der Bezug zur Kybernetik kann hier nur sehr knapp über die Erläuterung des Regelkreismodells hergestellt werden. Von Cube hat Anspruch und Möglichkeiten des kybernetischen Denkens für die Bereiche Technik, Industrie, Psychologie, Pädagogik, Soziologie, Texttheorie, Ästhetik, Philosophie und Gesellschaft ausführlich in seinem Buch „Was ist Kybernetik? Grundbegriffe, Methoden, Anwendungen" (1975[3] a) dargelegt (s. dazu auch von Cube 1970 b).

7 Von Cube kann aufgrund seines Entschlusses für die Wertfreiheit der Didaktik konsequenterweise nicht für eines der oben angeführten Optimierungskriterien optieren. Die Beispiele, die er benutzt, um dem Modelladressaten das Gemeinte zu veranschaulichen, sind in der Regel aber auf den Zeitfaktor hin ausgelegt (s. 1970 a, S. 226).

8 Zur näheren Erläuterung des Verhältnisses von „lernzielorientiertem Unterricht" und „freier Kommunikation" vgl. auch den Aufsatz „Unterrichtsplanung nach dem Regelkreis" (von Cube 1977 b).

9 Diese Aufgabe des Unterrichts schlägt sich in der Forderung von Cubes nieder, wonach Unterricht in erster Linie einen Beitrag zur „Erziehung zur Rationalität" zu leisten habe, also auf die Erziehung zum wissenschaftlichen Denken abzielen müsse. „Die Grundkategorien einer solchen Erziehung sind Zweifel und Nachprüfbarkeit. Der Zweifel drückt sich durch die Hypothesen aus, d.h. durch die Tatsache, daß man allgemeine Aussagen zunächst nur als Ansätze formuliert – als Ansätze, die die Möglichkeit einer Korrektur schon in sich schließen. Die Nachprüfbarkeit bezieht sich ... auf die logische und empirische Wahrheit." (von Cube 1965, S. 11) Die Vorgehensweise der kritisch-rationalen Forschung wird damit zum Erziehungsziel des schulischen Unterrichts erklärt. Auf dieses Ziel sei dann auch die Lehrerbildung abzustimmen. „Das Bewußtsein der Machbarkeit, die wissenschaftliche Methode und die sich daraus ergebenden individuellen und sozialen Verhältnisse führen zu einer modifizierten Auffassung über die Lehrerbildung. Der Lehrer muß sehr viel mehr als bisher wissenschaftlich ausgebildet sein." (1965, S. 16)

10 Die folgenden beiden Beispiele sollen nicht belegen, daß in den jeweiligen Fachdidaktiken Einstimmigkeit über die didaktische Orientierung des Unterrichts herrscht. Sie sollen lediglich dokumentieren, daß es in diesen Disziplinen mehr oder weniger reine wissenschaftsorientierte Konzepte gibt. Daneben findet man immer auch andere Ausrichtungen, die zusätzlich für die Schüler- und Gesellschaftsorientierung des Unterrichts plädieren. Insofern läßt sich im Rahmen einer einzelnen Fachdidaktik nicht selten eine vielgestaltige und zum Teil auch widersprüchliche Argumentation nachzeichnen. Das trifft selbst auf die Mathematikdidaktik zu, obwohl man von ihr am ehesten eine relativ homogene Diskussion erwarten könnte. So gibt es hier vorrangig wissenschaftsorientierte Ansätze (z.B. Avital/Shettleworth 1983; Christmann 1980, 1981; Tietze/Klika/Wolpers 1982). Darüber hinaus liegen eine Reihe von Arbeiten vor, die die „Anwendung" der Mathematik auf die Realität der Schüler besonders betonen (z.B. Becker u.a. 1979; Freudenthal 1973 a, 1973 b; Glatfeld 1983; Winter 1985). Eine Sonderstellung nehmen diejenigen Konzeptionen ein, die auf das „Mathematisieren" abheben. Mathematikunterricht soll danach weder unter dem Primat fundamentaler Strukturen stehen noch unter dem Primat der Situation, durch den man „künstliche und pseudopraktische Probleme, die von ernsthaften Anwendungen weit entfernt" (Weber 1980, S. 38) sind, erzeugt. Der intendierte Mathematisierungsprozeß soll den Schüler befähigen, für eine bestimmte Situation aus der Vielzahl ihm bekannter Modelle ein adäquates auszuwählen, um damit die betreffende Situation mathematisch zu formulieren (s. dazu Weber 1980).

11 Die Empfehlungen, die von Cube zum Musik- und Mathematikunterricht gibt, sind für ihn selbstverständlich keine Urteile, die wissenschaftlich legitimierbar wären. Vielmehr betont er immer wieder, daß es sich hier um persönliche Wertentscheidungen handle (s. z.B. 1977 d, S. 48 ff. oder 1979, S. 126 f.). Auf der anderen Seite suggeriert von Cube dem Modelladressaten aber, daß dieser im Grunde keine andere Wahl habe, als einen solchen Un-

terricht zu erteilen, in dem die Erkenntnisse kritisch-rationaler Wissenschaften vermittelt werden. Diese Wahl sei gewissermaßen logisch zwingend: Zunächst sei davon auszugehen, daß alle dogmatischen Systeme (dazu rechnet er die metaphysischen und pseudowissenschaftlichen, wobei zu den letzteren u.a. die geisteswissenschaftliche Pädagogik gehöre) „im Widerspruch zum logisch-empirischen Wissenschaftsbegriff des Kritischen Rationalismus" (1977 c, S. 12) stünden. Zweitens behauptet er: „Sämtliche dogmatischen Systeme stehen im Widerspruch zur Demokratie; m. a. W.: Jedes dogmatische System ist notwendig totalitär." (Ebd.) Daraus zieht er dann den Schluß: „Nur der Wissenschaftsbegriff des Kritischen Rationalismus ist mit einer freiheitlichen Demokratie vereinbar, mit dem Pluralismus der Werte und Ziele, mit der Freiheit der Meinungen und der Entfaltung der Persönlichkeit." (Ebd.) An diesem Schlußverfahren ist logisch-formal sicherlich nicht zu zweifeln. Fraglich bleibt dagegen der in den beiden ersten Sätzen behauptete Wahrheitsgehalt. Auf jeden Fall wirkt diese Argumentationsweise auf einen unkritischen Modellverwender manipulativ: Er muß sich nämlich – will er noch auf dem Boden der Demokratie stehen – als Verfechter wissenschaftsorientierten Unterrichts verstehen.

12 Das gilt insbesondere für den mathematisch-naturwissenschaftlichen Lernbereich. Hier neigt man leicht dazu, die Bildungsaufgabe des Unterrichts fachwissenschaftlich zu legitimieren und die Begründung des Faches nicht mehr aus dem gesamten Bildungsauftrag heraus zu durchdenken. Diese Gefahr hat Weniger erkannt und treffend formuliert: „Die didaktische Bestimmung des Unterrichtsgefüges wird zunehmend einfacher, seine Abhängigkeit von der Wissenschaft, die das Fach trägt, fragloser, je mehr naturwissenschaftliche Elemente in den Fächern enthalten sind, bis hin zur Mathematik, wo dann fast eine Deckung stattfindet. Aber eben doch nur beinahe, und immer noch muß dann die Stellung dieses Faches im Rahmen des Ganzen, der ihm gebührende Raum und sein Zusammenhang mit den übrigen Fächern im Bildungsplan, seine Beziehung zu den Idealen der Zeit, des Volkes, des Schultyps geisteswissenschaftlicher Besinnung unterzogen und dann entschieden werden." (Weniger 1952, S. 8 f.)

13 Es ist an dieser Stelle nicht möglich, ausführlich auf die didaktischen und methodischen Probleme der Elementarisierung einzugehen. Für die gegenwärtige Diskussion sind immer noch bedeutsam: Grüner, G. 1967: Die didaktische Reduktion als Kernstück der Didaktik. In: Die Deutsche Schule 59, S. 414 – 430; Henningsen 1966: Wer lehrt, der popularisiert. In: Wilhelm, Th. (Hg.): Die Herausforderung der Schule durch die Wissenschaften, Weinheim, S. 99 – 106. Eine entsprechende Bestandsaufnahme und den Versuch einer Systematisierung wesentlicher Aspekte der Elementarisierung hat z.B. Salzmann (1982) vorgelegt (Elementarisierung und Vereinfachung als Kernproblem des Lehr-/Lernprozesses. In: Pädagogische Rundschau 36, S. 535 – 556). Vgl. ergänzend dazu die Beiträge in dem von J. Kahlke und F.M. Kath herausgegebenen Sammelband („Didaktische Reduktion und methodische Transformation", Darmstadt 1984), in dem das Problem der Elementarisierung auch aus der Sicht verschiedener Fachdidaktiken erhellt wird.

14 Im 1982 erschienenen Themenheft der Pädagogischen Rundschau („Wissenskumulation und Pädagogik") wird die hier angesprochene Frage nach der Bewältigung der Wissenskumulation durch Unterricht gestellt. Fachdidaktische Relevanz haben diesbezüglich die beiden Aufsätze von W. Klinger: „Die Physik als Beispiel der Wissensexplosion in den Naturwissenschaften und Möglichkeiten zur Bewältigung dieser Situation" (In: Pädagogische Rundschau 36, 1982, S. 335 – 345) und von W. L. Fischer: „Die ,strukturelle Mathematik' als Versuch der Bewältigung der Wissenskumulation im Bereich der Mathematik" (ebd., S. 347 – 357).

15 Gerade die durch von Cube beschriebene Art des Musikunterrichts dokumentiert dieses Defizit. Frauke Grimmer verweist deshalb auf notwendige Ergänzungen: „Wissenschaftsorientierte Erschließung eines Gegenstandes darf nicht die Frage nach dem Sinn, nach der Bedeutung der Erschließung für den Schüler ausklammern. Sie muß für diesen gleichsam transparent werden lassen, was sein subjektives Interesse an einer wissenschaftsorientierten Erschließung des ästhetischen Gegenstandes sein kann." (1984, S. 70)

Um dieser Intention gerecht werden zu können, dürfe der Musikunterricht „andere, unmittelbare Erfahrungszugänge zu Inhalten nicht verstellen ... Solche unmittelbaren Erfahrungszugänge, die auf Auslösung von Emotionen, Assoziationen, Phantasievorstellungen beruhen, müssen im Unterricht ihr Eigenleben erhalten. Sie sind zu begreifen als Spiegelung, Manifestationen vom Schüler-Selbst, mit Hilfe derer sich Unterrichtsinhalte erst wirklich konstituieren." (1984, S. 71)

16 In der gegenwärtigen fachdidaktischen Diskussion wird die Gegenwarts- und Zukunftsbedeutung des Lerngegenstandes wieder stärker betont, ohne allerdings die Orientierung an wissenschaftlichen Deutungsmustern aufzugeben. Insofern ist man also darum bemüht, Schüler- und Wissenschaftsorientierung als komplementäre didaktische Prinzipien zu betrachten. So fragt etwa K. Spreckelsen, der als Physikdidaktiker in den 70er Jahren einen weitgehend wissenschaftsorientierten Ansatz vertrat (s. Spreckelsen 1970; 1971), nach Verknüpfungsmöglichkeiten von Fachsystematik und Schülerorientierung. Seinen Vorstellungen zufolge sollte der Physikunterricht von physikalischen Anwendungen ausgehen und über den handelnden und problemorientierten Umgang mit entsprechenden Geräten ... physikalische Erkenntnisse ermöglichen (s. Spreckelsen 1981, S. 195 f., S. 203). Auf eine Vermittlung von Lebensweltorientierung und Wissenschaftspropädeutik zielt auch der Ansatz von B. Schenk (1984).
Ähnliches gilt auch für die Didaktik des Deutschunterrichts, und zwar sowohl für den Sprach- als auch für den Literaturunterricht. Ging es in den 70er Jahren vorrangig darum, den Schülern „die Ergebnisse der neuesten Sprachtheorie in simplifizierter Form ... zu verabreichen" (Ulrich 1983, S. 51), so soll nun das sprachliche Handeln in konkreten Situationen Einsicht in Bau und Funktion der Sprache und ihrer wirkungsvollen Verwendung in Kommunikationssituationen anbahnen. Im Bereich der Literaturdidaktik hat H. Eggert (1984) wieder die Diskussion über die Frage in Gang gebracht, inwiefern der Literaturunterricht überhaupt noch den Schüler erreiche. Eine Analyse von Unterrichtsmodellen zeige, daß nicht so sehr die Lebenswelt des Schülers der primäre Bezugspunkt für die Behandlung von Literatur sei, sondern die Art und Weise, in der Wissenschaftler sich diesem Gegenstand zuwenden: „Der ideale Leser ist der Literaturwissenschaftler, der sich in scheinbar unbegrenzter Zeit um Aufhellung vieler Bezüge und Details ... bemüht, sich über den Roman reflexiv erhebt, ihn zum Analysegegenstand macht. Schulunterricht wird verstanden als Vorstufe zur Literaturwissenschaft, als Wissenschaftspropädeutik." (Eggert 1984, S. 178) Demgegenüber müsse es im Unterricht darauf ankommen, die literarischen „Werke im Horizont der Leser zur Geltung zu bringen". (Ebd., S. 181)
Auch im Bereich der Didaktik des Sachunterrichts wird neuerdings wieder verstärkt danach gefragt, inwiefern die Lebenswirklichkeit des Kindes mit fachlicher Hilfe erschlossen werden kann, Schüler- und Wissenschaftsorientierung also als sich ergänzende didaktische Prinzipien zu sehen sind (vgl. dazu Engelhardt 1988; Rabenstein 1985; Soostmeyer 1983, 1986).

17 Die Informationstheorie ist in diesem Sinne als „Basis einer allgemeinen Lerntheorie" (von Cube 1972 a, S. 134) zu verstehen. Diese allgemeine Lerntheorie geht in ihrem Anspruch über behavioristische Lerntheorien hinaus, denn dem Behaviorismus sei es nicht gelungen, „eine einheitliche Lerntheorie aufzustellen". (Ebd., S. 133) So seien „sehr verschiedene Verhaltensänderungen festgestellt worden, die jeweils durch besondere Theorien erklärt werden mußten". (Ebd.) Dazu gehöre etwa auch das Phänomen des einsichtigen Lernens. Die Informationstheorie will also die Defizite behavioristischer Ansätze ausgleichen und erhebt den Anspruch auf Beschreibung *aller* bekannten Lernphänomene.

18 Siehe hierzu die entsprechende Kritik, wie sie im 3. Kapitel (S. 107) geübt worden ist.

19 Siehe S. 185 f., 197 ff.

20 Vgl. dazu: von Cube, F. u. Tulodziecki, G. 1978: „Medien als vorgefertigte Bausteine und ihre Verwendung im Unterricht. Zur Verantwortung des Lehrers beim Unterricht mit vorgefertigten Medien". In diesem Aufsatz werden ausführlich die Möglichkeiten des Einsatzes vorgefertigter Medien und deren Lernwirkung erörtert; s. dazu auch von Cube 1976 b.

5. Kapitel: Historisch-systematische Überlegungen zum Gegenstandsbereich der Allgemeinen Didaktik

1 Mit der Erinnerung an ein solches Mindestmaß allgemeindidaktischer bzw. schulpädagogischer Theorieelemente soll hier freilich nicht der Eindruck erweckt werden, als ergäbe sich daraus quasi der „objektive" Gegenstandsbereich der Allgemeinen Didaktik, von dem aus allgemeindidaktische Modelle auf Vollständigkeit hin überprüft werden könnten. Demgegenüber ist zu betonen, daß historische Rekonstruktion nie voraussetzungslos als Ansammlung von Fakten beginnt, sondern mit der intendierten „Bewältigung ungelöster Fragen" (Lassahn 1975, S. 74). Für die hier leitende Fragestellung nach der Bedeutung allgemeindidaktischer Modelle für fachdidaktisches Denken und Handeln heißt das: Ausgangspunkt der Rekonstruktion der Schulpädagogik Dörpfelds ist die gegenwärtige Disparatheit von Allgemeiner Didaktik und Fachdidaktik. An diese Rekonstruktion knüpft sich die Hoffnung, eine relativ konsistente Konzeption zu finden, von der aus die perspektivischen Konstruktionen in der gegenwärtigen Allgemeinen Didaktik beschrieben werden können. Was dabei als Resultat (als Minimum an Theorieelementen) festgehalten werden kann, hängt zwangsläufig auch von meinem Vorverständnis ab; und dieses Vorverständnis ist wiederum tief von der Diskussion der letzten drei Jahrzehnte geprägt.

2 Die wichtigste Schrift Dörpfelds aus dem Bereich der Pädagogischen Psychologie, die den Titel „Denken und Gedächtnis" trägt (im folgenden zitiert als 1909 a), steht „auf dem Boden der Herbartischen Psychologie". (Dörpfeld 1909 a, S. XIII) Darin ging es Dörpfeld zwar in erster Linie um eine „Anwendung" dieser Psychologie auf die Schulpraxis. Darüber hinaus zeigen aber auch entsprechende Stellen, daß er mit den metatheoretischen Voraussetzungen der Herbartschen Psychologie bestens vertraut war und sie gegen etwaige Einwände zu verteidigen versuchte (s. 1909 a, S. XVII ff.). Ein Einfluß Herbarts auf die Schulverfassungslehre Dörpfelds ist dagegen direkt nicht nachweisbar. Dörpfeld nahm allerdings in seiner Schrift „Die freie Schulgemeinde auf dem Boden der freien Kirche im freien Staate" (1898 a) einen Anhang auf, in dem er neben Aufsätzen von Schleiermacher, Zahn, Mager u.a. auch einen Aufsatz Herbarts mit dem Titel „Über das Verhältnis der Schule (im weitesten Sinne, die Universität mit eingerechnet) zu Staat und Kirche" abdrucken ließ. Die Inhalte dieser Aufsätze zum Verhältnis von Staat und Schule deuten an, daß Dörpfeld über die diesbezügliche zeitgenössische Diskussion informiert war.

3 Diese Dreiteilung entspricht, von einer geringfügigen Änderung abgesehen, einem von Benner unterbreiteten Vorschlag (Benner 1977). Dort spricht Benner von den Ebenen der Didaktik, der Lehrplantheorie und der Schultheorie (S. 88). Während ich die beiden letzteren Bezeichnungen übernehme, ersetze ich den Begriff „Didaktik" durch die Bezeichnung „Theorie des Lehrens und Lernens". Für diese terminologische Änderung, die sich – wie die weiteren Ausführungen zeigen werden – eng an das schulpädagogische Gedankengut des 19. Jahrhunderts anlehnt, sprechen hauptsächlich zwei Gründe: Zum einen wird dadurch der Begriff „Unterrichtstheorie" vermeidbar; durch seinen Gebrauch werden in der Regel sowohl inhaltliche als auch methodische Aspekte der Unterrichtsplanung und -gestaltung vermischt. Sie könnten aus analytischen Zwecken mit der Unterscheidung in „Theorie des Lehrens und Lernens" und „Theorie des Lehrplans" eher auseinandergehalten werden. Zum anderen fasse ich, wie im 1. Kapitel vorgeschlagen, die Theorie des Lehrens und Lernens und die Theorie des Lehrplans als „Allgemeine Didaktik" zusammen, um so den Gegenstandsbereich dieser Disziplin möglichst weit zu fassen und hierzu unterschiedliche Konzeptionen (s. Kap. 2-4) zählen zu können (Vgl. dazu auch das, was Diederich im weiten Sinne als „Planungshorizonte" bezeichnet; Diederich 1988, S. 113 ff.). Die von Benner getroffene Unterscheidung der drei Ebenen schulpädagogischer Reflexion wird auch von anderen Erziehungswissenschaftlern weitgehend übernommen, zum Teil aber auch durch entsprechende Akzentuierungen oder Ergänzungen modifiziert, so z.B. bei Adl-Amini (1985 a und b) und Derbolav (1987, S. 88 ff.).

Besonders umfangreich und differenziert erfolgt die Begründung der Unterscheidung verschiedener Ebenen bei Adl-Amini. Sein „Grundriß einer Schultheorie" (1985 a) ist durch die drei Grundpfeiler „Institution", „Didaktik" und „Ökologie" gekennzeichnet. Den Begriff der Institution entfaltet Adl-Amini im Anschluß an Gehlens Anthropologie. Danach wird der Zweck der Institution darin gesehen, „Gedanken und Ideen als Objektivationen der Kultur" (1985 a, S. 66) zu tradieren. Die Einführung des jungen Menschen in die Kultur sei insofern notwendig, als sie ihn von ständigem Entscheidungs- und Handlungsdruck entlastet. Andererseits könne die so entstandene „Entlastung" aber auch wieder zur „Belastung" werden, weil das in Institutionen habitualisierte Handeln immer auch zu „Festlegung" und „Vereinseitigung" führe. Schule als Institution müsse genau diese Spannung aushalten; sie hat den Schüler mit überlieferten Denk- und Handlungsmustern vertraut zu machen, ohne ihn darauf festzulegen (s. dazu auch Adl-Amini 1976, S. 92 ff.). Mit anderen Worten: Schule soll zur mündigen Teilhabe des Individuums an allen wichtigen Bereichen gesellschaftlichen Lebens führen. Diesen Zweck der Institution Schule betrachte ich in Anlehnung an Benner (1977) weiter unten als zentralen Punkt einer pädagogischen Theorie der Schule.
Den Bereich der Didaktik differenziert Adl-Amini in drei Teilbereiche, wenn er von „Didaktik als Zieltheorie", „Didaktik als Prozeßtheorie" und „Didaktik als Handlungstheorie" (1985 a, S. 70-78) spricht. Didaktik als Zieltheorie meint „die Stiftung eines einheitlichen Sinnzusammenhanges zwischen Individuum und institutionalisierter Wirklichkeit, die sich als das Gesamt von Kulturobjektivationen manifestiert". (Ebd., S. 73) Didaktik als Prozeßtheorie soll das, „was im Lehrplan kodifiziert ist, einem permanenten Analyse- und Konstruktionsprozeß" (1985 b, S. 30) unterziehen. Schließlich geht es in der Didaktik als Handlungstheorie darum, „anhand von Modellen und Theorien des Unterrichts den Lehrer handlungsfähig zu machen für begründete Planung, kontrollierende Realisierung und analysierende Reflexion". (1985 b, S. 30)
Als dritten „Grundpfeiler" einer pädagogischen Schultheorie nennt Adl-Amini den Bereich der „Ökologie" (1985 a, S. 80 ff.). Ökologie als Theorie habe Schule unter dem Aspekt der Lernökologie zu beschreiben. Insofern „könnte sie helfen, der Schule ihren Charakter als Vollzugsanstalt von Inhalten zu nehmen und sie zur Stätte der Begegnung und Interaktion, zum Handlungs- und Erlebnisraum zu machen". (Ebd., S. 82)
Die Stärke dieses von Adl-Amini aufgezeigten Grundrisses liegt nicht nur darin, Schultheorie um den Bereich der „Ökologie" erweitern zu wollen, sondern vor allem in der Intention, die dialektische Vermittlung von Individuum und Gesellschaft von der Ebene der „Institution" aus in den Bereich der Didaktik als Zieltheorie hineinzuverlängern. Dies wird deutlich, wenn er den Sinn didaktischer Maßnahmen in der „Auseinandersetzung mit kulturellen Objektivationen" (1985 a, S. 70) beschreibt. Nahezu ausgeblendet bleibt in seinem schultheoretischen Überblick aber der Begriff des „Lernens". Darüber hinaus wird nicht danach gefragt, wie die dialektische Vermittlung von Individuum und Gesellschaft im Rahmen der Lehrplantheorie (Didaktik als „Prozeßtheorie") und der Planung von Unterricht einbezogen werden könnte.
Die von mir im folgenden benutzte Dreiteilung (Theorie der Schule, Theorie des Lehrplans, Theorie des Lehrens und Lernens) schließt die von Adl-Amini genannten Theorieelemente mit ein. Während ich unter „Theorie der Schule" u.a. das verstehe, was er als „Institution" beschreibt, weiche ich im Bereich der Didaktik von seinem Vorschlag geringfügig ab, indem ich die Teilbereiche „Didaktik als Zieltheorie" und „Didaktik als Prozeßtheorie" als „Lehrplantheorie" zusammenfasse. Den Terminus „Handlungstheorie" (als dritten Teilbereich der Didaktik) ersetze ich durch die „Theorie des Lehrens und Lernens", um dadurch die Bedeutung des Lernvorganges und dessen Beziehung zur Tätigkeit des Lehrens zum Ausdruck zu bringen.

4 Vgl. hierzu z.B. die Arbeiten von Jeismann (erstmals 1966; hier zitiert als 1977, S. 152 ff.) und Nyssen 1974.
5 Zwar bekamen auch schon „die Gymnasien den Unwillen zu spüren, mit denen man ihre Bildungskonzeption höchsten Ortes betrachtete. Trugen doch die Stoffe und die Methoden

des Unterrichts die Konterbande antik heidnischer und gar republikanischer Vorstellungen in die jungen Köpfe". (Jeismann 1977, S. 140) Insgesamt gesehen waren die Gymnasien aber gegenüber den bildungspolitischen Attacken gedeckt, denn „das Bewußtsein von der Bedeutung gelehrter Bildung an den alten Sprachen" war „beim König selbst und bei seinen hochgebildeten Räten ... so lebendig, daß es zu einem ernsthaften Eingriff in den Gymnasialunterricht von dieser Seite nicht kam". (Ebd., S. 141) In Ergänzung hierzu wäre allerdings auch zu fragen, ob es lediglich das „Bewußtsein gelehrter Bildung an den alten Sprachen" war, was die Herrschenden zur Schonung der Gymnasien veranlaßte, oder ob nicht z.B. deren Interesse an der Errichtung von Zugangsbeschränkungen zu bestimmten Berufen und Positionen dafür ausschlaggebend war. (S. hierzu Kemper 1985, S. 105 f.)

6 Im 3. Regulativ von 1854 heißt es diesbezüglich, der Lehrer solle jede Gelegenheit nutzen, „durch lebendiges Wort die Jugend einzuführen in die Kenntnisse der Geschichte unserer Herrscher und unseres Volkes, wie der göttlichen Leitung, die sich in derselben offenbart, und Herz und Sinn der Schüler mit Liebe zum König und mit Achtung vor den Gesetzen und Einrichtungen des Vaterlandes zu erfüllen". (abgedruckt in Scheibe 1974², S. 30).

7 S. dazu die entsprechenden Vorgaben im 3. Regulativ (in: Scheibe 1974², S. 25 ff.).

8 S. auch hierzu das 3. Regulativ (in: Scheibe 1974², S. 25 ff.). Manfred Nyssen hat die Funktion des Religionsunterrichts im Sinne der Regulative als entscheidenden Baustein des „Sozialisationskonzeptes" gedeutet, durch das die preußische Hoheit den drohenden Zerfall der sozialen und politischen Ordnung aufzuhalten versuchte (Nyssen 1974, vor allem S. 306 ff.).

9 Parallel zur anthropologischen Begründung und inhaltlichen Begrenzung des Unterrichts verpönten die Regulative die formale Bildung; demgemäß habe „die Elementarschule, in welcher der größte Teil des Volkes die Grundlage, wenn nicht den Abschluß seiner Bildung empfängt, nicht einem abstrakten System oder einem Gedanken der Wissenschaft, sondern dem praktischen Leben in Kirche, Familie, Beruf, Gemeinde und Staat zu dienen, und für dieses Leben vorzubereiten ... Das Verständnis und die Übung des dahin gehörenden Inhalts, und dadurch Erziehung ist Zweck: die Methode ist nur ein Mittel, welches keinen selbständigen Wert hat; die formelle Bildung ergibt sich durch Verständnis und Übung des berechtigten Inhalts von selbst; ohne Rücksicht auf den Inhalt oder einem verkehrten Inhalt nachstrebend, wirkt sie schädlich und zerstörend." (S. 3. Regulativ; in: Scheibe 1974², S. 25)

10 Aus Zeitgründen beschränken sich die folgenden Bemerkungen zur Ausbildung der Volksschullehrer im Sinne der Regulative nur auf wenige Aspekte, die das damalige Konzept zwangsläufig nur sehr oberflächlich wiedergeben. Eine ausführliche Studie über die Volksschullehrerbildung in Preußen hat z.B. M. Sauer (1987) vorgelegt. Siehe ergänzend dazu auch H. Titze (1973, S. 190 ff.) und F. Meyer (1976, S. 35 ff.).

11 Eine solche Eingrenzung der Seminarausbildung blieb nicht allein auf Preußen beschränkt. Auch in Bayern wurde 1857 ein „neues Lehrerbildungs-Normativ in Kraft gesetzt, das man als ‚bayuwaristische Ausgabe der Stiehlschen Regulative' bezeichnet hat ... Aufs Ganze gesehen wirkten sich die restriktiven Bestrebungen im Schulbereich in Bayern nicht so kraß aus wie etwa in Preußen, und sie fanden hier auch früher wie dort ihr Ende (bereits in den 60er Jahren). Ein Schulgesetzentwurf von 1867 suchte sogar den Realfächern zu größerem Gewicht zu verhelfen und eine zeitgerechtere Schule zu schaffen." (Hamann 1986, S. 110 f.) Kontrolle über die „Effektivität" dieser eingeschränkten Lehrerausbildung gewann der Staat schließlich über die Einrichtung entsprechender Lehrerprüfungen (s. dazu Thilo 1867, S. 279 ff.; Wienstein 1915, S. 73).

12 Zu erinnern sei hier etwa an die Vorwürfe, die Wilhelm IV. 1849 in einer Ansprache vor Seminardirektoren und -lehrern erhoben hatte: „All' das Elend, das im verflossenen Jahr über Preußen hereingebrochen, ist Ihre, einzig Ihre Schuld, die Schuld der Afterbildung, der irreligiösen Menschenweisheit, die Sie als echte Weisheit verbreiten, mit der Sie den Glauben und die Treue in dem Gemüthe Meiner Unterthanen ausgerottet und deren Herzen von Mir abgewandt haben." (Zit. nach Michael/Schepp 1973, S. 313) Zugleich forderte er, daß das „ganze Treiben" in den Seminarien „unter die strengste Aufsicht" komme. „Nicht den

Pöbel fürchte Ich, aber die unheiligen Lehren einer modernen frivolen Weltweisheit ver-
giften und untergraben Mir Meine Bureaukratie, auf die Ich bisher stolz zu sein glauben
konnte." (Ebd.)

13 Demnach mußte u. a. auch die Ausbildung in den Kulturtechniken vorangetrieben werden.
Herrlitz, Hopf und Titze verdeutlichen diese Notwendigkeit in Anlehnung an eine von
Kocka vorgelegte Studie. In dieser Studie werde „auf ein Merkmal der Betriebs- und Ar-
beitsorganisation hingewiesen", das das Interesse der Industriellen an einer verbesserten
Ausbildung im Lesen, Schreiben und Rechnen nahelege: „die zunehmende Verschriftli-
chung der Arbeitsanweisungen – eine Tendenz, die sich bei einer bestimmten Betriebs-
größe aus dem Zwang der Verselbständigung der Produktionsplanung in Kalkulations-
und Konstruktionsabteilungen ergab, woraus wiederum die zwingende Qualifikationser-
wartung an alle Angestellten und Arbeiter resultierte, allgemeine Produktionsvorschriften
und spezielle Arbeitsanweisungen lesen, Werkzeichnungen ausführen, über Materialver-
brauch abrechnen zu können usw. Daß sich von daher industriell bedingte, erhöhte Ansprüche an die Lese- und Rechenfähigkeit sowie an die Realienkenntnis der Volksschulab-
solventen stellten, liegt auf der Hand." (Herrlitz / Hopf / Titze 1981, S. 93) S. ergänzend
hierzu auch Wenzel 1974, S. 323 ff.

14 Bekannt sind in dieser Hinsicht z.B. die kritischen Bemerkungen Diesterwegs (1855) und
Harkorts (1871; hier zitiert als 1979) zu den Stiehlschen Regulativen. Zum damaligen
pädagogischen Bewußtsein der Volksschullehrerschaft im allgemeinen s. z.B. die Ausführungen F. Meyers über das Verhältnis von Pädagogik und Schulreform (1976, S. 133 f.).

15 Die anderen vier Teile der Allgemeinen Bestimmungen regelten den Lehrplan für Mittel-
schulen, die Aufnahmeprüfung an den Lehrerseminaren, deren Lehrordnung und Lehrplan
und schließlich die Prüfungsordnungen für Lehrämter verschiedener Schulformen (s. dazu
den ungekürzten Abdruck der Allgemeinen Bestimmungen in: von Bremen 1905).

16 Es gibt in Dörpfelds Schriften Stellen, an denen er unter „Methodik" die Theorie des Lehrplans (s. z.B. 1910 b, S. 30, 38) und die Theorie des Lehrverfahrens (z.B. 1910 b, S. 42) subsumiert. An anderen Stellen benutzt er diesbezüglich auch den Terminus „Didaktik" (z.B.
1910 b, S. 7).

17 Dörpfeld war keineswegs der einzige Kritiker der damaligen Staatsschule; zu nennen
wären hier vor allem Schleiermacher, Herbart und Mager, die bereits vor ihm in der ersten
Hälfte des 19. Jahrhunderts gegen die staatliche Herrschaft über die Schule Front machten.
Zu den von diesen Pädagogen vertretenen systematischen Grundpositionen vgl. z.B. die
Arbeiten von Benner (1986, Kap. 6), Kronen (1968; 1981), Menze (1986) oder Vogel (1982).

18 Siehe S. 37 f.

19 Dörpfeld hat ihn auch an anderer Stelle zur 2. Stufe gerechnet (S. 1909 a, S. 87 f.).

20 Diese Form der (geistigen) Selbsttätigkeit unterscheidet sich von dem von bestimmten Re-
formpädagogen her bekannten Prinzip der Selbsttätigkeit. Während z.B. Ferrière (1969,
S. 131 f.), Gaudig (1969², S. 25 ff.) oder Scheibner (1969, S. 100) mit Selbsttätigkeit die
durch handelndes Tun in Gang gekommene Erkenntnistätigkeit meinten, ist die Selbsttätigkeit bei Dörpfeld auf bloße *geistige* Selbsttätigkeit beschränkt.

21 „Mechanisch" bedeutet bei Dörpfeld das Gegenteil von „sinnvoll". Den Begriff „mechani-
stisch" gebrauche ich (s. oben und im folgenden) im Sinne von „assoziationistisch".
Dadurch wird die von Dörpfeld vertretene Auffassung vom Lernen überhaupt gekennzeichnet.

22 Siehe dazu auch 1909 a, Vorwort, S. XIV.

23 Deshalb kritisiert Dörpfeld auch das durch die Zillersche Methodik begünstigte „mechanische, überlangweilige Memorieren" (s. dazu den Brief an W. Rein vom 5. 5. 1884; abgedruckt in Göbel 1976, S. 517).

24 Der Bezug der Dörpfeldschen Lernpsychologie zu der Herbarts kann hier nicht thematisiert werden.

25 Vgl. hierzu z.B. auch 1910 b, S. 118 ff.

26 Im Zusammenhang mit der von Dörpfeld empfohlenen direkten Form des Lehrens stehen
dann auch seine Anforderungen an die Ausbildung des Volksschullehrers. „Zuvörderst

müssen dem Lehrer selbst die zu erklärenden Begriffe vollständig deutlich und geläufig sein; – mit anderen Worten: er muß das betreffende Gebiet (Mathematik, Religion etc.), soweit es die Volksschule angeht, nicht bloß dem Stoffe nach, sondern auch begrifflich beherrschen. Zum anderen muß er die zu betrachtenden Repräsentanten richtig auszuwählen verstehen; – eine Forderung, die von dem, welcher das einschlägige Kapitel der Logik und Psychologie nicht kennt, auch nicht einmal dem Sinne nach begriffen werden kann." (1909 b, S. 23) Darüber hinaus sei vorauszusetzen, daß der Lehrer die ausgewählten Repräsentanten anschaulich vorführen könne, um dann den „Blick der Schüler auf die Stellen zu richten, wo etwas gemerkt werden soll". (Ebd.)

27 Dort knüpft Dörpfeld an ein von Mager benutztes Beispiel an, durch das dieser demonstrieren wollte, daß das Kind des Pastors besser spreche als das Kind des Küsters, weil es besser sprechen höre (s. 1910 a, S. 33).

28 Eine ausführliche Darstellung dieser Intention findet man in einem Brief Dörpfelds an W. Rein (in: Göbel 1976, S. 510 ff., insbesondere S. 519).

29 In dieser Hinsicht hegte Dörpfeld die Hoffnung, „daß im Volksschullehrerstande bald eine gesunde, kräftige Reaktion ... sich regen werde". (1910 b, S. 44) Dabei dachte er „nicht an etwas, was durch Geräusch und Aufsehenmachen sich ankündigt, sondern eben an eine Reform von innen heraus, an eine Reaktion der gesunden Kräfte im Schulkörper wider den eingedrungenen Krankheitsstoff". (Ebd.) Und an anderer Stelle machte er darauf aufmerksam, der Lehrerstand sei genötigt, „selbst die Initiative zu ergreifen". (1910 b, S. 33) Denn „den Lehrern bietet sich jetzt die Gelegenheit, zu beweisen, daß sie in Wahrheit die Fachmänner sind, als die sie zu gelten beanspruchen". (Ebd.)

30 Man darf die von Dörpfeld mitforcierte Verbesserung der Unterrichtsmethode als Beitrag zur Professionalisierung des Volksschullehrers nicht unterschätzen. Zur Bedeutung besserer Methoden vgl. den Beitrag von M. Liedtke (1986), in dem er die „anthropologische und gesellschafts-strukturierende Wirkung von Methoden" im Anschluß an Pestalozzis Werk dargelegt hat. Danach bewirken verbesserte Methoden z.B. eine größere Verbreitung von Wissen, die Nivellierung sozialer Unterschiede und eine Beschleunigung der kulturellen Entwicklung (s. Liedtke 1986, S. 14 ff.). Diese Wirkungen darf man prinzipiell auch den methodischen Vorschlägen Dörpfelds unterstellen. (Siehe hierzu auch die bereits 1916 von Spranger ausgesprochene Würdigung der methodischen Professionalisierung bei den „Herbartianern".)

31 Es sei hier noch einmal daran erinnert, daß die allgemeindidaktischen Fragenkomplexe, die im folgenden aufgelistet werden, von Dörpfeld wohl insgesamt berücksichtigt, im einzelnen aber mit recht unterschiedlicher Gewichtung und Breite zur Sprache gebracht worden sind.

32 Erst eine so verstandene Lernkontrolle wird einer pädagogisch begründeten Leistungserziehung gerecht, weil die Beurteilung der Leistung an den individuellen Lernmöglichkeiten, -fortschritten und -bemühungen des Schülers orientiert ist. Demgegenüber gilt Leistung nicht als pädagogisches Prinzip, „wenn und solange mit ihr verbunden wird, daß Schüler in möglichst gleicher Weise und Höhe die Qualifikationserwartungen der Schule erfüllen. Insoweit wird die Leistung zur gesellschaftlichen Funktion. Sie wird zum Fetisch, wenn die Freisetzung des Subjekts im Denken und Urteilen, Werten und Gestalten auf Lernziele enggeführt wird, die als Qualifikationsstand zum Erwerb eines bestimmten sozialen Status berechtigen und vertikale Mobilität garantieren sollen." (Pöppel 1983, S. 142)

33 Speziell für die Gestaltung des Volksschulunterrichts erinnerte Dörpfeld an den Irrtum, der „unter den landwirtschaftlichen und industriellen Fachinteressen heimisch ist, wonach der Volksschule zugemutet wird, irgend ein Stück landwirtschaftlichen oder industriellen Fachunterrichts zu übernehmen". (1910 a, S. 15)

34 In der Argumentation für die beiden Hauptaufgaben von Bildung und Erziehung (allseitige Entwicklung der Individualität, Befähigung zur tätigen Teilhabe an aller Lebensgemeinschaften) bezog sich Dörpfeld (s. z. B. 1898, S. 35, 36) auf die von Schleiermacher formulierte Aufgabe der Erziehung: „Die Erziehung soll so eingerichtet werden ..., daß die

Jugend tüchtig werde, einzutreten in das, was sie vorfindet, aber auch tüchtig, in die sich darbietenden Verbesserungen mit Kraft einzugehen." (Schleiermacher 1964[2], S. 64)

35 Zur Herkunft des Konzentrationsprinzips und zu den wechselnden Bedeutungen, die der Begriff „Konzentration" seit den Regulativen von 1854 bis in die darauf folgenden Jahrzehnte angenommen hatte, siehe B. Schwenk (1974), insbesondere S. 25 ff.

36 Ziller ging davon aus, daß das Individuum eine Entwicklung durchlaufe, die vergleichbar sei mit der gesamten Entwicklung menschlicher Kultur. Der Parallelität von individueller und gesellschaftlicher Entwicklung zufolge hielt er es für notwendig, entsprechende „Gesinnungsstoffe" für den Unterricht auszuwählen. Diese Gesinnungsstoffe zielen auf die sittliche Bildung des Zöglings. Der Unterricht in den einzelnen Fächern ist dann diesem „Hauptzweck" untergeordnet. „Wird so das Verhältnis der einzelnen Unterrichtsfächer zu einander vollständig durchgeführt, so erreicht man eine Concentration des Unterrichts, bei welcher die Gesinnungsstoffe das Centrum bilden." (Ziller 1876, S. 136) Rein hat die These von der Parallelität zwischen Ontogenese und Phylogenese dadurch abgeschwächt, daß er von „Ähnlichkeiten" dieser Entwicklungen sprach (s. Rein u.a. 1898[6], S. 50 f.). Gleichwohl erfolgt dann aber in seiner Lehrplantheorie die Auswahl der Stoffe nach dem Prinzip der „Konzentration" (ebd., S. 80 – 109). Eine ausführlichere Behandlung des Problems der Kulturstufentheorie und des Konzentrationsprinzips findet sich bei Wittenbruch (1972; vor allem S. 440 ff.) und bei Pohl (1972; vor allem S. 198 ff.).

37 S. dazu z. B. Dörpfeld 1910 b (S. 62 ff., S. 99 f.) und seine Briefe an W. Rein vom 23. 3. 1879 oder vom 16. 12. 1882; diese Briefe sind in der von Klaus Göbel edierten Gesamtausgabe der Briefe F.W. Dörpfelds (Göbel 1976) auf den S. 332 ff. und 462 ff. zu finden.

38 Ein Vorläufer dieser Schrift war bereits 1930 in einem Handbuch erschienen. Als erweiterte und revidierte Fassung wurde sie dann ab 1952 in mehreren Auflagen gedruckt.

39 Eine ausführliche Analyse und Erörterung der Lehrplantheorie Wenigers haben W. Klafki (1968) und G. Wehle (1968) vorgelegt. Vgl. auch R. Künzli (1986, S. 204-224).

40 Ähnlich äußert sich Weniger auch in dem zuerst 1951 erschienenen Aufsatz „Der Lehrer als Staatsbeamter" (hier zitiert als 1957). Darin schreibt er: „Es scheint mir kein Zweifel darüber möglich, daß auch die in der Demokratie von heute noch immer aufrechterhaltenen Formen der Schulverwaltung und Schulaufsicht dieser Bedeutung des erzieherischen Amtes gegenüber ebenso rückständig sind wie das geltende Schulrecht überhaupt. Es wird darauf ankommen, im Rahmen eines lebendigen Staatswesens und nicht im Gegensatz zu ihm freiheitliche Formen zu finden, eine Schulverfassung, an der alle mit Recht an der Erziehung interessierten Kräfte und Mächte in genossenschaftlicher Zusammenarbeit beteiligt sind." (1957, S. 527)

41 Ein Beispiel zur Bedeutung lehrplantheoretischer Reflexion für fachdidaktisches Denken und Handeln bilden die Überlegungen von H. Blankertz, in denen er eine „Strategie zur Entwicklung des Lehrplans für das Fach Arbeitslehre" (Blankertz 1973[3]) vorstellt. Zwar kann dabei die historische Dimension lehrplantheoretischer Erwägungen nicht zum Tragen kommen, weil es sich hier eben um die Einführung eines neuen Faches handelt. Alle anderen wichtigen Theorieelemente werden aber fachdidaktisch verifiziert, wenn beispielsweise nach den gesellschaftlichen Voraussetzungen des Faches (S. 21 f.), nach dem Verhältnis von Arbeitslehre und anderen Unterrichtsfächern (S. 19) oder nach der Bedeutung der zu verhandelnden Inhalte für die Lebenssituation des Schülers (S. 20 f.) gefragt wird. In ähnlicher Weise sind auch die Überlegungen von D. Lenzen (1974[2]) zum Deutschunterricht, von A. Mannzmann (1974[2]) zum Geschichts- und von M. Ewers (1974[2]) zum Biologieunterricht strukturiert. Zum theoretischen Hintergrund einer solchen Strategie zur Entwicklung von Lehrplänen s. auch Blankertz 1974[2].

42 Hierzu sind im einzelnen zu rechnen: „Die freie Schulgemeinde und ihre Anstalten auf dem Boden der freien Kirche im freien Staate" (erstmals 1863; hier zitiert als 1898 a), „Die drei Grundgebrechen der hergebrachten Schulverfassungen nebst bestimmten Vorschlägen zu ihrer Reform" (erstmals 1873; hier zitiert als 1898 b) und „Das Fundamentstück einer gerechten, gesunden, freien und friedlichen Schulverfassung" (erstmals 1893, hier zitiert als 1897).

43 Ähnlich wie bei der Theorie des Lehrens und Lernens und der Theorie des Lehrplans versucht Dörpfeld auch seine Schulverfassungslehre bewußt in Anlehnung an traditionelle Entwürfe Schleiermachers, Herbarts oder Magers zu entwickeln. S. hierzu vor allem den von Dörpfeld zusammengestellten Anhang in 1898 a, in den er Texte der genannten Pädagogen aufgenommen hat.

44 S. hierzu z.B. Ballauff 1982, Fend 1980 (S. 13-54), Fingerle 1973, Henecka/Wöhler 1978, Holstein 1985, Roeder u.a. 1977 (S. 25-51), Schulze 1980 (S. 74-114).

45 Vgl. ergänzend etwa Benner/Ramsegger 1985; Biermann 1988; Fischer 1972; Klafki 1985 a, 6. Studie; Schaller 1979.

46 Als Überblick s. z.B. Wollenweber 1980

47 S. hierzu beispielsweise Hardörfer 1982.

48 Vgl. dazu etwa die Arbeiten von Glöckel 1985, Hintz 1984, Keck/Sandfuchs 1979, Lassahn 1969, Pöppel/Hintz 1981, Spies/Westphalen 1987, Weber, E. 1979, Wittenbruch 1974 b, 1980.

49 Die Angaben Dörpfelds über die Zusammensetzung der Gremien sind in seinen Schriften nicht immer gleich geblieben. Die folgenden Erläuterungen beziehen sich auf die späteste Schulverfassungsschrift: „Das Fundamentstück einer gerechten, gesunden, freien und friedlichen Schulverfassung" (erstmals 1893; hier zitiert als 1897).

50 Zur Ergänzung und Vertiefung s. z.B. die Arbeiten von Gamm (1958), Herrmann (1928), Potthoff (1961), Reininghaus (1964) oder Stach (1979).

51 Vgl. hierzu auch das Urteil W. Klafkis, in dem er beklagt, daß es „in der deutschen Erziehungswissenschaft keine ausgearbeitete Konzeption ähnlich umfassender Art" gebe, wie sie Spranger vorgelegt hat (Klafki 1987, S. 39).

52 Was diese übergreifende pädagogische Bestimmung für die vielen Aspekte einer Theorie der Schule bedeutet, kann hier nicht im einzelnen ausgeführt werden. Ein Verweis auf die mit dieser Bestimmung zusammenhängende Leistungserziehung soll diese Bezüge exemplarisch verdeutlichen. Schulisches Lehren und Lernen, das sich von der Intention her auf die Vermittlung von Inhalten festlegt, impliziert bestimmte Formen der Leistungsbeurteilung. Denn „wo Ziel und Plan im Vordergrund stehen und wo überdies vom Erreichen des Zieles die Zuteilung unterschiedlicher Sozial- und Lebenschancen abhängt, da haben Leistungsmessung und Leistungsbewertung ihren unabdingbaren, nicht nur helfenden, sondern selektierenden und disponierenden Ort. Sie werden zum ständigen Begleiter des Lernens, und da sie darüber befinden, was einer ist und werden kann, entfremden sie das Lernen dem Gegenstand und der Sinnfrage des Lebens und machen es zum Medium der Karriere und der sozialen Einordnung ins System." (Fischer 1978, S. 65)

53 Daß die Realität dieser Forderung nur in Ansätzen entspricht, zeigt die auch heute noch weitgehend zutreffende Analyse P. Vogels (1977) im Hinblick auf den Abbau bürokratischer Schulherrschaft durch verstärkte Selbständigkeit der Schulen, im Hinblick auf die Partizipation von Lehrern, Schülern und Eltern und im Hinblick auf die Auflösung der bürokratischen Binnenstruktur der Schule durch Differenzierung und Individualisierung des Unterrichts (s. vor allem S. 141 – 161). Zu den Möglichkeiten und Behinderungen der Partizipation von Lehrern, Eltern und Schülern vgl. ergänzend z.B. Ruhloff (1972b, 1987), Zubke (1980, S. 91 ff.), Hurrelmann/ Schultz (1985) oder Melzer (1985).

54 Diese Auffassung vom Lehren als „Hilfe zum Lernen" ist in unserem Jahrhundert besonders prägnant in der Pädagogik M. Montessoris (s. z. B. 1965, S. 21, 23) und P. Petersens (z. B. 1959[6], S. 76, 87, 135, 144) vetreten worden. Zur Bedeutung von Lehrmethoden als Lernhilfen vgl. auch neuere Ansätze in der Lehr- / Lernforschung, wie z. B. bei Einsiedler 1976[2] und 1981, vor allem S. 110-160.

Literaturverzeichnis

Achtenhagen, F. 1969: Didaktik des fremdsprachlichen Unterrichts. Grundlagen und Probleme einer Fachdidaktik, Weinheim.

Achtenhagen, F. 1975: Lehren und Lernen im Fremdsprachenunterricht, 2 Bände, München.

Achtenhagen, F. 1977 a: Fachdidaktik. In: Wörterbuch der Pädagogik, Bd. 1, Freiburg, S. 287 ff.

Achtenhagen, F. 1977 b: Offene Curricula – Leidensweg einer Fiktion oder zwangsläufiges Absterben eines theorielosen Konzeptes? – Ein Brief an Dieter Lenzen. In: Haller, H.-D./Lenzen, D. (Hg.): Jahrbuch kontrovers 1. Repliken zum Jahrbuch für Erziehungswissenschaft 1976, Stuttgart, S. 6-12.

Achtenhagen, F. 1979: Einige Überlegungen zum Stand der Unterrichtswissenschaften. In: Unterrichtswissenschaft 7, S. 269-282.

Achtenhagen, F. 1981: Theorie der Fachdidaktik. In: Twellmann, W. (Hg.): Handbuch für Schule und Unterricht, Bd. 5.1.: Schule und Unterricht unter dem Aspekt der didaktischen Bereiche, Düsseldorf, S. 275-294.

Achtenhagen, F. 1983: Eine konstruktive Wende in der Didaktik? In: Zeitschrift für Pädagogik 29, S. 961-971.

Achtenhagen, F. 1984: Didaktik des Wirtschaftslehreunterrichts, Opladen.

Adl-Amini, B. 1976: Schultheorie – Geschichte, Gegenstand und Grenzen, Weinheim.

Adl-Amini, B. 1981: Didaktik, Methodik und das ungelöste Problem der Interdependenz. In: Ders. (Hg.): Didaktik und Methodik, Weinheim, S. 10-39.

Adl-Amini, B. 1985 a: Grundriß einer pädagogischen Schultheorie. In: Twellmann, W. (Hg.): Handbuch Schule und Unterricht, Bd. 7.1.: Dokumentation. Schule und Unterricht als Feld gegenwärtiger pädagogisch-personeller und institutionell – organisatorischer Forschung, Düsseldorf, S. 63-94.

Adl-Amini, B. 1985 b: Ebenen didaktischer Theoriebildung. In: Lenzen, D. (Hg.): Enzyklopädie Erziehungswissenschaft, Bd. 3: Ziele und Inhalte der Erziehung und des Unterrichts, hrsg. von H.-D. Haller/H. Meyer, Stuttgart, S. 27-48.

Alisch, L.M./Rössner, L. 1978: Erziehungswissenschaft als technologische Disziplin, München.

Allgemeine Verfügung über Einrichtung, Aufgabe und Ziel der preußischen Volksschule 1974. In: Scheibe, W. (Hg.): Zur Geschichte der Volksschule. Bd. II, Bad Heilbrunn/Obb., S. 32-42.

Altrichter, H./Fischer, R./Posch, P./Tietze, W./Zenkl, U. (Hg.) 1983: Fachdidaktik in der Lehrerbildung, Wien.

Apel, K.-O. 1973: Transformation der Philosophie, Bd. 2, Frankfurt/Main.

Aschersleben, K. 1983: Didaktik, Stuttgart.

Aselmeier, U./Eigenbrodt, K.-W./Kron, F.W./Vogel, G. 1985: Fachdidaktik am Scheideweg. Der Zusammenhang von Fachunterricht und Persönlichkeitsentwicklung, München.

Ausubel, D. P./Novak, J. D./Hanesian, H. 1980[2] a: Psychologie des Unterrichts, Bd. 1, Weinheim.

Avital, Sh. M./Shettleworth, S. J. 1983: Ziele des Mathematikunterrichts – Ideen für den Lehrer, Braunschweig.

Ballauff, Th. 1982: Funktionen der Schule – Historisch – systematische Analysen zur Scolarisation, Frankfurt/Main.

Balzer, W. 1982: Empirische Theorien: Modelle, Strukturen, Beispiele, Braunschweig.

Bauer, G. 1971: Helmers' Literaturunterricht: Zur rechtzeitigen Abfindung mit dem Faktum Literatur. In: Diskussion Deutsch 2, S. 193-200.

Becker, G. u.a. 1979: Anwendungsorientierter Mathematikunterricht in der Sekundarstufe I, Bad Heilbrunn.

Becker, G. E. 1984: Planung von Unterricht. Handlungsorientierte Didaktik, Teil I, Weinheim.

Beckmann, H.-K. 1968: Lehrerseminar – Akademie – Hochschule, Weinheim.

Beckmann, H.-K. (Hg.) 1971: Lehrerausbildung auf dem Wege zur Integration. 10. Beiheft der Zeitschrift für Pädagogik, Weinheim.

Beckmann, H.-K.1972: Aspekte der geisteswissenschaftlichen Didaktik. Voraussetzungen, Positionen, Bleibendes. In: Ruprecht, H. u. a.: Modelle grundlegender didaktischer Theorien, Hannover, S. 73-127.

Beckmann, H.- K. (Hg.) 1978 a: Unterrichtsvorbereitung. Probleme und Materialien, Braunschweig.

Beckmann, H.-K. 1978 b: Das Verhältnis von Fachwissenschaft und Schulfach. In: Westermanns Pädagogische Beiträge 30, S. 214-218.

Beckmann, H.-K. 1978 c: Das Verhältnis von allgemeiner Didaktik – Schulfach – Fachdidaktik – Fachwissenschaft und die entsprechenden Qualifikationen des Lehrers. In: Aregger, K. (Hg.): Lehrerbildung und Unterricht, Bern, S. 107-125.

Beckmann, H.-K. 1980: Modelle der Lehrerbildung in der BRD. In: Zeitschrift für Pädagogik 26, S. 535-557.

Beckmann, H.-K. (Hg.) 1981 a: Schulpädagogik und Fachdidaktik, Stuttgart.

Beckmann, H.-K. 1981 b: Über die Grenzen der Allgemeinen Didaktik und die Notwendigkeit einer Schulpädagogik. In: Beckmann, H.-K. (Hg.): Schulpädagogik und Fachdidaktik, Stuttgart, S. 87-109.

Beckmann, H.-K. 1985: Allgemeine Didaktik – Fachdidaktik – Schulfach. In: Die Realschule 93, S. 22-26.

Beeck, K.-H. 1978: Wider „die Staatspfaffen, die Kirchenpfaffen und die Schulpfaffen". In: Schallenberger, H. (Hg.): Wider das Pfäffische. Bildungs- und Wissenschaftspolitik als Herausforderung öffentlicher Verantwortung – Erfahrungen, Betrachtungen und Impulse, Düsseldorf, S. 32-43.

Benner, D. 1977: Was ist Schulpädagogik? In: Derbolav, J. (Hg.): Grundlagen und Probleme der Bildungspolitik. Ein Theorieentwurf, München, S. 88-111.

Benner, D. 1978: Theorie, Technik, Praxis. Zur Diskussion alternativer Theorie-Praxis-Modelle. In: Zeitschrift für Pädagogik, 15. Beiheft, S. 13-21.

Benner, D. 1978²: Hauptströmungen der Erziehungswissenschaft. Eine Systematik traditioneller und moderner Theorien, München.

Benner, D. 1980: Das Theorie-Praxis-Problem in der Erziehungswissenschaft und die Frage nach Prinzipien pädagogischen Denkens und Handelns. In: Zeitschrift für Pädagogik 26, S. 485-497.

Benner, D. 1984: Erziehender Unterricht. In: Wittenbruch, W. (Hg.): Das Pädagogische Profil der Grundschule. Überarbeitete Richtlinien in Nordrhein-Westfalen. Impulse für die Weiterentwicklung der Grundschule, Heinsberg, S. 68-83.

Benner, D. 1986: Die Pädagogik Herbarts, München.

Benner, D. 1987: Allgemeine Pädagogik. Eine systematisch-problemgeschichtliche Einführung in die Grundstruktur pädagogischen Denkens und Handelns, München.

Benner, D./Ramseger, J. 1985: Zwischen Ziffernzensur und pädagogischem Entwicklungsbericht: Zeugnisse und Noten in der Grundschule. In: Zeitschrift für Pädagogik 31, S. 151-174.

Berck, K. H. 1976: Fundamentalthemen – notwendiges oder nutzloses Element von Biologiecurricula. In: Der Mathematisch-Naturwissenschaftliche Unterricht 29, S. 471-474.

Berg, Ch. 1973: Die Okkupation der Schule. Eine Studie zur Aufhellung gegenwärtiger Schulprobleme an der Volksschule Preußens (1872-1900), Heidelberg.

Bergmann, K. 1985³: Emanzipation. In: Handbuch der Geschichtsdidaktik, hrsg. von Bergmann, K./Rüsen, J./Schneider, G., Düsseldorf, S. 236-240.

Biermann, R. 1974²: Unterricht. Ein Versuch zur Beschreibung und Analyse, Essen.

Biermann, R. 1981: Schülerorientierter Unterricht. In: Biermann, R. (Hg.): Unterricht – ein Programm der Schüler, Frankfurt/Main, S. 1-29.

Biermann, R. 1985 a: Aufgabe Unterrichtsplanung. Perspektiven und Modelle der kommunikativen Didaktik, Essen.

Biermann, R. 1985 b: Wie lernt man kooperatives Lehren/Lernen? In: Wittenbruch, W.: Schulpraktikum. Ein Arbeitsbuch, Stuttgart, S. 174-186.

Biermann, R. 1988: Lernen und Leistung in der Schule. In: Forum Pädagogik, S. 141-144.

Bigalke, H.-G. 1969: Fachdidaktik in Forschung und Lehre. In: Der mathematische und naturwissenschaftliche Unterricht 22, S. 257-264.

Binder, H. 1977²: Kafka – Kommentar zu sämtlichen Erzählungen, München.

Blankertz, H. 1969: Theorien und Modelle der Didaktik, München.

Blankertz, H. 1973³: Strategie zur Entwicklung des Lehrplans für das Fach Arbeitslehre. In: Blankertz, H. (Hg.): Curriculumforschung – Strategien, Strukturierung, Konstruktion, Essen, S. 17-34.

Blankertz, H. 1974²: Die fachdidaktisch orientierte Curriculumforschung und die Entwicklung von Strukturgittern. In: Blankertz, H. (Hg.): Fachdidaktische Curriculumforschung – Strukturansätze für Geschichte, Deutsch, Biologie, Essen, S. 9-27 .

Blankertz, H. 1982: Die Geschichte der Pädagogik. Von der Aufklärung bis zur Gegenwart, Wetzlar.

Blankertz, H. 1983: Geschichte der Pädagogik und Narrativität. Otto Friedrich Bollnow zum 80. Geburtstag. In: Zeitschrift für Pädagogik 29, S. 1-9.

Blankertz, H. 1984: Thesen zur Stellung der Fachdidaktiken an einer Universität – am Beispiel der Didaktik der Mathematik. In: Heursen, G. (Hg.): Didaktik im Umbruch. Aufgaben und Ziele der (Fach-) Didaktik in der integrierten Lehrerbildung, Meisenheim/Königstein, S. 277-282.

Bleichroth, W. 1963: Zur Didaktik der Naturlehre. In: Das Problem der Didaktik, 3. Beiheft zur Zeitschrift für Pädagogik, Weinheim, S. 127-144.

Blischke, K./Daugs, R./Neuberg, E. 1976: Ein Lehrprogramm zum Erlernen des Delphinschwimmens. In: Recla, J. u.a. (Hg.): Unterrichtsplanung und Unterrichtsgestaltung, Schorndorf, S. 12-40.

Bloom, B. S. u.a. 1972: Taxonomie von Lernzielen im kognitiven Bereich, Weinheim.

Bönsch, M. 1971: Über den Zusammenhang von Unterrichts- und Lerntheorie. In: Die Deutsche Schule 63, S. 830-841.

Bönsch, M. 1986: Unterrichtskonzepte. Studien zur Allgemeinen Didaktik, Baltmannsweiler.

Bollnow, O. F. 1949: Das Verstehen. Drei Aufsätze zur Theorie der Geisteswissenschaften, Mainz.

Bollnow, O. F. 1955: Begegnung und Bildung. In: Zeitschrift für Pädagogik 1, S. 10-32.

Bollnow, O. F. 1975: Das Doppelgesicht der Wahrheit, Philosophie der Erkenntnis, Zweiter Teil,Stuttgart.

Bollnow, O. F. 1981²: Philosophie der Erkenntnis, Erster Teil: Das Vorverständnis und die Erfahrung des Neuen, Stuttgart.

Bollnow, O. F. 1988: Zwischen Philosophie und Pädagogik. Vorträge und Aufsätze, Aachen.

Bolscho, D. 1978: Lehrpläne zum Sachunterricht. Eine systematische Bestandsaufnahme des Sachunterrichts in den Lehrplänen der Länder der Bundesrepublik Deutschland, Köln.

Bombach, G. 1965: Die Modellbildung in der Wirtschaftswissenschaft. In: Studium Generale 18, S. 339-346.

Borsum, W./Posern, H.-G./Schittko, K. 1982: Einführung in die Didaktik. Didaktische Modelle, Grundprobleme, Praxishilfen, München.

Bremen, E. von 1905: Die preußische Volksschule, Gesetze und Verordnungen, Stuttgart – Berlin.

Bremer Kollektiv 1974: Grundriß einer Didaktik und Methodik des Deutschunterrichts in der Sekundarstufe I und II, Stuttgart.

Brettschneider, W.-D. 1975: Grundlagen und Probleme einer unterrichtsrelevanten Sportdidaktik, Ahrensburg.

Breyer, H./Otto, G./Wienecke, G. 1969: Kunstunterricht. Planung bildnerischer Denkprozesse, Düsseldorf.

Breyvogel, W. 1972: Die Didaktik der „Berliner Schule" – kritisiert. In: betrifft:erziehung 5, S. 19-32.

Brügelmann, H. 1972: Offene Curricula. Der experimentell-pragmatische Ansatz in englischen Entwicklungsprojekten. In: Zeitschrift für Pädagogik 18, S. 95-118.

Brüggen, F. 1988: Lernen – Erfahrung – Bildung oder Über Kontinuität und Diskontinuität im Lernprozeß. In: Zeitschrift für Pädagogik 34, S. 299-314.

Brezinka, W. 1984: „Modelle" in Erziehungstheorien. Ein Beitrag zur Klärung der Begriffe. In: Zeitschrift für Pädagogik 30, S. 835-858.

Bürger, W. 1981: Unterrichtsplanung aus der Sicht des Interdependenzzusammenhanges. In: Adl-Amini, B. (Hg.): Didaktik und Methodik, Weinheim, S. 82-114.

Buschmann, W. 1981: Kooperatives Lehren und Lernen in pädagogischer Praxis – ein Literaturbericht über Versuche des offenen Unterrichts. In: Biermann, R. (Hg.): Unterricht – ein Programm der Schüler, Frankfurt/Main, S. 172-202.

Claußen, B. 1985: Politische Bildung und Kritische Theorie. Fachdidaktisch-methodische Dimension emanzipatorischer Sozialwissenschaft, Opladen.

Conrady, K. O. 1966: Einführung in die neuere deutsche Literaturwissenschaft, Reinbek.

Copei, F. 1963[7]: Der fruchtbare Moment im Bildungsprozeß, Heidelberg.

Christmann, N. 1980: Einführung in die Mathematikdidaktik, Paderborn.

Christmann, N. (Hg.) 1981: Zur Didaktik des Mathematikunterrichts in der Sekundarstufe II: Ausarbeitung der Vorträge zum SIL – Kurs-Nr. 18692 vom 11. 11.-13. 11. 1981 an der Universität Kaiserslautern, Speyer.

Cube, F. von 1960: Allgemeinbildung oder produktive Einseitigkeit: Der Weg der Bildung im Geiste Kerschensteiners, Stuttgart.

Cube, F. von 1965: Bildungsfragen im Zeitalter der Automation, Weinheim.

Cube, F. von 1970 a: Der kybernetische Ansatz in der Didaktik. In: Dohmen, G./Maurer, F./Popp, W. (Hg.): Unterrichtsforschung und didaktische Theorie, München, S. 219-242.

Cube, F. von 1970 b: Technik des Lebendigen: Sinn und Zukunft der Kybernetik, Stuttgart.

Cube, F. von 1972 a: Der informationstheoretische Ansatz in der Didaktik. In: Ruprecht, H. u.a.: Modelle grundlegender didaktischer Theorien, Hannover, S. 128-170.

Cube, F. von 1972 b: Gesamtschule – aber wie? Stuttgart.

Cube, F. von 1975[3] a: Was ist Kybernetik? München.

Cube, F. von 1975 b: Der sogenannte Pluralismus in der Didaktik. In: Boeckmann, K./Lehnert, U. (Hg.): Fortschritte und Ergebnise der Bildungstechnologie 3, Hannover, S. 69-80.

Cube, F. von 1976 a: Ausbildung zwischen Automation und Kommunikation, Bochum.

Cube, F. von 1976 b: Beurteilungskriterien für einen effektiven Einsatz curricularer Medien unter dem Aspekt einer vorgegebenen Lehrstrategie, Paderborn.

Cube, F. von 1977 a: Erziehungswissenschaft. Möglichkeiten – Grenzen – Politischer Mißbrauch, Stuttgart.

Cube, F. von 1977 b: Unterrichtsplanung nach dem Regelkreis. In: Neue Unterrichtspraxis. Zeitschrift für die Sekundarstufe I und II, S. 374-381.

Cube, F. von 1977 c: Ist parteiliche Wissenschaft noch Wissenschaft? In: Aus Politik und Zeitgeschichte, B 35, S. 3-13.

Cube, F. von 1977 d: Deutsche Bildungspolitik zwischen Traditionalismus und Reformismus. In: Stachowiak, H. (Hg.): Werte, Ziele und Methoden der Bildungsplanung, Paderborn, S. 41-50.

Cube, F. von 1979: Rechtsunterricht an der Schule. In: Mickel, W. W. (Hg.): Politikunterricht im Zusammenhang mit seinen Nebenfächern, München, S. 114-138.

Cube, F. von 1980: Die kybernetisch – informationstheoretische Didaktik. In: Didaktische Theorien, hrsg. von Gudjons, H./Teske, R./Winkel, R., Braunschweig, S. 47-62.

Cube, F. von 1982[4]: Kybernetische Grundlagen des Lernens und Lehrens, Stuttgart.

Cube, F. von 1986: Fordern statt verwöhnen, München.

Cube, F. von/Tulodziecki, G. 1978: Medien als vorgefertigte Bausteine und ihre Verwendung im Unterricht. In: Armbruster, B./Hertkorn, O. (Hg.): Allgemeine Mediendidaktik, Köln, S. 151-192.

Dauenhauer, E. 1978: Didaktik der Wirtschaftslehre, Paderborn.

Derbolav, J. 1977: Was heißt „wissenschaftsorientierter Unterricht"? In: Zeitschrift für Pädagogik 23, S. 935-945.

Derbolav, J. 1987: Grundriß einer Gesamtpädagogik, hrsg. von B. Reifenrath, Frankfurt/Main.

Deutscher Bildungsrat 1970: Empfehlungen der Bildungskommission. Strukturplan für das Bildungswesen, Stuttgart.

Dichanz, H. 1981 a: Anspruch und Reichweite didaktischer Theorien und Modelle. In: Twellmann, W. (Hg.): Handbuch Schule und Unterricht, Bd. 4. 1., Düsseldorf, S. 143-159.

Dichanz, H. 1981 b: Die Berliner Didaktik – reduktionistisch oder reduziert? In: Die Deutsche Schule 73, S. 267-275.

Dichanz,H./Hage, K. 1979: Alltägliche Unterrichtsvorbereitung – Spiegel didaktisch–methodischer Ansprüche. In: Bildung und Erziehung 32, S. 418-430.

Diederich, J. 1977: Was ist das Allgemeine an der Allgemeinen Didaktik? In: Hendricks, W./Stübig, H. (Hg.): Zwischen Theorie und Praxis, Marburger Kolloquium zur Didaktik., Kronberg/Ts., S. 23-35.

Diederich, J. 1988: Didaktisches Denken. Eine Einführung in Anspruch und Aufgabe, Möglichkeiten und Grenzen der Allgemeinen Didaktik, München.

Diederich, W. 1981: Strukturalistische Rekonstruktion. Untersuchungen zur Bedeutung, Weiterentwicklung und interdisziplinären Anwendung des strukturalistischen Konzeptes wissenschaftlicher Theorien, Braunschweig.

Diegritz, Th./König, E. 1973: Deutsch – Didaktik und Wissenschaftstheorie. In: Linguistik und Didaktik 13, S. 59-76.

Diesterweg, A. 1855: Die drei preußischen Regulative, Berlin.

Dilthey, W. 1958: Gesammelte Werke, Bd. VII: Der Aufbau der geschichtlichen Welt in den Geisteswissenschaften, hrsg. von B. Groethuysen, Stuttgart.

Dithmar, R. 1984: Positionen der Literaturdidaktik zwischen Germanistik und Erziehungswissenschaft. In: Heursen, G. (Hg.): Didaktik im Umbruch. Aufgaben und Ziele der (Fach-) Didaktik in der integrierten Lehrerbildung, Meisenheim/Königstein, S. 219-236.

Dörpfeld, F. W. 1895: Gesammelte Schriften, Vierter Band: Realunterricht. Erster Teil: Der Sachunterricht als Grundlage des Sprachunterrichts, Gütersloh.

Dörpfeld, F. W. 1897: Gesammelte Schriften, Siebter Band: Das Fundamentstück einer gerechten, gesunden, freien und friedlichen Schulverfassung, Gütersloh.

Dörpfeld, F. W. 1898 a: Gesammelte Schriften, Achter Band: Schulverfassung. Erster Teil: Die freie Schulgemeinde und ihre Anstalten auf dem Boden der freien Kirche im freien Staate, Gütersloh.

Dörpfeld, F. W. 1898 b: Gesammelte Schriften, Achter Band: Schulverfassung. Zweiter Teil: Die drei Grundgebrechen der hergebrachten Schulverfassungen, Gütersloh.

Dörpfeld, F. W. 1909 a: Gesammelte Schriften, Erster Band: Beiträge zur pädagogischen Psychologie. Erster Teil: Denken und Gedächtnis, Gütersloh.

Dörpfeld, F. W. 1909 b: Gesammelte Schriften, Erster Band: Beiträge zur pädagogischen Psychologie. Zweiter Teil: Die schulmäßige Bildung der Begriffe, Gütersloh.

Dörpfeld, F. W. 1910 a: Gesammelte Schriften, Zweiter Band: Zur allgemeinen Didaktik, Erster Teil: Grundlinien einer Theorie des Lehrplans, Gütersloh.

Dörpfeld, F. W. 1910 b: Gesammelte Schriften, Zweiter Band: Zur Allgemeinen Didaktik. Zweiter Teil: Der didaktische Materialismus, Gütersloh.

Dörr, M. 1981: Geschichtsdidaktik in der Bundesrepublik Deutschland – Neuere Entwicklungen, gegenwärtige Positionen und offene Fragen. In: Twellmann, W. (Hg.): Handbuch Schule und Unterricht, Bd. 5. 1.: Schule und Unterricht unter dem Aspekt der didaktischen Bereiche, Düsseldorf, S. 429-446.

Doye, P. 1964: Didaktische Probleme des neusprachlichen Unterrichts. In: Die Deutsche Schule 56, S. 87-97.

Doye, P. 1986: Der pragmatisch – kommunikative Ansatz in der Fremdsprachendidaktik und seine Realisierung im Fremdsprachenunterricht. In: Ders. (Hg.): Aktuelle Fragen der Fachdidaktik, Braunschweig, S. 19-44.

Drerup, H. 1988: Rezeptologie in der Pädagogik. Überlegungen zur neueren schulpädagogischen Ratgeberliteratur. In: Bildung und Erziehung 41, S. 103-122.

Duit, R./Jung, W./Pfundt, H. (Hg.): 1981: Schülervorstellungen und naturwissenschaftlicher Unterricht, Köln.

Ebert, J. 1986: Kategoriale Bildung. Zur Interpretation der Bildungstheorie Wolfgang Klafkis, Frankfurt/Main.

Eggert, H. 1984: Leser zwischen Lehrplan und Literaturwissenschaft oder: Was ist die Lebenswelt der Literatur? In: Heursen, G. (Hg.): Didaktik im Umbruch. Aufgaben und Ziele der (Fach-)Didaktik in der integrierten Lehrerbildung, Meisenheim/Königstein, S. 168-185.

Eichhorn, W. 1972: Die Begriffe Modell und Theorie in der Wirtschaftswissenschaft. In: Wist, Teil 1, S. 281-288 und Teil 2, S. 335-344.

Einsiedler, W. 1976[2]: Didaktik eines schülerorientierten Unterrichts. In: Einsiedler, W./Härle, H. (Hg.): Schülerorientierter Unterricht, Donauwörth, S. 172-226.

Einsiedler, W. 1981: Lehrmethoden. Probleme und Ergebnisse der Lehrmethodenforschung, München.

Engelhardt, W. 1988: Grundlegende Erschließung der Lebenswirklichkeit des Kindes mit fachlicher Hilfe: In: Schorch, G. (Hg.): Grundlegende Bildung. Erziehung und Unterricht in der Grundschule, Bad Heilbrunn, S. 107-124.

Essen, E. 1956: Methodik des Deutschunterrichts, Heidelberg.

Esser, H. 1978: Der Biologieunterricht: Inhalte, Strukturen, Verfahren, Hannover.

Ewers, M. 1974[2]: Zur Begründung und Entwicklung eines Strukturgitters der Biologie – Didaktik. In: Blankertz, H. (Hg.): Fachdidaktische Curriculumforschung – Strukturansätze für Geschichte, Deutsch, Biologie, Essen, S. 155-182.

Fend, H. 1980: Theorie der Schule, München.

Ferriere, A. 1969: Schule der Selbstbetätigung oder Tatschule. In: Reble, A. (Hg.): Die Arbeitsschule. Texte zur Arbeitsschulbewegung, Bad Heilbrunn/Obb, S. 130-139.

Fingerle, K. H. 1973: Funktionen und Probleme der Schule. Didaktische und systematische Beiträge zu einer Theorie der Schule, München.

Fischer, K. G. 1973[3]: Einführung in die Politische Bildung, Stuttgart.

Fischer, U. 1981: Zur Didaktik des Sportunterrichts. In: Twellmann, W. (Hg.): Handbuch Schule und Unterricht, Bd. 5.2.: Schule und Unterricht unter dem Aspekt der didaktischen Bereiche, Düsseldorf, S. 742-754.

Fischer, W. 1972: Zur systematischen Problematik des Verhältnisses von Schule und Leistung. In: Fischer, W.: Schule und kritische Pädagogik. Fünf Studien zu einer pädagogischen Theorie der Schule, Heidelberg, S. 16-43.

Fischer, W. 1978: Schule als parapädagogische Organisation, Kastellaun.

Fischer, W. L. 1982: Die „strukturelle Mathematik" als Versuch der Bewältigung der Wissenskumulation im Bereich der Mathematik. In: Pädagogische Rundschau 36, S. 347-357.

Fischler, H. (Hg.) 1985[2]: Lehren und Lernen im Physikunterricht. Didaktik des Physikunterrichts: Bestandsaufnahme, Köln.

Flaschka, H. 1976: Modell, Modelltheorie und Formen der Modellbildung in der Literaturwissenschaft, Köln.

Flechsig, K.-H. 1980: Über didaktische Modelle und ihre Katalogisierung. In: Stachowiak, H. (Hg.): Modelle und Modelldenken im Unterricht. Anwendungen der Allgemeinen Modelltheorie auf die Unterrichtspraxis, Bad Heilbrunn/Obb., S. 74-91.

Flitner, A. 1978: Eine Wissenschaft für die Praxis? In: Zeitschrift für Pädagogik 24, S. 183-193.

Flitner, W. 1977: Verwissenschaftlichung der Schule? In: Zeitschrift für Pädagogik 23, S. 947-955.

Frank, H. 1969[2]: Kybernetische Grundlagen der Pädagogik, Bd. 1, Baden – Baden.

Freudenthal, H. 1973 a: Mathematik als pädagogische Aufgabe, Bd. 1, Stuttgart.

Freudenthal, H. 1973 b: Mathematik als pädagogische Aufgabe, Bd. 2, Stuttgart.

Funke, G. 1979: Curriculumrevision, Ahrensburg.

Furck, K.-L. 1964: Das pädagogische Problem der Leistung in der Schule, Weinheim.

Gadenne, V. 1984: Theorie und Erfahrung in der psychologischen Forschung, Tübingen.

Gagel, W. 1979: Politik – Didaktik – Unterricht. Eine Einführung in didaktische Konzeptionen des politischen Unterrichts, Stuttgart.

Gamm, J. 1958: Individuum und Gemeinschaft im pädagogischen Werk F. W. Dörpfelds (Dissertation), Hamburg.

Gamm, J. 1961: Die freie Schulgemeinde Dörpfelds und ihre Bedeutung für die Gegenwart. In: Pro Familia, S. 31-33.

Garlichs, A./Heipcke, K./Messner, R./Rumpf, H. 1974: Didaktik offener Curricula. Acht Vorträge vor Lehrern, Weinheim.

Garlichs, A./Groddeck, N. (Hg.) 1978: Erfahrungsoffener Unterricht. Beispiele zur Überwindung der lebensfremden Lernschule, Freiburg.

Gaudig, H. 1969[2]: Die Schule der Selbsttätigkeit, hrsg. v. Müller, L., Bad Heilbrunn./Obb.

Geißler, E. E. 1981: Allgemeine Didaktik. Grundlegung eines erziehenden Unterrichts, Stuttgart.

Geißler, H. 1987: Zur Entstehungsgeschichte schulpraktischer Lehrerausbildung in der ersten und zweiten Phase. In: Pädagogische Rundschau 41, S. 645-665.

Gespräch mit Felix von Cube 1980: In: Zeitschrift für Musikpädagogik 5, S. 23-29.

Giel, K. 1976: Der konstruktive Aufbau der Realität in Modellen. In: Halbfas, H./Maurer, F./Popp, W. (Hg.): In Modellen denken, Stuttgart, S. 230-261.

Giel, K./Hiller, G. 1977: Verwissenschaftlichung der Schule – wissenschaftsorientierter Unterricht? In: Zeitschrift für Pädagogik 23, S. 957-962.

Giel, K./Hiller, G. G./Krämer, H. 1974: Stücke zu einem mehrspektivischen Unterricht. Aufsätze zur Konzeption. Bd. 1, Stuttgart.

Giesecke, H. 1965: Didaktik der politischen Bildung, München.

Giesecke, H. 1978: Zur Didaktik der Politischen Bildung. In: Born, W./Otto, G. (Hg.): Didaktische Trends, München, S. 355-387.

Gigerenzer, G. 1981: Messung und Modellbildung in der Psychologie, München.

Glatfeld, M. (Hg.) 1983: Anwendungsprobleme im Mathematikunterricht der Sekundarstufe I, Braunschweig.

Glöckel, H. 1985: Ist der Begriff des Schullebens noch zeitgemäß? In: Twellmann, W. (Hg.): Handbuch Schule und Unterricht, Bd. 7. 1., Düsseldorf, S. 640-648.

Glogauer, W. 1967: Das Strukturmodell der Didaktik, Systematik und Methodologie, München.

Göbel, K. (Hg.) 1976: Dein dankbarer und getreuer Dörpfeld. Gesamtausgabe der Briefe F. W. Dörpfelds (1824-1893) mit Erläuterungen und Bilddokumenten, Wuppertal.

Goette, W.-G. 1979[5]: Methoden der Literaturanalyse im 20. Jahrhundert, Frankfurt/Main.

Gottschalch, W. 1969: Soziales Lernen als intentionale und inhaltliche Variable im politischen Unterricht allgemeinbildender Schulen. In: Northemann, W./Otto, G. (Hg.): Geplante Information. Paul Heimanns didaktisches Konzept: Ansätze, Entwicklungen, Kritik, Weinheim, S. 165-186.

Grimmer, F. 1984: Wissenschaftsorientierung und Selbstfindungsprozesse im Unterricht der Sekundarstufe II, Frankfurt/Main.

Grössing, St. 1979: Sportdidaktik als Theorie des Sportunterrichts. In: Grössing, St. (Hg.): Spektrum der Sportdidaktik, Bad Homburg, S. 85-106.

Groß, F. (Hg.) 1972: Theorie und Praxis des kooperativen Unterrichts, Bd. II: Resultate und Modelle in den Fächern, Heft 8: Musik, Stuttgart .

Grüner, G. 1967: Die didaktische Reduktion als Kernstück der Didaktik. In: Die Deutsche Schule 59, S. 414-430.

Gruhn, W. 1983: Wege des Lehrens und Lernens im Fach Musik. In: Gruhn, W./Wittenbruch, W.: Wege des Lehrens im Fach Musik. Ein Arbeitsbuch zum Erwerb eines Methodenrepertoires, Düsseldorf, S. 81-230.

Grupe, H. 1975[5]: Biologiedidaktik. Auswahl der Lehrinhalte und Gestaltung des Unterrichts, Köln.

Gülich, E./Raible, W. 1977: Linguistische Textmodelle, München.

Habermas, J. 1971: Vorbereitende Bemerkungen zu einer Theorie der kommunikativen Kompetenz. In: Habermas, J./Luhmann, N. (Hg.): Theorie der Gesellschaft oder Sozialtechnologie – Was leistet die Systemforschung? Frankfurt/Main, S. 101-141.

Haller, H.-D. 1972: Bericht über einen Versuch kooperativer Unterrichtsgestaltung im Evangelischen Religionsunterricht in zwei 11. Klassen. In: Martin, G. (Hg.): Theorie und Praxis des kooperativen Unterrichts, Bd. II: Resultate und Modelle in den Fächern, Heft 1: Evangelische und Katholische Religionslehre, Stuttgart, S. 58-75.

Hamann, B. 1986: Geschichte des Schulwesens. Werden und Wandel der Schule im ideen- und sozialgeschichtlichen Zusammenhang, Bad Heilbrunn/Obb.

Hammer, A. 1953: Methodik des Naturlehreunterrichts. Physik und Chemie, München.

Hahn, E./Töpfer, K. 1955: Methodik des Physikunterrichts, Heidelberg.

Hardörfer, L. 1982: Stufenbezogene Didaktik. Zum Problem einer Lehrerausbildung nach Schulstufen, Paderborn.

Harkort, F. 1979: Bemerkungen über die preußische Volksschule unter dem Ministerium des Herrn v. Müller. In: Fertig, L. (Hg.): Die Volksschule des Obrigkeitsstaates und ihre Kritiker. Texte zur Funktion der Volksbildung im 18. und 19. Jahrhundert, Darmstadt, S. 106-122.

Hartfiel, G. 1969: Soziale Strukturen als Bedingungen didaktischer Entscheidungen. In: Northemann, W./Otto, G. (Hg.): Geplante Information. Paul Heimanns didaktisches Konzept: Ansätze, Entwicklungen, Kritik, Weinheim, S. 187-206.

Hartmann, P. 1965: Modellbildung in der Sprachwissenschaft. In: Studium Generale 18, S. 364-379.

Haspas, K. 1973[2]: Methodik des Physikunterrichts, Berlin – Ost.

Hausmann, G. 1969: Bemerkungen zur Didaktik einer offenen Strukturtheorie des Lehrens und Lernens. In: Politik – Wissenschaft – Erziehung. Festschrift für E. Schütte, Frankfurt/Main, S. 98-103.

Hecht, K. 1977: Beiträge zur naturwissenschaftlich – technischen Fachdidaktik, Weinheim/Basel.

Hecker, G. 1970: Der Beitrag der Theorie der kategorialen Bildung zur Sportdidaktik. In: Hecker, G./Trebels, A. (Hg.): Sportdidaktik, Kastellaun, S. 43-95.

Hecker, G./Küpper, D. 1984: Trendbericht Sportdidaktik. In: Sportwissenschaft (Sonderheft), S. 36-47.

Heimann, P. 1965: Didaktik 1965. In: Heimann, P./Otto, G./Schulz, W.: Unterricht – Analyse und Planung, Hannover, S. 7-12.

Heimann, P. 1976 a: Didaktik als Theorie und Lehre (erstmals 1962 in: Die Deutsche Schule). In: Reich, K./Thomas, H. (Hg.): Didaktik als Unterrichtswissenschaft, Stuttgart, S. 142-167.

Heimann, P. 1976 b: Didaktische Grundbegriffe, Teil 1: Vortrag vom 7. 12. 1961. In: Reich, K./Thomas, H. (Hg.): Didaktik als Unterrichtswissenschaft, Stuttgart, S. 103-121.

Heimann, P. 1976 c: Didaktische Grundbegriffe, Teil 2: Vortrag vom 7. 12. 1961. In: Reich, K./Thomas. H. (Hg.): Didaktik als Unterrichtswissenschaft, Stuttgart, S. 121-141.

Heinemann, M. 1980: „Bildung" in Staatshand. Zur Zielsetzung und Legitimationsproblematik der „niederen" Schulen in Preußen, unter besonderer Berücksichtigung des Unterrichtsgesetzentwurfs des Ministeriums Falk (1877). In: Baumgartner, P. (Hg.): Bildungspolitik in Preußen und zur Zeit des Kaiserreiches, Stuttgart, S. 150-188.

Heiss, R. 1965: Die Bildung von Modellen in der Psychologie. In: Hardesty, F. P./Eyferth, K. (Hg.): Forderungen an die Psychologie, Bern, S. 22-36.

Helbig, G. 1970: Zum Modellbegriff in der Linguistik. Deutsch als Fremdsprache 7, S. 26-33.

Helmers, H. 1966/1969[3]/1984[11]: Didaktik der deutschen Sprache. Einführung in die Theorie der muttersprachlichen und literarischen Bildung, Stuttgart.

Henecka, H. P./Wöhler, K. 1978: Schulsoziologie. Einführung in Funktionen, Strukturen und Prozesse schulischer Erziehung, Stuttgart.

Henningsen, J. 1966: Wer lehrt, popularisiert. In: Wilhelm, Th. (Hg.): Herausforderung der Schule durch die Wissenschaften, Weinheim, S. 99-106.

Herrlitz, H.-G./Hopf, W./Titze, H. 1981: Deutsche Schulgeschichte von 1800 bis zur Gegenwart, Frankfurt/Main.

Herrmann, J. 1928: Die Sozialpädagogik Friedrich Wilhelm Dörpfelds (Dissertation Köln), Altenkirchen.

Herrmann, U. 1978: Pädagogik und geschichtliches Denken. In: Thiersch, H./Ruprecht, H./Hermann, U.: Die Entwicklung der Erziehungswissenschaft, München, S. 173-238.

Herzog, W. 1984: Modell und Theorie in der Psychologie, Göttingen.

Heursen, G. (Hg.) 1984 a: Didaktik im Umbruch. Aufgaben und Ziele der (Fach-) Didaktik in der integrierten Lehrerausbildung, Meisenheim/Königstein/Ts.

Heursen, G. 1984 b: Lehrerbildung ohne Wissenschaft? – Zur Rolle allgemeiner Didaktik und Fachdidaktik in der Lehrerausbildung an der Universität. In: Heursen, G. (Hg.): Didaktik im Umbruch. Aufgaben und Ziele einer (Fach-) Didaktik in der integrierten Lehrerausbildung, Meisenheim/Königstein/Ts., S. 76-93.

Hielscher, H. u.a. 1974: Einführung in die allgemeine Didaktik, Heidelberg.

Hiller, G. G. 1973: Konstruktive Didaktik. Beiträge zur Definition von Unterrichtszielen durch Lehrformen und Unterrichtsmodelle. Umrisse einer empirischen Unterrichtsforschung, Düsseldorf.

Hiller, G. G. 1980: Ebenen der Unterrichtsvorbereitung. In: Adl-Amini, B. (Hg.): Didaktische Modelle und Unterrichtsplanung, München, S. 119-141.

Hilligen, W. 1976: Zur Didaktik des politischen Unterrichts II. Schriften 1950-1975, Opladen.

Himmerich, W. 1970: Didaktik als Erziehungswissenschaft, Frankfurt/Main.

Himmerich, W. u.a. 1976: Unterrichtsplanung und Unterrichtsanalyse – ein didaktisches Modell, Bd. 1: Anwendung auf Unterrichtsplanungen und Unterrichtsverläufe, Stuttgart.

Hintz, D. 1984: Schulleben – Einheit von Erziehung und Unterricht in der Schule, Hildesheim.

Hobbensiefken, G./Sesink, W. 1982: Zum erweiterten Didaktik-Begriff Wolfgang Klafkis. In: Pädagogische Rundschau 36, S. 557-577.

Hörmann, M. 1956: Methodik des Biologieunterrichts, München.

Homfeldt, H. G. u.a. 1977: Für eine sozialpädagogische Schule, München.

Hoffmann, L./Lehrke, M. 1986: Eine Untersuchung über Schülerinteressen an Physik und Technik. In: Zeitschrift für Pädagogik 32, S. 189-204.

Hoffmann, W. 1987 a: Von der Notwendigkeit und dem Nutzen didaktischer Theorie für die Schule. Untersuchungen zum Spannungsverhältnis von Pädagogik und Fachwissenschaft im Unterricht, Frankfurt/Main.

Hoffmann, W. 1987 b: Die didaktische Analyse im Bann der Fachwissenschaften – Für den Primat der edukativen Funktionen des Unterrichts. In: Die Deutsche Schule 79, S. 451-462.

Holstein, H. 1974: Unterrichtslehre '73. Forum und Tendenzen gegenwärtiger Unterrichtstheorie, Ratingen.

Holstein, H. 1985: Institutionell-politische Funktionen der Schule – Skizze einer schultheoretischen Perspektive. In: Twellmann, W. (Hg.): Handbuch Schule und Unterricht, Bd. 7.1. Dokumentation: Schule und Unterricht als Feld gegenwärtiger pädagogisch-personeller und institutionell-organisatorischer Forschung, Düsseldorf, S. 95-106.

Holzkamp, K. 1978[4]: Begabung – Intelligenz. In: Wulf, Ch. (Hg.): Wörterbuch der Erziehung, München, S. 44-49.

Hornung, K. 1961: Etappen politischer Pädagogik in Deutschland. In: Aus Politik und Zeitgeschehen 11, Beilage 9-10, S. 113-146.

Huisken, F. 1972: Zur Kritik bürgerlicher Didaktik und Bildungsökonomie, München.

Hurrelmann, K./Schultz, H. 1985: Die Wahrnehmung der Schule durch Eltern in verschiedenen Lebenslagen. In: Melzer, W. (Hg.): Eltern – Schüler – Lehrer. Zur Elternpartizipation an Schule, München, S. 100-128.

Ingendahl, W. 1983: Inhalte des Deutschunterrichts – eine vernachlässigte didaktische Kategorie. In: Zeitschrift für Pädagogik 29, S. 545-562.

Jammer, M. 1965: Die Entwicklung des Modellbegriffes in den physikalischen Wissenschaften. In: Studium generale 18, S. 166-173.

Jeismann, K.-E. 1977: Die Stiehlschen Regulative. Ein Beitrag zum Verhältnis von Politik und Pädagogik während der Reaktionszeit in Preußen. In: Hermann, U. (Hg.): Schule und Gesellschaft im 19. Jahrhundert. Sozialgeschichte der Schule im Übergang zur Industriegesellschaft, Weinheim, S. 137-161.

Jung, W. 1979: Zum Problem der Schülervorstellungen in Mechanik. In: Härtel, H. (Hg.): Zur Didaktik der Physik und Chemie, September 1978, Hannover, S. 74-76.

Jung, W. 1985: Schülervorstellungen im Physikunterricht – ein didaktisches Problem. In: physica didactica 12, S. 11-22.

Kahlke, J./Kath, F. M. (Hg.) 1984: Didaktische Reduktion und methodische Transformation, Darmstadt.

Keck, R. W. 1983: Unterricht gliedern – Zielorientiert lehren. Zielorientierung, Artikulation und Zielvorstellung im Unterricht, Bad Heilbrunn/Obb.

Keck, R. W. 1984: Historische Konzepte der Lehrerausbildung und Desiderate ihrer Erforschung. In: Vierteljahresschrift für wissenschaftliche Pädagogik 60, S. 161-189.

Keck, R. W./Sandfuchs, U. (Hg.) 1979: Schulleben konkret, Bad Heilbrunn/Obb.

Keitel, Ch. 1980: Entwicklungen im Mathematikunterricht. In: Max – Planck – Institut für Bildungsforschung. Projektgruppe Bildungsbericht (Hg.): Bildung in der Bundesrepublik Deutschland. Daten und Analysen, Bd. 1: Entwicklungen seit 1950, Stuttgart, S. 447-499.

Keitel, Ch. 1983: Zum Verhältnis der Mathematikdidaktik zur Allgemeinen Didaktik. In: Zeitschrift für Pädagogik 29, S. 595-603.

Kemper, H. 1983: Schultheorie als Schul- und Reformkritik, Frankfurt/Main.

Kemper, H. 1985: Schultheorie und Schulreform, Königstein/Ts.

Kerschensteiner, G. 1953: Wesen und Wert des naturwissenschaftlichen Unterrichts, München.

Kerschensteiner, G. 1965[15]: Begriff der Arbeitsschule, hrsg. von J. Dolch, München.

Kerstiens, L. 1970: Fragen der Zuordnung von Erziehungswissenschaft und Fachdidaktik. In: Timmermann, J. (Hg.): Fachdidaktik in Forschung und Lehre, Hannover, S. 36-45.

Klafki, W. 1955: Zum Problem der volkstümlichen Bildung. In: Westermanns Pädagogische Beiträge 7, S. 60-69.

Klafki, W. 1958: Die Bedeutung des Elementaren für die Bildungsarbeit der Volksschule. In: Die Deutsche Schule 50, S. 6-21.

Klafki, W. 1959 a: Kategoriale Bildung. In: Zeitschrift für Pädagogik 5, S. 386-412.

Klafki, W. 1959 b: Das pädagogische Problem des Elementaren und die Theorie der kategorialen Bildung, Weinheim.

Klafki, W. 1961: Die didaktischen Prinzipien des Elementaren, Exemplarischen, Fundamentalen. In: Handbuch für Lehrer, Bd. 2, Gütersloh, S. 120-139.

Klafki, W. 1963 a: Das Problem der Didaktik. In: Das Problem der Didaktik, 3. Beiheft der Zeitschrift für Pädagogik, S. 19-64.

Klafki, W. 1963 b: Studien zur Bildungstheorie und Didaktik, Weinheim.

Klafki, W. 1964 a: Allgemeine Didaktik – Fachdidaktik – Didaktische Analyse. In: Rundgespräch, S. 244-252.

Klafki, W. u.a. 1964 b: Die Arbeits- und Wirtschaftswelt im Unterricht der Volksschule und des Gymnasiums, Heidelberg.

Klafki, W. 1965: Muß die Didaktik eigenständig sein? – Eine Auseinandersetzung mit Helmut Seifferts Schrift „Muß die Pädagogik eigenständig sein?". In: Die Deutsche Schule 57, S. 409-420.

Klafki, W. 1968: Didaktik. In: Dahmer, I./Klafki, W. (Hg): Geisteswissenschaftliche Pädagogik am Ausgang ihrer Epoche, Weinheim, S. 137-173.

Klafki, W. u. a. 1969[10] a: Didaktische Analyse, Hannover.

Klafki, W. 1969[10] b: Didaktische Analyse als Kern der Unterrichtsvorbereitung. In Klafki, W. u.a.: Didaktische Analyse, Hannover, S. 5-34.

Klafki, W. 1970 a: Die Inhalte des Lernens und Lehrens – das Problem der Didaktik (im engeren Sinne). In: Klafki, W. u.a. (Hg.): Funk-Kolleg Erziehungswissenschaft, Bd. 2, Frankfurt/Main, S. 53-92.

Klafki, W. 1970 b: Das pädagogische Verhältnis. In: Klafki, W. u.a.: Funk Kolleg Erziehungswissenschaft, Bd. 1, Frankfurt/Main, S. 53-91.

Klafki, W. 1970 c: Integrierte Gesamtschule – Ein notwendiger Schulversuch. In: Klafki, W./Rang, A./Röhrs, H. (Hg.): Integrierte Gesamtschule und Comprehensive School, Braunschweig, S. 101-203.

Klafki, W. 1970 d: Zur Diskussion über Probleme der Didaktik. In: Kochan, D. C. (Hg.): Allgemeine Didaktik, Fachdidaktik, Fachwissenschaft, Darmstadt, S. 385-399.

Klafki, W. 1970 e: Allgemeine Probleme der Unterrichtsmethodik. In: Klafki, W. u.a.: Funk-Kolleg Erziehungswissenschaft, Bd. 2, Frankfurt/Main, S. 131-166.

Klafki, W. 1971: Didaktik und Methodik. In: Röhrs, H. (Hg.): Didaktik, Frankfurt/Main, S. 1-16.

Klafki, W. 1972[2] a: Differenzierung durch Kurse. In: Klafki, W./Lingelbach, K. C./Nicklas, H. W. (Hg.): Probleme der Curriculumentwicklung. Entwürfe und Reflexionen, Frankfurt/Main, S. 66-74.

Klafki, W. 1972[2] b: Formen der Strukturierung von Lehrplänen. In: Klafki, W./Lingelbach, K. C./Nicklas, H. W. (Hg.): Probleme der Curriculumentwicklung. Entwürfe und Reflexionen, Frankfurt/Main, S. 75-81.

Klafki, W. 1973 a: Handlungsforschung im Schulfeld. In: Zeitschrift für Pädagogik 19, S. 487-516.

Klafki, W. 1973 b: Zu Peter Roeders „Bemerkungen ...". In: Faber, W. (Hg.): Pädagogische Kontroversen, Bd. 2: Das Problem der Didaktik, München, S. 88-105.

Klafki, W. 1974 a: Artikel: Curriculum-Didaktik. In: Wulff, Ch. (Hg.): Wörterbuch der Erziehung, München, S. 117-128.

Klafki, W. 1974 b: Artikel: Handlungsforschung. In: Wulff, Ch. (Hg.): Wörterbuch der Erziehung, München, S. 267-272.

Klafki, W. 1975[10]: Studien zur Bildungstheorie und Didaktik, Weinheim.

Klafki, W. 1976 a: Zum Verhältnis von Didaktik und Methodik. In: Zeitschrift für Pädagogik 22, S. 77-94.

Klafki, W. 1976 b: Aspekte kritisch-konstruktiver Erziehungswissenschaft. Gesammelte Beiträge zur Theorie-Praxis Diskussion, Weinheim.

Klafki, W. 1976 c: Probleme einer Neukonzeption der Didaktischen Analyse. In: Landesinstitut für schulpädagogische Bildung Nordrhein-Westfalen (Hg.): Probleme stufenbezogener Didaktik – Grundfragen (I), Tagungsberichte, Heft 64, Düsseldorf, S. 103-124.

Klafki, W. 1976 d: Lehrerausbildung – Erziehungswissenschaft, Fachdidaktik, Fachwissenschaft. In: Roth, L. (Hg.): Handlexikon zur Erziehungswissenschaft, München, S. 267-276.

Klafki, W. 1976 e: Replik auf Peter Mencks „Anmerkungen zum Begriff der Didaktik". In: Zeitschrift für Pädagogik 22, S. 803-810.

Klafki, W. 1977: Organisation und Interaktion in pädagogischen Feldern. In: Zeitschrift für Pädagogik, 13. Beiheft, S. 11-37.

Klafki, W. 1978 a: Von der bildungstheoretischen Didaktik zu einem kritisch-konstruktiven Bildungsbegriff. In: Born, W./Otto, G. (Hg.): Didaktische Trends, München, S. 49-83.

Klafki, W. 1978 b: Ideologiekritik. In: Roth, L. (Hg.): Methoden der erziehungswissenschaftlichen Forschung, Stuttgart, S. 146-167.

Klafki, W. 1980 a: Die bildungstheoretische Didaktik im Rahmen kritisch-konstruktiver Erziehungswissenschaft. Zur Neufassung der Didaktischen Analyse. In: Zur Neufassung der Didaktischen Analyse. In: Westermanns Pädagogische Beiträge 32, S. 32-37.

Klafki, W. 1980 b: Zur Unterrichtsplanung im Sinne kritisch-konstruktiver Didaktik. In: König, E./Schier, N./Vohland, U. (Hg.): Diskussion Unterrichtsvorbereitung – Verfahren und Modelle, München, S. 13-44.

Klafki, W. u.a. 1982 a: Schulnahe Curriculumentwicklung und Handlungsforschung. Forschungsbericht des Marburger Grundschulprojekts, Weinheim.

Klafki, W. 1982 b: Der Verlauf des Marburger Grundschulprojekts – Brennpunkte und Probleme eines Handlungsforschungsprojektes zur schulischen Curriculumentwicklung. In: Klafki, W. u.a. (Hg.): Schulnahe Curriculumentwicklung und Handlungsforschung. Forschungsbericht des Marburger Grundschulprojekts, Weinheim, S. 15-116.

Klafki, W. 1983 a: Plädoyer für den „Mut zu den kleinen Schritten" im Blick auf die „großen Perspektiven". In: Die Deutsche Schule 75, S. 184-193.

Klafki, W. 1983 b: Verändert Schulforschung die Schulwirklichkeit? In: Zeitschrift für Pädagogik 29, S. 281-296.

Klafki, W. 1985 a: Neue Studien zur Bildungstheorie und Didaktik. Beiträge zur kritisch-konstruktiven Didaktik, Weinheim.

Klafki, W. 1985 b: Grundzüge kritisch-konstruktiver Didaktik. In: Pädagogische Rundschau 39, S. 3-28.

Klafki, W. 1986 a: Die Bedeutung der klassischen Bildungstheorien für ein zeitgemäßes Konzept allgemeiner Bildung. In: Zeitschrift für Pädagogik 32, S. 455-476.

Klafki, W. 1986 b: Aufgaben der Grundschule und der Grundschulreform. In: Erziehungswissenschaft – Erziehungspraxis 2, S. 3-10.

Klafki, W. 1987: Von Dilthey bis Weniger: Ansätze zur Schultheorie in der geisteswissenschaftlichen Pädagogik. In: Tillmann, K.-J. (Hg.): Schultheorien, Hamburg, S. 20-45.

Klein, A. 1970: Fachdidaktik und Erziehungswissenschaft. Ein Beitrag zur Didaktik an der Pädagogischen Hochschule. In: Kochan, D. C. (Hg.): Allgemeine Wissenschaft, Fachdidaktik, Fachwissenschaft, Darmstadt, S. 173-186.

Klein, W. 1984: Sprachdidaktische Konzeptionen und ihre Auswirkungen auf die Gliederung von Sprachbüchern für die Grundschule. In: Diskussion Deutsch 15, S. 271-285.

Klein, W./Wunderlich, D. 1972: Aspekte der Soziolinguistik, Frankfurt/Main.

Kleiner, A./Weinmann, S. (Hg.) 1972: Theorie und Praxis des kooperativen Unterrichts, Bd. II: Resultate und Methoden in den Fächern, Heft 2: Deutsch, Stuttgart.

Klinger, W. 1982: Die Physik als Beispiel der Wissensexplosion in den Naturwissenschaften und Möglichkeiten zur Bewältigung dieser Situation. In: Pädagogische Rundschau 36, S. 335-345.

Knecht-Martial, J. 1986: Theorie allgemein-didaktischer Modelle, Köln.

König, E. 1975: Theorie der Erziehungswissenschaft, Bd. 2: Normen und ihre Rechtfertigung, München.

König, E. 1976: Der schülerorientierte Unterricht im Spannungsfeld zwischen Wissenschaftsorientiertheit und Kindgemäßheit. In: Schmaderer, F. O. (Hg.): Die Bedeutung eines schülerorientierten Unterrichts. Grundsätze, Möglichkeiten, Maßnahmen, S. 37-43.

König, E. 1980: Legitimationsprobleme didaktischer Modelle. In: Hain, U./Ricker, G. (Hg.): Das Gießener didaktische Modell, Frankfurt/Main, S. 39-44.

Kösel, E. 1981: Lehrerverhalten – didaktische Modellbildung – Planungshilfe. In: Weber, A. (Hg.): Lehrerhandeln und Unterrichtsmethode, München, S. 27-38.

Kopp, F. 1970: Das Verhältnis der Allgemeinen Didaktik zu den Fachdidaktiken. In: Kochan, D. C. (Hg.): Allgemeine Didaktik, Fachdidaktik, Fachwissenschaft, Darmstadt, S. 187-208.

Kopp, F. 1974[5]: Didaktik in Leitgedanken, Donauwörth.

Kosiol, E. 1964: Betriebswirtschaftslehre und Unternehmensforschung. Eine Untersuchung ihrer Standorte und Beziehungen auf wissenschaftstheoretischer Grundlage. In: Zeitschrift für Betriebswirtschaft 16, S. 748-764.

Kozdon, B. (Hg.): 1981: Lernzielpädagogik – Fortschritt oder Sackgasse? Gegen das Monopol eines Didaktikkonzepts, Bad Heilbrunn/Obb.

Kreft, J. 1980: Entwicklung der Literaturdidaktik im Rahmen der Deutschdidaktik. In: Max-Planck-Institut für Bildungsforschung. Projektgruppe Bildungsbericht (Hg.): Bildung in der Bundesrepublik Deutschland. Daten und Analysen, Bd. 1: Entwicklungen seit 1950, S. 549-589.

Kriesel, P. 1978: Die Chemielehrpläne für die Sekundarstufe I. Eine Synopse der Lehrpläne für den Chemieunterricht in den Ländern der Bundererpublik Deutschland bis 1978, Köln.

Kronen, H. 1968: Das Prinzip der Genese und der genetischen Methode in Pädagogik, Didaktik, Scholastik (Schultheorie) bei Karl Wilhelm Eduard Mager (1810-1858), Ratingen.

Kronen, H. 1981: Wem gehört die Schule? Karl Magers liberale Schultheorie. Zweiter Band zu: Prinzip der Genese bei Mager, Frankfurt/Main.

Kubli, F. 1981: Piaget und Naturwissenschaftsdidaktik. Konsequenzen aus den erkenntnispsychologischen Untersuchungen von Jean Piaget, Köln.

Kubli, F. 1983: Erkenntnis und Didaktik. Piaget und die Schule, München.

Künzli, R. 1986: Topik des Lehrplandenkens I. Architektonik des Lehrplanes: Ordnung und Wandel, Kiel.

Kuhn, W. (Hg.) 1986: Vorträge. Physikertagung 1986, Gießen.

Kuhn, W. 1975[5]: Methodik und Didaktik des Biologieunterrichts, München.

Kuhn, W. 1989: Allgemeinbildung im biologischen Unterricht. In: Plöger, W. (Hg.): Naturwissenschaftlich-technischer Unterricht unter dem Anspruch der Allgemeinbildung, Frankfurt/Main, S. 49-95.

Lakatos, I. 1974: Falsifikation und die Methodologie wissenschaftlicher Forschungsprogramme. In: Lakatos, I./Musgrave, A. (Hg.): Kritik und Erkenntnisfortschritt. Abhandlungen des Internationalen Kolloquiums über die Philosophie der Wissenschaft (London 1965), Braunschweig, S. 89-189.

Landa, L. N. 1969: Algorithmierung im Unterricht, Berlin – Ost.

Lassahn, R. (Hg.) 1969: Das Schulleben, Bad Heilbrunn/Obb.

Lassahn, R. 1975: Geschichtlichkeit und Erziehungswissenschaft. In: Böhm, W./Schriewer, J. (Hg.): Geschichte der Pädagogik und systematische Erziehungswissenschaft, S. 65-86.

Legler, W. 1983: Allgemeindidaktische Modelle und ihre Folgen für die Fachdidaktik der Ästhetischen Erziehung. In: Zeitschrift für Pädagogik 29, S. 579-593.

Lehrke, M. 1988: Interesse und Desinteresse am naturwissenschaftlich-technischen Unterricht. Interpretation der vorliegenden Untersuchungen und mögliche Konsequenzen, Kiel IPN.

Lemke, D. 1981: Lernzielorientierter Unterricht – revidiert, Frankfurt/Main.

Lenzen, D. 1974[2]: Ein didaktisches Strukturgitter für den deutschen Sprachunterricht. In: Blankertz, H. (Hg.): Fachdidaktische Curriculumforschung – Strukturansätze für Geschichte, Deutsch, Biologie, Essen, S. 100-154.

Leschik, G. 1965: Die Grundeinsichten in der Biologie unter Berücksichtigung des Unterrichts. In: Pädagogische Rundschau 19x, S. 327-340.

Leschinsky, A./Roeder, P. M. 1980: Didaktik und Unterricht in der Sekundarstufe I seit 1950. Entwicklungen der Rahmenbedingungen. In: Max-Planck-Institut für Bildungsforschung. Projektgruppe Bildungsbericht (Hg.): Bildung in der Bundesrepublik Deutschland. Daten und Analysen, Bd. 1: Entwicklungen seit 1950, S. 283-293.

Liedtke, M. 1986: Die geschichtliche Bedeutung der Verbesserung von Unterrichts- und Erziehungsmethoden. In: Kriss-Rettenbeck, L./Liedtke, M. (Hg.): Erziehungs- und Unterrichtsmethoden im historischen Wandel, Bad Heilbrunn/Obb., S. 11-19.

Lind, G. 1980: Models in Physics. Some Pedagogical Reflections Based on the History of Science. In: European Journal of Science Education 2, S. 15-23.

Lippitz, W./Meyer-Drawe, K. (Hg.) 1982: Lernen und seine Horizonte. Phänomenologische Konzeptionen menschlichen Lernens – didaktische Konsequenzen, Königstein/Ts.

Loser, F. 1975: Aspekte einer offenen Unterrichtsplanung. In: Bildung und Erziehung 28, S. 241-257.

Loser, F./Terhart, E. (Hg.) 1977: Theorien des Lehrens, Stuttgart.

Loser, F./Terhart, E. 1979: Alltägliche Unterrichtsvorbereitung: Die Perspektive der Lehrer und die Perspektive der Schüler. In: Bildung und Erziehung 32, S. 404-417.

Lütgert, W. 1981: Was leisten die Modelle der allgemeinen Didaktik? In: Neue Sammlung 21, S. 578-594.

Macke, G. 1978: Lernen als Prozeß. Überlegungen zur Konzeption einer operativen Lehr-Lern-Theorie, Weinheim.

Mannzmann, A. 1974²: Vorüberlegungen zu einer Didaktik der Soziohistorie – Dimensionierung des Faches Geschichte. In: Blankertz, H. (Hg.): Fachdidaktische Curriculumforschung – Strukturansätze für Geschichte, Deutsch, Biologie, Essen, S. 28-99.

Martin, G. 1972: Resultate eines Unterrichtsversuches – Möglichkeiten und Schwierigkeiten der Kooperation mit den Schülern im Religionsunterricht. In: Martin, G. (Hg.): Theorie und Praxis kooperativen Unterrichts, Bd. II: Resultate und Modelle in den Fächern, Heft 1: Evangelische und Katholische Religionslehre, Stuttgart, S. 7-57.

Masuch, G. 1970: Lernziele für den Biologieunterricht. In: Naturwissenschaften im Unterricht 18, S. 489-492.

Maskus, R. 1976: Unterricht als Prozeß, Bad Heilbrunn/Obb.

Melzer, W. 1985: Objektive und subjektive Bedingungen für Elternpartizipation in der Lebenswelt von Schule und Lehrerschaft. In: Melzer, W. (Hg.): Eltern – Schüler – Lehrer. Zur Elternpartizipation an Schulen, München, S. 129-157.

Memmert, W. 1986: Welt verstehen – Welt verändern. Vom Sinn der Schulfächer, Essen.

Menck, P. 1970: Allgemeine Didaktik und Fachdidaktik. In: Vierteljahresschrift für wissenschaftliche Pädagogik 46, S. 156-166.

Menck, P. 1976: Anmerkungen zum Begriff der Didaktik. In: Zeitschrift für Pädagogik 22, S. 793-801.

Menze, C. 1966: Die Hinwendung der deutschen Pädagogik zu den Erfahrungswissenschaften vom Menschen. Eine geschichtliche Betrachtung. In: Neue Folge der Ergänzungshefte zur Vierteljahresschrift für wissenschaftliche Pädagogik 5, S. 26-52.

Menze, C. 1974: Staat und Schule. In: Vierteljahresschrift für wissenschaftliche Pädagogik 50, S. 16-30.

Menze, C. 1981: Wissenschaftsorientierung als Problem der Schule. In: Pädagogische Rundschau 35, S. 147-166.

Menze, C. 1986: Institution und Bildung. In: Regenbrecht, A. (Hg.): Bildungstheorie und Schulstruktur. Historische und systematische Untersuchungen zum Verhältnis von Pädagogik und Politik, Münster, S. 5-34.

Merkelbach, V. 1971: Didaktik als Fachwissenschaft. Zur Wissenschaftstheorie von Hermann Helmers. In: Diskussion Deutsch 2, S. 200-215.

Messner, R. 1974: Didaktische Planung und Handlungsfähigkeit der Schüler. In: Garlichs, A./Heipcke, K./Messner, R./Rumpf, H.: Didaktik offener Curricula. Acht Vorträge vor Lehrern, Weinheim, S. 9-24.

Messner, R. 1983: Neuordnung des Unterrichts. In: Enzyklopädie Erziehungswissenschaft, Bd. 8: Erziehung im Jugendalter – Sekundarstufe I, hrsg. v. Skiba, E.-G./Wulf, C./Wünsche, K., Stuttgart, S. 303-318.

Methodik Chemieunterricht 1977²: Ausgearbeitet von einem Autorenkollektiv unter Leitung von E. Rossa, Berlin – Ost.

Meyer, F. 1976: Schule der Untertanen. Lehrer und Politik in Preußen 1848-1900, Hamburg.

Meyer, H. 1980: Leitfaden zur Unterrichtsvorbereitung, Königstein/Ts.

Meyer, H. 1983: Aneignungsschwierigkeiten didaktischen Theoriewissens. In: Westermanns Pädagogische Beiträge 35, S. 61-71.

Meyer-Drawe, K. 1982: Lernen als Umlernen. Zur Negativität des Lernprozesses. In: Lippitz, W./Meyer-Drawe, K. (Hg.): Lernen und seine Horizonte. Phänomenologische Konzeptionen menschlichen Lernens – didaktische Konsequenzen, Königstein/Ts., S. 19-45.

Meyer-Drawe, K. 1984: Der fruchtbare Moment im Bildungsprozeß. Zu Copeis phänomenologischem Ansatz pädagogischer Theoriebildung. In: Lippitz, W./Danner, H. (Hg.): Beschreiben – Verstehen – Handeln. Phänomenologische Forschungen in der Pädagogik, München.

Michael, B./Schepp, H.-H. (Hg.) 1973: Politik und Schule von der Französischen Revolution bis zur Gegenwart, Bd. 1, Frankfurt/Main.

Michel, G. 1988: Über die Bedeutung der Geschichte der Pädagogik in der Ausbildung für pädagogische Berufe. In: Pädagogik und Schule in Ost und West 36, S. 97-99.

Mikelsis, H. 1982: Didaktiken der Physik. Synopse und Kritik, Bad Salzdetfurth.

Montessori, M. 1965: Grundlagen meiner Pädagogik und weitere Aufsätze zur Anthropologie und Didaktik. Besorgt und eingeleitet von B. Michael, Heidelberg.

Moser, H. 1977: Ansätze einer kritischen Didaktik und Unterrichtstheorie. In: Moser, H. (Hg.): Probleme der Unterrichtsmethodik, Kronberg/Ts., S. 7-64.

Mothes, H. 1957: Methodik und Didaktik der Naturlehre, Köln.

Nachtigall, D. 1986: Die Rolle von Präkonzepten beim Lehren und Lernen von Physik. In: physica didactica 13, Sonderheft 1986, S. 97-101.

Neubert, H. 1976: Modelldenken und unterrichtswissenschaftliche Theoriebildung. In: Heistermann, W. (Hg.): Abhandlungen der Pädagogischen Hochschule Berlin, Bd. II, Berlin, S. 44-58.

Neuhäuser, G. 1967: Grundfragen wirtschaftswissenschaftlicher Methodik. In: Enzyklopädie geisteswissenschaftlicher Arbeitsmethoden, 8. Lieferung: Methoden der Sozialwissenschaften, München, S. 113-130.

Neuner, G. 1980: Entwicklungen im Englischunterricht. In: Max-Planck-Institut für Bildungsforschung. Projektgruppe Bildungsbericht (Hg.): Bildung in der Bundesrepublik Deutschland. Daten und Analysen, Bd. 1: Entwicklungen seit 1950, Stuttgart, S. 393-445.

Nicklis, W. 1967: Kybernetik und Erziehungswissenschaft, Bad Heilbrunn/Obb.

Nicklis, W. 1970: Der kybernetische Ansatz in der Didaktik: Anthropologische Grundlagen – Konsequenzen – Perspektiven. In: Dohmen, F./Maurer, F./Popp, W. (Hg.): Unterrichtsforschung und didaktische Theorie, München, S. 287-299.

Niedderer, H. 1982: Probleme der Lebenswelt, Vorverständnis der Schüler und Wissenschaftstheorie der Physik als Determinanten für den Physikunterricht. In: Fischler, H. (Hg.): Lehren und Lernen im Physikunterricht, Köln, S. 105-132.

Nipkow, K. E. 1968: Allgemeindidaktische Theorien der Gegenwart. In: Zeitschrift für Pädagogik 14, S. 225-365.

Nyssen, F. 1974: Das Sozialisationskonzept der Stiehlschen Regulative und sein historischer Hintergrund. Zur historisch-materialistischen Analyse der Schulpolitik in den fünfziger und sechziger Jahren des 19. Jahrhunderts. In: Hartmann, K./Nyssen, F./Waldeyer, H. (Hg.): Schule und Staat im 18. und 19. Jahrhundert, Frankfurt/Main, S. 292-322.

Odenbach, K. 1961: Studien zur Didaktik, Braunschweig.

Oelkers, J. (Hg.) 1986: Fachdidaktik und Lehrerausbildung. Beiträge in memoriam Max F. Wocke, Bad Heilbrunn/Obb.

Offermann, J. 1980: Zur Problematik der gegenwärtigen didaktischen Diskussion. In: Beiträge zur Didaktik und Erziehungswissenschaft, Bd. 2, hrsg. v. Drommel, R. H./Hönig, H., Paderborn, S. 47-60.

Otto, G. 1964/1969²: Kunst als Prozeß im Unterricht, Braunschweig.

Otto, G. 1970: Fach und Didaktik. In: Kochan, D. C. (Hg.): Allgemeine Didaktik – Fachdidaktik – Fachwissenschaft, Darmstadt, S. 209-234.

Otto, G. 1980: Kunsterziehung/Ästhetische Erziehung in der Sekundarstufe I. In: Roth, L. (Hg.): Handlexikon zur Didaktik der Schulfächer, München, S. 273-280.

Otto, G. 1981: Zur Problemlage in den naturwissenschaftlichen Didaktiken. In: Hellweger, S. : Chemieunterricht 5-10, München, S. 255-264.

Otto, G. 1983: Zur Etablierung der Didaktiken als Wissenschaften, Erinnerungen, Beobachtungen, Anmerkungen. Versuch einer Zwischenbilanz 1983. In: Zeitschrift für Pädagogik 29, S. 519-543.

Otto, G./Schulz, W. 1986: Der Beitrag der Curriculumforschung. In: Enzyklopädie Erziehungswissenschaft, Bd. 3: Ziele und Inhalte der Erziehung und des Unterrichts, hrsg. v. Haller, H.-D./Meyer, H., Stuttgart, S. 49-62.

Otto, G./Schulz, W. 1987: Didaktik als allgemeine und als fachbezogene Theorie der Unterrichtspraxis. In: Braun, K.-H./Wunder, D. (Hg.): Neue Bildung – Neue Schule. Wolfgang Klafki zum 60. Geburtstag, Weinheim, S. 89-114.

Petersen, P. 1959[6]: Führungslehre des Unterrichts, Braunschweig.

Peterßen, W. H. 1973: Didaktik als Strukturtheorie des Lehrens und Lernens, Ratingen.

Peterßen, W. H. 1982: Handbuch der Unterrichtsplanung, München.

Peterßen, W. H. 1983: Lehrbuch: Allgemeine Didaktik, München.

Piaget, J. 1975 a: Gesammelte Werke, Bd. 4: Die Entwicklung der physikalischen Mengenbegriffe beim Kinde. Erhaltung und Atomismus, Stuttgart.

Piaget, J. 1975 b: Gesammelte Werke, Bd. 9: Die Entwicklung des Erkennens II: Das physikalische Denken, Stuttgart.

Plöger, W. 1983: Forschender Physikunterricht. Grundlegung und Unterrichtsentwürfe, Ansbach.

Plöger, W. 1988: Phänomenologie und empirische Unterrichtsforschung. In: Unterrichtswissenschaft 16, S. 60-67.

Plöger, W. (Hg.) 1989: Naturwissenschaftlich-technischer Unterricht unter dem Anspruch der Allgemeinbildung, Frankfurt/Main.

Pöppel, K. G./Hintz, D. 1981: Schule und Schulleben. In: Keck, R. W. (Hg.): Erziehung ist unteilbar, Freiburg, S. 45-57.

Pöppel, K. G. 1983: Erziehen in der Schule, Hildesheim.

Pohl, H. E. 1972: Die Pädagogik Wilhelm Reins, Bad Heilbrunn/Obb.

Pongratz, L. A. 1978: Zur Kritik kybernetischer Methodologie in der Pädagogik. Ein paradigmatisches Kapitel szientistischer Verkürzung pädagogisch-anthropologischer Reflexion, Frankfurt/Main.

Popp, W. 1970: Die Funktion von Modellen in der didaktischen Theorie. In: Dohmen, G./Maurer, F./Popp, W. (Hg.): Unterrichtsforschung und didaktische Theorie, München, S. 49-60.

Popper, K. R. 1974[2]: Objektive Erkenntnis. Ein evolutionärer Entwurf, Hamburg.

Popper, K. R. 1979[5]: Das Elend des Historizismus, Tübingen.

Popper, K. R. 1984: Auf der Suche nach einer besseren Welt. Vorträge und Aufsätze aus dreißig Jahren, München.

Potthoff, W. 1961: Die Idee der Schulgemeinde. Vorstellungen zur genossenschaftlichen Selbstverwaltung im 19. Jahrhundert, Heidelberg.

Prange, K. 1983: Bauformen des Unterrichts. Eine Didaktik für Lehrer, Bad Heilbrunn/Obb.

Preut, M./Ziegenspeck, J. 1978: Chemieunterricht in der Orientierungsstufe. Eine Synopse der Lehrpläne, Köln.

Projektentwürfe für den Wahlpflichtunterricht der Klasse 9 1979: Naturwissenschaften, hrsg. v. Kultusministerium des Landes Nordrhein-Westfalen, Köln.

Pütt, H./Stach, R. 1980: Aspekte einer humanen Didaktik, Essen.

Rabenstein, R. 1985: Aspekte grundlegenden Lernens im Sachunterricht. In: Einsiedler, W./Rabenstein, R. (Hg.): Grundlegendes Lernen im Sachunterricht, Bad Heilbrunn/Obb., S. 9-24.

Ramsenthaler, H. 1982: Pragmatische Kommunikationstheorie und Pädagogik. Eine Untersuchung zur Konzeption Watzlawicks u.a. und ihrer Bedeutung für die Pädagogik, Weinheim.

Rauschenberger, H. 1985: Über die didaktische Mentalität unserer Zeit. In: Rauschenberger, H. (Hg.): Unterricht als Zivilisationsform. Zugänge zu unerledigten Themen der Didaktik, Königstein/Ts., S. 173-220.

Rebel, K. 1985: Thesen zum Zusammenhang von Allgemeindidaktik und Fachdidaktik. Ihre Bedeutung für Konzeptionsentwicklung und Integration von Fernstudienmaterialien zur „Berufsvorbereitung" in die schulnahe Lehrerfortbildung. In: Unterrichtswissenschaft 13, S. 294-300.

Redeker, B. 1982: Zur Sache des Lernens, Braunschweig.

Regenbrecht, A. 1964: Zum Verhältnis von Allgemeiner Didaktik und Fachdidaktik an der Pädagogischen Hochschule. In: Die Pädagogische Hochschule. Struktur und Aufgaben, hrsg. v. der Pädagogischen Hochschule Dortmund, Ratingen, S. 275-292.

Regenbrecht, A. 1978: Zum Verhältnis von Schulerziehung und Familienerziehung. Legalität – Legitimation – Partizipation. In: Vierteljahresschrift für wissenschaftliche Pädagogik 54, S. 261-271.

Reich, K. 1977: Theorien der Allgemeinen Didaktik, Stuttgart.

Reich, K. 1979: Unterricht – Bedingungsanalyse und Entscheidungsfindung, Stuttgart.

Reich, K./Thomas, H. 1976: Einleitung zu „Didaktik als Unterrichtswissenschaft", Stuttgart, S. 9-34.

Rein, W./Pickel, A./Scheller, E. 1898[6]: Das erste Schuljahr. Ein theoretisch-praktischer Lehrgang für Lehrer und Lehrerinnen sowie zum Gebrauch in Seminaren, Leipzig.

Reininghaus, W. 1964: Die Schulverwaltung als prinzipiell ethisch-pädagogische Frage bei F. W. Dörpfeld. In: Schule und Leben, S. 22-28.

Richtlinien für die gymnasiale Oberstufe in Nordrhein-Westfalen 1981: Physik, hrsg. vom Kultusminsister des Landes Nordrhein-Westfalen, Köln.

Richtlinien und Lehrpläne für die Berufsschule in Nordrhein-Westfalen 1981: Radio- und Fernsehtechniker/in, hrsg. vom Kultusminister des Landes Nordrhein-Westfalen, Köln.

Richtlinien und Lehrpläne für die Grundschule in Nordrhein-Westfalen – Katholische Religionslehre 1985, hrsg. vom Kultusminister des Landes Nordrhein-Westfalen, Köln.

Rittel, H. 1970: Der Planungsentwurf als iterativer Vorgang von Varietätserzeugung und Varietätseinschränkung. In: Arbeitsberichte zur Planungsmethodik, Bd. 4, Stuttgart, S. 17-31.

Roeder, P.-M. 1973: Bemerkungen zu Wolfgang Klafkis Untersuchungen über „Das pädagogische Problem des Elementaren und die Theorie der kategorialen Bildung". In: Faber, W. (Hg.): Pädagogische Kontroversen, Bd. 2: Das Problem der Didaktik, München, S. 75-87.

Roeder, P. M. u.a. 1977: Überlegungen zur Schulforschung, Stuttgart.

Ropohl, G. 1980: Der Modellgebrauch in der Technikwissenschaft und ihrer Didaktik. In: Stachowiak, H. (Hg.): Modelle und Modelldenken im Unterricht, Bad Heilbrunn/Obb., S. 123-143.

Roth, H. 1973[14]: Pädagogische Psychologie des Lehrens und Lernens, Hannover.

Roth, L. 1980: Erziehungswissenschaft – Allgemeine Didaktik – Fachdidaktik – Fachwissenschaft. In: Roth. L. (Hg.): Handlexikon zur Didaktik der Schulfächer, München, S. 19-36.

Ruhloff, J. 1972: Zur bildungstheoretischen Problematik der Arbeitslehre. In: Fischer, W./ Ruhloff, J.: Aufsätze zu Problemen des Unterrichts, Nürnberg, S. 51-76.

Ruhloff, J. 1972 b: Demokratisierung der Schule? In: Fischer, W. (Hg.): Schule und kritische Pädagogik. Fünf Studien zu einer pädagogischen Theorie der Schule, Heidelberg, S. 43-74.

Ruhloff, J. 1987: Demokratisierung der Schule – Im Interesse von Bildung oder Interessiertheit statt Bildung. In: Heitger, M./Breinbauer, I. (Hg.): Erziehung zur Demokratie. Gewissenserziehung, Freiburg, S. 27-42.

Rumpf, H. 1979: Inoffizielle Weltversionen – Über die subjektive Bedeutung von Lehrinhalten. In: Zeitschrift für Pädagogik 25, S. 209-230.

Ruprecht, H. 1972: Modelle grundlegender didaktischer Theorien. In: Ruprecht, H./Beckmann, H.-K./von Cube, F./Schulz, W.: Modelle grundlegender didaktischer Theorien, Hannover, S. 9-72.

Ruprecht, H./Beckmann, H.-K./von Cube, F./Schulz, W. 1972: Modelle grundlegender didaktischer Theorien, Hannover.

Salzmann, C. 1973: Modelle in der Unterrichtsplanung. In: Pädagogik aktuell, Bd. 3, hrsg. v. G. Wehle, München, S. 95-100.

Salzmann, C. 1974: Bedeutung des Modellbegriffs in Unterrichtsforschung und Unterrichtsplanung. In: Roth, L./Petrat, G. (Hg.): Unterrichtsanalysen in der Diskussion, Hannover, S. 171-205.

Salzmann, C. 1975: Die Bedeutung der Modelltheorie für die Unterrichtsplanung unter besonderer Berücksichtigung hochschuldidaktischer Konsequenzen. In: Bildung und Erziehung 28, S. 258-279.

Salzmann, C. 1976: Unterrichtsmodelle. In: Roth, L. (Hg.): Handlexikon zur Erziehungswissenschaft, München, S. 449-453.

Salzmann, C. 1982: Elementarisierung und Vereinfachung als Kernproblem des Lehr- und Lernprozesses. Bestandsaufnahme und Versuch einer Systematisierung wesentlicher Aspekte der didaktischen Reduktion. In: Pädagogische Rundschau 36, S. 535-556.

Salzmann, C. 1983: Modellunterricht und Unterrichtsmodelle. In: Zeitschrift für Pädagogik 29, S. 929-946.

Sauer, M. 1987: Volksschullehrerbildung in Preußen. Die Seminare und Präparandenanstalten vom 18. Jahrhundert bis zur Weimarer Republik, Köln.

Schaefer, G. 1971: Fach – Didaktik – Fachdidaktik. In: Der mathematisch-naturwissenschaftliche Unterricht 24, S. 390-396.

Schaefer, G. 1979: Probleme der Curriculum-Konstruktion. In: Texte zur Biologiedidaktik, hrsg. v. L. Staeck, Braunschweig, S. 146-160.

Schäfer, K. H./Schaller, K. 1971: Kritische Erziehungswissenschaft und kommunikative Didaktik, Heidelberg.

Schaller, K. 1979: Leistung und Selbstverwirklichung, Essen.

Schecker, H. 1986: Schülerinteressen und Schülervorstellungen zur Mechanik (S II). In: physica didactica 13, S. 21-23.

Scheibe, W. (Hg.) 1974²: Zur Geschichte der Volksschule, Bd. II: 19. und 20. Jahrhundert bis zur Gegenwart, Bad Heilbrunn/Obb.

Scheibner, O. 1969: Die didaktischen Prinzipien der Freitätigkeit und der Arbeit. In: Reble, A. (Hg.): Die Arbeitsschule. Texte zur Arbeitsschulbewegung, Bad Heilbrunn/Obb., S. 90-102.

Schenk, B. 1984: Wissenschaftsbedeutung und Lebensweltorientierung im Physikunterricht – ein Widerspruch? In: Heursen, G. (Hg.): Didaktik im Umbruch. Aufgaben und Ziele der (Fach-) Didaktik in der integrierten Lehrerbildung, Königstein/Ts., S. 203-218.

Schleiermacher, F. E. D. 1964²: Ausgewählte pädagogische Schriften, besorgt von E. Lichtenstein, Paderborn.

Schleip, A. 1981: Zur Didaktik der Chemie. In: Twellmann, W. (Hg.): Handbuch Schule und Unterricht, Bd. 5.2.: Schule und Unterricht unter dem Aspekt der didaktischen Bereiche, Düsseldorf, S. 583-604.

Schlotthaus, W. 1977: Deutschdidaktik. In: betrifft: erziehung. Fachdidaktische Trendberichte (Sonderheft), S. 42-46.

Schmack, E. 1980: Allgemeindidaktische Strömungen am Ende der siebziger Jahre – Eine Skizze. In: Beiträge zur Didaktik und Erziehungswissenschaft, Bd. 2, hrsg. v. Drommel, R.H./Hönig, H., Paderborn, S. 13-33.

Schmidt, E. 1920: Friedrich Wilhelm Dörpfelds Schulverfassung in ihrer Bedeutung für die Gegenwart, Langensalza.

Schmidt, W. 1980: Theorie und Modell. In: Zeitschrift für Erziehungswissenschaftliche Forschung 14, S. 161-164.

Schmidt-Brunner, W. (Hg.) 1982: Methoden des Musikunterrichts, Mainz.

Schmiederer, R. 1977⁶: Zur Kritik der Politischen Bildung. Ein Beitrag zur Soziologie und Didaktik des Politischen Unterrichts, Frankfurt/Main.

Schmiel, M. 1978: Einführung in fachdidaktisches Denken, München.

Schneider, E. K. 1980: Unterrichtsmethoden im Fach Musik. In: Musik und Bildung 12, S. 221-225.

Schneider, E. K./Wittenbruch, W. 1982: Unterrichtsmodelle auf dem Prüfstand. In: Musik und Bildung 14, S. 630-641 (Teil 1) und S. 716-726 (Teil 2).

Scholz, G. 1972: Theorien und Modelle zur Unterrichtsplanung. In: Unterricht heute 23, S. 349-361.

Schröter, G. 1980: Strömungen der Gegenwartsdidaktik, Düsseldorf.

Schröter, G. 1981: Schulpädagogik. Eine Einführung, Band 6: Medien im Unterricht, Donauwörth.

Schubel, F. 1958: Methodik des Englischunterrichts an weiterführenden Schulen, Frankfurt/Main.

Schürmann, H. W. 1977: Theoriebildung und Modellbildung, Wiesbaden.

Schütz, H. 1969: Die Anwendung der Heimannschen Strukturbegriffe bei der didaktischen Disposition mathematisch-naturwissenschaftlichen Unterrichts. In: Northemann, W./Otto, G. (Hg.): Geplante Information. Paul Heimanns didaktisches Konzept: Ansätze, Entwicklungen, Kritik, Weinheim, S. 45-70.

Schulz, W. 1964 a: Schule als Gegegstand der Pädagogik. In: Die Deutsche Schule 56, S. 325-347.

Schulz, W. 1964 b: Die Wissenschaft vom Unterricht. In: Dohmen, G./Maurer, F. (Hg.): Unterricht – Aufbau und Kritik, München, S. 11-24.

Schulz, W. 1965: Unterricht – Analyse und Planung. In: Heimann, P./Otto, G./Schulz, W. (Hg.): Unterricht – Analyse und Planung, Hannover, S. 13-47.

Schulz, W. 1967 a: Alzudi ist keine Didaktik. In: Programmiertes Lernen und Programmierter Unterricht, S. 130-133.

Schulz, W. 1967 b: Zur Diskussion über Probleme der Didaktik. In: Rundgespräch, Heft 4, S. 141-144.

Schulz, W. 1969 a: Umriß einer didaktischen Theorie der Schule. In: Die Deutsche Schule 61, S. 61-72.

Schulz, W. 1969 b: Die Zukunft der Unterrichtsmittel. Zur Innovationsaufgabe der Medienproduktion. In: betrifft: erziehung, Heft 5, S. 11-15.

Schulz, W. 1969 c: Drei Argumente gegen die Formulierung von Lernzielen und ihre Widerlegung. In: Mager, R. F.: Lernziele und Programmierter Unterricht, S. XI – XV.

Schulz, W. 1969 d: Zur Differenzierung an Gesamtschulen. In: Die differenzierte Gesamtschule, hrsg. v. A. Rang/W. Schulz, München, S. 181-204.

Schulz, W. 1970: Aufgaben der Didaktik. Eine Darstellung aus lehrtheoretischer Sicht. In: Kochan, D. C. (Hg.): Allgemeine Didaktik, Fachdidaktik, Fachwissenschaft, Darmstadt, S. 403-440.

Schulz, W. 1971: Didaktik. Umriß der lehrtheoretischen Konzeption einer erziehungswissenschaftlichen Disziplin. In: Röhrs, H. (Hg.): Didaktik, Heidelberg, S. 17-29.

Schulz, W. 1972 a: Unterricht zwischen Funktionalisierung und Emanzipationshilfe. In: Ruprecht, H. u.a.(Hg.): Modelle grundlegender didaktischer Theorien, Hannover, S. 155-184.

Schulz, W. 1972 b: Die Didaktik der Berliner „Schule" . revidiert. In: betrifft: erziehung, Heft 5, S. 19-32.

Schulz, W. 1975[3]: Unterrichtsplanung. In: Lexikon der Pädagogik, Bd. IV, Freiburg. S. 272-274.

Schulz, W. 1977 a: Unterrichtspraxis und Unterrichtswissenschaften. In: Klafki, W./Otto, G./Schulz, W.: Didaktik und Praxis, Weinheim, S. 81-104.

Schulz, W. 1977 b: Über das Verhältnis von allgemeiner Didaktik und Fachdidaktik in Alltagspraxis und Unterrichtswissenschaft. In: Beiträge zum Mathematikunterricht 1977, Hannover, S. 238-250.

Schulz, W. 1978: Von der lehrtheoretischen zur kritisch-konstruktiven Unterrichtswissenschaft. In: Born, W./Otto, G. (Hg.): Didaktische Trends, München, S. 85-115.

Schulz, W. 1980 a: Die lerntheoretische Didaktik. In: Westermanns Pädagogische Beiträge 32, S. 80-85.

Schulz, W. 1980 b: Alltagspraxis und Wissenschaftspraxis in Unterricht und Schule. In: König, E./Schier, N./Vohland, U. (Hg.): Diskussion Unterrichtsvorbereitung – Verfahren und Modelle, München, S. 45-77.

Schulz, W. 1980 c: Ein Hamburger Modell der Unterrichtsplanung. Seine Funktionen in der Alltagspraxis. In: Adl – Amini, B./Künzli, R. (Hg.): Didaktische Modelle und Unterrichtsplanung, S. 49-87.

Schulz, W. 1981[3]: Unterrichtsplanung, München .

Schulz, W. 1985: Methoden der Erziehung und des Unterrichts unter der Perspektive der Mündigkeit. In: Enzyklopädie Erziehungswissenschaft, Bd. 4: Methoden und Medien der Erziehung und des Unterrichts, hrsg. v. Otto, G./Schulz, W., Stuttgart, S. 53-73.

Schulz, W. 1987: Frag – würdige Autorität im pädagogischen Dialog. In: Bastian, J. (Hg.): Vor der Klasse stehen. Lehrerautorität und Schülerbeteiligung, Hamburg, S. 53-59.

Schulze, Th. 1980: Schule im Widerspruch. Erfahrungen, Theorien, Perspektiven, München.

Schulze, Th. 1985: Lebenslauf und Lebensgeschichte. Zwei unterschiedliche Sichtweisen und Gestaltungsprinzipien biographischer Prozesse. In: Baacke, D./Schulze, Th. (Hg.): Pädagogische Biographieforschung. Orientierungen, Probleme, Beispiele, Weinheim, S. 29-63.

Schweizer, H. 1980: Modelldenken in Sprachwissenschaft und Sprachdidaktik. In: Stachowiak, H. (Hg.): Modelle und Modelldenken im Unterricht. Anwendungen der Allgemeinen Modelltheorie auf die Unterrichtspraxis, Bad Heilbrunn/Obb., S. 144-160.

Schwenk, B. 1974: Unterricht zwischen Aufklärung und Indoktrination. Studien zum Begriff der Didaktik, Frankfurt/Main.

Sneed, J. D. 1971: The logical structure of mathematical physics, Dordrecht.

Soostmeyer, M. 1983: Wissenschaftsorientierung und Lebensorientierung des Sachunterrichts. Der Sachunterricht unter den Vorgaben für die Grundschule, Teil 2. In: Sachunterricht und Mathematikunterricht in der Primarstufe 11, S. 108-112.

Soostmeyer, M. 1986: Didaktik des Sachunterrichts. In: Kurowsky, E./Soostmeyer, M.: Kommentar zum Lehrplan Sachunterricht, Heinsberg, S. 19-55.

Spaemann, R. 1975: Emanzipation – ein Bildungsziel? In: Merkur 29, S. 11-24.

Spies, W./Westphalen, K. 1987: Die Gestalt unserer Schule, Stuttgart.

Spohn, U. 1972: Unterrichtsversuche im Fach Biologie. In: Theorie und Praxis des Kooperativen Unterrichts, Bd. II: Resultate und Modelle in den Fächern, Heft 7: Biologie und Sport, Stuttgart, S. 7-17.

Spranger. E. 1916: Fünfundzwanzig Jahre deutscher Erziehungspolitik, Berlin.

Spranger, E. 1950[8]: Lebensformen. Geisteswissenschaftliche Psychologie und Ethik der Persönlichkeit, Tübingen.

Spranger, E. 1969: Die wissenschaftlichen Grundlagen der Schulverfassungslehre und Schulpolitik (1928). In: Gesammelte Schriften, Bd. 1: Geist der Erziehung, hrsg. v. Bräuer, G./ Flitner, A., Heidelberg, S. 90-161.

Spreckelsen, K. 1970: Strukturbetonender naturwissenschaftlicher Unterricht auf der Grundstufe. In: Die Grundschule 2, S. 28-37.

Spreckelsen, K. u.a. 1971: Naturwissenschaftlicher Unterricht in der Grundschule, Frankfurt/Main.

Spreckelsen, K. 1981: Naturwissenschaftlicher Unterricht. Bereichsdidaktische Überlegungen. In: Beckmann. H.-K. (Hg.): Schulpädagogik und Fachdidaktik, Stuttgart, S. 190-204.

Stach, R. 1979: Dörpfeld und die „Freie Schulgemeinde". In: Lassahn, R./Stach, R.: Geschichte der Schulversuche. Theorie und Praxis, Heidelberg, S. 163-181.

Stachowiak, H. 1965: Gedanken zu einer allgemeinen Theorie der Modelle. Studium Generale 18, S. 432-462.

Stachowiak, H. 1969[2]: Denken und Erkennen im kybernetischen Modell, Wien.

Stachowiak, H. 1973: Allgemeine Modelltheorie, Wien.

Stachowiak, H. 1980 a: Der Weg zum Systematischen Neopragmatismus und das Konzept der Allgemeinen Modelltheorie. In: Stachowiak, H. (Hg.): Modelle und Modelldenken im Unterricht, Bad Heilbrunn/Obb., S. 9-49.

Stachowiak, H. 1980 b: Der Modellbegriff in der Erkenntnistheorie. In: Zeitschrift für allgemeine Wissenschaftstheorie, Band XI,1, S. 53-68.

Stachowiak, H. 1982: Bedürfnisse, Werte, Normen und Ziele im dynamischen Gesellschaftsmodell: Ein Forschungsprogramm für die 80er Jahre? In: Stachowiak, H./Ellwein, T. (Hg.): Bedürfnisse, Werte und Normen im Wandel, Bd. I: Grundlagen. Modelle. Perspektiven, München, S. 271-425.

Stachowiak, H. 1983: Erkenntnisstufen zum Systematischen Neopragmatismus und zur Allgemeinen Modelltheorie. In: Stachowiak, H. (Hg.): Modelle – Konstruktion der Wirklichkeit, München, S. 87-146.

Staeck, L. 1974: Synopse der Richtlinien und Lehrpläne für Biologie der Länder der Bundesrepublik und West-Berlins. Eine Bestandsaufnahme des Biologieunterrichts, Kiel IPN.

Stegmüller, W. 1973: Probleme und Resultate der Wissenschaftstheorie und Analytischen Philosophie, Bd. II: Theorie und Erfahrung, Studienausgabe Teil D: Logische Analyse der Struktur ausgereifter physikalischer Theorien. „Non-statement view" von Theorien, Berlin.

Stegmüller, W. 1979[6]: Hauptströmungen der Gegenwartsphilosophie, Bd. II, Stuttgart.

Steinbuch, K. 1970: Realität und Modell. In: Steinbuch, K. (Hg.): Philosophie und Kybernetik, München, S. 136-150.

Steinbuch, K. 1972: Ansätze zu einer kybernetischen Anthropologie. In: Gadamer, H.-G./Vogler, P. (Hg.): Neue Anthropologie, Bd. 1, Stuttgart, S. 55-65.

Steinecke, F. 1951: Methodik des biologischen Unterrichts, Heidelberg.

Stevermüer, H.-J. 1984: Transfer. Empirische Untersuchung zum Transferverhalten von Studienanfängern im Bereich chemischer Fragestellungen, Münster.

Stock, H. (Hg.): 1964: Pädagogische Hochschule und Universität. Bedingungen und Möglichkeiten einer künftigen Lehrerbildung. Gutachten eines Studienausschusses des Arbeitskreises Pädagogischer Hochschulen, Weinheim.

Stock, H. 1979: Integration der Lehrerausbildung in die Universität. Chance oder Niedergang? Göttingen.

Stollberg, D. 1982: Lernen, weil es Freude macht. Eine Einführung in die Themenzentrierte Interaktion, München.

Straka, G./Macke, G. 1979: Klafkis Ansatz einer kritisch-konstruktiven Didaktik und das Konzept einer Lehr-Lern-Theorie. Alternative oder Ergänzung? In: Die Deutsche Schule 71, S. 111-113.

Streicher, H. 1972: Unterrichtsversuche im Fach Physik. In: Schmidt, A./Streicher. H. (Hg.): Theorie und Praxis des kooperativen Unterrichts, Bd. II: Resultate und Modelle in den Fächern, Heft 6: Mathematik und Physik, S. 152-163.

Sutor, B. 1973[2]: Didaktik des politischen Unterrichts. Eine Theorie der Politischen Bildung, Paderborn.

Thiemann, F./Wittenbruch, W. 1975: Gegen eine vorschreibende Unterrichtsplanung. In: Bildung und Erziehung 28, S. 203-210.

Thiemann, F./Wittenbruch, W. 1976: Vorüberlegungen zu einer Problemgeschichte von Unterrichtstheorien. In: Vierteljahrsschrift für wissenschaftliche Pädagogik 52, S. 194-199.

Thilo, W. 1867: Preußisches Volksschulwesen nach Geschichte und Statistik, Gotha.

Thürkauf, M. 1979[2]: Wissenschaft und moralische Verantwortung. Vom Bildungswert des naturwissenschaftlichen Unterrichts, Schaffhausen.

Tietze, U./Klika, M./Wolpers, H. 1982: Didaktik des Mathematikunterrichts auf der Sekundarstufe II, Braunschweig.

Titze, H. 1973: Die Politisierung der Erziehung. Untersuchungen über die soziale und politische Funktion der Erziehung von der Aufklärung bis zum Hochkapitalismus, Frankfurt/Main.

Treitz, N. 1986: Spiel und Spaß mit Physik. In: Kuhn, W. (Hg.): Vorträge. Physikertagung 1986, Gießen, S. 79-85.

Tütken, H. 1981: Wissenschaftsorientierung und Lebensweltorientierung – eine Scheinalternative? In: Pädagogische Rundschau 35, S. 123-146.

Ulrich, W. 1983: Fachdidaktik, eigensprachlich. In: Kritische Stichwörter zur Sprachdidaktik, hrsg. v. Gorschenek, M./Rucktäschel, A., München, S. 48-70.

Ulshöfer, R. 1952: Methodik des Deutschunterrichts. Mittelstufe Bd. 1, Stuttgart.

Ulshöfer, R. 1957 a: Methodik des Deutschunterrichts, Mittelstufe Bd. 2, Stuttgart.

Ulshöfer 1957 b: Methodik des Deutschunterrichts Bd. 3, Stuttgart.

Ulshöfer, R. 1971: Theorie und Praxis des kooperativen Unterrichts I: Grundzüge der Didaktik des kooperativen Unterrichts, Stuttgart.

Ulshöfer, R. 1972: Theorie und Praxis des kooperativen Unterrichts, Bd. II: Resultate und Modelle in den Fächern, Stuttgart.

Ungerer, D. 1979: Sportdidaktik auf kybernetischer Grundlage. In: Grössing, St. (Hg.): Spektrum der Sportwissenschaft, Bad Homburg, S. 57-84.

Unterrichtshilfen Chemie 1973: 7. Klasse, Berlin-Ost.

Vogel, P. 1977: Die bürokratische Schule, Kastellaun.

Vogel, P. 1982: Kritik der Staatspädagogik. Bemerkungen zur Tradition eines Problems. In: Zeitschrift für Pädagogik 28, S. 123-138.

Wagenschein, M. 1949: Zur Bedeutung der modernen Physik für eine künftige Menschenbildung. In: Schola 8, S. 594-604.

Wagenschein, M. 1953: Natur physikalisch gesehen, Frankfurt/Main.

Wagenschein, M. 1956: Naturwissenschaft und Allgemeinbildung. Vortrag bei der Hessischen Hochschulwoche für staatswissenschaftliche Fortbildung, 9.-15. 10. 1956, Bad Homburg.

Wagenschein, M. 1960 a: Die Aufgabe des Physikunterrichts. In: Scheibe, W. (Hg.): Die Pädagogik im 20. Jahrhundert, Stuttgart, S. 216-225.

Wagenschein, M. 1960 b: Zur Didaktik des naturwissenschaftlichen Unterrichts. In: Didaktik in der Lehrerbildung, 3. Beiheft der Zeitschrift für Pädagogik, S. 70-85.

Wagenschein, M. 1973: Kinder auf dem Wege zur Physik, Stuttgart.

Wandschneider, D. 1975: Formale Sprache und Erfahrung. Carnap als Modellfall, Stuttgart.

Watzlawick, P. 1985: Wirklichkeitsauffassung oder angepaßte „Wirklichkeit"? Konstruktivismus und Psychotherapie. In: Gumin, H./Mohler, A. (Hg.): Einführung in den Konstruktivismus, München, S. 69-83.

Weber, E. 1979: Das Schulleben und seine erzieherische Bedeutung, Donauwörth.

Weber, H. 1980: Grundlagen einer Didaktik des Mathematisierens. Zur Beschreibung von Mathematisierungsprozessen und zur Bedeutung solcher Prozesse im Mathematikunterricht, Frankfurt/Main.

Weber, M. 1968[3]: Gesammelte Aufsätze zur Wissenschaftslehre, hrsg. v. J. Winckelmann, Tübingen.

Wehle, G. 1967: Aspekte der didaktischen Fragestellung. In: Didactica 1, S. 5-33.

Wehle, G. 1968: Schule, Lehrer und gesellschaftliche Mächte. In: Dahmer, I./Klafki, W. (Hg.): Geisteswissenschaftliche Pädagogik am Ausgang ihrer Epoche – Erich Weniger, Weinheim, S. 231-243.

Wehler, H.-U. 1970: Krisenherde des Kaiserreichs 1871-1918. Studien zur deutschen Sozial- und Verfassungsgeschichte, Göttingen.

Weiler, H. 1973: Politische Emanzipation in der Schule. Zur Reform des politischen Unterrichts, Düsseldorf.

Weniger, E. 1952/1956[2]: Didaktik als Bildungslehre. Teil 1: Theorie der Bildungsinhalte und des Lehrplans, Weinheim.

Weniger, E. 1953: Der Erzieher und die gesellschaftlichen Mächte. In: Westermanns Pädagogische Beiträge 5, S. 1-6.

Weniger, E. 1957: Der Lehrer als Staatsbeamter. In: Die Eigenständigkeit der Erziehung in Theorie und Praxis, Weinheim, S. 521-527.

Wenzel, F. 1974: Sicherung von Massenloyalität und Qualifikation der Arbeitskraft als Aufgabe der Volksschule. In: Hartmann, K./Nyssen, F./Waldeyer, H. (Hg.): Schule und Staat im 18. und 19. Jahrhundert, Frankfurt/Main, S. 323-386.

Wiater, W. 1984: Die Funktion weltanschaulicher Implikationen in Theorien und Modellen gegenwärtiger Pädagogik, dargestellt am Beispiel der Pädagogik der Kommunikation von Klaus Schaller. In: Vierteljahrsschrift für wissenschaftliche Pädagogik 60, S. 148-160.

Wienstein, F. 1915: Die preußische Volksschule in ihrer geschichtlichen Entwicklung, Paderborn.

Wilhelm, Th. 1967: Theorie der Schule. Hauptschule und Gymnasium im Zeitalter der Wissenschaften, Stuttgart.

Willer, J. 1976: Über die methodische Funktion von Modellen in den Naturwissenschaften und den Gesellschaftswissenschaften. In: Heistermann, W. (Hg.): Abhandlungen der Pädagogischen Hochschule Berlin, Band II, Berlin, S. 3-18.

Winnefeld, F. 1970: Pädagogisches Feld als Faktorenkomplexion. In: Dohmen, G./Maurer, F./Popp, W. (Hg.): Unterrichtsforschung und didaktische Theorie, S. 35-39.

Winter, H. 1985: Sachrechnen in der Grundschule, Bielefeld.

Wittenbruch, W. 1972: Die Pädagogik Wilhelm Reins. Eine Untersuchung zum Spätherbartianismus, Ratingen.

Wittenbruch, W. 1974 a: Die öffentliche Schule als Instrument gesellschaftlicher Beeinflussung. Der gesinnungsbildende Auftrag der preußischen Volksschule 1871-1918. In: Pädagogik und Schule in Ost und West 22, S. 70-79.

Wittenbruch, W. 1974 b: Schulleben – Störfaktor in der Lernschule? Überlegungen zu einem schulpädagogischen Begriff. In: Pädagogische Rundschau 28, S. 175-187.

Wittenbruch, W./Thiemann, F. 1976: Theorien des Unterrichts. In: Speck, J. (Hg.): Problemgeschichte der neueren Pädagogik, Bd. 3, Stuttgart.

Wittenbruch, W. 1980: In der Schule leben. Theorie und Praxis des Schullebens, Stuttgart.

Wittenbruch, W. 1983: Methoden des Unterrichts: Eine Einführung. In: Gruhn, W./Wittenbruch, W.: Wege des Lehrens im Fach Musik, Düsseldorf, S. 15-80.

Wollenweber, H. (Hg.) 1980: Das gegliederte Schulwesen in der Bundesrepublik Deutschland, Paderborn.

Wollenweber, H. 1985: Didaktische Modelle und Unterrichtsplanung. In: Die Realschule 93, S. 16-21.

Wüsteneck, K.-D. 1976[12]: Modell. In: Klaus, G./Buhr, M. (Hg.): Philosophisches Wörterbuch, Leipzig, S. 805-809.

Zech, F. 1977: Grundkurs Mathematikdidaktik, Weinheim.

Ziller, T. 1876: Vorlesungen über Allgemeine Pädagogik, Leipzig.

Zimmermann, W. 1980: Unterrichtsplanung im Spannungsfeld der Determinanten Curriculum und Schüler. In: König, E./Schier, N./Vohland, U. (Hg.): Diskussion Unterrichtsvorbereitung – Verfahren und Modelle, München, S. 168-197.

Zubke, F. 1980: Eltern und Politische Arbeit. Zur politischen Funktion elterlicher Beteiligung in der Institution Schule, Stuttgart.